汶川特大地震
三台抗震救灾志

WENCHUANTEDADIZHENSANTAIKANGZHENJIUZAIZHI

三台县人民政府　编纂

方志出版社
Publishing House of Local Records

图书在版编目(CIP)数据

汶川特大地震三台抗震救灾志/三台县人民政府编.
—北京:方志出版社,2016.12

ISBN 978-7-5144-2275-7

Ⅰ.①汶… Ⅱ.①汶… Ⅲ.①抗震—救灾—概况—三台县 Ⅳ.①D632.5

中国版本图书馆 CIP 数据核字(2016)第 299078 号

汶川特大地震三台抗震救灾志

编　　者:三台县人民政府
责任编辑:何明忠

出 版 人:冀祥德
出 版 者:方志出版社
地址　北京市朝阳区潘家园东里 9 号(国家方志馆 4 层)
邮编　100021
网址　http://www.fzph.org
发　　行:方志出版社发行中心
电话(010)67110500
经　　销:各地新华书店
装帧设计:成都市标点制版印务有限责任公司
印　　刷:成都现代印务有限公司

开　　本:889×1194　1/16
印　　张:24.25
字　　数:620 千
版　　次:2016 年 12 月第 1 版　　2016 年 12 月第 1 次印刷
印　　数:0001~1000 册

ISB N 9787-5144-2275-7　　定价:218.00 元

省道及编号
县道
乡道
河流、流向及沟渠
庙宇 塔
旅游景点 古迹
山峰、高程点及高程
比例尺 1:260 000
三台县城区图
县委
县政府
北坝镇政府
潼川镇政府
体育广场
耀森上城
县国家税务局
三台电力医院
县气象局
县自来水公司
县地税局
三台大酒店
三台鸿福医院
县中医院
县人民医院
县中医骨科医院
县司法局
三台中学
新西街
上东街
下东街
东涪街
县中医院
县地方海事处
县妇幼保健院
县妇女儿童医院
四川省三台县第一中学
佳琪·紫东园
佳联印染工业园
城东工业区
南桥
凯江大桥
绵阳华鹰纺织有限公司
四川省惠天农业科技有限公司
黄家坝工业集中区
四川富达钢结构工程公司
凤凰山省级森林公园
三台山
梓州公园
东山公园
梓州大桥
县特殊教育学校
三台客运汽车中心站
三台县精神病院
县北坝镇中心卫生院
县消防大队
至中江
至绵阳
至盐亭
至射洪
涪江
凯江
金华镇
射洪县
遂宁市
凤来镇
兵盘寨
532
金家镇
陈古镇
中新镇
上新
乐加
新生镇
鲁班镇
鲁班水库
511
幸福
曙光
观桥镇
景福镇
双乐
玉皇柜
531
广利
协和
宝泉
安居镇
菊河
云台观
云台山风景名胜区
郪江镇
郪江汉墓群
紫河镇
建中
大英县
石龙
朝阳寨
521
通山
广福镇
联合镇
万福镇
德阳市
中江县
S205
S101
S106
486
489
540
545
551
554
556
563
572
573
575
594
522
526
527
504

德阳市
中江县
三台县
三元镇
两河镇
黎曙镇
新鲁镇
金石镇
通济镇
八洞镇
刘营镇
石安镇
争胜
灵兴镇
新德镇
永新镇
富顺镇
秋林镇
云同
前锋镇
建平镇
乐安镇
潼川镇
北坝镇
东塔镇
百顷镇
潼射镇
香山镇
进都
古井镇
万安镇
西平镇
凯河镇
断石
玉林
争胜寺
翠湖公园
团结水库
琴泉寺
北塔
东塔
凤凰山森林公园
唐碑
天星寨
观音山 606
八松水库
太平寨水库
桃花河
涪江
凯江
S101
G93
成渝环线高速
成德南高速
双寨子 531
至中江
图例
县级行政中心
乡、镇居民地
行政村
市（州）界
县（市、区）界
乡、镇界
高速公路、规划与

三台县行政区划图

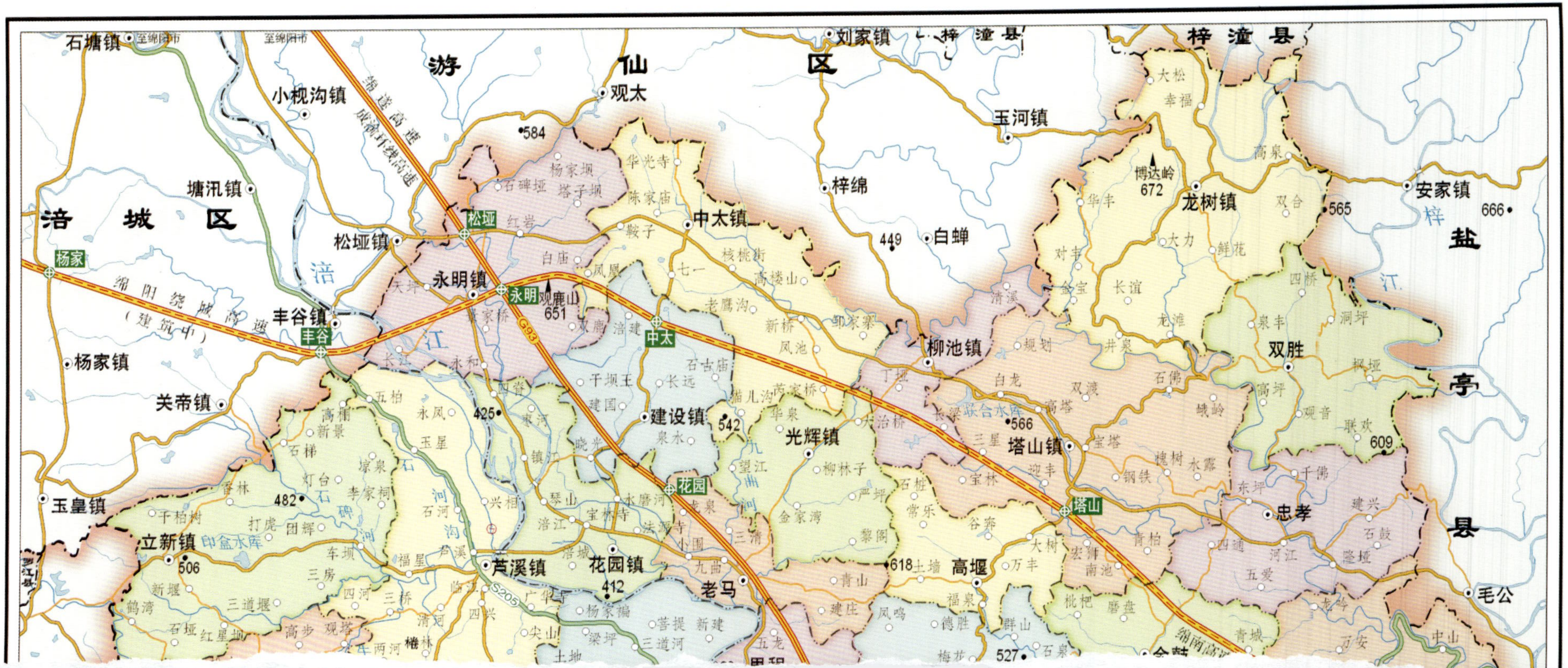

石塘镇
小枧沟镇
游
仙
区
观太
刘家镇
梓潼县
玉河镇
梓绵
白蝉
安家镇
盐
亭
县
毛公
涪城区
塘汛镇
松垭镇
丰谷镇
杨家镇
关帝镇
玉皇镇
立新镇
芦溪镇
花园镇
老马
建设镇
光辉镇
高堰
塔山镇
柳池镇
中太镇
永明镇
龙树镇
双胜
忠孝
博达岭
672
观鹿山
651
584
449
565
666
609
566
542
425
482
506
412
618
527
绵遂高速
成渝环线高速
绵阳绕城高速
（建筑中）
G93
S205
涪
江
梓
江
印盒水库
联合水库

灾情篇

ZAIQINGPIAN

潼川镇南外街街道及两旁建筑物严重受损（钟洋 / 摄）

地震损毁县文物管理所大量珍贵文物（毛建军 / 摄）

新鲁镇民房损毁（钟洋 / 摄）

电线杆被折断（何娴 / 摄）

西平镇水管站办公用房严重受损（钟洋 / 摄）

立新镇高毡帽水库损毁严重（钟洋 / 摄）

清除地震废墟（三台新闻网 / 供）

在三台一中搭建的临时帐篷（钟洋 / 摄）

唐家山堰塞湖避险三台群众转移安置点（钟洋/摄）

在县城梓锦广场躲避余震的群众（刘小红/摄）

疏散到三台中学操场上的学生（刘小红/摄）

抢险救灾篇

QIANGXIANJIUZAIPIAN

报名参加北川抢险志愿者会场（邓海滨 / 摄）

组织抢险救援工具（钟洋 / 摄）

抢救伤员

党员服务队运送救灾物资（县委组织部 / 供）

涪江排险（钟洋 / 摄）

三台赴极重灾区北川县抢险救援干部（县委组织部办公室 / 供）

在抗震棚中坚守岗位的公安干警（钟洋 / 摄）

紧急抢修供电设施（袁玲 / 摄）

抢修输水管道（三台新闻网 / 供）

抢修受损的广电线路（何娴 / 摄）

搬运救灾物资（钟洋 / 摄）

三台支援极重灾区车队（钟洋 / 摄）

重大活动

LINGDAOHUODONG

2008 年 5 月 28 日，三台民兵参与北川擂鼓镇抗震救灾

（邓海滨 / 摄）

2011 年 2 月 28 日，中共四川省委书记、省人大常委会主任刘奇葆（右四）在三台调研灾后重建工作

（钟洋 / 摄）

2010 年 10 月 28 日，中共四川省委常委、副省长钟勉（前中）在三台调研灾后重建情况（钟洋 / 摄）

2009 年 4 月 12 日，中共绵阳市委书记、市人大常委会主任吴靖平（前右三）在三台调研灾后重建工作

（羊超 / 摄）

2008 年 6 月 25 日，中共资阳市委书记、市人大常委会主任翟占一（前右二）视察对口支援镇三台新鲁镇灾情（钟洋 / 摄）

2008 年 7 月 6 日，中共绵阳市委副书记、代市长曾万明（中）在三台视察灾情（钟洋 / 摄）

2009 年 4 月 22 日，中共三台县委书记、县人大常委会主任崔斌（左三），县委副书记、县长赵飚（左二）等县领导检查指导灾后重建工作（钟洋 / 摄）

2008 年 9 月 2 日，资阳市委、市政府向新鲁镇捐赠第二批援建项目资金 500 万元（何娴 / 摄）

灾后重建篇

ZAIHOUCHONGJIANPIAN

资阳市对口援建新鲁镇赈灾捐赠暨龙桥小学捐建仪式现场（钟洋 / 摄）

2009 年 2 月，三台县卫生系统灾后重建项目集中开工奠基仪式（三台新闻网 / 供）

重建家园（何娴 / 摄）

两江防洪堤建设工地（钟洋 / 摄）

中国香港红十字会援建项目——长乐学校教学楼（江晓明 / 摄）

鲁班水库震损大坝整治现场（钟洋 / 摄）

小学生喜迁新教室（江晓明 / 摄）

2009 年 5 月 14 日，重建的中新镇小学教学大楼竣工（江晓明 / 摄）

重建后的镇乡卫生院（袁成松 / 摄）

2008 年 6 月 27 日，上海城建集团援建高考活动板房竣工交接仪式（钟洋 / 摄）

中国香港援建的三台一中综合楼（江晓明 / 摄）

西平镇南垭村新貌（袁成松 / 摄）

重建前后的县城皂角城（赖光富 / 摄）

修缮一新的三台印盒山水库大坝

绵三快速通道（袁成松 / 摄）

三台新渡口大桥（袁成松 / 摄）

群众喜迁新居（钟洋何娴赖光富 / 摄）

新建的县城污水处理厂

李宁公司援建的西平敬老院

医疗及卫生防疫篇

YILIAOJIWEISHENGFANGYIPIAN

抢救伤员（李晓艳 / 摄）

在县城搭建的临时医疗救护站（何娴 / 摄）

震后废墟消毒（三台新闻网 / 供）

赈灾篇

ZHENZAIPIAN

小学生们在为灾区捐款（何娴 / 摄）

群众为灾区捐款（钟洋 / 摄）

童心 · 爱心（钟洋 / 摄）

捐款现场（何娴 / 摄）

世华智业集团为三台捐款（钟洋 / 摄）

2009 年 5 月 25 日，北京顺义国际学校为三台捐款（钟洋 / 摄）

皇甫志友先生援建四平小学捐赠仪式（钟洋 / 摄）

永新镇村民捐资 1 万元（王智涛 / 摄）

万众一心（钟洋 / 摄）

2008年10月8日，全国政协教科文卫体委员会“三下乡”慰问团“凝聚每份爱”演出现场（钟洋/摄）

2010年5月，三台县纪念“5·12”特大地震两周年活动现场（何娴/摄）

三台县赈灾义演现场（钟洋/摄）

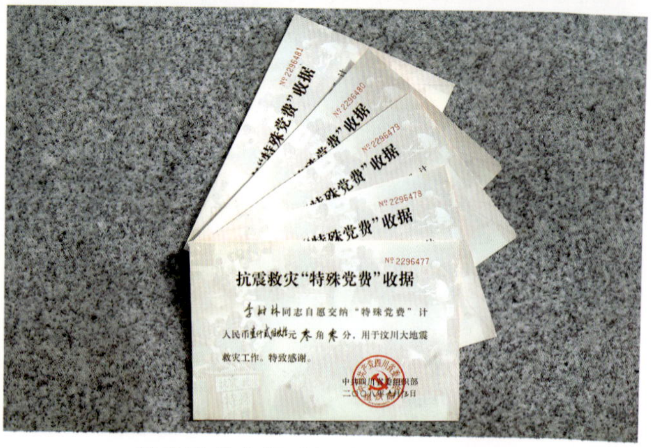

特殊党费收据（县委组织部/供）

《汶川特大地震三台抗震救灾志》编纂委员会

（2009 年 8 月 24 日 ~2011 年 3 月 13 日）

主　任： 李　晖

副主任： 周诗凯　代贵虎　李　果　陈桂琴　许世平　梁宗甫

委　员： 康文兴　刘世界　何　毅　王合春　肖永双
景代良　龙保林　裴建军　文礼成　胡本华
王　斌　罗东风　胡光林　刘天赋　兰继坤
何　勇　叶　志　蒲有能　常永贵　李　峰
李　敏　蔡友方　郭　静　杨建川　代顺坤
王彦鸿　安仁碧　田　柯　谌建国　胡成扬
景丽娟　邱　毅　朱　平　蒋良红

《汶川特大地震三台抗震救灾志》编纂委员会办公室

主　　任： 陈桂琴

常务副主任： 梁宗甫

副 主 任： 刘建明

《汶川特大地震三台抗震救灾志》总编、副总编、编辑

总　　编： 梁宗甫

副 总 编： 刘建明　古良禄　何向东

责任编辑： 郝丽华

编　　辑： 蒲关新　左　启　刁光辉　王恒超

《汶川特大地震三台抗震救灾志》编纂委员会

（2011 年 3 月 14 日～2012 年 8 月 19 日）

主　任： 李　晖

副主任： 周诗凯　代贵虎　李文秀　陈桂琴　许世平　陈晓华

委　员： 康文兴　刘世界　罗中刚　王合春　肖永双　刘天赋　龙保林　彭建邦　文礼成　胡本华　王　斌　罗东风　胡光林　何　毅　李远伦　何　勇　叶　志　蒲有能　常永贵　李　峰　李　敏　谢天明　郭　静　杨建川　何仲辉　王泽文　安仁碧　田　柯　谌建国　胡成扬　景丽娟　邱　毅　王联全　刘军伟

《汶川特大地震三台抗震救灾志》编纂委员会办公室

主　　　任： 陈桂琴

常务副主任： 陈晓华

副　主　任： 刘建明

《汶川特大地震三台抗震救灾志》总编、副总编、执行副总编、编辑

总　　　编： 陈晓华

常务副总编： 刘建明

副　总　编： 何向东　古良禄　郝丽华

执行副总编： 蒲关新

编　　　辑： 习光辉　王恒超　杨　青

《汶川特大地震三台抗震救灾志》编纂委员会

（2012 年 8 月 20 日 ~2014 年 2 月 12 日）

主　任： 杨增辉

副主任： 周诗凯　曾曙光　胡尚清　江　军　王　波　李树林　陈晓华

委　员： 康文兴　蒋秩宏　蒋光明　魏　浩　向　斌　敬　勇　蒲明勇　李　峰　王述生　钟辉茂　齐　鸣　何　毅　李远伦　成忠国　叶　志　李　军　陈安茂　常永贵　阮光松　谢天明　郭　静　杨建川　何仲辉　宋玟汛　安仁碧　田　柯　谌建国　胡成扬　景丽娟　胡　立　王联全　刘军伟

《汶川特大地震三台抗震救灾志》编纂委员会办公室

主　　　任： 江　军

常务副主任： 陈晓华　梁　胜

副　主　任： 刘建明

《汶川特大地震三台抗震救灾志》总编、副总编、执行副总编、编辑

总　　　编： 陈晓华

常务副总编： 刘建明

副　总　编： 何向东　古良禄　郝丽华

执行副总编： 蒲关新　王恒超

编　　　辑： 习光辉　杨　青

《汶川特大地震三台抗震救灾志》编纂委员会

（2014 年 2 月 13 日 ~2016 年 7 月 27 日）

主　任：张忠祥（2014. 2. 13 ~2015. 3. 12）

　　　　敬　勇（2015. 3. 12 ~2016. 7. 27）

副主任：由县委办、县人大办、县政协办、县政府办、县武装部、县志办领导担任。

委　员：由县委组织部、县委宣传部、县委县政府目标督查办、民政局、发展和改革局、财政局、卫生和计划生育局、人力资源和社会保障局、文化广播影视新闻出版局、保密局、监察局、城乡规划建设和住房保障局、交通运输局、教育和体育局、水务局、审计局、商务局、统计局、科技和工业信息化局、公安局、国土资源局、农业局、档案局、党史办、信息办、总工会、团县委、妇联、红十字会、县人武部、武警三台消防大队、武警三台县中队领导担任。

《汶川特大地震三台抗震救灾志》编纂委员会办公室

主　　　任：朱沛元（2014. 2. 12 ~2016. 7. 27）

常务副主任：梁　胜

《汶川特大地震三台抗震救灾志》总编、副总编、执行副总编、编辑

总　　　编：梁　胜

副　总　编：刘建明　　龙　梅

执行副总编：习光辉

编　　　辑：何向东　　古良禄　　陈晓华　　郝丽华　　李国强

　　　　　　杨启云　　冉进财　　喻月嫦　　陈谦松

打　　　字：李桂花

序

2008年5月12日14时28分，四川汶川县发生里氏8.0级特大地震，地震波及三台全境，全县受灾严重，三台县属“5·12”汶川特大地震29个重灾县之一。全县63个镇乡、142万余人受灾，死亡43人，伤887人；水、电、通信、交通等一度中断；城乡居民住房以及工业、农业、商贸、旅游、社会事业等遭受重大损失，造成直接经济损失295亿余元。这是三台县有历史记录以来伤亡人数最多、经济损失最大、破坏程度最严重的一次特大自然灾害。

地震发生后，在党中央、国务院、四川省委省政府，绵阳市委市政府的坚强领导下，在社会各界的大力援助下，三台县委、县政府团结带领全县人民奋力抗灾自救，千方百计抢救伤员，全力安置受灾群众，及时恢复正常生产、生活秩序，积极做好卫生防疫，有效防范次生灾害；同时，迅速抽调应急民兵、预备役军人、医护人员、卫生防疫执法人员、公安民警、机关干部支援极重灾区抢险救灾，积极组织社会各界捐款、捐物。在北川唐家山堰塞湖泄洪避险期间，安全疏散、转移县境涪江沿岸13个镇乡灾民5万余人，实现转移“零伤亡”和大灾之后无大疫的目标。在抢险救灾救援中，广大干部群众万众一心、众志成城，不畏艰险、百折不挠，以人为本、尊重科学，夺取了抗震救灾的重大胜利。面对恢复重建、加快发展的艰巨任务，在省市各部门、资阳市，以及港澳同胞、台湾同胞和海外侨胞的大力帮助援建下，全县人民坚持科学重建、和谐重建、务实重建、阳光重建，加快建设灾后美好新家园，取得了灾后重建的全面胜利，全县城乡居民住房条件大幅改善，城镇基础设施水平显著提高，社会公共服务能力明显增强。

这部专志在成书、出版过程中，得到了各级领导、专家、学者的热忱关心和大力支持，是全体编修人员辛勤努力的结果。值此机会，谨代表县委、县政府向他们表示衷心的感谢！让我们进一步弘扬伟大的抗震救灾精神，全面贯彻落实中共三台县第十三次代表大会精神，矢志创新发展，决胜全面小康，为建设四川丘区经济文化生态强县和幸福美丽三台再谱新的篇章！

中共三台县委书记

三台县人民政府县长

2016年10月

凡　例

一、《汶川特大地震三台抗震救灾志》（简称抗震救灾志），是全面客观记述2008年5月12日（简称“5·12”）汶川特大地震三台受灾情况，真实记录三台抗震救灾和灾后重建全过程的一部专志。

二、本志坚持以邓小平理论、“三个代表”重要思想和科学发展观为指导，依照国务院《汶川地震灾后恢复重建条例》《地方志工作条例》和中国地方志指导小组《地方志书质量规定》的规定，实事求是的记述三台抗震救灾和灾后重建的真实情况，做到科学性、思想性、资料性相统一。

三、本志编排采用篇、章、节、目，目下设小目。

四、本志上限为2008年5月12日，下限至2011年9月30日。《灾情》《抢险救灾》《医疗救治与卫生防疫》《赈灾》各篇记述时限为2008年5月12日至2009年5月12日；《概述》《大事记》《灾后重建》《人物》各篇记述时限为2008年5月12日至2010年12月31日。其中《灾后重建》延至2011年9月30日，震前背景内容及灾后重建发生的重大事件适当上溯或下延。

五、体裁采用述、记、志、传、图、表、录。以志为主体，统计表分别附有关章节之中。

六、志书采用语体文记述体，记述严谨、朴实、简明、通俗，寓褒贬于记述之中。正确使用标点符号和简化字。

七、对在抗震救灾、灾后重建中做出重大贡献及事迹突出的人物，采取以事系人记入有关篇章，所系人物直书姓名。受党中央、国务院及国家各部委、省委、省政府表彰的先进个人、先进集体给予简介；受市委、市政府、市以上部门表彰的先进集体、个人列表说明。

八、镇、乡、村地名有变动的，按本志所记时限名称，括注今名。

九、专用名词、术语，均按国家统一规定使用。计量、数量单位，一律使用国家规定标准。统计数据以县统计局公布数为准，若统计局缺的，使用有关单位数据。数字在万以上的以万或亿作单位，小数点后四舍五入取两位。

十、年份使用阿拉伯数字，书写全称。

目　录

第二篇　抢险救灾

第三篇　医疗救治与卫生防疫

第四篇　赈　灾

第五篇 灾后重建

附　录

概　述

一

三台县位于四川盆地中部偏北。东与盐亭、梓潼县交界，南与射洪、大英县相邻，西与中江县接壤，北与绵阳市游仙、涪城区相连，距汶川—北川地震带直线距离为110公里。2007年，全县辖区面积2661平方公里，辖63个镇乡，935个行政村，103个社区居委会，总人口148万人。全县实现地区生产总值87.22亿元，增长（比上年，下同）12.1%；城镇居民人均可支配收入8988元，增长19.2%；农民人均纯收入3976元，增长17.9%；实现财政总收入3.31亿元，增长30.47%。

2008年5月12日14时28分，四川省汶川县发生里氏8.0级特大地震，地震波及三台县全境，造成全县交通、水利、通信、供水、供气、供电等基础设施受到不同程度的破坏，这次地震，是三台有历史记录以来伤亡人员最多、经济损失最大的一次自然灾害。全县63个镇乡均不同程度受灾，受灾人口达142.7万人，伤亡930人，其中死亡43人，受伤887人。直接经济损失295.35亿元。

全县损毁居民住房2868.79万平方米，造成直接经济损失235.5亿元。其中损毁严重的城镇居民房269.41万平方米，直接经济损失37.95亿元。城市供排水、供电、供气设施，城镇垃圾处理、公共交通，城市绿化、照明、公园等市政设施受损7.73亿元。其中损毁城镇供排水管道168.4公里，城市燃气管道48.5公里，市政道路88.2公里，生活垃圾处理设施317座。

全县交通、能源、水利等各类基础设施（不含省直管通信、邮政、国电等）受灾损失14.38亿元，其中，交通，省道、县道、乡村公路受损329.48公里，梓州大桥等150座桥梁、2个县汽车客运站、9个农村客运站经济受损1.88亿元；文峰、明台、永安等3座电站经济受损1.36亿元；受损水库44座，堤防工程1.65公里，供水工程管道415公里，灌溉渠系工程受损1401.7公里，蓄水池620口，直接经济损失11.14亿元。

全县教育、卫生、文化、广电等各类业务用房损毁127.70万平方米，设备损毁22.17万台（套），造成直接经济损失13.07亿元。其中，学校受损307所，受损房屋86.29万平方米，损毁设备、设施18.73万台（套），直接经济损失6.94亿元；县、乡、村各级医疗卫生机构受损620个，业务用房达25.02万平方米，损毁设备、设施1201台（套），直接经济损失3.26亿元；县文化馆、体育馆、图书馆、文管所、新华书店及63个镇乡文化站，公共比赛场馆和农民体育健身工程均有不同程度损失。业务用房受损15.64万平方米，损毁公共文化设施设备1.11万台（套），文化体育直接经济损失2.44亿元；广播电视，镇乡台站受损63个，受损业务用房7456平方米，倒塌折断电线杆4580根、损毁光缆1356公里，各类专业设备2.21万台（套），直接经济损失4319万元。

全县38所农村敬老院、1所社会福利院、1所精神病院均遭受不同程度损坏，直接经济损失7583万元。

全县农业生产及设施受损，直接经济损失7.75亿元。其中，粮食作物受灾面积8381.73公顷，经济作物受灾5931.33公顷、大棚设施38.69万平方米、沼气池损毁10285口；镇乡农业服务机构损毁业务用房2.80万平方米，直接经济损失4.6亿元；林区损毁房屋1.08万平方米，林木损毁28.67公顷，直接经济损失859万元；损毁、倒塌畜禽圈舍1.87万平方米，死亡大牲畜2000余头，生猪5.32万头，直接经济损失1.7亿元；损毁基层农机站业务用房6198平方米，农机提灌站286座，设备设施359台（套），受损机耕道231公里等，直接经济损失达1.36亿元。

全县工矿企业受损325户，其中，规模以上工业企业受损76户，工矿企业厂房受损22.21万平方米，设备设施受损2224台（套），直接经济损失2.48亿元。服务业，商贸、餐饮、金融、粮油仓储及旅游业等直接经济损失9.74亿元。其中，商贸批发零售企业损毁各类营业房面积8.31万平方米，损毁商品价值2802万元，直接经济损失8348.37万元；金融业受损业务用房12.27万平方米，电信网络及系统设备设施等直接经济损失1.27亿元；粮油仓储及附属设施损毁等，造成直接经济损失4.58亿元；基层供销社损毁营业房3.41万平方米和商品591万元，直接经济损失共计3211万元；受损旅游景区8处，宾馆饭店6家，办公用房1300平方米以及车辆等直接经济损失2.55亿元；宗教设施直接经济损失1754万元。

全县受灾耕地227.67公顷，其中，灭失6.53公顷；全县共出现地质滑坡50处，崩塌4处。直接经济损失1899万元。

全县各政权机构损毁各类业务用房24.36万平方米，各类设备1467台（件），造成直接经济损失2.17亿元。在事业单位中，除文教、卫生、体育部门延伸到镇乡的事业单位外，县级事业单位损毁业务用房11.39万平方米，损毁设备34187台（套），直接经济损失1.05亿元。

二

“5·12”汶川特大地震发生后，中共三台县委、三台县人民政府立即采取强有力的应急处置措施，积极开展抢险救灾工作。

三台县迅速成立以县委书记任指挥长，县长任常务副指挥长，其他县级领导及有关部门负责人为副指挥长和成员的三台县抗震救灾应急指挥部，指挥部下设办公室、医疗救护、救灾抢险、物资供应保障、社会秩序安全保卫、灾后重建等6个工作组。5月13日，先后组建应急抢险、医疗卫生、帮扶助耕等各种党员服务队1141个，帮助群众解决实际困难8000余件。6月3日，县抗震救灾应急指挥部在县唐家山堰塞湖避险疏散指挥部办公室增设卫生防疫组、集中安置点指导组。县级各部门、各镇乡也及时成立抗震救灾领导小组，积极组织做好本辖区内抗震救灾工作。

组织电力、运输、通信等技术人员应急抢险，在震后一个半小时内，城区全面恢复供电，2小时内城区恢复供水，18小时内，城区恢复供气，24小时内恢复全县95%的通信网络及设施；交通部门组织200余人和多台机械昼夜奋战，在短期内，清理排除坍塌方170余处2.3万立方米，抢通损毁公路，打通抗震救灾运输通道41公里。各单位均设置临时值班电话，坚持24小时值班制度，保持通信畅通，收集受灾情况上报省市。由县级领导带队，组织县级部门、各镇乡机关干部赶赴村社了解灾情，指导抗震救灾工作；抽调机关干部、公安干警、武警官兵、基干民兵等组成232支抢险救灾突击队，在城区和农村排查危险建筑并帮助受灾群众排忧解难。专业部门对桥梁、涵洞、道路、水库大坝及供水、供电、供气、供油等基础设施和危险化学品、易燃易爆品等进行全面实地检查，防止发生垮塌、泄漏事故。完成全县101座水库、110公里防洪堤和8000公里渠道、饮用水水源地拉网式巡查。对44座震损水库、3座水电站和在建的吴家渡电站加强应急排险，向群众发放防灾避灾明白卡5000余份，核实核查全县63个镇乡地质灾害，对89处地质灾害隐患点采取防范措施。317名青年自愿者深入街道、社区及人员聚集区散发《地震应急知识手册》2万余份，相关部门通过社区街道公告公示栏、手机短信、公安指挥车、有线电视等渠道，宣传防震抗震知识，发布地震信息，增强广大群众抗灾避灾意识，消除群众恐慌。开放县委、县政府机关大院等开阔地带，照亮城区所有路灯，方便群众避险。组织公安、交警、基干民兵和群防队员对街道、社区、厂区进行安全巡逻，加强小区、金融单位、看守所等重点部位安全保卫工作。县物价部门会同经济商务、工商、公安等部门联合发出《关于地震灾害后保持市场物价稳定，对囤积居奇、哄抬物价的不法行为给予严厉打击的紧急通告》，县政府下发《关于对地震灾害期间部分价格实行临时价格干预措施的紧急通知》等政策性文件，张贴到各主要超市。自5月13日下午2时起，全县城区农贸市场和各大超市全部开门营业，货源充足，市场价格稳定，水、电、气和各加油站也全部恢复营业。在调用城区全部警力的同时，紧急从镇乡派出所抽调警力107人，投入县城社会治安维护、突发事件处置和刑事犯罪打击工作，迅速果断处置立新镇拦河办事处打架，处理漂浮船只确保唐家山堰塞湖洪峰安全过境、禁烧秸杆等突发事件，县境内社会政治、治安大局平稳。

“5·12”汶川特大地震发生后，位于北川老县城以上5公里处形成蓄水超亿立方米的唐家山堰塞湖。三台地处涪江下游，全县涪江沿岸13个镇乡26万群众、城区近200个机关单位，企业近20万群众生命财产受到唐家山堰塞湖溃坝威胁。县委、县政府高度重视，5月24日，召集水利、防汛等部门专题研究，安排部署应对措施。5月26日上午，县抗震救灾应急指挥部召集水利、公安、武警、卫生、交通等部门召开紧急会议，专题研究制定应对唐家山堰塞湖溃坝防洪抢险应急预案。分行业制定了水情预警、卫生防疫应急抢险、交通运输、治安秩序、物资供应、水电通信、新闻宣传及信息发布等单项预案。组织水利、防汛专业人员，在涪江沿岸镇乡设置堰塞湖溃坝三分之一、二分之一以及全溃坝淹没线。各有关单位、镇乡按照属地管理、辖区负责、部门负责、口内负责的避险原则，细化转移方案到村、社区、户及人头，印发疏散转移小卡片发到每一名干部群众手中；金融、财政、危化品加工、看守所等重点单位提前进行安全转移。确定以投亲靠友、对口安置、外出务工等分散安置为重点的疏散转移方案，并实行县级领导包镇乡、镇干部包村、村干部包社、党员包户的“四包干”办法，城区“八大口”实行“口长负责制”，将疏散转移工作进行层层分解和落实。5月29日，县委、县政府制定《三台县涪江上游堰塞湖溃坝洪水应急抢险预案》，成立三台县唐家山堰塞湖避险疏散指挥部。指挥部办公室下设11个工作组，每组落实一名县级领导任组长，各组抽调专门工作人员到办公室集中上班，实行县级领导干部联系镇乡责任制，由13名县级领导分别联系1个涪江沿岸镇乡，县级有关部门和沿江13个镇乡成立相应机构。按照唐家山堰塞湖三分之一溃坝避险方案，涉及13个镇乡5万余名群众，县委、县政府因地制宜，科学制定撤离方案。5月30日8时，正式启动三分之一溃坝群众疏散转移预案，沿江各镇乡在县指挥部统一指挥下，于5月31日8时前，组织群众全面有序疏散撤离51572人，其中，集中安置8763人，无一人伤亡。按照“零帐篷、零安置、零死亡”目标，加强集中安置点群众规范化管理。13个沿江镇乡全部成立由镇（乡）村社干部、民兵、干警和青壮劳力组成的突击队，帮助疏散群众解决其种养植方面具体问题。采取特殊照顾措施，妥善安置老、弱、病、残、幼人员，当地学校负责解决好子女就学问题。统一规划帐篷搭建，完善安置点的住宿、用水、用电、入厕、广播电视等硬件设施，解决安置点群众医疗、环境卫生、治安、文化娱乐问题，开展安置点防疫工作，定点开展医疗服务和卫生防疫，做好防暑降温、消毒杀虫、环境整治等工作。维护疏散安置点和疏散撤离区域社会秩序。严格执行相关政策。按三分之一溃坝预案撤离到位的群众，全部纳入受灾群众补助范围，每人每天补助10元钱0.5公斤粮；对在疏散转移范围内群众采取举家外出务工、投亲靠友等方式，自行安置的避险群众，除按照规定享受每人每天10元钱0.5公斤粮的补助政策外，每人每天再补助10元钱。全力做好信息预警。县委、县政府多次调试和演练，确保“零差错”。6月10日，三分之一溃坝疏散撤离取得圆满成功。

“5·12”汶川特大地震后，全县卫生系统外派工作人员52人，县内启用医疗救治小分队7支49人，安排县医院、县中医院、县中医骨科医院、县妇幼保健院、县第二医院和建设片区镇乡卫生院协调病床200张，用于接纳救治重灾区伤病员。5月14日16时，全县各医疗卫生机构共接收地震伤员460人，其中收治北川、安县、什邡、江油、中江等地伤员61人。5月20日，成立三台县灾后卫生疫情防控工作督查组，发放食品卫生、饮用水卫生、灾后传染病防控等宣传资料1.57万余份、卫生监督意见书42份。唐家山堰塞湖避险期间，累计出动医护人员、疾病控制和卫生监督人员2194人次，设置医疗救护点49个，为疏散安置点群众提供免费义诊巡诊和防病防暑知识宣传，发放宣传资料169.66万份。开展饮水食品卫生监督监测和指导卫生消毒，累计接诊6167人次，转入住院49人。开展爱国卫生运动和清洁城乡大行动，实施防疫工作全覆盖。出动卫生执法监督人员累计2.6万人次，开展食品卫生监督1.6万次，完成环境消毒7182万平方米，饮用水消毒313万立方米；指导对粪坑卫生消毒37681个（次），对垃圾场所消毒处理15410个（次），全面实现大灾之后无大疫的目标。

5月14日，县委、县政府成立三台县抗震救灾捐赠指挥部捐赠处，开设接收捐赠资金专户。在县民政局设资金接收捐赠点，在县政务网公开募捐接收帐号、收款单位和开户银行及热线电话。广大党员踊跃交纳“特殊党费”151万余元，共接收捐赠资金1703.7万元、援建资金2470万元，省民政厅调拨棉被5000床、电热毯4000床、衣服类159箱以及社会各界捐赠的衣物、食品、帐篷、日用品等各种物质。中华慈善总会（及）其他慈善组织、单位，通过省慈善总会援建三台慈善项目以及省慈善总会直接实施的慈善援建项目资金5624.01万元。为地震灾害造成的无房可住、无生产资料、无收入来源的“三无”困难群众和孤儿、孤老、孤残人员以及受灾的原“三孤”人员等，发放受灾困难群众生活补助2.25亿元、救灾粮8022吨；发放自建过渡安置房7.8万户农房户补助资金15603.8万元，为无房散居的2733名“五保”对象发放补助金6832.5万元，为27户特困户84人发放临时生活救助金6.08万元，对46名遇难家属发放抚慰金每人5000元，每人后续生活救助金900元，对主要劳动力遇难或致残家庭生活困难户发放补助金2250元。制定地震伤员康复工作实施方案，组织康复机构和康复站对伤残人员进行康复训练。为17户企业、5150名职工降低失业保险征缴费109万元，为2167名因灾失业人员办理“就业援助证”，开发公益性岗位1895个，培训城乡劳动力1750人，在灾区居民安置点、帐篷区召开就业援助、培训双选招聘会，帮助灾区劳动力就业。全年实现新增劳动力就业5479人，开发社区实体就业483人，免费为城乡求职者提供职介服务2350人，征收失业保险金412万元，城镇登记失业率控制在4.0%。

在大力开展抗灾自救同时，积极组织人员筹措物资，支援极重灾区抗震救灾。全县共搭建活动板房3611套妥善安置受灾群众。组建医疗救治小分队16支，接诊地震灾害伤病员638人，收治住院伤病员352人。先后派出6批1086名应急民兵、162名预备役军人、75名医护人员、20名卫生防疫执法人员、230名公安民警、123名机关干部支援极重灾区抢险救灾，挖出压埋群众53人、转移伤员201人、运送遗体41具、挖掘废墟6300平方米，现场发放和协调空投食品2780吨、药品15.6万箱、饮用水210车、救援装备560车，组织运送大米123吨、各类救援物资8000余件、抢险工具3万余件、红砖263万匹。以青年志愿者抗震救灾“黄丝带行动”（“黄丝带”寓意“祈盼亲人平安”）为统揽，组织引导广大团员青年积极投身抗震救灾行动，全县组建青年志愿者服务队22支，志愿者2000余人，在绵阳灾民安置点、三台县体育中心灾民安置点为灾民服务。

三

2008年7月25日，三台县成立“5·12”灾后恢复重建委员会，下设6个办公室。同年12月8日，调整“三台县‘5·12’地震灾后恢复重建委员会”，县委书记、县长任主任，县四大班子领导分别任重建委成员和各工作组、督导组、办公室组长、副组长或主任，将原重建委综合、农房和集镇建设等8个办公室调整为1办、11个工作组和6个督导组。2009年5月15日，县委再次调整重建委员会办公室及工作组人员。组织机构调整为12个。各部门明确职责分工，各司其职、各负其责，形成合力，共同推进灾后恢复重建工作。各乡镇人民政府负责组织实施本辖区内灾民安置、组织灾后重建和恢复生产等工作。

2008年5月23日，县政府根据省、市政府编制“5·12”汶川特大地震灾后恢复重建规划要求，开始组织编制灾后重建规划。是年6月，编制完成灾后恢复重建总体规划、城镇和乡村灾后恢复重建规划和7个专项规划，纳入国家灾后重建规划项目1497个（不含城乡住房重建项目），总投资123亿元。2010年2月4日，根据国家灾后重建总体规划和省发改委汶川地震灾后恢复重建规划项目实施计划（中期调整本）文件精神，三台对列入“5·12”汶川特大地震灾后恢复重建项目进行调整，全县项目总数调为1379个，调减118个（不含城乡住房重建项目），总投资111亿元，调减12亿元。同年11月，对部分项目进行整合、归并，项目总数为1381个，分解细化为4207个（含城乡住房重建项目），总投资226.49亿元。

三台县先后制订《三台县贯彻落实〈四川省汶川特大地震灾后恢复重建行政效能问责规定（试行）〉实施意见》《三台县灾后重建国家投资工程建设项目招标投标监督管理暂行办法》《三台县国家投资工程灾后恢复重建项目管理暂行办法》《三台县“5·12”地震灾后恢复重建审计工作方案》等规范性文件。修订完善《三台县灾后恢复重建国家投资项目审批程序、实施方案（提纲）、审批流程表》，建立公共服务设施灾后重建“绿色审批通道”，规范审批流程，简化审批程序，提高办事效率。

2008年5月～12月，县政府对建筑材料实行临时价格干预和灾后重建建材价格管理。次年2

月，规范新建砖厂（窑）建设工程安全生产监督管理职责。在项目建设中，严格执行统购、统价、统销、统运“四统”和定供应数量、定供应范围、定供应时间的“三定”建材特供机制，落实建材限价销售、限进销差销售和限价运输等临时价格干预措施。加强灾后重建政策性补贴资金兑现力度，及时足额拨付到位重建资金。注重规划设计、质量监测、安全鉴定等技术人才的引进、培训、认证工作，引导鼓励回乡人员投身家乡灾后重建。

县政府定期、不定期组织工商、质监、国土、规划、建设等部门和各镇乡，加强质量监管。严把规划设计关，要求建设过程中按图施工，不准擅自更改设计；在建设选址上，避开可能发生滑坡、崩塌、沉降等危险地段和行洪区以及洪涝灾害等次生灾害易发区。严把建材质量关，不准质量不合格的建材出厂和流入建材市场，杜绝使用不达标水泥、质量差的红砖等建材。严把安全施工关。加强对建材质量、房屋抗震设防标准、建筑施工质量等重点环节的检查，发现问题立即限期整改；严禁无图、无证施工和越级施工。严把施工技术关，严格设防标准，提高防震等级；严把干部包户责任关，坚持农房重建质量安全无包户干部不准开工，建材企业无驻厂价格质量安全监督员产品不准出厂的质量安全监管制度。

县委、县政府先后制订《关于艰苦奋斗重建家园的十条规定》《关于地震灾后农房重建政府补助资金拨付和管理办法》等一系列规范性文件，对救灾资金管理、使用、发放和灾后重建项目的申报、立项、资金拨付等各个环节均作出明确具体的规定，针对重建资金发放过程中的薄弱环节，进行专项督促检查。开设抗震救灾资金专户和社会捐赠专户，对所有救灾资金实行专户管理、封闭运行，设立专账对救灾资金进行单独核算，在安排资金时，坚持“急事急办，特事特办”原则，坚持严格按程序进行审批。在审核基础上，按照“公开、公平、公正”原则和灾民申请、群众评议、村组公示、镇乡审核、县民政部门审批的程序，及时发放救灾资金。

县委、县政府将灾后恢复重建工作纳入各镇乡、各部门年度目标考核，落实住房重建、项目建设领导联片、干部包户责任制，制订城乡住房重建等灾后重建专项考核办法，层层签订目标责任书。多次下派督查组，对灾后重建各项政策落实工作推进情况进行专项督查，对全县各级各部门在灾后重建工作中违纪违规和不作为、乱作为人员给予从严处理。对灾后重建前期工作不力的32个镇乡及中期工作滞后的9个镇乡党委书记、乡镇长进行诫勉谈话，纠正中太、新德等镇村社收取农户重建保证金的违规行为。

2008年5月至2011年2月12日，实现三年重建维修两年基本完成的目标。全县7.99万户农房、8413户城镇住房重建全部完工，对7.99万户农房重建补助对象，发放农房重建补助金12.38亿元；对因地震及次生灾害受损但不构成危房，经维修加固后能够安全居住的22.34万户农户，发放维修加固补助金6.17亿元；城镇住房重建补助资金2.13亿元，城乡居民住房条件大大改善。公共服务功能提升。教育、文体、卫生等公共服务设施重建项目累计完成投资18.71亿元，占总投资71.6%。164所学校重建项目全部完工，321个文体设施重建项目完工308个，69个医疗卫生重建项目完工67个，301个就业和社会保障服务设施重建项目完工293个，8个社会管理重建项目完工5个，31个广播电影电视重建项目完工28个，公共服务能力超过震前水平。基础设施明显改善。城镇、交通、水利等基础设施重建项目累计完成投资22.38亿元，占总投资67.8%。47个城镇体系建设项目全部开工，261个交通重建项目完工235个，63个水利重建项目完工58个，6个农村建设项目完工1个，投资6564万元的4个防灾减灾项目完工1个，投资6012万元的生态修复和环境整治项目全面完工，基础设施更加牢固。产业发展水平提高。农业、工业、旅游业、商贸流通等产业重建项目累计完成投资18.82亿元，占总投资95.9%。157个农业、畜牧、林业重建项目完工89个，整理复垦灾毁耕地1.03平方公里，101个工业重建项目、3个旅游重建项目全部完工，252个商贸流通重建项目完工247个，产业发展后劲持续增强。对口援建工作有力。共争取港澳援建项目7个，投资总额3.14亿元，争取国外政府贷款项目8个、总额6.04亿元，红十字会援建资金8189万元，慈善会援建资金5714万元，其他援建资金1744万元。资阳市对口援建新鲁镇37个项目全面完工，援建投资1247万元。

“5·12”汶川特大地震后，三台人民在县委、县政府领导下，全力以赴参与抗震救灾和灾后重建工作，涌现出一大批做出突出贡献的先进集体和个人，受到国家、省市县表彰。全县获县级及以上表彰的抗震救灾、灾后恢复重建先进集体148个（含援建单位1个），先进个人及荣誉称号371人次，其中援建人员11人次。

大 事 记

2008 年

5 月 12 日 14 时 28 分，四川省汶川县境内（北纬 31°，东经 103°4′）发生里氏 8.0 级特大地震。特大地震波及三台，是三台有历史记录以来经济损失最大、人员伤亡最多的一次特大自然灾害。

是日，三台县委、县政府召开抗震救灾紧急会议。县委书记，县委副书记、县长崔斌分别就抗震救灾工作作出安排部署。及时成立抗震救灾指挥部，开展抗震救灾工作。

5 月 14 日，隆昌县委常委、组织部部长黄英代表隆昌人民向三台县捐赠抗震救灾资金 20 万元，这是三台县接收的第一笔县外抗震救灾捐款。

5 月 15 日，三台县委组织 40 名科级干部分赴北川等极重灾区，支援当地抗震救灾工作。

是日，由三台县人武部组织 150 名民兵应急抢险分队奔赴北川参加抗震救灾工作。

5 月 17 日下午，县工商联、县总商会在县城喜洋洋广场举行抗震救灾捐赠启动仪式，现场接收捐款 198 万元。

5 月 22 日，三台县抗震救灾应急指挥部、中共三台县委、三台县人民政府共同举办“爱在天地间”大型赈灾募捐义演，当场筹集善款 140 余万元。

5 月 24 日，三台县委召开专题会议，研究部署应对预防北川唐家山堰塞湖溃堤方案。

5 月 30 日，县唐家山堰塞湖避险疏散指挥部发布第一号指挥长令，启动预防三分之一溃坝撤离方案。

5 月 31 日，厦门市公安局抽选的 200 名特警队员抵达三台，帮助三台开展抗震救灾工作。

6月5日，四川省武警总队冲锋抢险突击队20人赶赴三台，帮助三台开展唐家山堰塞湖泄洪避险工作。

6月10日，县委召开会议，专题研究灾后重建工作。县委副书记、县长崔斌，县政协主席苏才华，县委副书记陈福林，县人大常委会党组书记、副主任李蜀光出席会议。

6月17日，省政协副主席、省抗震救灾指挥部驻绵阳工作组副组长陈杰到三台调研学校受灾及学生复课情况。

6月18日，唐山抗震救灾志愿者、唐山宏旺矿业公司董事长皇甫志友到三台县四平小学考察后决定捐款100万元建设一所希望小学。

6月19日，安徽省芜湖市科协向三台捐赠4万元现金和10吨大米。

6月24日，山东省省长助理陈光带领山东省建设厅等部门负责人到三台县开展援建活动板房对接工作。

6月25日，资阳市委书记、市人大常委会主任翟占一到新鲁镇安排落实对口援建工作并捐赠首批援建资金500万元。资阳籍爱心人士周长安向龙桥小学捐赠重建资金150万元。

是日，北京东尚服装股份有限公司副总裁卢志建到三台捐资150万元，用于学校灾后重建。

6月27日，上海城建集团援建三台县804套活动板房交付使用。

7月1日，三台县委隆重召开庆祝建党87周年暨抗震救灾表彰大会。表彰在抗震救灾中做出突出贡献的100个先进集体、200名先进个人。

7月6日，中共绵阳市委副书记、代市长曾万明到三台检查指导灾后重建工作。

7月11日，三台县委、县政府召开会议，专题研究《三台县地震灾后农房重建实施意见》。

7月31日，三台县举行山东省枣庄市援建三台活动板房竣工交接仪式。

是日，三台县启运8000万匹红砖支援北川县、平武县灾后重建。

8月1日，三台县委、县政府、县武装部联合表彰抗震救灾民兵预备役先进单位16个，先进个人40名。

9月2日，资阳市委市政府领导到三台新鲁镇检查援建工作，并送来第二批援建项目资金500万元。

9月8日，全国政协文卫体委员会“三下乡”慰问演出在县城梓锦广场举行。演出主题为“凝聚每份爱”——《同一首歌特别节目》。

9月9日，全国政协“三下乡”慰问团到三台中学、潼川二幼、文化馆等地开展慰问活动。

10月10日，香港灾后援建项目考察团到三台一中调研。

10月13日，三台县委、县政府在梓州国际酒店会展中心多功能厅召开全县灾后农房重建工作会议。各镇乡党委书记、镇乡长以及县委办、县政府办等13个县级部门主要负责人和县重建委负责人参加会议。县委书记、县人大常委会主任崔斌，县委副书记、县长赵飚等出席会议。

11月11日，四川省慈善总会援助三台县灾后重建项目正式启动。其项目包括县中医院药剂大楼、行政教学楼和县精神病医院精神科住院大楼。

2009 年

1 月 9 日，三台县政府召开专题会议，研究制订《城镇住房重建工作实施意见》。

1 月 10 日，资阳市领导赴三台新鲁镇开展“送温暖”慰问活动并参加社会堰村灾后农房重建示范点乔迁庆典。

1 月 13 日，三台县委书记、县人大常委会主任崔斌带领县四套班子领导赴资阳市开展感恩致谢活动。资阳市领导翟占一等参加座谈会共商对口援建工作。

3 月 3 日，资阳市领导翟占一到三台新鲁镇调查研究对口援建工作。

是日，世界卫生组织驻华代表毛吉祥和加拿大国际发展署四川抗震基金项目的官员到三台考察社区、乡镇医生灾后心理卫生服务项目开展情况。

4 月 12 日，中共绵阳市委书记、市人大常委会主任吴靖平到三台调研灾后重建工作。

4 月 14 日，中国国际扶贫中心副主任、国家扶贫办灾后重建办主任黄承伟到三台检查贫困村灾后重建工作。

4 月 16 日，三台县政府举行台湾同胞援建郪江学校教学楼重建资金 152 万元签字仪式。

4 月 22 日，中共三台县委书记、县人大常委会主任崔斌，县委副书记、县长赵飚等县领导检查指导灾后重建工作。

5 月 4 日，上海世华爱心之旅及爱心企业家向金石小学捐赠 30 余万元现金和一批爱心物资。

5 月 8 日，在新鲁镇举行资阳市援建新鲁镇龙桥小学教学楼工程竣工庆典。

5 月 11 日，县举行“以诗的名义铭记，以爱的回声感动”，纪念“5·12”抗震救灾一周年纪念诗歌吟诵会。

5 月 13 日，澳门特区政府援助四川灾后重建第二批项目教育文化考察组到三台县芦溪中学考察灾后重建工作。

7 月 8 日，国家审计署驻重庆特派办到三台检查扩大内需和灾后重建资金使用情况。

7 月 14 日，香港红十字会援建三台项目工作会召开。此项援建包括塔山中心小学等 9 个项目，援建资金总额 3692 万元。

8 月 21 日，日本红十字会援建幸福乡卫生院重建项目奠基。其援建资金 235 万元主要用于该院住院综合楼建设。

11 月 12 日，中央检查组到三台检查新增中央投资和新增灾后重建资金项目工作。

11 月 16 日，三台县政府召开港澳援建项目推进工作会。

2010 年

1 月 12 日，财政部驻四川省财政监察专员办事处二处副处长罗飞一行到三台县检查灾后恢复重建资金预算执行情况。

1 月 14 日，三台县委、县政府对部分镇乡农房重建工作进行黄牌警告和通报批评，其中，对八洞镇党委副书记、镇长江某某和副镇长何某予以免职处理，对景福镇、老马乡予以黄牌警告，对潼川镇、忠孝乡、塔山镇予以通报批评，对问题所涉的 6 个镇乡的主要领导和分管领导诫勉谈话。

1 月 15 日，中共三台县委十一届八次全委（扩大）会议召开。县委书记在全委会上作题为“加快科学重建，加快科学发展，为建设四川丘区经济强县而努力奋斗”的工作报告。

2 月 1 日，香港特区政府援建检查组到三台一中、县中医院检查援建工作，县委常委、常务副县长冯中兵，副县长李晖、安兴陪同。

是日，三台县政府印发《三台县农村村道公路灾后重建项目建设办法》。《办法》分《总则》《标准与设计》《建设资金与管理》《建设组织与管理》《法律责任》《附则》等 7 章 38 条。

2 月 2 日，中共三台县委常委、县纪委书记魏坤主持召开县灾后恢复重建和扩大内需资金物资项目监督检查领导小组工作会议。

2 月 8 日，资阳市委市政府领导率领资阳市党政代表团，到灾后重建对口援建的新鲁镇慰问受灾困难群众。绵阳市委书记、市人大常委会主任吴靖平，市委常委、常务副市长，市政协副主席、市委统战部部长文久喜，县委书记、县人大常委会主任崔斌，县委副书记、县长赵飚等陪同。

3 月 2 日，省民政厅计财处处长郭军祥一行到三台县检查农村敬老院灾后重建工作，副县长李晖陪同。

3 月 9 日，三台县召开全县农房灾后重建检查验收工作会。

3 月 12 日，三台县政府出台《关于进一步加强扩大内需和灾后重建项目建设管理的通知》，明确责任主体职责，强调强化项目实施过程管理和工程项目一般建设程序管理。

3 月 24 日，三台县举行世行贷款灾后重建市政基础设施项目初设方案评审会。

3 月 31 日，三台县首个香港红十字会援建项目——长乐学校教学楼竣工正式投入使用。

4 月 9 日，三台县公安消防大队灾后重建营房在梓州干道正式落成。

4 月 16 日，县武引渠系灾后重建工程全线通水。三台县武引灌区控灌涪江以东 23 个镇乡，设计灌溉面积 33 万余亩，大春灌面 12 万余亩。

4 月 19 日，农业银行三台支行首个灾后重建项目——中国农业银行三台芦溪支行完成灾后重建，正式投入使用。

5 月 6 日，三台县委、县政府召开灾后重建以工代赈项目建设工作会议。

5 月 10 日，市人大常委会副主任孙玉英到三台县慰问资阳市援建新鲁镇灾后重建干部职工。县人大常委会主任李蜀光、副县长安兴、县政协副主席刘伟玉陪同。

5月11日，三台县举行“记忆5·12，感恩有你”系列活动启动仪式。

5月12日，绵阳市灾后重建和扩大内需项目资金第三检查组到三台检查指导。

是日，省畜牧食品局局长杨昌明到三台县调研畜牧产业灾后重建工作，市委副秘书长敬永杰，市畜牧兽医局局长蒋开恩，县委副书记、县长赵飚，县委常委李洪波，县政协副主席刘伟玉陪同。

5月17日，省项目办主任黄河、市发改委纪检书记梁馨一行到三台县查看港澳援建项目建设情况。

5月21日，中共三台县委办、县政府办联合印发《三台县灾后重建工程过错责任问责办法（试行）》共6章18条，从5月21日起施行。

6月1日，由民革四川省委和广西柳州市工商联捐款100万元重建的慕禹小学正式落成。

6月3日，香港特区政府专家组到三台一中验收竣工的灾后重建教学楼、宿舍楼工程。

是日，由香港政府援建的三台一中教学楼、宿舍楼工程通过竣工验收。

6月22日，中共绵阳市委书记、市人大常委会主任吴靖平到三台调研灾后重建和加快新型工业化、农业现代化发展情况。

6月28日，由致公党广东省委、致公党深圳市委捐建的忠孝小学“广东致公教学楼”竣工并投入使用。

7月12日，三台县政府安排部署全县灾后恢复重建和扩大内需项目资金专项检查。

7月15日，中共绵阳市委常委、市纪委书记楚明到三台县检查指导灾后重建项目建设及资金项目监管工作。

7月25~30日，县地方志编纂办公室副主任刘建明赴北京参加全国《汶川特大地震抗震救灾志》编纂培训会。

7月26日，中共三台县委办、县政府办联合印发《三台县灾后重建及扩大内需建设项目问题整改责任办法（试行）》《办法》共11条，从7月26日起施行。

8月24日，县《汶川特大地震三台抗震救灾志》编纂委员会成立。副县长李晖任编委会主任。

8月25日，中共三台县委、县人民政府在梓州国际酒店多功能厅召开全县灾后重建工作推进会，县四大班子相关领导，县法院、县检察院、工业园区管工委、管委会主要领导，各镇乡党委书记、镇乡长，37个灾后重建项目责任单位主要负责人等参加会议。

8月27日，省港澳办党委书记、副主任贺平，市外事办副主任张万洪一行到三台一中视察香港特区政府投资援建的灾后重建项目建设情况。

9月8日，审计署谭志武一行到三台县调研灾后恢复重建和扩大内需投资审计工作。

9月19日，省汶川地震灾后重建规划项目再评估专家组到三台检查灾后项目选址再评估工作。

9月21日，三台县政府召开全县房屋和市政工程暨灾后重建工程质量安全拉网式大检查工作会。县委、县府、县政协、县人大四大班子分管或联系领导、22个县级有关部门负责人，各镇乡人民政府镇乡长以及县规划和建设局相关领导、县内建筑企业、监理单位负责人参加会议。

9月28日，澳门援助项目中期考察组到三台考察县文体中心项目建设进展情况。

10月18日，澳门特区政府全额援建的三台县文化体育中心灾后重建项目正式开工。该项目由体育馆、图书馆、文化馆组成，占地2.25万平方米，建筑面积1.75万平方米，总投资5750万元。

10月27日，省联合督查组到三台县检查港澳援建项目整改落实情况。

10月28日，中共四川省委常委、副省长钟勉到三台调研灾后重建情况。

11月5日，县政府安排部署灾后恢复重建项目竣工决算审计工作。

11月25日，三台县政府安排部署城乡居民住房灾后恢复重建和维修加固专项资金审计调查工作。由县审计局牵头，县重建办、县监察局、县财政局配合，从12月1日起开展专项审计调查。

12月9日，中共绵阳市委、市政府检查小组对三台县房屋和市政灾后重建工程质量安全工作进行检查。

12月21日，香港红十字会总监胡郭秀萍到三台检查香港红十字会援建项目进展情况。

12月30日，省民政厅副厅长杜小炎一行到三台县调研农村敬老院灾后重建及管理工作。

2011 年

1月18日，中共三台县委常委、县纪委书记魏坤主持召开扩大内需和灾后重建项目资金监督检查工作会。

1月21日，香港特区政府援建三台一中灾后重建子项目——学校食堂由香港教育局、发展局有关人员及建筑专家进行竣工验收。

2月28日，中共四川省委书记、省人大常委会主任刘奇葆到三台调研灾后重建工作。

3月3日，省委组织部组织一处处长黄林到三台县检查指导“特殊党费”援建项目工作。

3月11日，三台县召开“特殊党费”援助项目专项督办会议，传达省委“特殊党费”项目推进会精神，通报全县“特殊党费”援助项目专项检查情况，安排部署“特殊党费”援助项目建设工作。

3月23~25日，县委书记崔斌到安居、景福、观桥、新生、下新等镇乡检查“特殊党费”村级活动阵地项目推进情况。

3月29~30日，中共三台县委常委、县政法委员会书记段光艳，县委常委、县总工会主席贺强华，县委副书记何承平，县委常委、副县长魏富祥，县委常委、县纪委书记魏坤分别到百顷、东塔、永新、石安、高堰、金鼓、富顺、秋林、刘营、芦溪、老马、花园、永明、建平、乐安、七一小学、西平、凯河、八洞、上新等镇乡和单位检查指导“特殊党费”援建项目建设工作。

4月1日，中共三台县委书记崔斌主持召开“特殊党费”援助项目推进工作会，县领导何承平、冯中兵、魏富祥、段光艳、魏坤、李哲、李洪波、贺强华、李晖等参加会议。

4月7日，中共三台县委、县政府在三台在梓州国际酒店多功能厅召开灾后恢复重建工作会。县人大、政协领导，县法院院长，县检察院检察长，工业园区党工委副书记、管委会副主任、纪工委书记，灾后重建监管指导和主管（业主）部门的主要负责人，各镇乡党委书记或镇乡长，县重建委办公室、农房重建组、城镇住房重建组、专项检查组全体工作人员参加会议。会议要求力争在5

月12日前，所有纳入重建规划项目全部开工，9月30日前，全面完成灾后恢复重建目标任务。

是日，绵阳市“特殊党费”援建项目督查组专项督查三台县“特殊党费”援助项目完成情况。

4月8日，灾后重建项目广客缘配送中心正式落成开业。广客缘配送中心总投资1500万元，占地2.8公顷。

4月9日，中共绵阳市委常委、组织部部长邵革军到三台县调研“特殊党费”援建项目。

4月11日，中共三台县委常委、县总工会主席贺强华到秋林镇、富顺镇督导“特殊党费”援助项目建设工作。

是日，三台县政府召开国外优惠紧急贷款项目稽查意见交换会，省重大建设项目稽察组就三台县国外优惠紧急贷款项目建设督察情况与县政府交换意见。

是日，县城市生活污水处理厂通过竣工验收开始试运行。

4月14日，中共三台县委、县政府召开“特殊党费”援助村级组织活动场所建设项目专项督办会议。

4月15日，中共三台县委书记崔斌到古井、下新、西平等镇乡督查“特殊党费”援建项目建设管理工作。

是日，三台县召开宗教场所灾后重建工作会。

4月27日，水利部副巡视员陈明、杨聪到三台县检查洛神沟水库除险加固项目实施情况。

是日，省道101线穿越三台县城主城区、连接涪江两岸的梓州大桥维修加固完工，提前3个月恢复通车。

5月6日，中共三台县委书记崔斌召集会议，专题研究部署“特殊党费”使用管理和项目建设后期工作。县纪委、县委办、县委组织部、目督办、发改局、教育局、民政局、财政局、县国土资源局、住建局、审计局等部门负责人参加会议。

5月13日，资阳市政协副主席、资阳市对口支援领导小组办公室主任刘廷安到三台县新鲁镇视察灾后重建工作。

5月中旬，全县组织10个审计调查小组，对全县城乡居民住房灾后恢复重建及维修加固项目资金的管理、使用和项目实施情况进行专项审计调查。共查出各类违纪违规资金145.97万元，管理不规范资金352.60万元，移送县纪委处理事项2件，涉及金额30.40万元，提出审计建议书63份，提出审计建议189条。

5月18日，市政协副主席蔡清顺带领部分市政协委员到三台县视察教育灾后重建软实力管理工作。

5月19日，三台县政府召开港澳援助项目协调会议。县级领导冯中兵、魏富祥、李晖等参加会议。

5月23日，以省农业厅副厅长祝春秀为组长的督查组到三台县督查地震受灾毁损耕地复垦及土地整理项目实施工作。

5月26日，省人口计生委巡视员张小朋到三台县检查计划生育服务站灾后恢复重建情况。

是日，由鄂尔多斯大华集团捐资100万元人民币修建的立新镇拦河学校“鄂尔多斯大华博爱教学楼”竣工。

6月2日，中共三台县委、县政府召开灾后重建项目资金管理工作会议，安排部署全县灾后重建项目资金（包括“特殊党费”援建资金，财政安排的贴息、担保资金）专项监督检查工作，分6个组进行专项检查。

6月3日，三台县政府召开国际农发基金沼气项目竣工验收会议，安排部署有关国际农发基金沼气项目竣工验收工作。

6月7日，中共三台县委书记崔斌主持召开灾后重建资金项目监管及重点工程清理自查工作专题会。

6月28日，省民政厅副厅长刘家鹏到三台县检查民政系统灾后重建工作。

7月12日，中共三台县委书记崔斌主持召开全县2011年灾后重建工作会议，县级领导赵飚、何承平、冯中兵、魏坤、李哲、胡晓宇、李洪波、宋先国、李晖、安兴、龚云等参加会议。

7月14日，三台县政府召开港澳援建项目工作会。县发改局、教育局、规划建设和住房保障局、监察局等项目相关部门参加会议。

7月19日，中共三台县委常委、县纪委书记魏坤到紫河中学督查港澳援建项目建设情况。

7月20日，中共绵阳市委组织部副部长、市人社局局长苗平一行到县调研劳动保障系统灾后恢复重建工作。

8月15日，中共三台县委副书记、县长赵飚到部分镇乡电影院和县城梓州大剧院建设工地现场视察，了解灾后重建滞后项目进度及滞后原因。随后主持召开全县固定资产投资暨灾后重建滞后项目推进会。决定组织5个督查组，从8月22日开始，重点对灾后重建10个未开工项目和开工后进度滞后的40个项目进行督查（不包含外国政府贷款、港澳援建项目）。

8月25日，以绵阳市环保局副局长庞捷为组长的市督查组到三台县督导检查活动板房拆除处置工作。

8月27日，国家发改委外资司副巡视员李果辉率工作组到三台县检查调研国外优惠紧急贷款灾后恢复重建工作。

8月30日，三台县文化体育局、县新闻出版局、四川省远景建筑园林设计研究所及江苏常熟古建园林集团在郪江镇召开郪江历史文化名镇重建项目技术交流会。

9月8日，四川省畜牧食品局副局长姜文康一行到县检查动物疫病预防控制中心和农产品安全检测中心灾后重建工作。

9月14日，四川省灾后重建驻三台工作组一行4人到富顺镇计生服务站对灾后重建成果转化情况进行实地调研督查。

9月16日，中共三台县委副书记、县长赵飚到紫河、景福、观桥、安居、郪江等镇乡督查灾后重建滞后项目，指导灾后重建竣工项目使用。

第一篇　灾　情

第一章　地震灾害

第一节　地质结构与地貌特征

一、地质结构

（一）地质构造。三台县地处四川盆地中部偏北，县境内地质构造简单，以平缓开阔褶皱为主。褶皱轴线平面展布多呈近东西向，仅局部弯曲呈舒缓波状或呈北西向。主要东西向褶皱在平面上延伸较远，弯曲度大。背、向斜成对出现，平行排列，二者之间距离较近。各褶曲在背、向斜分布上略呈等距性。两翼岩层走向大部分与褶皱轴线相斜交，背斜两翼地层平缓，一般倾角1°至3°。县境内主要褶皱构造有东北旋扭构造、西南旋扭构造和西北旋扭构造，均形成于喜山期地质运动。东北旋扭构造位于县境东北部，西南旋扭构造位于县境西南部。西北旋扭构造位于县境北部。

（二）地层。三台位于四川盆地川中红层地带，境内出露中生界侏罗系上统蓬莱镇组、白垩系下统及新生界第四系地层。侏罗系的砂岩、泥岩和白垩系砂岩、泥岩和砾石，其颜色为紫红、砖红色，而称红层，为一套陆相碎屑岩系。第四系松散堆积层在河流沿岸零星分布，为砂黏土和砂砾卵石组成。全县罕见断裂地层，区域稳定性良好，不具有发震构造。

二、地貌特征

三台县境地貌为剥蚀构造的浅切低山丘陵。地势倾斜为北高南低。全县平均海拔在450米左右。山顶多为圆锥状，谷坡多为阶梯状。涪江由北流向东南，凯江由西向东，把全县分割为东、西、南3个大片和涪江两岸一个条带。条带地势平坦。涪江以西、凯江以北为浅丘、中丘，山低坡缓，沟谷开阔。涪江以东为深丘，山高沟狭。凯江以南为中丘、深丘。

三台的地貌分为浅切低山地貌、深切丘陵地貌、中切丘陵地貌和河谷平坝地貌四种地貌类型。全县分为5个地貌区。即东部深丘中窄谷区、中部中丘中宽区、西部浅宽谷区、沿江陡壁谷台地区和沿江平坝河谷区。

第二节　“5·12”地震与历次地震

一、地质灾害

“5·12”汶川特大地震发生时，县境内地面发生上下振动，随后地面发生前后、左右抖动，房屋建筑等左右摇摆、碰撞，建筑附着物脱落，墙体开裂，农村小青瓦房瓦块顺屋脊下滑，砖柱断裂，不少房屋也因此倒塌。公路一些路段可见地震波传导留下的地面波动起伏痕迹。通信、电、气全部中断。居民在惊恐中纷纷奔跑至开阔地，城内几成空巷。地震当天，余震不断，县城居民只好在梓锦新城广场、梓州干道、东河路等开阔地带搭建帐蓬露宿，时间长达半月之久。地震发生后第3天，国家地震局专家杨主恩博士等一行对三台县地震烈度进行评估后认为，“5·12”汶川特大地震在三台县表现出的破坏程度为烈度6级，部分地区达7级。国家“5·12”汶川特大地震灾害评估组将三台县划为重灾区。

由于受“5·12”汶川特大地震及余震影响，引发全县滑坡、崩塌、地裂缝、地面塌陷、沙土液化等地质灾害。全县共排查出灾害点195处，其中，山体滑坡115处，危岩（崩塌）67处，不稳定斜坡13处。滑坡、崩塌主要分布在光辉、塔山、潼川、秋林、北坝、中新、曙光等镇乡。其中，秋林镇李家湾滑坡35万立方米、北坝镇千佛岩滑坡12万立方米。全县地质灾害严重威胁637户2397人及学校师生2.03万人生命安全。

二、历次地震

三台县境内历史上地震活动弱，断裂不发育，区域地壳稳定，无5级以上地震记载。但三台县地处四川盆地中部偏北，四川是中国地震活动较为强烈的省份之一，地震活动频度，强度仅次于台湾、西藏、新疆和云南等地，居全国第五位。三台以北的龙门山地震带，是四川省地震多发区之一。沿龙门山断裂，虎牙断裂附近各县市以及周边地区，历史上都曾发生过破坏性地震。1713年，蓬溪发生7.0级地震；1879年，江油发生5.0级地震；同年，江油武都发生8.0级大地震；1933

年，蓬溪发生7.5级地震；1958年，北川发生6.2级地震；1966年，安县发生4.8级地震；1976年，松潘、平武发生两次7.2级地震等，均波及三台县，造成县内不同程度损失，引发多处山体滑坡、垮塌等地质灾害。

第二章 灾害损失

2008年5月12日汶川发生特大地震，三台县为四川省29个重灾县之一，排列重灾县第十五位，受灾人口142.7万人。全县人民生命财产和社会经济遭受重大损失，直接经济损失295.35亿元。

第一节 人员伤亡

一、死亡人员

地震严重波及三台，造成三台县死亡43人（截至5月31日），其中男27人，女16人。因建筑物倒塌当场砸死28人。死亡人员中最大年龄90岁（1人），最小年龄11岁（4人），大部分死亡人员为中老年人；死亡人数最多的是潼川镇辖区11人（含县农行5人），三元镇辖区4人，北坝、西平镇辖区各3人，其余分布在各有关镇乡。

三台县“5·12”汶川特大地震死亡人员一览表

表1－1

序号	姓名	性别	年龄	民族	户口所在地	死亡时间	死亡原因
1	蒲桂芳	女	63	汉	三元镇群利村1社	2008－5－12	庙子垮塌
2	杨兴富	男	67	汉	三元镇群利村2社	2008－5－12	庙子垮塌
3	魏兴业	男	21	汉	三元镇龙吟村2组	2008－5－12	房屋倒塌
4	赵　东	男	22	汉	三元镇明星村2组	2008－5－12	房屋倒塌
5	于术芬	女	88	汉	下新乡松林村	2008－5－12	建筑物倒塌
6	王世玉	男	11	汉	争胜乡木鱼村11组	2008－5－13	建筑物倒塌
7	潘泽厚	男	72	汉	潼川镇蟠龙社区	2008－5－12	建筑物倒塌

续表1－1

序号	姓名	性别	年龄	民族	户口所在地	死亡时间	死亡原因
8	阮国贤	男	90	汉	潼川镇凯涪社区	2008－5－12	建筑物倒塌
9	魏素珍	女	72	汉	潼川镇蟠龙社区	2008－5－12	建筑物倒塌
10	景吉湘	女	62	汉	潼川镇慕禹长林村四组	2008－5－12	惊恐突发心脏病
11	李黄斌	男	11	汉	潼川镇凯涪社区	2008－5－12	建筑物倒塌
12	王伦孝	男	80	汉	潼川镇橙园村2组	2008－5－12	摔伤致死
13	宋海生	男	19	汉	石安镇先锋百蝉寺村1组	2008－5－12	惊慌跳楼
14	胡正宽	男	60	汉	刘营镇新乐村	2008－5－13	重伤抢救无效
15	王素秋	女	67	汉	刘营镇新建村	2008－5－12	建筑物倒塌
16	雷桂芳	女	60	汉	西平狮王菊沟村4组	2008－5－12	房屋垮塌
17	孙　金	男	17	汉	西平峨山白雀寺村3组	2008－5－12	房屋垮塌
18	陈桂芳	女	84	汉	古井镇柳沟村7组	2008－5－12	房屋倒塌
19	谢义太	男	77	汉	黎曙镇黎福村6组	2008－5－13	撤离摔倒不治
20	谢元敏	男	52	汉	中江黄鹿来黎曙镇	2008－5－12	建筑物倒塌
21	古青珍	女	61	汉	乐安镇金铃村2组	2008－5－13	建筑物倒塌
22	张玉平	女	77	汉	乐安镇林断山村3组	2008－5－16	医治无效死亡
23	谢代源	男	61	汉	北坝镇	2008－5－12	建筑物倒塌
24	秦桂珍	女	77	汉	北坝镇天平巷	2008－5－12	其他
25	姚书军	男	42	汉	中新镇	2008－5－12	建筑物倒塌
26	姚清华	女	70	汉	团结水库管理局	2008－5－12	惊慌吓死
27	张长兴	男	11	汉	进都乡龙凤村6组	2008－5－12	建筑物倒塌
28	侯德光	男	45	汉	百顷镇芙蓉村2组	2008－5－21	建筑物倒塌
29	吴凤琼	女	47	汉	凯河镇橙子梁村5组	2008－5－12	房屋垮塌
30	吴　珊	女	14	汉	凯河场镇	2008－5－12	教学楼掉砖
31	魏耀钢	男	28	汉	凯河园潭村4组	2008－5－12	建筑物倒塌
32	杜明元	男	61	汉	建设镇建国村6组	2008－5－12	建筑物倒塌
33	武大强	男	32	汉	永明镇易家坪村1组	2008－5－12	建筑物倒塌
34	唐金花	女	36	汉	鲁班镇桃花村3组	2008－5－12	建筑物倒塌

续表1—1

序号	姓名	性别	年龄	民族	户口所在地	死亡时间	死亡原因
35	侯国琼	女	40	汉	灵兴镇9村2组	2008－5－12	建筑物倒塌
36	杨　敏	女	11	汉	建平镇四季村11组	2008－5－12	建筑物倒塌
37	左　辉	男	43	汉	菊河乡1村1组	2008－5－12	矿山被埋
38	陈兴国	男	44	汉	三台县农业银行职工	2008－5－12	山体崩塌
39	林发国	男	47	汉	三台县农业银行职工	2008－5－12	山体崩塌
40	左上伦	男	44	汉	三台县农业银行职工	2008－5－12	山体崩塌
41	任立新	男	47	汉	三台县农业银行职工	2008－5－12	山体崩塌
42	刘　勇	男	34	汉	三台县农业银行职工	2008－5－12	山体崩塌
43	何继明	男	64	汉	花园镇星楼村9组002号	2008－5－16	建筑物倒塌

二、受伤人员

地震造成三台县887人受伤，其中重伤179人，轻微伤708人。重伤人员中男性114人，女性65人。受伤人员主要分布在潼川、北坝、芦溪、花园、古井、新鲁等乡镇。其中，潼川、北坝镇辖区（含镇内中学）多达41人，芦溪镇辖区（含芦溪中学）6人，其余均分布在各镇乡；受伤人员中最大年龄94岁，最小年龄不足1岁，受伤者多为骨折，经医院治疗，先后出院。

三、失踪人员

据乐安、景福、金石、刘营镇在镇乡篇中记载："5·12"汶川特大地震造成4镇共失踪11人，其中乐安镇6人，金石、刘营镇各2人，景福镇1人。

第二节　住房损毁

地震共损毁全县23.17万户民房，2868.79万平方米，造成直接经济损失235.5亿元。其中农村居民房屋受损197.55亿元，城镇居民房屋受损37.95亿元。

一、农村居民住房损毁

全县农村居民住房受到严重损毁。全县共53586户房屋倒塌，面积830.58万平方米，117920户房屋严重受损，面积1768.8万平方米，直接经济损失197.55亿元。芦溪、西平、潼川、刘营、金石、观桥、景福、新鲁、古井、塔山、鲁班11镇倒塌房屋均在1500户以上，其中芦溪、西平、潼川、刘营4镇倒房户均在2400户以上；芦溪镇多达3014户，倒塌面积4万余平方米；房屋受损严重，且在40万平方米以上的有潼川、新德、乐安、新鲁、花园、老马6个镇（乡），受损严重的刘营、花园多达50万平方米以上，新德高达100万平方米以上。倒塌和严重受损房屋的居民，有的在野外搭棚食宿，有的投亲靠友，暂住亲友家，时间长短不一，以渡过暂时困难。

二、城镇居民住房损毁

全县城镇居民住房遭到不同程度损毁。其中倒塌或损毁住房15.29万平方米，严重破坏254.12万平方米，两项合计269.41万平方米，加上一般破坏性住房367万平方米，总共损毁损坏住房636.41万平方米；有6.02万户、20.6万人居住受到影响，直接经济损失37.95亿元，损毁损坏住房在10万平方米（含一般破坏性住房）以上的有潼川、北坝、塔山、龙树、新生、景福、安居、观桥、西平、乐安、新鲁、刘营、芦溪、立新14个镇乡场镇。其中潼川镇倒塌或损毁住房达8.27万平方米，占全县城镇倒塌或损毁住房面积的54%，严重破坏32.86万平方米，占全县城镇严重破坏住房的近13%；北坝、芦溪、西平、刘营4镇倒塌或损毁、严重破坏及一般破坏的住房均在30万平方米以上。由于住房倒塌或损毁，居民生活受到影响，有的在野外搭棚食宿，有的暂借住亲友家食宿，以克服暂时困难。

三台县“5·12”汶川特大地震城镇居民房屋灾害损失情况表

表1-2

项目 / 计量单位 / 行政单位名称	倒塌或损毁	严重破坏	一般破坏	小计	受影响居住人口		直接经济损失
计量单位	平方米	平方米	平方米	平方米	户数	万人	万元
三台县	152900	2541200	3670000	6364100	60191	206025	379510
北坝镇	27320	136480	389200	553000	5820	15716	28056
潼川镇	82680	328520	960800	1372000	16140	56500	69944
东塔镇	272	13173	14722	28165	243	849	1786
百顷镇	201	9729	10871	20801	179	627	1319
塔山镇	1516	73391	82009	156917	1351	4730	9951
柳池镇	141	6843	7646	14630	126	441	928
龙树镇	1468	71064	79409	151941	1309	4580	9635
石安镇	678	32832	36688	70198	605	2116	4452
富顺镇	835	40404	45149	86387	744	2604	5478
三元镇	423	20466	22869	43758	377	1319	2775
秋林镇	415	20093	22453	42961	370	1295	2724

续表1 —2

项目 / 计量单位 / 行政单位名称	倒塌或损毁	严重破坏	一般破坏	小计	受影响居住人口		直接经济损失
永新镇	210	10179	11374	21763	187	656	1380
新德镇	548	26533	29648	56729	489	1710	3598
新生镇	2066	99986	111727	213779	1841	6444	13557
鲁班镇	469	22685	25348	48502	418	1462	3076
景福镇	2018	97674	109144	208836	1799	6295	13244
紫河镇	568	27495	30723	58786	506	1772	3728
安居镇	976	47216	52760	100951	869	3043	6402
观桥镇	1275	61723	68971	131970	1137	3978	8369
郪江镇	270	13065	14599	27933	241	842	1771
中新镇	773	37394	41785	79952	689	2410	5070
古井镇	769	37208	41577	79553	685	2398	5045
万安镇	297	14383	16072	30753	265	927	1950
西平镇	4291	207653	232036	443980	3824	13383	28155
八洞镇	362	17533	19592	37488	323	1130	2377
凯河镇	343	16602	18552	35497	306	1070	2251
乐安镇	1219	58977	65902	126098	1086	3801	7997
建平镇	580	28069	31365	60013	517	1809	3806
前锋镇	313	15144	16922	32379	279	976	2053
建设镇	385	18619	20806	39810	343	1200	2525
光辉镇	436	21102	23580	45118	389	1360	2861
中太镇	871	42142	47090	90103	776	2716	5714
金石镇	841	40714	45495	87051	750	2624	5520
新鲁镇	967	46797	52292	100055	862	3016	6345
黎曙镇	417	20171	22540	43127	371	1300	2735
刘营镇	2981	144285	161227	308493	2657	9299	19563
灵兴镇	593	28705	32076	61374	529	1850	3892

续表1—2

项目 / 计量单位 / 行政单位名称	倒塌或损毁	严重破坏	一般破坏	小计	受影响居住人口		直接经济损失
芦溪镇	4942	239181	267268	511391	4404	15415	32430
立新镇	1122	54307	60684	116112	1000	3500	7363
花园镇	838	40575	45339	86752	747	2615	5501
永明镇	786	38030	42496	81312	700	2451	5156
高堰乡	256	12413	13871	26540	229	800	1683
忠孝乡	164	7960	8894	17019	147	513	1079
双胜乡	144	6951	7767	14862	128	448	943
金鼓乡	164	7913	8842	16919	146	510	1073
断石乡	171	8255	9224	17649	152	532	1119
玉林乡	122	5881	6571	12573	108	379	797
乐加乡	244	11792	13177	25213	217	760	1599
曙光乡	243	11761	13142	25147	217	758	1595
建中乡	309	14958	16714	31981	275	964	2028
宝泉乡	107	5198	5808	11114	96	335	705
广利乡	153	7386	8253	15791	136	476	1001
协和乡	124	6020	6727	12872	111	388	816
双乐乡	110	5322	5947	11379	98	343	722
菊河乡	115	5586	6242	11943	103	360	757
幸福乡	479	23181	25903	49563	427	1494	3143
下新乡	230	11141	12449	23820	205	718	1511
进都乡	114	5524	6172	11810	102	356	749
上新乡	179	8674	9692	18545	160	559	1176
老马乡	418	20249	22626	43293	373	1305	2745
里程乡	171	8286	9259	17715	153	534	1123
争胜乡	214	10365	11582	22161	191	668	1405
云同乡	191	9248	10334	19772	170	596	1254

第三节 基础设施

全县交通、能源、水利、市政公用设施等各类基础设施（不含省直管的通信、邮政、国电等）因汶川特大地震遭受不同程度损毁，直接经济损失22.11亿元。

一、公路交通

全县公路及桥梁设施等受灾、受损严重，造成直接经济损失1.88亿元。其中：省道路基、路面、挡墙破坏11.4公里，梓州、凯江、南桥、合江4座大桥（桥台、桥拱）受损，中新、乐安、富顺等7座道班房不同程度受损；县道路基、路面、挡墙破坏211.6公里，大中桥（桥台、桥拱）受损12座，西平、建林、石安、秋林等5座道班房不同程度受到损坏；乡道路基、路面、挡墙破坏30.46公里，中小桥不同程度受损30座，村道路基、路面、挡墙破坏76.04公里，中小桥不同程度受损104座。客运站点损毁11个，其中：城区汽车客运站受损2个（即三台县旅游客运站、三台县中心客运站），损毁面积6764平方米，损失金额2000余万元；农村汽车客运站受损9个（西平、景福、芦溪、塔山、金石、古井、龙树、秋林、黎曙客运站）损失金额900余万元。

交通局及下属事业单位办公用房受灾严重，受损面积1.14万平方米，损失金额1200余万元。

二、地方电力

文峰、明台、永安3座电站受到不同程度损害，造成直接经济损失1.36亿元。其中，永安公司2个发电厂和1个在建电站水工建筑及堤坝严重受损；10座变电站受损，其中3座变电站、2个发电厂、公司机关生产、生活、办公用房撕裂变形严重，已成危房。全县共计63个镇（乡），940个行政村，145.8万人因灾停电，全县工业全部停产。其中严重受灾区达45个镇（乡），1050个台区，107.8万人；中等受灾区涉及5个镇（乡），86个台区，8.6万人；轻微受灾区涉及13个镇（乡），119个台区，29.7万人；全县110千伏断路器损坏2台套；35千伏线路倒杆11根，断线3公里；10千伏线路倒杆128根，断线172.2公里；0.4千伏线路倒杆451根，断线836公里；配电台区损坏1255台。公司生产、办公用房和职工值班用房共7.2万平方米不同程度受损。“5·12”地震造成永安公司供电负荷大幅下降，不仅农村负荷减少较多，工业负荷也下降较大。

三、水利设施

地震造成三台县水利系统受损严重。

（一）水库工程。全县受损水库44座（不含鲁班水库），其中中型1座，小型43座。

（二）堤防工程。三台县损毁堤防工程5处长1.65公里，分布在涪江流域新德、北坝、争胜、潼川、永明等镇（乡）境内，出现裂缝、脱、滑坡、深陷，一旦溃堤将影响新德场镇1万人、争胜场镇8000人、农业产业区、花园场镇4万人及县城15.8万人的生命和财产安全。

（三）乡村供水设施。全县乡村供水设施损毁5.27万处，受损管道415公里，影响人口89万人。

（四）灌溉渠道设施。重点建筑物受损2368处，渠道受损1401.7公里，其中国管渠道受损136.21公里，镇乡管理渠道受损1265.49公里。

（五）水土保持设施。石坎坡改梯受损308.2公顷，土坎坡改梯受损262.28公顷，水保林受损913.58公顷，经果林受损915.85公顷，种草受损603.90公顷，蓄水池受损620口，沉沙凼受损1280个，坡面水系受损130公里，塘堰受损2座，作业道路受损9.20公里。

（六）小微型水利设施。山平塘受损2877处；池塘受损170公顷；进排水沟渠受损1000米。

（七）水利系统生产生活用房及设备设施。生产用房受损1000平方米，生活用房受损8094平方米；管理用房受损2.31万平方米；管理设施受损1623台（套）；水产推广（防疫检疫）站中等破坏300平方米，其中严重破坏150平方米，损失成鱼200吨、鱼苗50吨。

四、市政公用设施

全县城市供排水、供电、供气设施受损严重，城镇垃圾处理、城镇公共交通、城市绿化、市民公园、城市照明等市政设施都不同程度受到损坏，共造成直接经济损失7.73亿元。其中：损毁城镇供排水管道168.4公里，城市燃气管道48.5公里，市政道路88.2公里，生活垃圾处理设施317座。

第四节　农业

三台县农业（含农、林、畜、农机等）因地震灾害造成直接经济损失7.76亿元。

一、农业

地震灾害造成全县大、小春农作物受灾面积达14313.07公顷，粮食损失2.77万吨，油料损失1000吨，损坏大棚1160个；损坏沼气池1.03万口；县、镇农业服务体系损毁房屋1059间、2.8万平方米，设备损毁1122台（套）；蚕桑技术推广体系损毁桑园8.53公顷，蚕房7.92万平方米，共育室7000平方米，办公用房2422平方米，茧站、催青室、检验室房屋1.23万平方米。“5·12”地震和不断余震以及堰塞湖次生灾害防避，给三台农业造成直接经济损失4.60亿元。

二、林业

地震造成全县林业生产较大损失，林地林木损坏、办公用房、生产生活用房、森林防火设施等遭到严重损坏。

（一）林木林地损毁情况：损坏面积95.33公顷，主要分布在塔山、龙树、永新、灵兴、曙光等12个镇（乡）。

（二）林业体系设施损失情况：办公用房损毁2780平方米，损失金额达408.3万元，林区道路损坏4公里，损失金额达140万元。其中：道路损坏主要在凤凰山森林公园和金鼓柏木种子园；房屋设施毁损主要是林业局机关办公楼、下属木材公司、国有中太苗圃、中心林业站、金鼓柏木种子园等，共计1.93万平方米，林业体系直接经济损失859万元。

三、畜牧业

地震造成全县畜牧系统和畜牧生产损失约1.70亿元。其中大牲畜死亡2000头、生猪死亡5.32万余头、畜禽圈舍损失1.87万平方米；羊死亡1000只、禽兔死亡87.02万只；畜牧系统（含县局机关、派出机构、改良站）办公业务用房和设备设施仪器损失1841.7万元。唐家山堰塞湖三分之一溃坝淹没区群众避险只转移人不转畜禽，留下奶牛20头、猪3.61万头、禽50.38万只，损失金额5321.3万元。地震灾害砸死砸伤和堰塞湖三分之一溃坝淹没区未转移的8.91万余头生猪（其中母猪8914头）和127.6万只禽兔受损。

四、农机

全县农机具毁损359台（套），提灌站毁损286座、1.64万千瓦，机耕道毁损231公里，农机库棚毁损1650平方米，农机服务体系办公用房毁损6198.45平方米，直接经济损失1.36亿元。

第五节　工矿企业

一、全县工矿企业

三台县工矿业在地震中遭受严重损坏，全县受损企业325户，其中规模以上工业企业76户。全县工矿企业房屋受损面积22.22万平方米，其中工业企业14.52万平方米（含房屋坍塌3.31万平方米）；设备设施受损2674台，其中工业2224台/套（含报废403台），造成工矿企业生产经营全面停产。地震灾害给全县工矿企业造成直接经济损失2.49亿元，企业2.18亿元。

二、全县重点工业企业

在地震灾害中，全县40户重点工业企业厂房受损面积达到7.06万平方米，房屋坍塌1.45万平方米，厂房受损折合经济损失9705.7万元；固定资产原有设备1.21万台（套）中，受损1.11万台（套），报废280台（套），共折合经济损失8733.8万元；流动资产（原材料）损失1409.2万元、产成品损失2038.69万元、在制品损失1106.6万元；重点工业项目在建工程造成受阻损失4261万元。

三、部分重点工业企业

地震灾害给工矿企业生产环境造成巨大破坏性。震后，全县工矿企业全部停产关闭。企业要普遍恢复生产经营所需时间，最短半个月、最长达10个月。企业要恢复生产经营所需资金3.11亿元，其中设备修复所需投入资金1.12亿元、所需流动资金4299万元。销售收入过亿元的四川永安电力股份有限公司、四川翰通生物能源有限公司、四川省三台固锐实业有限公司，更是受损严重。四川永安电力股份有限公司，35千伏线路倒杆11根、断线3.2公里，10千伏线路倒杆128根、断线172.2公里，低压线路倒杆312根、断线452.5公里；配变电设备受损1318台（套），共计造成经济损失9752万元，厂房、设备修复所需资金1.36亿元。四川翰通公司，造成设备受损867台（套）、报废120台（套），酒精车间五塔塔体倾斜、饮料车间三台干燥机烧毁，28T/H锅炉墙体裂缝，四效蒸发器倾斜变形，热风炉报废，自控系统部分仪器损坏，财产损失达到3208万元，企业生产经营全部瘫痪，恢复生产时间在3个月以上，厂房、设备、设施修复资金达4000余万元，需流动资金9800万元。四川省三台固锐实业有限公司，房屋坍塌面积2000余平方米，固定资产（机器设备）报废150台，受损56台，砂布生产线机器设备、纠偏仪器等严重受损和报废达50%，造成经济损失达520万元，企业生产经营处于半瘫痪状态，恢复生产时间长达6个月；厂房、设备修复所需资金900余万元，流动资金6000余万元。

第六节　商业　服务业

一、商贸行业

全县商贸批发零售企业损毁各类营业房面积8.31万平方米，损毁商品价值2802万元，直接经济损失8348.37万元；基层供销社损毁营业房3.41万平方米，损毁商品价值591万元。供销社系统直接经济损失3211万元。

商品零售网络。三台县震前有商品零售企业（网点）12245万个，受地震灾害破坏全县有8638个商品零售企业（网点）部分损毁，造成直接经济损失1896.8万元。农村商贸网点在地震中损毁严重的有90个“万村千乡市场工程”农家店，造成直接经济损失268.8万元；城区有1123个商业零售店部分损毁，造成直接经济损失1628万元。其中以三台梓州宾馆为中心，辐射大十字、解放街、正北街、银杏路、顺河路等半径500米的范围的三台城区商业中心，“5·12”特大地震造成该中心200户商家遭受不同程度的损失，房屋建筑及附属物等硬件设备均受到严重损毁、直接经济损失1100万元。

生活服务网络。三台县“5·12”震前有餐饮和住宿企业（网点）1253户，其他服务企业（网点）2501户，受“5·12”地震灾害破坏，全县有412户餐饮和住宿企业部分受损，直接经济损失3200万元；其他服务企业618户部分损毁，损毁营业用面积1820平方米，直接经济损失860万元。再生资源回收有三台县再生资源回收有限责任公司、三台县博瑞金属回收利用有限责任公司、三台县家卿废旧回收门市部等企业部分损毁。损毁营业用面积2860平方米，直接经济损失120万元。三台县梓州国际酒店受“5·12”特大地震，酒店的房屋建筑及附属物等硬件设备均受到重大损毁，其主要包括梓州国际酒店餐饮中心、客房中心、会议中心、娱乐中心、健康中心、洗衣房等房屋建筑、道路、室内装饰装修、设备设施，直接经济损失1100万元。

农贸市场。三台县有14个农贸市场部分损毁，造成直接经济损失862万元。

物流配送。三台县有广客缘日用品配送中心、绿州农资配送中心、科伦医药配送中心、波特兰商品砼配送中心、运成日用品配送中心共5个，受地震灾害破坏，5个物流中心部分损毁，造成直接经济损失720万元。

生猪屠宰加工体系。全县有33个定点屠场部分设备损毁，直接经济损失68万元。生猪加工企业受损5个，直接经济损失850万元。

二、金融行业

三台县金融机构在地震中遭受重大损失。全县银行业金融机构因灾死亡5人。因灾造成直接经济损失约1.27亿元，包括营业及办公用房受损12.27万平方米，损失价值1.25亿元，受损较严重的有农村信用联社和农业银行。固定资产及设备损失242.6万元，其中系统设备136.1万元。全县8家银行的118个网点和机构遭到地震破坏，其中27个网点和机构遭到严重损坏，已丧失经营活动能力；91个网点和机构遭到部分破坏，只具有局部的业务经营活动能力。全县非银行业金融机构房屋受损约1671平方米，财产损失约3281万元（未包括在1.27亿元内）。

三、粮食行业

地震给全县9个国有粮食企业、71个粮所、179个粮油连锁店的房屋及设备设施造成极为严重的损失，直接经济损失4.58亿元。其中仓库损失1560个、4.23万平方米，损失仓罐容17.22万吨，损失金额2.38亿元；附属设备设施损失金额6216万元；粮油损失1860吨，损失金额353万元；营业、办公楼受损1.3万平方米，损失金额2300万元；其他损失1.31亿元。全县收储仓容严重不足，粮食收储功能受到严重影响。

第七节 旅游 宗教

一、旅游

地震造成主要旅游景区、酒店、道路及设施设备不同程度损害。郪江古镇、云台观、杜甫草堂、东山、大佛寺、鲁班水库、团结水库等8个重点景区损失金额达1.55亿元；宾馆、饭店、酒店行业受损6家，客房1193间，损失金额9500万元；损毁办公用房1360平方米，损失500余万元；损坏车辆1台，价值25万元。全县旅游行业总共经济损失2.55亿元。

（一）云台观风景名胜区

云台观，位于县南安居镇境内。观为创始者“玄帝（玄天上帝简称）即‘玄武’神八古三化身赵尚庵屡显灵应”之地。原名为佑圣观，始建于南宋，明清两朝曾多次培修，为本县著名道观，四川第二大道观。

自然景观损失50万元，人文景观（以石华表和藏经阁为代表的古庙宇建筑）共6项，损失1034万元，地质灾害损失100万元（含自然景观1处，人文景观1处），基础设施受损320万元，房屋受损91万元，管理机构办公设施损失30万元。经济损失共计1530万元。

（二）杜甫草堂

梓州杜甫草堂，是我国唐代大诗人杜甫流寓梓州—今三台的居所。唐代宗宝应元年（762年）秋7月到广德二年（764年）春3月，因避剑南兵马使（剑南道执掌军事的长官）徐知道在成都起兵叛乱而流寓三台，历时1年零8个月，居住于东街（今三台中学内）。后人称三台东街工部草堂。为纪念诗圣明代潼川州知州张辉南首在牛头山顶主持修建工部草堂，20世纪80年代初新建。

文化广场边部分陡峭山体滑坡；杜甫生平馆屋顶，脊瓦、檐口、墙体等均有不同程度损坏，承重墙部分开裂、脊瓦脱落；四方亭地基断裂沉陷，亭子严重倾斜，木骨架拉裂；长廊，廊架，屋顶，墙体，出现严重错位；围墙均出现重大裂痕，并严重倾斜、掉瓦，围墙基础损毁、墙体错位、筒瓦及砖冒大量垮塌；东西长廊、厢房古建筑结构损坏严重，脊背大面积垮塌；草堂后院围墙、后大门、耳房严重倾斜、开裂，结构严重破坏；石柱盘龙断裂。经济损失368万元。

二、宗教

地震使三台县境内宗教场所遭受严重破坏，造成直接经济损失1754万元。其中，大佛寺大雄宝殿、三圣殿、七佛塔、海灯法师纪念堂、送子观音殿、六合楼、财神殿、地藏殿、药师殿、居士住房墙体损坏，神像震损，损失420万元。云台观玄天宫震裂，部分殿堂瓦震垮，损失300万元。景福禅院垮塌房屋10间，小青瓦30万匹，围墙垮塌20米，损失180万元。灵峰寺大雄宝殿、七佛殿殿堂墙体震裂，已成危房，殿堂屋上的瓦全部损坏，损失430万元。五层寺山门倒塌，玉皇殿神像倒塌，观音殿成危房，大佛殿筒瓦损失，居士住房震裂15间，损失90万元。基督教潼川堂墙体震裂，装饰物损坏，损失3万余元。基督教灵兴堂大梁损坏，十字架倒塌，损失20万元。伊斯兰教礼拜殿堂装饰物损坏，损失7万元。天主教堂装饰物损失，损失4万元。建平玉皇观玉皇殿墙体地基损坏、神像损毁，损失300万元。

第八节　社会事业

一、教育

地震使三台县307所学校不同程度受损，占全县学校总数的78.7%。受损校舍共86.29万平方米，占总校舍面积的69.4%。其中，小学29.47万平方米，初中32.87万平方米，普通高中16.87万平方米，中等职业学校5.78万平方米，特殊教育学校500平方米，幼儿园1.24万平方米。毁坏教学设备仪器18.73万台（件、套），毁坏图书25.57万册。直接经济损失6.94亿元。

附：三台县“5·12”汶川特大地震教育系统灾害损失情况表

三台县“5·12”汶川特大地震教育系统灾害损失情况表

表1－4

行政区划码	统计单位	学校数量		学校建筑物面积					毁坏其他建筑金额	毁坏教学设备仪器数量	毁坏图书数量	直接经济损失
		原有数量	受灾数量	原有校舍建筑面积	灾损校舍面积	倒塌校舍面积	经鉴定不能继续使用的校舍面积	经鉴定加固后可以继续使用的校舍面积				
	计量单位	所	所	平方米	平方米	平方米	平方米	平方米	万元	台件套	册	万元
	总计	390	307	1242690	862880	34622	283268	544990	2673	187333	255744	69412
北坝镇	北坝初中	1	1	4360	4360	–	3610	750	45	787	1119	411
	北坝小学	4	4	5562	4996	6	1720	3270	45	236	351	377
潼川镇	三台一中	1	1	47352	33779	–	6624	27155	221	276	354	2622
	三台中学	1	1	72055	26996	–	4822	22174	–	306	–	2107
	禾加初中	1	1	2510	1880	–	800	1080	19	1235	1709	153
	广化初中	1	1	4940	4920	1200	1800	1920	36	4000	6525	482
	慕禹初中	1	1	1843	1390	–	1320	70	4	291	309	137
	长坪初中	1	1	2803	–	–	–	–	–	45	–	1
	梓州中学	1	1	9947	7778	–	350	7428	51	2262	6438	557
	潼川中学	1	1	6185	4110	–	–	4110	18	132	186	251
	城南初中	1	1	2920	2920	–	–	2920	17	308	75	190
	潼川三小	1	1	4546	4351	5	–	4346	1	3688	5735	294
	潼川四小	1	1	4058	800	–	–	800	13	106	44	85
	禾加小学	2	2	1610	1535	–	–	1535	7	153	186	94
	慕禹小学	3	3	2856	2504	160	1824	520	31	80	–	235
	长坪小学	3	3	5226	2180	–	1520	660	4	2066	1554	198
	广化小学	6	5	5347	2554	–	540	2014	8	1761	2709	208
	潼川一小	1	1	11202	9938	–	6652	3286	99	5140	6950	882
	潼川二小	1	1	6056	4153	–	260	3893	15	87	–	266
	潼川二幼	1	1	3530	3210	–	–	3210	27	13817	21693	212
	潼川三幼	1	1	2410	1700	130	1270	300	18	863	1367	173
	潼川一幼	1	1	2707	977	–	–	977	16	45	–	62
	机关幼儿园	1	1	5280	5000	–	–	5000	42	923	1302	343
	特教学校	1	1	1360	500	–	–	500	12	386	–	45
	三台电大	1	1	4968	4968	100	–	4868	9	24	387	325
	职中琴泉分校	1	1	10351	7909	–	100	7809	5	100	–	511
	职中城西分校	1	1	8657	6840	–	1840	5000	–	190	–	503

续表1—4

行政区划码	统计单位	学校数量		学校建筑物面积					毁坏其他建筑金额	毁坏教学设备仪器数量	毁坏图书数量	直接经济损失
		原有数量	受灾数量	原有校舍建筑面积	灾损校舍面积	倒塌校舍面积	经鉴定不能继续使用的校舍面积	经鉴定加固后可以继续使用的校舍面积				
	计量单位	所	所	平方米	平方米	平方米	平方米	平方米	万元	台件套	册	万元
东塔镇	东塔初中	1	1	4761	2150	–	1500	650	21	1844	2796	222
	高山小学	2	1	1640	480	–	–	480	6	669	934	31
	东塔小学	3	1	3280	2000	–	–	2000	24	982	1554	136
百顷镇	百顷初中	1	1	3574	3574	–	–	3574	67	1034	1204	225
	百顷小学	4	2	4711	2569	1173	–	1396	27	371	249	241
塔山镇	塔山中学	1	1	21389	19310	–	2160	17150	108	6961	10522	1375
	塔山初中	1	1	6418	3317	390	267	2660	–	–	–	237
	塔山小学	2	1	4490	2950	–	–	2950	–	–	–	177
	联胜小学	1	1	3576	2222	–	–	2222	9	–	–	133
	槐树小学	1	1	3984	3241	150	–	3091	–	–	–	205
柳池镇	柳池小学	2	1	6073	6073	–	–	6073	18	–	–	364
龙树镇	龙树初中	1	1	4341	4090	–	1790	2300	9	–	–	314
	白雀小学	1	1	4575	3500	–	1700	1800	12	–	–	278
	龙树小学	1	1	3774	3300	–	–	3300	4	–	–	198
石安镇	石安中学	1	1	14816	10480	–	1380	9100	22	1805	2175	688
	先锋小学	1	1	1370	1281	609	–	672	–	206	124	125
	石安小学	1	1	3815	2822	30	–	2792	–	443	497	188
	双石小学	1	1	2152	820	110	–	710	–	257	249	64
富顺镇	富顺初中	1	1	3165	190	–	–	190	–	–	–	11
	富顺小学	3	1	3555	3555	–	3555	–	–	–	–	356
	塞江小学	1	1	2828	2400	1600	800	–	–	24	–	288
	金光小学	1	1	3019	2598	1448	1150	–	–	13	–	303
三元镇	三元初中	1	1	2990	2710	–	900	1810	–	–	–	199
	三元小学	1	1	2546	2546	–	120	2426	–	13	–	158
	芦桥学校	3	1	8445	3431	–	–	3431	–	24	–	206
秋林镇	秋林中学	1	1	12649	3370	150	1400	1820	–	–	–	271
	秋林小学	1	1	6584	3550	–	1265	2285	17	–	–	264
	金玉小学	1	1	2387	1080	–	–	1080	–	–	–	65
永新镇	永新初中	1	1	4336	2543	33	768	1742	–	438	497	199
	永新小学	1	1	3736	697	–	–	697	5	415	435	58
新德镇	新德初中	1	1	4696	3212	–	–	3212	9	541	559	211
	新德小学	2	1	4656	3192	–	–	3192	4	468	528	210

续表1－4

行政区划码	统计单位	学校数量		学校建筑物面积					毁坏其他建筑金额	毁坏教学设备仪器数量	毁坏图书数量	直接经济损失
		原有数量	受灾数量	原有校舍建筑面积	灾损校舍面积	倒塌校舍面积	经鉴定不能继续使用的校舍面积	经鉴定加固后可以继续使用的校舍面积				
	计量单位	所	所	平方米	平方米	平方米	平方米	平方米	万元	台件套	册	万元
新生镇	新生中学	1	1	10973	7950	140	–	7810	18	726	684	503
	星火初中	1	1	4180	3210	1430	1780	–	–	1713	2361	400
	新生小学	1	1	5708	1790	10	1780	–	1	115	144	183
	德光小学	1	1	2486	2300	–	1200	1100	–	483	751	189
	星火小学	2	1	4279	1200	–	–	1200	–	280	373	74
鲁班镇	鲁班初中	1	1	3516	1400	–	1000	400	–	150	211	125
	三柏学校	1	1	3400	3400	–	2200	1200	–	267	–	296
	太林小学	3	1	6500	2960	160	2800	–	–	424	590	304
	鲁班小学	1	1	3822	2100	–	1500	600	–	282	385	188
景福镇	向阳中学	1	1	10497	10497	–	6468	4029	40	3459	5251	932
	方垭学校	2	1	6662	5662	–	3426	2236	34	1587	2373	499
	茂隆学校	4	4	6734	6734	–	6734	–	74	1505	1805	695
	金星小学	3	1	4112	4112	–	3402	710	12	932	1488	398
	景福小学	5	4	11682	11682	–	10582	1100	22	1546	2384	1158
紫河镇	黎明学校	2	1	5484	4684	–	4684	–	34	1565	1715	495
	紫河学校	7	7	11958	11958	425	11533	–	80	1782	4318	1254
安居镇	安居初中	1	1	3475	1574	–	1274	300	18	1049	1563	158
	安居小学	2	1	4758	2382	2102	–	280	–	2178	1491	327
观桥镇	观桥中学	1	1	22100	11443	–	–	11443	–	36	–	842
	观桥初中	1	1	3393	995	–	995	–	–	2520	3821	113
	文台初中	1	1	3337	1230	–	–	1230	–	1243	1367	103
	石亭学校	5	1	5614	3136	–	3056	80	4	9408	14613	350
	观桥小学	3	1	2615	1078	–	1078	–	–	2061	3143	138
	文台小学	2	1	2835	969	–	–	969	–	3493	5162	108
	方井小学	4	1	4371	1548	–	1468	80	5	2234	3132	209
郪江镇	郪江初中	1	1	3321	1515	1365	–	150	9	3524	5100	210
	郪江小学	3	1	5317	1318	1198	–	120	7	2304	3220	170
中新镇	中新初中	1	1	4590	1020	–	–	1020	24	–	–	61
	中新小学	5	4	5441	3885	222	1675	1988	40	38	62	318

续表1—4

行政区划码	统计单位	学校数量		学校建筑物面积					毁坏其他建筑金额	毁坏教学设备仪器数量	毁坏图书数量	直接经济损失
		原有数量	受灾数量	原有校舍建筑面积	灾损校舍面积	倒塌校舍面积	经鉴定不能继续使用的校舍面积	经鉴定加固后可以继续使用的校舍面积				
	计量单位	所	所	平方米	平方米	平方米	平方米	平方米	万元	台件套	册	万元
古井镇	古井初中	1	1	4346	4346	–	3560	786	–	48	62	407
	新建初中	1	1	3776	3776	30	793	2953	–	569	411	280
	古井小学	2	2	4500	4500	80	4420	–	–	–	–	458
	新建小学	2	2	2001	1965	268	1007	690	–	78	124	179
	心妙小学	2	1	6600	6600	–	5600	1000	3	268	62	660
万安镇	万安中学	1	1	11064	10864	1080	7065	2719	78	2015	2921	1035
	万安小学	2	2	3545	2369	–	2369	–	30	2037	2393	264
西平镇	西平中学	1	1	21053	15017	–	500	14517	6	320	–	1058
	西平初中	1	1	5820	5820	380	3920	1520	–	817	839	546
	狮王学校	1	1	5441	3941	175	526	3240	–	249	311	278
	建林学校	2	2	6669	4510	40	2130	2340	–	117	190	360
	朱君学校	1	1	3976	3630	–	80	3550	5	274	186	244
	西平小学	2	1	5280	3040	380	–	2660	–	923	1408	259
	峨山学校	1	1	4465	3700	–	670	3030	–	209	236	253
八洞镇	八洞初中	1	1	10184	1000	–	–	1000	–	144	93	65
	群益学校	4	4	12300	2700	–	1600	1100	–	648	805	231
	八洞小学	3	2	3684	2232	–	–	2232	–	364	–	134
凯河镇	跃进初中	1	1	4545	763	–	358	405	–	61	87	61
	凯河小学	3	2	3121	2102	–	–	2102	–	536	620	138
	跃进小学	4	2	3946	2218	–	596	1622	–	82	131	159
乐安镇	乐安初中	1	1	9046	6541	–	–	6541	87	76	124	395
	黄林初中	1	1	3411	1660	–	–	1660	–	38	62	102
	青杠小学	2	1	2759	860	–	–	860	–	100	–	54
	乐安小学	5	5	4978	1790	–	–	1790	–	2117	2983	109
	天马小学	3	2	3927	3090	–	1086	2004	–	38	62	231
	黄林小学	2	2	1628	910	–	–	910	–	38	62	57
	职中乐安分校	1	1	21406	12248	–	120	12128	–	103	–	787
建平镇	建平初中	1	1	5474	2991	–	–	2991	13	38	62	181
	红星初中	1	1	4508	2392	65	–	2327	9	38	62	150
	建平小学	5	4	4720	2378	–	–	2378	–	3100	–	143
	红星小学	3	2	4978	3315	215	–	3100	–	76	124	217

续表1—4

行政区划码	统计单位	学校数量		学校建筑物面积					毁坏其他建筑金额	毁坏教学设备仪器数量	毁坏图书数量	直接经济损失
		原有数量	受灾数量	原有校舍建筑面积	灾损校舍面积	倒塌校舍面积	经鉴定不能继续使用的校舍面积	经鉴定加固后可以继续使用的校舍面积				
	计量单位	所	所	平方米	平方米	平方米	平方米	平方米	万元	台件套	册	万元
前锋镇	前锋初中	1	1	2860	1211	491	–	720	–	50	–	108
	前锋小学	3	3	2331	1250	–	–	1250	–	838	1212	76
建设镇	建设中学	1	1	16660	14025	200	1950	11875	55	98	155	939
	建设小学	1	1	4195	3467	–	1695	1772	–	2	–	278
光辉镇	光辉学校	4	3	4078	2993	80	90	2823	–	–	–	189
中太镇	中太初中	1	1	5595	3625	150	1495	1980	–	4	–	291
	中太小学	3	3	3093	1650	–	630	1020	–	–	–	124
	长乐小学	3	3	4117	2559	–	1785	774	18	–	–	207
金石镇	金石中学	1	1	7848	7848	–	–	7848	30	435	497	473
	同德初中	1	1	3629	3629	–	–	3629	–	818	994	233
	金石小学	3	3	6329	5975	744	1273	3958	22	492	311	470
	同德小学	4	3	3252	3160	–	1520	1640	5	441	503	258
	三秀小学	2	1	7909	1730	–	–	1730	2	1058	1243	109
新鲁镇	新鲁初中	1	1	5237	4950	3620	120	1210	11	4583	4164	586
	龙桥初中	1	1	3180	2690	50	720	1920	21	2124	3107	216
	新鲁小学	3	3	3920	2317	376	80	1861	4	1622	1864	174
	龙桥小学	4	3	4929	4929	–	1750	3179	11	800	684	371
	石桥小学	1	1	8529	2510	–	590	1920	–	181	124	177
黎曙镇	黎曙初中	1	1	3700	3640	–	1600	2040	–	1214	684	317
	黎曙小学	2	2	3380	3100	30	660	2410	–	348	–	243
刘营镇	刘营初中	1	1	7633	4260	–	–	4260	–	3039	4972	266
	新乐初中	1	1	2679	2500	800	300	1400	18	1156	1864	228
	安宁初中	1	1	3397	2402	80	–	2322	–	–	–	166
	刘营小学	3	3	7846	3640	–	800	2840	2	205	305	260
	转江小学	1	1	2760	1760	760	–	1000	6	686	1119	109
	新乐小学	1	1	1328	1248	–	580	668	–	1263	1367	147
	安宁小学	1	1	3535	1641	–	–	1641	14	–	–	165
	职中刘营分校	1	1	36685	25857	–	7284	18573	–	360	–	1879
灵兴镇	灵兴初中	1	1	3338	2196	–	1120	1076	13	1708	2796	182
	灵兴小学	5	4	3834	2361	–	300	2061	–	995	1625	159

续表1—4

行政区划码	统计单位	学校数量		学校建筑物面积					毁坏其他建筑金额	毁坏教学设备仪器数量	毁坏图书数量	直接经济损失
		原有数量	受灾数量	原有校舍建筑面积	灾损校舍面积	倒塌校舍面积	经鉴定不能继续使用的校舍面积	经鉴定加固后可以继续使用的校舍面积				
	计量单位	所	所	平方米	平方米	平方米	平方米	平方米	万元	台件套	册	万元
芦溪镇	芦溪中学	1	1	62146	62146	–	11824	50322	210	2507	3456	4603
	四平初中	1	1	4540	3368	918	230	2220	–	75	93	280
	永江初中	1	1	3168	1960	–	1720	240	14	1308	1692	207
	芦溪初中	1	1	7232	5470	–	2337	3133	29	285	328	434
	建新小学	2	2	3852	3824	–	3224	600	15	124	186	371
	四平小学	6	4	4088	4088	26	1945	2117	20	154	196	356
	永江小学	2	2	2708	2448	–	1400	1048	18	254	342	205
	芦溪小学	5	2	6370	2084	–	300	1784	–	200	200	170
	芦溪幼儿园	1	1	2150	1550	–	120	1430	–	31	–	100
立新镇	立新初中	1	1	5182	3930	–	2166	1764	–	114	186	326
	拦河学校	4	3	7162	5810	–	2910	2900	6	588	497	487
	辉坪学校	4	1	5510	4432	–	3076	1356	15	671	839	408
	立新小学	4	3	4515	4206	–	980	3226	12	200	230	301
花园镇	花园初中	1	1	6223	4651	15	1260	3376	–	7	–	333
	花园小学	3	3	2864	2350	–	2150	200	12	–	–	215
	光明小学	1	1	3657	3657	–	1603	2054	28	–	–	255
永明镇	永明初中	1	1	4580	2916	–	2010	906	–	–	–	255
	永明小学	2	2	2030	1695	–	600	1095	4	–	–	114
	白庙小学	1	1	2498	1790	150	1130	510	11	10	–	146
高堰乡	高堰小学	1	1	5050	2930	20	–	2910	–	381	435	185
忠孝乡	忠孝初中	1	1	2885	2660	–	–	2660	12	–	–	160
	忠孝小学	1	1	3750	3750	–	–	3750	15	–	–	225
双胜乡	双胜小学	2	1	4335	2974	–	–	2974	12	–	–	176
金鼓乡	金鼓初中	1	1	2870	1760	360	–	1400	–	269	311	139
	金鼓小学	1	1	3250	1520	200	–	1320	–	299	311	114
断石乡	断石初中	1	1	2998	2703	1111	1217	375	2	2937	4808	315
	断石小学	1	1	3369	1300	–	–	1300	9	1534	2149	83
玉林乡	玉林学校	5	5	5462	4142	100	2120	1922	3	992	1255	352
乐加乡	乐加初中	1	1	5146	4062	–	2500	1562	–	1339	2051	354
	乐加小学	3	3	5508	1000	–	800	200	12	110	62	95
曙光乡	曙光小学	3	1	2864	2040	–	–	2040	–	–	–	122

续表1 —4

行政区划码	统计单位	学校数量		学校建筑物面积					毁坏其他建筑金额	毁坏教学设备仪器数量	毁坏图书数量	直接经济损失
		原有数量	受灾数量	原有校舍建筑面积	灾损校舍面积	倒塌校舍面积	经鉴定不能继续使用的校舍面积	经鉴定加固后可以继续使用的校舍面积				
	计量单位	所	所	平方米	平方米	平方米	平方米	平方米	万元	台件套	册	万元
建中乡	建中初中	1	1	4662	3889	3739	–	150	9	2112	2844	512
	西丰初中	1	1	3202	1312	–	1212	100	6	2259	3617	151
	建中小学	4	1	3778	607	557	–	50	3	1530	2076	99
	西丰小学	4	1	3453	3453	–	2853	600	–	3677	5500	345
宝泉乡	宝泉初中	1	1	3673	1680	–	1380	300	18	795	1212	170
	宝泉小学	2	1	3876	1846	–	1546	300	–	767	1117	186
广利乡	广利学校	3	2	6803	6803	–	6683	120	36	1445	2215	700
协和乡	协和学校	4	1	4976	4476	1020	3456	–	22	1639	2051	509
双乐乡	双乐初中	1	1	3161	2661	–	2415	246	8	497	503	265
	双乐小学	4	3	5037	5037	980	3473	584	30	873	1137	531
菊河乡	菊河初中	1	1	3778	3051	–	2966	85	5	1277	1593	313
	菊河小学	3	1	3527	3527	–	3527	–	–	2259	3604	364
幸福乡	幸福初中	1	1	3785	3130	–	1730	1400	–	662	408	262
	幸福小学	5	4	5334	4352	–	610	3742	–	–	–	286
下新乡	下新初中	1	1	2968	2800	–	2000	800	–	314	481	255
	下新小学	2	1	3500	3180	36	144	3000	19	45	66	207
进都乡	进都小学	1	1	1991	870	50	660	160	–	27	36	86
上新乡	上新初中	1	1	4143	3933	–	2733	1200	–	230	373	349
	上新小学	5	5	6290	6290	900	–	5390	–	340	497	445
老马乡	老马学校	4	1	6838	6838	–	5278	1560	–	3868	5773	656
里程乡	里程学校	2	1	7445	5690	–	1440	4250	–	2090	3246	438
争胜乡	争胜初中	1	1	2262	2262	–	2262	–	8	929	1417	253
	争胜小学	1	1	1982	1982	–	1682	300	24	707	1157	232
云同乡	云同初中	1	1	4984	2180	–	950	1230	3	821	932	176
	云同小学	4	4	4191	4191	–	1462	2729	13	1021	1429	317

二、医疗卫生

“5·12”地震使三台县620个（含卫生管理部门2个、县级医院8所、镇卫生院62所、村卫生室548个）公共卫生体系、基本医疗服务体系遭到严重破坏。各级各类医疗卫生机构的办公用房、业务用房、设备设施、药品等遭受严重毁损，直接经济损失达3.26亿元，其中房屋倒塌4611平方米，危房15.64万平方米，受损房屋7.76万平方米，房屋直接经济损失2.91亿元；损失设备设施

1201台（件），直接经济损失3308万元；药品损失234.5万元。新鲁、紫河、万安、刘营、郪江、龙树、百顷、里程等镇（乡）卫生院损失最严重。

三台县“5·12”汶川特大地震卫生系统灾害损失情况表

表1－5　　　　单位：平方米、万元

序号	机构名称	房屋倒塌和损坏面积				设备受损数量（台件）	直接经济损失				受损机构（个）
		小计	倒塌	危房	受损		小计	其中			
								房屋	设备	药品器械	
	总　计	250229.18	4611	162211.01	83407.17	1201	32636.34	29093.55	3308.31	234.48	620
1	三台县卫生局	6700	–	3100	3600	3	692	690	2	–	1
2	三台县人民医院	20660	–	12974	7686	174	5531.19	4132	1372	27.19	1
3	三台县骨科医院	3597	–	3597	–	22	496.92	450	45.82	1.1	1
4	三台县中医院	17072.81	–	12419.04	4653.77	33	2730.7	2560.9	134	35.8	1
5	三台县精神病医院	6100	–	2500	3600	11	830	680	150	–	1
6	三台县疾病预防控制中心	1000	–	–	1000	29	139.49	102	36.49	1	1
7	三台县妇幼保健院	3200	–	–	3200	43	584.7	420	164.7	–	1
8	三台县博爱医院（民营）	1200	–	–	1200	16	127.34	110	15.34	2	1
9	三台县电力医院（民营）	2600	–	1600	1000	15	332	280	50	2	1
10	三台县安居中心卫生院	6650	–	3950	2700	8	786	745	37	4	1
	村卫生室	200	–	200	–	–	15	15	–	–	4
11	三台县八洞镇卫生院	1187	–	220	967	3	122	120	2	–	1
	村卫生室	669	–	669	–	–	52.83	52.83	–	–	17
12	三台县百顷镇卫生院	1300	–	1300	–	9	107	95	10.8	1.2	1
13	三台县宝泉乡卫生院	860	–	860	–	1	93	86	5	2	1
	村卫生室	300	–	300	–	–	22.2	22.2	–	–	6
14	三台县北坝镇中心卫生院	2580	–	800	1780	27	382	256	124	2	1
15	三台县东塔镇卫生院	125	–	–	125	3	17.35	14	3.35	–	1
16	三台县断石乡卫生院	1896	–	1296	600	3	233.29	224	9	0.29	1
	村卫生室	345	–	345	–	–	23.7	23.7	–	–	4
17	三台县富顺中心卫生院	3725.17	–	3725.17	–	11	431.92	390	38.57	3.35	1
	村卫生室	780	–	780	–	25	59.27	58.7	0.4	0.17	15
18	三台县高堰乡卫生院	1456	–	1211	245	22	182.2	168	11.1	3.1	1
	村卫生室	350	132	218	–	10	38.48	27.88	10.6	–	5

续表1 —5

序号	机构名称	房屋倒塌和损坏面积				设备受损数量(台件)	直接经济损失				受损机构(个)
		小计	倒塌	危房	受损		小计	其中			
								房屋	设备	药品器械	
19	三台县古井中心卫生院	4580	–	3080	1500	16	428	400	25	3	1
	村卫生室	630	–	630	–	–	61.6	61.6	–	–	16
20	三台县观桥中心卫生院	6280	–	3130	3150	21	737.8	695	41.8	1	1
	村卫生室	1000	–	1000	–	–	71.9	71.9	–	–	20
21	三台县光辉镇卫生院	2160	–	2160	–	9	254.89	238	15.09	1.8	1
22	三台县广利乡卫生院	1536.8	–	933	603.8	7	191.11	172.52	18.09	0.5	1
	村卫生室	375	–	375	–	8	38.49	37.5	0.9	0.09	9
23	三台县花园镇卫生院	2350	–	1450	900	20	388.4	345	42.1	1.3	1
	村卫生室	650	–	650	–	13	53.1	49.35	3.6	0.15	13
24	三台县建平镇卫生院	3031	–	1945	1086	13	405.2	360	43	2.2	1
	村卫生室	1100	–	1100	–	–	110	110	–	–	17
25	三台县建设中心卫生院	1730	–	1730	–	28	226.25	208	14.45	3.8	1
	村卫生室	290	40	250	–	4	25.4	24	1.4	–	6
26	三台县建中乡卫生院	1190	–	1190	–	2	132	120	9	3	1
	村卫生室	700	–	700	–	–	52.8	52.8	–	–	14
27	三台县金鼓乡卫生院	1500	–	800	700	7	118.5	112.5	5.2	0.8	1
	村卫生室	160	–	160	–	–	16	16	–	–	4
28	三台县金石中心卫生院	2037	–	735	1302	4	264.03	245	19.03	–	1
29	三台县进都乡卫生院	830	–	830	–	2	100	98	1.5	0.5	1
	村卫生室	380	–	380	–	–	28.6	28.6	–	–	5
30	三台县景福中心卫生院	5733	–	3500	2233	17	686.77	590	93.57	3.2	1
	村卫生室	951	–	951	–	19	95.82	93.6	1.9	0.32	20
31	三台县菊河乡卫生院	1000	–	1000	–	6	124	116	7	1	1
	村卫生室	350	–	350	–	–	27.3	27.3	–	–	7
32	三台县凯河镇卫生院	2600	800	1100	700	4	299.98	290	8.88	1.1	1
	村卫生室	860	–	860	–	–	85.68	85.68	–	–	12
33	三台县老马乡卫生院	2000	–	2000	–	14	258.05	235	19.25	3.8	1
	村卫生室	800	–	800	–	–	76	76	–	–	4

续表1 —5

序号	机构名称	房屋倒塌和损坏面积				设备受损数量（台件）	直接经济损失				受损机构（个）
		小计	倒塌	危房	受损		小计	其中			
								房屋	设备	药品器械	
34	三台县乐安中心卫生院	4079	200	3879	–	15	505.1	480	20	5.1	1
	村卫生室	1300	–	1300	–	–	114.5	114.5	–	–	21
35	三台县乐加乡卫生院	1897	–	–	1897	18	243.2	210	21.3	11.9	1
	村卫生室	570	–	570	–	7	64.3	56	8.3	–	7
36	三台县黎曙镇卫生院	1505	–	305	1200	7	179.99	175	4.4	0.59	1
	村卫生室	120	–	120	–	–	9.5	9.5	–	–	5
37	三台县里程乡卫生院	1140	–	1100	40	6	137.7	135	0.7	2	1
	村卫生室	205	–	205	–	–	15.29	15.29	–	–	5
38	三台县立新中心卫生院	4241	–	1000	3241	3	467.6	450	12	5.6	1
	村卫生室	1600	–	1600	–	–	159.91	159.91	–	–	21
39	三台县灵兴镇卫生院	2400	–	1400	1000	3	191	180	10	1	1
	村卫生室	270	–	270	–	–	25.9	25.9	–	–	6
40	三台县刘营中心卫生院	5101.8	–	5101.8	–	62	688.06	600	56.87	31.19	1
	村卫生室	756	–	756	–	–	68.3	68.3	–	–	16
41	三台县柳池镇卫生院	1221	–	375	846	16	164.1	140	19.1	5	1
	村卫生室	300	–	300	–	5	24.9	24	0.9	–	5
42	三台县龙树中心卫生院	1735	1335	–	400	35	300.3	207	91.5	1.8	1
	村卫生室	1300	–	1300	–	–	130	130	–	–	13
43	三台县芦溪中心卫生院	6888	–	551	6337	14	758.77	740	18.77	–	1
	村卫生室	50	–	50	–	–	4.2	4.2	–	–	1
44	三台县鲁班镇卫生院	4122	–	2006	2116	12	425	390	30	5	1
	村卫生室	530	–	530	–	–	39.45	39.45	–	–	12
45	三台县郪江镇卫生院	2400	–	2400	–	4	292	280	10	2	1
	村卫生室	157	–	157	–	–	11.78	11.78	–	–	3
46	三台县前锋镇卫生院	1440	–	1440	–	5	164.5	155	9	0.5	1
	村卫生室	225	–	225	–	–	19.25	19.25	–	–	5
47	三台县秋林镇卫生院	1950	–	1950	–	1	168.75	164.25	4.5	–	1
48	三台县三元镇卫生院	2218	978	1240	–	16	191.19	170.59	17.4	3.2	1
	村卫生室	1040	126	914	–	15	78.1	77.2	0.9	–	15

续表1 —5

序号	机构名称	房屋倒塌和损坏面积				设备受损数量(台件)	直接经济损失				受损机构(个)
		小计	倒塌	危房	受损		小计	其中			
								房屋	设备	药品器械	
49	三台县上新乡卫生院	800	–	–	800	–	73.8	72.6	–	1.2	1
	村卫生室	310	–	310	–	–	30.38	30.38	–	–	8
50	三台县石安中心卫生院	4175	–	3475	700	19	442.67	420.97	19.85	1.85	1
	村卫生室	453	–	453	–	–	45.3	45.3	–	–	9
51	三台县曙光乡卫生院	960	300	–	660	4	91.2	76	14.7	0.5	1
	村卫生室	315	–	315	–	–	31.5	31.5	–	–	7
52	三台县双乐乡卫生院	1219	–	442	777	21	153.73	128	25.73	–	1
	村卫生室	362	–	362	–	1	35.13	35	0.1	0.03	7
53	三台县双胜乡卫生院	1467	–	967	500	12	159.7	142.5	15	2.2	1
	村卫生室	305	–	305	–	–	26.8	26.8	–	–	5
54	三台县塔山中心卫生院	5852.6	–	4310	1542.6	22	610.1	596	13.9	0.2	1
	村卫生室	468	–	468	–	–	41.15	41.15	–	–	12
55	三台县万安镇卫生院	1300	40	840	420	2	171	168	3	–	1
56	三台县西平中心卫生院	11400	60	7900	3440	5	1211.9	1200	11	0.9	1
	村卫生室	812	–	812	–	–	66.05	65.84	–	0.21	23
57	三台县下新乡卫生院	1500	100	1100	300	10	207	186	16	5	1
	村卫生室	300	–	300	–	2	25.6	24.6	1	–	5
58	三台县协和乡卫生院	1456	–	756	700	4	185	180	5	–	1
	村卫生室	300	–	300	–	5	30.53	30	0.5	0.03	9
59	三台县新德镇卫生院	1993	–	1259	734	13	154.1	140	11.8	2.3	1
	村卫生室	359	–	359	–	5	40.23	26.93	13.3	–	5
60	三台县新鲁中心卫生院	1970	–	1970	–	5	248.88	236.4	8.5	3.98	1
	村卫生室	390	–	390	–	–	39	39	–	–	7
61	三台县新生中心卫生院	5421	–	0	5421	16	648	598	50	–	1
	村卫生室	765	–	765	–	–	76.5	76.5	–	–	17
62	三台县幸福乡卫生院	1587	–	1000	587	5	198	185	12	1	1
	村卫生室	480	–	480	–	–	40	40	–	–	8
63	三台县永明中心卫生院	3800	–	2000	1800	27	438.31	385	42	11.31	1
	村卫生室	699	–	699	–	–	65.7	65.7	–	–	14

续表1—5

序号	机构名称	房屋倒塌和损坏面积				设备受损数量（台件）	直接经济损失				受损机构（个）
		小计	倒塌	危房	受损		小计	其中：房屋	设备	药品器械	
64	三台县永新镇卫生院	822	–	494	328	14	105.5	90.5	15	–	1
	村卫生室	220	–	220	–	–	11	11	–	–	4
65	三台县玉林乡卫生院	1257	–	1257	–	3	144	135	8	1	1
	村卫生室	199	–	199	–	–	18.2	18.2	–	–	6
66	三台县云同乡卫生院	650	–	350	300	2	84	76	5	3	1
	村卫生室	100	100	–	–	–	10	10	–	–	2
67	三台县争胜乡卫生院	1009	–	320	689	7	138	118	15	5	1
	村卫生室	185	–	185	–	8	18.7	18.5	0.2	–	4
68	三台县中太镇卫生院	1880	200	1000	680	11	211.6	198	12.7	0.9	1
	村卫生室	665	–	665	–	–	52.2	52.2	–	–	15
69	三台县中新镇卫生院	1300	200	–	1100	4	145	140	4	1	1
	村卫生室	600	–	600	–	–	43.6	43.6	–	–	9
70	三台县忠孝乡卫生院	646	–	326	320	9	100	72	25	3	1
	村卫生室	100	–	100	–	2	9.6	8.6	1	–	2
71	三台县紫河中心卫生院	3455	–	3455	–	22	549.21	518.25	28.96	2	1
	村卫生室	900	–	900	–	15	91.73	90	1.5	0.23	15
72	三台县潼川卫生管理办公室	1090	–	1090	–	–	135	135	–	–	1
	村卫生室	1815	–	1815	–	–	150.85	150.85	–	–	22

人口计生系统：全县48个服务机构受损。受损房屋18780平方米，其中危房15670平方米；损失各种设备2080件；药品药具损失32万元，共计造成直接经济损失3864万元。

三、文化体育

地震使三台县公共文化体育基础设施设备遭到重创，全县文化市场、文化产业设施受损机构75个，公共文化设施受损2097个。县级各文化体育单位、镇（乡）文化站、街道文化站、村文化活动室、全民健身路径、各文物保护单位等均严重受损。文化系统和体育比赛场馆共计15.64万平方米，其中文化市场、文化产业、公共文化设施房屋受损13.80万平方米；设备受损2.15万台，其中公共文化设施设备损毁1.11万台/套。全系统直接经济损失约2.44亿元，其中文化系统损失2.07亿元，体育系统3896万元。

（一）县文化馆房屋受损4200平方米，损失设备15台（件），经济损失460万元；

（二）县图书馆房屋受损面积 3000 平方米，设备受损 200 台（件），图书受损 8 万册，经济损失 842 万元（含系统图书损失 45 万册）；

（三）梓州影剧场（百乐影城）房屋受损 3000 平方米，设备损失 30 台（件），经济损失 400 万元；

（四）96 个街道文化站房屋受损 2.88 万平方米，损失设备 1220 台（件），经济损失 3820 万元；

（五）63 个镇（乡）文化站（含影剧院）房屋受损 1.89 万平方米，设备受损 360 余台（件），经济损失 3280 万元；新鲁镇是全县地震受灾最严重的乡镇，镇文化站 300 多平方米房屋全部垮塌，镇影剧院已成严重危房，站内设备和图书几乎全部损坏；

（六）936 个村文化活动室（含信息资源共享基层点）房屋受损 4.68 万平方米，设备受损 9300 台（件），经济损失 1.13 亿元；

（七）县体育中心。县体育中心占地面积 5.23 公顷，总建筑面积 7851 平方米；经“5·12”特大地震和数次余震后，遭到严重损毁。5 月 23 日，经中国建筑研究院和市、县规划建设部门组成专家组检测鉴定东看台基础向外倾斜并下沉，东、西看台内房屋填充墙结构性变形严重，墙体开裂严重，四周围墙部分坍塌、部分倾斜、部分开裂，主席台网架挑棚损坏，经济损失 2978 万元；

（八）县体育馆。县体育馆占地 3333.35 平方米，总建筑面积 2500 平方米，经“5·12”特大地震和数次余震后，受到不同程度损坏：四周看台均有断裂，损坏面积达 1200 平方米，顶棚钢架部分拉裂等，经济损失 542 万元。

（九）公共体育设施。全县公共体育设施直接经济损失 3696 万元。各项损失表 1－6。

三台县公共体育设施损失一览表

表 1－6

项目名称	震前情况			地震灾害受损情况						损失总金额（万元）
	体育设施数量（座\个）	体育设施建筑面积（m^2）	设备估价万元）	体育设施数量（座\个）	设施受损情况			设备受损情况		
					金额（万元）	倒塌及毁坏面积（m^2）	可维修加固利用面积（m^2）	数量（件\套）	金额（万元）	
体育场	1	39055	4600	1	1053	10530	800	8047	1925	2978
室内灯光球场	1	6100	1300	1	366	6100	－	2344	176	542
游泳场	1	13440	1000	1	90	－	910	2	10	100
全民健身路径	10	5000	60	8	－	－	－	48	64	64
农民健身工程	18	12204	72	4	12	678	2034	－	－	12
合计	31	75799	7032	15	1521	17308	3744	10441	2175	3696

四、广播影视

2008 年“5. 12”汶川特大地震，造成三台县 63 个镇（乡）台站受损，损失业务用房 7456 平方米，经济损失 1491 万元；倒塌折断电线杆 4580 根，损坏光缆 1356 公里，各类专业设备 2.21 万台（套），经济损失2437万元。广播电影电视系统直接经济损失4319万元。新鲁、芦溪、新生、西平、富顺等镇乡广播电视设施设备损坏尤为严重；其中新鲁房屋垮塌249平方米，受损247平方米，光设备损坏10台，光缆线路10公里，电杆损失355根，电缆损失151公里，放大器损失85台，供电器损失8台，钢绞线损失1230公斤，教育网损坏1.5公里，共损失金额186.09万元。大旗山无线广播电视发射台受损设备10台，直接经济损失30万元，导致全县无线发射广播电视节目受阻。

五、社会福利

受地震灾害影响，三台县民政福利事业受到不同程度损失。全县38所农村敬老院、1所社会福利院、1所精神病院等45所社会福利机构均遭受不同程度破坏，造成直接经济损失7583万元。农村敬老院倒塌及严重危房2.21万平方米，可维修房屋2.87万平方米，设备损毁299台（套），经济损失4044万元。三台县精神病院始建于1959年，于1991年迁至县城北坝镇，“5·12”汶川特大地震灾害造成房屋倒塌及严重危房1700平方米，可维修房屋3600平方米，损毁设备23台（套），经济损失1048万元。灾害损失导致大部分收养收治人员只能冒着酷暑拥挤在室外搭的彩条布棚或帐篷或临时建筑中居住、生活、治疗，给管理服务工作造成极大困难，同时存在着严重的不安全因素。灾情发生后，县精神病院只好将收治的216名病员（其中三台、盐亭、涪城、北川等地“三无”对象68人）全部疏散到院内狭窄、拥挤的户外活动场地搭建的帐棚内生活和治疗，以防高温诱发精神病人的情绪冲动，精神病人发生出逃、伤人、毁物等危害社会事件发生。

六、村、社区办公场所

村委会倒塌及危房达9.75万平方米，设备损毁935台（套），经济损失1.16亿元；社区居委会倒塌及严重危房1.71万平方米，设备损毁100台（套），经济损失2350万元。

第九节　办公用房及设施

一、受损房屋评估

全县行政事业单位办公、综合用房因地震破坏被鉴定为D级的有：

三台县档案局（馆）综合楼，三台县人大办公楼，三台县政协办公楼，三台县福利院，三台县新鲁镇、争胜乡、老马乡、上新乡、金鼓乡、双胜乡、万安镇、八洞镇、协和乡、三元镇、菊河乡、龙树镇政府，龙树派出所，柳池镇第二栋办公楼，永明派出所，前锋镇政府综合礼堂和土墙办公房，富顺镇经社中心，富顺镇金光办事处，宝泉乡政府辅楼，向阳派出所辅楼，乐加乡政府第二、三栋楼，断石乡政府第二栋楼、古井镇政府第三栋楼及食堂，幸福乡政府第一栋楼、下新乡政府第一栋楼等办公楼为D级。

C级的有：

三台县农业局办公楼，三台县广电局办公楼辅楼，柳池镇第一栋办公楼，灵兴镇政府第二栋办公楼，建平镇派出所，宝泉乡政府主楼，观桥镇政府旧大院1、2栋楼，向阳派出所主楼，断石乡政府第一栋，幸福乡政府第二栋，下新乡政府第二栋，玉林乡政府办公楼为C级。

B－C级的有：

三台县地税局、农机局办公楼、三台县忠孝乡政府办公楼。

B级的有：

三台县司法局、国土局、文体局、交警大队、卫生局、畜牧局、水务局、建材检测中心、建设局、广电局主楼、财政局、路政大队、房管所、妇幼保健院、体育馆、军干所、县政府办公楼。

二、重点受损单位

三台县检察院办公楼（含附楼）位于三台县潼川镇学街，主体7层，建筑面积2630平方米，附楼3层，建筑面积464平方米。在特大地震中损坏严重，经四川省建业工程质量检测有限公司鉴定：检察院办公楼（含附楼），受汶川大地震影响，震损严重，整体性能已经严重降低，使用性已经基本散失，加之原设计标准低，综合判定为D级危房。

三台县劳动和社会保障局办公楼，位于三台县潼川镇新西街，主要包括主楼和附楼两栋建筑，主楼又分为一期和二期，主体6层，建筑面积3547平方米，建造于1987年。在2008年5月12日汶川特大地震中损坏严重，主楼楼梯间混凝土酥碎开裂脱落，联接松动，直接影响楼梯的安全可靠性，为严重破坏，已构成局部危险。经四川省建业工程质量检测有限公司鉴定：三台县劳动和社会保障局办公楼，受“5·12”汶川特大地震影响，房屋地基基础未出现危险点；上部结构一期与二期之间楼梯间主要结构构件（承重墙、牛腿）及联接构造，均已破坏严重，该范围结构处于C级危险状态；附楼也存在多个危险点。综合上述情况，该楼属于部分承重结构承载力不能满足正常使用要求，局部出现险情，但潜在的风险很大（人流量大），可以认定其危险性等级为D级危房。

三台县委党校综合楼，位于三台县潼川镇东河路，紧邻三台县档案局（馆），主体5层，建筑面积2152平方米，建造于20世纪70年代，在2008年5月12日汶川特大地震中损坏严重，上部1－3层完全损毁，经四川省建业工程质量检测有限公司鉴定：三台县委党校综合楼，受“5·12”汶川特大地震影响，震害严重，已经丧失整体性，上部承重结构及围护结构已经严重破坏，完全不能满足正常使用要求，出现了整体险情，综合判定为D级危房。

三、设备损毁

在特大地震中，全县各级行政机构损毁各类设备1476台（件），县级事业单位损毁各类设备3.42万套。

第二篇　抢险救灾

第一章　组织指挥

第一节　三台县抗震救灾应急指挥部

“5·12”汶川特大地震发生后，中共三台县委、三台县人民政府迅速组织全县人民抢险救灾。5月12日17时，县委召开临时紧急会议，部署抗震救灾工作，安排县级在家的领导，分赴联系片区和分管单位查看灾情。同时要求水、电、气、通信等部门组织人员紧急抢修设备、设施，保证通信畅通和公共场所照明用电。公安部门加强巡逻，维护社会秩序。21时，县委再次召开县抗震救灾紧急会议，安排部署抗震救灾工作。为保证安全，决定马上停止输送天然气，关闭城区油、气站；要求县科技局与省市联系，发布信息；所有人员坚守岗位；启动地震灾害气象预案；对病险水库24小时值守。22时，县委、县政府研究决定成立三台县抗震救灾应急指挥部。

（一）指挥部组成

三台县抗震救灾应急指挥部，指挥长：县委书记、县人大常委会主任；常委副指挥长：县委副书记、县长崔斌；任常务副指挥长：县政协主席苏才华，县委副书记陈福林，县人大常委会党组书记、副主任李蜀光，县委常委、县政府常务副县长兰劲，县委常委、组织部部长何承平，县委常委、县总工会主席冯中兵，县委常委、县政府副县长魏富祥，县委常委、宣传部部长胡传光，县委常委、政法委书记段光艳，县政府副县长李哲，县政府副县长李洪波，县法院院长刘光明，县检察院检察长陶毅，县人武部部长周诗凯。县委办、县政府办等县级相关部门负责人和各镇乡党委书记为成员。指挥部设在县委办公室，内设办公室、医疗救护组、救灾抢险组、物资供应保障组、社会秩序安全保卫组、灾后重建组6个组室。

各镇乡也先后成立抗震救灾应急指挥部，党委书记、镇乡长分别任指挥长、常务副指挥长；个别镇乡还成立与县指挥部对口的物资供应检查组。

（二）机构增设及调整

地震发生后，从极重灾区转移和自发涌入三台县的灾民日益增多，为加强统筹协调，妥善有序安置灾民，5月17日，县抗震救灾应急指挥部成立重灾区灾民接收安置组，县人大常委会副主任达建川任组长，县级相关部门负责人9人为成员。主要负责灾民安置点建设的协调落实，灾民登记接收及灾民提供生活救济和负责组织志愿者为重灾区灾民提供志愿服务等。5月20日，为切实加强灾后卫生疫情防控，做好抗震减灾工作，县抗震救灾应急指挥部成立三台县灾后卫生疫情防控工作督查组，县委县政府目标督查办主任任组长，县卫生部门负责人任副组长，县级相关部门负责人8人为成员。5月21日，县抗震救灾应急指挥部决定增设水利工作组，加强抗震救灾水利工作，严防次生灾害，副县长李洪波任组长，水务、公安、交通3部门负责人任副组长，县级相关部门负责人和涪江沿岸13个镇乡长16人为成员。主要负责制定并落实震后水利、水电工程设施的抢险和修复方案等；落实预案应对上游堰塞湖溃坝带来的威胁和影响；密切监视水情汛情确保信息畅通。5月22日，三台县抗震救灾应急指挥部为全面做好地震灾后重大动物疫病防控工作，防止发生重大动物疫情和人畜共患病，决定成立重大动物疫病防控工作组，县委常委、县总工会主席冯中兵任组长，副县长李洪波，县畜牧兽医局局长任副组长，县级相关部门负责人17人为成员。主要负责依法组织协调有关突发重大动物疫情应急处理工作。同日，为加强灾后卫生防疫工作，实现大灾之后无大疫的目标，县抗震救灾应急指挥部决定成立三台县灾后卫生防疫督查领导小组，县委常委、宣传部部长胡传光任组长，县人大副主任董黎明，县政协副主席张苏林及县卫生部门负责人等5人任副组长，县级相关部门领导11人为成员。督查组分3个工作组，每个工作组由1名县级领导任组长，主要负责全县灾后防疫工作开展情况的督促、检查、指导和通报等。5月23日，指挥部调整机构及组成人员，增补副县长李晖为县抗震救灾应急指挥部副指挥长。指挥部下设“医疗救护组”更名为“卫生防疫组”。增补副县长李晖为卫生防疫组副组长，增补县政府办、药监局领导为卫生防疫组成员。增补李晖为灾后卫生防疫督查组副组长，增补县政府办、药监局负责人为灾后卫生防疫督查组成员。5月25日，县抗震救灾应急指挥部为加强对抗震救灾资金物资的监督管理，认真贯彻落实中纪委等五部委《关于加强抗震救灾资金物资监管的通知》和省纪委、省监察厅《关于严肃纪律加强对抗震救灾资金物资监督的紧急通知》，决定成立抗震救灾资金物资监督组，县监察局负责人任组长，机要局负责人任副组长，县有关部门领导11人为成员，抗震救灾资金物资监督组具体负责全县抗震救灾资金物资使用管理情况的监督检查。监督组下设救灾资金监管组、救灾物资监管组、检查组。6月8日，县委、县政府决定，调整抗震救灾资金物资监督组组成人员。县委副书记陈福林任组长，县人大副主任达建川、董黎明、康定源，县政协副主席刘伟玉、张苏林，县纪委副书记、监察局局长罗东风任副组长，县级相关部门领导17人为成员 。监督组下设办公室，具体负责全县抗震救灾资金物资使用管理情况监督检查的综合协调、资料上报等工作。6月10日，增补县人大常委会副主任康定源为物资供应保障组副组长。9月27日，增补魏坤为抗震救灾物资监督组常务副组长。12月8日，县委、县政府决定调整三台县灾后重建工作领导和机构设置，组建三台县“5·12”地震灾后恢复重建委员会。县委书记崔斌，县委副书记、代理县长赵飚任主任，县委副书记陈福林，县委常委、常务副县长兰劲任副主任，其他相关县级领导13人为成员。撤销原“三台县抗震救灾应急指挥部”“三台县灾后重建工作委员会”及其下属各工作组、办公室，有关职能职责和重建工作由新组建的三台县“5·12”地震灾后恢复重建委员会办公室和各工作组承担。

（三）内设机构及其主要职责

办公室。县委办公室主任张忠祥任主任，县政府办公室主任任副主任，县级相关部门负责人12人为成员。主要职责是迅速了解、收集、汇总震情、灾情，及时向指挥部领导报告等。

医疗救护组。县委常委、宣传部部长胡传光任组长，县卫生局局长任副组长，县级相关医疗部门负责人6人为成员。主要职责是迅速组织急救队伍抢救伤员，帮助灾区采取有效措施防止和控制传染病的暴发流行，检查监测灾区的饮用水源、食品安全等。

救灾抢险组。县委常委、副县长魏富祥任组长，副县长李哲、县人武部部长周诗凯任副组长，电力、通信等部门负责人7人为成员。主要职责是迅速调集部队赴灾区抢救被压埋人员并协助有关部门进行工程抢险；确保电力、通信畅通。

物资供应保障组。县委副书记陈福林任组长，副县长李哲任副组长，县级相关部门、企业负责人9人为成员。主要职责是保证灾区粮食、食品等生活必需品供应，保证水、电、气等能源供应。

社会秩序安全保卫组。县委常委、政法委书记段光艳任组长，公安局局长任副组长，公安、武警负责人3人为成员。主要职责是加强社会治安管理和安全保卫工作。

灾后重建组。县委常委、常务副县长兰劲任组长，县委常委、副县长魏富祥任副组长，县级相关部门负责人和金融单位负责人13人为成员。主要职责是迅速调配救灾物资，保障灾民生活，做好灾民转移、安置、救灾救济款发放，对被破坏基础设施进行排险修复；负责应急资金的准备及筹措工作及灾后重建资金的筹措准备等。

（四）主要工作

医疗救护组。由县卫生局及时组织救护车10辆，抽派医生、护士、驾驶员共30人随车到绵阳市卫生局，在极重灾区开展医疗救援工作。县内组建医疗救治小分队7支共49人。安排县医院、县中医院、中医骨科医院、保健院、二医院和建设片区镇乡卫生院挤出病床200张，随时准备迎接极重灾区伤病员的救治。5月14日16时，全县各医疗卫生机构共接收地震灾害伤员460人，其中收治北川、安县、什邡、江油、中江等地伤员61人。卫生局局机关、疾控中心、卫生执法监督所人员组成6个检查组深入镇乡，检查指导卫生防疫和医疗救治工作，宣传卫生防病知识，对城区和镇乡200余户食品经营、生活饮用水供水单位进行卫生监督检查，发放食品卫生、饮用水卫生、灾后传染病防控等宣传资料1.57万份，发放卫生监督意见书42份。充分利用广播、电视、板报、墙报、标语等广泛宣传饮食卫生和传染病防控等知识，教育群众养成良好的卫生习惯，把卫生防疫措施送进村社和社区。至5月23日，已发放宣传资料134.26万份，定时在电视上播放卫生防疫知识滚动字幕；医疗卫生单位开办板报、墙报计60处；悬挂抗震救灾标语33条；为各医疗卫生单位翻印县抗震救灾指挥部通告480份。切实加大对饮用水和食品的监测力度，把重灾区群众安置点、群众临时避灾点、学校、医院、车站、商店、市场等人群集中的公共场所作为消毒处理的重点。全县共出动机关干部、疾控中心人员、卫生执法人员5469人（次），出动车辆641台（次），开展食品卫生监督2535户，检查供水单位645户，进行环境消毒47.92万平方米，饮用水消毒49.83万平方米，指导处理尸体消毒127具，处理粪坑3万余个，消除蚊蝇孳生地1.7万余处。全县各医疗卫生机构共接诊地震灾害伤病员633人，收治住院伤病员347人。住院伤员县内187人，北川、安县、什邡、江油、中江等地160人，出院135人，转送到上级医疗机构治疗78人。在灾民安置点设置医疗服务点，提供医疗保健、疾病监测和卫生消毒等服务。抽派3名医务人员24小时值守、1名卫生执法监督员驻点负责饮食卫生和环境卫生监督指导，派县人民医院传染科专家现场巡诊。全县卫生系统外派工作人员90人，赴安县救治和转移伤员408人，无一例伤员死亡，为受灾群众474人运送物资，开展卫生防疫和健康教育；赴北川县卫生防疫队承担北川县城消毒液配置工作。

抢险救灾组。组织首批民兵应急抗震救灾小分队，于5月13日凌晨4时开赴北川抗震救灾第一线，全力搜寻幸存者，救援受伤者，挖掘遇难者。13日至14日营救轻重伤员56人，挖出幸存者8人，抬出遇难者遗体27具。14日夜，按照上级要求，紧急在古井、花园、观桥、东塔、万安、高堰、金鼓、景福、凯河等镇乡组织150人抗震救灾民兵组成应急机动连，于15日凌晨4时，奔赴北川县全力展开抗震救灾工作。

物资供应保障组。检查城北加油站、石油公司、家家福超市、阳光盛源下南街超市、广客源超市、粮食局、燃气公司、西门市场、通力公司、加气站、自来水公司、电力公司物资供应保障工作。要求石油公司确保抢险救灾车辆、城市公共交通、党政机关正常运转车辆所需用油。安排公安部门加强加油站安全保卫和公共秩序维护。协调处理家家福超市、勇发超市反映设备受损、安全得不到保障等问题，与阳光盛源超市负责人联系，督促其两个营业点尽快开门营业。组织县粮食局召开全体干部会，要求县粮食局干部职工坚守岗位，确保粮油等老百姓基本生活品供应，并将粮食供应和储存情况每日报送县应急办。要求燃气公司争取港华公司支持，确保全县居民生活、汽车营运用气；针对加气站车辆较多、秩序有一定程度混乱等情况，安排县运管所派专人到现场协调指挥。5月14日，县委副书记陈福林主持召开物资供应保障组紧急会议。会议强调：保证粮油、副食正常供应量；潼川、北坝两镇保证所有店铺和餐饮业尽快开门恢复正常营业；严格控制物价（包括服务行业价格），恢复正常供货渠道，杜绝哄抢局面出现；电力部门正常供电，保障工业企业的正常运行和居民的正常生活。及时落实支援极重灾区方便食品1500件、桶装纯净水300桶、彩条塑料布25件、塑料膜5件、牛奶及瓶装饮用水各1000件、饼干300件、方便面200件。

社会秩序安全保卫组。从5月14日开始，政法各部门立即恢复正常工作秩序，严格上下班制度。坚持重大事项请示制度，严格执行县委、县政府安排部署，依法履行职责，严厉打击散布假消息扰乱人心和其他影响正常生活、工作秩序的人和事，加强对机关、金融部门、救灾仓库、看守所等重点要害部门的安全保卫等工作。安全转运在押208名犯罪嫌疑人至绵阳看守所羁押；10余万卷诉讼档案顺利转移到安全地点。5月28日，出动警力226人（次），车辆198台（次）；抢救受伤人员3人、服务群众139人（次）、转移受灾群众16人、守护重点物资6处，守护加油站、医院、超市等重点部位46处；安置灾民650人；印制发放宣传资料180份。出动警力106人、警车32台（次）开展禁烧秸秆专项行动，治安处罚2人，教育劝阻9人。

灾后重建组。组织民政系统分五组沿东、西、南、北、中五路，深入镇乡查灾、计灾、核灾；开通县民政局救灾专线电话，及时向省、市报灾；安排民政局干部职工坚守工作岗位，坚持24小时昼夜值班，轮流值守电话。组织接收社会各界赈灾募捐，安排下拨自然灾害生活救助费317万元，解决紧急安置灾区灾民口粮、衣被等临时生活困难。县殡仪馆调动全馆力量，将馆内场地、设备全面彻底消毒，检查维护火化炉，火化北川县地震死亡人员遗体。抽调专业技术人员组成11个排查组，集中排查城区党政机关、企事业单位、卫生医疗机构、学校、集贸市场等公共建筑、居民小区房屋和镇乡机关办公楼、中小学校校舍安全情况。截至5月17日，排查城区房屋450余万平方米，全面完成镇乡机关、中小学校房屋排查任务。初步完成城镇基础设施、农村基础设施、地方电网供电设施、社会事业基础设施、基层政权建设、公路设施、规模工业企业房屋及设备设施等七大类72小项灾后重建项目的清理核实，计划完成灾后重建投资总额8.3亿元，其中争取上级抗震减灾补助资金4.2亿元。对63个镇乡和县级部门机关办公楼、各中小学校舍进行初步鉴定，分门别类地制定整修、重建方案。对镇乡机关办公用房损坏严重无法正常使用的，督促各镇乡采取租赁房屋、搭建临时办公场所等方式，妥善解决机关临时办公问题；对校舍损坏严重的，督促各中小学校采取并校、合班等方式，确保尽快复课；分别安排县国土资源局、劳动和社会保障局、政务服务中心、绵遂高速协调办等单位到县城郊法庭、县文化馆、县交通局临时办公。在县体育中心搭建灾民临时简易安置棚128个、面积1408平方米；5月25日前完成农业供水工程抢修，全力保障全县水稻满栽满插；加大超市及配送中心等物流企业货源组织力度，全力保障物资供应；认真组织并规范抗震救灾募捐行动，接受社会捐款300余万元，制定落实救灾物资调配方案；安排财政专项资金720万元，下拨自然灾害生活救助费317万元；及时指导金融机构出台《关于抗震救灾做好金融服务工作的意见》，保障抗震救灾资金调配需要；组织保险机构认真开展灾情普查，确保灾后保险项目按政策理赔。对城区及镇乡供水设施、供电设施、供气设施和通信基站等基础设施受灾情况严格排查，准确掌握灾情。加大对水源的检测频率，每天分早、中、晚三个时段检测水源，每小时对出厂水进行常规检测；加强与江油、绵阳供水企业检验部门和县疾控中心联系，共同应对水质变化情况；加大城区主管网和用户支管网运行巡查力度，确保居民正常用水。认真落实电力大面积停电应急预案，及时组织抢修受损输变电设施；对发电厂、变电站、电压线路、变压器等供电设施，针对受损设备、设施的重要性、安全性和轻重缓急，制定分阶段恢复和重建方案。实行24小时值班制度，及时受理报修抢险；组织专业人员对燃气管网全面巡查、严密监控，通信畅通。组织抢修受损通信基站和网络，发布抗震救灾信息，为灾区客户提供欠费免停机服务，设立通信救灾临时服务点和免费应急电话，开通抗震救灾公益短信捐款。

第二节　唐家山堰塞湖三台避险疏散指挥部

特大地震造成北川老县城以上6公里处形成唐家山堰塞湖，严重威胁着三台县境涪江沿岸13个镇乡47个村、5万余名群众的生命财产安全。5月26日，县抗震救灾应急指挥部在芦溪镇组织召开县防汛指挥部成员单位和涪江沿岸13个镇乡应对堰塞湖防洪工作现场会，在县城组织召开城区"八口"两镇防洪抗汛紧急会议，对组织沿江群众有序疏散撤离作全面安排部署。根据绵阳市抗震救灾指挥部会议精神，县委、县政府成立三台县唐家山堰塞湖避险疏散指挥部。

（一）指挥部组成

指挥部由县委书记、县人大常委会主任任指挥长，县委副书记、县长崔斌任常务副指挥长，陈福林、兰劲、冯中兵、魏富祥、赵勇忠、胡传光、李哲、李洪波、周诗凯等任副指挥长，县委办、县政府办等26个县级相关部门负责人、13个镇乡党委书记为成员。指挥部办公室设在县防汛办（县水务局内），兰劲任办公室主任，冯中兵、赵勇忠、胡传光、魏富祥、李哲、李洪波、周诗凯任副主任，11个县级相关部门负责人为成员。永明、百顷等13个涪江沿岸镇乡，均成立唐家山堰塞湖避险疏散指挥部，下设办公室，配备工作人员，另设与县避险指挥部对口工作组，随时准备应急抢险，疏散转移安置群众，确保实现"零伤亡"目标。

（二）机构增补

6月3日，县抗震救灾应急指挥部决定在县唐家山堰塞湖避险疏散指挥部办公室增设卫生防疫组、集中安置点指导组。卫生防疫组由胡传光任组长，县卫生部门负责人任副组长，其主要职责是负责医疗服务、卫生防疫等相关工作；集中安置点指导组由魏富祥任组长，县规划和建设局负责人任副组长。增补县政府办1名副主任为综合组副组长；县民生办主任为督查组副组长。

（三）内设机构及其职责

指挥部办公室下设综合组，负责信息资料收集，上情下达，综合协调，李洪波任组长；水情测报组，负责水情监测，淹没线设置，李洪波任组长；宣传组，负责应急抢险方案、避险公告的发布、宣传，胡传光任组长；交通运输保障组，负责防洪避险群众疏散、转移，物质运输等车辆保障，魏富祥任组长；应急抢险组，负责应急抢险，人员搜救等工作，赵勇忠任组长；物质供应保障组，负责抢险、避险等物质准备，李哲任组长；社会秩序维护组，负责社会治安秩序的维护，交通管制，安全保卫等，公安局局长任组长；水电通信保障组，负责供水、供电、通信保障，魏富祥任组长；督查组，负责督查城区各单位、沿江镇乡应急、避险各项措施落实情况，冯中兵任组长。

（四）主要工作

2008年5月30日8时，三台县唐家山堰塞湖避险疏散指挥部指挥长发布指挥长第一号令，全部启动三分之一溃坝撤离预案。撤离时间从发布命令之时即2008年5月30日早上8时开始，5月31日8时完成全部撤离任务；范围包括永明、花园、芦溪、刘营、老马、争胜、灵兴、里程、新德、潼川、北坝、百顷等镇乡三分之一溃坝洪水淹没线以下的全部区域；撤离对象为撤离范围内的全部人员、贵重财物、设备及危险品；撤离方式按照各相关镇乡所制定的疏散预案确定的撤离路线、撤离办法、撤离安置点执行。5月31日8时开始，由公安和民兵组成的联合排查队进行拉网式排查，对未撤离的，实施强制撤离。由人武部组织民兵750人，负责镇（乡）群众转移。撤离后撤离区及撤离人员安置地点的治安由当地派出所负责。撤离区域由当地派出所和执行撤离任务的民兵加强治安巡逻和警戒。撤离完成后，涪江沿岸镇乡、县级有关部门于5月31日13时30分前向县唐家山堰塞湖溃坝避险指挥部办公室综合组报告撤离命令执行情况；17时30分，由县公安局和人武部向县唐家山堰塞湖溃坝避险指挥部办公室综合组报告排查结果。县级有关部门同时启动三分之一溃坝专项预案。截至5月31日8时，三台县境涪江沿岸13个镇乡涉及转移区域的人员已全部安全转移，共转移群众4.91万人，设安置点102个，分散安置群众1.24万人。

第三节　救灾宣传

面对突然降临的汶川特大地震自然灾害，三台县委宣传部在有序组织和发动各级党员干部奋力抗震救灾过程中，充分发挥宣传思想工作的舆论引导作用，采取多种措施广泛宣传中共中央、国务院，省委、省政府，市委、市政府对地震灾区人民的关心；大力宣传县委、县政府带领全县148万人民群众万众一心、众志成城抗震救灾、夺取胜利的信心、决心和一系列决定和部署，大力宣传百万干群不等不靠、奋力抗灾自救，及灾后重建的举措。有力、有地的宣传，使抗震救灾工作形成前所未有、声势浩大、覆盖面广的宣传攻势，及时传达党和政府的声音，及时反映三台灾情，最大限度地争取外界对三台抗震救灾工作的帮助和支持，有力地鼓舞全县干部群众的士气，彰显宣传思想工作强势，维护城乡正常的工作和生产生活秩序，为夺取抗震救灾全面胜利提供强大的思想保证和良好的舆论支持。

一、新闻宣传

地震发生后，县委将抗震救灾工作作为新闻宣传的重中之重。广大新闻工作者全力以赴、主动出击、精心策划、广泛宣传，在全县营造良好的舆论氛围。县委宣传部指导各级各部门加大对抗震救灾工作的对外宣传力度，及时将三台工作的亮点、特色向市以上新闻媒体报送。宣传县委、县政府的积极应对措施，宣传三台虽是重灾区，但仍然全力支持极重灾区的行动；宣传三台不等不靠，积极抗灾自救、迅速进行灾后重建工作；宣传三台应对唐家山堰塞湖抢险工作，及时疏散转移沿江群众工作等。截至6月13日，三台县共在市以上新闻媒体刊用抗震救灾新闻稿件351条，其中，中央电视台刊播新闻8条，5分钟的纪实片有：《三台低洼地带村民撤离纪实》《目击长江村转移》（一、二）等，四川电视台、四川电台刊播新闻16条，《四川日报》《四川农村日报》刊用《在三台找到了家的感觉》等新闻11条，在市级党报、电视台、电台刊用新闻214条。地震灾害发生后，县内各新闻单位适时转播、下载中央、省、市电视台关于抗震救灾工作的专题节目，让全县干部群众更好了解整个灾区工作动态，增强抗震救灾工作信心和决心。同时，立足三台也是受灾区实际，及时跟进全县抗震救灾工作形势，各媒体立即开辟“众志成城 抗震救灾”专栏、专题，在电视台、电台以及两家网络媒体上实行24小时滚动播出抗震救灾工作动态。《梓州之光》以专刊形式，用大量来自抗灾一线的图片对全县抗震救灾工作进行详细报道。随着抗震救灾工作不断深入，各新闻媒体又新辟专栏“抗震救灾英雄谱”，大力宣传一批在抗震救灾工作中典型的人和事。截至6月13日，两台两网共滚动播出抗震救灾新闻3832条。在网络舆情上充分发挥三台新闻网、三台政务网等主流网络作用，开辟专栏，以文字、图片和视频三种方式及时上传三台抗震救灾工作的动态消息，通过网络向全世界报道三台抗震救灾情况。在互联网上搜索三台抗震救灾消息达21万余条。在加强网络正面宣传同时，组织10余名网络评论员对互联网上攻击、歪曲等不实贴子进行正面跟贴。面对抗震救灾工作，县外新闻记者到三台采访次数增多，县委宣传部专门向各级各部门印发《关于进一步做好近期县外新闻媒体来县采访有关工作的紧急通知》，就记者到县采访，做好接待、服务等工作进行详细安排。县委宣传部还根据记者采访情况，派出专职领导陪同采访、协调服务。特别是中央电视台记者先后4次到县采访，在县委主要领导亲自关心下，做好全县抗震救灾工作的介绍，采访点的选择等。截至6月13日，三台共接待中央电视台、《中国人事报》《中华新闻报》、新华网、四川电视台、《华西都市报》《绵阳日报》《绵阳晚报》、绵阳电视台等媒体记者28批53人（次）到县采访。

二、群众宣传

县委宣传部及时印发《关于加强抗震救灾期间群众宣传工作的通知》和《关于加强唐家山堰塞湖避险疏散群众思想政治工作的通知》，明确要求全县各级各部门要将抗震救灾期间群众宣传和思想教育作为宣传工作重中之重抓好抓落实，以确保全县群众在抗震救灾期间人心安定，社会稳定。在县内媒体开设了“众志成城，抗震救灾”“抗震救灾英雄谱”“党旗飘飘映梓州”等宣传专栏12个，宣传各类抗震救灾先进典型115个。全县共出动各类巡回宣传车6200余台（次），印发各类宣传资料150余万份，在过街天桥、收费站、广告架等处悬挂、张贴各类宣传标语近9000幅，制发安置点居民公约8万份，放坝坝电影1000余场，为战胜特大地震灾害、加快灾后重建步伐提供强有力的思想保证和精神动力。针对地震灾害给全县人民造成了极大心理影响的实际，县委宣传部加大对群众宣传的工作力度，下发《关于认真做好抗震救灾群众宣传工作的通知》，要求各级党委、政府积极引导群众正确认识灾情，科学抗震救灾，不信谣、不传谣，先后出动流动宣传车6200台（次），大力宣传有关防震、救灾知识，教育广大群众正确认识灾情，相信政府、相信科学，增强抗灾自救的能力。编发抗震救灾知识宣传单120万份，下发各镇乡、各部门进行宣传。全县各机关、社区、企事业单位悬挂抗震救灾横幅标语；各街道、路口广告牌、立柱广告牌上均发布抗震救灾公益广告；全县范围内人行天桥、公路收费站、跨街道广告架均悬挂抗震救灾横幅，在全县悬挂各类标语2000余幅。抓好车身抗震救灾宣传，全县行政企事业单位车辆1000台均张贴车身宣传标语。组织县电视台拍摄全面反映三台抗震救灾工作电视专题片《三台县“5·12”四川汶川地震灾害受损及抗震救灾纪实》和全面反映全县学校受损情况的电视专题片《托起明天的希望》。灾害发生后，三台县先后共接纳来自北川等重灾区灾民770人。县委宣传部为灾民安装并开通有线电视，在灾民安置点开展下象棋、打乒乓、放映电影、组织文艺小分队慰问演出等丰富灾民文体生活。县委宣传部把灾后卫生防疫宣传工作纳入重要议事日程。积极组织协调县卫生医疗部门充分利用广播、电视、板报、墙报、标语等形式广泛宣传食品卫生、饮用水卫生、传染病防控等抗震救灾和卫生防病知识，累计发放防病宣传资料169.66万份，教育群众做到吃熟食，喝开水，洗净手，爱护环境卫生，使卫生防疫防病知识深入人心、家喻户晓。唐家山堰塞湖是这次大地震衍生的最大次生灾害，三台县属唐家山堰塞湖威胁的重点区域。为确保被转移群众在高温酷暑环境下能转得出、稳得住，县委宣传部大力开展被转移群众思想政治工作，与县唐家山堰塞湖避险疏散指挥部办公室联合下发《关于切实做好唐家山堰塞湖溃坝避险疏散群众思想政治工作的通知》，印发宣传资料1.2万份，为各安置点放映电影140余场，使被转移群众能充分理解唐家山堰塞湖避险疏散工作的重要性和紧迫性。

三、文艺家协会开展宣传工作

动员文艺界人士积极参加赈灾募捐义演活动。在全县“爱在天地间”的赈灾义演活动中，县音协、舞蹈戏剧家协会、影视家协会等近百名文艺工作者牺牲休息时间踊跃参加节目编排，在极短的时间内成功演出一场感人泪下催人奋进的赈灾募捐节目，当场募捐到救灾资金140余万元。文艺工作者积极投身抗震救灾主战场，开展文艺创作活动。本土作家邹开歧、张庆与市创作组一道完成30集抗震救灾电视剧《苍天作证》；青年作者江彬如深入地震极重灾区当自愿者60余天，创作日记、诗歌、纪实等20余篇；青年作者姚小红深入县内基层采访，创作出两万余字的报告文学《抗震救灾—三台在行动》，先后在县、市文学刊物上登载；县直各文艺家协会组织会员创作一大批诗歌、散文、歌曲、摄影、书法、美术、小戏等作品，组织编印《琴泉》文学“抗震救灾——三台在行动”专辑。

第二章　应急抢险

第一节　保护生命财产

一、抢救伤员

地震发生后，县委、县政府高度重视医疗救治和卫生防病工作，县委常委、宣传部部长胡传光先后深入县卫生局指挥抗震救灾医疗应急救援工作，深入城区和镇乡医疗卫生机构检查医疗救治、卫生防病和应急预案措施落实情况，慰问抗震救灾医疗救援工作人员。5 月 13 日，县卫生局成立卫生系统抗震救灾应急指挥部，局长任指挥长，下设医疗救治组、公共卫生组、物资保障与受灾清核组、文秘通联组、督导督查组，分别负责抗震救灾期间的伤员救治、灾后卫生防疫和卫生监督、抗震救灾各类物资保障、卫生系统受灾情况统计、通信与文秘工作、抗震救灾督导督查工作等具体事项。卫生局先后下发《关于在地质灾害期间切实加强医疗卫生工作的紧急通知》等 4 个通知。实行 24 小时值班制度，制定险情日报制度、抗病救灾通报制度、每日督查制度、救治伤员日登记报告制度、责任追究制等制度，要求各医疗卫生单位必须严格实行 24 小时值班制，单位领导必须坚守工作岗位，所有医务人员一律停止休假，必须服从医院和县卫生局统一安排和调配；认真做好医疗救治人员、车辆、药械、物资准备，以保证卫生应急救援工作有条不紊开展。

自 2008 年 5 月 12 日，三台县除及时救治县内伤员外，还承担来自北川、安县等地伤病员的医疗救治任务。县卫生局从全县卫生系统抽调专业技术水平高、政治思想觉悟高的中、高级技术职称医务人员 50 人组建县医疗救援专家队伍；抽调全县医疗卫生系统外科、内科、护理等 135 名专业人员组成 16 个医疗救治小分队，随时服从县卫生局统一调配。在灾情发生后 24 小时内启用备用的县传染病医院（县人民医院涪东分院），新增床位 80 张；安排县人民医院、县中医院、县中医骨科医院、县妇幼保健院、县第二人民医院和建设片区镇乡卫生院挤出病床 200 张，随时准备迎接重灾区伤病员的救治。调集全县医疗卫生系统，包括民营医疗机构的救护车辆 20 余辆，纳入卫生局统一调度使用，有效缓解了救护车辆运力不足的问题。5 月 12 日，县卫生局抽调 7 支医疗救治小分队共计 49 人分别到县直医疗卫生单位和县第二人民医院（芦溪中心卫生院）参加救援工作。5 月 13 日，全县卫生系统接收什邡市转入三台县重症病人 15 人、江油市 1 人。截至当日下午 4 时，各级医疗机构共接收伤员 300 人，危重病人 61 人，救治无效死亡 7 人。5 月 14 日，同时抽调局机关、疾控中心、卫生执法监督所人员组成 6 个检查组深入镇乡，检查指导卫生防病和医疗救治工作。同日，卫生局抽派救护车 3 辆、医护人员 9 人随车到绵阳接收极重灾区伤员到三台救治。截至 17 时，全县各医疗卫生机构接收伤员增至562 人，其中收治北川、安县、什邡、江油、中江等地伤员 131 人。到5 月 17 日，县内启用医疗救治小分队 11 支共 72 人。全县各医疗卫生机构共接诊伤病员达到 595 人，收治住院伤病员 318 人。在收治住院的伤员中，县内伤员 168 人，北川、安县、什邡、江油、中江等外县伤员 150 人。收治住院伤病员中，需进行手术治疗的 138 人，已开展手术 71 台（次）。住院伤病员死亡 5 人，出院 66 人。5 月 18 日，县卫生局召开有县直属卫生单位主要领导，镇乡卫生院院长参加的抗震救灾工作会议，要求继续做好伤病员救治等工作，到 5 月 20 日，全县各医疗卫生机构已接诊地震灾害伤病员达 617 人。截至 6 月 13 日，全县各医疗卫生机构共接诊地震灾害伤病员 638 人，收治住院伤病员 352 人。在收治住院的伤员中，县内伤员 191 人，北川、安县、什邡、江油、中江等外县伤员 161 人，在所有收治的地震伤员中，伤情以四肢骨折、软组织损伤为主。

地震发生后，县人武部党委立即成立以部长周诗凯、政委赵勇忠为组长，副部长邱毅为副组长的抗震救灾领导小组，并对各科室进行分工，军事科成立灾情调查组、应急动员组，分别就全县各地灾情与镇乡及各相关部门进行全面调查收集和向全县各镇乡武装部下达收拢应急民兵命令；政工科成立政工宣传组，做好支前政治动员和宣传标语、旗帜、袖标；后勤科成立后勤保障组，作好车辆衔接、油料、食品补给的保障。筹措资金12万余元，购买迷彩服500套、被盖100件、帐篷10顶、铁锹200把、锄头150把、十字镐150把、手电筒100支、矿泉水200件、面包160件、饼干150件等救援物资。部长周诗凯同时安排军事科启动基干民兵动员预案，安排后勤科寻找城区还在营业的商店采购面包和桶装饮用水。部机关随即展开自救，干部、职工在机关院内安全区域搭建帐篷，安置干部职工家属，并陆续接纳救助驻地周边避难群众。周诗凯带领副部长驱车到城区8个社区查看灾情，完成灾情上报和部署救灾前期准备工作。在分区集合准备参加省军区集训的赵勇忠政委回到部机关，会同部长在办公楼前紧急召开临时机关干部、职工大会，通报灾情，对抗震救灾工作进行简要的部署和人员分工，要求尽一切可能与镇乡联系，了解镇乡受灾情况。

宝泉乡副乡长、武装部长王波在地震发生时，不顾自身安危将住3楼3号80多岁老人徐光英救出。

地震发生后，西平镇党政主要领导迅速组织机关干部和派出所、街道办、城管执法中队等人员，分组在场镇各街道乘摩托车用高音喇叭呼喊广大居民群众立即从屋内撤离到开阔地带。全镇60余名共产党员冒着生命危险，自发组织用摩托车紧急疏散350余名群众到安全地带。

二、紧急疏散特殊群体

地震发生时，全县所有中小学校师生正在准备上课，强烈的震感，引起校舍剧烈摇晃，全县20余万师生生命安全受到严重威胁。各校紧急行动，有序组织学生撤离。有的教师甚至不顾余震发生，冒着生命危险上楼搜索因惊慌而滞留在教学楼里的学生。数百、数千、数万学生被转移至操场后，各校立即将散乱在操场的学生按班级顺序组织排队，清点人数，登记造册，确保一个不少。各班主任、科任教师顾不得探询自己家人的安危，及时安抚因受到惊吓而痛哭流涕的学生，此后，老师们一直守护在学生身旁，直到家长将学生接走为止。对于无家长接送的学生，教师则将其逐一护送回家；对于住家较远、无法当天回家的学生，学校将他们妥善安置在学校，领导和老师陪伴他们同吃同住，第二天再将他们送到安全回家的车上。全县20余万学生在撤离回家的途中，无一例失踪和安全意外发生。在地震致使校舍损毁特别严重的情况下，全县各学校在一两分钟内，在人员最密集的教室中将20余万名学生紧急撤离至安全地带。

地震发生时，正在教室守护学生午眠的上新乡二村小学党员教师陈道林，迅速组织全校师生撤离，冒着危险多次抱出熟睡中的幼儿园学生。老马学校党员教师丁敬容冲上楼梯冲进教室，将学生逐一有序组织出教室、送下楼梯，在救最后一个学生时，屋顶瓦块飞落，丁警容用身体紧紧护住学生，学生获救，丁警容的头部、面部却被砸中。县机关幼儿园保育员组长侯玉梅，组织17名保育员冷静地指挥帮助孩子们翻身起床、迅速躲避、有序地从安全楼道快速撤离到空旷地带，并多次在楼道上、寝室里来回寻找孩子。曙光小学幼儿园大班教室是一间小青瓦屋面教室，屋面瓦砾在地震时就开始掉落，而整个大班幼儿学生当时还有30多人正在酣睡，该班教师李亚辉冒着生命危险将学生一一抱出教室，就在抱出最后一位学生时屋面掉下两片较大的瓦块同时砸在学生的头上和她的手上，导致学生头部受伤，她的手臂也被划伤。狮王学校年近六旬的老教师肖明聪冒着教室倒塌的危险，冲进教室抱出两个酣睡的孩子。梓州中学生活指导教师张静在地震发生后，将家住极重灾区都江堰的藏族学生泽郎错领到自己的家中同吃同住，细心安抚和照料。

灾情发生后，三台县人民医院所有医务人员不顾自身安危，更顾不上对自己亲人的担心，竭尽全力，用自己的实际行动组织病人紧急疏散。以脑出血、脑梗阻为主的内一科的大部分病员肢体活动有严重障碍，有的甚至瘫痪在床。地震发生时，内一科的全科医护人员以最快的速度将病员尽快转移到安全地点，其中4床病员何成友此时无家属陪伴，19岁的护士张兰，背起何成友就向外跑。住在妇产科的一位孕妇临产，在危急时刻，妇产科全体医护人员为确保母子平安，不顾自身安危，很快在外科大楼与医院北大门之间空旷地带搭建临时产房，一直陪伴在产妇身边，此时产妇害怕地震危及自己及孩子生命，情绪极不稳定，妇产科医护人员耐心安慰孕妇，帮助她消除紧张情绪，4时10分，婴儿出生。急诊科医生们，将他们诊断室搬到门诊大楼前面，坚持给每一位患者细心诊治，耐心交待注意事项。咨询台工作人员在临时预诊台前镇定、热情接待着每一位就诊病人。5月12日18时50分，县人民医院请求县人武部提供帐篷支援，后勤组在县人武部协助下迅速搭建临时帐篷，并将所有住院部近100名重症患者全部安全转移到帐篷内。大家顾不上吃饭，拿来棉被和食物送到每一位病人手中。因余震不断，医务人员多次将病人从病房转到户外，又从户外转回病房，无一病员病情受到影响，全部安全往返，直至深夜12点，医院所有领导和医务人员仍留在医院守护病人。

地震发生后，三台县中医院院长杨丽迅速赶到医院，组织医务人员将住院病人转移到安全地带。5月12日下午医院收治12名来自厂矿、学校、社区因地震受伤的病员，经医护人员医治后，11名轻伤人员离院，1名重伤人员留院治疗。

地震发生6小时后，三台县妇幼保健院接收一待产孕妇急诊入院。20时30分，该待产妇出现胎心不好，又因其头盆不称，医护人员冒着余震进行手术，半小时后成功取出一活女婴，术后母子平安。当夜22时，乐加乡卫生院转送一名临产产妇，医护人员立即对其进行相关检查，做好接生准备，22时40分助产一活女婴，母子平安。13日早晨，院领导安排后勤人员，为所有病员准备营养丰富的荷包蛋，免费为病员家属提供热馒头及开水。全院职工同心协力，搭建临时帐篷2个，安好病床、医疗设施；同时购买米、面、油、矿泉水、方便面等价值3000余元食品，解决病员及病员家属、工作人员基本生活，积极做好接治周边重灾区伤员各种准备，医院已增设床位10张。各项抗灾及医疗护理工作有条不紊进行。

地震发生后，上新乡卫生院全体职工在院长江辉带领下，迅速将院内病员转移到安全地带，立即组成医疗救治小分队参加灾后救治工作，小分队医务人员来不及与家人告别，来不及顾及家中亲人，背上急救箱奔赴各村各社救治伤员。

金石中心卫生院全体职工，坚守工作岗位，全力以赴投入抗震救灾。灾害发生时，该院立即组织人员将住院病人转移到安全地带，搭建临时帐篷，对氧气瓶、高压蒸锅等易燃易爆物品妥善安置。积极出车出人，抽调救护车1辆，医护人员随车奔赴绵阳市卫生局待命，赶赴重灾区参加抗震医疗救援救治工作。

5月12日15时10分，公安局领导赶往关押两百余名犯罪嫌疑人员的三台看守所，在道路拥挤车辆不通时，徒步赶到看守所，并派员跑步到武警中队，抽调武警增加看守所警力，研究、制定余震发生时应急行动预案。在看守所，公安局领导到每个监舍逐一对在押人员进行谈话，告知地震已经结束，政府将全力确保所有在押人员安全。5 月 27 日，县公安局组织警力 160 余人，将 210 名在押人员紧急转移至绵阳市看守所寄押。6 月 13 日，县公安局再次组织警力 160 余人，由政委何海峡、常务副局长潘用军、副政委田柯带队，将寄押于绵阳市看守所的在押人员转移回三台县看守所。

三、避险

地震发生后，通力三台公交公司、汽车站近 400 余台营运车辆，除满足正常营运外，部分车辆积极服从救灾物资和人员应急疏运。从 5 月 12 日晚开始，400 余台营运车辆停放在中心站、梓锦新城车站、城郊公路及其他空旷地带，接纳近万名群众夜间车上避震。此外，公司在车站、西门市场等提供 2 万余平方米经营空置场地，供群众搭建避震帐篷，累计安置避震群众近 3000 人。

县委、县政府为解决地震灾害造成房屋损坏无家可归人员居住问题，统一搭建临时帐篷。规划和建设局承担帐蓬搭建任务，并购买价值 2 万余元防雨布 4500 平方米，协调耀森、佳琪、贵熙房地产公司提供搭建帐蓬所需管材 5000 余米和配套扣件，解决 120 户、480 人居住问题。

县法院为确保档案资料不受损毁，于 5 月 22 日将 11 万册（重达 30 吨）档案资料转移到安全地带。

第二节　抢修重要基础设施

地震发生后，县委、县政府及时组织相关部门抢修电力、通信、自来水、道路等重要基础设施，确保通信、电力、自来水畅通。

一、电力

地震造成永安公司电网与国家电网解列，全县电力供应瞬间中断，发供电设施、设备，职工办公生产设施、设备遭受重大损失，全公司直接经济损失 1. 36 亿元。特大地震发生后，永安公司即在公司机关简易停车棚设立临时“电力应急调度指挥中心”，迅速启动《大面积停电紧急预案》，迅速隔离故障，实施全局性应急调度，在较短时间向文峰、永安两个发电厂和芦溪、刘营、潼川等 8 个供电所及吴家渡在建电站下达“全力以赴保供电，为全县抗震救灾提供保障”的紧急命令。地震发生后，在 71 分钟内就恢复县委、县政府、医院、学校、广电、水厂、公安等重点单位的电力供应，在一个半小时内城区全面恢复供电，在 27 小时内，全县 98% 的高低压线路恢复供电。为三台县委、县政府指挥全县抗震救灾，在较短时间恢复通信、通水和通气提供了电力保障。在抢险救灾中，公司领导及相关人员组成工作组兵分四路赶赴各发电厂、供电所查看灾情，组织抢险。公司电网同国家电网完全解列，公司及时改变运行方式，想尽千方百计确保文峰、永安电厂发电，孤网运行。在电力调度上实行公司领导带班制度，昼夜值班，坚守岗位，科学调度。公司党委书记、董事长及总经理亲自指挥，解决恢复在建工程吴家渡电站工地电源，顺利开启库区闸门，使库区及上游三江电站、沉抗水库等泄水空库的几亿立方水顺利泄流，及时化解险情，确保大坝安全和库区两岸及下游几十万人民群众生命财产安全。仅12～13日，全公司共出动抢险、巡查车辆50余台（次），职工1800余人（次），对全县116条供电线路和全部设备设施进行检查巡视，抢修受损线路60余条、设施设备300余台（套），发供电设施、设备和电网重大缺陷202处。公司最多时投入抢险队伍达13支、抢修人员达6000余人（次），共抢修发电设备120余处，变电站损坏设备360台（处），抢修配变台区损坏设备2300余处，计量点3600余处，户表2万余只。抢修35千伏线路倒杆11处，断线3公里；10千伏线路倒杆128处，断线466公里；低压线路倒杆541处，断线836公里。拆除、维修、加固震损厂房、办公用房60余处，5000余平方米。在唐家山堰塞湖避险疏散期间，公司切实做好涪江沿岸永安电厂、芦溪、刘营、潼川供电所、文峰电厂、吴家渡电厂防洪抢险应急预案的落实；做好汛前库区排险工作。先后出动200余人（次），对在地震中损毁的发电厂设备设施进行维修和排险加固，最大限度确保安全度汛；同时分别进行唐家山堰塞湖在三分之一溃坝和全溃坝情况下避险疏散和安全渡汛演练。为确保全县避险疏散期间的用电，公司加快电力系统抢修进度，及时抢修因地震造成的设备故障，排除线路和台区故障，保证电力供应；增加电力供应，加强负荷分析和预测，及时调整和优化电厂、电网运行方式，优化各项组织措施和技术措施，向文峰电厂、永安电厂、各供电所下达军令状，尽可能多发多供；加强同国网联系，尽量从国网多购电，做到应购尽购，公司每天外购电量达到80万千瓦时；公司抽调精干技术力量，对涪江沿岸厂、所设备设施进行全面巡视排险，检修加固设施设备60余台（套），提前撤出泄洪期间可能影响避险疏散电力保障的10千伏线路3.8公里；对吴家渡电站提闸泄水，确保河道通畅，推迟首台机组发电；抽调精干力量28人组成突击队，紧急援建唐家山堰塞湖避险疏散群众三台安置点，为320户安置户架设安装支线和入户线4000米，开关、灯具330组。

二、道路

地震发生后，县交通局组织200余人和所有机械清理排除坍、塌方170余处，计2.3万立方米，抢通损毁公路41公里。截至5月14日中午12时，组织出动抢险勘查工作车220台（次），出动工作人员800余人（次），排查省道2条、91公里、县道16条460公里、重要乡道32条308公里、桥梁114座，清理排除路障133处，设置安全警戒标志11处，清除建设路段辖区内塌方，确保道路畅通。从5月17日起，在建的3条通乡路和在建的139个村335.23公里村道路已陆续复工。截至5月19日，复工面已达80%。到2008年年底，先后又投入500余万元，对县境内干线公路、农村公路进行抢通保通修复，对受灾严重的公路桥梁和码头进行恢复，年底前基本消除地震及其次生灾害给三台交通造成的路不通、车难行、群众反映强烈的被动局面，保证全县灾后重建的顺利推进。其中：投入干线公路48万元，抢通省道成（都）南（江）二级水泥路三台段4.5公里、九（寨沟）遂（宁）一级水泥路三射段2公里；投入县道抢通资金188.81万元，抢修县道公路11条274公里；投入乡道抢通资金203.53万元，抢通乡道公路28条285公里；修复百顷镇王家桥、双胜乡双胜大桥2座；投入资金22万元，修复刘营上渡口、下渡口码头各2座。为预防唐家山堰塞湖溃坝避险，县交通局督促承建单位，适时拆除正在建设中的马望路连接线（新渡口大桥）钻台施工浮桥，组织、动员大转移应急疏散车辆500余辆、对319艘涪江各类船舶分别落实停靠安全水域、起吊上岸、就地沉没等强制性防汛措施。

三、通信

（一）电信分公司

面对地震突发灾难，分公司总经理立即带领员工紧急疏散。迅速成立三台电信“5·12”抗震救灾指挥部及应急通信保障领导小组，领导小组下设线路装维、业务响应、综合保障等小分队。指示各部门了解各局点设备是否正常，通信是否畅通。安排装机维护组尽快将办公电话移到电信花园内，设立抗震救灾指挥部临时办公点。强震刚过，分公司网络部经理立即召集维护人员检查网络设备和电源，在余震不断情况下，维护人员冲进机房对其设备进行排查，对城区2个枢纽局（533局、522局）和2个模块局（526局、528局）用固定电话进行拨测，逐一对农村镇乡大局进行电话询问，确认三台电信分公司的交换和传输、数据主干网络及设备运行正常。各镇乡，除个别小灵通基站受损或停电外，其余地方小灵通通信正常；城区由于瞬间同时使用小灵通用户太多，造成电路拥塞不易打通，但可发短信，约10余分钟后恢复正常。突发大地震造成城区电供应中断，正在家中休假的公司员工罗杰立即赶到公司，与公司员工王之致先后对533局、522局、526局启动自备发电，汇丰营业厅因停电无法关闭卷帘门时，罗杰又与同事们一道用车汽油机发电，保证设备、票据安全。为保证农村通信畅通，设备维护人员分东、南、西、北四路到镇乡通信中断点发电、送油；维护支撑组人员全面检查恢复政企专线；当天全县159个接入网点的通信全面恢复正常。公司装机维护组和维护支撑组冒着余震，连夜将三台县委、县政府、110、119、120、天然气抢险、电力抢险等公众电话、各重要部门电话、宽带上网从室内迁移到室外。先后为广电、安监、民政、群众工作局等100余部电话在一天时间内实施搬迁，迅速建立三台县抗震救灾通信调度系统，保证党政机关、重要部门抗震救灾工作通信畅通。地震发生后，分公司副总经理蒋维军带领政企客户经理加强对单位走访，了解、协调解决客户急需解决的通讯问题，与安装人员一起上门对重要部门服务，做好每次通信的装、移机办理。向广大小灵通用户发送县委县政府通知，保障全县抗震救灾情况上传下达。为做好唐家山堰塞湖溃坝避险通信保障，分公司先后开展两次防汛通信保障演练。为县委县政府唐家山堰塞湖避险疏散指挥部设立的临时办公地点紫金名门紧急安装AG设备一套，开通多部热线电话和村村通电话，为政府捐赠小灵通终端近500部，并与办公电话同号相连、开通超级无绳一呼同振业务，力保洪水来临时的通信畅通。分公司为排除地震次生灾害对通信的影响，在玉林乡、潼川镇柳林坝、中新镇等地开通集电源、传输、交换、数据设备一体的AG设备，最大限度保障当地群众通信畅通。汶川特大地震发生当天下午，分公司及时安排装维人员在迎宾广场、梓锦新城广场、梓州干道等6处安装免费赈灾电话，为广大民众给亲人报平安以及相互联系和对外沟通提供快捷、方便服务，连续提供3天免费赈灾电话。5月13日至15日，分公司领导分别带队到农村镇乡营业点查看灾情，慰问员工。5月19日，针对生产经营状况，及时召开员工大会，要求全体员工切实履行工作职责，按照公司制定的“一手抓抗震救灾，一手抓正常生产经营秩序的恢复。两手都要抓，两手并重”的指导思想，坚守工作岗位，各负其责，合理调度。5月26日，绵阳市电信公司副总经理谢毅钊、市场部总经理张小刚一行到三台分公司慰问，指导生产经营和通信基础设施恢复重建工作。

（二）移动通信

在地震中，全县138个移动基站不同程度受到损害，传输光缆20处中断，直接经济损失达400万元。经过25天抢修，6月6日三台移动网络覆盖恢复至震前水平。2008年9月底，新建观桥02、新生02、富顺02、西平02、石安梅花村、前锋雷波村6个基站，10月底，新鲁鸡头垭村、柳池泉堰村、石安青龙山村、建中河边村、鲁班水库、秋林山枝村6个基站新建开通。12月底，三台皂角城基站、三台工商局基站新建开通并投入使用。

（三）联通

强烈地震使三台联通通信网络设施遭到严重受损，全县140个基站中有37个因光缆中断、机房损毁、基站停电等中断。灾情发生后，公司立即成立应急小组，启动应急预案，利用公司应急线路及时告知上级部门，使处于瘫痪的无线通信核心网在20分钟内恢复正常。随即公司在最快时间内组织3支通信抢险小组奔赴灾区进行抢险，全面抢修基站。抢险突击队冒着余震、塌方、滚石、房屋倒塌等危险情况，始终冲在通信抢险第一线。仅24小时之内便恢复95%的通信网络及设施。在全力恢复通信同时，公司积极为用户提供便民服务，先后在三台一中、迎宾广场、会仙路等人口密集区域投入大量免费报平安电话。2008年5月、6月公司对其用户全部实施欠费不停机政策，确保受灾受困用户通信畅通。

（四）邮政

地震发生后，局领导迅速组织各部门主任、管理员、班组长召开紧急会议，局长李正昌果断下令：出动所有车辆，由局领导率各部门负责人兵分四路，分赴东、西、南、北片区支局、网点了解掌握受灾情况，并将所有邮储资金收回县局保管。5月12日下午15时，各路准时出发，沿途共经14个邮政支局、57个乡镇邮政储蓄所，所到之处首先检查受灾情况，对于因地震受损的支局、网点房屋迅速转移所有包裹、邮件并妥善安置，芦溪支局、永新邮政储蓄所、玉林邮政委托代办点受损较为严重，支局办公楼顶层墙面、砖块大面积脱落，墙体稍微倾斜，县局紧急调配3个集装箱至受灾支局作临时邮局，连夜加班布置邮政通信网络。部署各网点营业、邮件、报刊投递工作准备，5月14日，全县71个邮政营业网点正式开门营业，各类汇款、信函、包裹、印刷品得到及时寄递，县局发往农村场镇支局的邮运车辆准时发班，将党报党刊、邮件送往各个支局保质保量及时投递到各村、社及用户手中。5月26日，建设小学因地震波及，学校严重损坏，学校无法教学，镇政府与建设邮政支局协商，支局将二楼房间全部腾出，供学校临时教学。北川县唐家山堰塞湖，对三台县沿江13个镇乡群众生命财产构成严重威胁，县邮政局及时成立以局长为组长、副局长为副组长的“抗洪救灾领导小组”，制订全局职工包括家属在内的撤离办法、撤离路线以及撤离前的准备和撤离后邮政通信的安全保卫工作；派出人员对县局、支局、网点库存的包裹、报刊、信件转至高地安置妥当，避免邮件丢失、损毁。6月9日，接县委宣传部通知，县局当天必须将1500份印有“唐家山堰塞湖泄洪期间三台县北路片区镇乡撤离路线”的《绵阳晚报》投递到当地镇乡党委、政府手中，县局出动3辆特快专递车，调派12名管理人员，途经灵兴、刘营、里程、芦溪等9个镇乡，及时将所有报纸投交当地党委政府。

（五）广播电视

地震发生后，县广电局成立以局长文礼成为组长的广播电视抗震救灾工作领导小组，以片区为单位，下设宣传报道、突击抢修、灾情核查、抗灾自救4个工作分组；各股、部、室、站（分公司）成立以部门负责人为组长的应急自救组，各工作组深入基层组织开展应急宣传、突击抢险、灾情核查、抗灾自救等工作。广电局党委班子成员根据联片工作责任制，立即奔赴各自联系的镇乡察看灾情，指导支援救灾工作。基层各广电站积极抗灾自救，按照广播电视紧急播出预案，自觉担负起“抢设备，保播出”的核心任务，及时抢运播出设备，在停电、停气、停水以及通信中断情况下，因陋就简，就地取材，利用备用发电机发电，奋力支撑网络信号传输，率先在全市恢复广播电视正常播出。地震发生40分钟后，广播局组织将广播电视台所有还能够使用的采访和制作设备优先抢救至机关生活区的院坝中。震后一小时，电台、电视台、网站临时编辑制作间搭建完成，并先后派出10余名记者奔赴全县各抗震救灾前线进行采访报道。经过震后两个小时紧张工作，三台广播电视台、三台新闻网与有线广播电视网络在全市率先恢复应急转播和自办节目播出。全县无线发射台（站）与有线广播电视基础设施遭受重创、损失严重，乡镇站机房和业务用房倒塌毁损面积达7456平方米；设备器材损失范围广、程度深，网络断续成片瘫痪。经过全系统上下团结一致紧张抢修，大旗山无线发射台在当天下午5点恢复应急播出，将中央台与省台的无线广播电视信号转播出去。在随后的7天中，局（台）、公司领导班子紧急筹集资金及相关物资200余万元，先后疏通恢复全县主干网络与各主要分支线路的信号传输。全县广电网络共有5800余根电杆因地震扭裂、山体滑坡、石头滚落等原因被损坏，大量光设备、电缆线路、有线广播设备等被损坏，网络打通急需相关器材设备。局（台）、公司领导及时跟设备供应厂家联系协调先赊借一批重要器材与关键设备，立足自力更生，安排局村通维护中心相关技术人员与维修人员加班加点对废旧器材进行重组抢修，保证全县广电网络应急恢复时器材需要。截至5月18日，全县有线电视网络全部贯通。其中受损较重的杆路、线路及时得到恢复修正，对可能发生安全隐患的地点设立明显的警示标志。全系统各播出站点启动特殊保障期值班制度，双人双岗，加强监控，防止各种非法信号进入网络。在抗震救灾期间，全体采编播人员战斗在抗震救灾采访报道第一线，宣传反映三台抗震救灾工作，平均每天播出新闻和各种信息近百条。先后有5人多次深入到极重灾区采访，带回极重灾区抗震救灾的信息及三台县派往灾区支援的各种抢险队伍工作情况的报道，协调中央、省、市媒体到三台采访报道，让外界及时了解三台县抗震救灾情况。在抗震救灾期间“两台一站”（广播电台、电视台与新闻网站）共计播发新闻稿件1893条；中央、省、市台采用稿件156条，其中中央电视台8条，四川电视台8条，四川人民广播电台7条（7条录音报道中有4条时间长达6、7分钟），绵阳电视台67条，绵阳人民广播电台66条。网站编发图片新闻666幅，其中视频短片30个。局里高度重视抗震救灾与防洪抢险工作。成立以局长为组长的唐家山堰塞湖避险疏散应急指挥部，切实加强对县防洪指挥部确定的8个信息宣传点的16只高音喇叭建设与维护工作，加班加点，突击实施，确保灾害发生后紧急疏散时信息畅通，同时为疏散群众安置点开通有线广播；加强广播电视设备的防洪应急保障措施的落实，确保发生洪灾时广播电视设备设施安全以及在抗震救灾与防洪抢险时安全播出；配合县防洪指挥部扎实做好信息宣传与相关设备维护工作，积极发布信息，保持政令通畅；在系统内突出优势，精心挑选，建成由50人组成的防洪抢险应急突击队，由局长文礼成任队长，副局长陈德国任副队长，同时组建10人专业技术抢险维护突击分队；为防洪抢险紧急购买救生衣100件，以及帐篷等其他应急物资。各广电站（分公司）纷纷组织力量投入到救灾抢险以及灾民安置工作中，城区分公司加班加点，投入20余万元，为安置在三台县体育馆与京冶轴承厂的灾民接通有线电视。为确保唐家山堰塞湖泄洪排险转移安置的近5000余人能收看收听到电视广播，中太广电站（分公司）积极主动与永明镇抗震救灾指挥部联系协调，在永明辖区6个安置点架设有线广播、安装高音喇叭，安通有线电视10余处，其中丰谷马鞍山安置点，地处绵阳市涪城区，三台广电工作人员通过与丰谷广电部门联系，接通了有线广播电视。

四、供气

“5·12”汶川特大地震发生后，三台港华燃气公司成立由总经理何军任指挥长，各部门经理为成员的临时指挥部。14时30分，公司总经理何军指示生产运行与市务部即刻中止向城区供气。新能公司也停止向一切车辆加气，要求所有员工一律不准在办公楼里进出，中层及以上人员进入紧急情况应急值班制，所有车辆不得外出，车辆由公司统一调用，值班、抢险人员必须坚守工作岗位，不得擅离职守，工程抢险队进入紧急状态。公司全部外出工程人员及车辆设备全部集中进入临战状态。工程部立即安排10名工程人员对街道沿线进行紧急巡查。15时10分左右，一位客户到公司报告九倒拐处一庭院中压管道被高空坠落物砸断引起燃气泄漏，客户主动为抢险人员带路。其后，又有两处天然气泄漏报告，抢险队迅速组织人员实施抢险。16时30分左右，何军安排安全风险管理部经理任觉新到电视台联系复气前告知事项，并在三台电视台滚动播出，同时安排工程部安检人员到居民小区作复气前安检告知。17时左右，新能公司已经停止生产经营，加气设施设备及生产车间基本完好，未受到破坏，无人员伤亡。经检查中心输配站、南桥输配站，流程完好，无异常。晚22时左右，公司接到县抗震救灾指挥部通知，要求公司次日早晨7～8时有节制向城区供气1小时。5月13日早上7点，公司采取“减压缓慢供气、逐步升压”供气方式，恢复全县城区供气，CNG也恢复生产经营。

五、供水

（一）抢修供水设施

地震发生后，自来水公司立即在一水厂成立以党总支书记、经理为组长的抗震救灾领导小组，紧急启动供水应急预案，安排灾后快速恢复供水工作。公司紧急组织大量专业技术人员和专业抢修队伍，抢修城市供水设施、设备和供水管网，抢建各种应急取水设施，保障城市供水，震后4小时开始向城区供水。城区受损供水管网及附属设施由公司管网所、安装工程分公司负责组织抢修。以争取尽快恢复通水为前提，对受损较轻的管网力争在2小时内抢通；损毁较严重的、短时间不能抢通的管网，铺设临时应急管道，设立临时集中供水点，解决城区应急用水；对城区所有用水户因震灾受损的水表一律免费进行维修或更换。截至2008年6月底，共抢修城区内DN100mm以上供水管道爆管82处、管线417米，工程造价为34.8万元；维修、更换DN100mm以上阀门等附属设施140处；维修、更换DN15mm以上水表2946只；维修、更换DN63mm以下供水支管4277米球阀2063个，工程造价为53.2万元；安装DN100mm以上临时应急供水管道1707米，工程造价为21.8万元。

（二）保障供水能力

受灾后明台库区水位下降和唐家山堰塞湖泄洪影响，导致一水厂水源水取水困难，供水能力由原来的2.5万立方米/天下降到不足0.5万立方米/天，公司先后对涪江受损应急取水泵站、备用大口井等进行紧急抢修，并紧急征用城区部分自备水源，分别从糖厂、三台中学、万宝全等4处自备水源取水，经消毒处理后输入城市供水系统进行补充供水。自来水公司组织供水安装骨干人员共56人次到县体育中心为灾民安置点安装临时供水设施，各安置点总计安装DN100mm以下给水管道1575米；DN100mm以上给水管道256.34米；安装淋浴喷头29个，水嘴28个；安装厕所用水1处，DN25mm水表和DN40mm水表各1只，确保灾民安置点群众正常用水。免费为城区因灾受损居民维修管道260余处，义务更换水表接头、球阀、水嘴共计420余处。因电站开闸放水避洪，河床水位下降，源水水量不足，造成城区不能正常供水。公司联系成都厂家，连夜调配送55KW电机2台，扬程32米水泵2台，更换东河应急泵站使用的其中两台水泵，增加源水取水量，提高供水能力。

县水务局组织人员对农村供水工程震损情况进行拉网式检查，采用消防车送水，选择临时应急供水，抢修损毁的集中供水站，完善安置点排水设施，专人管理临时供水设施、设备等系列应急措施，解决震后缺水群众的饮水问题。配合镇乡供水站开展抢险恢复工作，争取上级捐赠净水设备19台（套），净水药剂500件，派专人护送到有关镇乡并联系厂家安装调试。修复观桥、上新、立新、玉林、乐加、百顷、云同、新鲁等15个镇乡17处供水站的设施、设备，解决3.37万人因震损后的饮水困难问题，总投资170万元。

第三节　物资供应

地震发生后，部分商店出现不同程度生活必需品抢购风潮，一时人心惶惶，县政府及时采取措施，确保市场供给，稳定市场物价。

5月12日晚10时，县政府出台《组织商品供应、保持市场稳定》通告，共印《通告》400份，通过广播电台、电视台、公安指挥车进行广泛宣传。

5月13日上午，在县委副书记陈福林、县政府副县长李哲带领下，县经济商务局分别到超市、市场、配送中心现场办公，并要求电力公司、自来水公司限时解决商家的实际困难，确保企业开门营业。5月13日12时，县经济商务局同物价局到广客缘、三九、运城三家配送中心召开专项会议，商讨货源组织及供应问题。全县3个配送中心、8个超市、3个市场的领导和员工们识大体、顾大局，克服困难，冒着生命危险于当日下午2时开门营业。大企业带头，小商家也陆续开门营业，增加供给，平抑物价，稳定人心。

为让来自北川、安县、什邡等地180名伤员及护理亲属到三台住好、吃好，县经济商务局及时安排三台大酒店为伤员提供用餐，并坚持按卫生标准和用餐标准，每天审查菜谱、走访伤员用餐情况，广泛征求意见，针对特殊伤员提供特殊用餐服务。为使平安一村（灾民安置点）860余名灾民吃好、住好、生活丰富多彩，县经济商务局购置了生活必需品、电视机、饮用开水机等价值8万元余商品。在唐家山堰塞湖避险期间，县经济商务局充分利用“万村千乡市场工程”，落实35个万村千乡加盟店和5家超市作为供货企业，在群众安置点搭建帐蓬店供应日常生活用品。组织2个电影放映队，分赴涪江沿岸13个镇乡，为分布在35个临时安置点的10万余被迫转移群众放映科学施肥、科学种田、喜剧等电影，同时出台稳定物价，保证市场供应的《通告》。35个供货点商品丰富，秩序良好，职责分明，任务落实。

县经济商务局抽调7名干部专门从事救灾物资的接收和发放工作。积极配合审计、纪检监察部门工作，严格按照救灾物资接收、保管、发放的有关规定执行，未出现任何差错。为加快灾后农房重建进程，保证灾民能搬进新家过年，县经济商务局抽调5名年过50岁有经验的干部，从2008年9月18日开始专门从事“四川省灾区农房重建建材特供调拨单”开具工作。每天面对三四百名前来开票的农民，工作时间达9小时以上，保证受灾农房重建户对“建材特供单”需求。

第四节　排险

地震发生后，县委、县政府组织水务、国土、建设、质监等部门对全县水库进行排查抢险、防治地质灾害、拆除危险建筑物、排查电梯、锅炉等特种设备，确保安全。

一、治理水利隐患

县水务局及各镇乡组织人员对全县101座水库、110公里防洪堤和8000公里渠道进行拉网式巡查，对境内鲁班水库进行重点监测，对县城区饮用水水源地进行认真排查，掌握全县水利受灾情况。

受地震影响，三台县共有44座水库（不含鲁班水库）受损，其中，受损严重，有溃坝隐患水库4座，分别是立新镇印盒山水库（小一型）和高毡帽水库、新鲁镇高兴水库及光辉镇大青杠树水库。立新镇印盒山水库：主坝内外坡上部及坝顶纵向裂缝共6条，最长裂缝135米，最大缝宽17厘米；纵向裂缝范围内有51条横向裂缝，缝宽2厘米~3厘米；裂缝段上游坝坡凸起明显，大坝向内侧沉陷，坝顶沉陷20厘米左右。立新镇高毡帽水库：坝顶纵向裂缝2条，最长裂缝60米，最大缝宽30厘米；裂缝段上游坝坡向库内位移40厘米，坝顶沉陷20厘米。新鲁镇高兴水库：坝顶及外坡上部纵向裂缝2条，最长裂缝100米，最大缝宽23厘米；坝右端放水设施被震坏。光辉镇大青杠树水库：坝顶纵向裂缝2条、长50米，最大缝宽30厘米；裂缝段上游坝坡向库内位移50厘米，坝顶沉陷20厘米。永和堰圆石盘渠段：渠道流量4立方米/秒，渠道外埂60余米全部垮塌，影响下游里程、争胜、新德和永新4个镇乡800公倾水稻栽插和533公倾麦冬浇灌。县水务局向镇乡政府、片区中心水利站印发《关于“5·12”地震灾害损坏水库工程的应急处理意见》，要求镇乡人民政府、片区中心水利站做好地震损坏水库的修复及制定完善水库应急抢险预案、出现险情人员疏散方案等，防止震后三台县水利工程出现次生灾害；落实片区中心水利站对“病险”水库24小时观测和进行日报制度，要求各中心水利站每天下午5点之前向县水务局报告观测结果；发现险情及时上报县抗震救灾指挥部，同时会同镇乡人民政府做好应急处理，确保水库安全运行。相关镇乡和水管单位在水务局工程技术人员现场指导下，及时采取应急处理措施：缓慢降低库内水位；对裂缝进行开挖回填夯实后用塑料薄膜覆盖，防止雨水渗入；禁止机动车辆从坝上通行；对各座水库落实专人进行24小时监控，并着手编制修复整治实施方案；对毁损河堤的现场监测及修复方案的编制与实施，按照现行管理体制落实相应的责任单位。立新镇、新鲁镇已制订水库抢险应急预案，并做好坝下游群众疏散准备，光辉镇也已制订水库抢险应急预案。永和堰圆石盘渠段采取现浇混凝土挡水墙的措施，截至2008年5月19日，该段渠道已基本竣工，渠道已向下游灌区小流量输水。

5月13日，接到鲁班镇报告，鲁班水库廊道渗水比以往大3倍，主坝主体表面裂缝2厘米~3厘米的紧急险情报告。县人武部军事科动员办随即通知水库周边预留动员的5个镇乡组织民兵200人在水库主坝待命，协助水库管理局专家进行技术抢险。鲁班水库管理局组织施工队伍9个，派出技术人员36名、24小时不间断施工。截至2008年5月29日，累计处理明渠垮塌、渗漏150余处、4800米；处理隧洞暗涵垮塌、渗漏21处、300余米，处理渡槽裂缝60余处，督促灌区镇乡清理渠道淤积土石方43000余立方米，灌区内24条、554公里干支渠道已全面开闸向灌区输水。

印盒山水库和高毡帽水库大坝出现严重险情，在专业人员指导下，立新镇制订出《三台县印盒山水库抗震防洪紧急预案》和《三台县高毡帽水库抗震防洪紧急预案》，连夜组织80名抗震抢险自愿者，动用装载机1台、农用车3台、拖拉机2台，连夜冒雨奋战22小时抢险两座水库大坝。用黏土灌填夯实裂缝，采用厚型塑料薄膜腹盖裂缝，然后再用泥土压实，阻止雨水渗入裂缝，防止溃坝发生；安排人员24小时轮流值班守护并监测大坝险情；连夜召集病险水库下游村组干部，明确溃坝应急逃生撤离人员范围、撤离路线、安全避险地点。

二、防治塌方与滑坡

地震使三台县大部分山体产生整体松动，大大降低了斜坡稳定性，在余震和强降雨影响下，诱发大量地质灾害隐患。灾情发生后，县国土资源局组织全系统干部职工对全县63个镇乡进行地质灾害核实核查，发放防灾避灾明白卡5000余份，组织1000余群众撤离危险地带。委托四川省地质集团公司组织专业技术人员对北坝农场危岩崩塌、益新小学崩塌、永新镇崭山后槽滑坡进行应急排危方案设计，并安排施工队伍实施应急排危工作，清理大量的危险体，确保人民群众生命财产安全。九0九地质队在10天之内完成对全县临时集中安置点和部分永久性集中安置点地质灾害危险性评估和选址。

三、拆除危险建筑物

地震发生后，县规划和建设局迅速组织供水、供气、市政等公用事业单位排查受损情况，开展抢险，在抢险和专业技术人员严重缺乏情况下，充分运用社会资源，从县内建筑施工、房地产开发企业、设计公司紧急抽调40余名技术人员开展房屋安全排查。截至5月12日晚8点，全县公房紧急安全排查基本完成。经检查，受损直管公房共896户，居住人口2966人，房屋建筑面积4.06万平方米。县规划和建设局先后组织工程技术人员80余人、组成26个工作组，排查党政机关、事业单位、学校和民房2319处，总面积750万平方米。对机关、事业单位、学校和北坝镇恒昌路9幢15号地震受损房屋、东河路周转房等300多处危房实施紧急排危，及时消除了险情。配合建设部、省市专家在先期排查的基础上又进行了重点排查，排查房屋206处，面积约35万平方米。市政公司处理城区建筑物外墙险情和广告牌26处，对城区5条街道路灯供电线路损坏情况进行检查和抢修，及时更换下水道检查井、雨水篦子11处。工业园区对排查出的恒昌路一处临街倾斜严重的建筑炮楼，布置警戒线、设立醒目警示标志，立即组织楼内人员撤离险境，同时与建设部门紧急磋商排险方案，于5月14日22时顺利完成排险工作。

四、排查特种设备

地震发生后，三台质量技术监督局先后深入到40个镇（乡）的企业、学校等单位，对在用的特种设备进行安全检查，共出动车辆50余台（次），出动检查人员100余人（次），检查使用单位100余家（次），检查特种设备300余台（次）。5月14日至19日，质监局副局长带领安全监察人员深入到全县重点企事业单位对在用特种设备的受损情况，特种设备作业人员到位情况进行拉网式应急排查。通过现场对三台液化气充装站、CNG加气站、氧气充装站等重点单位使用的特种设备安全隐患排查，大部分企业很快恢复生产。通过电视公告方式，对灾后特种设备使用注意事项进行公告。5月28日，针对北坝、永明等镇乡的灾区转移群众集中安置点帐篷多、人员集中、部分灾民使用瓶装液化气做饭的情况，质监局500余份燃气瓶安全知识宣传资料，在集中安置点进行张贴、宣传，并要求气瓶充装单位、瓶装液化气经营单位及时将《煤气与液化石油气气瓶安全使用知识》送到受灾人员使用者手中，防止安全事故发生。

（一）锅炉

质监局组织对全县78所中、小学的在用锅炉安全进行逐台检查检验，通过10余天应急检测，共出动检查车辆10余车（次），检查人员60余人（次），检测锅炉80余台。其中：判定为合格可用70余台、报废6台、停止使用5台，全县在用锅炉检测率达到100%。

（二）电梯

5月25日、26日，质监局与国家质检总局抗震救灾特种设备技术服务队有关人员，对全县所有在用电梯逐台进行安全检测，通过应急检测，共检测电梯22台，其中：判定为可使用8台、监控11台、停止使用3台，全县在用电梯检测率达到100%。

第三章 支援极重灾区

三台县派出民兵预备役、公安干警、机关干部和医疗、建设、电力等专业技术队伍前往平武、北川、江油、安县等县（市），抢修基础设施，搬运救灾物资，治疗、安抚受灾群众，全力支援极重灾区抗震救灾。

第一节 民兵预备役救援

5 月 12 日下午 15 时 40 分，县人武部接到绵阳军分区要求做好开赴北川参加抗震救灾准备命令后，立即对部分先期恢复通信的镇乡下达动员令，协调县交通局征集运输车辆 13 台（次），县武装部出车 3 台。在军分区规定时间内，县人武部按时完成集结任务，集结民兵 360 人。13 日凌晨 4 时，县人武部部长周诗凯带队，带领民兵 360 人，奔赴极重灾区北川县曲山镇、擂鼓镇参加抗震救援，三台县民兵在这次抗震救灾及次生灾害抢险中，共挖掘压埋群众 35 人，转移伤员 201 人，挖掘废墟 6300 平方米，运送遗体 41 具，搭建帐篷 103 顶，装卸救灾物资 1231 吨。从地震发生到 2008 年“9·24”洪灾，三台县先后向北川极重灾区出动民兵 6 批 1086 人。

一、组织民兵奔赴灾区

5 月 12 日 17 时 50 分，县人武部接到绵阳市军分区第一次动员号令，要求县人武部做好动员民兵应急分队人员参与抢险救灾和生产自救准备。部领导批示：军事科应急动员组，通知各镇乡武装部迅速收拢集结 10 ~ 30 人的民兵应急分队。晚 20 时，镇乡民兵应急分队陆续按预案集结，沿绵三公路镇乡在公路沿线集结，周边镇乡由镇乡武装部长组织民兵乘坐包括摩托车在内的各种交通工具自行到县人武部机关集结，其余镇乡由部长带队带车将民兵带至县人武部，统一组织登车出发。晚 23 时，200 名民兵在县人武部机关集结完毕，部长周诗凯带领的第一批民兵 200 人准时出发。永明、中太、建设等紧临绵阳的镇乡，直接组织民兵 160 人前往军分区集结待命。截至 5 月 13 日凌晨 3 时，县人武部按时完成第一批 360 名民兵集结动员任务。5 月 15 日凌晨 4 时，接军分区前指命令，县人武部组织第二批 150 名民兵应急队员奔赴北川救灾。5 月 18 日 14 时 30 分，接军分区前指命令：要求三台人武部动员组织第三批 150 名民兵应急队员于 19 日 7 时前到军分区北川前指报到，5 月 19 日凌晨 3 时，组建 150 名民兵应急队员赶赴北川救灾。5 月 23 日 22 时 13 分，接到军分区首长指示，要求三台人武部 5 月 25 日出动 200 名民兵应急队员于当日早上 8 时前赶到北川县擂鼓镇轮换梓潼民兵，执行搬运、看守物资、搭建帐篷及完成北川抗震救灾联合指挥部赋予的临时任务。5月24日，县人武部按军分区首长命令动员各镇乡从执行唐家山堰塞湖溃坝避险疏散抢险民兵中抽调200人组成第四批应急分队，于5月25日凌晨3时，按时完成集结，前往北川擂鼓镇执行救灾任务。

二、抢救压埋群众

5月13日，三台县民兵应急分队根据军分区北川前指命令，进入到曲山镇展开救援，挖掘压埋群众8人，救助受灾群众2人，转移受灾群众220人。5月14至19日，三台县民兵应急分队共挖掘被埋群众27人，救助受灾群众8人，转移受灾群众760人。

三、转移伤员

5月13日，三台县民兵应急分队在曲山镇、擂鼓镇以及周边村、社抢救转移伤员56人。5月14至19日，共抢救转移伤员145人。

四、地面搜救被困群众

5月19日7时，三台县民兵应急分队在军分区北川前指受领进村入户搜救任务。8时，150名三台县民兵应急分队队员分成4个搜救小组，每人背负15公斤的食物、水、药品，徒步深入到曲山、擂鼓、陈家坝等4个镇乡搜救被困群众，调查掌握人员受伤、遇难和建筑物毁坏情况，就地开展施救工作。19时，搜救小组返回，4个小组共调查18个村，对每个村在家群众进行灾情调查，18个村房屋跨塌95%以上，共死亡150人；沿途救助困难户21户，对32名受伤村民进行急救包扎，为灾民发放食物、饮用水和药品。

五、参与洪涝泥石流抢险救灾

9月24日，绵阳地区发生大范围强降雨，造成北川极重灾区山体滑坡，泥石流淹埋板房安置区。9月27日，接到军分区救灾命令后，县人武部民兵应急分队再次迅速出动应急队员116人，赶赴北川擂鼓镇开展清淤行动。9月29日，三台人武部再次受命出动应急队员110人，赶赴北川雷鼓镇继续进行清淤行动。

六、清理现场

三台县人武部组织民兵协助北川抗震救灾指挥部处理遇难者遗体，自5月13日~16日，共挖掘遇难者遗体41具，并协助北川抗震救灾指挥部对其进行处理。5月22日，三台县人武部驻北川留守的20名民兵应急队员受军分区前指批派，清理北川中学废墟2100平方米。5月25日，清理北川县擂鼓镇救灾指挥部附近废墟4200平方米。

七、安置受灾群众

5月13至19日，为北川县曲山镇临时安置点搭建帐篷40顶。5月19日~28日，为北川县擂鼓镇临时安置点搭建帐篷63顶。其中包括四川省军区援建的“北川帐篷希望小学”的搭建任务。

八、守护重点目标

5月19日~22日，三台县民兵应急分队根据军分区前指命令，接管曲山镇任家坪1号、2号救灾物资库的安全警卫任务，维护救灾物资发放秩序。5月23日，1号、2号物资库安全顺利交接给泸州市民兵，三台县民兵应急分队圆满完成救灾物资库警卫守护任务。

九、救灾物资转运

由于余震和次生灾害频发，绵阳军分区前指要求三台人武部在组织民兵进行救灾同时，调配部分民兵应急队员参与救灾物资装卸、转运工作。5月13日~22日，共为北川县曲山镇装卸、转运救灾物资571吨。5月23日~28日，为北川县擂鼓镇装卸、转运救灾物资660吨。

第二节　干部支援

地震后，绵阳市抗震救灾指挥部发出“无灾区支援有灾区，轻灾区支援重灾区”号召，三台县委、县政府在带领全县党员、干部、群众开展抗震自救同时，积极筹备人力、物力支援北川、平武、安县、江油等极重灾区抗震救灾。县委组织部先后选派4批104名干部支援极重灾区。

2008年5月15日凌晨6时30分，由工业园区党工委书记宋朝友，县委组织部副部长、党建办主任何仲辉，县法院副院长兰斌，县人事局副局长陈安洪，县财政局总经济师涂天才，带领东塔镇党委副书记、纪委书记文红明，石安镇党委副书记、纪委书记邓兴亮，高堰乡党委副书记、纪委书记黄伟，断石乡党委副书记、纪委书记王志宏，永明镇党委副书记、纪委书记肖清友，双胜乡党委副书记、纪委书记刘东，观桥镇党委副书记、纪委书记魏全刚，刘营镇党委副书记、纪委书记魏德平，菊河乡党委副书记、纪委书记杨光勇，鲁班镇武装部长副镇长黄波，柳池镇武装部长副镇长罗金邦，新德镇副镇长黄煌，秋林镇副镇长任晓飞，龙树镇武装部长副镇长陈国富，宝泉乡武装部长副乡长王波，建中乡副乡长代义勇，紫河镇副镇长刘孝刚，双乐乡副乡长袁武权，曙光乡武装部长副乡长文运海，凯河镇副镇长冷静，古井镇副镇长杜真满，万安镇副镇长冯普全，幸福乡副乡长夏季伟，下新乡副乡长肖仁富，云同乡副乡长刘伟，中新镇副镇长龙太洪，前锋镇武装部长副镇长杨勇，塔山镇副镇长何显军，安居镇武装部长副镇长蒋斌，郪江镇武装部长副镇长梁国权，里程乡副乡长何雪东，富顺镇富顺办事处主任吴斌，三元镇党委委员、组织宣传干事曹阳，金石镇党委委员，县委组织员欧阳辉，建设镇党委委员李晓刚等35名干部以及5名工作人员、6名医护人员组成的赴北川抗震救灾突击队奔赴北川抗震救灾，具体负责信息传递、后勤保障、灾民转运、抢救安排、来访接待、尸体处理和物资接受、卸载、管理、配送、发放等工作。赴北川抗震救灾突击队到达北川后，分3个小组开展工作，一是由三台县工业园区党工委书记宋朝友带领34名队员参与物资组工作，保障1.5万名武警、消防、公安和部队官兵及12万余灾民的物资供应；二是由县委组织部副部长、党建办主任何仲辉带领7名队员参与指挥部办公室指令下达、计划调节和方案、报告拟定等重大事项；三是由财政局总会计师涂天才带领5名队员组成后勤组，负责后勤和医务工作。为建立高效物资供应渠道，物资组提出“三要求一纪律”，即：一是舍得吃苦，不怕疲劳；二是廉洁自律，洁身自好；三是心系灾民，全力服务。所有物资组的人员离开工作岗位时随身携带背（挎）包等按要求接受检查。下设8个小组，分别负责物资计划、需求、信息报送、交通协调、应急处理工作。建立《物资入库记录单》《物资发放记录表》和《物资发放首问责任制》等制度，为参与救援的近1.5万名武警、消防、公安、部队官兵和12万余名灾民，现场发放、协调空投食品2780吨，药品15.6万箱，饮用水210车，救援装备560车。为畅通信息传递渠道，指挥部办公室设立电话值守组、信息处理组、文秘组。制订《办公室工作程序》《北川羌族自治县抗震救灾指挥部工作运行机制方案》《救援工作由城镇向农村推进方案》《5月23日指挥部办公室搬迁工作方案》，收集制作《北川抗震救灾参战单位联系名单》《北川抗震救灾部队情况统计表》《北川前线指挥部通讯录》《北川前线指挥部办公室电话通讯表》，圆满完成指挥部交办的各项工作。

2008年5月15日下午14时30分，由县委组织部副部长刘华带领县企业工委书记邹居术，县委老干局副局长许启刚，县林业局副局长王剑，县武引局副局长何旭方，县旅游局副局长刘骁，县检察院副检察长杨勇，县文体局副局长陈黎明，县人口和计划生育局副局长廖绪文，县粮食局副局长王勇，县移民办副主任朱国伟，县农业局纪检组长张永红，县统计局纪检组长梁凯，县司法局机关党总支书记任治国，乐加乡党委副书记、纪委书记蒋大平，争胜乡党委副书记、纪委书记勾成全，忠孝乡党委副书记、纪委书记邓辉，乐安镇人大副主席陈家华，景福镇武装部长副镇长刘成高，建平镇副镇长廖旭东，西平镇武装部长副镇长罗祖贵，金鼓乡副乡长刘泽俊，永新镇武装部长副镇长陈新，中太镇副镇长冯国成，新生镇副镇长程秦，协和乡武装部长副乡长杨福林，八洞镇副镇长何斌，上新乡副乡长刘朝志，进都乡副乡长张帆，芦溪镇武装部长，副镇长黄伦，花园镇副镇长银西和，立新镇副镇长胡盛兵，老马乡副乡长胡益洪，黎曙镇副镇长龙飞，新鲁镇副镇长王炜，玉林乡副乡长张道亮，灵兴镇副镇长敬先辉，光辉镇社会事务中心主任袁崇喜，百顷镇计生民政办主任张帮明，潼川镇广化党总支副书记王俊等干部以及4名工作人员、2名医护人员共46人组成的抗震救灾、灾民安置工作组急赴江油抗震救灾。三台赴江油抗震救灾、安置灾民工作组在绵阳市赴江油抗震救灾、安置灾民工作组统一指挥下，协助江油市委、市政府做好滞留在江油市区的北川灾民安抚、救助、返乡安置等工作。前期主要负责位于江油工业经济开发区的3个企业（云动饮品公司、黄龙破碎输送设备制造公司、夜视丽反光材料公司）灾民安置点近700灾民救助安置，后来又接手原盐亭工作组负责的扶贫驾校灾民安置点近2000灾民的救助安置，同时与其他工作组协调配合，做好在江油的北川县桂溪乡、陈家坝乡全体灾民的返乡安置方案制定和具体实施工作。根据工作任务和目标，三台工作组确立“交心谈心，沟通思想；问寒问暖，消除恐惧；深入调查，摸清家底；宣传政策，重返家园”的工作思路。按照工作思路，工作组全体成员立即行动，高效率、高质量投入各项具体工作。及时做好灾民调查摸底和统计工作，工作组分3个小组，进驻所负责的3个灾民临时安置点（19日增加到4个临时安置点），与灾民全面接触，拉家常，问冷暖，了解基本情况，到次日上午10点前，已完成灾民登记造册和分类统计工作。想方设法搞好灾民基本生活保障。工作组积极协调，整合各方力量，争取物资，得到江油市委、市政府以及江油工业经济开发区、当地企业、热心市民、志愿者等大力支持和帮助，很快解决灾民有帐篷避雨、有饭吃、有衣被御寒；夜间，工作组成员轮流值班，每两小时巡视一遍，查看灾民有无异状，为他们提供及时周到服务；工作组随队医生为灾民开展健康检查和疾病诊治，发放药品，并向灾民宣传健康、防疫知识，进行心理疏导，消除灾后恐惧心理。引导灾民加强自我组织、管理和服务，三台工作组率先提出，充分发挥灾民中党员、人大代表、村社干部、老兵等骨干带头作用，组织灾民成立救灾自救互助组，推选小组长、副组长，落实后勤联络员、卫生管理员、安全员并明确各自职责；充分发挥党组织战斗堡垒和党员先锋模范作用，指导建立灾民安置点临时党支部，这一举措使灾民安置点秩序得到根本好转，卫生状况大为改善，灾民精神面貌有较大变化。积极创造灾民返乡安置条件，在江油的11天里，工作组在余震不断、路况极差、滑坡、泥石流、疫病威胁下，组长刘华带领10批80余人（次）深入北川县桂溪乡、陈家坝乡实地察看，开展返乡安置可行性调研论证，与当地党委政府进行灾民返乡安置工作对接，制定返乡安置方案，送审批准后组织实施。通过各方努力，北川县桂溪乡灾民19日首批2000余人自愿集体返乡安置；陈家坝乡灾民返乡安置也在积极推进，到23日，返乡安置灾民已近5000人，按市委、市政府要求，27日前全部实现返乡安置；21日至24日，12名工作组成员又深入到桂溪乡9个村1500余户家中，对6000余人的灾情实地察看、统计，组织救灾物资公平合理分发，为灾民集中安置活动房选址。广泛收集情况，当好参谋，为指挥部决策提供依据，三台工作组注重实地调查研究，虚心听取专家和群众意见，积极收集整理、分析综合情况，向市派驻江油工作组建言献策，在健全灾民自我管理服务组织、制定返乡安置方案、做好安全卫生防疫等方面都提出切实可行的意见。六是及时反映工作动态，三台工作组每天召开一次工作会，总结和通报前期工作进度和效果，安排部署下一步工作任务，确定一名同志每天收集整理工作情况和先进典型，上报市指挥部和县委，宣扬典型，鼓舞士气，推动工作。5月25日，三台工作组负责滞留江油市灾民返乡安置工作移交绵阳市中小企业局和涪城区完成。

2008年5月16日，县直机关工委副书记魏海涛带领县远教中心副主任刘登鳌、县委组织部干二科副科长廖清和、县人事局技术职称股股长蔡自强等4人奔赴北川开展灾后干部队伍情况调查和干部档案抢救工作。

2008年5月21日，县委选派八洞镇党委副书记、纪委书记林强，花园镇武装部长、副镇长赵元辉，建平镇副镇长曾荣富等3名副科级领导干部奔赴北川开展抗震救灾和灾后重建工作。

抗震救灾结束后，为帮助北川人民重建美好家园，秋林镇副镇长任晓飞，曙光乡武装部长、副乡长文运海，工业园区综合办副主任，北坝镇党政办主任冯宏，双乐乡副乡长袁武权，观桥镇党委副书记、纪委书记魏全刚，龙树镇武装部长、副镇长陈国富，新德镇副镇长黄煌，宝泉乡武装部长、副乡长王波，刘营镇党委副书记，纪委书记魏德平，断石乡党委副书记、纪委书记王志宏，永明镇党委副书记、纪委书记肖清友，柳池镇武装部长副镇长罗金邦，前锋镇武装部长、副镇长杨勇，建中乡副乡长代义勇，幸福乡副乡长夏季伟，紫河镇副镇长刘孝刚，万安镇副镇长冯普全，鲁班镇武装部长、副镇长黄波，石安镇党委副书记、纪委书记邓兴亮，建设镇经济办主任、财政所所长李晓刚，八洞镇党委副书记、纪委书记林强，花园镇副镇长赵元辉，建平镇副镇长曾荣富等23名干部在北川挂职1年，支援灾后重建。挂职期满后，秋林镇副镇长任晓飞，曙光乡武装部长、副乡长文运海，鲁班镇武装部长、副镇长黄波，龙树镇武装部长、副镇长陈国富，双乐乡副乡长袁武权，工业园区综合办副主任、北坝镇党政办主任冯宏，柳池镇武装部长、副镇长罗金邦，幸福乡副乡长夏季伟，断石乡党委副书记、纪委书记王志宏，建设镇经济办主任、财政所所长李晓刚，新德镇副镇长黄煌，紫河镇副镇长刘孝刚，八洞镇党委副书记、纪委书记林强，建平镇副镇长曾荣富等14名干部留任北川。

第三节　公安干警支援

5月13日上午10时，三台县公安局接到绵阳市公安局抗震救灾指挥部命令，要求在最短时间内迅速组织一支抗震救灾应急队，开赴极重灾区，参加抢险救援。县公安局从巡警、交警和潼川派出所抽调精干警力60人迅速开赴极重灾区抢险救灾。按照安排，抗震救灾应急队中20名干警赶赴安县晓坝开展紧急疏散、运送救灾物资等工作；其余40名干警赶赴绵阳九洲体育馆灾民安置点开展工作。同日，按照绵阳市公安局统一安排，由县公安局刑侦大队技术室主任赖大东和民警宋宁力、余江等12名法医和现场技术人员组成赴北川抗震救灾救援队，主要负责对北川遇难者遗体清洗、遗物整理、辨认照相、生物检材提取、确定遗体身份等工作。从13日13时到14日上午10时，三台县4个救援队工作组连续作战，共处理罹难者遗体81具。14日上午10时，县公安局抗震救灾工作组又接到绵阳市公安局抗震救灾指挥部命令——进入北川县城开展工作；14时50分县公安局抢险救援工作组抵达北川县城，成为第一批深入北川县城的遗体处理工作组。从5月13日至23日，县公安局赴北川抗震救灾工作组共检验遇难者遗体200具。5月14日，县公安局负责绵阳至安县（长达10余公里）路段一级警卫任务，时间长达8小时。据统计，县公安局先后10余次出动警力近2000人（次），分别在安县黄土、安昌、永安至北川路段执行重要警卫任务。

第四节　抢修基础设施

一、支援平武抢修基础设施

永安电力公司组织两批31名预备役战士组成突击队，于5月12日赶赴北川、平武极重灾区参加紧急救灾任务，历时六天五夜，艰苦奋战130余小时，在废墟中救出幸存者1人、转移、抢运伤员33人，清理抬运死难者遗体25具，协助当地政府安葬死难者68人，搬运救灾物资达130余吨。从各供电所抽调25名业务技术精、作风过硬的外线技术人员组成抢险队，于5月31日奔赴平武支援平武电力抢险，奋战20余天，先后恢复了平武县城唯一的供水点蜈蚣口水厂和木皮、木座、白马3个乡的电源，架设线路20余公里，立电杆60余基，安装变压器30余台，完成96幢活动板房的照明安装，装表1174只。

5月13日凌晨，县规划和建设局组织30名预备役人员，奔赴极重灾区平武县开展抢险工作。在抢险的5天时间，抢险人员冒着随时发生余震，桥梁破损严重，供给暂时无法运往灾区，食品、饮用水严重不足，通信设施被摧毁，无法与外界联系，危险随时可能发生等困难，先后在平武南坝镇运送伤员18人，运送尸体20多具，将20余吨粮食抢运到安全地带。14日下午，奉命到白庙临时指挥所集结，转运从全国各地运来的救灾物资，维持社会秩序，疏散受灾群众，安抚死难者家属。

二、支援北川抢修基础设施

县规划和建设局组织救灾抢险队奔赴北川帮助抗震救援。救灾抢险队队员由预备役共30人组成，人员分别从县市政公司、建设监察大队、自来水公司等单位抽调，5月13日凌晨赶赴北川。共运送铁锹43把、钢钎750根、铁镐15把、铁锤8把等紧急抢险物资。连续抢险救灾5天，先后运送伤员10余人，运送、协助掩埋尸体20余具，抢运粮食、转运赈灾物资近60吨。

县民政局相继抽调6人随市民政局工作组赴重灾区北川县，从事尸体装袋、抬运工作，自5月15 ~17日，共装袋抬运尸体400余具。

6月1日早晨7时50分，县水务局派遣2名技术骨干自带设备、车辆赶赴北川参与处理唐家山堰塞湖相关技术工作。

6月2日，三台县支援北川灾区流动售货车队正式出发。车队在北川灾区建立3个固定售货点和6个流动售货点。截至6月3日，县广客缘配送中心已在北川县擂鼓镇搭建展棚10个、建固定售货点3个，在其他镇乡建6个流动售货点。

6月3日，三台县将4000公斤鲜鱼送到北川县抗震救灾前线，慰问解放军和武警部队。

6月上旬，县规划和建设局组织工程技术人员19人，帮助北川县通口镇开展房屋安全排查。

三、支援安县抢修基础设施

县规划和建设局由一名副局长带领施工技术人员20余人，为安县黄土镇灾民安置点受灾群众援建2座面积共110平方米的公用厕所。

四、支援江油抢修基础设施

5月15日，县规划和建设局组织县自来水公司32名建筑水电安装技术人员，由自来水公司副经理张军带队赴江油帮助恢复城市供水管网。6天共铺设直径100毫米以上给水管2028米，铺设直径100毫米以下给水管5576米，实施抢修处理直径100毫米以上管道爆裂95处，抢修处理直径100毫米以下管道爆裂385处。

5月23日，由县农业局12名工作人员组成的两支灭鼠专业队奔赴江油、安县等重灾区，进行为期5天左右灭鼠工作。

第五节　志愿者服务

地震发生后，三台县以青年志愿者抗震救灾“黄丝带行动”（“黄丝带”寓意“祈盼亲人平安”）为统揽，组织引导广大团员青年积极投身抗震救灾，旨在为受灾群众提供医疗救助、政策宣传、灾民安置、环境整治等服务。截至5月16日，全县组建青年志愿者服务队22支，志愿者2000余人。

一、捐赠

全县各基层团组织发动广大团员青年踊跃捐款捐物，共募集善款30.52万元。捐款中，有学生、机关干部、农民、工人。在募捐活动中，观桥镇观桥办事处碧波村计生委主任王卫东，当场捐出5000元现金和4吨新鲜挂面，并主动请缨前往北川灾区参加灾后救援。中新镇培元村团员王开贵5月24日回到家乡，听说镇团委正组织全镇人民向地震灾区献爱心后，当场捐款1000元。地震发生后，他已在绵阳向灾区捐款2000元，这次是他第二次向地震灾区捐款。他说：灾区人民正在遭受煎熬。我们这些靠党和政府好政策经商致富的年轻人捐献一点钱，略尽一点绵薄之力帮助灾区人民重建家园是应该的，是我们每个有良知的人应尽之责。

二、服务

5月22日下午4时许，一辆满载救灾物资的运输车从重庆驶向绵阳，在绵（阳）三（台）公路刘营镇安宁段发生车祸，40余名不留姓名的志愿者主动参与抢救，经过一个多小时努力，将救灾物资一件不少运往绵阳。

三台一中组织人员把稀饭和馒头送往绵阳九洲体育馆灾民安置点，组织“抗震救灾志愿者服务队”，发放科学防震、防疫宣传资料5000余份。2008年5月16日上午，建平初中租用一辆可供500余人食用的“爱心送饭车”，前往绵阳九洲体育馆慰问临时安置点受灾民众。

三台中学、三台一中多次组织青年志愿者服务队到县内城区医院、公共场所开展抗震救灾献爱心活动。青年志愿者们在学校老师带领下，先后到县人民医院、县中医院帮助受伤病人，端茶送水、喂饭穿衣，稳定病人情绪，鼓励他们树立战胜伤痛的信心和决心；到县体育中心、梓锦新城打扫清洁卫生，协助搭建救助帐篷；到抗震救灾物质临时储备中心，搬运物资，协助分发救灾物品。三台中学还积极承担首批北川灾民饮食供应，为他们送去温暖。

2008年5月18日凌晨4时，三台县紧急接纳安置北川灾民643人，早已等候4小时的200余名志愿者立即进入各自工作岗位，帮助受灾群众搬运行李，为受灾群众进行登记，引导受灾群众到安置帐篷休息，为受灾群众打水送饭，与受灾群众交心谈心……在近6个小时紧张有序的转移交接中，志愿者们积极、主动、热情服务。直至上午10时30分，所有受灾群众得到妥善安置后，志愿者们才离开安置点。

县“梓州”“四通”两个出租汽车服务有限责任公司，成立共产党员服务队和救灾物资义务转运队，义务出车3000余辆（次），接送灾民7000余人，装卸救灾物资60余吨，转运救灾物资20余吨。公司捐款9000余元，衣物被盖136件（套）、矿泉水200件，方便面100件，为体育馆灾民免费出动爱心服务车82台（次）。

永安电力公司积极参加黄丝带行动，为灾民提供志愿服务。同水电八局一道，自筹物资，为安置到三台的北川、安县灾民搭建可供500人居住的抗震棚。从5月18日起，公司先后组织4批66名青年志愿者，为安置北川、安县灾民服务。

自来水公司组织供水安装人员56人（次）到县体育中心义务安装临时供水设施，共安装直径100毫米以下PVC供水管1575米，100毫米以上PVC供水管256.34米，安装淋浴喷头29个，直径15毫米水嘴28个，厕所用水1处，25毫米和40毫米水表各1只。

三、助耕

地震后，全县各级团组织和广大团员青年组成青年助耕队，主动帮助家中缺乏劳力的受灾群众收割小麦、油菜，栽插水稻。全县各基层团组织共组织青年志愿者助耕队99支，参加助耕志愿服务的团员青年逾1000人，抢收小麦233公顷，油菜244．4公顷，抢栽水稻91．7公顷。

第六节　救援保障

地震后，三台县积极组织商贸流通企业捐款、捐物400余万元，从5月12日20时起，先后组织方便食品、桶装水、防雨塑料布及救灾物资6大卡车（价值23万余元）；钢钎3.2吨；雨衣、水靴、塑料手套、电筒、胶桶、防疫工具共3批价值5万余元；组织民兵预备役志愿队3批570人、医疗队20人，防疫队100人等。按省商务厅要求，出动服务员29人，由天天量贩公司代表三台县商贸流通企业赴北川流动售货。流动送货队冒着泥石流和塌方危险，历时4天绕道江油—平武—松潘—茂县进入北川县，为青片、任家坪、擂鼓等9个镇乡送货，共建板房商店、帐篷商店15个。

县交通局组织车辆向北川、平武等重灾区运送救灾人员和物资，为救灾人员提供后勤保障，先后出动车辆600余辆（次），积极支援重灾区人民抗震救灾。

第四章　维护稳定

第一节　维护治安秩序

地震发生后，县公安局在调用城区全部警力同时，紧急从农村派出所抽调警力107人，投入县城社会治安维护、突发事件处置和刑事犯罪打击工作。5月12日14时35分，县公安局迅速启动《三台县公安局处置突发事件应急预案》，成立以公安局局长为指挥长，政委何海峡为副指挥长，其他局党委委员为成员的三台县公安局“5·12”地震灾后处置指挥部。在办公大楼受震破损，指挥中心无法正常办公情况下，紧急将110接警电话转接指挥部，将110报警服务台移至机关大院相对安全地带，成立临时指挥中心。针对受地震影响，有线电话中断，手机网络全线受阻的实际情况，迅速组织调用城区所有对讲机，调为短频进行使用，确保警令畅通；针对地震引发群众恐慌，造成城区内交通要道堵塞严重的实际情况，迅速成立由10辆摩托车组成的机动联络小组，负责指挥部和县委、县政府及城区各单位之间上传下达；针对消防中队地理位置和震后营房已成危房实际情况，为了防止营房倒塌后消防车辆无法出入，迅速安排部署消防官兵将消防车辆及其它装备转移至空旷地带，随时确保灾后可能发生火灾扑救和其他救援行动顺利进行。14时50分，县公安局迅速集结城区可用警力近百人，分成6个职能组，每个组由1名局领导负责，立即展开抗震救灾处置工作：巡逻组负责对县委、县政府等首脑机关和城区重点部位、部门、路段进行巡逻保护；街面巡逻防范组负责对城区所有街道和居民小区展开拉网式巡逻，确保城区街面在聚集群众较多的情况下仍然能保持路面畅通，无重大事故发生；人员聚集场所维护组负责维护城区广场、体育中心、公园等部位公共秩序，杜绝骚乱、踩踏等事故发生，广泛开展灾后相关宣传工作，缓解群众恐慌心理；抢险救灾机动组无救援工作时负责深入大街小巷武装巡逻，高度戒备，随时应对各类突发情况；信息联络组恪尽职守，负责对所有通信设备加强检查，维修受损设备，确保警令畅通；督察和后勤保障组严守岗位，完成对全体民警执法督察、县局机关大楼安全保卫和后勤保障工作。15时10分，在看守所，面对情绪激动的两百余名犯罪嫌疑人员，公安局领导到每个监舍逐一对在押人员进行谈话，告知地震已经结束，政府将全力确保所有在押人员安全。15时50分，城区内居民小区、商铺、银行等重点部位无人看守，在随时都有可能再次发生地震，导致生命危险的情况下，县公安局抽调20名特勤中队民警组成“敢死队”，进入城区大街小巷，持枪开展24小时不间断武装巡逻守护工作。5月12日晚，县公安局再次成立由12名特勤中队民警组成的“敢死队”，在巡警大队中队长张平的带领下，骑乘摩托车，荷枪实弹穿梭于城区大街小巷，24小时护卫人民群众财产安全。自5月14

日起，县体育中心先后接纳来自北川、安县等极重灾区受灾群众千余人。县公安局警力十分紧张，仍紧急抽调15名民警在副局长王定平带领下，入住灾民安置点，24小时维护守护安置点，同时，还制定三台县公安局灾民安置点民警执勤规定，印发8000份告灾民同胞书，派局领导到安置点进行专题安全知识讲解。在唐家山堰塞湖险情将至之前，成功将所有安置点灾民全部转移。5月25日，为实现唐家山堰塞湖避险疏散“零伤亡”目标，县公安局及时制订《三台县公安局涪江上游堰塞湖溃坝洪水应急抢险工作预案》，成立应急抢险工作指挥部，由局领导任正副指挥长，县公安局各相关科所队室、武警中队、消防大队负责人为成员。设指挥协调组、群众疏散撤离组、民警家属集中居住区疏散组、交通疏导组、重点要害部位保卫组、城区巡逻组、搜寻警戒组、武警消防抢险组、爆破抢险组、机动组、督查组、后勤保障组等12个小组。实行局领导牵头负责、各组“一把手”具体负责，积极投放警力近百人到潼川、北坝、花园、老马、芦溪、新德、永明、刘营、灵兴9个涪江沿岸乡镇辖区派出所，协助党委政府撤离群众逾7万人，维护84个集中安置点和各撤离村社的守护、警戒、搜寻工作。会同安监等部门对三台涪江沿岸等地的安全情况进行实地勘察，认真查找安全隐患，在认真排查分析基础上，将县城区处于低洼地带的派出所和北路沿江派出所档案、计算机等重要物质转移至安全地点。对三台在涪江流域的大型船舶进行固定，对不能固定的部分船舶动员船主配合政府准备实施爆破沉底，积极与民爆公司、消防、武警部门一起协商、制定预案，一旦出现突发情况，立即组织爆破员对船舶实施爆破。6月10日，唐家山堰塞湖泄洪橙色警报拉响，公安局全体民警同支援三台县的厦门特警一道以“地毯式”搜索方式展开群众避险疏散工作，成功将沿江撤离区域群众在洪峰来临之前有效疏散至安全地带，实现唐家山堰塞湖溃坝疏散避险群众“零伤亡”目标。

第二节　稳定市场物价

地震发生后，县政府全面贯彻临时价格干预措施，切实抓好市场物价监管检查，确保市场物价稳定。

一、稳定价格

2008年5月12日，地震发生当天，县物价局会同县经济商务局、工商局、公安局联合发出《关于地震灾害后，保持市场物价稳定，对囤积居奇、哄抬物价的不法行为给予严厉打击的紧急通告》，及时张贴到各主要超市。分别召开城区各超市负责人、公路客运、城区出租车公司负责人紧急会议，就灾后如何保证市场供应、稳定市场物价提出要求。5月13日下午2时，全县城区农贸市场和各大超市全部开门营业，货源充足，市场价格稳定，水、电、气和各加油站也全部恢复营业。根据国家发改委、省物价局及绵阳市人民政府“关于地震期间部分商品实行临时价格干预措施”的政策规定，5月17日下午，由县物价局、县经济商务局、县卫生局、县食品药品监督管理局研究、制订全县临时价格干预具体方案，由县人民政府向全县发出《关于对地震灾害期间部分价格实行临时价格干预措施的紧急通知》，对瓶装、桶装矿泉水、纯净水等饮用水，霍香正气液、板蓝根冲剂、抗病毒冲剂、青霉素口服类、氟派酸等常用药品及搭帐篷所需的塑料布、帆布等商品以5月17日的价格为基础，从5月18日正式开始实行临时价格干预，如需正常涨价，生产企业需向县物价部门提出提价申报，经营企业需到县物价部门实行调价备案；对趁机哄抬物价、乱涨价、变相涨价的违法行为，将按照有关法律、法规严肃查处并予以曝光，县境内水泥企业成品包装水泥325#R出厂价最高限价不超过430元/吨，散装水泥325#R出厂价最高限价不超过420元/吨；建筑用红砖出厂价最高不超过0.34元/匹（含上车费）；建筑用河砂（中沙、洗沙）出厂价最高不超过50元/立方米（含上车费），瓦（小青瓦）出厂价最高不超过0.40元/匹。钢材等建筑材料的销售价格实行差率管理。进销差率钢材最高不超过4%（不含直接运杂费）、木材不超过5%（一道环节），玻璃进销差率最高不超过10%（一道环节，不含直接运杂费），水泥进销差率最高不超过5%（不含直接运杂费）。对建材运费实行限价管理。30公里以内每吨公里不超过1.00元，30公里及以上每吨公里不超过0.90元。（一）砖的运输价格：1. 货车，运距在15公里以内的最高不超过0.055元/匹（含下车费），超过15公里的每5公里增加0.005元/匹；2. 拖拉机，运距在15公里以内的最高不超过0.05元/匹（含下车费），超过15公里的每5公里增加0.005元/匹。（二）砂石的运输价格：1. 货车，运距在15公里以内的最高不超过25元/立方米（含下车费），超过15公里的每1公里增加0.80元/立方米；2. 拖拉机，运距在15公里以内的最高不超过22元/立方米（含下车费），超过15公里的每1公里增加1.00元/立方米。外地砖价格：对县外运入县境内销售的红砖，最高不超过0.55元/匹。

二、价格干预

2008年5月12日~2009年5月12日，县人民政府及办公室和县物价局向全县发出了建材价格监管的文件、通告19个，召开各种会议10余次，对生产企业进行价格提醒和告诫。对灾后重建政策进行传达和宣传，通过电视台、政务网等媒体通告全县。对需要进行张贴的通告或文件亲自送达企业。在价格违法行为的查处过程中，邀请新闻媒体全程跟踪报道，对违法企业及其违法行为在电视上进行公开曝光。在建材价格监管上，县委、县政府和物价局采取统筹协调，点对点供应，排单调配，派驻厂监察员（全县共派114名驻厂监督员），面向社会聘请价格监督员22人，物价局落实5名片区价格联络员，共同做好价格监管工作。安排专人负责，将灾后重建所需主要建材品种纳入重点监测范围，新增10个建材价格监测点，每天收集价格情况，建立监测台账。编印《三台县市场价格周情报告》，重点对建材价格变动情况和趋势进行分析。对关系群众生活和群众反映强烈的农贸市场、各大超市主要食品粮油、饮用水、三色玻纤布等防震避灾物资，防病防疫药品、口罩、石油成品油价格、建材价格进行检查，2008年5月12日~2009年5月12日，全县共组织45次192人（次）对市场物价进行检查，查处建材价格违法案件26件，违法金额21.96万余元，其中没收违法所得5.92万余元，罚款15.3万元，退还用户7440.00元，入库21.22万元。发挥“12358”价格举报电话社会监督作用，坚持24小时专人值守，及时受理群众举报投诉，并在最快时间内调查办结，全县共受理建材价格举报案件149件，办结149件，办结率为100%。

2008 年 5 月 16 日，接群众投诉举报，反映三台县潼川镇下东街三台中学小卖部趁地震灾害之际乱涨价。当即，县物价局对相关人员进行调查询问及现场拍照取证，并采取问卷调查方式对消费者进行调查。经对 3500 个消费群众调查核实，台中小卖部在 5 月 12 日下午 2 时 30 分后出售的面包、牛奶、矿泉水等食品价格存在哄抬价格问题，比震前价格多收价款 746. 20 元，同时出售商品未按规定明码标价。对台中小卖部存在的上述问题，县物价局按照《价格法》及《关于商品和服务实行明码标价规定》和《价格违法行为行政处罚规定》等有关规定，对台中小卖部作出，责令退款 746. 20 元和罚款 4000. 00 元的行政处罚。

2008 年 6 月 2 日，县物价局接到群众举报，反映里程乡加油站在销售汽油时在标价外加价销售，且不开发票。接到举报后，局高度重视，立即组织检查组对里程乡加油站进行突击检查。检查发现该加油站销售 90#汽油时加油站标价为 4. 96 元/升，实际收款为 5. 50 元/升，每升多收 0. 54 元，同时也未出具发票。按照《价格法》及《关于商品和服务实行明码标价规定》和《价格违法行为行政处罚规定》有关规定，检查组作出对里程乡加油站罚款 1000 元的处罚决定。

县物价局于 2008 年 9 月 2 日对三台县永明五友页岩砖厂红砖销售价格执行情况进行检查。五友砖厂在 2008 年 7 月 10 日 ~7 月 27 日销售砖中，有 4 笔价格分别为 0. 36 元 ~0. 415 元/匹，超过最高限价 0. 35 元/匹的标准，多收 5400. 00 元。根据《中华人民共和国价格法》第三十九条规定。经三台县物价局案件审理委员会讨论决定，对三台县永明五友页岩砖厂作出没收多收现金 5400. 00 元，罚款 1. 35 万元的行政处罚。

根据群众举报，反映芦溪镇尖山村宝华页岩砖厂红砖价格存在超过规定的行为，绵阳市物价局与三台县物价局组成联合调查组，于 2009 年 2 月 11 日到芦溪镇尖山村走访农户 9 户，均反映宝华页岩砖厂在销售红砖中存在超过规定限价的行为，价格在 0. 47 元 ~0. 55 元/匹之间，共销售红砖 2. 9 万匹，多收价款 4405 元。联合调查组经调查核实芦溪宝华砖厂违规情况发生后，根据《中华人民共和国价格法》第三十九条规定讨论决定，对宝华砖厂违法行为作出处罚：1. 责令改正，停止自行销售红砖行为，一律由芦溪镇政府统购统销。2. 要求芦溪特供组切实履行职责，杜绝违反规定、高价卖砖行为。3. 要求芦溪镇政府和三台县物价局加强检查督察，加强对新砖厂的政策宣传。4. 对宝华砖厂处以没收 4405. 00 元，罚款 2. 2 万元处罚。

第三节　处置突发事件

2008 年 5 月 19 日，县公安局制订《三台县公安局处置突发事件警力应急集结预案》，以保证在突发事件发生时，予以迅速处置。

一、立新镇拦河办事处打架事件

2008 年 6 月 9 日晚 11 时许，立新镇拦河办事处香林村 3 队马光永因房屋受损被评估为“一般受损”，未列入重建户，进而与村支书争吵厮打，引发 40 余名群众吵闹的群体事件，镇、村干部到现场处置调解。10日凌晨1时许，县公安局副局长王定平，政治处主任吴朝晖带领国保大队相关人员和芦溪、刘营、新鲁、立新派出所部分民警抵达现场。经过说服、疏导，事件得到平息。

二、处理漂浮船只确保唐家山堰塞湖洪峰安全过境

6月10日晚，唐家山堰塞湖洪峰进入三台县境内，在明台电站闸坝处流量达5600立方米/秒。县唐家山堰塞湖避险疏散指挥部迅速启动相关应急预案，进入防汛紧急状态，组织水务、公安、交通、海事及沿江镇乡对涪江流域进行全面排查，清除河面行洪障碍物。20时左右，由县委书记、县唐家山堰塞湖避险疏散指挥部指挥长带领的行洪检查组在吴家渡河段发现两艘船只向吴家渡电站闸坝漂去，检查组立即赶赴新渡口，并通知有关部门到新渡口抢险，对漂移船只准备实施爆破。吴家渡项目部反映电站闸坝上游又有船只飘来，并卡在吴家渡电站闸坝墩上。县公安机关依法对肇事船主周某当即予以刑事拘留。21时30分左右，检查人员在北坝2村9社再次检查发现船主苏某等将6月7日下午在县水务局、公安局、海事处、潼川镇等相关部门监督下灌水自沉和6月8日副县长李洪波带领相关部门督促已自沉的采砂船舱内水抽出，船只飘于河面，虽有加缆固定措施，但没有达到9号文件要求，检查人员立即向县唐家山堰塞湖避险疏散指挥部领导汇报。鉴于船只漂浮河面可能给下游明台电站闸坝、梓州大桥等重点工程造成危险，在汛情紧急情况下，正在新渡口指挥抢险工作的指挥长要求水务局、公安局、交通局、海事处、巨能爆破公司等部门立即实施。22时30分左右，对第一组船只实施爆破，当准备对第二组船只实施爆破时，由于围观群众较多，难以疏散，加之洪水流量逐渐增大，暂停对第二组船只实施爆破，对其加强观察。由于指挥有力、措施果断，11日凌晨2时左右，洪峰安全通过文峰电厂闸坝。

三、禁烧秸秆

地震后，从中央到地方各级纷纷投入到抢险救灾战斗中，为确保各地救援人员及物资快速运达灾区，国家开辟了空中抗震救灾绿色通道。此时，正值农民抢种抢收季节，很多农民将秸杆在田间地头就地焚烧，产生大量浓烟，严重影响运送抗震救灾人员和物资的飞机在绵阳南郊机场安全起降。5月16日，三台县抗震救灾指挥部向全县发出“为保证抗震救灾飞机在绵阳安全起降，严禁任何人在田间地头焚烧秸秆，对拒不执行者，将处以罚款、治安拘留，情节严重者，将依法追究刑事责任”的通告。通告发出后，县公安局立即召开紧急会议，由法制科迅速抽调专人，外派到派出所现场办公，迅速对违法焚烧秸秆及时作出处罚；抽调治安大队、各派出所民警、分别由局领导带队，深入各有关镇乡，向群众做好宣传。当日晚，县公安局共抽调民警213人，出动警车90台（次），对焚烧秸秆行为进行督察，督察中共教育劝阻群众258人，行政拘留26人，治安处罚39人。23日晚，县公安局再次抽调民警，由局党委委员带队，分成6个组，分别对全县西、北两路各地焚烧秸秆情况进行集中督查整顿，对每个带队局领导明确分工；公安局长消防队员驾驶消防车，携带灭火设备，深入西、北路各有关镇乡进行督导检查，见火现场扑灭。县公安局政委带领治安大队长负责督导检查芦溪镇，常务副局长负责督导检查永明、中太镇，另3名副局长和1名局党委委员、政治处主任分别负责督导检查刘营、灵兴、乐安、建平、花园、老马、里程、金石、新鲁等镇乡。5

月24日，县抗震救灾指挥部继续派出多个督查组对各部门、镇乡灾后防疫、防汛和禁止焚烧秸秆等工作落实情况进行督查。当日晚19时，抗震救灾指挥部再次电话通知各镇乡加大禁烧秸秆工作力度，确保辖区内无农民在田间地头焚烧秸秆行为。县人民法院连夜编写印制《严厉打击以焚烧秸秆的危险方法危害公共安全的犯罪行为》宣传资料，宣传焚烧秸秆的社会危害及应承担的法律后果。并由刑庭干警将300余份宣传资料送到刘营、芦溪、灵兴、立新、永明、花园、老马等镇乡。5月26日，县公安局抽调民警、消防官兵183人，与党委政府和当地各派出所一道再次对辖区内焚烧秸秆行为进行督察。督察中，出动警车46台（次），教育劝阻群众139人，行政拘留6人，治安处罚12人。5月27日，县公安局出动警力136人，出动警车39台（次），教育劝阻群众38人。5月28日，中共三台县委办公室、三台县人民政府办公室发文《关于严禁焚烧秸秆的紧急通知》，要求各镇乡党委、政府务必采取强有力措施，做好广大农民群众的宣传解释和对焚烧秸秆行为的制止工作。县委办、县政府办、县纪委（监察局）、县目标督查办抽调人员，组成督察组，对此项工作进行不间断督查，对督察中发现有焚烧秸秆行为的镇乡党委书记、镇乡长一律就地免职。在当天督察中，县公安局共出动警力106人，出动警车32台（次），治安处罚2人，教育劝阻9人。尔后，县公安局每天都均调专人深入群众中，走进田间地头，向群众进行宣传教育，并对焚烧秸秆行为进行劝阻，对不听劝阻者，进行相应处罚。5月29～31日，公安局共出动警力275人，出动警车98台（次），治安处罚4人，教育劝阻24人，行政拘留1人。

第四节　打击刑事犯罪

在抗震救灾期间，县公安局积极组织警力参与抢险救灾，派员到北川、安县、绵阳九州体育馆参与救援，执勤和维护社会秩序。同时，依法打击犯罪，强力推进专项斗争开展。

在抗震救灾和抗洪抢险期间，全县境内社会政治、治安大局平稳。2008年5月，全局共立各类刑事案件251件，破276件，破案率为110%；6月，全局共立各类刑事案件300件，破231件，破案率为77%；5月，全局共立治安案件85件，查处70件，较上年同期相比，立案率上升36.7%，查处上升35.9%；6月，全局共立治安案件564件，查处543件，立案上升91.8%，查处上升94.6%；5月，共发生交通事故2起死2人，无受伤人员，较上年同期相比，事故起数下降56.9%，死亡人数下降17.6%，受伤人数下降75%；6月，全县共发生交通事故9起死3人，伤10人，较上年同期相比，事故起数下降43.6%，死亡人数下降5.6%，受伤人数下降61.2%；5月，全县共发生火灾2起，无死伤人员，事故起数较上年同期相比，下降72.1%；6月，全县共发生火灾事故11起，无死伤人员，事故起数下降63.6%。

6月6日上午10时许，3名男子将潼川镇解放上街居民秦某骗至凤凰山上，采用持刀威胁、殴打等方式抢走秦某“天语”手机1部、手机充电器1个、读卡器1个，价值700余元。接报后，破案打击组立即展开侦破。当日将犯罪嫌疑人刘明强（男，19岁，住三台县潼川镇慕禹7村10组）、李德江（男，19岁，住三台县石安镇9村8组）、岳春龙（男，19岁，住三台县乐安镇天马5村10

组）成功抓获，经审查，3犯罪嫌疑人对抢劫受害人秦某的犯罪事实供认不讳。犯罪嫌疑人刘明强、李德江、岳春龙被依法刑事拘留。

第五节　厦门特警支援三台

为维护灾区社会治安大局平稳，保护灾区人民生命财产安全，公安部紧急从全国抽调公安特警队赴川维护灾区社会治安。支援三台的厦门特警自2008年5月31日抵达三台后，在支援三台的51天中，共出动警力3127人（次），出动车辆429台（次），查获各类案件29起，抓获违法人员42人，盘查可疑人员361人，盘查可疑车辆211台，救助服务群众3800余人（次）。

一、受命赶赴三台

2008年5月27日晚，公安部发出“关于调集公安特警队赴川维护灾区社会治安”的调警令。28日15时，厦门市特警支队203人迅速集结。厦门市委副书记、政法委书记陈炳发，厦门市委常委、副市长詹沧洲，厦门市委常委、公安局长卢士钢等领导为其壮行。队伍在厦门市公安局副局长傅新民和厦门市公安局特警支队支队长王建平带领下，分乘20辆汽车，采用“摩托化”急行军方式，赶往四川灾区。31日13时01分，历时4天经过3000余公里的长途跋涉，支援三台县的厦门特警顺利抵达三台，在三台县体育馆与三台县民警集结。16时，县公安局与厦门市支援三台特警队抗震救灾工作联席会议在县公安局党委会议室召开。县公安局党委成员、援建三台厦门特警带队领导参加会议，将三台县情、“5·12”地震灾情、震后处置、抗洪抢险、唐家山堰塞湖溃坝问题及相关区域群众撤离情况等前期工作详细介绍。其后，双方领导就巡逻布控、抗震救灾、抗洪抢险、群众疏散、勤务模式等问题进行研讨。19时，厦门特警召开工作部署会，要求参战民警提高认识，认清形势，继续发扬不怕艰难、连续作战的作风，迅速投入帮助灾区群众重建家园、全力维护社会稳定工作，用实际行动为福建公安、厦门特警争光。组织全体参战民警认真学习《赴川公安特警队勤务规范》和灾区注意事项，提出“带着爱心去工作，带着警情去巡逻，多为群众办实事”的工作要求，执勤中注重收集社情民意，及时进行信息研判，找准各巡区的最佳巡逻时间和方式，确保任务圆满完成。23时，部分厦门特警身着特警作训服，带上单警装备，采用摩托化和徒步结合方式，投入到了街面巡逻执勤中，走上一线工作岗位。6月1日7时，厦门特警正式与县公安局民警混编展开巡逻防控工作。

二、加强治安巡逻

执勤中，厦门特警队以社会治安防控工作为重点，调派精干警力，加强治安巡逻、强化设卡盘查及重点部位守护。6月4日凌晨，厦门特警在三台县潼川镇陈家山边将窜入该处建筑工地盗窃建筑钢筋材料的犯罪嫌疑人周登军现场抓获。6日，厦门特警在三台县凤凰山半山处将在中心汽车站实施抢劫的犯罪嫌疑人李德江（男，28岁，三台县石安镇人）、刘明强（男，19岁，潼川镇幕禹村人)、岳春龙（男，19岁，三台县乐安镇人）抓获，查获匕首1把，被抢手机1部。7日，在县城小南街“超越网吧”内将持刀抢劫犯罪嫌疑人梁某（男，14岁，三台人）、黄某（男，13岁，三台人）抓获。同日，特警二大队巡逻民警根据110指令，快速出击，在县城小南街“金嘉网吧”内将山西省汾西铁路公安局通缉网上杀人逃犯庄宗元现场抓获，并缴获被盗的红色“五羊”125摩托车。15日晚，特警一大队巡逻民警在北泉路北门菜市场门口成功处置一起群体械斗案，抓获犯罪嫌疑人周某（男，16岁，北川县人）、何某（男，15岁，北川陈家山人）、勾成（男，20岁，三台新德场镇人）、张学明（男，19岁，三台新德场镇人）、陈俊（男，19岁，平武新兴村人），缴获砍刀1把，折叠刀2把。51天中，厦门特警共查获各类案件29起，抓获违法人员42人，盘查可疑人员361人，盘查可疑车辆211台。

三、疏散转移群众

6月2日16时，由地震引发的北川唐家山堰塞湖再一次威胁三台人民的生命财产安全，若堰塞湖溃坝，三台县城可能被淹没，涪江沿线群众须疏散到撤离安置点。厦门特警在接到县指挥部请求在三台一中搭建占地1.5万平方米，能安置1500余人的300顶帐篷任务后，立即组织70余名特警队员赶往现场进行帐篷搭建施工。在室外30多度高温环境下，连续奋战10小时，于6月3日凌晨2时许，圆满完成帐篷搭建任务。10日上午10点30分，堰塞湖泄洪橙色警报启动，特警队指挥部立即组织60名抗洪抢险突击队员分成8组，迅速赶至三台县花园镇疏散转移群众。在当地派出所居委会和治安积极分子带领下，特警队员深入社区农村，挨家挨户走访，搜排疏散群众，对不愿撤离群众，耐心劝导，说明情况，帮助群众疏散转移。工作中，厦门特警共出动警力120人，设卡点21个，劝离车辆20余辆，疏散转移群众3800余人。29日，21名特警驱车50公里赶到郪江中学，对灾后坚持上课的学生进行慰问，并向该校捐助100套桌椅和部分文具，同时资助2位家庭贫困、品学兼优的学生上完中学。7月11日，支援三台的厦门特警一大队为三台灾民熊某，捐款捐物3700余元。在支援三台期间，为三台群众做好事375起，找寻丢失儿童5名，救助服务群众3800余人（次）。7月20日，支援三台县厦门公安特警正式撤回归建。在撤回归建欢送仪式上，县委、县人大、县政府、县政协主要领导以及企业、机关、学校、社区等成千上万群众表示对厦门公安特警热烈欢送。

第五章　疏散避险

由于地震形成的唐家山堰塞湖蓄水达1.5亿立方米，严重威胁其下游的北川、江油、绵阳、三台上百万人民的生命财产安全。5月25日下午13时，绵阳市抗震救灾指挥部召开全市沿江沿线群众紧急疏散动员大会，并针对“三分之一、二分之一、全溃坝”三种堰塞湖溃坝方案组织和公布相应的应急抢险救灾方案，三台县委、县政府在市唐家山堰塞湖避险疏散指挥部指挥下，积极组织疏散撤离工作。

第一节　转移群众

涪江在县境内战线长、流域广，涉及疏散转移群众数量大，按唐家山堰塞湖三分之一溃坝避险方案，涉及13个镇（乡）5万余名群众疏散转移。因天气炎热，群众情绪激动，疏散转移难度大。县委、县政府因地制宜，科学决策，确保受灾群众撤得出。5月26日上午，县抗震救灾应急指挥部召开水利、公安、武警、卫生、交通等部门紧急会议，专题研究制定应对唐家山堰塞湖溃坝防洪抢险应急预案。分行业制定水情预警、卫生防疫应急抢险、交通运输、治安秩序、物资供应、水电通信、新闻宣传及信息发布等单项预案。组织水利、防汛专业人员，在沿江镇乡设置了三分之一、二分之一以及全溃坝淹没线，各有关单位、镇乡按照属地管理、辖区负责、部门负责、口内负责原则，进一步细化转移方案到村、社区、户及人头，并印发疏散转移小卡片到每1名干部群众手中；金融、财政、危化品加工、看守所等重点单位提前进行安全转移。因地制宜有序撤离，确定以投亲靠友、对口安置、外出务工等分散安置为重点疏散转移方案，并实行县级领导包镇乡、镇干部包村、村干部包社、党员包户的四包干办法，城区“八大口”则实行“口长负责制”，将疏散转移工作进行层层分解和落实。5月30日8时，正式启动三分之一溃坝群众疏散转移预案，沿江各镇乡在县指挥部的统一指挥下，各司其职，按照三分之一溃坝方案，于5月31日8时前组织群众全面有序疏散撤离5.16万人，其中集中安置8763人，撤离无1人伤亡。县委、县政府按照“零帐篷、零安置、零死亡”目标，加强集中安置点群众的规范化管理。采取投亲靠友、结对安置、集中安置等办法，妥善安置疏散转移群众。联系镇乡的县级领导和部门每天深入镇乡，指导做好后续管理及服务工作。对疏散人员返回实行定点、定时、定人、定责“四定”管理办法。定点：对疏散撤离群众提出返家申请的，必须经安置点负责人批准，并实行谁批准、谁负责责任制。定时：疏散撤离群众返家处理事务必须在白天进行，在警戒线内时间不得超过2小时。定人：疏散撤离群众返家过程中，安置点要派出专人陪同，不得允许疏散撤离群众自行回家。定责：在批准疏散撤离群众返家申请时，要对其讲明注意事项；要落实批准人员和陪同人员责任，确保有序、安全返回。批准的疏散撤离群众返家处理事务，必须在唐家山堰塞湖溃坝橙色预警发出后终止。唐家山堰塞湖橙色预警发出后，一律不得再批准疏散撤离群众返家。从实际出发落实各类服务措施。13个沿江镇（乡）均成立由镇（乡）村社干部、民兵、干警和青壮劳力组成突击队，有组织有计划帮助疏散群众解决其种养方面具体问题，解除他们后顾之忧。采取特殊照顾措施，妥善安置好老、弱、病、残、幼人员，对伤病员、孕妇原则上安置到医院，孤寡老人原则上安置到敬老院，投亲靠友的当地学校负责解决好子女就学问题。统一规划帐篷搭建，完善安置点住宿、用水、用电、入厕、广播电视等硬件设施，解决好安置点群众医疗、环境卫生、治安、文化娱乐等具体问题。及时组织发放帐篷、食品、药品等各类用品。每个集中安置点都由县卫生局组织医生、防疫人员定点开展医疗服务和卫生防疫工作，做好防暑降温、消毒杀虫、环境整治等具体工作。公安干警、民兵，加强疏散区域及安置点巡逻和警戒，收集掌握治安动态，及早排查化解苗头性问题，充分发挥基层党组织战斗堡垒作用，及时掌握群众思想动态，深入群众做耐心细致宣传思想工作，加强正面宣传引导。对按三分之一溃坝预案撤离到位的群众，全部纳入受灾群众补助范围，每人每天补助10元钱、0.5公斤粮；对在疏散转移范围内采取举家外出务工、投亲靠友等方式自行安置的避险群众，除按照规定享受每人每天10元钱、0.5公斤粮的补助政策外，每人每天再补助10元钱。

三台县委、县政府组织专业人员对应急预案进行多次调试和演练，确保“零差错”。6月1日至5日，先后组织进行全溃坝指挥系统和通信指挥系统演练，对避险疏散预案及时进行完善和细化。除广播电视、防洪警报外，还增加高音喇叭、宣传车、鸣锣等预警信号方式，确保在进入紧急状态后，预警指令能够迅速传达到各级指挥系统并及时疏散群众。组织公安、武警、民兵等筑好搜寻、戒严、搜救三道防线，确保万无一失。6月10日，接到市指挥部立即进入三分之一溃坝紧急状态、启动黄色预警、启动橙色预警、撤销橙色预警维持黄色预警等相关命令后，各级指挥系统迅速反应，高效运转，通过多种预警方式，将各项指令进行准确无误传达，确保三分之一溃坝疏散撤离工作有力有序有效进行。

三台县应疏散转移群众5万余人。6月10日晚8时洪峰进入县境，6月11日凌晨2时洪峰顺利出境；全县未造成人员和财产损失。6月11日16时，集中安置点和分散安置的群众便陆续返乡。

第二节　维护稳定

加强唐家山堰塞湖险情危害宣传，引导群众科学应对，避免社会恐慌。充分利用广播、电视、网络和手机短信、高音喇叭、宣传车等工具，采用印发宣传资料、编印《唐家山堰塞湖群众疏散转移宣传提纲》等方式，广泛宣传唐家山堰塞湖对疏散撤离区群众的生命财产安全产生的巨大威胁和科学应对的方法，让每1位撤离群众在思想上高度重视，在行动上科学应对。大力宣传中央、省、市出台的各项疏散撤离补助政策，全程公开、公示疏散安置群众救灾补助款粮发放落实情况，把各级党委、政府的亲民爱民政策和深切关怀传达到每1位疏散撤离群众。认真做好全县非疏散撤离区社会稳定工作，在部分非撤离区干部、公安干警、民兵被抽调到撤离区开展工作的情况下，责成非撤离区党委、政府按照“属地管理”原则，科学合理安排人员，加班加点，切实抓好群众信访、抢种抢收、社会治安、安全稳定等各项工作，在整个唐家山堰塞湖避险疏散期间，全县未发生一起群体性事件、重特大恶性案件，无越级上访，全县信访总量明显下降。

加强督促检查。每个镇乡由1名县级领导带队，从县目标督查办、县纪委、县水务局和联系镇乡的县级部门抽调专门人员组成13个督查小组，5月30日至6月10日，连续11天对县内涪江沿岸13个镇乡避险疏散工作进行全程专项督查。督查组坚持注重细节、注重落实、查漏补缺要求，主要围绕涪江沿岸各镇乡执行疏散安置群众救灾补助政策落实、交通保障运输及交通管制、淹没区排查、应急值班制度执行、疏散群众安置点管理服务、通讯保障、防疫防病、安置点规范化建设、二分之一及全溃坝方案准备，按黄色、橙色预警对群众组织管理情况等13项重要工作进行督查。对城区各项工作落实情况分别由“八口”牵头部门按三分之一撤离预案进行多次自查，避险疏散指挥部督查组进行抽查。在唐家山堰塞湖避险疏散工作期间，各督查组全部深入实地时刻掌握各镇乡工作开展推进情况，发现问题及时指出，责成落实，重大问题按要求及时上报指挥部，为指挥部科学决策、高效决策提供依据和参考。

第三篇　医疗救治与卫生防疫

第一章　医疗救治

第一节　组织领导

5 月 12 日，中共三台县委、县人民政府成立三台县抗震救灾应急指挥部，内设 6 个工作机构，其中设立医疗救护组，县委常委、宣传部长胡传光任组长，县卫生局党委书记、局长龙保林任副组长，县人民医院院长吴天清、县中医院院长杨丽、县中医骨科医院院长李建民、县妇幼保健院院长张苏林、县疾病预防控制中心主任江玲、县血站站长敬隆鉴为成员，医疗救护组主要职责是迅速组织急救队伍抢救伤员，帮助灾区采取有效措施防止和控制传染病的暴发流行，及时检查监测灾区的饮用水源、食品安全等。三台县启动《三台县突发公共事件应急预案》后，胡传光立即安排部署卫生系统开展抗震救灾医疗应急救援工作，到县卫生局指挥抗震救灾医疗应急救援工作；县四大班子分管联系领导多次深入城区和镇乡医疗卫生机构检查医疗救治、卫生防病工作和应急预案措施的落实情况，慰问抗震救灾医疗救援医护工作人员，每天听取卫生局工作汇报，了解工作动态，指挥卫生系统抗震救灾。

2008 年 5 月 13 日，县卫生局成立卫生系统抗震救灾应急指挥部（三卫办〔2008〕37 号），由局党委书记、局长龙保林任指挥长，局党委副书记、副局长朱世英、副局长周大华、副局长刘红鹂、纪委书记田进之任副指挥长，县直医疗卫生机构主要负责人、机关各股室负责人为成员，按照

“统一领导、分级管理、归口包干”原则，开展抗震救灾应急指挥工作。指挥部下设医疗救治、公共卫生、物资保障与受灾清核、文秘通联和督查等四个组。医疗救治组负责组织医疗机构开展医疗救护工作，病人转运、传染病定点收治；县红十字会组织开展社会赈灾捐助活动，收集、整理、汇总、审核、上报相关报表，草拟相应文件和信息。公共卫生组负责组织县疾病预防控制中心和县卫生执法监督所、各医疗卫生单位开展疫情防控、疫情扑灭、卫生消毒、卫生执法监督、卫生防病宣传，配合开展爱国卫生运动等工作，收集、整理、汇总、审核、上报相关报表，草拟相应文件和信息。物资保障与受灾清核组负责救灾物资、药品、医疗设备和器械的接收、储存、保管、分发，对救灾资金和物品使用进行监督，负责对全系统房屋、设备受损情况进行清核、统计、汇总、申报、上报，草拟相应文件。文秘通联组负责抗震救灾工作中的通信联络，机关交通、值班、后勤保障，草拟文件、信息、汇报、总结、讲话等综合性材料。督查组负责对抗震救灾工作进行督查，定期通报，对工作不力的提出处理意见，对抗震救灾工作中的先进典型和好人好事及时进行宣传报道，制订表彰方案，制作表彰证牌，收集、整理、汇总、审核、上报相关报表，草拟相应文件和信息，负责卫生系统职工伤亡情况的统计上报。

卫生局先后下发《关于在地质灾害期间切实加强医疗卫生工作的紧急通知》《关于切实加强地震灾后卫生防病工作的紧急通知》《成立卫生系统抗震救灾应急指挥部的通知》《关于进一步加强传染病防控工作的通知》等文件。县卫生局实施24小时值班制度、险情日报制度、抗病救灾通报制度、每日督查制度、救治伤员日登记报告制度、责任追究制等制度；各医疗卫生单位严格实行24小时值班制，单位领导坚守工作岗位，所有医务人员停止休假，必须服从医院和县卫生局的统一安排和调配；认真做好医疗救治人员、车辆、药械、物资的准备，以保证卫生应急救援工作顺利开展。

药械设施保障。病床严重不足，卫生局果断决策，在灾情发生后24小时内启用备用的县传染病医院（县人民医院涪东分院），新增床位80张；安排县人民医院、县中医院、县中医骨科医院、县妇幼保健院、县第二人民医院和镇乡卫生院挤出病床200张，随时准备迎接重灾区伤病员的救治。救护车辆不足，县卫生局在灾情发生后立即调集全县医疗卫生系统，包括民营医疗机构的救护车辆20余辆，统一调度使用，提高车辆使用效率。

2008年5月12日晚11时，根据市卫生局安排，三台县卫生局从县人民医院、县中医院、县中医骨科医院抽调医护人员20余人，组建成立三台县抗震救灾医疗队，医疗队携带急救药品、器材及耗材，由县人民医院医务部主任张恒茂带队于5月13日零时15分到达重灾区安县花荄镇，立即开展医疗救援工作。5月21日，根据市抗震救灾指挥部要求，县卫生局调用救护车16辆、中巴车4辆，组织36名医护人员，出动车辆20台次，向市中心医院转运灾区到三台县住院治疗的伤病员75名。三台县卫生局组建医疗救援专家队伍，统一组织、协调医疗救援力量，抽调外科、内科、护理等135名专业人员组织16个医疗救治小分队，随时听从县卫生局统一调配。征调7支医疗救治小分队计49人分别到县直医疗卫生单位和芦溪中心卫生院参加救援工作。安排县医院、县中医院、中医骨科医院、妇幼保健院、芦溪中心卫生院和建设片区镇乡卫生院挤出病床200张，随时准备迎接重灾区伤病员的救治。

第二节　转移住院病人

三台县人民医院。灾情发生后，所有医务人员不顾自身安危将住院病员转移到空旷地带躲避。内一科病员肢体活动障碍，有的瘫痪在床，全科医护人员第一反应就是将病员尽快转移到安全地点，4 床老年男性卧床病员何某此时无家属陪伴，瘦小年仅的 19 岁护士张兰背起于自身近两倍的赤身何某就向外走，迈着蹒跚的脚步，在场人都深为震憾。急诊科的医生将诊断室搬到门诊大楼前面，伴着余震坚持给每一个来医院的患者细心诊治，耐心交待注意事项。夜幕降临，县人民医院后勤组迅速搭建起临时帐篷 38 个，面积 324 平方米，安置床位 72 张，转移住院病人 425 人，并将棉被和食物送到每一位病人手中。震情不断变化，为顾全病员安全，医务人员根据上级通知，数次将病人从病房转到户外，又从户外转回到病房，全部安全往返。时至深夜 12 点，医院领导和医务人员依然留在医院守护病人，将医院的病人全部转移到安全地方。

三台县中医院。灾难发生后，立即启动突发公共事件应急预案。院长杨丽第一时间赶到医院，组织人员搭建临时帐篷 35 个，面积约 350 平方米，随即医务人员将住院病人 151 人转移到安全地带。当天下午收治 12 名来自厂矿、学校、社区因地震受伤的病员，经过医疗救治后，11 名轻伤员离院，1 名重伤员留院治疗。晚上 23 时，根据县委、县政府指示，中医院立即安排王之海等 7 名医务人员组成医护小组赶赴安县抗震救灾。14 日至 15 日，共从安县运回伤员 24 人进行救治。

三台县妇幼保健院。5 月 12 日晚，搭建 5 个临时帐篷，安放病床 30 张，装备相应医疗设施，转移住院病人 55 人。13 日早晨，院领导安排后勤为所有病员准备荷包蛋，免费为病员家属提供热馒头和开水。同时购买米、面、油、矿泉水、方便面等价值 3000 余元的食品，解决病员及病员家属、工作人员的基本生活，并做好接治重灾区伤员准备。

三台县中医骨科医院。医院启动突发公共事件应急预案，院长李建民组织人员搭建临时帐篷 6 个，面积 100 平方米，医务人员将住院病人 60 人转移到医院前的空旷地带。

三台县各镇乡卫生院。强烈地震发生后，各医院立即启动应急预案，开展医疗救护。在医院前或就近空旷地上搭建起临时避震帐篷 294 个，面积约 6520 平方米，转移病人 583 人。西平中心卫生院转移住院病人 56 人，搭建临时医疗点继续治疗。

灾情发生后，卫生系统共接收县指挥部帐篷 241 套，分配给县级医院 53 套，镇乡卫生院 188 套，搭建临时抗震救灾医院。建临时板房 567 套，其中县人民医院、县精神病院 149 套，刘营中心卫生院等 11 家镇乡卫生院 418 套，确保伤病员能得到及时救治。

第三节　安置点医疗救护

在县城主要安置点和镇乡受灾群众安置点设置医疗救治服务点，提供医疗救护、疾病监测和卫生消毒等服务。县卫生局抽派3名医务人员24小时值守，派驻卫生执法监督员1名驻点负责食品饮用水卫生、环境卫生监督指导，增派县人民医院传染科专家开展现场巡诊指导。截至5月29日，全县所有医疗机构及各灾民安置点共接诊25011人次，其中发热183人次，腹泻210人次，感冒3726人次，其他不适20892人次；开展健康教育出动11228人次，发放健康宣传资料435078份。

5月26日晚，县卫生局按照县委、县政府紧急会议精神，做好唐家山堰塞湖溃坝1/2险情的转移安置点群众医疗救援救治和卫生防疫工作。唐家山堰塞湖泄洪期间，实现沿岸13个镇乡转移安置点医疗防疫全覆盖，从2008年6月1日至6月11日，累计出动医护人员、疾病控制和卫生监督人员2194人次，设置医疗救治点最多时达54个，落实医务人员102人，抽派医护人员52人组建19支巡回医疗小分队，医疗小分队巡回医疗516人次，开展卫生监督589人次，医疗救护点累计接诊6630人次（其中：中暑533人次、腹泻212人次），转入住院49人。县体育中心广场异地灾区（北川等）群众安置点平安村，县卫生局设置医疗点，刘营中心卫生院派驻7名医生，永新卫生院派驻3名医生，24小时值班，免费为灾民诊治疾病，需住院治病灾民，县人民医院派救护车接送。

第四节 县内医疗及转外救治

一、医疗救治

2008年5月12日，卫生局在县内各医院抽调7支医疗救治小分队共计49人，分别安排到县人民医院、县中医院、县中医骨科医院、县妇幼保健院和县第二人民医院（芦溪中心卫生院）参加救援工作。5月13日16时，各级医疗机构共接收伤员300人，危重病人61人，救治无效死亡7人；其中，接收转入什邡重症伤病员15人、江油市1人。观桥镇中心卫生院组织谌玉龙、景洪奎、罗海英等前往三台县人民医院，帮助接收转入伤员的救护，接待灾区返乡伤员的医疗救助，住院救治1人，门诊救助5人，共计23人次，经治疗后恢复健康。观桥镇中心卫生院职工自愿组织成立抗震救灾应急献血队伍，自愿献血成员达27人。截至5月14日16时，全县各医疗卫生机构共接收地震灾害伤员460人，其中县外伤员61人。卫生局机关、疾控中心、卫生执法监督所抽调人员组成6个检查组，深入镇乡检查指导卫生防病和医疗救治工作。5月15日，县内共启用医疗救治小分队11支共72人，截至17时，全县各医疗卫生机构共接收地震灾害伤员562人，其中县外伤员131人。5月16日15时，接诊地震灾害伤病员累计590人；收治住院伤病员310人，其中收治县内伤员住院167人。“黄丝带行动”青年志愿者服务队队员被分派到县人民医院、中医院、妇幼保健院等县级医院，实行统一安排，分工负责，主要进行协助转移病人，照顾伤病员的日常生活，开展灾区伤病员的心理抚慰和诱导，协助维护医疗工作秩序和环境卫生等。5月17日，全县医疗卫生机构进一步做好接诊收治地震灾害伤病员的准备，开展医疗救治，共接诊地震灾害伤病员累计595人，收治住院伤病员318人。在收治住院的伤员中，县内伤员168人，北川、安县、什邡、江油、中江等外县伤员150人。收治住院伤病员中，需进行手术治疗的138人，已开展手术71台次；住院伤病员死亡5人，出院66人。5月18日，县卫生局召开县直属卫生单位主要领导、镇乡卫生院院长抗震救灾工作会议，要求继续做好救治工作。截至15时，共接诊地震灾害伤病员累计609人，收治住院伤病员324人，其中县内伤员169人，北川、安县、什邡、江油、中江等外县伤员155人。收治住院伤病员中，需进行手术治疗的140人，开展手术76台（次），出院79人。5月21日，根据市抗震救灾指挥部要求，县卫生局调用救护车16辆、中巴车4辆，组织36名医护人员，出动车辆20台次，从市中心医院转运极重灾区来三台县住院治疗的伤病员75名。

5月22日，全县共接诊地震灾害伤病员累计628人，收治住院伤病员338人，其中县内伤员178人，外县伤员160人；住院伤员中，出院66人，转送到上级医疗机构78人，时有住院伤员189人。5月25日15时，全县共接诊地震灾害伤病员累计637人，其中接收北川、安县、什邡、江油、中江等外县161人；收治住院伤病员351人，其中县内伤员190人，县外161人；在住院伤员中，出院146人，转送到上级医疗机构105人，时有住院伤员95人。

5月26日晚，县卫生局按照县委、县政府紧急会议精神，做好唐家山堰塞湖1/2溃坝转移后辖区内群众集中安置点医疗救援救治和卫生防疫工作。截至5月28日15时，共接诊地震灾害伤病员638人，收治住院伤病员累计352人；在住院伤员中，出院170人，转送到上级医疗机构105人，时有住院伤员72人。截至5月31日15时，时有住院伤员51人，其中县内35人，县外16人。6月3日，全县各医疗卫生机构时有住院伤员43人。6月5日15时，累计出动医护、疾病控制和卫生监督人员936人次，医疗小分队巡回医疗274个次，开展卫生监督293个次，医疗救护点累计接诊2762人次，其中中暑177人，腹泻17人，转入住院30人。6月6日15时，全县各医疗卫生机构有住院伤员42人。6月11日，全县各医疗卫生机构有住院伤员36人。

截至6月12日，全县各医疗卫生机构共接诊地震灾害伤病员638人，收治住院伤病员352人。在收治住院的伤员中，县内伤员191人，北川、安县、什邡、江油、中江等外县伤员161人，转上级医院治疗105人，时有住院伤员35人。在所有收治的地震伤员中，伤情以四肢骨折、软组织损伤为主，累计开展手术140台。

*三台县中医院。*地震灾难发生当天下午收治12名来自厂矿、学校、社区因地震受伤的病员，经过医治后，11名轻伤人员离院，1名重伤人员留院治疗。晚上23时，按照县委、县政府要求，中医院立即安排王之海等7人组成医护小组赶赴安县抗震救灾。14日至15日，共从安县运回伤员24人进行救治。

*三台县景福中心卫生院。*灾害发生瞬间，卫生院手术室正在给病员施行股沟双测疝手术治疗，刚剥开疝囊，地震发生，面对手术床上惊恐的病员，共产党员59岁的主治医师龙殿荣说："不要怕，我们不会离开你"。在晃动的手术台上，主治医师张兴志、麻醉医师何建军、主管护师魏俊、护士陈琼、李琴一道小心翼翼进行手术操作，直至缝合完最后一针，才抬起病人紧急撤离手术室。

三台县西平中心卫生院。强烈地震发生后，14时40分接诊西平初中1名因地震被砖头砸伤头部学生（吴珊、女、12岁、家住凯河场镇），当场抢救无效死亡。

*孕产妇救治。*医疗保健机构启动应急预案，无条件接受孕产妇住院分娩，实行免费接送、免费待产，并对极重灾区来的孕产妇实行免费住院分娩和无偿提供必须的生活保障服务。县人民医院、

县妇幼保健院两个孕产妇急救中心严格实行24小时全天候出诊、接诊服务。

5月12日汶川特大地震发生时，县人民医院妇产科1名住院孕妇临产，被转移到简易而安全的临时产房，妇产科的医护人员紧握着产妇的手，耐心安慰着，消除紧张情绪，做好接生准备，下午16时10分，一声婴儿的啼哭伴随着阵阵余震终于带给产妇和妇产科所有医护人员一丝欣慰。是日18时30分，县妇幼保健院一待产孕妇急诊入院，20时30分，急需进行剖宫产手术，将情况报告县卫生局，同时做好应急相关术前准备，冒着余震的危险于20时50分开始进行手术，20时54分成功取出1活女婴，术后母女平安；当夜22时，乐加乡卫生院转送1名临产产妇到县妇幼保健院，医生进行相关检查，做好接生准备，于22时40分成功助产1活女婴。

家住安县秀水镇红桂村的孕妇李某，拖着9个月的身孕在公婆的陪同下住进三台县北坝镇卫生院。卫生院院长胡卫东得知来自极重灾区，决定全部免除李某住院期间的所有费用，并立即退还家属交的费用。会诊发现难产，医生立即实施剖宫产手术，16日上午10时30分，一个小生命来到人间。

5月30日，将涪江沿岸13个镇乡卫生院55名怀孕36周以上孕妇分别转移到县妇幼保健院、县中医院、县第二人民医院安置待产。

6月13日，县卫生局下发关于震后恢复正常医疗工作的通知，全县各级各类医疗机构恢复正常医疗秩序，加强医疗质量和医院感染管理。坚持集中患者、集中专家、集中资源和集中救治的原则，继续加强对地震伤员救治，降低地震伤员的死亡率和致残率。落实传染病零报告制度，对发热、腹泻及其他疑似传染病患者做到早检查、早报告、早隔离、早治疗，严防肠道传染病、呼吸道传染病和食源性水源性传染病发生。广泛开展巡回医疗活动，将巡回医疗延伸到村到户，做到见伤就救，见病就治，有疫就防。

二、康复治疗

按照省、市、县委的安排和部署，县卫生局成立以副局长朱世英为组长的三台县地震伤员康复工作协调组，组织和协调地震伤员康复机构建设和医疗康复工作。县人民医院为全县集中收治地震伤员住院康复治疗的定点医疗机构，县级其他医疗机构和镇乡卫生院为地震伤员门诊康复治疗。专门组建康复工作专家组，指导落实对地震伤员的诊治与康复，详细研究制定康复计划、实施方案，对康复的技术、质量和康复病人做到信息化管理。2008年7月14日，三台县卫生局下发《关于进一步加强地震伤员康复工作的通知》（三卫办〔2008〕52号），明确各级医疗康复机构收治地震伤员标准，尽最大努力减轻地震伤员的伤残程度，确保尽快康复。按照卫生部办公厅、中国残联办公厅关于《地震伤员康复指导规范>的通知》要求建立康复技术专家组，对本地康复技术专业人员进行培训，县人民医院、县中医院、县中医骨科医院康复医务人员21人参加上级卫生行政部门的康复专业知识与技能培训，提高康复治疗与训练的能力和水平。“5·12”地震后，三台县指定县人民医院接诊需住院康复伤员，其余各级医院接诊门诊康复伤员，各医疗机构共接诊需康复治疗伤员398人，其中住院康复治疗14人，门诊康复治疗385人。通过系统的康复治疗，减少因伤致残人员，减轻残疾程度。

第五节 心理卫生服务

根据《四川省灾后心理卫生服务工作方案（试行）的通知》和绵府办发〔2008〕68号文件精神，县委、县政府科学部署，组织全县卫生系统干部职工积极开展灾后心理服务工作，尽快使干部群众和学校师生摆脱“5·12”地震造成的心理伤害。县政府成立以县长任组长，常务副县长和分管县长任副组长，各相关部门负责人为成员的县地震灾后心理卫生服务工作领导小组。设立由县卫生局长、民政局局长、教育局局长、团县委书记任组长的4个工作指导小组，对全县各镇乡心理卫生服务工作进行指导、检查和督促。2009年1月19日，三台县人民政府下发《关于进一步加强地震灾后干部群众和学校师生心理服务工作的通知》（三府办函〔2009〕7号），各镇乡和相关部门成立相应的工作机构，做好灾后心理服务。

县卫生局成立以分管副局长任组长，县精神病院院长、县疾控中心副主任为副组长等9人组成的灾后心理卫生服务工作领导小组；组建由县精神病院院长、副主任医师廖文斌任组长，由7人组成的县灾后心理卫生服务工作专家组。县卫生局印发《关于进一步加强灾后心理卫生服务工作的通知》，提出工作任务，落实目标责任，纳入年度目标工作考核。县级医疗机构和镇乡卫生院心理卫生服务咨询门诊为枢纽，建立县、乡、村三级心理卫生服务网络，实现全县全覆盖，量化工作指标，强化目标责任。

业务培训。市、县、镇（乡）举办培训班，加强业务培训，掌握基本的服务技能和工作方法。先后组织绵阳市精神卫生中心承办的卫生部、世界卫生组织和加拿大国际发展署在三台县举办的“地震灾后医务人员基本精神卫生技能培训班”，四川大学华西医院在三台县举办“863项目震后灾区心理危机干预技术及相关知识培训班”，美国心理学专家在县精神病院举办“本体感觉疗法培训班”，全县230余名医务人员和教师骨干参加培训。各镇乡卫生院举办培训班，对本辖区的乡村医生和其他医务人员开展心理卫生服务的基本知识培训。

服务的重点为地震死难者家属、伤员、灾区干部和外援工作人员、学校师生及留守儿童，有的放矢，针对性干预。县内中小学校开设心理健康教育课，有条件的学校设立心理卫生服务室。潼川一小、芦溪中学率先在全县开通“心理检测系统”，对学生开展心理健康知识宣传和教育，对家中有伤亡和财产损失较重的学生开展一对一的心理抚慰。先后由三台县心理卫生服务专家组成员分别开展副科级以上干部、政法干警、村干部参加的心理卫生服务知识专题培训70余期3000余人，消除地震灾害带来的心理阴影。乡村医生和乡镇卫生院从事心理卫生服务的医务人员走村入户，帮助有心理伤害的人员开展心理抚慰工作。对受到心理伤害的重点人员帮助解决实际困难，尽快树立起战胜地震灾害的信心。进都乡龙凤村六组江常秀因儿子在地震中丧生，家庭经济困难，一度失去生活信心。医务人员既对其进行心理干预，又帮助解决生活困难，落实资金，帮助维修房屋，免费进行健康检查和治疗，使其尽早从丧子的悲痛中走出来。

县精神病院成立灾后心理卫生服务门诊部，开通心理咨询热线电话。县人民医院、县中医院开设灾后心理卫生服务站，各镇乡卫生院均落实1名~2名经验丰富、责任心强的医务人员开设心理卫生服务咨询室。每个村卫生室落实至少1名心理卫生服务兼职人员，全县共有1040名心理卫生专兼职服务人员。三台县地震灾区心理援助领导组组织专家对各部门、各镇乡尤其是卫生、教育、公安和维稳任务繁重的部门等重点人群进行心理干预，对相关高危群众心理疏导754人，心理卫生辅导249人，心理咨询和治疗89人，一线干部心理减压疏导210人，健康教育宣传覆盖学生18.96万人次。

心理卫生服务宣传。充分利用广播、电视、网络、会议、培训、专栏等多种形式，多层次、多渠道开展心理卫生知识宣传。县健康教育所、县精神病院等印发宣传资料10万余份，发放心理卫生服务手册300余册。还利用“世界精神卫生日”广泛开展义诊和宣传。

2008年6月13日，三台中学邀请绵阳师范学院教育科学学院院长、华东师范大学心理学博士后陈寒教授为高三学生进行考前心理辅导讲座，听课学生2000余人。

第六节　医疗救援

2008年5月12日晚23时，根据市卫生局安排，三台县卫生局从县人民医院、县中医院、县中医骨科医院抽调医护人员21人，组建三台县抗震救灾医疗队，其中共产党员16名，携带急救药品、器材及耗材，县人民医院医务部主任张恒茂为队长，于5月13日零时15分到达极重灾区安县秀水镇，立即开展医疗救援工作。医疗队连续工作22小时，行程400余公里，共处置转送伤员263人。5月14日，按照市卫生局指令，县卫生局及时组织救护车10辆，抽派驾驶员、医生、护士共31人奔赴北川、安县参加伤员治疗和转运工作。5月15日，卫生局及时组织卫生执法人员、疾病控制和医务人员共23人赴极重灾区开展抗灾防病和救治工作。县卫生系统外派工作人员达75人。截至5月17日，医疗援救小分队在5天内共救治和转移362名伤员，无一伤员死亡；县卫生局每天向他们运送食品、饮水等物资。5月20日，到安县医疗援救小分队已救治和转移伤员401名，到当地卫生院会诊伤病员10人次。5月22日15时，赴安县的医疗救护小分队已救治和转移伤员408名，无一伤员死亡。

12日晚23时，县卫生局接上级指示派三台县救灾医疗救护队赴安县参加医疗救治工作，一到灾区现场，医疗救护组的医务人员便立即救治伤病员，五天六夜，夜以继日地工作着，没有休息，没有怨言，饿了就咬一口干硬的方便面，渴了喝一口矿泉水，疲劳之极，也只能用矿泉水瓶子当凳子稍坐一下就又投入紧张的工作。第一天，就抢救危重伤员130多人，经他们救治后的伤员无一例死亡。18日上午10时30分，县卫生局应急办接到医疗救护队队长张恒茂发来的短信：“今天是到安县的第五天，共出动4辆救护车，救助转移伤员45人，还救援1名108岁的老太太，出动医务人员55人次，行程最远340公里，时间9小时。今天县卫生局领导带着慰问品来慰问我们，有许多卫生系统的干部职工打电话、发短信慰问我们。此时又有1组医务人员出诊，从安昌到塔水接伤员到绵阳。”

妇幼保健院由医生吴颖、护士李容、司机陈忠明组成首批地质灾害救灾应急抢险小组赴灾区抢险，从5月14日12时至15日凌晨1时，3名小组成员在北川、绵阳、三台3地间往返，转送、救治伤员，行程500多公里，共救治转运伤员4名；护士李容救治1名被压女孩时，看到女孩光着脚，立即脱下鞋子为女孩穿上；驾驶员陈忠明于15日凌晨5时驾车到邮电汽修厂进行修理，修车厂负责人得知救护车是到极重灾区转运伤员时受损，立即组织免费进行抢修。

截至2008年6月7日，历时27天，三台县医疗队辗转安县秀水、睢水、沸水、茶坪、晓坝、宝林镇等重灾区，转送伤员、巡回医疗行程近两万公里，走进20余个村庄，救治、转送伤病员700余人，义诊600余人次，为灾区儿童接种甲肝和乙脑疫苗700余人，为灾民1000余人发放药品、食品和水，开展卫生防疫知识宣传及心理健康咨询，发放宣传资料4000份。

民营医疗机构有三台电力医院1名、三台华西医院3名医护人员参加医疗救治工作，转送伤员，从北川、安县、江油往返绵阳40次，发放药品、生活用品等救援物资价值约2万元。

第七节　医疗保障

一、医疗救治政策保障

根据四川省财政厅、卫生厅《关于“5·12”地震伤员紧急医疗救治阶段医疗救治费用财政结算工作的通知》（川财社〔2008〕77号），三台县卫生局要求各级医疗机构对在紧急医疗救治阶段的地震伤员（含参加抗震救灾工作受伤的人员）一律实行免费救治，不收取医疗费用，对发生的费用，由政府财政给予合理补偿。

5月12日至7月28日，全县各级医疗机构共接诊门诊6629人次，住院病人201人次，出院194人次。县财政拨付县卫生局紧急医疗救治阶段医疗救治费用共319.74万元，全部拨付给各医疗机构。县财政局拨付给县卫生系统地震灾区公共卫生及群众医疗补助资金1011.1万元，地震灾后临时安置点受灾群众医疗卫生服务补助资金356万元。

2008年7月28日，三台县卫生局印发《关于地震期间防治疾病用大锅药纳入地震伤病员救治费用报账的通知》（三卫函〔2008〕76号），规定各医疗卫生机构将所用于灾民、伤病人员及工作人员服用的中药大锅药之金额，统一纳入地震伤病人员治疗费用上报。

二、医疗救治物资保障

2008年5月17日，三台县卫生局根据《四川省抗震救灾指挥部关于加强救灾医疗物资管理的紧急通知》（川卫办发〔2008〕202号）文件要求，印发《关于加强对抗震救灾医疗物资管理的通知》（三卫办〔2008〕34号）。5月20日，三台县人民政府出台《三台县抗震救灾资金和物资审计监督管理办法》（三府办发〔2008〕58号），对抗震救灾专项款物进行规范管理，以确保抗震救灾专项资金和救灾救援物资用于受灾地区和受灾人员，提高资金和物资使用效益，维护群众利益。5

月22日，三台县卫生局印发《切实加强抗震救灾款物管理使用的通知》（三卫办〔2008〕38号），要求各单位进一步加强抗震救灾款物的接收和管理使用，落实专人负责医疗救治、卫生防疫药械和其它救灾物品的接受、分配、拨付、管理、使用和监督检查工作，并做好纪录，确保去向明确，使用有效。

三台县抗震救灾医用物资主要由绵阳市抗震救灾指挥部、市应急办、三台县抗震救灾指挥部等单位（部门）调配。县政府委托县药品管理监督局代政府采购药品3批计331万元，用于灾区伤病员救治。2008年5月15日，四川腾龙医药有限责任公司支援一批价值11万元的药品运抵县人民医院，用以救治重灾区伤病员。5月18日，三台县卫生系统接受绵阳卫力达公司捐赠医用物资，有0.9%生理盐水、克拉霉素片等常用药品共计674件，呼吸机4台，绷带20件。5月19日至12月月底，县卫生局从绵阳市应急办、市抗震救灾指挥部、三台县抗震救灾指挥部运输回盐酸环丙沙片、一次性口罩、X光机等药品、一次性用品、医疗器械共计30827台（件），其中县应急指挥部捐赠处拨付药品类1565箱（件）。

医疗救治物资管理使用。物资保障组指定由邓贵荣（抽调石安中心卫生院副院长）为救灾医疗物资接收人，负责对外接收救灾医疗物资，并负责租用货车到绵阳市抗震救灾指挥部、市应急办、三台县抗震救灾指挥部运输；应红（抽调潼川卫办会计）具体承担救灾医疗物资入库和发放，负责仓储管理，根据调拨单分品种、规格、数量编制入库表；卫生局根据医疗单位收治病员情况和受灾程度，分发医疗救灾物资，按数量、品名、规格给各单位分设出库表。各单位指定专人接收救灾物品，并自行选派车辆和押运人员运输回单位使用。

2008年6月29日，三台县红十字会接收绵阳市红十字会调拨的金杯牌救护车2辆，每台价值人民币7.15万元，县红十字会将救护车调拨给三台县龙树镇卫生院、观桥中心卫生院使用。是年9月20日，县卫生局接收绵阳市抗震救灾卫生防疫指挥部调拨的1辆由莱州市人民医院捐赠的救护车（金杯牌），将救护车调拨给县中医骨科医院使用。

三、医疗卫生救援安全保障

为确保医疗卫生救援工作顺利进行，全县各医疗卫生单位立即组织开展消防设施的排查、检修和维护保养，认真做好易燃、易爆、化学物品的消防安全，重点做好压缩气体、液化气体、易燃气体、易燃固体、自燃物品、氧化剂、有毒有害化学物品、腐蚀品的使用、存放环节的安全检查，查找隐患，采取措施，严防跑、冒、滴、漏等隐患导致的燃烧、爆炸等事故的发生。认真抓好锅炉、压力容器、压力管道的使用管理。安排专人24小时值班，通讯保持畅通。

对外派到安县的医疗救治小分队和到北川县的卫生防疫小分队，统一发放防护服装和防护用品，做好卫生职业防护，并随时警惕余震、泥石流、山体滑坡带来的危险。在各小分队赶赴灾区后，卫生局每周2次派专人（专车）送去安全防护用品和日常生活用品。医疗救治和防疫小分队人员回县进行消毒处理和进行体格检查。

四、抗震救灾医用物资的监督

加强救灾医用物资的监督管理，县卫生局制订一系列文件和制度，印发《抗震救灾物资管理制度》《抗震救灾物资发放流程》《抗震救灾物资分配制度》。明确要求各医疗机构不得擅自接收医疗救灾物资，更不得收取现金。抗震救灾资金、救灾医疗物资管理由县卫生局坚持实行定点储存、专项管理、无偿使用的原则，任何单位和个人不得挪作它用，不得向灾区伤病员收取任何费用。各医疗机构向卫生局上报所需求的救灾医疗物资要真实、客观、及时，要符合实际；各单位对救灾医用物资实行封闭式管理，专库储存，专人负责，登记造册，规范管理，做到来路清楚，去向明确，有效使用。建立健全救灾医疗物资管理制度，救灾医用物资入库、保管、出库等有完备的凭证手续；卫生局指定专人为救灾医疗物资接收人，负责对外接收救灾医疗物资和对医疗单位发放救灾医疗物资。物资供应保障组每日将抗震救灾物资入库、分配、结存报县纪委、县府办、县监察局、县审计局，并每日张贴向社会公布。各镇乡卫生院制定本单位抗震救灾物资的管理、储运、分配、统计、公示、使用等各个环节的制度和台账，确保及时、安全、准确用于抗震救中。2008 年 5 月 23 日和 26 日，县纪委、审计局、财政局等分别到卫生局和镇乡监督检查救灾款物的使用情况。

第二章　卫生防疫

第一节　组织领导

三台县抗震救灾应急指挥部医疗救护组组长胡传光，安排部署卫生系统开展抗震救灾医疗应急救援和卫生防病工作，多次深入城区和镇乡医疗卫生机构检查医疗救治、卫生防病应急预案措施的落实情况，慰问医疗救援医护工作人员，指挥卫生系统抗震救灾。县卫生局启动三台县救灾防病和医疗救援预案，成立以局党委书记、局长龙保林为组长，党委副书记、副局长朱世英、副局长周大华、刘红鹏、纪委书记田进之为副组长的抗灾救援应急领导小组，统一组织、协调卫生防病和医疗救治工作，分工负责医疗救治、灾后防病、卫生应急、后勤保障等工作。县卫生局还成立唐家山堰塞湖溃坝泄洪区卫生防疫工作组，负责对灾后和唐家山堰塞湖溃坝泄洪区卫生防疫工作的组织领导。医疗卫生单位严格实行 24 小时值班制，单位领导坚守工作岗位，医务人员停止休假，人员、车辆、药械、物资必须服从县卫生局的统一安排调配。及时将病人转移到安全地点进行治疗，全力救治在灾害中受伤的人员，克服困难，确保医疗机构的健康、有序运转。

地震灾害发生后，县人民政府、县抗震救灾指挥部、县卫生局先后印发 25 种卫生防病预案和技术方案，主要有《关于切实做好地震灾害后疾病防控工作的紧急通知》《关于进一步做好地震灾害后医疗卫生防疫工作的实施意见》《关于印发 < 三台县救治防病近期工作方案 > 的通知》《关于切实做好灾后卫生防疫工作的紧急通知》《关于印发 < 三台县灾后食品、饮用水卫生监督方案 > 的通知》《关于印发 < 三台县地震后灾民集中安置点卫生防疫工作方案 > 的通知》《关于做好地震灾区预防接种工作的通知》《关于加强活动板房安置点卫生防病工作的通知》《堰塞湖溃坝泄洪后卫生防疫工作预案》《关于深入开展地震灾后病媒生物防制工作的通知》《转发省抗震救灾指挥部制订的强化地震灾区传染病防控重点的工作方案的通知》《三台县学校灾后防病工作方案》《三台县灾后卫生防病工作方案》《三台县灾民安置点卫生防病工作方案》《三台县生活饮用水消毒工作方案》《三台县抗震救灾疾病预防控制监测实施方案》《三台县地震灾后环境消毒与杀虫技术方案》《三台县地震灾后饮用水处置技术方案》《三台县地震灾后安置点工作方案》《抗震救灾卫生监督工作实施方案》《关于加强地震灾后食品和饮用水及学校卫生监督工作的通知》《受灾群众安置点卫生监督预案》《水淹区卫生监督工作实施方案》《关于加强唐家山堰塞湖泄洪区群众转移临时安置点卫生监督的通知》《关于加强唐家山堰塞湖泄洪后水淹没区域卫生监督工作的通知》。

2008 年 5 月 23 日，三台县召开全县灾后卫生防疫工作会议，全县镇乡长和县级部门主要负责人及卫生院院长等 200 余人参加。县长对灾后卫生防疫工作进行安排部署，要求各级各部门要像当年抓“非典”防控那样，严防死守，采取有效措施，努力防控重大传染病的输入与传播。

建立灾后卫生防疫工作机构。县卫生局成立以局长为组长的 10 人地震灾后防病工作领导小组，全县 63 个镇乡和县级八大口组建防疫工作小分队，每个村和社区组建防疫工作小组，共组建小分队（组）1042 个；县疾病预防控制中心和各乡镇卫生院建立预防接种工作领导小组。镇不漏村、村不漏户，横向到边、纵向到底，不留死角和空白，防疫工作实现全覆盖。

县委、县政府成立 4 个卫生防疫督查工作组，对 63 个镇乡和县级部门开展拉网式督查，发现存在问题责令限期整改，确保各项措施落到实处。卫生系统干部职工积极开展灾后卫生防疫和卫生执法监督，进行重点疾病监测与防控，对重点人群、重点环节、重点区域的疾病防控，灾后卫生防疫和卫生监督实现全覆盖。

第二节　传染病防控

一、风险评估及防疫预案

主要危害因素。安全饮用水与卫生设施的中断和破坏，导致居民的饮用水卫生和食品卫生短期内得不到保障，造成灾区水源性和食源性疾病暴发的风险增加，如感染性腹泻、痢疾、伤寒、甲肝等。灾民安置点居住拥挤，安置北川、安县等极重灾区受灾群众和为唐家山堰塞湖泄洪而建的临时安置点，居住环境拥挤，人群密切接触的机会增加，造成直接接触传播与呼吸道传播的传染病发生风险加大，如麻疹、急性呼吸道感染疾病、肺结核、脑膜炎及急性出血性结膜炎等。人群与病媒生物的接触机会增多，使得经蚊、鼠及蜱传播的传染病发病风险上升，如疟疾、乙脑、鼠疫、钩体病、莱姆病和某些蜱传立克次体病等。受灾群众流入和县内救援人员往返极重灾区，增加疾病传播的风险，特别是输入性传染病的传播风险。尤其婴幼儿、孕妇和老人容易出现营养不良，免疫力降低，容易感染各种疾病。

传染病传播风险。水源性及食源性疾病，增加水源性和食源性疾病的发生风险。如痢疾、甲肝、霍乱、伤寒、副伤寒等肠道传染病、感染性腹泻等。气温高、人口流量大，容易中暑引发流行性腮腺炎、流感、肺结核等呼吸道传染病和手足口病、急性出血性结膜炎等接触性传染病的流行。人群暴露与虫媒接触机会增加，将会引发虫媒疾病的发生，如疟疾等。

三台县地震灾后传染病评估风险

表3－1

序号	传染病名称	风险评估级别	风险程度
1	感染性腹泻	＋＋＋＋	很高
2	霍乱	＋＋ ～ ＋＋＋	较高
3	细菌性痢疾	＋＋ ～ ＋＋＋	较高
4	急性呼吸道感染	＋＋＋	较高
5	流行性腮腺炎	＋＋＋	较高
6	肺结核	＋＋＋	较高
7	急性出血性结膜炎	＋＋	中
8	水痘	＋＋＋	较高
9	虫媒及自然疫源性疾病	＋	低
10	性传播疾病	＋	低
11	中署	＋＋～＋＋＋	较高

综上分析，三台县灾后传染病疫情总体风险较高，预计传染病总发病率会略高于历史同期水平。

策略和措施。加强饮用水卫生监督监测，对集中式供水单位，学校（幼托机构）、居民安置点的供水点，分散式供水点、临时井水采样监测，根据水质监测结果，提出水质卫生处理方法，确保生活饮用水卫生安全。水源保护与监测，环保、水务、卫生等部门建立协作机制，对沟渠、江河水源采取保护措施，提高水源采样监测频率，扩大水源样本采集面，增加水源样本采集点，密切监控人类和动物尸体、腐败物质、人畜粪便对水源水质的污染。加强食品监督管理，确保食品卫生安全，在受灾群众安置点和人群聚集场所派驻卫生监督员，对食品的采购、贮存、加工、餐用具消毒等进行现场监督；定期对餐饮店、学校、宾馆等进行食品卫生监督，对餐用具进行消毒监测，加强消毒技术指导，加大对流动摊贩的监督。加强灾民安置点卫生管理，对受灾群众安置点，进行环境卫生消毒，对虫媒进行消、杀、灭，对垃圾进行无害化处理，对饮用水卫生、食品卫生进行监督监测，对发热病人、腹泻病人进行预警监测，密切监测传染病疫情动态，指导落实卫生防疫措施。加强健康教育，充分利用电视、报纸、宣传栏、标语、宣传单、讲座等形式开展大众灾后卫生防病知识的健康教育，提高广大人群自我防病的意识。加强疾病监测和预报，各医疗卫生单位做好传染病监测与报告，对诊治过程中发现的传染病病人严格按照传染病病人管理规范进行管理和治疗，县疾病预防控制中心发现有传染病暴发的苗头时积极组织相关人员到现场进行处理，有效控制传染病的流行与蔓延，确保灾后无大型突发公共卫生事件发生。

二、强化监测

三台县卫生局相关职能部门加大对饮用水、食品及学校、公共场所卫生的监督监测力度，对食品经营户、学校食堂、供水单位等人员、设备加强监督、检查和指导，实行饮用水监测日报告制度，传染病实行疫情日报告和零报告制度。做好重点人群的甲肝疫苗、狂犬病疫苗、乙脑疫苗的注射免疫；根据科学测算做好消毒药品、器械的供应。在灾区群众安置点设置医疗服务点，提供医疗预防保健服务，开展疾病监测和环境卫生消毒。

广泛宣传教育。充分利用广播、电视、板报、墙报、标语等形式广泛宣传。进行食品、饮用水卫生、传染病防控等抗震救灾和卫生防病知识教育，累计发放防病宣传资料169.66万份，使群众做到吃熟食、喝开水、洗净手、爱护环境卫生，把预防措施送进村社和社区千家万户。

堰塞湖泄洪后加大环境监测整治力度。县卫生局先后制定卫生防疫工作预案和泄洪淹没区环境整治、垃圾清运和消杀工作方案，开展疾病防控、环境消杀、疫情监测、卫生监督、水样监测，5月23日至6月10日，累计出动医护人员、疾病控制和卫生监督人员2194人次，开展卫生监督589个次，开展环境卫生消杀累计214.9万平方米，饮用水消杀46.41万立方米；指导对粪坑卫生消杀37681个次，对垃圾场所消杀毒处理15410个次。

自5月12日至6月10日，卫生系统出动干部、疾病控制和卫生执法监督人员累计26360人次，车辆1266台次，开展食品卫生监督16088户次，检查供水单位1268户次，完成环境消杀7182万平方米，饮用水消杀312.99万立方米，指导无害化消杀处理畜禽尸体20691头（只）、粪坑764474个次、蚊蝇孳生场所809607个次。专业人员对全县63个镇乡及城乡学校的集中式供水进行指导和监测，共检查供水单位267个次，采样监测410件，为全县各镇乡自来水厂、集中式供水单位和自备水源学校配制饮用水余氯现场测定比色管和试剂160套；消杀水井2221口，消杀饮水136884立方米，消杀厕所4841个次；对涪江沿岸1/3溃堤过水区镇乡转移人员安置点饮用水余氯每天进行现场测定，做好消杀药品、器械、物质的计划、调运，发放消杀药品4吨，全县群众生活饮用水符合国家卫生标准，全县未发生重大传染病和食物中毒。

卫生执法监督。县卫生局先后制定《抗震救灾卫生监督工作实施方案》《关于加强地震灾后食品和饮用水及学校卫生监督工作的通知》《受灾群众安置点卫生监督预案》《水淹区卫生监督工作实施方案》等工作方案。5月13日到6月13日，县卫生系统出动卫生监督车辆1094台次，卫生监督员、协助卫生执法员、卫生执法综合检查员5261人次，检查餐饮店7868户次，食品经营单位10581户次，检查食品生产单位395户次，检查集中式供水与自建供水单位3148户次、学校2558所次，检查医疗机构和受灾、避灾群众临时安置点的医疗服务点4294个次，发出卫生监督意见书1948份，共计销毁过期变质食品56公斤。5月18日上午，抽派人员进驻体育中心重灾区灾民异地安置点，对安置点的食品、饮水、环境卫生、传染病防治等方面的卫生防病工作进行监督检查和指导。对食品进行检查，对查出的10公斤不合格食品进行销毁，对受灾供餐的食堂进行跟班作业，对周边环境每日两次消杀。

法定传染病监测与报告。5月15日全面恢复传染病疫情及突发公共卫生事件网络直报，截至12月31日，共报告传染病15种2360例，其中甲类传染病0种，乙类传染病10种1524例，丙类传染病5种836例。

症状监测与应急手机报告。6月2日~13日，在县体育中心受灾群众安置点设置1个症状监测与应急手机报告点，安置点医务人员每天对点内群众进行症状监测，对发烧、咳嗽、腹痛腹泻症状者通过专用手机上网直报。发现疑似症状，县疾病预防控制中心会同县人民医院对有症状人员进行会诊，确诊为传染病患者的采取隔离治疗，并对周围人群采取预防措施。安置点手机应急报告期间未发现传染病病例。

直报网络恢复。全县有69个传染病疫情及突发公共卫生事件网络直报单位；5月15日，全县直报网络全部恢复；5月13日至12月31日，全县共报告法定传染病2360例，报告质量与灾前相比有明显提高。

相关传染病处置。5月13日至12月31日全县共报告法定传染病15种2360例，其中肺结核641例、肝炎555例、其他感染性腹泻病425例、流行性腮腺炎327例、痢疾189例、梅毒90例、手足口病77例、淋病36例、风疹6例、麻疹4例、疟疾3例、艾滋病2例、百日咳2例、猩红热2例、急性出血性结膜炎1例。通过对散发疫情及时、正确的处理，未发生传染病暴发疫情。

三、实验室检验

建立应急实验室。2008年5月13日，县疾病预防控制中心建立应急实验室，工作面积约600平方米，工作人员10人，主要用于灾后生活饮用水、食品卫生的检测。监测项目主要包括细菌总数、总大肠菌群和霍乱弧菌等指标。应急实验室从5月13日开始运行，至6月15日止，共监测样品811件。

恢复全县实验室能力。对县疾病预防控制中心的受损房屋及实验室设施设备进行维修和加固。添置仪器设备8台（件），维修4台（件）。是年10月，各功能实验室恢复正常运转，基本满足计量认证项目的检测需要。截至2008年底，共监测食品251件、饮用水340件、医疗机构消毒效果监测202家、餐用具消毒效果监测755家、托幼机构消毒效果监测81家、公共场所监测361家、从业人员健康检查4077人次、结核病痰检4398人次/9516张痰片、艾滋病筛查1868人次、国家/省农村饮水工程饮用水76件、霍乱监测500件。

四、群体性预防接种

三台县预防接种门诊共64个。2008年，中央为三台县装备冰箱65台，其中63台调拨至63个镇乡接种单位，另2台调拨给县疾病预防控制中心接种门诊。是年四川省为三台县装备容积20平方米的普通冷库1座，疫苗冷藏运输车1辆，疫苗保存箱34台。

2008年5月13～15日，全县范围内对适龄人群进行乙脑疫苗查漏补种，共计接种乙脑减毒疫苗4.5万人。是年8月11～25日，在全县范围内对适龄人群开展B型流感嗜血杆菌（Hib）结合疫苗查漏补种，共计接种疫苗2.9万余人。

第三节 食品药品和饮用水安全管理

一、食品药品监督管理

三台县卫生局卫生执法监督所承担全县的食品卫生监督，县疾病预防控制中心承担全县食品卫生的监测，地震后，加大对食品卫生的监督和监测。三台县食品药品监督管理局承担对食品药品市场进行监督管理。

重点环节卫生监督监测。2008年5月13日至6月13日，成立21个检查组，对全县食品经营单位、餐饮业、学校、幼托机构、医疗机构、受灾群众安置点、各集中式供水单位等开展监督检查，共出动车辆1094台次，出动卫生监督检查员5261人次，检查餐饮店7868户次，食品经营单位10581户次，检查食品生产单位395户次，检查集中式供水单位、自建供水单位3148户次，检查学校2558所次，检查医疗机构和受灾、避灾群众临时安置点的医疗服务点4294个次。发出卫生监督意见书1948份，共计销毁过期变质食品56公斤。卫生监测专业技术人员8人，分4组每月开展对城区餐饮业、食品销售点、城乡学校食堂食品、餐饮具消毒卫生监测和消毒卫生指导。截至12月月底，共对调味品、糕点、粮油、肉制品、乳及乳制品、桶装水等食品种类共251件样品进行采样监测，监测不合格者及时移交县卫生执法监督所进行处罚。还深入单位帮助查找原因，进行现场卫生指导。对餐饮用具消毒效果监测755家，进行消毒卫生指导，提高卫生意识和责任意识。

灾后恢复营业卫生监督。坚持每天派出卫生监督员对恢复营业的餐饮店、副食店、食品生产加工单位等开展巡查、进行卫生指导。对全县1501家餐饮业、2241个副食店、314家食品生产单位、249所学校食堂、25户校园小卖部、82个集贸市场进行开业前专项卫生检查。至8月30日，共监督指导户数4412户，发出《卫生监督意见书》4120份。

流动食品摊贩卫生监督。地震发生后，县城市民集中在城区街道两边或是干道上搭临时避震棚，食品摊贩也随之在干道两边经营，为规范食品摊贩对废弃物的处理，印发《关于加强城区街道食品经营摊贩卫生管理的通知》，发放到摊贩手中，从5月20日起，坚持每日巡查，不定期地在夜间组织对街道的副食品摊、卤制品摊、烧烤摊进行监督检查，直到6月11日避灾结束。

校园复课前卫生监督。2008 年 5 月 20 日至 6 月 5 日，在全县 358 所校园复课前均进行监督检查，发出《卫生监督意见书》287 份，共出动车辆 240 台次，卫生监督员 1074 人次。

灾后农家乐的卫生监督。地震发生后，农家乐成为众多市民选择的避灾场所，对食品卫生、生活饮用水卫生、周边环境的消毒进行监督检查指导，至 5 月 30 日，共检查 135 店次，发出《卫生监督意见书》52 份，共出动监督车辆 25 台次，出动卫生监督员 270 人次。

捐赠食品的卫生监督。卫生执法监督员对县接受捐赠物质的仓库进行 3 次专项卫生监督检查，确保食品符合卫生标准，指导库存条件符合食品存放要求。

高中考保障卫生监督。2008 年高、中考是地震发生后的首届“双考”，针对高考考生多、考点考场多、首次在板房内考试，制订《二 OO 八年高考卫生保障方案》，成立保障领导小组，并设立食品、饮用水卫生保障小组、公共场所传染病防治保障小组、医疗救护小组。采取驻点监督与巡查监督结合，对卫生安全进行全面的监督检查。“双考”期间共出动监督员 136 人次，出动车辆 43 台次，确保 8010 名考生的顺利考试。

“三下乡”卫生保障。2008 年 10 月 8 日 ~9 日，全国政协教科文卫体委员会赴三台县开展送科技、文化、卫生“三下乡”慰问活动，县卫生执法监督所制定卫生保障方案，对食宿点按照食品卫生、生活饮用水卫生、传染病防治、公共场所卫生监督要求实行提前监督和现场监督相结合的方式，圆满完成保障任务。

救灾食品卫生监督。2008 年 7 月 4 日，印发《关于加强救灾粮食食品卫生监督检查的紧急通知》，卫生执法监督员及卫生执法监督协管员对全县各镇乡的救灾粮食的贮存、保管、使用情况进行监督检查，7 月 4 日 ~8 日，共出动监督员 38 人次，车辆 8 台次，未发现问题救灾粮食流入。

进驻九洲体育馆。2008 年 5 月 15 日，县卫生执法监督所接到绵阳市监督所电话指示要求派监督员支援灾区，县监督所迅速组织 5 名卫生监督员的小分队，抽调 1 辆卫生监督专用车，由副所长李华金带队赶赴绵阳九洲体育馆灾民临时安置点，执行卫生监督和卫生保障任务。至 5 月 19 日下午 19 时，安置点没有发生食物中毒和食源性疾病，也没有发生其他传染病的流行。

受灾群众安置点卫生监督。2008 年 5 月 18 日上午，县体育中心设为受灾群众安置点，派专人进驻安置点，对食品、饮水、环境卫生、传染病防治等方面的卫生防病工作进行监督检查和指导，发放宣传料 700 余份；对食品进行检查，不合格食品进行现场销毁。从 5 月 23 日开始，由 2 名志愿者负责安置点内外环境的消杀工作，将外环境消杀范围扩大到安置点周边 500 米，每日 2 次，安置点内的苍蝇得到有效控制。

卫生防病知识宣传。2008 年 5 月 12 日至 6 月 13 日期间，先后印制《地震后常见疾病预防》《饮用水卫生如何消毒》《家庭餐用具如何消毒》《如何辨别过期变质食品》《食物中毒防治知识》等卫生防病知识宣传资料 10 万余份发放到群众手中，编制通俗易懂的卫生知识在有线电视上滚动播放。全县各级各类医疗机构还挂出 200 多幅灾后卫生防病知识横幅，提高群众自身的卫生防病意识。

食物中毒的防治。县卫生局突发卫生事件应急处理领导小组负责突发卫生事件及投诉举报的处置工作，制订《食物中毒应急处理预案》。2008 年共受理可疑食物中毒报告 13 宗，经流行病学调查和实验室检验确认食物中毒事件 3 宗，中毒人数共 54 人，经正确及时处置，无人员死亡和伤残情况。6 月 11 日金鼓乡 4 村 4 社村民江某所养耕牛摔死，将鲜牛肺及牛肚用“硝盐”腌制约 2 小时后煮熟凉拌，于当晚 20 时 30 分供全家 4 人食用，约 30 分钟后，4 人先后发病，病员中 3 人出现头晕、恶心、呕吐，1 人出现头晕症状，有 2 名病人嘴唇出现紫绀；经调查和实验室确认为食用含有超过国家标准规定的亚硝酸盐的牛内脏引发的食物中毒；卫生执法监督员对剩余牛内脏及“硝盐”进行监督销毁，4 名病员经县人民医院治疗后，先后于 6 月 12 日、13 日治愈出院。8 月 10 日，中太镇、一村一社强某在家为女儿举办婚宴，共有 134 人进餐，餐后有 29 人先后出现腹痛、呕吐、腹泻等症状；经调查和实验室确认为奇异变形杆菌污染食物所导致的食物中毒；处置由中太镇卫生院全力救治病员，观察病情，确保不发生病员死亡；对未发病的参宴人员进行口服预防药；将宴席剩余食品进行销毁，餐用具进行彻底消毒；29 名病员经中太镇卫生院治疗后，均于 8 月 11 日痊愈出院。9 月 4 日中午乐安职业高级中学食堂为 720 名学生供餐，餐后先后有 21 名学生出现不同程度的腹痛、腹泻、恶心等症状。通过临床表现、流行病学、《食物中毒诊断标准及技术处理总则（GB14938－1994)》标准，确定该次事件为食用变质食物所导致的食物中毒；经治疗，21 名学生于 9 月 5 日痊愈出院；9 月 17 日县卫生局对学校给予行政处罚，罚款人民币 1 万元，立即销毁未售出菜品，学校自觉履行行政处罚。

药品市场监督管理。2008 年 5 月 15 日开始，县药监局行政执法人员组成 3 个组，对县城区及镇乡场镇药店进行检查，协调药店负责人及时恢复正常营业，保证群众购药，打击销售假劣药品行为；对捐赠药品、医疗器械进行监管，确保药品医疗器械质量。截至是年底，规范药品市场，全面落实片区责任制和全员稽查责任制，共出动检查 846 人次，车辆 305 台次，检查生产经营使用单位 2016 家次，取缔无证经营 13 家，查处各类药械违法案件 130 起，涉案金额 2.23 万元，没收物品货值金额 1.02 万元，没收违法所得 0.99 万元，罚没款 7.58 万元。

二、饮用水安全管理

水源保护。全县共有各类公共集中式供水、单位自建供水及二次供水单位 184 个。其中城市自来水公司 1 个，城镇公共供水站（厂）68 个，单位自建供水站 108 个（其中学校 96 个）、二次供水单位 7 个（其中学校 4 个）。供水单位中有 59 个供水单位设有水源保护警示标识，有 14 个供水单位使用机械自动加入消毒药对水质进行消毒处理，其余各供水站均采用人工加入漂白粉进行水质消毒。地震对大的水源地和涪江水域的水质影响较小，63 个镇乡共 117185 处农村供水工程受灾，受影响人口 89.14 万人。因唐家山堰塞湖泄洪水源将不可避免受到不同程度的污染，从 5 月 13 日起至 6 月 15 日（北川县唐家山堰塞湖溃坝过水后一周），对县城区自来水公司每天进行水源水、出厂水、大口井水（备用）及末梢水（5 个点）采样监测，5 月 17 日至 6 月 15 日对涪江、凯江沿岸集中式供水单位、学校及居民安置点饮用水进行消毒指导和采样监测。县卫生执法监督所对水源水的选择和供水单位的消毒进行监督指导。

应急供水。地震后，涪江、凯江、武引水系沿岸各镇乡集中式供水单位、学校及居民安置点按照后备水源选择的卫生要求，及时选择水库渗透井水、山泉水、机压井水作应急水源，县城区自来水公司启用备用的大口井水，县疾病预防控制中心派出人员每天进行消毒指导和余氯测定，卫生执法监督所每天进行卫生监督。县水务局采用消防车为无水吃的群众送水，及时组织抢修损毁的集中供水站15个，解决3.37万人饮水困难；争取上级捐赠净水设备19台（套），净水药剂500件，派专人送到受灾镇乡，厂家及时安装调试，确保受灾群众正常用水。

生活饮用水卫生监督监测。制作近200套余氯检测比色测试管，下发到各镇乡集中式供水单位和卫生院，对操作人员进行培训，坚持每日对使用氯制剂消毒的集中式供水单位进行余氯测定，以指导对水质的消毒；对194个集中式供水单位每日监督1次；在唐家山堰塞湖泄洪后，卫生监督员对沿涪江河流域的集中式供水单位和农户水井水进行浊度现场检测，对饮用水消毒剂的监督；全县共发放《卫生监督意见书》186份。从5月13日到6月30日，共出动卫生监督车辆1218台次，出动卫生监督、执法、检查员5484人次，检查指导集中式供水、自建供水、二次供水、分散式供水单位共计3294户次。派出13名疾控专业技术人员驻涪江沿岸各镇乡进行卫生防病指导、监督消毒人员进行饮水消毒，每天坚持对饮用水余氯测定。9月至10月，对68个农村城镇公共供水站和96所学校供水站进行专项检查，发出卫生监督意见书153份，责令整改。全县共采样监测1151件，组织培训241次4万余人，编印发放饮水卫生防病宣传知识1万余份。其间未发生因饮用水引起的突发公共卫生事件。

处置群众反应水源污染事件。2008年6月2日晚18时左右，花园镇四脊村村民吴某接到绵阳市塘汛镇亲戚柯某的电话，说水源有可能受到污染，用绿茶叶可测出，在生水中加入绿茶水变成紫色或黑色，则不能使用。吴某当即用自家机压井井水加绿茶叶后，水的颜色变成紫色，便向花园镇政府反映此事。花园镇政府向相关部门汇报此事。6月3日凌晨，县疾控中心工作人员对水井水进行抽检。县卫生执法监督员赶到花园镇，与当地政府领导及工作人员到吴某家进行调查了解，经检测该水井中余氯为零。对当地村民询问了解，其他村组还有类似情况。市疾病预防控制中心公卫所主任刘某一行3人来到此村，经调查了解，认为水源颜色的改变可能是矿物质锰、铁引起的化学反应，在沉淀、消毒、煮沸后仍可饮用。花园镇镇政府当即在四脊村召开村社干部会，由县卫生监督人员作较为详细的解释，各村社干部向当地群众解释清楚，有效地稳定群众情绪。

第四节　环境卫生处理

抗震救灾期间，县城（潼川、北坝两镇）环境卫生由县建设局下属县环境卫生管理所管理，有在编正式职工45名，长期聘用合同工271名。为加强环卫管理增加环卫工人100余名。其余61个镇乡场镇配备环卫工作人员，每个场镇配备环卫人员2~3人，清扫街道、管理公厕、清运垃圾、环境消毒。5月13日早上7时刚过，在清扫保洁人员没有正常到位情况下，县环卫所28名管理人员携带扫把、铁铲等工具走上街头清扫街道、清运垃圾；清扫保洁组工人冒着小雨不顾余震赶到梓州干道、明台路、后北街、新西街等城区主要街道进行清扫保洁；当天清扫街道25万平方米，收集清运垃圾130余吨。县城区每天增加清扫保洁次数，清扫保洁面积增加10万平方米，达到100万平方米；垃圾清运量增加10%，每日达到150吨；充实消杀人员3名，环卫消杀药物400公斤，消杀面积12万平方米。

县体育中心异地灾民安置点，县环卫所派出环卫人员4名，安置点设垃圾桶13处，负责清扫保洁。县卫生部门派出5名工作人员，每天消杀毒两次。安置点设厕所20个，及时保洁。县调拨6吨漂白粉，对安置点及附近24个厕所按时进行消杀处理。

镇（乡）场镇和集中安置点环境卫生。抗震救灾期间增加清扫保洁人员，负责清扫保洁、清运垃圾，周边环境进行消杀。县卫生部门组织8名工作人员分组分片对开展环境卫生整治的检查指导，镇（乡）政府领导和卫生院人员负责组织和督促检查。截至6月15日，共消毒环境面积32.3万平方米，杀虫面积6万平方米。

第五节 畜禽疾病防疫

按照省、市相关文件要求，结合三台县实际，县应急指挥部、县畜牧兽医局制订《关于加强灾后死亡动物尸体无害化处理的紧急通知》《关于做好地震灾后动物防疫工作的紧急通知》等文件，县级各部门和镇乡应急响应，做好死亡动物无害化处理和重大动物疫病防控工作。

一、动物尸体无害化处理

灾情发生后，全县畜禽圈舍受损、倒塌造成猪死亡53249头（其中母猪6000头）、牛2000头、羊1000只、禽兔870230只。县畜牧抗震救灾领导小组立即组织人员深入基层畜牧站，指导受灾死亡畜禽的无害化处理和环境消毒，各基层站成立无害化处理灾后死亡畜禽环境消毒应急分队，全县共成立65个分队，应急人员346名，指导辖区内各村社受灾死亡畜禽的无害化处理和畜禽圈舍消毒。无害化处理从5月12日开始，5月14日结束，对死亡畜禽全部无害化处理，共处理死亡猪53249头、牛2000头、羊1000只、禽兔870230只。6月1日至6月12日，在凯涪两江打捞、收集、处理动物尸体共计56头（只），其中猪32头、犬3只、鸡21只，全部进行无害化处理。

二、家畜人畜共患病的监测与报告

全方位开展疫情监测工作，畜牧局实验室专业技术人员密切监视疫情动态，每日执行“零报告”“日报告”制度。采集鸡血清60羽份、鸭血清20羽份、鹅血清20羽份作高致病性禽流感抗体监测，合格率81%；鸡咽喉拭子20份，作禽流感病原学检测，未检出阳性动物。

三、动物防疫

为有效防止发生重大人畜共患传染病，畜牧工作人员深入到畜禽规模养殖户和广大养殖农户中，开展畜禽免疫注射、对畜禽圈舍进行卫生消毒等动物防疫工作。截至2008年6月16日，全县组织发放和使用消毒药16.5吨、手动喷雾器121台、机动喷雾器22台、口罩5829付，挂图2280幅、一次性防护服150套、防护眼镜300套、乳胶手套580双、防护口罩780付、一次性防化靴200

双、解放鞋100双、长筒靴144双、花露水80瓶、摩托车45辆、冰箱10台、发电机11台、离心式水泵10台、冷藏箱（包）100个、毛巾被80床、电筒87只、电池290只、帐篷2顶、睡袋80个、药棉90包、碘酊90瓶、酒精60瓶、镊子120个、金属注射器120具、持针钳120把、止血钳120把、手术刀120把、连续注射器140具。

预防和控制灾后水生动物疫病的流行和传播。省财政下拨死亡鱼类消毒无害化处理和防治中央补助资金18万元，专项用于消毒和防疫。全县死亡鱼类全部进行无害化处理，渔业受灾养殖场站进行严格消毒，灾后无水生动物疫病发生。

动物检疫。严防病死、死因不明和腐败动物尸体转运进入流通销售环节，开展产地检疫和屠宰检疫，严格规范检疫出证行为。加大对饲养、屠宰、加工、运输、储藏等生产和经营环节的监督管理力度，依法严肃处理抗拒检疫和运输、加工、经营未经检疫的畜禽及其产品等行为，严厉打击贩卖病死动物及其产品的行为。对检疫不合格的动物和动物产品全部进行无害化处理，严格禁止疑似重大动物疫病和死因不明的动物及产品运输、屠宰，进入市场销售，有效阻断动物疫病传播。

四、动物免疫

按照《三台县地震灾后动物紧急免疫方案》的要求，全县63个镇乡所有养殖户紧急免疫接种狂犬病、猪乙型脑炎、猪Ⅱ型链球菌病等人畜共患病疫苗。犬只的狂犬病和生猪的乙型脑炎紧急免疫从人口聚集地开始，逐步向外推进，规模养殖场的免疫密度达到100%。全县共免疫接种狂犬病2.62万只，猪乙型脑炎、猪Ⅱ型链球菌病分别接种48、87万头，禽流感接种45.67万羽。

第六节　爱国卫生工作

一、灾后卫生防疫健康教育

三台县爱国卫生委员会、三台县抗震救灾应急指挥部先后印发《关于地震灾后做好食物中毒和肠道传染病防控健康教育工作的通知》《三台县灾后疾病防控健康教育工作方案》。2008年5月18日，在全县创建工作会议上，对灾后防病健康教育工作进行安排布置，对灾后防疫知识进行宣传和培训。5月17日至25日，为城区机关、学校、医院、社区及镇、乡、村、社发放县健康教育所自编健康教育资料9种1万份，发放国家、省、市编印的灾后卫生防疫健康教育宣传资料（包括折页、张贴画、手册、健康教育处方等）近20万份。

消除群众的恐慌心理，防止灾后疫情的发生和流行。共青团三台县委、三台县健康教育所、三台中学、三台一中等单位连夜组织人员编印《居家地震避险和地震自救互救常识》《灾后心理重建》《地震灾后防病知识》等13种健康教育宣传资料，于5月16日~19日，由40名青年教师、230名学生、共青团员等志愿者组成的抗震救灾志愿服务队分赴县城6个片区开展灾后防病健康知识宣传，活动中共发放健康及安全知识宣传资料13种近3万份，开展健康咨询500人次。5月19日晚19时至21时，深入县体育中心北川灾民安置点，对700余名灾民开设灾后健康知识培训讲座，发放宣传资料。6月3日，县健康教育所全体职工深入到梓锦新城、大佛寺、凤凰山、东山等唐家山堰塞湖避难群众安置点为群众进行卫生防病知识宣传，发放资料6000余份，接受灾民安置点群众的现场咨询，指导群众开展除四害（重点是蚊蝇）消杀工作。办好健康教育专栏，为到卫生局办事的公众宣传灾后卫生防病知识。2008年6月至12月，先后深入城区和63个镇乡、100余个行政村进行灾后卫生防疫工作督导。

二、灾后爱国卫生工作

2008年5月20日，三台县爱卫会制发《关于大力开展灾后爱国卫生运动的紧急通知》。5月23日，全县召开灾后卫生防疫工作会议，加强灾后鼠传疾病防控工作。5月26日至5月30日，县爱卫办会同卫生局组织人员，分4个组对全县63个镇乡地震灾后卫生防设、爱卫活动进行专项督导检查。6月3日，把绵阳市爱卫会下拨救灾物资“奋斗呐”“氯氢菊脂”等灭蝇杀虫原药5吨、灭鼠毒铒3吨、手动喷雾器30台、机动喷雾器20台等灭蝇杀虫药械免费分配发放到全县各镇乡和县级有关部门，编印发放“科学合理使用卫生杀虫剂，确保大灾之后无大疫”等宣传培训提纲，指导各地科学规范使用消杀药品。县财政拨专款由农业部门为农村免费发放灭鼠毒铒；县疾控中心免费发放饮水消毒药品，全县灾后进行灭蝇、灭鼠、消毒、杀虫工作。唐家山堰塞湖排洪后传染病暴发流行潜在危险，从6月7日开始至7月上旬，县爱卫办深入到涪江沿岸各镇乡指导和督促检查，环境消毒和除“四害”工作，免费发放灭蝇杀虫药品850公升。

根据市委、市政府关于在全市范围内开展为期3个月声势浩大、家喻户晓的爱国卫生运动要求，2008年6月23日，县长崔斌签发《关于“5·12”地震灾后开展声势浩大的爱国卫生活动的实施意见》，在全县开展爱国卫生活动，从6月23日开始至9月底结束，历时3个月。7月9日，全县召开创建全国文明县城暨灾后爱国卫生动员大会，把创建文明县城和爱国卫生结合进行。活动步骤分为宣传发动、调查摸底、集中整治、巩固提高四个阶段。县城和农村基础卫生设施建设得到完善，环境卫生质量提高，食品卫生、饮用水卫生进一步加强，病媒生物得到有效控制，实现“大灾之后无大疫”工作目标。

2009年5月12日，按照省、市爱卫会《关于开展“5·12”地震灾区周年防病保健知识宣传周活动的通知》要求，县爱卫办、卫生局和新鲁镇政府共同组织以防控甲型H1N1流感为重点的“5·12”地震灾区周年防病保健知识宣传活动。县人民医院、中医院、骨科医院、妇幼保健院、健康教育所、疾病预防控制中心、卫生执法监督所、新鲁镇卫生院20余名专业技术人员开展义诊、咨询，摆放健康教育展版，播放《走进科学——阻击新流感》电视宣传片。县健康教育所在新鲁初中为全校500余名师生举行“甲型H1N1流感防治知识”专题讲座，新鲁小学数百名师生通过广播进行收听。活动周健康宣传，相继在潼川镇、北坝镇16个社区及其他乡镇开展。

第七节　防疫保障

三台县灾后卫生防疫物资主要由绵阳市抗震救灾指挥部、市应急办、三台县抗震救灾指挥部等单位（部门）调拨。市应急办向三台县调拨手动喷雾器 50 台、机动喷雾器 100 台、防护服 60 套、消毒液 218 件、消毒粉 40 件、漂白粉 120 件、消毒水 4300 公斤等卫生防疫物资。卫生局指定专人具体负责救灾医疗物资入库和发放，各单位指定专人接收救灾物品，选派车辆和押运人员运输回单位使用。外派到北川县的卫生防疫小分队，发放统一的防护服和防护用品，做好卫生职业防护。

上级畜牧主管部门给三台县畜牧局下拨消毒药、疫苗、喷雾器、冰箱等物资设施价值 215 万元，死亡动物无害化处理资金 13 万元。省财政拨付三台县水务局水生动物死亡无害化处理和防治中央补助资金 18 万元。

每个村（社）有 1 名专职卫生防疫人员，县财政拨付补助资金，按每人每月补助 600 元。

第四篇 赈灾

第一章 捐赠

第一节 资金捐赠

一、县内捐赠

2008年5月14日，三台县县委、县政府决定在全县范围内开展向灾区募捐活动，以县委办公室、县政府办公室发文《关于开展向“5·12”地震灾害受灾群众募捐活动的通知》，由县抗震指挥部办公室负责协调，县委宣传部、县直机关工委、县总工会、共青团县委、县妇联、县民政局、县交通局、县人武部、县经济商务局具体承办，坚持自愿和量力而行原则，以捐款为主，也可捐物。三台县成立抗震救灾指挥部捐赠处，开设接收捐赠资金专户。资金接收捐赠点设在民政局内，三台县政务网公开募捐接收账号、收款单位和开户银行及热线电话，通过网络、电话等通信手段向全社会开展募捐。募捐活动分为宣传动员阶段、募捐阶段和总结阶段。各镇乡按照统一部署，自行组织实施，所接受的款物全部用于救助本行政辖区的受灾困难群众。每天下午对接受捐赠资金情况在三台电视台、三台新闻网上进行公示，在《民政简报》上登载，对捐赠活动中涌现出的典型事迹进行宣传报道。县级各部门的募捐的资金由各部门统一于2008年5月30日前送至抗震救灾社会捐赠接收工作站。

5月14日至16日17时40分，县抗震指挥部捐赠处接收各界捐款2705941.30元。5月15日21

时30分，县民政局救灾值班室进来4位自愿捐款者，捐出现金6000元，拒留姓名，说是代表北坝镇樟树村3组村民的心愿，不图留名。5月17日下午，县工商联、县总商会在县城潼川镇喜洋洋广场举行抗震救灾捐赠启动仪式，县四大领导班子主要领导出席讲话，城区工商界人士参加活动，当场收到捐款198万余元。5月20日，74岁高龄的周素华到光辉镇捐款500元，其儿子在美攻读博士，得知家乡遭受地震后叮嘱家人捐款1000元。5月22日16时20分，由县抗震指挥部主办，县委宣传部、县文体局承办的“爱在天地间”大型赈灾募捐义演在梓锦广场举行，3000余人参加，共募得善款140万元，当场捐赠现金60033.10元。5月27日，国务委员、国防部部长梁光烈和夫人杨桂珍回三台县组织家人捐款10万元用于家乡灾后重建。截至5月27日下午17时，县工商联、县总商会、县民营经济促进局共组织县内外民营企业、工商界人士捐赠334.97万元。此间捐款上万元的有新航房产王光武20000元，下新乡红旗村6组左文20000元，县工商联西平分会会员张宗凯捐赠24000元、张宗伟捐款22920元、罗长清捐款11000元、卢次金捐款10000元、李昌荣捐款10000元，县总商会会长捐款20000元，鲁班水库管理局王大友及家人10000元，乐加乡广林村2组谌贵召为家乡救灾捐款10000元；还有黄红、唐立孝、景大伟3人分别捐款10000元。广利乡冷家沟村李雪花在中国青年政治学院读书，将自己获得奖学金3000元全部捐给家乡用于救灾。学校和幼儿园学生也踊跃捐款，三台中学陈锐捐款500元，陈文恭捐款200元，芦溪中学高一学生李珍捐款200元，潼川二幼幼儿毛舜禹捐款50元。

机关企事业捐款。四川古杉油脂化学有限公司、古杉集团董事长俞建秋携全体员工一次性捐款100万元，永安电力公司捐款44万元，绵阳港华（三台）燃气公司捐款20万元，佳琪房产、倍乐房产、贵熙房产各捐款11万余元，耀森实业集团公司捐款30万元，重庆来新居三台分公司捐款共11万元，高岭蒙脱矿业捐款10万元，三台县劳务开发公司、县金峰建筑劳务公司各捐10万元，镇乡组织捐款上10万元的有潼川镇、芦溪镇、北坝镇、中太镇、永明镇、凯河镇、景福镇、建平镇、花园镇、石安镇。

2008年5月14日至2009年3月，三台县抗震救灾指挥部捐赠处接收捐赠资金共计14740185.12元。

二、县外捐赠

三台县侨联向国内各界争取捐助资金。从“5·12”汶川特大地震发生到2009年5月，中国香港特区政府、中国澳门特区政府以及中国台湾同胞、归侨及社会团体，共计向三台县援建学校、医院、卫生院项目14个，援助资金总计25951万元，到位资金2470万元，因部分项目正在勘察、设计、招投标和修建中，后续资金将陆续到位。

三台县慈善会向国内各界争取捐助资金。2008年10月，中国农业银行厦门市分行通过三台县慈善会捐赠三台县公安局特勤中队抢险装备10万元。四川省慈善总会援建三台县精神病院精神科住院大楼200万元。2009年1月，名幸电子（广州南沙、武汉）有限公司通过三台县慈善会捐赠乐加小学80万元。

三台县红十字会接收捐赠款。共接收捐赠资金76.68万元。

附表：1. 三台县抗震救灾捐赠资金统计表

2. 三台县个人捐赠资金1000元以上统计表

3. 三台县机关、单位、企业捐赠资金5万元以上统计表

三台县抗震救灾捐赠资金统计表

表4－1 单位:元

时间	本县				县外			三台县镇乡	总 计
	行政事业单位	企 业	个 人	合 计	单 位	个 人	合 计		
2008－5－14	–	100,000.00	57,367.10	157,367.10	–	–	–	–	157,367.10
2008－5－15	–	287,500.00	406,933.00	694,433.00	–	–	–	–	694,433.00
2008－5－16	47,450.00	1,174,000.00	388,641.20	1,610,091.20	200,000.00	–	200,000.00	–	1,810,091.20
2008－5－17	–	487,000.00	423,079.60	910,079.60	–	–	–	–	910,079.60
2008－5－18	10,850.00	66,500.00	105,059.20	182,409.20	–	106,321.22	106,321.22	–	288,730.42
2008－5－19	63,600.00	2,800.00	66,819.40	133,219.40	–	–	–	–	133,219.40
2008－5－20	–	–	–	–	200,000.00	–	200,000.00	–	200,000.00
2008－5－21	181,800.00	132,700.00	212,477.00	526,977.00	–	17,928.20	17,928.20	–	544,905.20
2008－5－22	255,000.00	330,400.00	184,347.80	769,747.80	–	–	–	–	769,747.80
2008－5－23	199,750.00	64,800.00	132,100.20	396,650.20	100,000.00	136,279.00	236,279.00	–	632,929.20
2008－5－25	–	–	1,000.00	1,000.00	–	–	–	–	1,000.00
2008－5－26	–	125,000.00	30,234.50	155,234.50	300,000.00	–	300,000.00	–	455,234.50
2008－5－27	12,000.00	–	28,869.20	40,869.20	–	–	–	–	40,869.20
2008－5－28	–	–	601,600.00	601,600.00	100,000.00	–	100,000.00	–	701,600.00
2008－5－29	8,000.00	–	33,367.30	41,367.30	–	–	–	–	41,367.30
2008－5－30	–	–	66,731.00	66,731.00	–	–	–	–	66,731.00
2008－6－2	–	–	1,079.70	1,079.70	–	7,000.00	7,000.00	–	8,079.70
2008－6－3	–	15,000.00	18,522.00	33,522.00	–	–	–	–	33,522.00
2008－6－4	–	–	310,917.00	310,917.00	–	–	–	–	310,917.00
2008－6－5	–	300,000.00	1,679.10	301,679.10	–	–	–	–	301,679.10
2008－6－6	–	–	1,653.00	1,653.00	–	–	–	–	1,653.00
2008－6－10	–	–	1,610.00	1,610.00	–	–	–	–	1,610.00
2008－6－12	–	–	410.00	410.00	–	–	–	–	410.00
2008－6－13	10,000.00	–	2,460.00	12,460.00	10,000.00	–	10,000.00	–	22,460.00
2008－6－16	–	–	–	–	–	–	–	141,028.20	141,028.20

续表4—1

时间	本县				县外			三台县镇乡	总计
	行政事业单位	企业	个人	合计	单位	个人	合计		
2008-6-17	-	-	107,559.20	107,559.20	-	-	-	177,899.40	285,458.60
2008-6-18	-	-	4,560.00	4,560.00	-	-	-	701,554.72	706,114.72
2008-6-19	-	-	470.00	470.00	22,400.00	-	22,400.00	901,410.10	924,280.10
2008-6-20	-	-	295.00	295.00	-	-	-	264,842.60	265,137.60
2008-6-23	-	-	1,497.00	1,497.00	-	-	-	695,244.00	696,741.00
2008-6-24	20,000.00	-	18,312.00	38,312.00	1,000,000.00	-	1,000,000.00	721,019.00	1,759,331.00
2008-6-25	-	-	16,485.00	16,485.00	100,000.00	-	100,000.00	128,944.00	245,429.00
2008-6-26	-	-	100.00	100.00	-	-	-	14,232.00	14,332.00
2008-6-27	-	-	9,924.10	9,924.10	-	-	-	17,639.10	27,563.20
2008-7-1	-	-	400.00	400.00	-	-	-	49,609.40	50,009.40
2008-7-3	-	-	-	-	-	-	-	55,617.80	55,617.80
2008-7-7	-	-	250.00	250.00	-	-	-	25,593.58	25,843.58
2008-7-8	-	-	40.00	40.00	-	9,857.00	9,857.00	-	9,897.00
2008-7-9	-	-	-	-	-	20,069.00	20,069.00	9,777.80	29,846.80
2008-7-17	-	-	-	-	-	-	-	3,535.20	3,535.20
2008-7-21	-	-	-	-	-	-	-	2,519.00	2,519.00
2008-7-28	-	-	750.00	750.00	-	-	-	-	750.00
2008-8-6	-	-	110.00	110.00	-	-	-	-	110.00
2008-8-6	-	-	-	-	300,000.00	-	300,000.00	-	300,000.00
2008-8-7	-	-	2,001.70	2,001.70	-	-	-	-	2,001.70
2008-8-14	-	20,000.00	-	20,000.00	-	-	-	-	20,000.00
2008-8-15	-	220,000.00	-	220,000.00	-	-	-	-	220,000.00
2008-9-4	-	-	2,501.10	2,501.10	-	-	-	-	2,501.10
2008-10-8	-	-	200.00	200.00	-	-	-	-	200.00
2008-10-27	-	-	-	-	300,000.00	-	300,000.00	-	300,000.00
2008-11-5	-	-	2,650.00	2,650.00	-	-	-	-	2,650.00
2008-11-6	-	-	20,401.00	20,401.00	-	-	-	-	20,401.00
2008-11-7	-	-	65,841.90	65,841.90	-	-	-	-	65,841.90
2008-11-12	-	-	139,371.40	139,371.40	-	-	-	-	139,371.40
2008-11-13	-	-	20,000.00	20,000.00	-	-	-	-	20,000.00

续表4—1

时间	本县				县外			三台县镇乡	总　计
	行政事业单位	企　业	个　人	合　计	单　位	个　人	合　计		
2008-11-17	-	-	17,660.10	17,660.10	-	-	-	-	17,660.10
2008-11-19	-	-	16,305.00	16,305.00	-	-	-	-	16,305.00
2008-11-24	-	-	32,706.00	32,706.00	-	-	0.00	-	32,706.00
2008-12-4	-	-	1,150.00	1,150.00	200,000.00	-	200,000.00	-	201,150.00
2009-12-31	-	-	5,087.00	5,087.00	-	-	-	-	5,087.00
2009-1-21	-	-	400.00	400.00	-	-	-	-	400.00
2009-3-2	-	-	1,730.00	1,730.00	-	-	-	-	1,730.00
合　计	808,450.00	3,325,700.00	3,565,714.80	7,699,864.80	2,832,400.00	297,454.42	3,129,854.42	3,910,465.90	14,740,185.12

三台县个人捐赠资金1000元以上表

表4-2　　　　单位：元

姓名	单位	捐款金额	姓名	单位	捐款金额
杨桂珍	-	100000	张世民	-	1000
张宗凯	县工商联西平分会会员	24000	肖心术	-	1000
张宗伟	县工商联西平分会会员	22920	刘小花	-	1000
李丹祥	-	1000	王光武	新航房产	20000
冯志树	-	1000	左　文	下新乡红旗村6组	20000
潘朝志	-	1000	罗长清	县工商联西平分会会员	11000
邓和平	-	1000	卢次金	县工商联西平分会会员	10000
雷　敏	解放街社区	2000	李昌荣	县工商联西平分会会员	10000
肖定水	-	1000	黄　红	-	10000
黎朝柏	鲁班梧桐村农民工	1000	彭刚　宋岚	四通火锅	10000
唐学林	鲁班三柏	1000	唐立孝	-	10000
王家东	新德福田村1组	1000	王大友及家人	鲁班水库管理局	10000
王开云	-	1000	李素琼	-	10679
胥素秋	-	1000	景大伟	-	10000
郭　静	-	1000	谌贵台	乐加乡广林村2组	10000
林　刚	-	1000	马俊清	驻京办事处	7000

续表4—2

姓名	单位	捐款金额	姓名	单位	捐款金额
李　晖	–	1000	李应飞	星源房产	6000
李素琼	–	10679	王吕洪	鸿富家园	5000
杜桂华	芦溪东街	1000	山云强	–	6000
谭周银	–	1000	曹荣才	星源房产	4000
王久强	乐安翻水村6组	1000	释寂明	–	4000
周承信	–	1500	项全德	–	4000
胡云泽	–	1000	李雪花	广利冷家沟村在校大学生	3000
彭庆根	协和乡西岩沟村返乡	2000	刘月霞	–	1000
谢玲蓉	鲁班镇石板村	2000	高向阳	–	3000
胡文泽	秋林镇红星村1组	1000	张旭东	–	1000
霍护方	龙树镇双合村	1000	曾小卫	–	1000
龚珍春	里程乡里程村	1000	冯　超	超人运业	1000
张荣贵	云同乡党委书记	1000	杨　静	潼川豆办厂	1000
吴绍伟	–	2000	刘治成	原乐安中学校长	1000
尹　君	–	1000	谢凤发	县水务局退休干部	1000
李红秀	–	1000	刘志强	–	1500
张宗普	县工商联西平分会会员	2000	王晓芬	县工商联梓州分会会员	2000
周仕海	县工商联西平分会会员	5000	韩作阳	县工商联梓州分会会员	1000
彭建新	县工商联西平分会会员	1000	谢钰梅	县工商联梓州分会会员	1090
陈　金	县工商联西平分会会员	5000	冯向春	县工商联梓州分会会员	1000
赵纯久	县工商联西平分会会员	2000	江小林	县工商联梓州分会会员	1000
谢兴兵	县工商联西平分会会员	2000	李和军	县工商联梓州分会会员	1000
何德林	六味阳升酒业公司	3000	王永闹	县工商联梓州分会会员	1000
刘万金	–	2000	赵德平	县工商联梓州分会会员	1000
杨小燕	三台指南针剑桥英语学校	1666	赵明强	贵熙房地产开发有限公司职工	1000
陈梦琼	兰鑫超市	5000	文金华	贵熙房地产开发有限公司职工	4000
周　兴	天香园周记食府	5000	马　宏	贵熙房地产开发有限公司职工	1000

续表4－2

姓名	单位	捐款金额	姓名	单位	捐款金额
宋　辉	四川三台辉达通信有限公司	5000	陈　美	贵熙房地产开发有限公司职工	4000
王国春	江林度假村	5000	林中虎	贵熙房地产开发有限公司职工	1000
李碧霞	绵阳堃山矿业有限公司	3000	魏茂坤	佳琪房地产开发有限公司职工	1000
李洪涛	三台县宏宇通讯公司	3000	钟　俊	佳琪房地产开发有限公司职工	1000
范中国	三台县农村数字电影发行放映公司	3000	苏大理	佳琪房地产开发有限公司职工	1000
刘继贵	三台佳美汤锅	1000	徐婉秋	三台县婉秋美容美发部	1650
羊桌富	羊森纸业	1000	蒲德林	三台洪洲商汇名烟名酒店	1000
张　平	－	1000	王丽容	－	1200
霍隆斌	－	1000	曾晓亚	－	1000
宋晓静	－	1000	周　季	－	1000

三台县机关、单位、企业捐赠资金50000元以上统计表

表4－3　　　　单位：元

单　位	捐款金额	单　位	捐款金额
四川古杉油脂公司	1000000	唐山市慈善总会	1000000
四川京冶轴承公司	50000	县建安劳务输出公司	100000
隆昌县	200000	上海慈善基金会	300000
重庆来新居三台分公司	110000	重庆巨立水泥有限公司（定向）	200000
县委机关	59411.9	四川铁骑力士实业公司	100000
绵阳港华（三台）公司	200000	北爱尔兰公司	70000
贵熙房产公司	114180	恒昌制衣公司	69700
佳琪房产公司	111045	龙树镇	92500
倍乐房产公司	112650	鲁班镇	58633
志强房产公司	110000	三元镇	95505.52
三台房产开发集团	80000	石安镇	101673.1
浩源房产	60000	新生镇	146793
三台县信用社员工	70811.2	新鲁镇	94234.3

续表4—3

单　位	捐款金额	单　位	捐款金额
翰通公司	50000	曙光乡	50365.1
亚新科双泰公司	50000	花园镇	190741.4
三台县建筑劳务开发公司	100000	幸福乡	59739.8
三台县金峰建筑劳务公司	100000	建平镇	100303.5
永安电力公司员工	67956	金石镇	75588.7
三台县高岭蒙脱矿业	100000	景福镇	103204.2
梓州实业公司	100000	凯河镇	100309.9
永安电力公司	200000	中新镇	80900
永安电力股份有限公司	220000	永明镇	108076.5
上海宝仪服务公司	100000	乐安镇	82701
嘉盛化工	100000	塔山镇	142793.1
四川省三台蚕种场	80000	北坝镇	178818.3
隆昌慈善总会	300000	灵兴镇	67202.1
上海市宝山县殡仪馆	100000	中太镇	130074
教育系统	900000	芦溪镇	221577.3
采砂业主	63000	潼川镇	420958
耀森实业有限公司	300000	八洞镇	63246.5
三台驻京办事处	88721.22	刘营镇	94350.5
	-	古井镇	55617.8

第二节　物资捐赠

地震发生后，县抗震救灾指挥部设立物资供应保障组，由县民政局、县审计局、县经济商务局等相关部门人员组成，负责全县救灾物资的接收、发放、登记和管理工作。5月16日后，全国各地捐赠物资陆续到达三台。县民政局、县经济商务局各抽调7名干部与县机要局、县纪委、法院、检察院、审计局抽调人员组成物质接收组，专门从事救灾物资的接收和发放与监督检查工作。

一、县内物资捐赠

5 月 13 日凌晨 3 时，三台县抗震指挥部接到市抗震救灾指挥部需求抢险工具指令后，向全县各部门、镇乡发出紧急通知，各级干部立即深入一家一户组织收集抢险工具；7 时 30 分，第一辆载着抢险工具的卡车紧急发往北川等重灾区；截至上午 11 时，共组织铁锤、铁锹、钢钎抢险工具 11 卡车 2.6 万件，陆续运往安县、北川等地支援抢险。5 月 14 日，观桥镇碧波村村民王卫东捐赠救灾现金 5000 元、挂面 4 吨，主动请缨前往北川极重灾区参加救援。

三台县民政局接收社会各界捐赠，衣物类包括各类新旧衣裤、鞋等共计接收（含邮寄包裹）31661 件、矿泉水 2826 件、药品类 32 件（箱）、食品类（包括饼干类、方便面、面包、糕点等）923 件、饮料类（包括豆奶、各类饮料等）464 件、洗涤卫生用品类（包括洗衣粉、洗洁精、蚊香等）61 件、床单被套 1300 套、蔬菜类 4130 公斤；调味品包括菜油、酱油、醋、米、挂面等共接收 2824.5 公斤；篷伞 10 顶、鸡蛋 900 公斤、防潮床垫 145 床、蚊帐 40 床、棉被 104 床、塑料编织袋 1000 根、电脑终端机显示器（定向）15 台、冰柜 50 个、老年轮椅车 200 辆。

二、县工商联接收捐赠物资

2008 年 5 月 14 日至 5 月 27 日，县工商联、县总商会、县民营经济促进局组织县内外民营企业、工商界人士抗震救灾捐赠物资，捐赠物资价值约 51.2 万元。其中：四川三台剑门泵业公司水泵 30 台，价值 12.6 万元；绵阳佳联印染有限公司被套床单 1300 套，价值 10 万元；四川耀森实业集团有限公司衣物 6000 件，价值 14 万元；绵阳优品堂广告有限公司标准化帐篷 40 顶，价值 5 万元；三台兰鑫超市食品一批价值 3.2 万元；三台阳光盛源超市矿泉水、食品一批价值 2 万元；南河路商户食品一批价值 2 万元；四川佳琪房地产开发有限公司食品一批价值 2 万元。以上物资全部送交县抗震救灾指挥部。

三、县红十字会接收捐赠物资

县红十字会募集各类救灾物资价值约 80 万元，其中有帐篷、药品、饮用水、棉被等。绵阳市冰洋有害生物防治有限公司捐赠杀虫气雾剂 5 件，价值 1800 元；潼川镇蟠龙社区颜志勇、杨静波捐医用棉纱 1 件，价值 600 元。

四、县外物资捐赠

5 月 15 日，四川腾龙医药有限责任公司捐赠一批价值 11 万元的医药品运抵三台县人民医院，用以救治重灾区伤员。5 月 18 日，绵阳佳联印染公司得知三台县安置灾民，赶制本企业生产的被单、床单 1300 套价值 70 余万元送到救灾捐赠处。5 月 20 日零时 20 分，广东省人民政府捐赠的价值 50 万元重达 6 吨的救灾药品运抵三台县。5 月 27 日，绵阳市政府无偿援助 1 辆重达 35 吨、最大臂长 34 米价值 220 万元重型汽车起重机运达三台县。5 月 18 日午后，重庆市潼南县桂溪镇一辆载重卡车身披“华夏儿女、一脉相连、渝川两地、兄弟相牵”大幅标语满载矿泉水、食品、蔬菜等价值 5

万余元救灾物资驶入三台县人民政府大院，该镇街道办事处王主任下车握着县民政局捐赠处工作人员的手说："三台灾区的兄弟姐妹们受苦了，请收下我们这点心意吧！"卸完物资待离去时无意中得知他们只顾赶路却没吃午饭。四川倍乐房地产开发有限公司通过三台慈善总会捐赠重庆"巨力"牌水泥100吨，用于八洞镇龙井场镇道路建设。2009年3月，绵阳市侨联副主席、市侨兴有限公司董事长康宁向争胜乡捐赠价值4万余元优质杂交水稻种"宜香九号"2.45吨。2009年，中华慈善总会、四川省慈善总会援助三台县县、乡两级民政部门采购电脑及打印机65套，价值38670元。

五、捐赠处接受捐赠物资

三台县抗震指挥部捐赠处接收绵阳市抗震救灾物资保障组调拨物资，衣服、棉被等衣被类75237件，分别存放于京冶轴承厂仓库、国税局仓库；方便面、大米等食品类合计56568箱；变压器等机器设备类合计479台；电筒、口罩等日用品类合计22193箱；药品类合计1565箱；帐篷类合计14859顶；饮料类合计103554件；其他类合计1827箱；总合计476282件（箱、台、套）。以上物资接收分别存放于京冶轴承厂仓库、国税局仓库和琴泉粮站。

第三节 特殊党费

2008年5月21日，根据中央组织部组电明字〔2008〕24号、省委组织部川组明电字〔2008〕23号通知精神和绵阳市委组织部要求，中共三台县委组织部《关于党员交纳"特殊党费"支援抗震救灾有关事项的通知》以三组通〔2008〕52号，发给园区党（工）委、各镇乡党委、县级各部门及省市驻县单位党组织，要求在全县组织开展一次"特殊党费"活动，接受广大党员以交"特殊党费"的方式捐款支援地震灾区。县委组织部门设立党费专户、账号，以本人自愿，不搞强命令的方式进行，其党员自愿一次性交纳1000元以上特殊党费的，向本人出具中共中央组织部"党费收据"。通知发出后，县委、县政府、县人大、县政协主要领导干部率先交纳"特殊党费"，县长崔斌3000元、县委副书记陈福林2000元、县委组织部部长何承平1380元、县委常委冯中兵1300元、副县长魏富祥1440元、县委宣传部部长胡传光1446元，自觉到县委组织部党员教育管理科交纳"特殊党费"。各级党组织和广大党员积极响应，踊跃交纳特殊党费。幸福乡成都火车北站流动党支部专程组织流动党员返乡交纳"特殊党费"。截至2008年7月18日，全县4.32万名党员交纳"特殊党费"150.79万元，交纳1000元以上有284人，共322318.19元，其中科级以上领导干部153人，一般机关干部32人，离退休干部职工15人，企事业单位职工34人，村（社区）支部书记、主任12人，农村和社区普通党员28人，下岗职工党员2人，外出流动党员6人。交纳最多者中太镇清凉村共产党员（北京金锋建筑公司总经理）朱玉金5000元。塔山镇1330名党员共交纳"特殊党费"68247元，交纳1000元以上16人，党委书记卢安兴交纳3000元。菊河乡机关支部13名党员交纳均在1000元以上，共交纳14116.2元。5月21日，县群工部退休党员何思九居住深圳，主动打电话给单位党组织交纳1个月退休金"特殊党费"1240.04元。原涪化公司下岗职工王志勇和爱人黄绍君到组织部党管科交纳“特殊党费”2000 元。截至 7 月 18 日，全县 43212 名党员共交纳“特殊党费”1507864.09 元，全额上缴市委组织部。

2008 年 6 月至 12 月，中共四川省委组织部 3 次下拨给三台县“特殊党费”援助资金共计 33832.80 万元。主要用于援建县“七一”小学、村级组织活动场所、农房重建补助、城房重建补助、农村党员干部远程教育接收点等建设项目，实际使用 33119.62 万元，剩余资金 713.18 万元上缴省委组织部“特殊党费”财政专户。

第二章　救灾资金和物资使用监管

第一节　救灾资金和物资管理

按照三台县委、县政府要求，县抗震救灾应急指挥部办公室、中共三台县纪委印发《关于严肃纪律加强抗震救灾资金物资管理的紧急通知》，要求园区党工委、管委会、各镇乡党委、政府和县级各部门要重视抗震救灾资金和物资的管理，严格规范救灾资金物资的接收、拨付、使用，公开公示救灾资金物资的收支，加强救灾资金、物资监督检查，坚决查处顶风违纪的案件。其后，县委、县政府和县应急指挥部先后印发《关于切实加强救灾物资发放管理的紧急通知》《关于加强救灾捐赠资金管理的规定的通知》《关于进一步加强抗震救灾款物管理的通知》《关于加强汶川地震抗震救灾捐赠款物管理使用的通知》《关于加强救灾粮食食品质量管理的通知》等文件，全县园区工管委会、镇乡党委政府和县级各部门认真贯彻执行。

一、抗震救灾资金管理

地震灾害发生后，至 5 月 30 日，社会各界纷纷为地震灾区捐款，接受捐款的单位主要有县财政局（上级拨款）、县民政局、县抗震救灾应急指挥部捐赠处、县卫生局、县红十字会等单位，按照省、市、县关于加强救灾资金监督管理的文件精神，结合三台县的实际情况，加强资金的管理。县财政局接受的救灾捐赠资金，有特定捐赠对象按捐赠人的意愿及时拨付特定对象，无特定对象的一律缴县级金库，由县政府统筹安排用于抗震救灾。县财政局加强对救灾资金的管理，县民政局、红十字会等单位接收的救灾捐赠资金必须专项存蓄，报告县抗震指挥部和县民政局；资金收入需有 3 人以上验收，单位负责监管，提出分配建议与县财政局共同研究形成方案，按程序报县领导审定后拨付。对上级机关转拨的救灾捐赠资金，县级各部门及时将收款情况报告县委、县政府，按研究确定的原则和办法安排使用。县级其他部门接受的救灾捐赠资金，有特定对象的按捐赠人意愿通过合法渠道及时拨付特定对象，将拨转明细情况抄送县财局；无特定对象一律缴入县级金库，由县政府统筹安排。严格对救灾捐赠资金的使用管理，加强财金纪律，杜绝截留、挪用救灾捐赠资金发生。为及时掌握救灾捐赠资金的安排使用情况，从5月30日起，县民政局、卫生局、县红十字会等单位每天16时30分前将截至当天16时前接受救灾捐赠资金总额和经县领导批准的资金分配总数及资金分配明细情况送县财政局汇总。各镇乡接受的捐赠资金必须专户管理，严格用于救灾，确保账务清晰。严格救灾款账务管理，做到救灾资金拨入、捐赠入库或调拨日期、项目、数量记录清楚，凭证、拨出手续完备，使其收支平衡，拨支有据，账、款相符，专人保管，专户储存。2008年7月1日后，镇乡和县级部门认真做好救灾捐赠款（物）的统计工作，建立救灾捐赠款（物）信息公开制度，定期向社会公布捐赠款（物）接收和分配使用情况。加强内部监管，建章立制，自觉接受监察、审计、财政等部门及社会的监督。

二、抗震救灾物资管理

地震后，全国各地捐赠救灾物资源源不断送往三台县，严格救灾物资管理，使物资真正发放到灾民手中。按照县抗震指挥部的安排，2008年5月16日由县委办公室牵头，县纪委、县民政局、县经济商务局抽调7名干部与县机要局、县法院、县审计局抽调人员组成县抗震救灾应急指挥部物资接收组，专门从事救灾物资的接收、管理和发放工作。物资接收仓库设在县城北坝镇京冶轴承厂仓库、国税局仓库和潼川镇琴泉粮站仓库。物资仓库由相关人员轮班每日24小时在岗值守，严格管理。是年5月24日，按照省、市抗震救灾应急指挥部下发的紧急通知，三台县抗震救灾应急指挥部印发《关于切实加强救灾物资发放管理的紧急通知》，要求进一步加强对帐篷、食品、药品等各类救灾物资的管理，规范接收、登记、保管、分配、发放、使用、检查程序；镇乡领导和县级部门重视救灾物资发放到村、到户工作，按救灾物资的需求做好统计和发放，救灾物资交接程序和手续，做到有账可查，及时分配，不积压避免造成损失；一定要全程跟踪，防止去向不明，保证全部用于受灾群众；救灾物资的发放全程监督，镇乡、街道公示到村、社区，村、社区公示到每个受灾户，接受群众监督，确保公开、公平、公正发放，严禁平均分配；加强组织领导，救灾物资发放有序进行，健全责任机制，坚持镇乡“一把手”对粮食、药品等物资发放到村到户负总责；领导班子成员具体负责，一级抓一级，确保救灾物资进村、入户、到人。是年6月2日，经县委、县政府领导同意，县抗震救灾应急指挥部以50号文印发《关于三台县捐赠物资接收制度的通知》，制定9项制度、办法、程序、流程等，其中有捐赠物资接受制度、分配制度、救灾物资发放办法、采购程序、县库存物资管理制度、发放流程、接收回执、发放通知单等。县园区党工委、管委会，各镇乡党委、政府和县级有关部门按照县应急指挥部通知精神，结合自身实际，进一步落实责任到人，有章可循。是年6月23日，三台县监察局、县粮食局、民政局印发《关于进一步加强“5·12”震灾救济粮发放管理工作的通知》三监发〔2008〕5号，各镇乡党委、政府按此通知执行。对救灾粮食的接收、运输、存放、发放工作落实分管领导、经办人员，责任细化、具体到人头，接收人员逐包检查粮食质量和数量，验收合格，由镇乡主要负责人和分管领导、经办人在发货明细表和粮食质量检验报告（化验）一式两份上签字和填写“救灾粮调拨通知回执单”。救灾粮及时发放，正值高温多雨、高湿季节，易受湿、返潮、生霉、生虫，各镇乡做到在5个工作日内发放到受灾群众手中。县粮食局还附发《救灾粮（成品大米、面粉）发放告知书》《“5·12”震灾救助大米、面粉家庭保管知识小资料》，镇乡利用广播、电视、板报向广大灾民宣传家庭存粮知识，确保灾民的粮食不因变质造成损失。

第二节　救灾资金使用

一、接收省、市财政专项救灾资金和使用

2008年5月12日至是年底，三台县共接收到位省、市财政专项应急抢险救灾资金33097.21万元，已全部拨付到受灾单位和受灾群众。用于个人救助补助资金23042.5万元，其中用于地震灾害死亡人员家属抚慰金21.5万元；地震受灾困难群众临时生活补助及后续补助资金22596万元；受灾困难群众生活补助300万元；“9·24”洪灾救助资金125万元。地震受灾综合财力补助资金3704万元，其中用于教育局紧急转移安置资金150万元；经贸局物资采购和粮食局赈灾物资运费131万元；板房建设资金1731万元；各部门、单位救灾应急资金1702万元。应急救灾资金2021.97万元，其中用于地震灾害教育应急资金89万元；广播电视救灾资金4万元；农机生产救灾资金30万元；死亡禽畜无害化处理13万元；灾后灭鼠防疫经费13万元；农机作业“双抢”资金30万元；地震伤病员紧急医疗救治费用结算资金326.37万元；地震重灾区公共卫生及群众医疗补助资金1011.1万元；地震灾后临时安置点受灾群众医疗卫生服务补助资金356万元；地震灾区殡葬设备购置经费24万元；防邪办救灾资金10万元；过渡安置房运转补助资金13.5万元；堰塞湖溃坝淹没区家畜家禽补助资金100万元。基础设施抢险4328.74万元，其中用于大中型水库抢险救灾资金520万元；小型水库抢险救灾补助资金1185万元；鲁班水库大坝放水建筑工程应急抢险资金1000万元；镇乡村应急供水设施建设和设备购置资金170万元；城市供水应急抢险50万元；地震损毁水库除险加固专项资金900万元；过渡安置房资金103.74万元；灾区受灾仓库维修资金400万元。

二、县本级安排使用应急抢险资金

三台县财政共安排本级应急抢险资金1060.15万元，全部拨付到受灾单位和群众。

三、社会捐赠资金使用

三台县接受社会捐赠资金7416.10万元，全部安排到救灾抢险应急及灾后恢复重建。其中县财政收到上级财政转拨定向捐赠资金58万元；县慈善会收到捐赠资金740万元；县红十字会收到捐赠资金3180.68万元；县其他单位收到捐赠资金3437.42万元。

三台县抗震救灾应急指挥部捐赠处捐款专户，截至2009年5月30日，共收到捐款14740185.12元，其中镇乡3910465.9元。经县领导审核批准捐款使用，其中：2008年5月19日安排各镇乡救灾

资金220万元；5月22日支付建设局为灾民安置棚搭建费15万元；6月4日支付文体局为灾民安置点购置设备防洪排危费35559元；6月5日支付潼川镇堰塞湖转移群众及危房安置经费10万元；6月17日支付水务局购安置点玻璃钢沼气（化粪）池24.15万元；7月4日支付教育局“5·12”地震灾害困难职工补助款63.85万元；7月11日支付四川三台县剑门泵业有限公司定向捐赠款1万元；8月支付灵兴中心小学排危款4857元，中太长乐中心小学排危款5000元，转入县财政金库400万元，支付景福镇永安电力定向捐赠款22万元，支付花园镇堰塞湖避险群众搭建临时设施和配套设施费31780元，支付潼川镇堰塞湖转移点公共安全设施排危、三台一中安置点经费55万元，支付老马乡重庆巨力水泥公司定向捐赠款30万元，支付板房、贫困群众电热毯款131350元，支付板房、贫困群众取暖用热水袋款8935元，支付陕西宏源床上用品有限公司棉大衣款73.8万元，支付老马乡重庆巨力水泥公司定向捐赠款20万元，支付成都华龙化纤有限公司棉被款182120元，支付三台棉麻总公司棉胎加工厂棉被大衣款7958元。2009年9月20日转入县财政金库4984626.12元；捐款余额41025元（利息）。

第三节　救灾物资使用

一、粮食和食用植物油供应

绵阳市人民政府以绵府函〔2008〕30号《关于下达全市“5·12”地震灾区困难群众救济粮供应计划有关问题的通知》，累计调拨给三台县原粮12446.86吨，其中中央储备粮稻谷6446.86吨、市储粮稻谷3000吨、市储备小麦3000吨。县粮食局组织原粮调运、接收和加工，加工成大米5917.85吨，面粉2070吨。2008年6月3日，从邛莱市粮食局调入大米199.82吨；6月11日从绵阳市面粉厂调入面粉50吨；7月20～29日接收县地震救灾指挥部转来捐赠大米289吨；10月接收梓潼县粮食局大米139.737吨；10月接收绵阳市游仙区加工厂大米486.755吨；从绵阳市游仙区粮油购销公司调入食用植物油237吨。三台县共加工和调入救灾粮食（成品粮）9153吨，其中大米7033吨，面粉2120吨，食用植物油237吨。

2008年9月11日，三台县粮食局、县民政局以三粮发〔2008〕56号《关于对“5·12”地震灾区困难群众救济粮发放办法的通知》，下达救济粮供应计划，按计划调拨给县内各镇乡，各镇乡做好救济粮油接收，及时发放到困难群众手中。全县供应救灾粮油9118吨，其中成品粮8881吨（大米6914吨，面粉1967吨）；供应灾民食用植物油237吨。按照县民政局审定的“5·12”地震受灾的“三无”人员178292人，供应粮食92天（每天每人0.5公斤）8201吨（大米6259吨，面粉1942吨）；供应“三孤”人员7549人（每人每月15公斤，计92天）口粮357吨（大米338吨，面粉19吨）；堰塞湖溃坝淹没区疏散撤离群众临时粮食补助共51278人，按疏散实际天数每人每天补助粮食0.5公斤，共补助粮食303吨；应急供应18吨。三台县支援重灾区救灾粮食283吨，其中2008年5月14日运往北川县大米30吨；5月28日，按绵阳市救灾指挥部要求，三台县调往江油市小溪镇大米 100 吨；9 月 2 日，县长龙粮油贸易有限公司调往盐亭县粮食局面粉 153 吨。

三台县抗震救灾应急指挥部捐赠处接受捐赠粮食 307. 55 吨，捐赠粮 1342 袋，捐赠食用油 1031 箱。由县领导批准紧急供应县福利院大米 5 吨，县康复医院 5 吨，县精神病院 5 吨，县救助站 3 吨；1342 袋捐赠粮发给 9 个单位和 1 个镇；1031 箱食用油发给 63 个镇乡和 9 个县级部门，剩余 289 吨，纳入全县地震救济粮发放到镇乡。

附：三台县“5·12”地震受灾群众救济粮分配表

三台县“5·12”地震受灾群众救济粮分配表

表 4 －4

编号	镇乡名称	应供救济粮数量			其中：												
					三分之一溃坝补助粮				“三无”人员救灾粮				“三孤”人员补助粮食	－	其中	
		粮食合计	大米	面粉	应供人数	合计	其中		供应人数	合计	其中：		应供人数	合计	大米	面粉
							大米	面粉			大米	面粉				
		公斤	公斤	公斤	人	公斤	公斤	公斤	人	公斤	公斤	公斤	人	公斤	公斤	公斤
1	万安	56104	43900	12204	－	0	－	－	1159	53314	41110	12204	62	2790	2790	－
2	乐安	228536	178297	50239	－	0	－	－	4796	220616	170377	50239	176	7920	7920	－
3	灵兴	195589	155554	40035	2469	16872	16872	－	3802	174892	134857	40035	85	3825	3825	－
4	下新	41417	32677	8740	－	0	－	－	827	38042	29347	8695	75	3375	3330	45
5	新生	202467	148197	54270	－	0	－	－	4197	193062	138792	54270	209	9405	9405	－
6	中新	178497	122067	56430	－	0	－	－	3762	173052	116622	56430	121	5445	5445	－
7	前锋	59047	47738	11309	－	0	－	－	1222	56212	44903	11309	63	2835	2835	－
8	柳池	58276	45472	12804	－	0	－	－	1216	55936	43652	12284	52	2340	1820	520
9	刘营	342592. 5	273105. 5	69487	4109	26708. 5	26708. 5	－	6599	303554	234067	69487	274	12330	12330	－
10	八洞	187818	145772	42046	－	0	－	－	3993	183678	142622	41056	92	4140	3150	990
11	潼川	328753. 5	271238. 5	57515	9071	58961. 5	58961. 5	－	5462	251252	193737	57515	412	18540	18540	－
12	古井	388925	302316	86609	－	0	－	－	8225	378350	291741	86609	235	10575	10575	－
13	乐加	104425	81417	23008	－	0	－	－	2185	100510	77502	23008	87	3915	3915	－
14	建平	247038	192198	54840	－	0	－	－	5208	239568	184728	54840	166	7470	7470	－
15	郪江	91745	72096	19649	－	0	－	－	1925	88550	68901	19649	71	3195	3195	－
16	双乐	99729	77837	21892	－	0	－	－	2079	95634	73742	21892	91	4095	4095	－
17	曙光	72880	47880	25000	－	0	－	－	1510	69460	44460	25000	76	3420	3420	－
18	东塔	46708	36989	9719	－	0	－	－	943	43378	33659	9719	74	3330	3330	－
19	鲁班	138812	110128	28684	－	0	－	－	2822	129812	101128	28684	200	9000	9000	－

续表4—4

编号	镇乡名称	应供救济粮数量			其中：											
					三分之一溃坝补助粮				"三无"人员救灾粮				"三孤"人员补助粮食	–	其中	
		粮食合计	大米	面粉	应供人数	合计	其中		供应人数	合计	其中：		应供人数	合计	大米	面粉
							大米	面粉			大米	面粉				
		公斤	公斤	公斤	人	公斤	公斤	公斤	人	公斤	公斤	公斤	人	公斤	公斤	公斤
20	安居	89161	69565	19596	–	0	–	–	1861	85606	66010	19596	79	3555	3555	–
21	菊河	90984	70672	20312	–	0	–	–	1929	88734	68422	20312	50	2250	2250	–
22	宝泉	61216	47780	13436	–	0	–	–	1276	58696	45260	13436	56	2520	2520	–
23	观桥	72612	60543	12069	–	–	–	–	1332	61272	49203	12069	252	11340	11340	–
24	建中	100840	77559	23281	–	–	–	–	2110	97060	74787	22273	84	3780	2772	1008
25	金石	117853	73853	44000	–	–	–	–	2383	109618	66618	43000	183	8235	7235	1000
26	进都	49235	38284	10951	–	–	–	–	1040	47840	36889	10951	31	1395	1395	–
27	断石	84746	65645	19101	–	–	–	–	1811	83306	64542	18764	32	1440	1103	337
28	玉林	91974	71662	20312	–	–	–	–	1929	88734	68422	20312	72	3240	3240	–
29	上新	91369	71267	20102	–	–	–	–	1909	87814	67712	20102	79	3555	3555	–
30	新鲁	220947	170947	50000	–	–	–	–	4632	213072	163072	50000	175	7875	7875	–
31	塔山	222398	173507	48891	–	–	–	–	4643	213578	164687	48891	196	8820	8820	–
32	广利	62735	48941	13794	–	–	–	–	1310	60260	46466	13794	55	2475	2475	–
33	龙树	105425	79455	25970	–	–	–	–	2150	98900	75930	22970	145	6525	3525	3000
34	老马	171185	139363	31822	4562	29653	29653	–	3022	139012	107190	31822	56	2520	2520	–
35	云同	68121	53611	14510	–	–	–	–	1431	65826	51316	14510	51	2295	2295	–
36	黎曙	95319	68282	27037	–	–	–	–	1989	91494	65578	25916	85	3825	2704	1121
37	永新	41576	26576	15000	–	–	–	–	851	39146	24146	15000	54	2430	2430	–
38	芦溪	289685.5	227831	61854.5	2975	19827.5	19827.5	–	5573	256358	197503.5	58854.5	300	13500	10500	3000
39	协和	84473	65909	18564	–	–	–	–	1763	81098	62534	18564	75	3375	3375	–
40	三元	163796	127404	36392	–	–	–	–	3416	157136	120744	36392	148	6660	6660	–
41	西平	329167	256742	72425	–	–	–	–	6877	316342	246908	69434	285	12825	9834	2991
42	双胜	71474	55690	15784	–	–	–	–	1499	68954	53170	15784	56	2520	2520	–
43	凯河	99206	78083	21123	–	–	–	–	2006	92276	71153	21123	154	6930	6930	–
44	幸福	189654	142003	47651	–	–	–	–	4074	187404	139753	47651	50	2250	2250	–
45	建设	142169	110274	31895	–	–	–	–	3029	139334	107439	31895	63	2835	2835	–
46	景福	78240	65620	14620	–	–	–	–	1380	63480	48950	14530	328	14760	14670	90
47	紫河	92269	72167	20102	–	–	–	–	1909	87814	67712	20102	99	4455	4455	–

续表4 —4

编号	镇乡名称	应供救济粮数量			其中：											
					三分之一溃坝补助粮				“三无”人员救灾粮				“三孤”人员补助粮食	-	其中	
		粮食合计	大米	面粉	应供人数	合计	其中		供应人数	合计	其中：		应供人数	合计	大米	面粉
							大米	面粉			大米	面粉				
		公斤	公斤	公斤	人	公斤	公斤	公斤	人	公斤	公斤	公斤	人	公斤	公斤	公斤
48	忠孝	74369	57953	16416	-	-	-	-	1559	71714	55919	15795	59	2655	2034	621
49	高堰	62129	48556	13573	-	-	-	-	1289	59294	46036	13258	63	2835	2520	315
50	石安	102590	80424	22166	-	-	-	-	2105	96830	74664	22166	128	5760	5760	-
51	富顺	172660	135763	36897	-	-	-	-	3640	167440	130543	36897	116	5220	5220	-
52	永明	376644	296985.5	79658.5	4011	15230	15230	-	7759	356914	278605.5	78308.5	100	4500	3150	1350
53	立新	122927	96528	26399	-	-	-	-	2507	115322	88923	26399	169	7605	7605	-
54	金鼓	63194	49305	13889	-	-	-	-	1319	60674	47568	13106	56	2520	1737	783
55	秋林	134355	104660	29695	-	-	-	-	2820	129720	100025	29695	103	4635	4635	-
56	花园	433075.5	313777.5	119298	8150	53312.5	53312.5	-	8153	375038	255740	119298	105	4725	4725	-
57	百顷	28824.5	19824.5	9000	1191	7651.5	2342.5	5309	383	17618	14097	3521	79	3555	3385	170
58	里程	111900.5	91720	20180.5	2146	9608.5	9608.5	-	2167	99682	79501.5	20180.5	58	2610	2610	-
59	光辉	160141	124277	35865	-	-	-	-	3406	156676	120812	35864	77	3465	3465	-
60	争胜	88086	72870	15216	2600	18685	18685	-	1451	66746	51530	15216	59	2655	2655	-
61	中太	278328	216222	62106	-	-	-	-	5898	271308	211308	60000	156	7020	4914	2106
62	新德	140529	140529	0	9006	58539	58539	-	1665	76590	76590	-	120	5400	5400	-
63	北坝	65667	54031	11636	988	6422	6422	-	1105	50830	39194	11636	187	8415	8415	-
	合计	8862608	6895539.5	1967069.5	51278	321471	316162	5309	178292	8201432	6259119.5	1942313	7549	339705	320258	19447
1	福利院	5000	5000	-	-	-	-	-	-	-	-	-	-	5000	5000	-
2	康复村院	5000	5000	-	-	-	-	-	-	-	-	-	-	5000	5000	-
3	精神病院	4950	4950	-	-	-	-	-	-	-	-	-	-	4950	4950	-
4	救助站	3000	3000	-	-	-	-	-	-	-	-	-	-	3000	3000	-
	总计	8880558	6913489.5	1967069.5	51278	321471	316162	5309	178292	8201432	6259119.5	1942313	7549	357655	338208	19447

二、板房

2008年7月1日，住房和城乡建设部分配安排给三台县板房3361套。根据全县受灾情况和急需，安排给教育系统中小学校2169套；卫生系统医疗卫生单位587套；县城居民安置点535套，镇乡场镇居民安置点70套。第一、二批板房由上海市城建集团和山东枣庄市援建单位安装，县城建、国土、消防、自来水公司和电力公司等单位配合安装，第三批由北京市、广东省、江西省援建，由受援单位自行安装。

三、药品医疗器械

县应急指挥部捐赠处接收药品医疗器械1565件（箱），全部调拨给县卫生局用于医疗救治受灾伤病员。2008年5月15日，四川腾龙医药有限公司捐赠一批价值11万元医用药品直接运抵县人民医院，用于救治重灾区伤员。县卫生局共接收绵阳市卫生局、市应急指挥部医疗救治药品器械29262件（箱、包），用于县内外灾区医疗救治受灾伤病员。是年6月29日，县红十字会接收绵阳市红十字会调拨给的金杯牌救护车2辆，每台价值7万余元，县红十字会调拨给县龙树镇卫生院、观桥中心卫生院使用；9月20日，县卫生局接收绵阳市抗震救灾卫生防疫指挥部调拨给的1辆由莱州市 人民医院捐赠的救护车（金杯牌），调拨给县中医骨科医院使用。

四、县捐赠处救灾物资发放

三台县抗震救灾应急指挥部捐赠处物资组，根据县内各地抗震救灾实际情况和需要，编制救灾物资发放计划，参加抗震救灾的县级各部门和有关单位根据需要向物资组提交救灾物资申请，经县政府副县长李晖和县政协主席苏才华等领导同志审批后进行发放，做好发放台账。各镇乡、县级各部门和单位做好救灾物资接收、管理，及时发放，利用多种形式进行公示，接受社会和群众的监督。县指挥部捐赠处物资组对2008年5月18日至8月27日救灾物资发放情况进行统计，衣被类合计接收75740件（床、箱），发放75772件，结存18件；食品类接收合计57127件（箱、袋、批），发放57127件；机器设备类接收合计479台（个），发放456台，结存23台；用品用具类接收合计222377件（捆、支），发放221894件，结存483件；药品类接收合计1565箱（件、批、包），发放1565箱；帐篷类接收合计14859顶（筒、件），发放9687顶（包括防雨篷布653件筒），结存5172顶；饮料类接收合计103554件，发放103554件；其他类接收合计1828台（件、套），发放1769台，结存59台；总合计接收477529件，发放471774件，结存5755件。

附：三台县救灾物资发放情况统计表

捐赠重要物资发放情况统计表（一）

表4－5　　2008.5.18～8.26止

单位	帐篷	棉被	毛毯	毛巾被	收音机	发电机	净水器	电风扇	接收数量	单位	帐篷	棉被	毛毯	毛巾被	收音机	发电机	净水器	电风扇	接收数量
永明	330	490	341	390	104	1	–	54	1710	前锋	–	291	346	266	20	–	–	–	923
花园	900	409	236	391	74	1	1	54	2066	高堰	8	163	203	122	40	–	3	–	539
芦溪	571	515	514	324	134	2	1	26	2087	玉林	30	235	229	136	20	–	–	–	650
老马	160	179	211	124	84	–	–	54	812	曙光	20	126	303	136	20	–	3	–	608
争胜	280	293	210	274	94	–	3	34	1188	广利	8	141	123	150	20	1	–	–	443

续表4 —5

单位	帐篷	棉被	毛毯	毛巾被	收音机	发电机	净水器	电风扇	接收数量	单位	帐篷	棉被	毛毯	毛巾被	收音机	发电机	净水器	电风扇	接收数量
灵兴	246	275	217	181	79	–	–	24	1022	协和	–	113	123	122	20	–	–	–	378
里程	290	379	211	324	79	–	–	24	1307	宝泉	40	206	123	255	20	–	–	–	644
新德	354	509	217	324	84	–	3	54	1545	上新	–	132	123	132	20	–	–	–	407
刘营	1339	525	527	324	164	1	1	56	2937	进都	100	222	123	222	20	–	–	–	687
东塔	55	313	259	282	90	–	–	4	1003	云同	–	122	123	122	20	–	–	–	387
北坝	110	369	282	124	104	1	–	26	1016	安宁	52	–	–	–	–	–	–	–	52
百顷	307	173	347	212	73	1	18	14	1145	防洪指挥部	14	–	–	–	16	–	–	–	30
潼川	839	700	558	257	169	2	1	106	2632	教育局系统	1082	–	–	–	200	–	–	–	1282
中太	–	291	282	189	45	–	–	–	807	县委办	11	–	–	–	–	–	–	–	11
建设	60	266	189	245	20	–	–	–	780	公安局	77	1255	180	–	120	1	10	100	1743
龙树	130	175	277	122	40	1	–	–	745	政府办	10	–	–	–	–	–	8	–	18
塔山	120	259	372	144	60	–	–	–	955	人大	5	–	–	–	–	–	8	–	13
石安	30	270	371	156	60	–	–	–	887	政协	5	–	–	–	–	–	8	–	13
永新	40	329	178	338	20	–	–	–	905	新村办及福利院	38	2307	1825	50	–	–	–	–	4220
富顺	40	237	387	122	60	–	–	–	846	政法委	3	–	–	–	–	–	–	–	3
三元	30	485	277	322	40	1	3	–	1158	检察院	5	–	–	–	–	–	–	–	5
秋林	20	245	296	42	60	–	1	–	664	广电局	7	–	–	–	–	1	–	–	8
中新	–	342	428	262	80	–	1	–	1113	工业园区	5	–	–	–	–	–	–	–	5
断石	3	179	178	189	20	–	–	–	569	老龄委	15	–	–	–	–	–	–	–	15
乐加	3	166	178	175	40	–	3	–	565	康复医院	–	–	70	–	–	–	–	–	70
新生	78	560	397	355	60	–	3	–	1453	局、委、办	–	295	20	190	372	–	–	–	877
景福	–	609	464	457	80	–	–	–	1610	建设局	10	50	60	–	–	6	–	–	126
紫河	–	153	260	122	40	1	–	–	576	水务局	–	6	–	6	–	2	–	–	14
建中	3	201	277	169	40	1	–	–	691	广客缘	–	–	–	–	–	1	–	–	1
郪江	–	229	198	189	20	1	–	–	637	宏达公司	–	–	–	–	–	1	–	–	1
安居	–	119	178	129	20	–	–	–	446	机要局	–	–	–	–	–	1	–	–	1
观桥	–	281	463	144	80	–	–	–	968	厦门特警	–	–	–	–	–	–	–	55	55

续表4 —5

单位	帐篷	棉被	毛毯	毛巾被	收音机	发电机	净水器	电风扇	接收数量	单位	帐篷	棉被	毛毯	毛巾被	收音机	发电机	净水器	电风扇	接收数量
鲁班	–	527	550	222	80	1	4	5	1389	自来水公司	1	–	–	–	–	–	3	–	4
幸福	30	253	178	265	20	–	–	–	746	国税局	5	–	–	–	–	–	–	–	5
古井	100	350	382	255	60	–	–	–	1147	民政局	95	–	–	–	–	–	–	–	95
万安	50	139	178	149	20	–	–	–	536	粮食局	5	–	–	–	–	–	–	–	5
凯河	–	210	278	158	40	–	–	–	686	固锐	50	–	–	–	–	–	–	–	50
西平	18	454	562	255	100	–	–	–	1389	平安一村	130	4	–	10	–	–	–	–	144
八洞	80	285	428	142	60	1	–	–	996	卫生局	241	–	–	–	100	–	–	–	341
乐安	–	445	564	189	100	–	26	–	1324	永安公司	15	100	–	100	–	–	–	–	215
建平	56	585	278	522	40	–	–	–	1481	消防中队	3	–	–	–	–	–	–	–	3
金石	–	353	541	189	60	–	10	–	1153	人武部	2	–	–	–	–	–	–	–	2
新鲁	105	757	629	451	80	–	22	66	2110	农业局	2	–	–	–	–	–	–	–	2
黎曙	–	146	178	156	20	1	–	–	501	县医院	10	–	–	–	–	–	–	–	10
立新	–	1017	370	922	60	1	–	–	2370	交通局	4	–	–	–	–	–	–	–	4
光辉	20	146	178	156	20	–	–	–	520	群工局	2	–	–	–	–	–	–	–	2
柳池	–	213	178	222	20	–	–	–	633	畜牧局	59	–	–	–	–	–	–	–	59
双胜	–	133	178	122	20	1	–	–	454	电信公司	30	50	50	–	20	–	–	–	150
忠孝	–	113	178	122	20	1	–	–	434	旅游局	7	–	–	–	–	–	–	–	7
金鼓	–	396	319	355	20	–	–	–	1090	一中台中	17	–	–	–	20	–	–	–	37
双乐	–	146	178	156	20	–	–	–	500	武引局	5	–	–	–	–	–	–	–	5
菊河	–	263	218	127	50	1	–	–	659	文武校	–	–	–	100	–	–	–	–	100
下新	9	142	178	142	20	–	–	–	491	合计	9034	23416	20525	14798	4215	35	144	756	72923

捐赠重要物资发放情况统计表（二）

表4－5－2　　　　2008. 5. 18 ~8. 26 止

单位	周转箱	电视机	手机	小灵通	菜油	大米	水壶	压力锅	自发电灯	接收数量	单位	周转箱	电视机	手机	小灵通	菜油	大米	水壶	乐厨及三组合蒸锅	电热锅	压力锅	自发电灯	接收数量
永明	20	2	1	1	8	–	–	–	10	42	柳池	–	1	–	1	4	–	–	–	–	–	5	–

续表4—5—2

单位	周转箱	电视机	手机	小灵通	菜油	大米	水壶	压力锅	自发电灯	接收数量	单位	周转箱	电视机	手机	小灵通	菜油	大米	水壶	乐厨及三组合蒸锅	电热锅	压力锅	自发电灯	接收数量
花园	30	3	1	1	12	615	–	–	20	682	双胜	–	1	–	1	4	–	–	–	–	–	5	–
芦溪	20	3	1	3	16	–	–	–	5	48	忠孝	–	1	–	1	4	–	–	–	–	–	5	–
老马	20	2	1	1	4	–	–	–	5	33	金鼓	–	1	–	1	4	–	15	–	–	–	5	–
争胜	20	2	–	1	4	–	–	1	5	33	双乐	–	–	–	1	4	–	–	–	–	–	5	–
灵兴	20	2	–	1	4	–	–	–	5	32	菊河	–	–	1	1	4	–	56	–	–	–	13	–
里程	20	2	–	1	4	–	–	–	5	32	下新	–	–	–	1	4	–	–	–	–	–	5	–
新德	20	2	–	1	4	–	15	–	5	47	前锋	–	1	–	1	4	–	–	–	–	–	5	–
刘营	20	3	1	3	16	–	–	–	20	63	高堰	–	1	–	1	4	–	15	–	–	–	8	–
东塔	–	–	–	2	4	–	–	–	10	16	玉林	–	–	–	1	4	–	10	–	–	–	11	–
北坝	20	2	1	1	4	–	–	–	5	33	曙光	–	–	–	1	4	–	15	–	–	–	5	–
百顷	20	2	1	1	4	–	–	–	5	33	广利	–	–	–	1	4	–	–	–	–	–	5	–
潼川	40	3	1	4	20	–	–	–	25	93	协和	–	–	–	1	4	–	–	–	–	–	5	–
中太	–	1	1	1	8	–	–	–	10	21	宝泉	–	–	–	1	4	–	–	–	–	–	10	–
建设	–	1	–	2	4	–	–	–	6	13	上新	–	–	–	1	4	–	–	–	–	–	5	–
龙树	–	1	–	2	8	–	–	–	10	21	进都	–	–	–	1	4	–	–	–	–	–	5	–
塔山	–	1	1	2	12	–	–	–	15	31	云同	–	1	–	1	4	–	–	–	–	–	5	–
石安	–	1	1	2	12	–	–	–	15	31	绵阳指挥部	–	–	–	10	100	40	–	–	114	–	–	–
永新	–	–	–	1	4	–	–	–	5	10	教育局系统	–	–	1	1	10	96	–	–	–	–	10	–
富顺	–	–	–	2	12	–	–	–	15	29	纪委	–	–	–	2	–	–	–	–	–	–	5	–
三元	1	1	–	2	4	–	–	–	10	18	组织部	–	–	–	2	–	–	–	–	–	–	5	–
秋林	–	1	–	2	4	–	10	–	13	30	统战部	–	–	–	2	–	–	–	–	–	–	5	–
中新	–	–	–	1	4	–	30	–	35	70	宣传部	–	–	–	2	–	–	–	–	–	–	5	–
断石	–	–	–	1	4	–	–	–	5	10	法院	–	–	1	1	–	–	–	–	–	–	3	–
乐加	–	–	–	1	4	–	10	–	5	20	县委办	–	–	3	4	70	40	30	30	50	50	34	311
新生	–	–	–	3	12	–	–	–	15	30	团委	–	–	1	1	–	–	–	–	–	–	2	4
景福	–	–	1	3	16	–	–	–	20	40	妇联	–	–	1	1	–	–	–	–	–	–	3	5

续表4—5—2

单位	周转箱	电视机	手机	小灵通	菜油	大米	水壶	压力锅	自发电灯	接收数量
紫河	–	–	–	2	4	–	–	–	10	16
建中	–	–	–	2	8	–	–	–	10	20
郪江	–	–	–	1	4	–	–	–	5	10
安居	–	–	–	1	4	–	–	–	5	10
观桥	–	–	1	3	16	–	–	–	20	40
鲁班	–	–	1	2	12	–	10	–	15	40
幸福	–	–	–	1	4	–	–	–	5	10
古井	–	–	1	2	12	–	–	–	15	30
万安	–	–	–	1	4	–	–	–	5	10
凯河	–	–	–	2	8	–	–	–	10	20
西平	–	–	1	3	20	–	–	–	25	49
八洞	–	1	1	1	8	–	–	–	12	23
乐安	–	1	–	4	16	–	50	–	23	94
建平	–	1	1	1	8	–	–	–	10	21
金石	–	1	1	2	12	–	–	–	15	31
新鲁	–	2	–	3	12	–	–	–	17	34
黎曙	–	1	–	1	4	–	–	–	5	11
立新	–	1	–	3	12	–	–	–	15	31
光辉	–	1	–	1	4	–	–	–	5	11

单位	周转箱	电视机	手机	小灵通	菜油	大米	水壶	乐厨及三组合蒸锅	电热锅	压力锅	自发电灯	接收数量
公安局	–	–	2	1	111	271	–	–	–	–	50	435
政府办	–	–	3	5	60	40	30	26	40	40	10	254
人大	–	–	3	5	50	40	20	20	40	40	10	228
政协	–	–	3	5	50	40	20	20	36	36	10	220
总工会	–	–	1	1	–	–	–	–	–	–	2	4
新村办及福利院	–	–	1	–	–	–	–	–	–	32	2	35
政法委	–	–	–	2	–	–	–	–	–	–	4	6
人事局	–	–	1	–	–	–	–	–	–	–	3	4
检察院	–	–	1	1	–	–	–	–	–	–	3	5
广电局	–	–	1	1	–	–	–	–	–	–	2	4
文体局	–	–	1	1	–	–	–	–	–	–	2	4
发改局	–	–	1	1	–	–	–	–	–	–	3	5
招商局	–	–	1	1	–	–	–	–	–	–	2	4
工业园区	–	–	2	1	–	–	–	–	–	–	3	6
统计局	–	–	1	1	–	–	–	–	–	–	2	4
计生局	–	–	1	1	–	–	–	–	–	–	2	4
局、委、办	–	–	–	48	15	–	–	–	–	–	177	240
厦门特警等	–	–	–	–	113	160	–	–	–	–	–	273
合计	271	51	50	200	1031	1342	336	96	280	199	997	4853

第四节　救灾资金和物资监管

一、救灾资金和物资监督

建立监督机构。2008 年 5 月 20 日，县抗震救灾应急指挥部成立抗震救灾资金物资监督组，由县纪委副书记、县监察局长罗东风任组长，相关部门负责人为成员。6 月 11 日，对监督组成员进行调整，由县委副书记陈福林任组长，有人大、政协、纪检、监察、检察、审计、财政、民政、教育、卫生、公安等单位领导为成员，其中县级领导干部6人。监督组下设综合协调、信访投诉处理、案件调查、审计监督、现场监督5个小组，明确各组职责。全县63个镇乡在5月25日前后相继成立以镇乡纪委、人大主席团成员为主的镇乡抗震救灾资金物资监督组，936个行政村和社区也相应成立监督机构，建立信访举报投诉点，全县形成横向到边，纵向到底的监督管理体系。结合镇乡村实际，开展督促检查，发现问题及时开展自查自纠。

建立监督制度。根据中央、省、市关于加强抗震救灾资金物资监管的通知精神，结合三台抗震救灾工作实际制定一系列管理制度。5月13日，县纪委、监察局下发《关于做好抗震救灾工作的紧急通知》，提出6条管理举措。为规范管理，县纪委、监察局还制发《关于开展抗震救灾资金物资使用情况专项检查的通知》《关于进一步加强“5·12”抗震救灾救济粮发放管理工作的通知》等纪律要求。及时转发《中共四川省纪委、四川省监察厅关于严肃纪律加强对抗震救灾资金物资监督检查的紧急通知》，要求全县各级各部门认真贯彻执行。按照县委、县政府要求，县指挥部再次下发《关于加强抗震救灾资金物资管理的紧急通知》。县委办、县政府办还及时制发《关于加强抗震救灾工作责任追究的通知》，对严格规范抗震救灾资金物资的接收、拨付、使用、公开、公示救灾资金物资收支情况提出纪律要求，对组织不力、玩忽职守、贪污、截留、挤占、挪用、私分、骗取抗震救灾资金物资等违纪行为明确组织处理规定。

开展督查。现场督促检查，县纪委、监察局派出4名纪检监察干部每天深入到财政、民政、卫生、物资保障组、物资仓库等单位开展专项检查，对各单位的收入、发放、库存进行严格审查，现场监督，责令有关单位限期整改救灾物资入库、出库不规范及结存不及时等问题。专项检查，5月14日至7月6日，先后5次组成专项督查组，抽调干部300人次，用14天时间深入到全县63个镇乡和397个村开展检查，先后开展救灾帐篷使用情况监督检查，镇乡救灾物资发放、管理、使用检查，受灾困难群众救助金发放程序核实和救灾款粮物发放落实情况等检查。检查中对个别镇乡存在物资发放手续不规范、公示不全面、发放不及时等问题进行严肃处理和纠正。县指挥部还向社会聘请67名义务监督员，专门监督县级部门、镇乡对救灾资金物资接收、管理、使用、分发情况，收集群众反映的意见。

畅通渠道，接受监督。县级各部门和各镇乡均设立以纪检监察机构为主的信访举报投诉点，公布举报投诉电话，通过电视、网络等新闻媒体以发公告方式向社会公布三台县投诉举报电话，县纪委、监察局安排专人坚持每天24小时值守举报电话。从5月24日至6月24日，县纪委、监察局共受理群众信访举报175件（省下转45件），咨询政策85件。按照高度重视、集中管理、分散核办、弄清事实、及时回报、发现线索、严肃处理的原则，督查组、县纪委直接查办40件，转办97件，报领导审批38件。主要反映救灾款物分配不公、不该享受而享受，应该享受而没有享受、分配弄虚作假、以权谋私、平均分配款物、强行捐款、作风不实、粗暴打人等问题。2008年5月至11月中旬，共受理群众信访举报570件，咨询政策380件，全县查处抗震救灾违纪案件，处分党员和干部6人。

二、救灾资金物资跟踪审计

抗震救灾资金物资跟踪审计。三台县审计局成立“5·12”抗震救灾资金物资跟踪审计领导小组，由局长任组长，分管领导为副组长，股室负责人为成员，下设6个跟踪审计小组，股室负责人为小组长，17名业务骨干为成员。县审计局制定《三台县抗震救灾资金物资审计方案》，明确目标、审计管理机构和制度，对抗震救灾资金和物资发放是否公示、是否按政策落实对象、有无滞留、挤占、挪用等问题进行审计。采取节假日不休息，深入到县资金物资接收管理分配现场、县级部门、镇乡、社区和村社，对管理和使用开展审计工作。

跟踪审计结果。灾民救助资金，2008年9月县民政局、财政局提供资料。至8月30日，三台县“三孤”人员7549人应发补助1090.96万元，实发7549人1090.96万元；应发“三无”人员178292人临时生活困难补助16402.77万元，实发178292人16084.26万元，应发未发318.5万元；地震死亡44人应发死亡抚恤金22万元，本县实发36人18万元，外县已发6人3万元，县内2名五保户应发未发1万元挂账；自建过渡房补助资金应发75860户15172万元，已发7559户1511.7万元，有68301人尚未发放13660.3万元。捐赠药品器械，截至6月23日，医院上报积压药品133种，医疗器械55种，药品、器械为非定向医疗物资；截至7月31日，共计组织采购药品及材料3批，价值331284.38万元，已发放给医疗单位，主要用于北川伤员、唐家山堰塞湖转移人员、病员救助等。活动板房建设，截至9月1日，住房和建设部三批安排三台县活动板房建设任务3361套，其中学校2169套、医院587套、城市居民535套、场镇居民70套。9月1日，第一、二批板房建设完成2404套，其中学校教学用房1282套、医院用房587套，北坝樟树路安置点535套于7月31日交付使用，入住2135套，入住率88.8%。救灾帐篷情况，三台县共接收救灾帐篷14474顶，截至7月末，拨给县级部门和镇乡10673顶（包括防雨布、篷布），库存3801顶，库存清点与账存数基本相符；教育局领帐篷1082顶，发放62所学校，安装使用。救灾粮油发放，截至8月10日，县粮食局向全县63个镇乡开据粮食调拨单8297吨，其中地震受灾救助粮7955吨，唐家山堰塞湖转移群众临时救助粮342吨，实际发放6474吨；截至8月21日，有60个镇乡已将粮食发放完毕，3个镇乡库存粮食804吨。三台县接受捐赠粮307吨，8次接受捐赠粮1342袋，经县领导批准已使用18吨，剩余281吨已纳入地震救济补助粮，发放到有关乡镇。县指挥部接受粮食1342袋，发放到10个单位，接受菜油1031箱已发到63个镇乡和9个县级部门。截至2008年9月，三台县共接收救灾物资476282件，主要有帐篷、彩条布、机械、车辆、粮食及食品、药品等，共发放470427件，结存5855件；全县抗震救灾资金收入144879.25万元，其中上级财政拨入143058.34万元（省级财政142855.34万元，市级财政143万元，市交通局拨道路抢通资金20万元，市粮食局拨粮油专项资金40万元），县本级财政安排1820.91万元；支出92821.86万元，结存资金52057.39万元；县收到捐赠资金1597.48万元，支出261.50万元，结存1335.98万元；县收到折价捐赠物资2315.81万元，已安排使用1031.35万元，结存1283.81万元。跟踪审计发现主要问题有：镇乡未及时上缴捐赠资金、滞留救灾补助资金、捐赠粮作救灾补助粮、改变安置点活动板房用途等，向县委、县政府和县指挥部作专题汇报，提出审计建议，将各部门、镇乡捐赠资金收缴指挥部专户统一安排使用，捐赠粮清理归垫，积压药品清理并妥善处理，加强帐篷管理，避免造成损失浪费。

第三章　灾区群众生活

第一节　灾民安置

一、临时过渡安置

“5·12”地震发生后，全县约有100余万人搭建临时“避震棚”。

县抗震救灾应急指挥部物资供应保障组立即组织商贸企业、商业网点购进塑料布、彩条布、木板、钢丝床等物资，限价向灾民供应。动员群众自己动手，在集中安置点搭建临时“避震棚”。供电、供水和供气部门组织紧急抢修被损毁设备设施。5月13日下午，水电气和电信恢复正常。县城潼川镇在临时划定点搭建临时“避震棚”7000余处，疏散群众5.28万人。北坝镇疏散群众在东河路、梓州干道和住所附近搭建临时住所。其他各镇乡在场镇空旷地带设2~3个临时安置点安置灾民，农村倒房户、危房户居民在各自住所附近搭建临时住所。全县在集中临时安置点安置受灾群众30余万人。

帐篷安置。救灾帐篷首先用于灾民、医院、学校及被鉴定为危房的机关办公场所。县应急指挥部捐赠处共接收救灾帐篷14859顶，下拨给县级各部门和镇乡9687顶（包括防雨篷布、防雨布653筒件）。其中教育系统1082顶，全部发放到62所学校，用于应急救灾使用。卫生系统241顶，全部下发到4所县级医院和镇乡卫生院搭建避震篷，用于救治伤病员。下拨给镇乡帐篷，主要用于场镇集中安置点搭建帐篷，安置灾民躲避余震。其中拨给堰塞湖泄洪13个镇乡安置点搭建帐篷3923顶，集中疏散安置避险群众8763人，分散安置4.57万人；撤离疏散群众全部纳入受灾群众补助范围，每人每天补助10元钱，0.5公斤粮，投亲靠友外出务工等自行安置群众除按规定补助外，每人每天再补10元钱。6月2日，在三台县一中学校集中安置点搭建规范帐篷300顶，安置灾民1000余人。县城在潼川、北坝两镇的新客运站、北坝台棉厂、固锐公司、康尔达木业公司等设5个集中安置点，由两镇为主，部门配合，安置1100户灾民。灵兴镇接收帐篷246顶，搭建30余处临时避震篷，安置灾民3000余人。建平镇组织干部、应急民兵搭建避震帐篷（棚）1000余顶。古井镇接收帐篷100顶，搭建帐篷和“避震棚”5800个，安置灾民1.89万人、学生4000余人。刘营镇接收帐篷1339顶，组织群众搭建临时帐篷（棚）5800余处，安置灾民1.89万人。新鲁镇先后接收救灾帐篷105顶，共搭建临时帐篷（棚）5800余处，疏散安置灾民1.38万人，转移安置住院病人28名。八洞镇接收帐篷80顶，组织灾民撤离到空旷地带搭建帐篷（避震棚）350处，安置灾民3500余人。景福镇疏散群众1.46万人，组织场镇1300余人在划定的临时居住点搭建临时避震篷300余处。观桥镇组织共搭建帐篷、草棚、竹棚、塑料篷7600余处，全镇4万余人在简易避震棚内躲避余震。百顷镇划定6个临时居住点，场镇附近居民在指定点搭建临时帐篷，接收帐篷350余顶，搭建临时帐篷集中和分散转移避灾群众1.89万人。龙树镇接收帐篷130顶，搭建临时帐篷28处，疏散群众5000余人。

二、极重灾区灾民安置

2008年5月17日晚23时，县抗震救灾应急指挥部接到市指挥部要求三台安置极重灾区受灾群众的指令，立即召开县指挥部全体成员会议，安排布置连夜集中安置极重灾区灾民643人。落实6名县级领导干部负责安置。当晚抽派公安、民政、经济商务、规划建设、卫生、群团等单位人员，成立安置灾民接收登记、安全保卫、卫生防疫、后勤物资保障等工作小组，对入住灾民进行服务和管理。安置区设在县体育中心、县体育馆和工业园区京冶轴承闲置厂房内，连夜搭建帐篷130个，组织棉被、洗漱用具近1000套，衣物3200件，及时提供开水、方便面等晚餐。组织志愿者200余人，为灾民提供热情服务。安置区定名为平安村，安排县人大常委副主任达建川为平安村村长，吃住在平安村。在平安村还为灾民搭建浴室2间，安排1台长安面包车、4台出租车和5名志愿者司机为灾民提供服务；三台中学食堂供给1日3餐，均有热菜热饭，中午3菜1汤，1天提供开水4次；为儿童、老年人备有牛奶、饮料、矿泉水和糕点供应。还安装有线电视、免费固定有线电话、无线电话，移动公司为灾民免费提供充值卡1张（10元）；对中小学生进行登记，开设电脑课程，“六一”儿童节，为灾民放映电影两场。在安置区设医疗点，刘营中心卫生院派出7名医生，永新卫生院派出3名医生，24小时值班，免费为灾民诊治疾病，需住院治疗的灾民，县人民医院派救护车接送。县环卫所在安置区专设垃圾桶，4名环卫工人负责清扫保洁，卫生防疫部门派人每天喷洒消毒液消毒两次。平安村还建立临时中共党支部和村委会，建立请销假、离村登记、学习等制度，实行封闭式管理。公安干警30余人实行昼夜值班，加强巡逻，保证入住灾民人身和财产安全。针对唐家山堰塞湖险情，做好紧急避险预案。认真做好咨询解答工作，接待来访群众5000余人次。县健康教育所、科技局等单位专业人员为灾区群众举办健康知识讲座，发放卫生防疫、地震知识有关资料3000余份。5月17日至6月6日，共安置极重灾区灾民787人。县委、县政府先后对4批集体离村返乡灾区群众统一安排车辆，为每位群众准备1天干粮、矿泉水等食品，并派领导和工作人员护送回到目的地。6月7日至20日，县民政局牵头，对安置区内灾民领取捐赠物品进行清理，未用完的物资全部上交，文书档案整理成7卷，送指挥部统一归档。

镇乡接收安置。北川、安县、江油、绵竹等极重灾区灾民投亲靠友到三台，各镇乡农村农户分散安置灾民。灵兴镇安置75人；中新镇安置77人；永明镇安置灾民50人；芦溪镇安置灾民40人；刘营镇9户农户安置灾民44人；景福镇11户农户安置灾民37人；金石镇安置灾民25人；郪江镇安置灾民16人；八洞镇安置灾民15人；争胜乡安置灾民11人。各镇乡领导和民政人员及时下村慰问异地灾民，送去粮食、食油和生活用品。

三、板房安置

2008年7月1日，住房和城乡建设部共3批次分配三台县活动板房共3361套，根据受灾情况安排给学校2169套、医院587套、城市居民535套、场镇居民70套。7月10日，三台县成立过渡房安置领导小组，落实县规划和建设、国土、消防、自来水、电力等单位任务和职责，做好安置点选址、场地平整、水电配套工作。县国土、城建和受援单位先后完成学校活动板房过渡安置点49个、医院医疗和民政福利板房安置点14个、场镇居民板房安置点2个、城市居民板房安置点1个，共66个的选址、“三通一平”及相关配套工作。县级各部门和援建单位紧密配合，上海市城建集团援建三台804套高考活动板房设置在三台中学、三台一中校安装，是年7月2日相继验收投入使用。山东省枣庄市援建1600套活动板房分布在19个镇乡24个安置点，其中教学用房478套，医疗用房587套，城市居民用房535套，于当年7月29日、30日通过验收投入使用。第三批活动板房957套由北京市、广东省、江西省援建，受援单位自行安装，当年8月20日投入使用。县城居民活动板房535套，安置人员2000余人，位于北坝镇樟树路县体育中心北边，实行小区统一管理和自我管理相结合，安置主要有潼川镇社区困难无房未享受补贴56户、企业公房职工安置户16户、灾后重建房32户、工程拆迁过渡安置户90户，北坝镇耀森上城拆迁户116户、琴泉西路拆迁户46户、龙潭村、东涪路、耀森路社区无房困难户15户。场镇两个安置点，古井镇20套，安置60余人；安居镇50套，安置150余人。

四、新“三孤”人员安置

汶川大地震造成三台县新增“三孤”人员3人，其中孤儿1人，孤残2人。孤儿李×，男，9岁，父母在汶川映秀镇遇难，李×由其奶奶金石镇桐子村5社杨××自愿监护。孤残何××，男，36岁，余震受重伤致瘫痪，2008年8月由西平镇青云观村6组其伯父照养，县人民医院康复治疗后收入西平养老院。孤残无名氏（精神病）女，约50岁，县精神病院收治。

第二节 灾民生活救助

一、灾民临时生活救助

根据民政部《关于对汶川地震灾区实施临时生活救助问题的通知》精神，按照省、市要求，全县各镇乡对因灾受损房屋逐户进行鉴定检查，对灾民情况进行核实。按照灾民本人申请，村社群众评议，镇乡审核，县民政局审批，再由镇乡公示程序，严格审核救助对象。救助对象为：因地震灾害造成无房可住、无生产资料、无收入来源的“三无”困难群众；因地震灾害造成的孤儿、孤老、孤残人员，受灾的原“三孤”人员；补助标准：“三无”困难群众每人每天10元钱，0.5公斤成品粮，期限2008年5月12日至8月11日，共92天；原受灾造成的“三孤”人员每人每月600元，受灾的原“三孤”人员每人每月补足600元，按月计算标准，共计3个月。全县通过“一折通”将临时生活救助款全部发放到灾民个人账户，共发放186959人17596.57万元，成品粮8881吨。

二、后续生活救助

后续生活救助，按照审批程序由本人申请、镇乡审核，县民政局审批，镇乡公示，严格审核对象。救助的对象和标准，后续生活救助金用于地震受灾困难群众前期生活救助后生活困难的基本生活后续救助；因灾造成的新“三孤”人员每人每月补助400元，受灾的原“三孤”人员每人每月补足400元；生活困难的遇难（含失踪及重伤残）者家庭成员每人每月补助300元；因灾住房倒塌或严重损坏且生活困难的受灾群众每人每月补助200元；后续救助期限为2008年9月至11月，共计3个月。2008年12月29日，三台县财政局、民政局以三财社〔2008〕87号印发《关于下拨“5·12”地震灾害生活救助金的通知》，下拨救助金。明确资金的管理和发放，规范财金手续，严肃财金纪律，实行专账专户，以“一折通”方式发放到户。要求救助对象名单必须在镇（乡）广播电视上或村务公开栏等多种形式进行公示，接收社会和群众监督。后续生活救助共80033人，救助资金4999.99万元

三、地震死亡人员特困家庭临时生活救助

地震死亡人员家庭困难符合标准，纳入灾民临时生活救助和后续生活救助。地震灾害导致主要劳动力遇难或致残且无生活来源的特困户，按省政府规定从2009年11月起至2010年3月止，给予特困家庭每月每户450元的一次性生活补助，连发5个月用于购买生活设施和必须品，通过“一折通”将救助款全部发放到个人账户，共发放27户84人60750元。

四、农房重建补助

“5·12”地震灾后农房重建补助资金，由中央资金和省级资金给予重建补助。过渡安置房补助，补助对象为地震灾害使农房倒塌和严重损毁的农户自建（或投亲靠友）过渡房的，每户补助2000元，随同农房重建一并兑现，共78019户，补助资金15603.8万元。农房重建补助，补助标准为两类三档，一般农户：1人~3人户为1.6万元、4人~5人户为1.9万元、6人户以上为2.2万元；困难农户：1人~3人户为2万元、4人~5人户为2.3万元、6人户以上为2.6万元；全县共审批补助对象74393户，2008年补助98113.72万元，2009年补助19011.62万元。维修加固补助资金，补助标准划分为轻微损坏、中等损坏、严重破坏3个档次，每户分别确定为1000元~2000元、2000元~4000元、4000元~5000元，经核实全县损坏农房205521户，共发放维修加固补助资金61656.3万元。“三孤”“五保”户和敬老院住房重建补助，不单独建房，以新建敬老院集中供养，按每张床位补助2.5万元。三台县被认定无房散居“五保”对象为2733人，补助资金6832.5万元；原敬老院维修补助资金1750万元，用于敬老院重建和维修加固。

附：三台县“5·12”地震受灾困难群众生活救助资金表

三台县“5·12”地震受灾困难群众生活救助金安排表

表4－6　　　　单位：人、元

序号	镇乡	前期							后续										金额总计
		其中救助人数					合计	金额（元）	其中救助人数								人数合计	金额合计	
									新老三孤					生活困难的遇难（含失踪）及重伤残者	因灾住房倒塌或严重损坏且生活困难群众				
									人数小计	其中									
										新“三孤”	原三孤人员								
		散居“五保”	集中“供养”	城镇“三无”	新“三孤”	一般救助					散居“五保”	集中供养“五保”	城镇“三无”						
	合计	6294	983	269	3	179410	186959	175965720	7468	3	6277	918	272	537	72028	80033	49999980	225965700
1	永明	100	－	－	－	7759	7859	7288280	97	0	97	0	0	8	3031	3136	1913160	9201440
2	中太	144	12	－	－	5898	6054	5656920	156	0	145	11	0	0	2332	2488	1537200	7194120
3	建设	52	11	－	－	3029	3092	2878210	63	0	52	11	0	4	1190	1257	771480	3649690
4	花园	91	14	－	－	8153	8258	7654480	95	－	87	8	－	33	3188	3316	2026020	9680500
5	光辉	57	20	－	－	3406	3483	3243620	76	0	59	17	0	2	1348	1426	874860	4118480
6	柳池	41	11	－	－	1216	1268	1193750	50	0	40	10	0	0	496	546	339780	1533530
7	龙树	38	77	30	－	2150	2295	2158060	145	0	38	77	30	6	885	1036	626160	2784220
8	双胜	43	13	－	－	1499	1555	1459570	51	－	39	12	－	－	606	657	405900	1865470
9	塔山	118	78	－	－	4643	4839	4544500	189	－	114	75	－	2	1890	2081	1283520	5828020
10	忠孝	50	9	－	－	1559	1618	1520350	55	－	48	7	－	－	629	684	424800	1945150
11	金鼓	44	12	－	－	1319	1375	1294240	58	－	46	12	－	20	521	599	379200	1673440
12	高堰	49	14	－	－	1289	1352	1276600	63	0	49	14	0	0	525	588	367980	1644580
13	石安	81	47	－	－	2105	2233	2115910	128	0	83	45	0	2	900	1030	643620	2759530
14	老马	50	6	－	－	3022	3078	2862620	58	0	52	6	0	5	1186	1249	768840	3631460
15	里程	46	12	－	－	2167	2225	2077400	58	－	48	10	－	0	857	915	563400	2640800
16	争胜	59	－	－	－	1451	1510	1423420	59	－	59	－	－	4	580	643	405180	1828600
17	新德	108	12	－	－	1665	1785	1708560	117	－	105	12	－	10	701	828	531600	2240160
18	永新	42	12	－	－	851	905	860680	53	－	53	－	－	2	356	411	260160	1120840
19	富顺	82	34	－	－	3640	3756	3513620	116	0	82	34	0	0	1463	1579	971640	4485260
20	三元	139	9	－	－	3416	3564	3362290	155	－	145	10	－	25	1371	1551	983700	4345990
21	秋林	99	4	－	－	2820	2923	2747820	104	0	104	0	0	12	1129	1245	782100	3529920
22	东塔	74	－	－	－	943	1017	978560	71	0	71	0	0	0	397	468	301800	1280360
23	百顷	79	－	－	－	383	462	470860	79	－	79	－	－	10	177	266	186540	657400
24	中新	121	－	－	－	3762	3883	3642540	119	－	119	－	－	10	1494	1623	1012860	4655400

续表4—6

序号	镇乡	前期							后续									金额总计
		其中救助人数					合计	金额（元）	其中救助人数							人数合计	金额合计	
									新老三孤					生活困难的遇难（含失踪）及重伤残者	因灾住房倒塌或严重损坏且生活困难群众			
									人数小计	其中								
										新“三孤”	原三孤人员							
		散居“五保”	集中“供养”	城镇“三无”	新“三孤”	一般救助					散居“五保”	集中供养“五保”	城镇“三无”					
25	断石	32	–	–	–	1811	1843	1714120	33	–	33	–	–	–	718	751	460560	2174680
26	玉林	72	–	–	–	1929	2001	1882680	70	–	70	–	–	–	774	844	527400	2410080
27	乐加	87	–	–	–	2185	2272	2140700	85	0	85	0	0	3	879	967	606780	2747480
28	新生	208	1	–	–	4197	4406	4174470	208	–	209	–	–	–	1723	1931	1221000	5395470
29	曙光	76	–	–	–	1510	1586	1503200	75	–	75	–	–	–	612	687	435000	1938200
30	景福	326	–	2	–	1380	1708	1760490	325	–	323	–	2	3	658	986	688800	2449290
31	双乐	91	–	–	–	2079	2170	2049180	91	–	91	–	–	–	836	927	583500	2632680
32	广利	55	–	–	–	1310	1365	1287700	55	–	55	–	–	8	518	581	367980	1655680
33	紫河	99	–	–	–	1909	2008	1904780	99	–	99	–	–	–	779	878	556380	2461160
34	协和	75	–	–	–	1763	1838	1734460	73	–	73	–	–	–	711	784	492300	2226760
35	建中	79	5	–	–	2110	2194	2065850	78	0	73	5	0	4	849	931	581700	2647550
36	宝泉	56	–	–	–	1276	1332	1257920	56	–	56	–	–	–	513	569	358200	1616120
37	郪江	60	11	–	–	1925	1996	1874530	73	–	60	13	–	21	743	837	530640	2405170
38	安居	79	–	–	–	1861	1940	1830620	79	–	79	–	–	4	742	825	519900	2350520
39	观桥	252	–	–	–	1332	1584	1603440	252	–	252	–	–	20	606	878	607800	2211240
40	菊河	50	–	–	–	1929	1979	1849680	50	0	50	0	0	3	768	821	508560	2358240
41	鲁班	174	26	–	–	2822	3022	2889220	200	–	175	25	–	29	1139	1368	882720	3771940
42	幸福	35	15	–	–	4074	4124	3819030	50	–	35	15	–	5	1582	1637	994500	4813530
43	下新	72	3	–	–	827	902	872530	70	0	68	2	0	7	363	440	286920	1159450
44	古井	155	80	–	–	8225	8460	7897900	235	–	157	78	–	10	3310	3555	2184420	10082320
45	万安	59	3	–	–	1159	1221	1158470	62	0	59	3	0	0	475	537	340380	1498850
46	上新	79	–	–	–	1909	1988	1874780	77	0	77	0	0	0	769	846	530700	2405480
47	凯河	154	–	–	–	2006	2160	2076520	154	0	154	0	0	14	831	999	649920	2726440
48	西平	237	45	2	1	6877	7162	6740480	296	1	250	43	2	9	2779	3084	1927500	8667980
49	八洞	92	–	–	–	3993	4085	3811560	92	–	92	–	–	–	1580	1672	1030680	4842240
50	进都	31	–	–	–	1040	1071	1003300	31	–	31	–	–	7	407	445	278580	1281880

续表4－6

序号	镇乡	前期							后续									金额总计
		其中救助人数					合计	金额（元）	其中救助人数							人数合计	金额合计	
									新老三孤					生活困难的遇难（含失踪）及重伤残者	因灾住房倒塌或严重损坏且生活困难群众			
									人数小计	其中								
										新“三孤”	原三孤人员							
		散居“五保”	集中“供养”	城镇“三无”	新“三孤”	一般救助					散居“五保”	集中供养“五保”	城镇“三无”					
51	乐安	151	25	–	–	4796	4972	4669570	175	0	155	20	0	26	1901	2102	1315500	5985070
52	建平	159	6	1	–	5208	5374	5038185	160	0	153	6	1	10	2084	2254	1401120	6439305
53	前锋	58	5	–	–	1222	1285	1217390	59	0	55	4	0	11	494	564	357960	1575350
54	云同	51	–	–	–	1431	1482	1393020	54	–	54	–	–	–	571	625	391380	1784400
55	金石	100	82	–	1	2383	2566	2445020	180	1	99	80	0	40	961	1181	751080	3196100
56	新鲁	104	71	–	–	4632	4807	4504770	172	0	100	72	0	3	1877	2052	1262400	5767170
57	黎曙	39	46	–	–	1989	2074	1944960	84	–	41	43	–	3	804	891	547860	2492820
58	立新	119	50	–	–	2507	2676	2546440	169	0	117	52	0	42	978	1189	761460	3307900
59	芦溪	224	76	–	–	5573	5873	5556640	278	–	216	60	2	4	2375	2657	1660320	7216960
60	刘营	247	26	–	1	6599	6873	6475360	271	0	245	26	0	27	2651	2949	1851540	8326900
61	灵兴	85	–	–	–	3802	3887	3625340	83	0	83	0	0	4	1509	1596	983940	4609280
62	北坝	31	–	156	–	1105	1292	1210520	190	1	31	0	159	12	560	762	422460	1632980
63	潼川	334	–	78	–	6580	6992	6628035	409	0	333	0	76	53	2347	2809	1778640	8406675

第三节　市场供应

一、市场组织管理

2008年5月12日22时，县抗震救灾应急指挥部安排，由县经济商务局牵头，县工商局、物价局、公安局联合印发《组织商品供应，保持市场稳定》通告。通告要求：县内各商业超市、日用品商店、农贸市场、物资配送中心等商业网点要积极组织货源，保障市场供应，必须在5月13日下午14时前开门营业，各经营户要明码实价、货真价实，严禁哄抬物价、囤积居奇；广大市民要服从指挥，自觉排队，有序购物，严禁哄抢生活必须品；公安、工商、物价部门要组织力量加强监管，维护正常经营秩序；凡囤积居奇、哄抬物价、哄抢日常生活用品者，相关部门将按有关规定进行处理，直至追究刑事责任。《通告》印制400份，从拟稿、审签、印刷、张贴，时间不超过1小时。

《通告》立即通过县广播电视台、县公安指挥车进行广泛宣传。

5月13日上午8时，中共三台县委副书记陈福林、县政府副县长李哲带领县经济商务局等部门和有关单位负责人分别到超市、市场、物资配送中心现场办公，要求县电力公司、自来水公司限时解决商家的用电用水等实际困难，确保商业企业开门营业，满足灾民的生活急需。是日12时，县经济商务局、县物价局领导和工作人员赶到广客缘、三九、运城3家物资配送中心召开救灾物资货源与供应专题研讨会议，帮助商家解除疑虑和实际困难；是日下午14时，县城3个配送中心、8个超市、3个市场开门营业。是日，全县63个镇乡抗震救灾应急指挥部领导和物资供应组成员到各自场镇商店、餐饮店组织动员尽快恢复营业，检查救灾所需物资储备和供应情况，组织安排尽快恢复供电、供水、供气。

三台县工商行政管理局迅速启动《市场监管应急预案》I级响应，成立抗震救灾应急领导小组、应急分队，进入24小时待命紧急状态，抗震救灾期间共出动2760人次、车辆582台次，检查市场857个次、超市824家次、摊位2.26万个次，立案查处违章违法行为17件。全力支持灾后市场主体恢复和发展，共免收企业年检费7.5万元，对地震中遗失或损毁营业执照的25户企业、159户个体户予以免费补（换）发营业执照，对40余户暂不能提交住所和经营场所证明文件申请登记的个体工商户，经审核予以先发照、后补交证明材料。

三台县物价局成立抗震救灾领导小组，落实市场物价监管工作，制定方案和实施办法，会同有关部门制发《保持物价稳定，对囤积居奇、哄抬物价的不法行为给予严厉打击的紧急通告》，保障市场供应，稳定市场物价。加强建材市场监管，为灾后重建服务，出台建材临时价格干预政策，对县内生产水泥、红砖、河砂、瓦实行最高限价，对经销外地建筑材料销售价格实行差率管理，对建材运费实行限价管理。是年底，查处建材价格违法案件18件，罚款9万元，清退2万元。

绵阳市三台食品药品监督管理局、三台质量技术监督局加强灾后食品药品安全、食品质量、计量器具、救灾物资检验，排除安全隐患5处，对建材产品质量进行专项监督检查，帮助5家红砖生产企业解决烧结砖爆烈等问题。

二、灾后市场供应

2008年5月13日14时，全县3个物资配送中心、8个超市、3个市场开始恢复营业，及时采购补充方便食品饮料和避灾帐篷布（彩条布），货源充足，市场价格稳定，县城水、电、气和各加油站恢复营业。镇乡场镇商业网点相继恢复营业，组织购进商品，保证市场供应。是年6月11日，县城区商店、超市、饭店已全部恢复正常营业。

灾民临时安置点供应。2008年5月17日至6月6日，县体育中心广场平安村异地灾民安置点安置灾民787名，县经济商务局购置发放8万余元的生活必须商品。来自北川、安县、什邡等地180名伤员和护理家属生活，县经济商务局及时安排由三台大酒店为其提供生活用餐，坚持标准，审查菜谱，针对特殊伤员提供特殊服务。堰塞湖避险沿涪江13个镇乡临时安置点，县经济商务局利用“万村千乡市场工程”商务平台，组织35个加盟店和5家超市作为供货企业，在安置点搭建帐篷店51个，供应日常生活用品。

粮油食品供应。按县指挥部指令，县粮食局组织粮食调运、加工。2008 年 5 月 14 日，将加工 30 吨赈灾大米从县金石粮站运往北川县雷鼓、香泉等镇乡。截至 6 月 2 日，共组织粮源 1768 吨，加工成品粮 1150 吨，保证县内市场供应。县粮食局加强全县粮食企业、各大超市和粮店的监管力度，确保大灾之后粮食价格稳定。是年，县粮食局开展“粮油购销救灾服务”活动，组织 6 家国有粮食企业小春粮油收购和无偿代农储粮。截至是年 11 月底，无偿代农储粮 2123 吨，兑换粮油 9860 吨。

建材供应。2008 年 7 月，三台县灾后农房重建工作全面展开，全县红砖供求紧张价格上扬。根据省、市人民政府文件规定，确保红砖市场价格稳定，三台县人民政府出台红砖等建材临时价格干预措施，县内生产红砖实行最高出厂价，对经销外地红砖实行最高限价，对红砖运费实行限价管理。截至年底县人民政府办公室和县物价局先后发出文件、通告 19 个，对生产企业进行价格提醒和告诫。实行监管和保障措施，采取统筹协调、点对点供应，排单调配，各镇乡派驻厂监察员，全县派驻 114 名驻厂监察员，面向社会聘请价格监督员 22 名，物价局落实 5 名片区价格联络员，共同做好红砖市场供应和价格监管，保障灾后重建的建材供应。

支援北川等县物资供应。汶川大地震后，按照市应急指挥部安排，三台县先后组织方便面、桶装水、防雨塑料布和其他救灾物资 6 大卡车（价值约 23 万元）送往北川、安县等极重灾区，提供后勤物资保障。按照四川省商务厅要求，三台县组织商品 800 余种价值 20 余万元，由天天量贩公司代表三台组织赴北川流动售货队，由 29 名服务员组成，用 4 天时间绕道江油、平武、松潘、茂县进入北川县青片、任家坪、雷鼓等 9 个乡镇，建商店、帐篷商品店 15 个。

第四节 文化生活

一、灾民临时安置点文化生活

2008 年 5 月 12 日至 20 日，县体育中心、县体育馆、迎宾广场、县文化馆、喜洋洋广场等空旷地带前来避震受灾群众达 6 万余人。5 月 17 日至 6 月 6 日，县异地极重灾区灾民集中安置点平安村接收安置北川、绵竹等灾民 787 人。5 月 31 日至 6 月 10 日，堰塞湖沿涪江 13 镇乡集中安置 8736 名群众避险。在地震后，三台县电视台、有线广播电视率先在全市恢复节目播出，新闻网恢复网站、有线电视网站全天候保持通畅；投资 20 余万元在县体育馆、京冶轴承厂等灾民安置点接通有线电视；投入资金 128.1 万元为灾民安置点安装有线广播和电视等应急公共服务系统。是年 6 月 16 日，共青团四川省委下派的“抗震救灾电影放映小分队”到三台县，在县城潼川一小、喜洋洋广场为孩子们放映《长江七号》电影片。全县组织 28 支电影放映队为灾民安置点、板房安置点放映电影 1760 余场，其中唐家山堰塞湖三台安置点放映 950 余场；农村公益性电影 11232 场，影企联姻电影 800 余场。三台县图书馆利用共享工程设备到安置点放映电影 50 余场，展出图片 5000 余幅，服务群众 15000 余人次。

二、文艺演出

“5·12”地震救灾期间，组织开展各种演出活动。2008年5月22日下午，由县抗震救灾应急指挥部主办，县委宣传部、县文体局承办的“爱在天地间”大型赈灾募捐义演于16时20分在县城迎宾广场举行，县四大领导班子成员和县级各部门及部分企业负责人、市民3000余人参加募捐义演活动，义演活动共募得善款140余万元。是年6月27日，县委宣传部、县文体局在县文化馆艺术广场举办“庆七一迎奥运颂改革”大型广场文艺演出活动，3000余人观看演出。是年7月26日，县委宣传部、文体局在县城迎宾广场举行三台县欢送厦门市公安特警撤回归建仪式，全县各届群众数万人参加欢送。7月31日，在县体育中心举办“弘扬救灾精神，军民鱼水情深”庆祝建军81周年军民联欢晚会。是年9月27日，县委宣传部主办，县文体局承办在县体育馆举行庆祝建国39周年暨纪念改革开放30周年“在灿烂阳光下”歌咏大会。是年10月8~9日，全国政协教科文卫体委员会到三台县举行“三下乡”慰问活动，县委县政府委派领导负责接待工作，县委宣传部和县文体局具体负责联系和协调组织工作。10月8日下午，中央电视台“同一首歌”节目演出在县城梓锦广场举行，众多明星如陶红、庞龙、付笛生夫妇、甘萍等同台献艺，现场观众4000余人观看演出。

三、文艺创作活动

在抗震救灾期间，三台县委宣传部组织，县广播电视局电视台拍摄全面反映三台县抗震救灾工作电视专题片，其中有《三台县“5·12”四川汶川地震灾害受损及抗震救灾纪实》，全县学校受损情况专题片《托起明天的希望》。县梓州之光社、县文联编写《梓州之光》《琴泉》文学抗震救灾诗刊，通过诗歌、报告文学、散文、书法、美术、歌曲、图片等方式展现三台县抗震救灾工作。《琴泉》文学季刊出版一期“抗震救灾”专辑，刊登诗歌、散文、小说、学生作文、歌曲、美术、书法作品400篇（件）。全县文艺工作者在市以上发表文艺作品近200篇（件）。本县作家邹开歧、张庆与市创作组一道完成30集抗震救灾电视剧《苍天作证》的创作工作。青年作者江彬如深入灾区甘当志愿者，创作纪实等作品20余篇。青年作者姚小红深入基层采访，创作两万余字报告文学《抗震救灾—三台在行动》，先后在绵阳市等文学刊物登载。

四、科技文史工作

县科学技术局作为职能部门牵头启动《三台县地震应急预案》，挤出办公费6万元编印《抗震救灾科普知识》5期8万余份发至全县。科技局接待国家地震局专家5批30多人次到三台县调研，代县政府编写《防震减灾与生态环境修复规划》《三台县地震灾害损失及资源环境承载能力评估评价》，绘制《三台县“5·12”大地震裂度示意图》等。县科协向全县机关、学校、单位和镇乡发送抗震救灾科普读物、挂图1.4万余册（套），在《三台科普》、三台政务网“科普之窗”、三台电视台“科普大篷车”专题节目中刊播抗震救灾、科学避险、灾后防疫知识，引导群众科学应对，消除惶恐心理。县广播电视局现场直播录播全国政协“三下乡”慰问演出《同一首歌》，在《三台新闻》节目中先后开辟《抗震救灾·众志诚城》《抗震救灾英雄谱》等栏目，快速传达县委、县政府号令，正确引导舆论，稳定群众情绪，保障宣传主渠道畅通。三台电信分公司、移动通信公司、联通公司在地震后，迅速组织路线、网络保障小组进行抢修，以最快速度恢复固定电话、小灵通、数据业务和无线通信网络营业，保障通信畅通，增加服务网点，为灾民通信服务。三台县图书馆收集各类地方文献、地震资料480种900余册。三台县文管所开展“5·12”灾后文物抢修工作，截至10月底，共收集整理有关图片资料582张（幅），文字资料5840份，实物资料67件。

第四章　民政事务

第一节　抚慰活动

一、祭奠活动

2008年5月19日上午，三台县抗震救灾应急指挥部接上级通知，向全县各部门和镇乡发出紧急通知，为汶川地震中遇难者举行祭奠活动。全县各部门和镇乡等单位在3天内国旗降半旗，取消彩旗和一切娱乐庆典活动，所有机关干部着素装。是日14时28分，中共三台县委、县政府、县人大、县政协机关单位统一组织干部职工集中收看全国为汶川特大地震遇难者哀悼仪式，为地震中罹难者默哀3分钟。灾民安置点，城乡居民都纷纷自觉收看现场转播，路上行人止步，车辆停行，一齐向遇难者默哀。

2009年5月19日14时28分，三台县四大领导班子领导成员和机关干部分别在县委、县政府、县人大、县政协机关统一组织收看全国哀悼活动现场直播节目，全县机关、单位、学校等同时组织收看。

二、遇难者家属抚慰

地震遇难者人员家属抚慰金。抚慰金发放对象为“5·12”地震遇难人员直系亲属，每遇难1人5000元。“5·12”至当年9月，三台县民政局共为地震遇难者38人的直系家属发放抚慰金19万元；有2名“五保”人员遇难无法确定直系亲属未领取；有6人在县外遇难（其中县农行5人，菊河乡村民在外打工1人），遇难人员家属在遇难地领取抚慰金。

遇难者家属所在地镇乡、单位的领导人员和民政专职干部亲自将抚慰金送到直系家属手中，帮助遇难人员家属处理后事。对其家人有临时困难的，三元镇、潼川镇、永明镇、建平镇等镇乡组织志愿者帮助他们抢收抢种，翻盖房屋、抢险排涝。县民政局、卫生局、疾控中心还组织心理抚慰人员登门开展心理疏导，让遇难者家属尽快从悲伤中走出来，恢复正常生活。全县各镇乡对遇难者家属符合“三无”“三孤”困难对象条件的，全部纳入灾民临时的生活救助对象。对符合后续生活救助政策条件的纳入后续生活救助对象，给予救助。在过渡房安置、永久房重建中，组织志愿者帮工帮扶。

特困难人员家庭临时生活救助，救助对象为“5·12”汶川地震灾害导致主要劳动人员遇难和主要劳动力致残使抚养对象无生活来源的特困户。按照省政府规定，从2009年11月起至2010年3月止，给予特困家庭每月每户450元的一次性生活补助，连续发放5个月，经费用于购买生活设施和必须用品。通过“一折通”将临时生活救济款发放到个人账户，共发放27户84人计60750元。

第二节　殡仪馆火化北川遇难者遗体

2008年5月13日，三台县民政局抗震救灾应急指挥部办公室接收到绵阳市民政局抗震救灾应急指挥部通知，下达三台县殡仪馆火化北川部分遇难者遗体任务。县民政局应急指挥部立即部署安排1名副局长和基政股股长赶赴县殡仪馆安排任务，县殡仪馆召开馆务扩大会，成立火化北川遇难者遗体领导小组，殡仪馆馆长任兴蓉任组长，下设遗体转运、遗体鉴定确认、遇难者家属接待、遗体火化、骨灰存放、后勤保障等6个应急小组，共34人参加火化工作。为使遇难者遗体得到及时处理，避免重大疫情发生，各应急小组立即行动，全面检修火化设备，确保正常运转。殡仪馆全体职工坚持24小时轮岗值班，清理整顿馆内环境，将场地、设备全面进行消毒，做好迎接火化北川遇难者遗体的各项准备。北川遇难者遗体存放绵阳殡仪馆，三台殡仪馆派车到市殡仪馆接运遗体。从5月14日至18日，县殡仪馆共火化北川遇难者遗体120具。与此同时，县殡仪馆还派出5名职工赴北川极重灾区收敛遇难者遗体，出色完成收敛任务。火化遗体期间，殡仪馆鉴定确认遗体120具，接待遇难者家属35人次，存放骨灰120盒，并移交送到绵阳市殡仪馆。

第三节　地震伤残人员康复

一、地震伤残人员

2008年5月下旬至6月底，根据《四川省“5·12”汶川地震致残人员调查评定工作方案》，三台县残疾人联合会组织开展汶川地震致残人员调查评定工作，成立县调查评定工作组，由县残联、县卫生局、县中医院工作人员和医生8人组成。据全县统计，全县“5·12”汶川地震受伤887人，通过与各镇乡核实，同时核对2008年5月12日后办理残疾证人员，全面寻找因地震受伤构成残疾的人员，共有疑似残疾人12人，由县中医院鉴定，县残联初审，绵阳市残联复审通过确定，定性残疾人5人。其中肢体一级1人，李小江（男，1977年生）截瘫，三元镇中山村五组人。肢体四级2人，有蒋应珍（女，1954年生），金石镇同德玉仙村人，右小腿截肢；林远强（男，1970年生），龙树镇鑫龙街人，双下肢不等长5厘米。视力三级残疾1人，黄德稳（男，1963年生），中新镇高新村人。在8人中，有6人未达残疾评定标准，有2人继续医治，其中1人死亡，1人治愈未留下残疾。张中华（男，1948年生），在青川县地震中受伤，治疗终结回县，永新镇永征村人，腰椎第二节以下瘫痪，小便失禁，2011年5月16日经县中医院鉴定，县残联初审，绵阳市残联复审通过，为肢体一级残疾。

二、地震残疾伤员康复

2008年7月15日，根据绵阳市人民政府办公室《关于加强地震残疾伤员康复工作的通知》精神，结合三台县的实际情况，县政府组织制定《三台县地震伤员康复工作实施方案》，县残联负责各级康复机构和医疗保健机构残疾康复站的规划与建设，组织康复机构和康复站进行康复训练。县残联对地震致残的伤残人员情况建立康复档案，为残疾伤员免费安装假肢、矫正器及其他辅助器具，提供康复治疗与训练。对地震重度致残的肢体一级残疾人给予重点关注，解决其生活及护理照顾具体困难，对截肢的残疾人重点加强康复训练指导，帮助其尽快回归主流社会。在残疾5人中，蒋应珍右小腿缺失，免费安装假肢，2012年10月更换1次；对李小江、林远强、张中华进行康复训练，还对张中华家庭进行无障碍改造和辅具适配。

根据致残人员的不同情况，治疗费纳入城镇职工基本医疗或居民医疗保险及新型农村合作医疗保障范围。

2009年7月，三台县残疾人康复服务中心列入香港援建项目，援建资金1376万元。2012年10月通过香港援建方竣工验收投入使用。

第四节 劳动者就业

一、就业援助服务

2008年5月12日地震灾情发生后，县劳动保障部门立即组织人员深入企业调查核实，县境内有17户企业受灾严重，5150名受灾企业职工急需就业援助。县政府批准给予17户企业5150名职工降低失业保险征缴费109万元，帮助他们尽快恢复生产，重现生机。对因灾下岗失业人员和因灾土地损毁农民群众，为其办理“就业援助证”。根据省、市文件精神，安排专人开辟绿色通道，尽量简化办事程序，从速从快办理，给予2167名因灾失业人员办理“就业援助证”，并为他们落实就业援助优惠政策；为1名失业人员一次性发放失业救济金3811.50元；给予4人落实医疗保险优惠政策，向县社保缴纳医疗保险费1212元，使其走上再就业之路。2008年6月8日，县就业服务中心全体人员奔赴永明镇重灾区，在灾区居民安置点、帐篷区召开就业援助、培训双选招聘会，散发宣传资料3600余份，达成意向性用工协议218人。是年6月9日，在县城潼川镇组织召开抗震救灾就业招聘会，发放宣传资料4300多份，达成就业、培训意向性协议421人，帮助实现再就业。对口支援就业援助对接，山东省部分知名企业开展向灾区送岗位，协助山东省28户企业赴三台县潼川镇和西平镇灾区召开两场招聘会，接待咨询应聘群众近万人，发放资料3.6万份，达成意向性协议150人，帮助灾区劳动力走向全国就业。全县经多方艰苦努力，灾后开发公益性岗位1895个，一大批城镇因灾失业人员实现再就业。

二、城乡劳动力培训

为促进劳动者就业，县内各民办职业培训学校创新培训方式，适应市场需要，将培训班开设到地震防灾群众安置点和乡镇、社区。办班培训，让农民在家门口就能参加免费技能培训。2008年培训城乡劳动力1750人，学到知识，增强就业竞争力，有利于外出务工自救。

2008年，全年实现新增劳动力就业5479人，占市下达任务4700人的117%；开发社区实体就业483人，占市下达任务460人的105%；免费为城乡求职者提供职介服务2350人，占市下达任务2200人的106%；征收失业保险金412万元，占市下达目标任务400万元的103%；实现城镇登记失业率在4.0%以内。

第五节　社会保险

地震造成全县社保系统面临前所未有的困难，但仍然坚持突出重点，落实灾后特殊政策，做好社会保险费缓缴工作。按社保特殊政策要求和程序，为企业办理缓缴社会保险费手续，帮助企业渡过难关，尽快恢复生产。截至2008年年底，共给予34户企业办理缓缴社会保险费，金额达1371万元，其中缓缴养老保险费企业12家，保险费910万元，缓缴医疗保险费11家保费410万元，缓缴工伤保险费企业11家保险费51万元。年底全县企业已恢复生产，三台县有5名省农业银行三台支行工作人员因地震灾害失踪，经认定后，按工伤政策为其兑付相关待遇51万元，并按月支付供养亲属生活费。保障受灾人员医疗保险待遇，落实受灾人员“后续治疗”费用报销支付工作。参加医疗保险有101人地震受伤“后续治疗”，除按医保政策规定报销90余万元外，及时衔接剩余部分的报销工作。失业保险基金代缴医疗保险费，有4名符合条件的失业人员办理代缴纳2008年8~12月医疗保险费1212元。城镇居民基本医疗保险试点工作于2008年6月全面启动，对困难群众参加保险所需的个人缴费，由城乡医疗救助资金帮助解决。及时上解兑现工伤保险互助金、医疗保险调剂金，按四川省劳动和社会保障厅、财政厅的通知规定及时上解600余万元。降低社会保险费率，减轻企业负担，结合县情，按文件要求对县内企业生育保险缴费费率降至0.5%，企业职工医疗保险企业缴费费率降低一个百分点，工伤保险费率按照浮动办法，对符合条件的企业按规定下浮，减轻企业负担600余万元。

第五篇　灾后重建

第一章　组织领导

第一节　组织机构

地震发生后，中共三台县委、三台县人民政府根据工作需要，先后建立多个相应领导机构、工作机构，以加强灾后恢复重建工作。

一、三台县灾后重建工作委员会

为加强灾后重建工作的衔接、协调和服务，快速、有效的推进全县灾后恢复重建工作，县委、县政府根据中共绵阳市委、绵阳市人民政府《关于建立绵阳市灾区重建工作委员会的通知》精神，于2008年7月25日，建立三台县灾后重建工作委员会。

（一）组成人员。县重建委由县委常委、常务副县长兰劲任主任，县委常委、副县长魏富祥、县人大常委会副主任宋先国，副县长李哲、李洪波、李晖，县政协副主席刘伟玉、龚云任副主任。中共三台县委办公室、三台县人民政府办公室、县委政研室、县纪委、县监察局、县目标督查办、县委农办、县群众工作局、县发展和改革局、县审计局、县民政局、县教育局、县经济商务局、县科技局、县卫生局、县交通局、县财政局、县国土资源局、县规划和建设局、县林业局、县人口和计划生育局、县水务局、县广播电影电视局、县文化体育局、县旅游局、县物价局、中国人民银行三台县支行、县农村信用合作联社等28个县级部门和63个镇乡人民政府主要负责人为委员。

（二）工作职责。县重建委在县委、县政府领导下，统筹协调、督促指导灾后恢复重建工作，贯彻落实中央和省、市关于灾后重建工作的重大决策、有关方针和政策，落实工作目标和任务；指导和协调灾后经济社会重建、发展总体规划的制订，统筹、指导和督促灾后城镇、产业、基础设施、文化、旅游等重建方案的编制和实施；指导推进以农村居民永久性住房建设为重点的受灾群众安置工作，负责督促有关受灾群众补助政策的兑现落实；研究、制定和落实支持灾后重建的有关财政、金融政策，协调对口援建市支持新鲁镇灾后恢复重建的方案制订和落实，做好对口援建协调联络工作；督促、指导灾后群众信访、维稳工作，维护社会稳定。

（三）工作机构。县重建委内设6个办公室，其主要职责及其负责人是：

综合办公室。负责承办县重建委日常工作和重建有关调研、政策制订、综合统计工作；起草重要文件，编发工作简报、会议纪要，组织重建相关宣传报道；督查督办县重建委重要决策、重点工作。县府办、县移民办相关人员任主任、副主任。

农房和集镇建设办公室。负责制定农房和集镇建设相关政策、措施；指导、协调和督促灾区农房、集镇建设的规划、选址、风格设计、林木砍伐、土地使用、试点示范等；收集、统计、上报农房建设有关信息数据。宋先国兼主任，龚云兼副主任，工作人员由组织、人事部门从相关部门抽调。

资金筹措监审办公室。负责研究、制订灾后重建有关财政、金融政策；统筹协调灾后重建资金的管理、使用和监督。县财政局景代良任主任，县监察局、县审计局、人行三台县支行等负责人和相关人员任副主任。

规划建设和技术指导办公室。负责指导和协调灾后道路交通、供水、供电、通信、供气等基础设施规划建设；协调灾区城镇建设规划、选址、设计工；组织、协调、调运基础设施建筑材料，监督检查建设进度、质量、效果；收集、整理、统计、上报基础设施重建信息、数据。县规划和建设局、县交通局等负责人和相关人员任主任、副主任。

争取外援办公室。向中华慈善总会、红十字会等慈善机构争取灾后重建各项政策、资金、项目。副县长李晖兼主任，县发改局、县民政局、县财政局、县教育局、县卫生局相关人员任副主任。

对口援建办公室。负责对口援建单位的日常联络、接待、服务；争取援建政策、资金等方面的支持；推进援建计划、工作方案的组织实施；收集、统计、上报援建工作信息和数据。县政协副主席刘伟玉兼主任，县发改局、新鲁镇党委等负责人任副主任。

对口援建办公室内设机构、工作人员抽调按照县委、县政府《关于成立资阳市对口支援我县新鲁镇灾后重建工作协调领导小组的通知》要求执行。农房和集镇建设办公室实行集中办公，其他各办公室要按照工作职责，加强与相关部门联系沟通，共同做好灾后重建工作。

2008年10月29日，因人事变动和工作需要，县委、县政府研究，对重建委工作分工予以调整，决定魏富祥分管县重建委规划建设和技术指导办公室、城市住房重建工作办公室工作，增补副县长杨增辉为县重建委副主任，分管建材供应协调办公室工作，并兼任重建委建材供应协调办公室主任。

二、三台县“5·12”地震灾后恢复重建委员会

为加强对全县灾后重建工作的领导，完善工作运行机制，加快灾后重建步伐。2008年12月8日，根据市委、市政府《关于调整绵阳市灾后重建工作机构的通知》精神，县委、县政府对灾后重建工作领导和机构设置进行调整，组建三台县“5·12”地震灾后重建委员会。

（一）组成人员。调整后的县重建委，分别由2名主任，2名副主任，13名委员组成。县委书记崔斌，县委副书记、代理县长赵飚任主任，县委副书记陈福林，县委常委、常务副县长兰劲任副主任，县委常委、副县长魏富祥，县委常委、县委宣传部部长胡传光，县委常委、县政法委书记段光艳，县委常委、县纪委书记魏坤，县委常委、县总工会主席贺强华，县人大常委会副主任宋先国，副县长李哲、李洪波、李晖杨增辉，副县长、县公安局长梁隆钧，县政协副主席刘伟玉、龚云任委员。

（二）工作机构及其职责。调整后的县重建委内设11个工作机构及5个督导组，各工作机构主要职责及其负责人是：

“5·12”地震灾后恢复重建委员会办公室。主要负责县重建委日常工作，综合协调各工作组工作；调研灾后重建重大问题和制定相关政策；起草灾后重建重要文件、领导讲话，编发简报、会议纪要，收集、整理、汇总综合信息和上报。办公室设在县政府办，兰劲任主任，县政府办、县人口和计划生育局等相关人员任副主任。

规划项目实施组。主要负责编制灾后恢复重建总体规划和专项规划、上报审批并组织实施；负责对口援建单位的日常联系、协调和服务工作；收集、整理项目推进和援建工作有关信息，统计、上报相关数据。陈福林任组长，李哲、刘伟玉和县发改局负责人任副组长，牵头部门为县发改局。

城镇住房重建组。主要负责组织制订城镇住房重建政策、措施和实施办法、城镇住房重建工作综合推进方案并组织实施，宣传政策；收集、整理、汇总、上报城镇住房重建有关数据、信息及工作进展情况；负责城镇住房重建督促检查、技术指导、质量和安全监管工作及灾后重建用地保障、土地复垦及返乡农民安置帮扶等。魏富祥任组长，杨增辉和县规划和建设局、县国土资源局负责人任副组长，牵头部门为县规划和建设局。

农房重建组。主要负责组织制订农房重建政策、措施和实施办法和农房重建工作综合推进方案并组织实施，宣传政策；收集、整理、汇总农房重建有关数据、信息及上报工作进展情况；督促检查、指导农房重建质量和安全监管工作。宋先国任组长，龚云任副组长。

工业重建组。主要负责制订全县工业企业灾后恢复重建政策、措施和实施办法并组织实施；组织工业企业灾后恢复重建、企业技改和新上项目建设以及组织协调灾后恢复重建所需建筑材料的生产供应；收集、整理工业重建有关数据、信息及汇总上报工作进展情况。陈福林任组长，贺强华、李哲、杨增辉和县经济商务局负责人任副组长，牵头部门为县经济商务局。

救济救助和物资保障组。主要负责组织灾后恢复重建物资捐赠、储备管理、发放监管工作及组织、采购灾后重建应急物资；督促落实困难群众和“三孤”人员救济救助政策；指导受灾群众集中安置点完善管理制度、推进社区化服务和群众自治工作，帮助集中安置点完善生活、医疗卫生、文

化娱乐、消防、安全等配套设施；指导灾后恢复重建就业和社会保障工作。李晖任组长，县府办、县民政局相关人员和负责人任副组长，牵头部门为县民政局。

维护稳定组。主要负责制订灾后恢复重建社会维稳方案、措施和实施办法和重建信访维稳工作；加强灾后恢复重建不稳定因素的预警预报、定期排查和矛盾纠纷化解工作。段光艳任组长，梁隆钧和县群众工作局负责人任副组长，牵头部门为县委政法委。

资金筹集金融支持组。主要负责研究、制订灾后重建有关财政、金融政策；统筹协调灾后重建资金的管理、使用，向上级争取资金和信贷支持。兰劲任组长，县府办、县财政局、人行三台县支行相关人员和负责人任副组长，牵头部门为县财政局。

宣传和卫生防疫组。主要负责组织制订灾区宣传思想工作方案；组织制订灾区卫生防疫方案、措施和实施办法，并组织实施；加强食品卫生监督，收集、整理、汇总、上报卫生防疫信息；组织实施群众文化、体育、教育、卫生活动。胡传光任组长，李晖、和县委宣传部、县卫生局相关人员和负责人任副组长。牵头部门为县委宣传部。

项目实施和物资、资金监督组。主要负责项目实施和物资、资金的监督审计。魏坤任组长，县监察局、县审计局负责人任副组长，牵头部门为县纪委。

争取外援组。主要负责向中华慈善总会、红十字会等慈善机构对三台县灾后重建政策、资金、项目的争取工作。李晖任组长，县府办、县卫生局、县发改局、县民政局、县财政局、县教育局相关人员任副组长，牵头部门为县府办。

督导组。县人大常委会副主任康定源、梁军、卢知春、董黎明分别任原涪东、云台、西平、潼川4个片区督导组组长，县政协副主席张苏林、王迎高分别任原塔山、芦溪片区督导组组长。各督导组成员由县人大常委会、县政协各委、室人员组成。其职责主要负责对执行灾后重建政策、推进重大工作和落实领导批示情况进行不定期督导。

在调整县重建委的同时，撤销原“三台县‘5·12’抗震救灾应急指挥部”“三台县灾后重建工作委员会”及其所属各工作组、办公室，有关职能职责和重建工作由新组建的三台县“5·12”地震灾后恢复重建委员会办公室和各工作组承担。调整后的县重建委从县畜牧局、县林业局、三台中学、原县重建委农房集镇办公室抽调19名工作人员充实到重建委各工作组。除重建办、农房重建组抽调人员集中办公外，其余各工作组根据工作需要，由组长在牵头单位和相关部门确定工作人员，各组办公地点设在牵头单位。

2009年5月15日，县委、县政府根据工作需要，对县重建委和办公室、各工作组工作人员进行调整。县委书记、县人大常委会主任崔斌，县委副书记、县长赵飚任县重建委主任，原2名副主任和13名委员以及项目规划实施组、农房重建组未调整。县重建办、城镇住房重建组、工业重建组、救济救助和物资保障组、维护稳定组、资金筹集金融支持组、宣传和卫生防疫组、争取外援组等工作机构因牵头部门和相关单位人事变动，其副组长均作相应调整。新设建材价格监督组，杨增辉任组长，县财金办、县经济商务局、县物价局等负责人任副组长；新设涉灾信访政策咨询组，龚云任组长，县监察局、县民政局、县规划和建设局、县企业工委等负责人任副组长。

三、资阳市对口支援新鲁镇灾后重建工作协调领导小组

为帮助灾区尽快恢复生产，省委、省政府举全省之力，开展对口支援工作，加快灾区恢复重建。根据省委、省政府安排部署，资阳市对口支援三台县新鲁镇灾后重建。为切实做好协调配合工作，县委、县政府于2008年6月19日成立对口支援工作协调领导小组。

（一）组成人员。县委副书记、县长崔斌任组长，县委常委、常务副县长兰劲、副县长李哲、县政协副主席刘伟玉任副组长，县委办、县政府办、县农办、县发改局、县新村办、县民政局、县教育局、县财政局、县规划和建设局、县国土资源局、县交通局、县卫生局、县农业局、县水务局、县畜牧兽医局、县农机局、县人口计划生育局、县广播电视局、新鲁镇党委等19个部门和单位主要负责人为成员。

（二）工作职责。对口支援工作协调领导小组负责有关接待、介绍情况、制订和实施灾后重建规划、组织协调支援方案的落实等工作。对口支援工作协调领导小组设办公室和6个专项工作组，李哲兼办公室主任，县发改局、新鲁镇党委负责人任办公室副主任，具体负责对口支援日常工作。

（三）专项工作组。资阳市对口支援新鲁镇灾后重建三台县专项工作组共6个，其主要职责分工是：

综合协调工作组。牵头领导李哲、刘伟玉，责任部门有县政府办、县发改局、新鲁镇党委、政府，主要职责是负责重建工作，组织、协调、参与制订各组重建方案，沟通信息，整体推进各专项小组工作，召集协调工作会议，发布援建工作信息。

住房安置工作组。牵头单位县规划和建设局，主要职责是协同资阳市相关部门鉴定房屋受损情况，研究制订拆除和安置方案、新农村建设（含场镇）的永久住房长远规划。

医疗卫生工作组。牵头单位县卫生局，主要职责是协同资阳市相关部门指导灾区防疫和开展卫生技术培训，帮助重建和维修镇、村卫生院（室），购置镇、村卫生院（室）设施设备。

教育工作组。牵头单位县教育局，主要职责是协同资阳市相关部门购置受灾学校所需的基本教学设施设备，寄宿学生所需的基本生活设施、生活用品，协调所缺专业教师和秋季异地复课。

恢复生产指导工作组。牵头单位县委农办，责任单位有县委组织部、县水务局、县农业局、县农业机械管理局、县交通局、县畜牧局，主要职责是协同资阳市相关部门维修和重建村级组织场所、农业基础设施，帮助恢复生产，发展产业。

群众工作组。牵头单位新鲁镇，责任单位有县公安局、县委宣传部、县群众工作局、县广播电视局，主要职责是负责群众的宣传教育、舆论导向、信息编报，协调解决社会矛盾，维护社会治安和稳定。

因人事变动，根据工作需要，2010年7月9日，县委、县政府决定对资阳市对口支援新鲁镇灾后重建工作协调领导小组进行调整。县委副书记、县长赵飚任组长，县委常委、副县长冯中兵，副县长安兴、县政协副主席刘伟玉任副组长，安兴兼任办公室主任。

四、其他机构

（一）灾后恢复重建规划编制协调小组。为确保灾后恢复重建规划编制工作有效开展，2008 年 5 月 23 日，由县政府成立，其主要职责是负责协调、组织灾后恢复重建工作方案、规划纲要、总体规划及各专项规划的编制等工作，办公室设县发改局。李哲任组长，县委办、县发改局负责人任副组长。

（二）灾后恢复重建规划领导小组。2008 年 6 月 5 日，由县抗震救灾指挥部成立，其主要职责是负责灾后恢复重建总体规划实施方案的编制。崔斌任组长，兰劲任常务副组长，魏富祥、刘晓辉（副县长、县公安局局长）、李哲、李洪波、李晖，县发改局、县规划和建设局负责人任副组长，成员由县政府办、经济商务局、教育局、民政局、财政局、国土资源局、交通局、水务局、农业局、文体局、卫生局、林业局、宏达公司、人口计生局、统计局、环保局、国税局、地税局、广电局、旅游局、地震办、气象局、人行三台县支行、银监局、保险公司、邮政局、电信公司、移动公司、扶贫办以及各镇乡政府主要负责人组成。

（三）县重建委建材供应协调办公室。为保障全县灾后重建建筑材料供应，2008 年 8 月 15 日，县重建委增设建材供应协调办公室为内设机构，其主要职责是负责全县灾后重建建材供应保障，组织协调农房和集镇建设建筑材料生产供应；负责建材价格监管和落实建材生产、运输、供应政策。魏富祥任主任，县国土资源局、县经济商务局、县规划和建设局、县林业局、县水务局、县交通局、县工商行政管理局、县物价局、县政府办等负责人及相关人员任副主任。

（四）三台县灾后文化恢复重建工作领导小组。2008 年 8 月 29 日由县委、县政府成立，组长胡传光，副组长李晖。领导小组办公室设县委宣传部。

（五）县红十字会灾后重建项目工作领导小组。2008 年 10 月 6 日由县政府成立，组长李晖。

（六）县重建委城市住房重建工作办公室。县委、县政府于 2008 年 10 月 30 日成立，主要负责制订全县城市（含乡镇场镇非农居民，以下同）住房重建政策、措施和实施办法，城市住房重建工作综合推进方案，并组织相关部门实施；收集、整理、汇总、上报城市重建住房和维修加固住房有关数据、信息及工作进展情况；宣传城市重建住房政策及报道工作推进情况。县规划和建设局负责人任办公室主任。

（七）利用国外紧急优惠贷款工作领导小组。为加强利用国外紧急优惠贷款工作管理，强力推进项目建设，提高国外紧急优惠贷款使用效益，县委、县政府于 2008 年 11 月 15 日成立，崔斌任组长，赵飚任常务副组长，陈福林、兰劲、魏福祥、李哲、李洪波、李晖、杨增辉任副组长，工业园区、县委办、县政府办、发改、监察、审计、规划和建设、教育、财政、交通、卫生、农业、林业、水务、环保、国土资源、项目办等县级部门负责人为成员。领导小组办公室设县项目办公室。

（八）三台县灾后重建征地工作领导小组。2008 年 11 月 28 日由县委、县政府成立，其职责涉及县发改、国土、财政、规划和建设、林业、劳动和社会保障、民政、公安、水务等县级部门和潼川、北坝及园区管委会、原农产区后续办。组长赵飚，副组长陈福林、杨增辉。

（九）三台县灾后恢复重建和扩大内需资金项目物资监督检查领导小组。2009 年 2 月 20 日由县委成立。魏坤任组长，宋先国、卢知春、达建川、董黎明、梁军、康定源、李哲、刘素英、张苏林任副组长。领导小组设综合组、督导组、检查组3个工作组。综合组下设5个工作机构：办公室，主要负责协调、文秘、外宣工作；信访处理小组，主要处理重建过程中的信访案件；审计监督小组，负责全程审计抗震救灾、灾后恢复重建、扩大内需项目资金管理与使用；项目推进督查小组，负责对灾后恢复重建项目、重点项目开展督查；招投标监督小组，负责对灾后恢复重建、拉动内需国家投资工程的规划、立项（备案）、招投标等基本建设程序加强监管。督导组下设8个小组，各督导小组组长由县人大、县政协联系片区领导担任，后勤保障由所在单位负责。芦溪片区督导小组组长宋先国，塔山片区督导小组组长卢知春，潼川片区督导小组组长达建川，云台二片区督导小组组长董黎明，云台一片区督导小组组长梁军，涪东一片区督导小组组长康定源，上述6个片区督导小组成员由县人大常委会相关委、室人员组成；西平片区督导小组组长刘素英，涪东二片区督导小组组长张苏林，上述2个片区领导小组成员由县政协相关委、室人员组成。各督导小组主要监督检查全县各级抗震救灾、灾后恢复重建、扩大内需政策贯彻落实和资金物资管理使用情况。检查组下设4个小组，第一检查小组检查城建口、政法口相关单位及涪东（一、二）、塔山片区，第二检查小组检查文卫口、政府办口相关单位及云台一、二片区，第三检查小组检查财金口、农口相关单位及工业园区、西平片区，第四检查小组检查党群口、经贸口相关单位及芦溪、潼川片区。同时，撤销原三台县抗震救灾资金物资监督组及其下属机构，其监督检查职能和县重建委下设的项目实施、物资资金监督组和5个督导组的职责，由新成立的该领导小组承担。

（十）灾后恢复重建金融支持工作小组。2009年3月31日由县政府成立，主要负责督促金融机构灾后恢复重建规划的实施，统筹协调灾后重建金融支持政策的贯彻执行，对落实情况进行督促检查，汇总情况作为灾后恢复重建金融支持主要依据，研究争取灾后恢复重建金融支持政策。兰劲任组长。

（十一）三台县社会中介机构参与灾后重建项目工程造价审计工作领导小组。为加强国家投资灾后重建项目的资金监管，落实每投必审制度。县政府于2009年4月14日成立，兰劲任组长。

（十二）港澳特区政府援建项目推进工作领导小组。县政府于2009年4月22日成立，组长赵飚，副组长李哲，领导小组办公室设县发改局，李哲任办公室主任。11月25日，县政府调整组成人员，冯中兵、李晖、安兴任副组长，冯中兵任办公室主任。

（十三）三台县农村公路灾后恢复重建亚行紧急贷款项目领导小组。2009年4月23日由县政府成立，其主要职责是负责对灾后恢复重建项目质量、进度、资金、安全全过程管理；组织项目业主具体实施项目建设；落实与亚行达成的环保、移民、社会发展等框架政策及相关工作，对项目建设资金的使用和管理负总责。魏富祥任组长，领导小组办公室设县交通局。

（十四）三台县地震灾区精神家园建设协调小组。县委、县政府于2009年5月7日成立。县委常委、组织部部长何承平任组长，贺强华、李晖任副组长。领导小组办公室设县委组织部。

（十五）三台县灾后恢复重建跟踪审计协调小组。2009年5月15日由县政府成立，组长兰劲。县府办、县财金办、县审计局相关领导任副组长，县发改、劳动和社会保障、民政、交通、财政、规划和建设、国土资源、教育、卫生、经济商务、环保、粮食、武引等13个县级相关部门分管领导为成员。下设6个灾后审计小组，办公室设县审计局。

（十六）三台县文化体育灾后恢复重建工作领导小组。2009年6月9日由县委、县政府成立，组长胡传光，副组长李晖。领导小组办公室设县文化体育局。

（十七）三台县抗震救灾“特殊党费”使用管理监督工作领导小组。县委于2009年8月26日成立，崔斌任组长，赵飚、何承平、兰劲、魏坤、李晖任副组长。领导小组下设项目实施管理工作小组和项目监督检查工作小组，分别负责项目方案的编制、审核组织实施工作和实施运行过程中的监督检查工作。领导小组办公室设县民政局。

（十八）三台县灾后工程建设案件查处工作领导小组。为加强扩大内需和灾后重建中重点领域、重点项目建设及招投标情况的监督检查，对工程建设领域出现的违法违纪问题进行严查重处。县委、县政府于2009年9月29日成立，组长魏坤，县纪委、县法院、县检察院相关负责人任副组长。县委组织部、县法院、县检察院、县公安局、县发改局、县规划和建设局、县审计局为成员单位。办公室设县纪委，下设信访投诉组、督查督办组、问责处理组。

（十九）三台县震损水库除险加固工作领导小组。2009年11月3日，由县政府成立，组长李洪波。领导小组办公室设县水务局。

（二十）鲁联干渠灾后重建项目建设协调小组。为推进鲁联干渠灾后重建项目建设，协调配合都江堰管理局人民渠二处按期完成鲁联干渠施工任务，2009年11月23日由县政府成立，组长李洪波，协调小组办公室设鲁班水库管理局。

（二十一）三台县农房重建贷款风险防范工作协调小组。为防范“5·12”汶川特大地震灾后农房重建贷款风险，维护金融和社会稳定，2009年11月23日由县政府成立，组长冯中兵，协调小组办公室设县信用联社。

（二十二）三台县避难场所建设领导小组。2010年6月12日由县政府成立，其主要负责避难场所规划、建设、督促、指导日常工作。组长李晖。

（二十三）三台县灾后恢复重建先进个人评选工作领导小组。县委、县政府于2010年11月5日成立，组长冯中兵，副组长贺强华、安兴。领导小组办公室设县总工会。

（二十四）三台县亚行贷款农村公路建设项目管理领导小组。2011年3月31日由县政府成立，赵飚任组长，杨增辉任常务副组长，县交通局、县发改局主要领导任副组长。领导小组办公室设县交通局。

第二节 保障措施

全县纳入灾后重建规划项目1381个，规划总投资226.49亿元，截至2011年9月底，项目全部开工，累计完工1360个，完工率98.5%，累计完成投资230.4亿元，占规划投资的101.73%。

一、资金保障

（一）资金来源及安排。三台县纳入国家灾后恢复重建规划项目共1381个（县将项目细化为4207个），总投资226.49亿元，其中，中央重建基金69.08亿元、对口援建资金863.72万元、港澳援建3.14亿元、外国政府贷款5.76亿元、特殊党费3.38亿元、红十字会捐赠8251.88万元、社会捐赠1.07亿元、中央专项资金1.32亿元、地方配套资金5.24亿元、业主自筹资金107.55亿元、银行贷款4.08亿元、其余投资来源于县内企事业单位及城乡居民自筹、农民集资等。按项目分：城乡住房建设项目2个，估算总投资115.3亿元，其中，城镇住房恢复重建20.9亿元，农村住房恢复重建94.4亿元；城镇体系建设项目47个，估算总投资20.68亿元；农村建设6个，估算总投资22.54亿元；公共服务设施建设项目858个，估算总投资36.71亿元；基础设施建设项目15个，估算总投资12.72亿元；生产力布局与产业调整项目445个，估算总投资17.17亿元；防灾减灾项目4个，估算总投资6600万元；生态恢复项目3个，估算总投资6600万元；精神家园重建项目1个，估算总投资600万元。

（二）财政资金拨付。截至2011年9月30日，县财政累计筹集灾后重建资金78.82亿元，其中，中央、省、市补助灾后重建资金77.46亿元（上级财政拨入74.08亿元，中组部“特殊党费”安排3.38亿元），县级配套农村住房重建资金8200万元。按照灾后重建项目规划和上级有关工作要求，将重建项目资金预算指标全部分解下达到4207个具体明细项目，并全部拨付到各项目实施主管部门和项目实施单位。城乡住房建设项目拨付资金32.12亿元。其中，城镇住房重建6.13亿元，农村住房重建25.99亿元；城镇体系建设项目拨付资金6.43亿元；农村建设拨付资金10.11亿元；公共服务设施建设项目拨付资金22亿元；基础设施建设项目拨付资金5.43亿元；生产力布局与产业调整项目拨付资金9500万元；防灾减灾项目拨付资金6600万元；生态恢复项目拨付资金5200万元；精神家园重建项目拨付资金600万元。

（三）金融支持灾后重建。三台县银行业金融机构支持灾后重建工作。2008年5月15日，中国人民银行三台县支行出台加强抗震救灾做好金融服务工作的意见。8月，人行三台县支行完成三台县农村信用合作联社专项票据兑付申请审核和上报工作。11月，争取到地震灾区农村信用社改革试点央行专项票据兑付考核倾斜政策。12月1日，获得人行成都分行、人行总行复审和批准，实现10981万元专项票据如期兑付。“5·12”汶川特大地震后，中国人民银行要求将支农再贷款利率下调0.99个百分点，执行时间为2008年5月1日至2011年6月30日。2009年1月，人行三台县支行参加支农再贷款助推涉农产业灾后重建主题活动，3次追加支农再贷款限额指标3.67亿元。在支农再贷款利率下调期间，累计向三台联社发放支农再贷款资金4.33亿元。至2011年6月，三台联社使用支农再贷款余额为2.1亿元，累计向4.36万户农户投放农房重建贷款7.94亿元，占贷款农户农房重建投资总额的28.39％；全县农房重建贷款余额1.02亿元。县政府落实困难农户建房贷款担保基金4611万元，与承办金融机构签定贷款发放担保协议。根据县政府困难农户永久性住房建设贷款担保基金管理实施办法，县信用联社向2户困难农户提供信贷资金2.7万元。金融机构累计发放城镇住房贷款7872户，金额8.95亿元。全县银行业金融机构累计投放19.1亿元抗震救灾专项贷款，其中，灾后农房重建贷款7.94亿元。

围绕灾后城乡住房重建、中小企业融资、工农业恢复生产及重大项目开工等工作重点，推动金融机构与企业开展融资对接，按年举办政银企融资洽谈会。2008～2010年，分别签订贷款协议12.01亿元、24.6亿元、29.74亿元，履约率分别为75.31%、54.30%、62.08%。

2008年6月，中国农业发展银行三台县支行启动灾后重建金土地工程、营销新农村建设土地整治项目4个，向四川省三台承天农业投资有限公司、绵阳世纪盛丰农业综合开发有限公司、三台县国土资源局土地整理中心等3家企业投入贷款1.11亿元。项目涉及18个镇乡、49个行政村，土地建设规模7485公顷。至2011年6月，整治农村土地8433公顷，新修农村公路25公里，修建蓄水池113口，整治山平塘72口，新增耕地1099公顷。中国工商银行三台支行、绵阳市商业银行三台支行、中国邮政储蓄银行三台县支行，加大对重点基础设施、重点企业、支柱产业、中小企业、因灾失业人员等的信贷支持力度。中国农业银行三台县支行，加大企业批准项目贷款力度，三年中投放贷款累计达到13.8亿元，其中对公贷款累计7.5亿元个人贷款6.3亿元。中国银行三台支行，推进网点基础设施建设和离行式ATM机等公共服务设施建设，至2011年6月，增加离行式ATM机6台、客户终端服务机2台。中国建设银行三台支行，累计归集地方救灾捐款资金1100万元。为山东枣庄市援建三台临时板房工程队开立银行账户，并提供上门服务。

2008年5月至2011年6月30日，人寿保险公司三台支公司和财产保险股份有限公司三台支公司共受理地震灾害责任保险4.64万件，金额7576万元。

二、用地保障

（一）土地利用规划。2008年6月底，三台县国土资源局编制完成全县灾后重建土地利用规划。规划编制完成后，省国土资源厅批复三台县灾后重建用地指标为1159公顷。其中，城镇建设用地546公顷，基础设施建设用地214公顷，独立工矿建设用地86公顷，农村居民点建设用地313公顷。至2010年年底，县国土资源主管部门共批复灾后重建用地674公顷，其中，城镇建设用地606公顷，基础设施建设用地68公顷。基础设施和独立工矿建设用地有172公顷尚未报批，因灾后重建规划编制在前，重建项目确定在后，灾后重建规划结构和布局与实际建设存在一定偏差，致使全县灾后重建城镇建设用地指标十分紧缺，部分城镇建设项目没有新增建设用地指标，无法完善供地手续。实际灾后重建中，基础设施与独立工矿建设项目少，规划指标充足无法实施。为切实保障灾后重建项目的顺利实施，确保项目用地的合法性，2011年，按照《国土资源部办公厅关于统筹调剂使用汶川地震灾后恢复重建土地利用专项规划新增建设用地规模指标意见的函》和省国土资源厅关于汶川地震重灾县灾后恢复重建土地利用规划专题会议精神，三台县依据灾后恢复重建规划项目实施计划修订精神和发展振兴规划，向省国土资源厅上报调整灾后重建土地利用实施规划的请示，其调整方案是，将灾后恢复重建剩余的独立工矿和基础设施用地指标，调整用于城镇建设用地；同时，根据三台县灾后重建批准征收土地实际使用的新增建设用地指标，由省人民政府调剂使用《三台县土地利用总体规划（2006～2020年）》中同等数量的新增建设用地指标。规划调整后，2011年9月底，全县灾后重建用地指标846公顷全部报征完毕。根据国家汶川地震灾后恢复重建相关政策，县国土资源系统在符合规划、符合安全原则前提下，简化优化审批程序，全力保障各项灾后重建用地需要。

（二）临时安置用地。全县灾后临时用地，主要用于医院、学校、受灾居民（含县外灾民临时安置）等集中安置点占用土地建活动板房224处，用地108公顷，安置人口8.72万人。其中，学校活动板房104处、2949套，用地6公顷，安置人口2.94万人。临时用地结束后，转为永久性用地63公顷，复耕退还集体经济组织45公顷。

（三）城镇重建用地。全县灾后重建城镇用地总规模546公顷，实际报批758公顷。公共及公益服务设施用地具有紧迫性特点，予以重点优先保障。公共及公益服务设施用地，包括学校、医院、居民安置点、敬老院、政府综合用房等，用地173公顷（其中，学校108公顷、医院10公顷、居民安置点7公顷、敬老院19公顷、政府综合用地29公顷）；城镇基础设施建设用地78.22公顷（其中，城镇交通76公顷、水利设施2公顷、通信设施2200平方米）；产业项目重建用地54.34公顷。

（四）农村居民点用地。全县农村居民点灾后重建用地313公顷（实际审批10.28公顷），重建和安置人口覆盖全县63个镇乡，安置户数8.27万户，人口28.95万人。

（五）保障全县独立工矿重建项目单独选址用地。在实际用地报批中，将独立工矿用地指标86公顷调整用于城镇建设用地。

（六）基础设施用地和其他建设用地。基础设施用地53公顷。包括刘营大围坝水毁修复工程、绵遂高速望水垭至马家桥连接线等基础设施建设项目。

（七）其他重建项目用地。云台观风景名胜区、郪江历史文化名镇、潼川豆豉专题博物馆重建项目各1个，防灾减灾项目8个，文化自然遗产、生态恢复项目各17个，共45个项目。

第二章　重建规划

第一节　总体规划

《三台县“5·12”汶川特大地震灾后重建总体规划》，系根据《汶川地震灾后恢复重建条例》《国家汶川地震灾后重建规划工作方案》和省委、省政府《汶川地震灾后重建规划工作方案》以及国家相关法律法规编制。规划内容：主要包括灾后重建指导思想、目标任务和政策措施等，规划范围为三台县63个镇乡受灾区，规划期为2008~2010年。

一、编制过程

根据绵阳市政府办《关于编制“5·12”汶川特大地震灾后恢复重建规划的紧急通知》精神，2008年5月23日，县委、县政府对全县编制灾后恢复重建规划工作作出安排部署，要求5月27日前，在县委、县政府统一领导下，由县发改局牵头协调和具体负责组织工作。5月25日始，总体规划编制工作全面展开。6月上旬，经规划编制部门、县相关部门及各镇乡讨论修改，县委、县政府、县人大、县政协领导班子反复研究修正，听取四川省工程咨询院专家对总体规划的意见和建议后，6月底，总体规划定稿，确定三台县灾后恢复重建项目3561个（细化项目），估算投资448.61亿元。7月初，县政府将总体规划上报省发改委。2008年12月18日，省发改委下达三台县地震灾后恢复重建年度计划项目1211个，估算总投资114.58亿元，其中，2008年度计划完成估算投资31.51亿元，完工项目153个；2009年度计划完成估算投资47.95亿元，完工项目888个；2010年度计划完成估算投资34.07亿元，完工项目164个；2010年以后计划完成估算投资1.06亿元，完工项目6个。计划分为：城乡住房建设、城镇体系建设、农村建设、公共服务设施建设、基础设施建设、生产力布局与产业调整、防灾减灾、生态恢复、精神家园及其他。2009年3月21日，省发改委确定三台县纳入国家重建项目1499个，总投资281.61亿元。分为城乡住房、城镇体系、农村建设、公共服务设施建设、基础设施、生产力布局和产业调整、市场服务体系、防灾减灾、生态恢复和环境整治、土地利用、精神家园等。

二、主要内容

（一）指导思想。全面贯彻落实科学发展观，以人为本、科学重建。民生优先，优先恢复重建灾区群众基本生活和公共服务设施；尊重自然，充分考虑资源环境承载力，引导人口经济合理布局；统筹兼顾，注重灾后重建与推进工业化、城镇化和新农村建设相结合，与产业调整、升级和重振经济相结合，与政府推动、群众自救和市场运作相结合，因地制宜、科学规划、突出重点、分步实施，努力把三台建设成为安居乐业、城乡共融、产业互动、稳定和谐的社会主义新家园，为三台经济社会可持续发展奠定坚实的基础。

（二）基本原则。坚持以人为本，民生优先。尊重自然，科学重建。统筹协调，有序推进。自力更生、协作共建等重建原则。

（三）重建目标。到2010年，城乡居民居住环境和居住质量得到较大提高，人均住房面积达到全省住房平均水平；公共服务全面发展，初步形成覆盖城乡的均等化公共服务体系；基础设施恢复加强，交通、通信、能源、水利、供水供气等基础设施超过灾前水平，经济发展巩固振兴，全面恢复三次产业，发展壮大特色优势产业，调整优化产业结构，增强经济发展活力，力争到2010年GDP达到130亿元，财政总收入达到5.2亿元，三次产业的比重调整为31:34:35，规模以上工业增加值达到25亿元；人民生活显著提高，力争到2010年城镇居民人均可支配收入突破12000元，农民人均纯收入突破5000元；生态环境恢复改善，初步恢复灾区植被，完成地质灾害治理，完善环保设施，减少主要污染物排放量，健全地质灾害监测体系，提高防灾减灾能力，最大限度减少和避免恢复重建区地质灾害威胁。到2010年，森林覆盖率达40%，城镇污水处理率达到80%，集中饮用水源地表水质全面达标，受灾害影响的生态环境功能基本恢复，水土流失得到基本治理，防灾减灾能力明显增强。

（四）空间布局。空间布局包括北部、中部、南部3个恢复重建区。

北部恢复重建区，包括芦溪、立新、黎曙、新鲁、金石、八洞、建平、中太、前锋、刘营、花园、永明、建设、光辉、柳池15个建制镇及老马、里程、云同3个乡。重建定位，充分发挥该区域紧邻绵阳中心城区地理交通区位比较优势，把恢复重建和加快发展结合起来，主动接受绵阳中心城区带动和辐射，扩大经济规模，加快人口聚集，努力打造成加快三台经济振兴、产业振兴的重大引擎。

中部恢复重建区，包括潼川、东塔、北坝、百顷、新德、永新、富顺、秋林、中新、灵兴、乐安、万安、西平、凯河、古井、三元、塔山、龙树、石安19个建制镇和10个乡。重建定位，充分发挥该区域经济基础较好和农业生产条件较好的优势，把恢复重建和全面推进发展提高结合起来，做大做强经济规模，合理聚集人口，成为加快三台经济振兴、产业振兴的主体。

南部恢复重建区，包括新生、观桥、景福、鲁班、安居、紫河、郪江7个建制镇及9个乡。重建定位，该区域水源性缺水相对严重，把恢复重建和保护生态环境结合起来，发挥丰富的旅游资源优势，积极发展旅游业，适度聚集人口，建设成为生态环境良好、特色产业鲜明的区域，成为促进三台经济振兴、产业振兴的重要推动力。

（五）主要任务。三台灾后恢复重建规划的任务包括城乡建设、城乡住房建设、农村建设、公共服务设施建设、基础设施建设、产业恢复建设、基层政权建设、市场服务体系建设、生态整治和防灾减灾等9个方面。

城乡建设。初步形成布局合理、功能互补、特色鲜明、协调发展的城镇体系，加快推进三台城镇化进程，到2010年，城镇化率力争达到37%。调整优化城镇布局。逐步形成以城带镇、以镇带乡、梯度推进、整体发展的北部、中部、南部三大城镇组团。北部乡镇发展，以芦溪镇为中心，以花园、永明、金石、刘营为支点，带动县域北部乡镇发展；中部乡镇发展，以潼川镇、北坝镇为中心，以西平、乐安、古井、富顺为支点，带动县域中部乡镇发展；南部乡镇发展，以观桥镇为中心，以安居、新生、景福为支点，带动县域南部乡镇的发展。加强道路、桥梁、供水、供气、环保等配套基础设施建设。

城乡住房建设。城镇居民住房建设，修复、加固城区和场镇居民住房4.8万套、558.8万平方米；建设廉租房、经济适用房、拆迁安置房和商品房312.3万平方米。重建镇乡场镇居民住房7521户，约87.3万平方米。农村居民住房建设，维修加固农房28.3万户，约3088.5万平方米；重建农房10.08万户，约1838.5万平方米。结合住房维修、加固和重建，进行环境整治，完善配套设施。

农村建设。调整优化村庄布局，到2010年搬迁完所有受地质和洪涝灾害影响范围的1745户，约4700人。完善农村生活居民点生活配套设施，围绕解决农村“出行难、用电难、饮水难”等问题，统筹恢复改造和建设提高，加快通乡通村公路建设，全面提高通乡公路等级，实现100%的乡镇通油（水泥）路和100%的行政村通公路。加快实施农村饮用水安全工程和红层找水工程，解决

16.8万农村人口饮水安全问题；重建农村户用沼气池3000口，加固维修3086口，建设沼气服务网点115个，生活污水净化沼气池18处。加快生产设施和服务体系重建，提高农业机械化水平，维修农机提灌站286座16380千瓦，维修推广片区农机站9站3592平方米，重建片区农机站7站2800平方米，购置、维修设备设施359台（套），修复乡村机耕道路231公里。修复农田基地灌区渠道298平方公里，排渠182公里，渠道附属工程800座，重建农业科研机构业务用房2400平方米，加固维修8750平方米，购置维修设备设施1126台（套）；重建畜牧兽医站12个3000平方米，维修51个畜牧兽医站1.64万平方米。恢复重建古井、建平、永新、金石、潼川等基层林业站业务用房1330平方米。

公共服务设施建设。教育，维修加固校舍56.24万平方米，重建校舍48.21万平方米，修复和购置仪器设备、图书资料4671万元；卫生，维修加固业务用房5.18万平方米，重建业务用房25.35万平方米，配置完善设备设施3576台（套）和相应药品；文化，城区恢复建设文化馆、图书馆、博物馆、综合剧场等公共文化设施4个，恢复建设面积2.64万平方米。各乡镇恢复建设1个综合文化站和1个独立的影剧院，恢复建设面积6.97万平方米。各行政村和社区恢复建设满足群众聚会、具备综合性、多功能的文化活动室，恢复建设面积5.64万平方米。抢修修复各级文物保护单位137处，修复局部馆藏文物105件、重建房屋1万平方米，重建功能齐全的非物质文化遗产博物馆一座；体育，重点恢复和重建县体育中心，建设符合国家标准的专业比赛训练场，新征土地1公顷，维修改建12800平方米，重建1万平方米3000座的体育馆。重建3000平方米全民健身中心。完成63个镇乡各200米小运动场建设工程，922个行政村农民健身工程。加快维修和更换全民健身路径，重建17条健身路，按10站式合理配置一批便民健身设施；广播电视，恢复重建县广播电视台及63个乡镇广播电视站，重建835个村通广播工程，灾后三年内，全面恢复全县广播电视基础设施，使采编、制作、传输、播出设备达到同期省内平均或领先水平；人口和计划生育，恢复重建县计生服务站、潼川中心服务站等19个计生服务站，29个乡镇计生服务站，按现有村（居）70%的比例恢复重建完成657个计划生育服务室；社会福利，力争在三年内农村“五保”对象和城市“三无”对象集中供养率达到50%以上，使社会福利机构的床位总数达到4300张，收住农村“五保”对象、城市“三无”对象和精神病人在4000人左右。社会福利设施维修加固11.78万平方米，重建17.28万平方米，购置设备5045台（套）；重建就业服务中心办公服务用房1000平方米。重建人力资源市场2000平方米，培训中心3000平方米。社保中心办公服务用房3000平方米。重建乡镇劳动保障服务场所63个，总面积10350平方米。

基础设施建设。恢复重建S101线成南路、S205线九遂路等2条县内省道主干线94.7公里，马家桥至望水垭改线工程13.48公里。恢复重建17条县道干线229.8公里，7条乡道122.3公里，村道860.2公里。恢复重建3条旅游及专线公路30.4公里。恢复重建县、乡、村公路、桥梁2481.7延米。建设S101成南路新渡口改公路桥工程。恢复重建道班房12个，水运码头12处，城区汽车客运站2个以及农村客运站13个；加固维修3座水电站堤坝，修复发电厂中的受损水工建筑物及机电设备设施，更换损坏的输配电线路及台区。重点改造重建12座变电站、106公里35千伏线路及其配套的变电站间通信设施等；恢复重建31处电信综合设施及通信配套设施。恢复重建15个受损移动基站，重建45个移动基站；对44座震损水库应急抢险，除险加固。按震前的防洪标准与工程结构，维修加固江河堤防5处、7公里。修复乡村供水设施117185处，保障89.14万人的供水。恢复改造灌溉渠道11069处1401.70公里，小微型水利设施3587处。加快张家沟、祠堂湾水库建设。

产业恢复建设。巩固发展农业，到2010年，力争粮食总产量稳定在80万吨左右，油料总产量达到12万吨，土地复垦251.87公顷，新增耕地27.6公顷。恢复重建毁损农田，发展提高建设标准农田3333.33公顷；恢复灌面4533.33公顷，改善灌面2186.67公顷；推进产业结构调整，大力发展粮油，到2010年，建设2.53万公顷优质粮油生产基地。建成名优水果生产基地1000公顷；在绵（阳）三（台）公路、三（台）中（江）公路沿线和县城近郊建成3333.33公顷优质无公害商品蔬菜基地，在花园、芦溪、灵兴、新德、潼川等重点镇乡建成66.67公顷大棚和高架蔬菜生产基地；建成蚕桑基地1333.33公顷，在涪江河沿岸建成中药材基地933.33公顷。建设14个种畜禽场，重建95个标准化规模养殖场，47.74万平方米，补栏畜禽150万头（只），恢复重建3个畜产品加工厂，建标准厂房5130平方米，恢复重建8个饲料生产企业，建厂房1.4万平方米；壮大发展工业，到2010年，全县实现工业增加值25亿元，年均增长39.5%，规模企业达到110户。优化工业布局，形成三台工业园区和芦溪工业集中区。三台工业园区包括青东坝、南寺坝、黄家坝、黑鹅寺、潘家坝等。重点发展轻纺、食品、机械、精细化工和新型建材、生物质能源等产业。芦溪工业集中区依托现有工业基础，重点发展医药化工、生物能源、食品加工、机械电子等工业。形成工业：绵（阳）三（台）路芦溪、刘营、灵兴、潼川一线，绵（阳）盐（亭）路永明、塔山一线，三（台）中（江）路八洞、西平、乐安一线。依托原有基础，重点布局发展粮油加工、机械加工、农副产品深加工、新型建材等优势产业。恢复重建企业，加固维修419户因灾受损的工矿企业厂房29.2万平方米，重建1.6万平方米，购置、维修各类设备3474台（套）等。培育优势企业，到2010年，培育产值达10亿元以上企业3户、5亿~10亿元企业5户、1亿~5亿元企业15户。壮大支柱产业，到2010年，纺织丝绸、食品加工、能源化工、机械制造四大支柱产业突破销售收入65亿元。加快发展旅游业，到2010年，全面恢复三台旅游产业，实现旅游总收入10亿元，接待游客267万人次。

基层政权建设。全县政权设施恢复重建和修复加固各类房屋38.92万平方米，设备修复及购置4877台（套）。

市场服务体系建设。到2010年，县城商贸网点恢复建设3个大型百货商店、3个大型综合超市、3个大型专业店、28个小超市。在每个乡镇建设农村商贸网点占地面积3000~6000平方米亩的室内型或棚盖型防震性能好的集贸市场和至少1个营业面积在40平方米以上的农资农家店。每个行政村至少保证有1个20~50平方米的生活消费品农家店，30%以上的行政村有1个20平方米以上的农资农家店；粮食流通设施，恢复重建9个粮库粮站、粮仓1560个，加快建设10万平方米粮油物流食品园区，建设标准仓库6万吨、粮油物流配送中心和粮油交易市场。现代物流设施，重点恢复建设5个物流中心、10个农产品批发市场、3个生产资料批发市场，5个专业商品市场等；金融服务网点，每个乡镇不低于2个服务网点，工业集中区和居民安置点不低于1至2个服务网点。

生态整治和防灾减灾。加强地质灾害治理，实施地质灾害治理工程90余处。修复生态环境，到2010年，森林资源植被恢复总面积28.67公顷，水土流失治理面积7500公顷。加强环境综合治理，以涪凯流域污染综合整治为突破口，落实郪江、九曲河、西溪河污染防治。健全防灾减灾系统，恢复建设受损灾害监测点3个，沿龙门山脉走向设地震测报点1个，增设多个宏观监测点，重建3个5要素气象区域自动站，新建20个5气象要素区域自动站。

（六）投资估算及资金来源。投资估算：根据灾害损毁状况、重建目标和任务、重建标准，灾后恢复重建项目共3561个，估算总投资448.61亿元。其中，城镇、乡村建设项目655个，投资312.41亿元；基础设施建设项目466个，投资49.19亿元；社会事业建设项目860个，投资37.05亿元；农业生产项目536个，投资19.04亿元；工业和服务业项目610个，投资22.20亿元；地质灾害和生态环境恢复项目249个，投资5.53亿元；政权建设项目185个，投资3.20亿元。资金来源：按照政府主导、社会参与、自力更生、协作共建的原则，恢复重建坚持政府资源和社会资源相结合，中央、省、市投资与地方投资相结合。重建资金主要来源于财政性资金、信贷资金、社会资金和对口支援。根据中央、省、市财政资金的安排和自身财力，统筹各项资金投资比例，满足灾后重建资金需求。

（七）重建政策措施。认真贯彻落实《国务院关于支持地震灾后重建政策措施的意见》和《四川省人民政府关于支持汶川地震灾后恢复重建政策措施的意见》，因地制宜，用好国家、省、市制定的群众安置、财税支持、金融支持、产业扶持、建设用地、扩大就业、社会支持等系列灾后恢复重建政策。

（八）规划实施保障。围绕规划的重点领域和关键环节，重视规划引导衔接，制定实施年度计划，加强领导组织协调，统筹安排建设用地，拓展资金筹措渠道，强化工程项目管理，加强资金使用管理，强化人力资源开发，健全检查监督机制等系列对策措施，确保灾后重建顺利进行。

三、规划中期调整

根据国家发改委、财政部汶川地震灾后恢复重建规划项目调整工作的通知及2009年8月24日全省灾后恢复重建规划项目、基金调整工作电视电话会议等精神，2009年8月，县政府组织开展项目调整工作，在对国家规划项目进行全面梳理、认真审核和沟通协调基础上，完成三台县灾后恢复重建规划项目调整的审核汇总上报工作。

（一）调整原则。规划项目调整，严格按照国家确定的灾后恢复重建指导思想和工作原则不变；坚持总体规划和专项规划确定的规划范围、主要任务和重建目标不变；坚持中央财政地震灾后恢复重建基金地方包干资金总规模及使用管理办法不变。同时，按照国家和省的有关要求，严格控制党政机关办公用房的建设，坚持党政机关办公楼重建总规模和投资只降不增。

（二）调整内容。针对地震灾后恢复重建规划在实施过程中规划和实施条件发生变化，而作出对部分规划项目进行的必要调整。调整内容主要是单项项目建设规模、布局；同类建设项目必要整合；增补未纳入规划的漏项；删除不再继续实施项目；对项目资金进行调剂。

（三）调整程序。遵照国家关于灾后恢复重建规划项目调整有关要求，项目调整由县项目主管部门提出规划项目调整申请，县发改局对照国家批复规划，初审后报县人民政府，经县人民政府审核同意上报市人民政府后，等待省发改委下发规划项目调整方案。

（四）调整结果。2009 年，省发改委印发汶川地震灾后恢复重建规划项目实施计划，三台县灾后恢复重建中期评估调整后，项目总数为 1381 个，比原规划减少项目 118 个，总投资 226.5 亿元，比原规划减少投资 55 亿元。2010 年 2 月，县政府办印发灾后重建规划项目实施计划调整结果，细化项目 4249 个。

住房建设。城镇和农村住房灾后重建项目 2 个，总投资 158.5 亿元，调整后项目未变，总投资 115.3 亿元，调减 43.2 亿元。

城镇体系。原规划项目 50 个，总投资 21.82 亿元，调整后项目数 47 个，减少项目 3 个，总投资 20.68 亿元，调减 1.14 亿元。

农村建设。原规划项目 6 个，总投资 38.74 亿元。调整后项目未变，总投资 22.54 亿元，调减 16.2 亿元。

公共服务。公共服务包括教育、卫生、文化体育、广播电影电视、就业和社会保障、民政、老龄社会管理等重建规划。原规划项目 1016 个，总投资 41.16 亿元。调整后项目 858 个，减少项目 158 个，总投资 36.71 亿元，调减 4.44 亿元。

基础设施。原规划项目 14 个，总投资 9 亿元。调整后项目 15 个，增加项目 1 个，总投资 12.72 亿元，调增 3.72 亿元。

生产力布局和产业调整。生产力布局原规划项目 403 个，总投资 10.5 亿元。调整后项目 445 个，增加项目 42 个，总投资 17.17 亿元，调增 6.67 亿元。

防灾减灾。原规划项目 4 个，总投资 6564 万元，未作调整。

生态修复。原规划项目 3 个，总投资 1.12 亿元。调整后项目未变，总投资 6612 万元，调减 4633 万元。

精神家园。原规划项目 1 个，总投资 500 万元。调整后项目未变，总投资 600 万元，调增 100 万元。

四、项目修订

在灾后重建规划项目中期调整基础上，2010 年 9 月，根据绵府办函文件精神，三台县灾后重建打捆项目为 1533 个，总投资 218.36 亿元，经过进一步分解细化、梳理核实，部分项目整合、归并后项目总数为 4207 个，减少 42 个，总投资 218.36 亿元，减少 8.13 亿元。城乡住房、防灾减灾、精神家园项目、总投资未作修订。2010 年 11 月，县政府办印发灾后重建规划项目实施计划修订结果。

城镇体系。中期规划调整后项目 82 个，总投资 20.68 亿元，修订后 73 个，减少 9 个，主要是供水、供气，污水项目合并实施。总投资 16.32 亿元，调减 4.36 亿元。

农村建设。中期规划调整后项目 1220 个，总投资 22.54 亿元，修订后 1207 个，减少 13 个，主要是将原建设局与农办重复安排建设的农村道路整合实施，原安排凤凰山沟渠整治和垃圾转运的两个项目合并到道路进行实施。总投资 20.48 亿元，减少投资 2.06 亿元。

公共服务。中期规划调整后项目 2069 个，总投资 36.71 亿元，修订后 2051 个，减少 18 个，主要是社保上18个社区就业和社会保障公共服务信息系统建设的设备购置合并到县、村级就业和社会保障公共服务信息系统重建项目进行实施。总投资36.82亿元，增加投资1100万元。

基础设施。中期调整后项目397个，总投资12.72亿元，修订后399个，增加2个，主要是绵三路纳入市本级项目实施，增补芦溪镇水磨河新街河道堤防工程、三台城区防洪护岸工程、三台县乐安镇河道整治工程3个项目。总投资10.72亿元，减少投资2亿元。

产业重建。中期调整后项目453个，总投资17.17亿元，修订后449个，减少4个，主要是粮食流通5个项目打捆为1个项目实施。总投资17.25亿元，增加投资800万元。

生态修复。中期调整后项目17个，总投资6612万元，修订细化后项目未变，总投资7529万元，增加投资917万元。

第二节　专项规划

专项规划编制，由县级牵头部门负责，协作部门参与，与总体规划同步进行。2008年7月初，专项规划编制全部完成，并上报省发改委。专项规划主要内容包括规划背景、恢复灾后重建的指导思想、基本原则、重建目标、建设内容、资金、建设时限等。规划期限一般为2008年6月至2010年，其中，城镇体系远期规划为2020年，城乡住房建设远期规划为2015年。

一、城乡住房建设

城乡住房规划由规划和建设局牵头，县民政局协作。

（一）重建目标。近期目标，2008～2010年为恢复重建阶段。分为两个阶段，第一阶段，2008年7月～2009年7月，为安置型保障性住房建设阶段，主要任务是尽快将受灾的群众从过渡房中搬进永久性住房；即重建城乡倒塌、严重破坏住房1655.4万平方米，大修和加固城乡灾损住房1227.85万平方米，维修城乡住房2379.72万平方米；重建重点主要以经济适用住房建设和廉租住房建设为主，并将经济适用住房建设和廉租住房建设向常住人口5000人以上的建制镇延伸，通过修复和安置，基本使受灾群众住房恢复到灾前住房水平的60%。第二阶段，2009年8月～2010年年底，为改善型促进性住房建设阶段，主要任务是推进灾区城市化进程，使城市化水平达到60%，并恢复和提升居民居住环境和居住质量，拟新建设住房200万平方米、23000套，人均住房面积达到全省住房平均水平35平方米；远期目标，2011～2015年为发展提高阶段。

（二）建设内容。主要有城区各类住房建设、园区住房建设、镇乡和农村住房建设。

城区住房，棚户区改造。2008～2010年计划新建廉租住房1200套、6万平方米，概算投资5200万元；安置房2800套、25万平方米，概算投资3亿元；商品住宅300套、3万平方米，概算投资7200万元；经济适用住房建设，将灾后住房处置分类中属重建的城市住房纳入经济适用住房建设体系。2008～2010年，通过棚户区改造，重建经济适用住房19万平方米（拆迁安置房），概算投资

1.28亿元；旧住宅加固、维修、综合整治。加固维修房屋4128套、45万平方米，一般维修房屋1.33万套、120.5万平方米，概算投资3.6亿元；工业园区、城乡住宅异地重建。建设潘家坝、黑鹅寺、南寺坝、青东坝、曲江社区、五一社、东城队、白塔村、樟树路安置点9个，住宅5532套，建筑面积70.3万平方米，概算投资8.44亿元。

镇乡住房。镇乡住房维修加固3.07万户、356.54万平方米，异地重建1504户、17.46万平方米，原地重建6017户、69.87万平方米，概算投资29.9亿元，2008~2010年完成。

农村住房。维修加固农村住房2.83万户、3088.53万平方米，异地重建8.06万户、1230.48万平方米，原地重建2.02万户、307.62万平方米，概算投资176.24亿元，2008~2010年完成。

二、城镇体系建设

城镇体系专项规划由县规划和建设局编制完成。

（一）总体目标。形成结构分明的中心城镇、重点城镇、一般城镇、乡集镇4大梯次，以中心城市为中心、重点城镇为极点、一般城镇为骨干、乡集镇为基础的城镇结构。以涪江沿线交通干线为主轴，唐（家寺）巴（中）路、绵（阳）盐（亭）路、三（台）大（英）路为次轴，合理布局城镇。形成职能分工明确，相互协调发展的城镇体系。

（二）建设内容。主要包括城镇结构、交通、电力、通信、广播电视、给排水工程、天燃气输配系统等建设内容。

城镇结构。一级中心城镇2个为潼川镇（含北坝镇、东塔镇）、芦溪镇（含花园镇），职能为综合型；二级片区型中心城镇3个为西平镇、观桥镇、塔山镇，职能为农贸、交通、旅游型；三级地区型中心城镇10个为永明镇、金石镇、刘营镇、乐安镇、富顺镇、新生镇、古井镇、建平镇、景福镇、安居镇，职能为农贸、旅游、工贸、交通型；四级地方型中心城镇27个为新德镇、永新镇、秋林镇、中新镇、灵兴镇、万安镇、三元镇、立新镇、黎曙镇、八洞镇、中太镇、前锋镇、建设镇、光辉镇、柳池镇、石安镇、龙树镇、老马乡、建中乡、忠孝乡、鲁班镇、郪江镇、紫河镇、乐加乡、幸福乡、金鼓乡、双胜乡，职能为旅游、农贸、工贸、交通、农业型。

交通，高速公路。修建绵（阳）—遂（宁）高速公路，纵贯县域北、南，途经永明、建设、老马、里程、争胜、新德、北坝、东塔、百顷等乡镇，设永明、建设、北坝3个出入口。县域对外重要交通规划，省道205线、省道101线、三（台）—大（英）路、三（台）—中（江）路、绵（阳）—盐（亭）路、芦（溪）—德（阳）路。县内交通规划。县际公路建设，中立路、望松路、小永路、芦西路、观射路等全面提升为二级沥青路面，与县域内主交通搭接，形成三台县域交通网络。县域公路半环线：观桥—鲁班—幸福—古井—西平—建平—芦溪—建设—中太—柳池—塔山—忠孝公路提高完善，等级在三级以上，形成县域公路半环线，串联县域北、西、南部各乡镇。通村公路，技术等级标准不低于四级公路标准。车站设置，二级车站：潼川镇2个、芦溪镇1个。三级车站：塔山镇、西平镇、观桥镇各1个。四级车站：刘营、永明、建平、古井、新生、富顺各1个。五级车站：中太、建设、柳池、老马、石安、三元、忠孝、龙树、秋林、百顷、花园、立新、前锋、乐安、八洞、中新、景福、紫河、建中各1个。简易车站：光辉、双胜、高堰、金鼓、永新、新鲁、黎曙、云同、万安、上新、下新、幸福、玉林、断石、乐加、曙光、双乐、宝泉、协和、广利、郪江、菊河、里程、争胜、东塔各1个。旅游车站：金石、鲁班、安居各1个。货运车站：潼川镇、芦溪镇各1个。

电力建设。电源建设，建设冬瓜山电站，全县地方电力发电装机容量达到19.98万千瓦以上；电网建设，新建35千伏至500千伏变电站10座及35千伏线路16.4千米。

通信。电信，电话普及率，近期市话普及率35%，全网总普及率15%。远期市话普及率达50%，全网总普及率30%；电话交换机容量，近期县域电话装机总数为19.6万部，远期县域电话装机总数为48万部，电信网络，长途传输，县各局全部进入国内长途自动网。100%的乡、镇实现国内和国际长途直拨；本地网建设，全县乡镇农话交换自动化率达到100%。移动通信，全县移动通信覆盖率90%，全省自动漫游并与全国网相联。传输采用SDH模式，通光纤和无线接入网，开通模块局全部使用NO.7信令网，实现模块局集中监控、维护；县城开通ADSL网络快车，实现宽带上网；增开乡镇一级数控数字电路和设备。县城推行“户线”工程，发展用户光缆网，有步骤地实现用户光纤数字化；非话通信业务发展ISDN综合业务数字网，利用公用电话交换网实现传真（FAX）、用户电报（TELEX）、电子信箱（E－mailbox）、可视图文（Videotex）及数据通信（其中包括资料检索、文件传送、定票业务及银行业务等）。在城市及乡、镇实现宽带网络化，逐步推广电视会议系统。

广播电视。发展农村光纤广播电视，近期光缆布入大部分村、广播电视覆盖率达到90%以上。建设优质光纤传输网络，达到部颁甲级标准。发展城区有线广播电视传输网络和光纤电视，城区有线电视入户率近期达到98%以上，中远期达100%。近期实现省、市、县有线电视联网。规划期末全面实现广播电视网的计算机自动化管理。

给排水工程。供水，全县建立13个联合供水系统，在新德、芦溪镇各建一大型地表水厂。城镇居民用水普及率达到98%以上，管井饮用水普及率达到90%以上。扩建县城一、二水厂，新建三水厂，远期日供水能力达到16.5万吨；新建芦溪镇水厂，远期日供水能力达到6.0万吨；排水，一级中心镇和二级中心镇建污水处理厂，三级中心镇、涪江沿岸城镇和水源保护区附近城镇建污水处理站，其余各镇和新农村建集中式沼气池或采用简易适用的污水处理设施。建县城、芦溪、塔山、西平、观桥污水处理厂5处，建富顺、永明、金石、建平、刘营、乐安、古井、新生、安居、景福、灵兴、永新、鲁班、郪江污水处理站14处。

天燃气输配系统。管网规划　近期铺设石安—塔山，古井—新生高压管道，设计压力为1.6兆帕，建设塔山、新生配气站。远期全县各城镇均用上管道天燃气，并铺设专管道。全县建配气站25座、3座门站。

三、农村建设

农村建设规划由规划和建设局编制完成

（一）建设内容。农村建设规划的主要内容有，农村居民点布局和规模、农村道路、供水、供电、污水和垃圾处理、新农村建设“三改”工程等。

农村居民点布局和规模。2008～2010年内搬迁因滑坡、洪涝、地表下陷等所受地质和洪涝灾害影响农户1745户，约需搬迁资金2.62亿元；4700万人撤到安全的居民点，扩大居民点规模，计划总投资31亿元。

农村道路。2008～2010年内完成全县所有受损村级道路硬化，2008～2015年内完成所有村社道路和居民点道路硬化，项目总投资17.54亿元。恢复重建村社道路总长约3590余公里，路宽3.5米，建设总投资17.54亿元，其中2008～2010年建设投资10.52亿元。

农村供水。农村供水项目计划投资3.92亿元，其中2008～2010年投资2.35亿元，2011～2015年投资1.57亿元。

农村供电。保证农村电力供应，村社通电率100%。

农村污水。2008～2010年内配套建成居民点沼汽池和生活污水处理厌氧净化池建设，2011～2015年内完成相应居民点和95%的散居农户沼汽建设和生活污水处理厌氧净化池建设。项目总投资4.62亿元。

农村垃圾。2008～2010年全面实现垃圾集中收集，统一清运，就近处理，2011～2015年建设垃圾中转站。项目总投资2466.65万元。

四、公共服务设施建设

公共服务设施建设规划编制，由发展和改革局牵头，编委办、财政局、规划和建设局、公安局、检察院、法院、宏达公司、司法局协作编制完成。

（一）建设内容。县人大、政协机关办公用房，在北坝镇琴泉路异地重建，县级其他房屋在原址修建；古井镇、灵兴镇在本镇异地重建，其他镇乡在原址修建。全县政权设施恢复重建5.46万平方米，修复加固33.46万平方米，设备修复及购置4877台（套）；党政机关及直属单位恢复重建县级7个，镇乡20个，总面积3.52万平方米；修复加固项目县级28个，镇乡41个，直属事业单位22个，总面积28.16万平方米；政法系统恢复重建项目公安部门13个，司法部门15个，武警1个，检察院1个，总面积1.94万平方米；修复加固项目公安部门28个，法院3个，司法部门5个，武警1个，总面积5.30万平方米。

（二）计划总投资及资金来源。全县政权设施灾后重建计划总投资3.2亿元，其中，土建工程2.92亿元，设备修复及购置2858万元。资金来源为国家补助、社会捐助及县财政预算内资金。

党政机关及直属事业单位恢复重建项目计划总投资7382万元，其中土建工程7039万元，设备修复及购置343万元；修复加固项目计划总投资1.6亿元，其中土建工程1.44亿元，设备修复及购置1513万元。

政法部门恢复重建项目计划总投资3813.25万元，其中土建工程3409.3万元，设备修复及购置403.95万元；修复加固项目计划总投资4880.27万元，其中土建工程4282.22万元，设备修复及购置598.05万元。

（三）建设时限。对彻底毁坏或被鉴定为D级危房的政权设施，在3个月内拆除危险建筑，1年内修建完工；对通过加固、改造可以恢复的危房建筑或鉴定为A级、B级、C级的危房，按照改扩建拟定建设方案，在1年内予以加固和改造。

五、基础设施建设

基础设施建设规划由县交通局牵头，水务局、经济商务局、电信公司、移动公司、邮政局、联通公司协作编制完成。

（一）建设内容。基础设施规划建设内容包括交通、水利、电力、通信等设施建设。全县基础设施灾后重建估算总投资49.2亿元。其中，交通设施22.41亿元，水利、电力设施26亿元，通信设施7801万元。

交通设施。公路建设，2008～2010年，完成干线公路S101线成南路、S205线九遂路三台段项目建设和马家桥至望水垭改线工程等94.73公里，计划投资2.79亿元。完成县道公路20条、218.4公里改造，计划投资77.79亿元。完成乡道公路14条、122.32公里改造，计划投资1.76亿元。完成村道公路860.19公里改造，计划投资2.74亿元。2009年完成3条、30.4公里旅游及专线公路改造，计划投资1.2亿元。2010年完成11.7公里环城公路建设，计划投资1.4亿元。

桥梁建设。2008年完成2317.2延米县、乡、村桥梁维修重建和渡改桥S101成南路K120+975处新渡口公路桥建设，计划投资9020.38万元。2009～2010年，完成30座928延米县、乡道桥梁维修、重建，计划投资1382.76万元。2010年完成涪江二、三桥梁建设项目，计划投资2.16亿元。

道班房建设。2008～2009年，完成12个道班房维修加固，预计投资204.65万元。

客运站点建设。2008年完成2个城区汽车客运站以及13个农村客运站的维修加固，预计投资2330万元。

办公用房建设。2008年完成交通局机关及系统7个下属单位办公用房维修加固，预计投资1808.14万元。

渡运码头建设。2008～2010年，完成10处小码头建设，预计投资988万元。

水利设施建设。震损水库应急抢险44座，江河堤防维修加固5处1650米，修复乡村集中供水工程65处，分散供水工程11.71万处，恢复改造灌溉渠道1.11万处1401.70公里，渠系建筑物1808处，修复水土保持设施面积3003.81公顷，排灌沟渠130公里，小型蓄水设施1902处，作业道路9.20公里；修复乡村渔业池塘62公顷，沟渠1000米，生产用房1000平方米．修复水产推广技术用房450平方米；修复改造山平塘2877处，蓄水池376处，石河埝334处；恢复重建水利系统管理用房2.34万平方米，生活用房8094平方米，更新办公设备50台套。2008年和2010年，修复水利设施，分别预计投资4.98亿元、5.25亿元，灌区续建配套与节水改造，分别预计投资1.09亿元、73.99亿元，新建堤防工程9087米、1.05万米，分别预计投资8931万元、8500万元。新建张家沟水库、祠堂湾水库，预计投资2.2亿元。

电力设施。2008年和2010年，修复电力设施，分别预计投资1.64亿元、1.49亿元，新建新生、冬瓜山变电站，预计分别投资690万元、6000万元。2010年新建变电站以及输变电线路、农网、城网改造，预计投资7959万元。

通信设施。电信，2008～2010年，先后建设33个镇乡电信综合楼及通信配套设施，预计投资1820万元。三台移动通信，2008年，恢复重建15个受损基站，预计投资1031万元。三台邮政，维修加固办公用房，恢复设备设施，预计投资1645万元。三台联通，2008～2010年，恢复重建GSM基站、机房及铁塔等设施45套，恢复光缆线路300公里，恢复管道40公里，预计投资3305万元。通信设施灾后重建的资金由部门全力争取国家、省、市补助，银行贷款，企业自筹解决。

六、生产力布局与产业调整

生产力布局和产业调整规划由县经济商务局牵头，农业局、畜牧兽医局、旅游局协作编制完成。

（一）规划目标。到2010年，全县实现工业增加值25亿元，年均增长39.5%，完成技改投资10亿元以上；规模企业达到110户。粮食总产达到78万吨，油料总产达到12万吨，商品蔬菜20万吨，蚕茧8万担。年生猪出栏达到243万头，年递增率5.9%；禽类出栏达到2819万只，年递增率3.1%。规模养殖率占55%，旅游总收入达到10亿元，接待游客267万人次。

（二）建设内容。主要为工业、农业、旅游业。工业包括布局、产业基地、两大园区建设，农业包括种植业、养殖业。

工业布局。新增工业原则上一律进入工业园区或工业集中发展区。将青东坝、南寺坝纳入三台工业园区规划面积，实行一园多区运作模式。三台工业园主要发展轻纺、食品、机械、精细化工和新型建材、生物质能源等产业；芦溪工业集中区主要发展医药化工、生物能源、食品加工、机械电子等工业。

工装基地。形成纺织丝绸产业集群，建成中国最大的工装基地，西南最大的印染中心。生产能力达到年纺纱2030万纱绽，生丝600吨、丝织品500万米，拥有2万台中高档织造设备，6条高档印染线，10条中档印染线，印染能力达到3亿米，10家以上规模较大的服装加工企业，到2015年，销售收入达到60亿元以上。

工业园区发展平台。三台两江工业集中园区基础设施建设，总投资6亿元，建设青东坝、南寺坝防护堤和青东坝至南寺坝涪江三桥、南寺坝至佳联印染凯江跨江人行桥以及区间道路，分3年完成；芦溪工业集中区基础设施建设，投入资金4.58亿元，修复、完善5平方公里核心内区间道路、园区交通出口通道、泄洪通道、污水处理厂等，贯通园区与绵遂高速，绵三公路的交通出口；修复电网及改造主干线，重建自来水厂。

农业。巩固和发展优质粮油生产基地、优质商品蔬菜基地、优质蚕茧生产基地。建好优质无公害水稻标准化生产基地、优质饲用玉米生产基地、“双低”优质油菜生产基地、高淀粉红薯生产基地、无公害商品花生生产基地、专用马铃薯标准化生产基地、优质无公害蔬菜基地、中药材标准化生产基地、名优水果生产基地、优质蚕茧生产基地、良种繁育基地，农业生产设施及农业服务体系灾后重建项目总投资7.98亿元。

畜牧业。到2010年，建成全省第一生猪生产强县。年生猪出栏达到243万头，年递增率5.9%；禽类出栏达到2819万只，年递增率3.1%。规模养殖率占55%，质量安全合格率100%，畜牧业产值占农业总产值60%。建设种畜禽场14个、改良站（点）63个、标准化规模养殖场95个、畜产品加工厂3个、饲料兽药畜禽交易市场4个、饲料工业企业8个、草地恢复建设4333公顷、建立畜牧业专业合作组织14个。项目建设年限为2008~2010年，概算总投资10.43亿元。

旅游业。总体划分为古郪国旅游区、城市核心旅游区、翠湖旅游区，计划总投资2.96亿元，分3期开展重建，第一期计划投资1.65亿元，第二期1.1亿元，第三期2100万元；古郪国旅游区重建项目计划总投资5260万元，城市核心旅游区重建项目计划总投资1.68亿元，翠湖旅游区重建项目计划总投资7600万元。

七、防灾减灾

防灾减灾规划由县科学技术局牵头，县环保局、县国土局、县林业局、县水务局、县气象局协作编制完成。

（一）规划目标。建立7级以上地震预警系统，争取公众获得8秒以上的大震预警时间；所有建设工程，严格按照中国地震动参数区划图标准执行，县域内抗震设防达到国家新地震基本烈度的抗震能力；极端灾害性天气、洪水灾害、地质灾害、疫情等灾害信息，自灾害源所在地实时发出后，政府在第一时间及时向公众发布；公共安全事件的警报发出后40分钟内，危险区所有人员有序撤离到规定地方。

（二）主要项目。包括地震灾害治理、气象灾后重建、防洪堤等建设项目。

地质灾害治理，治理潼川、东塔、中新等镇乡地质灾害隐患点21处；搬迁中新、乐加等镇乡37处475户需避险搬迁户。预计地质灾害治理经费1790万元，地质灾害搬迁经费1834万元。2008~2011年完成。

气象灾后重建，配置气象观测资料无线传输用便携式观测设备和气象预报9210卫星接收系统设备，修复重建损毁台站基础设施，估算投资710.45万元。2008~2010年完成。

防洪堤建设。防洪堤修复，2008~2011年，整治潼川镇、争胜乡境内裂缝河堤550米。2011~2015年，整治新德、北坝、花园等镇境内裂缝、塌陷河堤1100米。预计整治资金900万元。2008~2015年，分批整治河堤竣工验收13处（赵家护岸至碾子河堤一线）7710米，预计整治资金2313万元。

新建堤防，2008~2011年，新建青东坝、南寺坝、刘营大围坝防洪堤9087米，预计工程直接投资8931万元；2011~2015年，新建花园、王家碥防洪堤1.05万米，设防标准20年一遇，预计工程直接投资8500万元。

八、生态修复

生态修复规划由县科学技术局牵头，县环保局、国土局、林业局、水务局、气象局协作编制完成。

（一）林业恢复重建重点项目。重建和维修加固基层林业站、县林业局办公及生活用房5480平方米。恢复重建国有苗圃1310平方米，水塔1座，灌溉渠系3000米，水池2处，金鼓柏木种子园办公及生活用房600平方米，道路4.2公里。省级凤凰山森林公园道路13公里，房屋1.24万平方米，排水系统15公里，消防池3处，水塔2座。恢复损毁林木、林地植被95.33公顷。

（二）环境保护灾后重建重点项目。2010年以前建设县城生活污水处理厂，生活垃圾卫生填埋场及9个场镇垃圾卫生转运站，建设4个场镇城镇居民生活污水处理厂，5个生活垃圾卫生填埋场及17个场镇垃圾卫生转运站，建设5个工业企业废水废气废渣治理项目，21个生猪屠宰、44个畜禽养殖场、1个医疗废物治理项目。2015年以前建设16个场镇城镇居民生活污水处理厂，5个生活垃圾卫生填埋场及22个场镇垃圾卫生转运站。

（三）建设时限。2008年年底前，完成林业局办公楼重建和维修加固。2010年年底前，完成森林资源植被恢复植树种草、凤凰山森林公园公益基础设施和金鼓柏木种子园公路建设。同时，完成木材公司、国有苗圃、中心林业站、柏木种子园重建。

九、市场服务体系建设

市场服务体系规划由经济商务局编制完成。

（一）建设重点。恢复改造市场服务设施24.57万平方米，重建市场服务设施22.7万平方米。

投资规模。恢复改造项目77个，重建项目84个，计划总投资3.99亿元，计划分3期开展恢复重建工作。

（二）重点项目。建设百货商店、大型超市各3家，营业面积各1.5万平方米，建小型超市8家4600平方米，生猪屠宰场70家3.5万平方米，批发市场59家31万平方米，宾馆、饭店6家4.7万平方米。

（三）实施步骤。2008年5月~2009年6月，对受灾的市场服务设施进行全面排危。2009年6月~2010年6月，对需重建的市场服务设施在新址进行重修。2010年6月~2011年6月，整合市场服务设施资源，新建各项配套设施，提高软硬件质量。

十、土地利用规划

土地利用规划由县国土资源局编制完成。

（一）规划目标。灾后恢复重建临时用地500公顷，永久性用地1159公顷。通过工程措施、河滩地开发、复垦旧宅基地、缴纳耕地开垦费用等方式实现耕地占补平衡。整理恢复、补充耕地。

（二）用地安排。抢险救灾应急用地，对交通、电力、通信、供水等抢险救灾设施应急用地按实际需要予以保障。过渡性安置用地，临时安置住房16.65万户，用地499.55公顷。永久性用地，2008~2010年城镇建设用地规模546公顷。农村居民点用地，原地重建33.24万户，异地新建3.74万户，全县规划集中建设点323处，安置居民6.99万户，规划用地313公顷；独立工矿用地，重建页岩砖厂、电站和油气井恢复建设，用地项目16个，规划用地86公顷，交通项目16个，规划用地80公顷，水利水电项目8个，规划用地80公顷，通讯基站建设34个，规划用地4公顷，郪江汉墓群灾后恢复和旅游设施建设项目规划用地50公顷。

（三）用地时序安排。2008 年，安排临时安置房建设、城镇和农村受灾居民固定安置点建设、教育、卫生、通信重建用地 1363 公顷。2009 年，安排城镇、村庄基础设施、公共设施和农村居民集中建设用地 240 公顷。2010 年，安排重要能源、交通、水利等用地 56 公顷。

（四）土地整理复垦计划。2008～2009 年，完成废弃工矿用地、原农村居民点及受灾耕地整理复垦。2008～2010 年，根据新居建设进度逐步完成临时安置用地复垦；完成全县河滩地开发和土地整理项目 17 个，建设规模 9300.26 万平方米，预计新增耕地 765.06 万平方米。

（五）投资估算。第 4、5 类损毁类型，通过三台县灾毁耕地为第 4、5 类损毁类型，按工程措施复垦耕地投资每亩 3000 元（每平方米 4.5 元算），灾毁耕地 376.58 万平方米，需复垦资金 1694.61 万元。实施 12 个土地整理项目，建设规模 91.12 平方千米，新增耕地 5.99 平方千米，需资金 1.08 亿元。全县规划期内立项 5 个河滩地开发项目，建设规模 188.3 万平方米，新增耕地 165.9 公顷，需资金 1741.95 万元。灾毁耕地复垦、土地整理、土地开发需投入 1.86 亿元。

第三章　城乡居民住房建设

第一节　县级领导定点联系城乡住房建设

县委、县政府为加快城乡居民住房建设，在全县实行县级领导定点联系农房重建和县城社区住房重建制度，确保受灾群众尽快住进经济、实用、安全的永久性住房。

一、定点联系农房重建

2008 年 8 月 18 日，县委、县政府决定县级领导、部门联系指导镇乡做好农房重建工作。联片领导的主要职责是深入联系片区调查研究，指导和协调处理片区各镇乡农房建设工作中的重大问题。联系镇（乡）领导和县级部门的主要职责是具体深入所联系镇乡、村社，做好农房和集镇建设等具体工作。将古井场镇、中新场镇、新鲁社会堰村、建设木林村、柳池康桥村、观桥万福村、灵兴山水村、西平古房沟村确定为县级农房和集镇重建示范点，由包片领导和联镇领导具体联系指导工作。

县级领导和部门联系指导镇乡农房重建工作分组表

表 5－1

联片领导	联系镇乡领导	联系部门	镇乡
苏才华（政协主席）		县水务局	芦溪镇
		县畜牧局	立新镇
	卢知春	县发展和改革局、团结水库管理局	金石镇
	刘伟玉	县民政局、宏达公司	新鲁镇
		县残联、县志办	云同乡
陈福林（县委副书记）		县政府法制办	黎曙镇
	董黎明	县政府办、民盟	刘营镇
		县扶贫办、县科协	老马乡
	王迎高	县委办（政研室、保密局、机要局）	花园镇
	刘素英	县卫生局	永明镇
李蜀光（县人大党组书记）	梁　军	县纪委（监察局）、县交通局	塔山镇
		县国土资源局	忠孝乡
	李洪波	县党史研究室、县药监局	柳池镇
		县规划和建设局	龙树镇
兰　劲（县委常）		县人事局（编委办）	双胜乡
		县民生办、县老龄办	光辉镇
	宋先国	县爱卫办、县农机局	建设镇
		县统计局、县妇联	中太镇
何承平（县委常委）		县政协机关	潼川镇
	刘　莉	县工商联、县民营经济促进局	中新镇
		县招商局	断石乡
	曾见勇	县农业局	灵兴镇
		县委组织部	建平镇
	杜章生	县人武部	乐安镇
		团县委、县气象局	前锋镇
		政务服务中心	玉林乡
	时任副县长、公安局长	县人大机关	北坝镇
冯中兵（县委常委）	张志路	县广电局	景福镇
		县住房公积金管理中心	双乐乡
		县物价局	宝泉乡
		县惠民帮扶中心、县农能办	协和乡
		县劳动和社会保障局	广利乡
	羊森茂	县审计局	建中乡
	康定源	县群众工作局	紫河镇
魏富祥（县委常委）	李　哲	县工商局	观桥镇
		县国税局	安居镇
		县供销社	郪江镇
		县公安局	鲁班镇
	张苏林	县环保局	新生镇
		县精神文明办	乐加乡
		县财政局	菊河乡
		县地税局	曙光乡

续表5－1

联片领导	联系镇乡领导	联系部门	镇乡
胡传光（县委常委）	冯良君	县移民办、鲁班水库管理局	东塔镇
		县委党校、县总工会	百顷镇
		县人口和计划生育局	石安镇
		县粮食局	高堰乡
		县林业局	永新镇
		县武引管理局、县人行	金鼓乡
	陶　毅	县检察院	新德镇
	袁邦杰	县委老干部局、县委县政府目标督查办	富顺镇
		县委宣传部（新闻办、文联）	三元镇
	唐顺勤	县安监局	秋林镇
		县委统战部（侨联）	争胜乡
		县委农办	里程乡
段光艳（县委常委）		县委政法委（综治办、防邪办、维稳办、银监办）	西平镇
	刘光明	县教育局	凯河镇
		县司法局	上新乡
		县科技局、县旅游局	八洞镇
	龚　云	县法院	古井镇
		县经济商务局	万安镇
		县文体局	进都乡
		县质监局、县直机关工委	幸福乡
	达建川	接待办、县档案局	下新乡

二、定点联系县城社区住房重建

2009年2月24日，县委、县政府决定由县级领导干部联系社区和县级部门帮扶社区住房重建工作，并要求联系领导和县级部门每月召开联系工作会，协调解决社区住房重建工作的实际困难和问题，加强重建工作政策宣传、组织发动群众、重建和维修加固、安全监管、补助资金发放等方面分阶段进行督查和指导。

县级领导干部和县级部门定点联系县城社区住房重建工作表

表5－2

县级领导	联系社区居委会	帮扶部门
崔　斌　达建川	潼川镇解放街社区	县委办、县财政局、县民政局、县国土资源局、县法制办
赵　飚　卢知春	潼川镇大十字社区	县检察院、县政府办、县规划和建设局、县群众工作局、县药监局、县残联
苏才华　梁隆钧	潼川镇老西街社区	县政协办、县交通局、移动公司三台分公司、县妇联、县质监局、联通三台分公司
陈福林　刘伟玉	潼川镇西门社区	县总工会、县烟草专卖局、县信用联社、县科协
李蜀光　李　晖	潼川镇曲江社区	县农办、县劳动和社会保障局、县水务局、县鲁班水库管理局、县经济商务局、县老龄办

续表5－2

县级领导	联系社区居委会	帮扶部门
魏　坤　曾见勇	北坝镇恒昌路社区	县人武部、县监察局、县卫生局、县畜牧兽医局、电信三台分公司、建设银行三台支行、县爱卫办
兰　劲　宋先国	北坝镇北泉路社区	人行三台县支行、县发改局、县人事局、县文体局、县粮食局
何承平　宋朝友	北坝镇东河路社区	县委组织部、县国税局、县团结水库管理局、县统计局、县招商局、县老干局
冯中兵　梁　军	潼川镇下东街社区	县工商局、县环境保护局、县武引局、中国银行三台支行、县旅游局
魏富祥　董黎明	潼川镇建设街社区	县教育局、县文明办、县人大办、县审计局、工商银行三台支行
赵勇忠　龚　云	潼川镇皂角城社区	县委统战部、县地税局、县林业局、县科技局、县政研室
胡传光　张苏林	潼川镇蟠龙社区	县委宣传部、县邮政局、县农业局、县农机局、农业发展银行三台支行、县物价局、县广电局
段光艳　王迎高	潼川镇凯涪社区	县政法委、县公安局、县司法局、县气象局、县档案局、县工商联
李　哲　刘素英	北坝镇琼楼路社区	县法院、农业银行三台支行、县人口和计生局、财产保险公司三台支公司、团县委、县综治办
李洪波　康定源	潼川镇草堂社区	县新农村办、县扶贫办、县移民办、县政务服务中心、县接待办、县目标督查办

三、联系其他重建工作

2008年9月23日，县委常委会议研究，对稳定灾后重建等系列工作实行县级领导联系片区工作责任制。其中，灾后重建、扶贫等工作在镇乡责任制的前提下实行联系片区督查制。

县级领导联系片区灾后重建工作安排表

表5－3

片　区	镇　乡	第一责任人	第二责任人
园　区	工业园区　原农业产业化试验示范区　北坝镇	陈福林（县委副书记）	杨增辉　宋朝友
芦溪片区	芦溪镇　花园镇　永明镇　立新镇　金石镇　新鲁镇　云同乡　黎曙镇　刘营镇　老马乡	兰　劲（县委常委）	宋先国　李　晖　曾见勇
塔山片区	塔山镇　忠孝乡　柳池镇　龙树镇　双胜乡　光辉镇　建设镇　中太镇	何承平（县委常委）	卢知春　梁隆钧　安　兴
潼川片区	潼川镇　中新镇　断石乡　玉林乡　灵兴镇　建平镇　乐安镇　前锋镇	冯中兵（县委常委）	达建川　杨增辉
云台二片区	景福镇　双乐乡　宝泉乡　协和乡　广利乡　建中乡　紫河镇	魏富祥（县委常委）	董黎明　刘伟玉
云台一片区	观桥镇　安居镇　郪江镇　鲁班镇　新生镇　乐加乡　菊河乡　曙光乡	胡传光（县委常委）	梁　军　龚　云
西平片区	西平镇　凯河镇　上新乡　八洞镇　古井镇　万安镇　进都乡　幸福乡　下新乡	魏　坤（县委常委）	李　哲　刘素英
涪东一片区	东塔镇　百顷镇　石安镇　高堰乡　永新镇　金鼓乡	段光艳（县委常委）	康定源　王迎高
涪东二片区	新生镇　富顺镇　三元镇　秋林镇　争胜乡　里程乡	贺强华（县委常委）	李洪波　张苏林

第二节　农村居民住房建设

2008 年“5·12”汶川特大地震后，各镇乡组织镇（乡）村干部和建筑专业人员，对辖区内的农村居民住房情况进行核查，为尽快解决受灾农户居住问题，县委、县政府将农房重建列入规划并实施。农房重建包括维修加固和新建（含异地购房）等。

一、组织领导

2008 年 7 月上旬，县委县政府成立“三台县‘5·12’地震灾后恢复重建委员会”，同时，抽调县级相关部门领导和工作人员 21 人，组建农房和集镇建设办公室。2009 年 7 月，农房和集镇建设办公室更名为农房重建组，县人大常委会副主任宋先国任组长，县政协副主席龚云任副组长。县农房重建组负责全县各镇乡农房重建工作的调研督查、政策解释、来信来访调查处理、指导重建示范点建设。农房重建组下设办公室，负责农房重建日常工作。农房重建组将办公室 15 名干部分成 5 个调研督查组，把全县 63 个镇乡划分为东、南、西、北、中 5 个片区，分别由 5 个调研督查组分片区开展调研督查，协调处理农房重建中的问题。落实县级相关部门职责，县民政局负责全县农房重建户的审批，指导镇乡规范台账和档案；县财政局负责补助资金的组织和拨付，监督补助资金正常流动；县审计局负责补助资金的跟踪审计；县工商局、县质监局负责建筑材料的质量监管；县经济商务局负责建筑材料的采购和调运；县交通局负责重建中建材运输车辆的发证及监督管理；县建设局负责重建中的规划、设计、质量、安全、工匠技术培训等工作；县物价局负责对重建中主要建筑材料价格的监管。各镇乡党委和政府以及村党支部和村委会都建立相应的组织机构，具体组织实施农房重建工作。农户重建期间，县经济商务局、镇乡政府先后派出 200 余名干部，深入本地建材企业组织生产，到邻近县市区联系调运建筑材料，全县组织生产和外地调运红砖 32 亿匹，钢材 16 万吨，水泥 160 万吨。县农村信用联社为困难户安排 3 万 ~5 万元的小额贷款，镇乡政府、村社动员群众捐款捐物、帮工等方式，对 2300 余户重建困难户给予资金、物资和劳力支持。全县共发放农房重建补助资金 17.1 亿元。重建初期，在重建户的审批、补助资金拨付过程中，个别干部优亲厚友、徇私舞弊，向重建户收取保证金、好处费现象时有发生，县重建委先后在全县范围开展 7 次自查自纠活动。农房重建组 3 年内接待群众来信来访 2 万余人次，调查处理涉灾信访案件 300 余件，相关职能部门对干部诫勉谈话 27 人，组织处理 2 人，纪律处分 20 余人，追究法律责任 10 余人。

二、补助政策

2008 年 7 月，县委、县政府根据省、市农房重建有关规定，结合县情制定全县农房重建实施意见，确立政府主导、群众主体、政策引导、规划先行、典型示范、全面推进的农房重建原则和重建户申请、群众评议、村组公示、镇乡审核、民政局审批等程序，明确农房重建补助政策标准：凡 2008 年 5 月 11 日在三台的户籍人口，由于“5·12”汶川特大地震造成住房倒塌或严重受损无法居住的农户，均可享受灾后重建资金补助。补助标准为一般农户 1 ~ 3 人每户补助 1.6 万元，低保户每户补助 2 万元。4 ~ 5 人一般户每户补助 1.9 万元，低保户每户补助 2.3 万元。6 人以上一般户每户补助 2.2 万元，低保户户每户补助 2.6 万元。2008 年 7 ~ 12 月，确定一般户除享受重建补助外，每户另享受 3000 元特殊党费补助（低保户每户享受 1 万元）和 2000 元过渡安置费补助（2009 年落实的重建户由中央重建基金解决）。各项补助均通过农户“一折通”直接发到农户。重建资金补助分两次发放，第一次发放时间为重建农户地基完成时拨付 80%，完成主体建筑时拨付 20%。过渡安置费和特殊党费补助实行一次性发放。重建农户在重建过程中一律免交各种税费。一般户家庭人口数的认定，一律以 2008 年 5 月 11 日户籍人数为准，贫困户和低保户两类困难农户的认定，一律以 2008 年 5 月 11 日相关档案记载为准。因灾造成的“三孤”（孤儿、孤老、孤残）人员和无房的散居“五保”对象，纳入福利院、敬老院重建规划，统筹解决住房问题，不单独重建住房，按每张床位 2.5 万元补助。资金来源为：从中央安排给省的农房重建补助资金中解决 2 万元，省、市（州）、县 3 级财政安排 5000 元，地方各级负担比例按永久性住房重建分担比例执行。全县无房散居“五保”对象为 2733 人，落实补助资金 6832.5 万元；落实原有敬老院维修加固补助资金 1750 万元。

一般损坏农房维修加固，补助范围和对象为：因地震及次生灾害受损但不构成危房，经维修加固后能够安全居住的农民住房（不包括城镇居民）。享受重建永久性住房政府补助政策的农户不能重复享受维修加固的补助政策。补助标准划分为轻微损坏、中等破坏、严重破坏 3 个档次，每户补助标准分别确定为 1000 ~ 2000 元；2000 ~ 4000 元；4000 ~ 5000 元。经核实，全县一般损坏房农户为 22.34 万户，共发放维修加固补助资金 6.17 亿元。

三、重建成果

2008 年 6 月，各镇乡组织技术力量，逐村逐社对受灾农户住房震损情况进行鉴定，在此基础上，重建农户按照规定的程序申报审批。2008 年 7 ~ 12 月，确定第一批重建农户；2009 年 3 ~ 10 月，确定了第二批重建户。农房重建户确定后，由镇乡政府组织规划、国土部门深入村、社、院落逐户选址，落实党员、干部农房重建联户工作。农房重建以原址重建为主，原址不符合规划的则异地选址重建，异址重建宅基地可新旧折抵。所使用宅基地互换调整。符合规划的，按震前已合法取得的宅基地面积重建，重建农户新建住房原则上不低于 40 平方米。在尊重重建农户意愿基础上，坚持适度集中，按照居民新村集中规划布点。2008 年 9 月，县重建委根据全县农房重建发展态势，确定新鲁镇社会堰村、立新镇高屋基村、建设镇木林村、柳池镇康桥村、灵兴镇灵丰村、古井镇桂花坝村、中新镇羊家店子村、西平镇南垭村为全县农房重建示范点，并组织全县镇乡和县级部门领导到示范点及江油、游仙等地参观学习。全县 3 ~ 9 户小集中安置点达到 1928 处，10 ~ 30 户集中安置点达到 192 处，30 ~ 150 户以上集中安置点达到 110 处。示范点中的南垭村，集中重建户达 130 余户，桂花坝村集中重建户达 110 余户，各示范点水、电、路、通信、文化娱乐、医疗、商贸等便民设施俱全。2008 年 10 月、12 月，县规划和建设局先后三批对农村个体匠工开展农用建筑施工规范集中培训，2000 余名个体工匠取得资格证书。

全县农村居民集中安置示范点重点重建项目简介：

新鲁镇社会堰村集中安置示范点。新鲁镇社会堰村位于芦（溪）德（阳）路7公里处，地震致216户农户受灾，其中，倒塌房屋12户，严重受损204户，房屋受灾2.6万平方米。镇党委政府及社会堰村党支部村委会决定将重建示范点地址选择在交通方便、无滑坡等地质灾害的社会堰村1社。示范点由县规划设计所设计，村办公室及居民房屋重建设计为川西民居风格。农房每户设计占地300平方米，建筑面积250余平方米。示范点用地全村统筹，建房统一规划。村活动中心施工单位由村采取比选方式，确定三台第四建筑工程公司承建，农村居民房屋建设，由重建户自主选择三台第四建筑工程公司、县斌达公司承建。为建设好示范点，资阳对口援建领导小组、三台县对口援建协调领导小组，新鲁镇党委政府、社会堰村两委，分别抽调人员组成重建示范点协调小组，负责示范点建设的人员组织、材料供应、质量监管、安全管理等工作。示范点于2008年8月动工，2009年10月竣工。示范点占地1公顷，房屋建筑面积4500余平方米，集中安置农户20户，入住75人。安砌堡坎600米，开挖排水沟900米，新修入户水泥路300米，栽植桂花等绿化草木600平方米，安装沼气池20口，打深井21口，安装变压器1台，宽带用户1户，有线电视入户21户，健身场地200平方米，惠民超市1处，网吧1处。村办公室及附属设施投资150万元，其中中央重建基金54万元，资阳市援建资金96万元；农户集中安置点建设投资300万元。

立新镇高屋基村农村居民集中安置示范点。地震造成高屋基村农户房屋大面积严重受损，急需重建。2008年6月开始，镇党委、政府按照中央和省、市、县要求，将安置点选址于高屋基村5组，该处交通便利，山清水秀，风景优美，适合居民安家乐业，镇党委、政府要求重建户统一采用三台县规划和建设局设计提供的川西民居风格和户型修建。集中安置点的土地征用，由国土、村镇规划部门牵头，村党支部、村委会与有关承包土地的农户协商，给承包户经济补助，再由镇政府按照相关政策和程序，统一征用为国有土地，村镇规划所统一规划。2008年10月，集中安置示范点正式开工。在施工建设中，镇党委、镇政府切实带动重建户解决建设过程中的具体问题。各重建户认真按照村镇规划所的统一指挥，按图施工，统一外观风貌，确保建设质量。镇规划所与个体工匠和重建户签定安全责任书。为重建户提供农村信贷联系等。2010年3月，经镇政府、镇国土所、村镇规划所验收，工程全部合格并投入使用。安置示范点占地面积1公顷，建筑面积5400平方米，安置受灾农户30户，入住103人。建休闲广场1800平方米、宽16米的水泥街面120米，宽2.5米的水泥路面300米；栽植天祖桂、金桂、铁树等名贵风景绿化树100株，建绿化带100平方米，安装路灯和有线电视，开办农家文化茶园2处，农家小卖部、农家书屋各1处。高屋基村集中安置示范点共投入资金450万元，其中中央重建基金60万元，县政府补助50万元，农户自筹340万元（含银行贷款50万元）。30户农户旧宅基地全部复耕，节省耕地近6000平方米。集中安置点基础设施和各项配套设施完善，群众生产、生活出行更加方便。

古井镇桂花坝村农村居民集中安置示范点。古井镇桂花坝村位于凯江河畔，距县城12公里。地震使该村倒塌、严重损毁房屋共207户515间，面积达2.27万平方米，846人面临无房居住。2008年6月，镇党委、政府将灾后重建与新农村建设相结合，与打造灾后重建集中安置点相结合，建设居民新村。通过做群众工作，有123户重建对象自愿申请参与集中建房。集中安置示范点确定在桂花村1、11、12组交界处。县城至古井镇公路穿村而过，交通便利，紧邻凯江河畔，水资源丰富。在规划与建设过程中，红十字会援建资金194万余元，集中安置示范点被命名为“博爱新村”。按照新农村建设要求，由规划部门统一规划，统一设计，建筑为川西民居风格，户型为2层或3层砖混青瓦屋顶。由村统一组织施工队，重建户自主选择建筑队伍，2008年10月，集中安置示范点正式开工。灾后农房重建全面开工后，红砖供应十分紧张，镇党委、镇政府制定加强灾后重建建材供应和价格监管工作的实施意见，并召开页岩砖厂法人代表会议，镇政府同制砖企业签订建材供应协议书，保证红砖供应。2009年10月，123户重建户全部住进新区。集中安置示范点占地1.33公顷，建住房等1.2万平方米，户均建筑面积118平方米，建有商店门面125个，形成1公里长的居民新街。完善基础设施配套建设和公共服务设施建设，入居农户全部饮用自来水，使用天然气。修建300平方米村级综合公共服务阵地，村委会办公室、警务室、医务室、计生活动室、文化活动室等便民服务设施齐全。总投资1178.2万元，其中中央灾后重建基金270.6万元，红十字会援建194.5万元，农户自筹713.1万元（含农户贷款470万元）。

西平镇南垭村灾后重建集中安置示范点。西平镇南垭村地处建林古驿站。为四川阆中经三台、中江至成都古川北驿道交汇处，地震致全村216户农房受损，其中，113户房屋严重毁损。2008年10月，村党支部根据群众意愿，决定在南垭村1、2组协调土地4.3公顷，修建一条宽20米的新街，镇党委、政府、建林党总支大力支持，镇村镇建设规划所、国土所统一规划、设计，重建户自选工匠，自购建材，按照统一规划、统一设计、统一样式、统一风格、统一颜色、统一标准进行修建。从2008年10月筹备到2010年10月全面竣工，修建了一条长520米、宽20米的主街和两条各100米的横街，经镇村镇建设规划所验收为优良工程。集中安置点实际占地4.3公顷，房屋建筑面积3.6万平方米，安置灾民146户，542人，其中，外乡5户，外村35户，140人。重建户入住集中安置示范点后，复耕土地4.72公顷，节约土地0.42公顷。先后完成街道风景树绿化、人行道方块砖铺设、太阳能街灯架设、下水道管网建设、街道硬化工程等基础设施建设。146户入住农户全部通自来水、天然气、电、有线电视。共投入资金3120余万元，其中中央灾后重建基金292万余元，农户自筹2828万余元（含农户银行贷款420余万元）。170多个门面开门营业，涉及副食超市、家电、服装、理发、茶馆、饭店、庄稼医院、装饰装修、家具、摩托车销售维修、文具等营业项目。解决剩余劳力400余人就业。2010年，安置示范点被县委中心学习组定为灾后重建集中安置示范点的首站参观点。省、市作协采风团亲临安置点参观，被称其为“山村别墅”。

第三节　城镇居民住房建设

地震造成全县城镇8.49万户住房不同程度受损，面积达885.32万平方米。全县63个镇乡，以潼川镇、北坝镇、芦溪镇、新生镇受损最重。2010年11月，确定城镇住房恢复重建8413户、67.3万平方米，维修加固7.65万户、818.02万平方米，总投资20.9亿元，其中中央重建基金3.77亿元，其余业主自筹。县委、县政府按照中央、省、市灾后重建政策精神及省地震灾后城镇住房重建工作方案要求，研究制订了三台地震灾后城镇住房重建工作实施意见。

一、维修加固

2008年12月，县规划和建设部门组织有资质的安全鉴定机构，对县内城镇房屋进行深入细致大排查，经鉴定，全县需修复、加固的城镇居民住房7.65万户818.02万平方米，分布全县63个镇乡，最多的有潼川镇3.46万户、北坝镇1.35万户，进都乡最少33户。按轻度损坏、中度损坏、严重损坏的程度分类，确定是否给予资金补助或补助标准。轻微损坏不需修复、加固即可使用的房屋不给予补助；轻度损坏需修复、加固方可使用的住房，按每户1000~3000元标准补助；中度损坏的住房，按每户4000~5000元标准补助；严重损坏的住房（可修复）按每户6000~8000元标准补助；对鉴定为需除险加固的住房，由镇乡政府指导，业主委员会或房屋所有人委托原设计单位或有相应资质的设计单位，根据鉴定结论制定修复、加固实施方案，委托原施工单位或具有相应资质的施工单位组织修复、加固，要求达到安全标准。2008年12月，全县城镇住房维修加固工作全面启动，至2009年12月31日，全面完工，共投入中央重建基金2.7亿元。

重点维修加固项目有：国家直管公房维修加固和西顺城街居民住房维修加固。

国家直管公房维修加固。地震前，全县有国家直管公房住户1164户、5.24万平方米，七成以上是建成几十年的危旧平房。2008年5月13~16日，县住建部门紧急组织拉网式排查，全县受损直管公房901户、4.07万平方米。从5月14日开始维修加固，到年底，共完成维修加固直管公房723户、3.47万平方米，投资38万元。

西顺城街居民住房维修加固。西顺城街1~4幢居民房共有住户199户、1.03万平方米，在地震中严重受损，经专家排查鉴定为停止使用的住房。城镇住房维修加固开始后，居民按照上级制定的实施意见，立即成立由20人组成的业主委员会，负责施工合同的签订、工程质量的监督、工程验收、资金拨付等相关工作。通过业主大会，选择绵阳兴华设计所为设计单位、三台光耀建筑公司为施工单位。2009年2月，维修加固开始施工，同年4月，工程顺利完工。

二、原址重建

因地震造成部份房屋倒塌或严重受损的房屋，一般不需异地修建的，原则上均在原址予以重建。凡原址重建的住房，县政府对重建户实行税费优惠政策，在信贷上给予扶持，按政策给予城镇居民住房重建资金补助，其标准为，最低收入家庭，1~2人户补助2.7万~2.9万元，3人户补助3万~3.2万元，4人户及以上补助3.3万~3.5万元；低收入1~2人户补助2.4万~2.6万元，3人户补助2.7万~2.9万元，4人户及以上补助3万~3.2万元；一般收入1~2人户补助2.1万~2.3万元，3人户补助2.4万~2.6万元，4人户及以上补助2.7万~2.9万元。至2010年12月30日，全县原址重建4236户、建筑面积33.89万平方米，总投资6.4亿余元，其中中央重建基金1.06亿元，重建户自筹5.35亿元。

原址重建重点项目：皂角新城重建项目、猪鬃厂宿舍重建项目。

皂角新城重建项目。皂角新城重建项目位于下南街皂角城社区。地震前为一片砖木、土木结构的老旧平房，共有住户92户、4562平方米。地震中，大部分房屋垮塌，住户大多数撤离。在镇政府和社区指导下，受灾群众成立业主委员会，并委托四川新航房地产开发有限公司为代建单位，2008年8月开工，2010年9月主体完工，2011年3月，92户重建户全面入住。

猪鬃厂宿舍重建项目。猪鬃厂宿舍位于皂角城社区交通巷内，属2层砖木结构，共有住户45户、2100平方米，地震中，顶层屋面全部垮塌，经县排查小组评定为该宿舍停止使用，猪鬃厂宿舍成立5人业主委员会，具体负责重建项目的筹备、协调、监督事宜。按照实施意见要求，业主委员会最后确定三台县星源房地产公司为代建单位。2009年6月开工，2011年4月全面完工，新建住房约9000平方米，完成投资1474万元。45户重建户全部入住新居。

三、异地新建

因地震造成倒塌或严重受损的房屋，不宜在原址重建，需异地新建的住房，必须坚持科学规划，坚持以人为本原则，注重节能、节地、节水和环保，有效利用能源和资源，避开地震断裂带和可能发生自然灾害的区域，规划设计突出地方特色、民族风貌和传统风格，按照政府行政划拨土地，镇乡居民按原住房标准异址自建并享受与城市居民一致的各项优惠政策，原毁损住房用地由政府收回，并根据新旧用地市场价值结算补差。2008年12月，城镇住房异地重建工作全面展开，至2010年12月31日，全县城镇居民住房异地重建4177户（异地新建1163户，异地购房3014户），建筑面积35.55万平方米（含保障性住房7.9万平方米），安置住户4500户，总投资7.94亿元，其中中央重建基金1.14亿元，业主自筹6.8亿元。

异地新建项目：东河路临时周转房灾后重建项目、雷神庙宿舍重建项目。

东河路临时周转房灾后重建项目。东河路临时周转房原有住户128户（其中国家直管公房38户）、建筑面积4800平方米。地震致东河路临时周转房4楼绝大部分垮塌，1~3楼墙体局部垮塌，砖柱发生扭转移位，严重威胁住户生命财产安全。县政府第16届第7次常务会议决定，由县住房保障中心在樟树路修建拆迁安置房，选址在北坝镇樟树路勇杰佳苑一期以北地块，规划总投资760万元，全部为业主自筹。施工单位为三台富源建设公司，成都康离监理公司为监理单位。2008年6月开工，2009年6月竣工，实际建周转房9000平方米，总投资1300万元，全部为业主自筹。

雷神庙宿舍重建项目。雷神庙宿舍位于潼川镇大十字社区小东巷内，4层砖木结构，住户34户、1325平方米，多为永安电力公司职工及家属，该处房屋在地震中严重受损，鉴定为D级危房，需拆除。由于雷神庙宿舍四周的唯一通道小东巷十分狭窄，无法通过大型施工机械，且相邻楼间距较窄，不具备施工条件，原址重建难度大。县规划和建设局、县城镇住房重建办、潼川镇政府、大十字社区及县永安电力公司多次现场调研，组织业主商讨重建方案，最终确定异地重建。由永安电力公司负责在北坝镇北泉路27号院内落实土地666.67平方米，修建一幢6层2个单元约3360平方米的住宅楼。项目施工单位为三台县水电建筑安装工程公司，监理单位为四川四强建设项目管理有限公司，2010年5月开工，于2011年4月完工，安置灾民48户，重建户陆续入住新房。

第四章　城镇体系建设

第一节　城镇体系布局

全县城镇体系布局分县城布局和重点镇乡布局。

一、县城布局

1999年，三台县编制完成的《三台县城市总体规划（1998～2020）》，已经10年。受地震及外部大环境影响，此规划已不再适应三台县经济社会和城市建设发展的需要，须对此规划进行重新修编。2008年10月，县第四次规委会审议同意对其进行修编。11月，县发改局立项，同年，通过公开比选的方式，确定四川省城镇规划设计研究院有限公司为规划编制设计单位。2009年9月，对规划修编草案进行论证修改。2010年12月，省住房和城乡建设厅组织专家对《三台县城市总体规划》进行评审通过。新城市规划对三台县城城市定位为省级历史文化名城，以发展现代轻工业和区域性商贸旅游业为主的川中北重要中心城市和山水宜居城市。规划期为2010～2030年。近期为2010～2015年；远期为2016～2030年。新城市规划区包括潼川镇、北坝镇、新德镇、东塔镇10个村、永新镇8个村、灵兴镇10个村、争胜乡6个村、乐安镇15个村、百顷镇2个村，面积266.11平方公里。其中，中心城区范围包括潼川镇、北坝镇全部和新德镇、灵兴镇、东塔镇一部分，面积为97.35平方公里。

二、重点镇乡布局

受地震影响，全县部份重点镇乡基础设施遭到严重破坏，场镇规划布局被打乱，加之，随着经济的快速发展和场镇规模的不断扩大，市政总体规划需要重新调整，为加强对重点镇规划的指导，县委县政府制定了《关于统筹城乡发展加快重点镇建设的意见》。根据意见，各重点镇均先后进行了重新布局和调整。现以芦溪镇、古井镇为例：

芦溪镇。芦溪镇位于绵阳市境中南部，三台县域北部，距三台县城28公里，绵阳城区26公里，城镇对外交通主要依靠绵（阳）三（台）一级公路，是绵（阳）三（台）一级城镇发展轴上中部最大节点，历来是三台县北部9个乡镇的主要商贸服务中心、物资集散地，芦溪镇建成区主要集中在绵三路东侧。全镇辖区面积94.85平方公里（城镇4.5平方公里）。下辖4个农村办事处，1个城区办事处，8个居委会，29个居民小组，30个行政村，232个村民小组。2008年，全镇总人口5.77

万人，其中，农业人口4.22万人。2009年12月，芦溪镇政府聘请绵阳市城市规划设计院调整芦溪镇场镇总体规划，2010年12月，完成总体规划修编。总体规划体现建设山清、水秀、人和、商旺的生态型商住新社区理念。规划区定位为以商贸服务、行政办公和居住功能为主的城镇。近期规划2009~2015年，远期2016~2030年。

古井镇。古井镇位于三台县西南部，距县城18公里，东与下新乡、鲁班镇交界，南与幸福乡接壤，西与万安镇凯河镇相连，北与乐安镇、潼川镇毗邻，辖区面积63.41平方公里。全镇辖3个办事处，27个行政村，2个居委会，297个村民小组。2008年，全镇总人口3.98万人，其中，非农人口2938人，2008年地震后，古井镇政府聘请四川城镇规划设计研究院有限公司调整古井镇场镇总体规划，2008年年底完成总体规划修编。古井镇规划区定位为全镇政治、经济、文化中心，以发展农副产品加工、建筑建材业为主的农贸型城镇。2010年规划聚居人口6000人，2020年聚居人口9000人，近期规划时间为2008~2010年，远期2011~2020年。总体规划以老城场镇为依托，向四周扩散，规划区域1平方公里。镇域经济空间布局规划确定为“一核（全镇政治、经济、文化中心，镇域经济的增长极，是镇域二、三产业的集中地）三片（区）（东北部水果、禽畜种养经济区，中部商贸、食品加工经济区，西南部竹器加工、建材经济区）一轴”（万（安）三（台）路、古（井）幸（福）路为镇域发展轴线，万三路串联中部和东北部两个经济区，古幸路串联中部和西南部两个经济区）。

第二节　市政公用设施建设

地震造成三台县城镇供水管道、燃气管道、市政道路、生活垃圾设施、城镇公共交通、城市绿化、公园、城市照明等不同程度损坏。2010年11月，灾后重建规划项目实施计划修订后，确定市政公用设施建设项目71个、总投资14.67亿元，其中，中央重建基金6.1亿元，对口援建资金472万元，外国政府贷款2.72亿元，中央专项资金2361万元，业主自筹3.43亿元，其他资金2.13亿元。项目包括城市道路、桥梁、公交站场、城市供水、供气、污水处理、垃圾处理、安居镇等镇乡市政基础设施。至2011年9月30日，除外国政府贷款2期及凯江廊桥项目外，其余项目已全部完工。

一、城市公交站台

地震中，全县公交站棚20余处受损。县修订重建规划项目实施计划，确定三台县城市公交站场灾后恢复重建项目4个，重建公交站棚20个，总投资110万元，其中，中央重建基金100万元，业主自筹10万元。2010年12月，四川斌达建筑工程公司承建北泉路、滨湖路、樟树路等6个公交站棚建设。2011年1月，重庆竞盟建筑工程公司承建学林路、琴泉路、樟树路、西干道、滨湖路，金牛干道14个公交站站棚建设。2010年12月，项目开工，2011年2月10日竣工并投入使用。搭建城市公交站棚20个，完成投资98万元（全部为中央重建基金）。

二、道路桥梁

2010年11月，灾后重建规划实施修订后，确定三台县城市道路灾后恢复重建项目17个，总投资5.52亿元。其中，中央重建基金2.49亿元，外国政府贷款1.63亿元，中央专项资金2361万元，业主自筹1.16亿元。街道为沥清混凝土路面结构，人行道铺路青石板，安装配套道路设施。2008年12月~2010年12月，17个城市道路重建相继开工建设。至2011年9月30日，除世行贷款及凯江廊桥项目外，其余项目已全部竣工。安居镇等38个镇的市政道路恢复重建与镇内其他市政设施项目打捆实施，总投资4亿元。经公开招标确定设计单位、施工单位和监理单位。2011年4月，镇乡市政基础设施开工建设。至2011年9月30日，镇乡市政道路工程全部完工。镇乡完成一期工程项目规划的建设内容，二期工程待建。城市桥梁恢复重建项目1个，总投资1.19亿元，其中中央重建基金6400万元，业主自筹5452万元，2011年9月底工程在建，完成投资2200万元。

重点建设项目：滨江1、2号道路恢复重建项目、三台县城市桥梁重建项目。

滨江1、2号道路恢复重建项目。2010年11月，灾后重建规划项目实施计划修订后，确定滨江1、2号路恢复重建项目，总投资1.17亿元，其中中央重建基金1.1亿元，其余由业主自筹。建设2.02公里，宽20米的沥青混凝土路面，配套雨污水管道、照明、绿化（包括滨江1、2号道路及其东街、学街延伸段，环城路）；整治老城壕河道957米及配套绿化景观；建设雨水泵站1座及配套设施设备，征地拆迁2万平方米。项目为整体立项，分段实施工程。

滨江1、2号路位于滨江东南片区。2009年4月，三台县规划和建设局委托中国中铁二院工程集团有限公司编制滨江1、2号道路及子项可行性研究报告；7月，县发改局批复可研报告。按照省政府文件要求，直接确定城市建设研究院重庆分院为设计单位。2009年10月，通过公开招标，四川永存建筑工程有限公司中标为施工单位。

滨江1、2号路及延伸段道路总长1011.86米，2009年11月开工，2010年春节前全部完工并投入使用。建成道路1100米，铺筑沥青混凝土、青石板步道砖各5500平方米，安装路灯82盏，栽植行道树200株，完成投资750万元。2011年1月，经现场验收，工程完成设计及合同全部建设内容，质量验收合格。

三台县城市桥梁重建项目（凯江廊桥）。2009年7月，凯江廊桥项目经县发改局立项。根据三台县城市总体规划，凯江廊桥项目选址在佳联印染厂处，横跨南寺坝。2010年5月，通过中国华西工程设计建设有限公司编制的《三台县城市桥梁重建项目可行性研究报告》，确定核工业西南勘察设计研究有限公司为地勘和设计单位，重庆第一市政工程有限公司为施工单位（施工中标价8001万元）。同年10月，县发改局《关于调整两江凯江大桥工程项目的批复》确定，总投资1.19亿元。资金来源为中央重建基金6400万元，其余由地方自筹。设计为廊桥，主桥桥梁为5孔空腹式钢筋混凝土拱桥，桥面宽25米，采用沥青混凝土面层。廊为两层（局部三层）清式仿古建筑（面积4488.85平方米）；全长895.92米，其中，道路长469.92米，引桥长216米，主桥长210米。11月，县修订灾后重建规划项目实施计划，确定凯江廊桥工程项目，桥全长896米，主桥210米，引桥216米，道路部分长470米，廊桥建筑5950平方米，征地拆迁1.05公顷；总投资1.19亿元，其中中央重建基金6400万元，其余业主自筹。12月，完成施工图设计及审查。2011年2月，凯江廊桥开工，合同工期720天；至2011年9月，完成投资2200万元，工程在建。

三、供水供气项目

2010年11月，灾后重建项目规划实施修订后，确定城市供水灾后恢复重建项目5个，总投资1.9亿元，其中，中央重建基金4898万元，外国政府贷款8592万元，其余由业主自筹。2008年5月开工，至2011年9月30日已完工3个，二水厂重建项目及其取水头部及管网重建2个项目未开工。建设加压泵站1处，埋设供水管网58.88公里，配水管网6.7公里。城市供气灾后恢复重建项目有2个，总投资4885万元，经费全部由业主自筹；2008年5月至2010年12月底，绵阳港华（三台）燃气有限公司自筹资金，先后完成县城燃气干管16.11公里改造任务。镇乡供水及管网恢复重建项目作为镇乡市政基础设施重建项目的一部分，安排中央重建基金2440万元，其中，芦溪水厂供水及管网恢复重建投资重建资金2000万元，龙树、石安、西平、光辉、中太5个镇安排440万元。

重点工程建设项目：

世行优惠紧急贷款一期项目供水厂及附属设施抢修追溯报账工程。地震发生后，三台县城市供水设施、设备、管网均受到不同程度的损坏，城市供水系统基本处于瘫痪状态。一水厂供水及附属设施2#水处理系统沉淀池内斜管大量变形、移位，损毁4组，1#、2#水处理反应池池体出现不同程度裂缝，2#清水池渗漏；配电室墙体及设备因地震出现不同程度损坏，电子监控系统、生产控制系统受损3组；芦溪水厂供水泵站内值班室、储药室、加药室、设备维修值班室全部损毁，围墙多处倒塌，泵房出现多处贯通裂缝；化验室损毁哈希多参数水质分析仪、二氧化氯测试仪、水浴锅等设备6台及药品。供水输配水管道移位严重、多处断裂，供水管网发生爆管139处、损毁管线655米，世行优惠紧急贷款1期项目由省发改委立项，建设内容包括供水厂及附属设施抢修追溯报账工程和供水管网重建工程，总投资1289.63万元，其中供水厂及附属设施抢修追溯报账工程总投资345.44万元；一水厂原水管线、南河路、水厂巷等路段供水管网重建工程944.19万元。使用国家统借统还世行优惠紧急贷款和建设单位自筹。

2008年5月，投入资金44.99万元，在北坝镇樟树路、体育馆、京冶轴承厂、三台一中校安置点建设给水安装DN300球墨铸铁管236.34米、DN219无缝钢管20米、DN100～DN300闸阀及水表等管道附属设施40余件（只），DN20～DN100管道1575米。6月，投入资金185万元，抢修城区内DN100～DN600供水管网82处，管线417米；更换DN100～600闸阀及附属设施损毁148处（只）；DN15～100水表损毁3184处（只）；DN15～63管材、管件损毁1.36万处（个）；维修芦溪水厂DN100～DN200供水管网57处、管线238米。

芦溪水厂工程项目。三台县芦溪镇及芦溪工业集中区原有两座水厂，受地震影响，两座水厂泵房、加药间房屋等倒塌，井壁多处漏水，水质、水量逐步恶化和减少。工程项目经县发改局批准立项，总投资3903.93万元，其中，国家灾后重建各项补助资金3000万元，其余为业主自筹。工程设计总规模每天供水量4万立方米。近期实施每天1万立方米，远期增加至每天3万立方米；工程建设内容包括，取水工程、原水输水及净水厂工程及清水输配水工程。工程为3个承建标段，1标段施工由四川省建筑机械化工程公司承建；2标段由中太建设集团股份有限公司承建；3标段由成都市世纪互通科技有限责任公司承建。工程自2010年10月开工，至2011年9月30日基本完工，完成投资3043万元。

四、排污及垃圾处理项目

三台县城排污项目3个，分别是污水二级管网建设工程，总投资1.15亿元，其中中央灾后重建基金6700万元，其余由业主自筹。垃圾处理设备设施重建项目，总投资850万元，其中中央灾后重建基金800万元，其余由业主自筹。垃圾转运系统恢复重建项目，总投资2500万元，其中外国政府贷款2300万元，业主自筹200万元；公厕恢复重建项目1个，总投资600万元，其中中央灾后重建基金500万元，业主自筹100万元；镇乡污水及垃圾处理恢复重建项目是镇乡市政基础设施项目中的一部分，分布在24个镇乡，安排中央灾后重建基金1700万元。城市排污和垃圾处理项目从2009年10月~2011年3月先后开工建设，至2011年9月30日，除垃圾中转一站工程在建外，其余项目已全部竣工。埋设污水管网28.45公里，建设垃圾填埋场进场通路643米，购置垃圾车辆68台。维修加固公厕578平方米，新建公厕1287平方米。2011年6月，24个镇乡垃圾及排污处理项目先后开工建设，至9月30日全部竣工。镇乡按两期工程实施，新建垃圾场道路1公里，垃圾处理场2处，垃圾池37座，垃圾转运设施38处，污水处理池51口，收集污水管网137.25公里，整治管网8.1公里，埋管线60.8公里。

重点建设工程：

三台县城市污水二级管网建设工程。2009年，三台县城市污水二级管网建设工程由县发改局立项，根据项目分布面宽、各段地理条件不同的实际情况，项目分为麻石桥—老西门—徐家桥（含九曲河整治），樟树路、南寺坝片区，城区污水二级管网3个标段。麻石桥—老西门—徐家桥（含九曲河整治）标段，施工内容主要包括铁骑力士饲料厂至县老汽车站3.96公里污水管网埋设，县汽车站—县妇幼保健院1.6公里污水管网埋设，整治九曲河并埋设二级截污管网1.3公里（县妇幼保健院—凯江防洪堤）。2010年9月完成施工招标，施工单位为江西南方隧道工程有限公司，合同价2618万元，工期150天，2010年10月开工建设，2011年3月底全面竣工。樟树路、南寺坝标段，施工内容主要包括樟树路片区埋设7.01公里管网，南寺坝片区埋设2.08公里管网，总长9.09公里。2010年10月完成施工招标，施工单位为江西宏盛建业集团有限责任公司，合同价1151万元，工期150天，2010年11月 开工建设。至2011年9月30日，实际埋设管网3.82公里，占总工程量的42%，完成投资450万元，占合同价的40%。城区污水二级管网标段，2010年8月完成施工招标，施工单位为中康建设有限公司，合同价1668万元，工期150天，2010年9月开工建设。受征地拆迁和历史遗留问题及8号线学林路A段末端至南河路（学林路）工程建设调整影响，至2011年9月30日，计划完成5.02公里管网，实际完成2.6公里管网，占计划的51.81%。

三台县公厕恢复重建项目。2009年6月，三台县公厕恢复重建项目实施方案报县政府审查通过，7月，经县发改局立项。工程总建筑1865平方米，其中，维修加固578平方米、新建1287平方米；总投资551.4万元，其中中央灾后重建基金500万元，其余为业主自筹。项目分二期实施，一期维修加固 14 座、597.65 平方米，新建 2 座、191.99 平方米，规划投资 302.27 万元；二期新建 9 座、716.5 平方米，规划投资 249.13 万元。

2011 年 2 月 25 日，完成三台县城区公厕灾后重建及维修加固工程（第一期）工程施工公开招标，施工中标价 183.14 万元，施工单位为四川省富力实业建设有限公司。3 月开工，合同工期 120 天。至 2011 年 9 月，完成 14 座维修加固、2 座新建任务，完成总投资 196 万元。

五、公共绿地

三台灾后重建项目没有单列公共绿地项目，规划时，将其并在市政道路建设项目内，随道路建设。绿地建设投资 222 万元，其中中央重建基金 143 万元，其余由业主自筹。2010 年 10 月，省道 101 线灾后重建工程开工，次年 5 月完工，其绿化投资 38 万元，资金全部为自筹；南河路道路升级改造项目，2010 年 12 月开工，2011 年 9 月在建，绿化投资 130 余万元，其中中央重基金 100 万元，其余由业主自筹；滨江 1、2 号路，2009 年 11 月开工，2011 年 1 月完工，绿化投资 10 万元，其中中央重建基金 8 万元，其余由业主自筹；学林南路工程，2009 年 9 月开工，2010 年 7 月完工，配套绿化 44 万元，其中中央重建基金 35 万元，其余由业主自筹。

三台县部分重点镇城镇体系市政建设完成情况表

表 5－4　　单位：万元

镇乡名称	恢复重建主要内容	规划投资	开工时间	完工时间	实际投资								备注
					合计	中央重建基金	地方配套资金	援建资金	外国政府贷款	银行贷款	其他资金	自筹资金	
安居镇	恢复重建场镇道路 1242 米，建设污水厌氧处理池及收集管网 14 公里，垃圾转运设施。	1477	2010-10	2011-08	1043.80	280	763.8	－	－	－	－	－	－
八洞镇	恢复重建场镇道路 1242 米，建设污水厌氧处理池及收集管网 10 公里，垃圾转运设施。	1294	2010-09	2011-09	795.40	255	540.4	－	－	－	－	－	－
百顷镇	恢复重建场镇道路 1242 米。	862	2010-08	2011-09	300.40	200	100.4	－	－	－	－	－	－
东塔镇	恢复重建场镇道路 497 米。	345	2010-10	2011-07	1040.50	80	960.5	－	－	－	－	－	－
富顺镇	恢复重建场镇道路 1242 米，建设污水厌氧处理池及收集管网 6 公里及垃圾转运设施。	1128	2010-09	2011-09	2143.10	235	1908.1	－	－	－	－	－	－
古井镇	恢复重建场镇道路 1987 米，建设污水厌氧处理池及收集管网 19 公里及垃圾转运设施。	2245	2010-12	2011-09	1973.70	430	1543.7	－	－	－	－	－	－
观桥镇	恢复重建场镇道路 1739 米，建设污水厌氧处理池及收集管网 23 公里及垃圾转运设施。	2239	2010-09	2011-09	1383	410	973.0	－	－	－	－	－	－
光辉镇	恢复重建场镇道路 1552 米，供水能力 0.2 万吨/日，供水管网 0.72 公里。	1508	2010-10	2011-09	8049.78	320	7729.8	－	－	－	－	－	－
花园镇	恢复重建场镇道路 24837 米及垃圾转运站	17281	2010-08	2011-09	1450	1450	0.0	－	－	－	－	－	－

续表5—4

镇乡名称	恢复重建主要内容	规划投资	开工时间	完工时间	实际投资								备注
					合计	中央重建基金	地方配套资金	援建资金	外国政府贷款	银行贷款	其他资金	自筹资金	
建平镇	恢复重建场镇道路1552米，建设污水厌氧处理池及收集管网10公里及垃圾转运设施。	1510	2010-09	2011-09	664.30	305	359.3	–	–	–	–	–	–
建设镇	恢复重建场镇道路1118米。	776	2010-07	2011-08	891	180	711.0	–	–	–	–	–	–
金石镇	恢复重建场镇道路1304米。	906	2010-06	2011-09	892.50	210	682.5	–	–	–	–	–	–
景福镇	恢复重建场镇道路1366米。	949	2010-09	2011-09	481.81	220	261.8	–	–	–	–	–	–
凯河镇	恢复重建场镇道路807米。	561	2010-08	2011-08	2053.50	130	1923.5	–	–	–	–	–	–
乐安镇	恢复重建场镇道路1987米，建设污水厌氧处理池及收集管网19公里及垃圾转运设施。	2245	2010-12	2011-09	930.15	430	500.2	–	–	–	–	–	–
黎曙镇	恢复重建场镇道路1242米。	862	2010-10	2011-09	763.10	200	563.1	–	–	–	–	–	–
立新镇	恢复重建场镇道路1242米。	862	2010-12	2011-09	1393	200	1193	–	–	–	–	–	–
灵兴镇	恢复重建场镇道路1242米，建设污水厌氧处理池及收集管网14公里及垃圾转运设施。	1477	2010-11	2011-08	3080	280	2800	–	–	–	–	–	–
刘营镇	恢复重建场镇道路3105米，建设污水厌氧处理池及收集管网25公里及垃圾转运设施。	3286	2010-05	2011-09	1024.90	645	379.9	–	–	–	–	–	–
柳池镇	恢复重建场镇道路931米，建设污水厌氧处理池及收集管网6公里及垃圾转运设施。	913	2010-09	2011-09	1814.20	185	1629.2	–	–	–	–	–	–
龙树镇	恢复重建场镇道路1863米，日供水能力0.2万吨，供水管网1.04公里。	1909	2010-12	2011-09	11280	400	10880	–	–	–	–	–	–
芦溪镇	恢复重建场镇道路3726米，芦溪水厂建设日供水能力4.7万吨，供水管网20.7公里，建设污水厌氧处理池及收集管网25公里及垃圾转运设施。	16028	2010-12	2011-07	3230.70	2750	480.7	–	–	–	–	–	–
鲁班镇	恢复重建场镇道路1056米，建设污水厌氧处理池及收集管网6公里及垃圾转运设施。	999	2010-05	2011-09	462.92	205	257.9	–	–	–	–	–	–
前锋镇	恢复重建场镇道路807米。	561	2010-07	2011-09	734.20	130	604.2	–	–	–	–	–	–
秋林镇	恢复重建场镇道路1242米。	862	2010-08	2011-09	905.90	200	705.9	–	–	–	–	–	–
三元镇	恢复重建场镇道路1118米，建设污水厌氧处理池及收集管网6公里，垃圾转运设施。	1042	2010-08	2011-09	1448.60	215	1233.6	–	–	–	–	–	–
石安镇	恢复重建场镇道路1242米，日供水能力0.2万吨，供水管网1.04公里及垃圾转运设施。	1509	2010-11	2011-08	2854.50	310	2544.5	–	–	–	–	–	–

续表5－4

镇乡名称	恢复重建主要内容	规划投资	开工时间	完工时间	实际投资								备注
					合计	中央重建基金	地方配套资金	援建资金	外国政府贷款	银行贷款	其他资金	自筹资金	
塔山镇	恢复重建场镇道路 3105 米，建设污水厌氧处理池及收集管网 23 公里及垃圾转运设施。	3203	2010-10	2011-09	681.80	635	46.8	－	－	－	－	－	－
万安镇	恢复重建场镇道路 931 米。	647	2010-11	2011-08	3270.70	150	3120.7	－	－	－	－	－	－
西平镇	恢复重建场镇道路 3105 米，日供水能力 0.2 万吨，供水管网 0.72 公里，建设污水厌氧处理池及收集管网 27 公里，垃圾转运设施。	3799	2010-12	2011-09	1075.82	725	350.8	－	－	－	－	－	－
新德镇	恢复重建场镇道路 1242 米。	862	2010-08	2011-09	1000.40	200	800.4	－	－	－	－	－	－
新鲁镇	恢复重建场镇道路 745 米，建设污水厌氧处理池及收集管网 14 公里及垃圾转运设施。	1132	2010-07	2011-09	1100.30	200	900.3	－	－	－	－	－	－
新生镇	恢复重建场镇道路 1366 米，建设污水厌氧处理池及收集管网 10 公里及垃圾转运设施。	1381	2010-06	2011-09	1181.10	275	906.1	－	－	－	－	－	－
永明镇	恢复重建场镇道路 1366 米，建设污水厌氧处理池及收集管网 10 公里及垃圾转运设施。	1381	2010-05	2011-09	651.68	275	376.7	－	－	－	－	－	－
永新镇	恢复重建场镇道路 745 米，建设污水厌氧处理池及收集管网 6 公里及垃圾转运设施。	783	2010-05	2011-09	1948.70	155	1793.7	－	－	－	－	－	－
中太镇	恢复重建场镇道路 1490 米，供水能力 0.2 万吨/日，供水管网 1.04 公里，建设污水厌氧处理池及收集管网 10 公里及垃圾转运设施。	2082	2010-12	2011-09	900.50	395	505.5	－	－	－	－	－	－
中新镇	恢复重建场镇道路 745 米，建设污水厌氧处理池及收集管网 10 公里及垃圾转运设施。	949	2010-12	2011-09	609.23	175	434.2	－	－	－	－	－	－
紫河镇	恢复重建场镇道路 931 米。	645	2010-05	2011-09	532.10	150	382.1	－	－	－	－	－	－

说明：文中已记述的项目，不再列表

第三节　风景名胜区及历史文化名镇建设

全县风景名胜区和历史文化名镇项目，主要包括云台观古建筑及景点修复和郪江镇历史文化名镇恢复重建项目。

一、云台观风景区

云台观，位于三台县南安居镇。始建于南宋，历代有增修。地震造成云台观玄天宫、青龙白虎殿、钟鼓楼、藏经阁、九间房等 1550 平方米房屋严重受损。2010 年 3 月，四川省煤田测绘工程院编制完成云台观玄天宫文物抢救修缮工程岩土工程勘察报告。6月，省文物考古研究院编制完成云台观抢险修缮设计方案，云台胜境玄天宫基础加固、注浆加固，玄天宫槽朽木柱维修，梁架、斗拱修缮，隔扇门、天花维修，木构件防腐、防虫、处理，更换木构件，彩画保护，华表苔藓处理、华表粘结加固及部分天井地面整治等。7月，项目由县发改局立项，安排中央重建基金730万元。同年10月，通过公开招标，成都市宏泰建筑有限责任公司以413.83万元中标。11月正式施工，2011年9月项目在建。

二、郪江镇历史文化名镇

郪江镇，位于三台南45公里的郪江、锦江两江汇合处。郪江汉墓系全国四大汉墓群之一，为国家级文物保护单位。地震造成郪江镇明清古建筑受损1.48万平方米，局部房屋倒塌，架榫卯移位，大门山墙与排架分离，屋面塌陷、瓦垮塌滑落、檩木断裂脱落，吊檐剥落等。场镇郪王街、锦江街石板路、水泥路面起鼓破损。灾后重建工作启动后，郪江历史文化名镇重建纳入灾后重建专项规划。2010年2月，灾后恢复重建规划项目实施计划调整后，确定郪江镇历史文化名镇恢复重建项目总投资1.2亿元，其中中央重建基金及其他资金3300万元。2008年和2009年，分别计划投资3600万元和8400万元。11月，明确项目业主自筹资金8700万元。恢复重建工程有：维修加固场镇道路路面、新街立面、九龙街，整治古街立面风貌，绕镇道路恢复重建，重建3~4处旅游厕所，1处垃圾压缩站，综合整治3条水巷子，建设古镇文化广场800平方米，新建旅游车站和游客接待中心，建设古镇小桥景观廊桥及河道景观。在老街顺金钟山汉墓一线修建防洪排水沟，地祖庙、王爷庙厢房及正殿1100平方米，铺设石材300平方米，修复王爷庙、地祖庙彩绘泥塑50余尊。项目由三台县文化体育新闻出版局牵头，县旅游、规划和建设等部门参与，县文体局主管，郪江镇政府为项目业主。2010年5月，项目整合郪江花棚村道路建设资金250万元和垃圾转运设施资金56万元，灾后重建资金3606万元，用于古镇范围内的公共设施、管网下地、民居风貌整治、绕镇道路建设、垃圾转运设施等一期建设。同年7月，成都市鼎森工程咨询有限公司先后5次到郪江镇实地考察，对建筑风格定位，从总体风格上，把握古镇建设围绕郪江镇独特的明清风貌与自秦汉以来的悠久历史，定位为“明清小镇、郪汉古城”。10月，作出可行性研究报告评估意见。项目计划总投资1.2亿元，分三期实施，一期3605.96万元，二期1687.79万元，三期6706.45万元。一期工程，整治郪王街、锦江街1公里。明清古建筑本体修复，规模2万平方米。立面风貌整治建设规模2公里以及古四合院整治和木质牌匾等文化饰品制作；破除原有受损路面1.2万平方米，建筑青石板道路1.5万平方米以及附属设施管网工程等；综合整治卫生配套设施和水巷子，建旅游厕所320平方米及垃圾压缩中转站375平方米，配垃圾、洒水、粪便运输车4辆；建古镇文化广场800平方米，修复古镇小桥及景观；修绕镇道路3.2公里。二期工程，改造九龙街风貌5000平方米，郪江镇燃气管线1000米；整治王爷庙、地祖庙；建旅游车站（含游客中心）1400平方米，生态停车场1200平方米；改造河道景观长800米，宽25米；恢复古廊桥至九龙桥古驿道300米等。三期工程，建设古镇入口广场533平方米，文化演艺中心3000平方米；绕镇道路配套雨、污水管网等；建设狮子山郪汉文化主题公园1.2万平方米等。2010年11月，县发改局立项。12月，四川省远景园林设计研究院设计；

2011年4月，绵阳市诚信工程咨询有限公司对初步设计和概算进行评审，县发改局批复初步设计，项目1期（不含绕镇道路）概算总投资3292.58万元，其中工程费2792.13万元。同年7月，通过招标，江苏常熟古建园林建设集团有限公司以2229万元中标为施工单位。8月20日，施工单位与郪江镇政府签订项目1期（不含绕镇道路）施工合同，工期300天，至9月底，绕镇道路在建。

第五章　农村建设

第一节　农村基础设施建设

农村基础设施重建，主要包括村社道路、田间作业路、机耕道、塘、堰、灌溉渠系等，负责组织实施的有县农办、县农业、农机、畜牧、林业、扶贫、发改等县级部门，资金来源为中央灾后重建基金及群众自筹资金等。

一、村内道路

地震造成多数村内道路严重受损，路基塌陷、路面变形、桥涵损毁。2010年2月，灾后恢复重建规划项目实施计划调整后，确定村内道路灾后恢复重建项目1个（子项目475个），涉及63个镇乡、475个行政村，建设村内道路1500.2公里，计划总投资6.85亿元，其中中央重建基金2.17亿元，群众自筹及其他资金4.68亿元。由县委农办负责实施的村社道路规模658公里，总投资2.15亿元，其中中央重建基金1.06亿元，群众自筹1.09亿元；其余项目分别由农业、畜牧、林业、扶贫、发改等部门实施。同年11月，对村内道路建设项目、规模、投资作相应调整、归并整合。子项目修订为470个，涉及63个镇乡、470个行政村。建设规模增加到1563.2公里，计划总投资减少到6.36亿元，其中中央重建基金调增为2.21亿元，群众自筹及其他资金调减为4.15亿元。由县委农办组织实施370个子项目，建设规模修订为1110.3公里，总投资4.31亿元（中央重建基金1.48亿元，群众自筹2.83亿元）。由以工代赈办组织实施71个子项目，建设规模335公里，总投资1.47亿元（中央重建基金4753.3万元，群众自筹9922.7万元）。由县扶贫办组织实施15个子项目，建设规模74.7公里，总投资3285万元（中央重建基金1273万元，群众自筹2012万元）。由林业局组织实施14个子项目，建设规模43.2公里，总投资2573万元（中央重建基金1303.9万元，群众自筹1269.1万元）；4月26日，由县委农办负责实施的370个子项目经县发改局立项。4月8日，县农办出台《三台县村内道路灾后恢复重建实施方案》，根据全县项目分布实际，投资额在20万元以下（含20万元，下同）的项目，原则上实行民办公助、以奖代补，由村民委员会组织实施，实行竞争性谈判选择施工队伍。工程完工，申请验收合格后，拨付工程补助款；投资总金额在20万元以上至200万元的项目，通过比选，确定施工企业（参加比选企业必须具有三级及其以上资质），并具备相关手续；200万元以上的实行公开招标。村内有扶贫、以工代赈项目的，其余项目可整合到扶贫和以工代赈项目中，并按其政策确立施工企业。永明镇易家坪村、龙树镇高泉村建设村内道路分别为5公里、10.2公里，分别投资860万元、1160万元。业主为项目所在村的村民委员会，村民委员会不具备法人条件（无法人代码证），无法进入招投标程序。2010年5月25日，县委农办将两个村内道路建设项目交由县畜牧局招投标实施，业主变更为县畜牧局。

2010年10月至次年3月，项目陆续开工建设，2011年5~9月相继完工，完成村内道路重建1110.4公里（水泥路面近1000公里），维修整治2700公里，新建断头路137处47公里，形成与周边县（镇、村）密切衔接的客流物流网络。新建作业路442公里，农具、机械、化肥直接运到田间，运粮车直接开到农户家中。在永新省级新农村示范片及115个新农村建设示范村，安排中央重建基金2140万元，建设新村聚集点道路、田间作业路620公里。永新镇崭山村和永征村、潼川镇盐井村、芦溪镇石河村、刘营镇映河村等一批新农村建设示范村在项目支撑下，基础设施逐步配套，主导产业不断壮大，人居环境明显改善，新农村示范效应，带动全县新农村建设整体推进。完成投资4.31亿元，其中中央重建基金1.5亿元，群众自筹2.83亿元。2011年5月开始，县委农办、审计、财政、交通等部门组成联合验收组，对验收合格后办理履约保证金退还手续，并报县审计局接受项目审计。至2011年9月底，验收子项目148个，退还保证金手续费140余万元。

三台县村内道路灾后恢复重建农办实施项目完成情况表

表5-5　　单位：公里、万元

镇乡名称	村　名	项目数	道路里程	总投资	其中：中央基金	自筹资金
进都乡	仙桥村。	1	6	260	75	-
万安镇	万安寺村。	1	2.5	100	30	-
永明镇	易家坪村（畜牧局），团新村，红岩村，白庙村，景家桥村。	5	9.5	522	327	-
新德镇	富谷村，福田村，马口村，马蹄村。	4	18.4	2415	1712.5	-
里程乡	里程村，川祖村，回龙村，石牛村。	4	12.3	482	153.8	-
古井镇	枣林村，榴花村，詹家沟村，凯沿村，桂花村，李子园村，黑柏林村，草帽河村，凯江村，柳沟村，玉皇庙村，洞麻湾村，大碑垭村，太平沟村，白庙子村，响水村，荆竹村，邱碑村，钟桥村。	19	53.5	2155	670	-
金鼓乡	共和村，磨盘村，白鸽村，金鼓村。	4	8.9	315	102.5	-
双乐乡	状元碑村，五泉山村，大石包村。	3	6.5	250	80	-
前锋镇	藤椒合作社，五根松村，杨五沟村，雷波村，寺垭口村，金龟村，忠义宫村，栏杆桥村，丝公庙村。	9	16.6	676	213	-
幸福乡	构成村，徐桥村，殷泥村，春燕村。	4	8	330	110	-
高堰乡	常乐村。	1	4.5	190	56	-
立新镇	高屋基村，干柏树村，碾子湾村，李家祠村，三房村，灯台村，凉泉村，春光村，白灵山村，新民村，新埝村。	11	23.6	1035	340.5	-

续表5－5

镇乡名称	村　名	项目数	道路里程	总投资	其中：中央基金	自筹资金
断石乡	云龙村，高沟村，中和村，谭桥村，蔡坝村，高垭村。	6	5	241	80	－
广利乡	三元寨村，肖家沟村，龙角湾村，冷家沟村，黄林湾村。	5	12.4	515	158	－
中新镇	培元村，五碑村，双月村，高新村，辛勤村，青林村，金钩村，革新村，益新村，巩固村，齐心村。	11	28.5	1078	336	－
龙树镇	高泉村（畜牧局），双合村，八一村。	3	27	1190	536	－
忠孝乡	河江村，大田村，东坪村。	3	5.8	229	72	－
黎曙镇	寨山村，土城村。	2	11.4	500	150	－
宝泉乡	宝泉村，金钟村，槐荫村。	3	8.3	357	107	－
百顷镇	泽河村，文峰村，百园村，山青村，水文村，芙蓉村。	6	11.8	435	145	－
花园镇	白衣村，四脊村，水磨河村，涪城村，琴山村，涪江村。	6	10.7	444	139.5	－
石安镇	永泉村，洪坪村，永丰村，报春村，通沟村，长河村，红光村，石泉村。	8	33.4	1405	433	－
三元镇	金马村，友爱村，万安村，长发村，龙居村，天星村。	6	24.8	746	271.5	－
永新镇	永征村，永联村，崭山村，永星村，永乐村。	5	22	950	310	－
云同乡	君安村，梵池村，高坎村。	3	4.5	195	55	－
郪江镇	窑阁寺村。	1	7.7	260	75	－
八洞镇	月明寺村，柏山村，付家垭村，龙宝山村，红庙村，富山村，大旗山村，八洞村，书房村。	9	28.9	1050	326.5	－
争胜乡	争胜村，木鱼村，双汇村，青皮村。	4	6	260	80	－
凯河镇	李家嘴村，白庙嘴村，徐家埝村，翻水埝村，高桥寺村，川祖庙村。	6	9.5	461.5	161	－
鲁班镇	天桥村，三合村，长寨村，民众村，徐水村，自强村，洞湾村，马祖村，三柏村，北峰村，红林村，大泉村。	12	24	942.3	292.5	－
下新乡	凉水井村，富强村，松林村。	3	6	259	78	－
新生镇	联合村，兴隆村，星五村，德民村，严安村，永兴桥村，裕民村，新生村。	8	23.5	977	292	－
东塔镇	川新村，龙柏村，东江村，东林村，东泉村。	5	12	520.7	158.5	－
建设镇	晓光村，石鼓庙村。	2	1.9	100	30	－
刘营镇	菩提村，卫星村，青龙村，黄荆村，柏木村，转龙村，梁坪村，青松村，响桥村，三道河村，安乐寺村。	11	57.5	1891	584	－
灵兴镇	灵峰村，清水村。	2	7.6	346	118.5	－
新鲁镇	社会堰村，千子门村，牛头河村，新益村，水观音村，福湾村，二龙村。	7	31.6	1155	352.5	－
中太镇	黄家桥村，北斗村，新桥村，猫儿沟村，高楼山村，陈家庙村，老鹰沟村，凤池村，蔡家沟村。	9	17.5	780	237	－
富顺镇	青龙桥村，九龙村，胜利村，龙益村，狮桥村，群丰村，杏林村，太平村，南峰村，群乐村。	10	106.3	1025.5	287.5	－
上新乡	高运柏村，四方碑村。	2	7	286	84.5	－
潼川镇	百花村，盐井村，云鼎村，解放村，互利村，石宝村，胜丰村，长沟村，橙园村，花园村。	10	46.5	2032	692	－
菊河乡	望君村。	1	5	250	75	－
乐安镇	五凤村，金铃村，张胡村，双埝村，双庙村，双狮村，前进村。	7	23.4	852	279	－

续表5—5

镇乡名称	村 名	项目数	道路里程	总投资	其中：中央基金	自筹资金
老马乡	老马村，涪江村，九曲村，小围村，龙泉村，三青村。	6	5.5	253.8	80	–
秋林镇	山枝村，金乐村，白鹤庙村，星光村。	5	8.9	375	117.5	–
金石镇	友谊村，治河村，荣庄村，元山村，瓦窑村，李家坝村，石柱村。	7	15.8	690	201	–
西平镇	白雀寺村，三圣村，核桃沟村，方子堰村，踏水桥村，上河村，力盟村，西江村，活力村，柏树湾村吗，红梁村，南垭村，狮王村，升子沟村。	14	34.2	1477	480.4	–
乐加乡	白果村，金鸡村，金鸭村，广林村，大堰村，大众村。	6	21.5	840	258.5	–
光辉镇	华泉村。	1	1.7	81	25.5	–
建平镇	玉皇村，银家湾村，四季村，凉水村，温江河村，唐桥村，大湾村，栖凤村，黄瓦村，沙坝村，老营村。	11	46.7	1348.2	403	–
玉林乡	上游村，先锋村，飞凤村，土门村，大王村。	5	5	254	78	–
柳池镇	清溪村，三角村。	2	7	285	84.6	–
双胜乡	四桥村，泉丰村，联欢村，高坪村，洞坪村。	5	15.1	665	200.3	–
建中乡	朝凤村，中心村，刘家沟村。	3	14	570	169.6	–
紫河镇	建设村，镇子桥村，杜家沟村。	3	5.7	279	87	–
协和乡	雷家井村，莲花嘴村，纸匠沟村，苏家沟村，西岩沟村。	5	15.3	602	180.9	–
景福镇	营盘山村，独木构村，槐花店村，松树湾村，福家坝村，蜜蜂嘴村，麻柳树村，菩提寺村，陈家沟村，双手磨村，天公山村，清凉寺村，马口堰村，柏树桥村。	14	30.7	1291	427.3	–
芦溪镇	广化寺村，三桥村，五柏村，松林村，王家桥村，清平村，老安村，石河村，玉星村，金台村，五筒村，姚江村。	12	27.5	1150	360.8	–
曙光乡	建新村，柳桂村，龙河村。	3	6.5	255	80	–
观桥镇	万福村，翻身村，平安村，勤俭村，高龙村，山花村，利众村，桂湖村，柏树村，九岭村，山树湾村，天河村，十里桥村。	13	32.5	1351	408.6	–
塔山镇	蒙山村，白龙村，瓦子村，规划村，南池村，宏狮村，华光村，高塔村，双渡村，钢铁村，水露村，丝公村。	12	19	863	290	–
	–	369	1110.4	43093	14799.8	–

二、乡村机耕道

地震造成全县乡村机耕道路基塌陷、路面变形、桥涵损毁。2010年4月，县农机主管部门编制乡村机耕道灾后恢复重建规划，重建机耕道66.5公里，总投资2580万元，其中灾后重建项目资金1000万元，各重建项目镇乡村委会自筹资金1580万元。同年4月29日，县农机主管部门制定乡村机耕道灾后恢复重建实施方案。负责全县乡村机耕道灾后恢复重建项目实施过程中的指导、监督、项目验收和补助资金拨付等；项目相关镇乡政府负责项目建设过程中的土地调整、青苗赔偿、安全、信访稳定等相关工作；项目所涉村委会为业主，负责筹集道路建设资金、招投标、质量监督和财经管理。项目勘测、设计、监理由县公路管理部门实施。工程建设费实行县级报账制。5月7日，县农机管理部门与县公路管理部门签订勘测、设计、监理协议，乡村机耕道恢复重建按照4级公路单车道设计，行车时速20公里，有效路面宽2.5~3.5米，泥级碎石路或水泥路，路肩宽度为0.5米。5月10日，项目由县发改局立项。在塔山镇石佛村、龙树镇石伞村、石安镇德胜村等24个镇乡34个村实施农村机耕道灾后重建工程，全长66.5公里，工程总投资2580万元。项目业主为所在地村民委员会。各单项项目均采用比选方式确定承包人。6月24日，通过比选，确定四川宇虹工程项目管理有限公司负责代理全县乡村机耕道恢复重建项目招投标工作。10月11日，县农机部门和四川宇虹工程管理有限公司，签订建设工程造价咨询合同。项目自2010年3月开工，2011年5月全部完工，共建乡村机耕道66.5公里，投资2580万元，其中中央重建基金1000万元，其余资金业主自筹。

三台县乡村机耕道部分分镇乡实施完成情况表

表5-6　　单位：公里、万元

镇乡	项目所在村、组	项目个数	重建乡村机耕道	投资	其中	
					重建基金	自筹及其他
塔山镇	石佛村5组、南池村、瓦子村	3	6	232.2	90	142.2
龙树镇	石伞村、高泉村	2	4	154.8	60	94.8
石安镇	德胜村	1	2	77.4	30	47.4
三元镇	长发村	1	2	77.4	30	47.4
新生镇	石门村	1	2	77.4	30	47.4
景福镇	方垭村、刘澡沟村、大屋沟村	3	6	232.2	90	142.2
紫河镇	深垭井村、天井沟村	2	4	154.8	60	94.8
里程乡	里程村4组	1	2	77.4	30	47.4
刘营镇	青龙村、马家村	2	4	154.8	60	94.8
永明镇	万家坎村、双鹿村	2	5	193.5	75	118.5
高堰乡	大树村	1	2	77.4	30	47.4
乐加乡	广林村	1	3	121.26	47	74.26
广利乡	龙角湾村、龙归寺	2	4	154.8	60	94.8
协和乡	红花园村	1	2	77.4	30	47.4
老马乡	建庄村	1	2	77.4	30	47.4
云同乡	含苞村	1	2	77.4	30	47.4
八洞镇	柏山村	1	2	77.4	30	47.4
花园镇	枣河村	1	2	77.4	30	47.4
鲁班镇	红安村	1	2	77.4	30	47.4
双胜乡	四桥村、观音村	2	2	77.4	30	47.4
乐安镇	龙兴村	1	1.5	59.34	23	36.34
潼川镇	大兴村	1	2	77.4	30	47.4
前锋镇	雷波村	1	2	77.4	30	47.4
建中乡	大堰坎村	1	1	38.7	15	23.7
合计	-	1	66.5	2580	1000	1580

三、以工代赈项目

以工代赈灾后恢复重建项目53个，计划总投资1.01亿元，其中安排灾后中央重建基金4400万元，业主自筹及农民投劳折资5700万元。计划在全县25个镇乡的44个村，建设村社及作业道路98.7公里，整治山平塘63口、隧洞700米、堰塘2处，硬化灌溉渠系93.6公里。项目由三台县以工代赈办公室组织实施，项目建设村为业主。2010年4月，县以工代赈办会同县发改、交通、水务、监察等县级部门以及实施镇乡，多次会商以工代赈灾后重建项目建设，研究制定村道公路灾后重建项目建设办法、村（社）道公路修建技术标准、监督意见、以工代赈项目竞争性谈判办法和以工代赈项目实施方案等。5月，县委、县政府组织县级相关部门和项目实施镇乡，召开全县以工代赈项目重建工作会，安排部署项目建设程序、组织协调、项目推进、公示公告和劳务报酬的落实等工作。所有项目均按规定程序报县发改局立项，100万元以上的项目需通过财政评审。以工代赈项目由县财政建立资金专户，实行专账管理、专户核算，对项目建设单位实行报账制管理，工程建设中的各项实际支出按工程进度，持有效支出凭证，经行业主管部门审查、以工代赈办审批后到财政部门报账。项目竣工后，由项目村申请，县以工代赈办会同交通、财政等有关单位组成验收小组，对项目进行验收，验收合格拨付余款。项目日常管理。由项目主管部门负责技术指导，镇乡和村具体负责实施。实施村公示建设内容、总投资、建设工期、工程设计、施工单位及责任人、资金来源、投向和劳务报酬等，接受社会和群众监督。2010年10月11日开始，县以工代赈办分4批组织项目村所在镇乡人民政府、项目业主（项目村委会）、被邀请企业进行竞争性谈判，确定施工企业，在三台政务网公示5天无异议后，中选企业即与项目业主签订施工合同，2010年10月20日后，中选企业相继进场施工。截至2010年年底，53个以工代赈项目全部开工，村内道路项目完工5个，小型农田水利设施完工项目3个，大部分项目完成90%以上工程量；完成投资9090万元，占总投资的90%，其中中央基金4000万元。业主自筹和以劳折资5090万元。

四、贫困村建设

2008年，全县因地震新增贫困村15个，年末贫困村达60个，村民小组601个，贫困户2.33万户、8.2万人。

2009年1月22日和2010年3月15日，县发改局分两次对全县60个贫困村灾后重建项目立项。2010年12月，县政府确定灾后恢复重建扶贫项目65个，总投资2.25亿元，其中中央重建基金7500万元、群众自筹1.5亿元。项目分6类，一类是三台县扶贫贷款贴息恢复重建项目，投入资金8283万元，在贫困村建立生产基地30个以上，龙头企业贷款贴息占贴息总金额（下同）的80%，农户贷款贴20%；二类是三台县劳务扶贫培训恢复重建项目，投入资金368万元，集中开展贫困和相对贫困家庭外出务工劳动力转移培训2875人，并实现98%以上转移就业；三类是三台县实用技术培训恢复重建项目，投入资金184万元，为贫困村统一开展种养业实用技术、健康教育等专题培训12.28万人次；四类是三台县贫困村发展互助协会恢复重建项目，投入资金324万元，在50个村建立互助协会18个；五类是三台县贫困村产业发展恢复重建项目，投入资金5596万元，发展种植业585公顷，养殖业26万头（只）；六类是60个贫困村基础设施恢复重建项目，投入资金7738.52万元，恢复重建村内道路567.2公里，维修塘埝134处、渠系83.26公里、桥2座，五改三建（改厕、改水、改圈、改路、改厨、建园、建池、建家，下同）820户。贫困村灾后恢复重建项目由县扶贫办组织实施。项目自筹资金部分由村民投工投劳解决。

重建建设项目：

（一）基础设施。2009年1月22日和2010年3月15日，县发改局分两次批复贫困村灾后重建项目建设投入资金7738.52万元，其中，中央基金5136万元，群众投工投劳及集资2602.52万元。恢复重建村内道路567.2公里，维修塘堰134处、渠系83.26公里、桥2座，“五改三建”820户。2009年4月，县交通部门委托四川瑞薪公路工程有限公司承担贫困村道路勘测、设计、编制预算工作，县扶贫部门根据省政府灾后重建国家投资工程建设项目招标投标工作的要求，确定贫困村灾后重建道路建设工程监理检测单位为四川联恒工程咨询监理有限公司。2009年3月，项目启动。2009年5月6日，云同乡禅寂村（贫困村）村社水泥道路建设首先开工。该村建设村社水泥路6.5公里、整治渠道800米、塘2口，维修道路11.5公里，2010年6月完工。2010年12月，贫困村基础设施建设项目在60个村建成水泥路158.9公里，泥结碎石路109公里，维修道路270公里，维修塘埝134处，“五改”三建820户，渠系83.26公里，桥2座。完成投资7738.52万元，其中中央基金5136万元，群众投工投劳及集资2602.52万元。

（二）产业发展。2008年11月~2010年12月，县政府采购中心分批次采购产业种苗，在群众自愿发展和生产条件可行的贫困村发展特色种植业998公顷。产业项目主要选择在粮食作物产量不高的土地和群众发展愿望高的贫困村中实施。全县种植金银花413公顷，主要分布于石安镇保安村和清泉村、三元镇龙吟村、龙树镇鲜花村、宝泉乡舒家河村。发展藤椒298公顷，主要分布在金鼓乡青城村、百顷镇黄龙村、景福镇廖昌沟村、鲁班镇石马村、立新镇打虎村、高堰乡石桩村。发展稻田莲藕53公顷，主要分布在云同乡禅寂村和高堰乡石桩村。种植核桃233公顷，分布在塔山镇六合村、菊河乡马岑村、广利乡仙家井村、中新镇大林村、建平镇袁家沟村。高堰乡土墙村发展养鸡4.2万只，协和乡观顶村发展养鹅1300只，塔山镇迎丰村发展良种兔4万只。2010年12月完成建设任务。共投入资金5596万元，其中中央重建基金1480万元，群众投工投劳4116万元。

（三）劳务扶贫和实用技术培训。2009年8月，县纪委、财政和扶贫等部门确定绵阳市新东方烹饪职业培训学校等14家培训单位共同完成劳务扶贫培训任务，2009年9月1日至2010年12月，开展以家政、缝纫、烹饪、计算机技术、电焊等技术为培训内容，培训项目分15期，每期40天，共培训2875人。投入资金368万元，其中中央重建基金230万元。培训人员全部实现就业转移。绵阳市新东方烹饪职业培训学校2010年4月1日至5月25日，对愿意外出务工的有劳动能力的90名青年开展为期40天的烹饪技术培训，帮助学员实现全部就业。

2009年4月~2010年12月，由三台县金鹰职业技术培训学校承担实用技术培训。项目在贫困村和低收入村开展140期实用技术培训，培训12.28万人次。同时，组织农业、畜牧、林业等部门科技专家，编写《实用技术资料》5万册，涉及种养业14个品种。项目投入中央重建基金184万元。

（四）发展互助协会。互助资金是以财政扶贫资金为引导，村民自愿按一定比例缴纳互助金为依托，无任何附加条件的捐赠资金为补充，帮助贫困村建立村级发展互助组织（组建互助协会），有效缓解贫困村农户生产发展资金短缺的问题。互助协会是协会资金的管理机构，协会会员大会是互助社最高权利机构，其理事会代表全体会员负责资金的发放、回收与管理等工作。互助协会是由贫困村村民自愿参加成立的非营利性的互助全作组织。2010 年 7 月 10 日，在县纪委、发改、财政等县级部门监督下，县扶贫部门组织综合评审，确定项目分别在西平镇红梁村、方子堰村，云同乡禅寂村、含苞村，永新镇永久村、红军村、永青村，协和乡红花园村，新生镇桂林村，石安镇清泉村，鲁班镇石马村，建平镇袁家沟村，鲁班镇桃花村，紫河镇石庄沟村，景福镇柏树桥村、方家埡村、福家坝村，灵兴镇山水村等 18 个村实施，投入资金 324 万元，其中中央重建基金 270 万元，项目实施村发动群众自筹资金 54 万元（每个村中央重建基金 15 万元，群众自筹 3 万元）。互助资金项目正式运行。2010 年，18 个互助协会有 1910 户农户自愿加入互助协会，会员自觉缴纳互助本金共 54 万元。2010 年 10 月，协会发放贷款 112 万元，374 户贫困群众享受互助资金借款。

（五）扶贫贷款贴息。在全县贫困村建立生产基地 30 个，龙头企业贷款贴息资金 160 万元，农户贷款贴息资金 40 万元。

第二节　农业生产设施

地震和紧随其后的“7・21”特大暴雨给全县农耕地造成极大破坏，受灾范围涉及境内 61 镇乡的 650 个行政村，损毁面积 6720 公顷。

一、农业生产

（一）农田。受损农田恢复重建项目是县农业局承担的灾后重建基金项目。2009 年 9 月，制定实施方案。同年 10 月，金石、建设、云同 3 个镇乡农田恢复重建由县发改局立项。12 月，三台县水利电力勘测设计室完成项目勘测设计。2010 年 1 月，通过公开招标。第一标段（金石镇新安村、治河村，云同乡四季桥村）8 个投标人，四川大伟工程建设有限公司以 118.04 万元中标；第二标段（建设镇晓光村、木林村、北坪村）有 10 个投标人，攀枝花市建筑机械化施工有限公司以 83.27 万元中标。3 月，县农业主管部门与两个中标单位分别签订项目工程施工合同；3 月，项目开工，同年 11 月底竣工。

2009 年 12 月，立新等 8 个镇的项目由县发改局立项。2010 年 1 月，安县水利电力勘测设计室、成都市水利勘测设计院、县水电勘测设计室分别完成塔山、柳池、立新镇片区，芦溪镇片区，花园、灵兴、石安、乐安镇片区项目勘测设计。6 月，通过公开招标。第一标段（塔山镇元宝村、六合村）23 个投标人，三台县斌达水利开发有限责任公司以 176.19 万元中标。第二标段（塔山镇钢铁村、紫堰村）17 个投标人，沐川建筑工程有限公司以 104.31 万元中标。第三标段（塔山镇青柏村、高塔村）18 个投标人，四川华贯建筑工程有限责任公司以 117.63 万元中标；第四标段（柳池镇长梁村）17 个投标人，武都引水工程梓潼实业开发公司以 77.25 万元中标。第五标段（立新镇干柏树村、香林村、高屋基村）17 个投标人，广安宏大建筑有限责任公司以 156.09 万元中标。第六标段（石安镇红光村）5 个投标人，四川天丰路桥工程有限公司以 78.55 万元中标。第七标段（乐安镇双堰村）9 个投标人，攀枝花市建筑机械化施工有限公司以 80.39 万元中标。第八标段（芦溪镇五柏村）5 个投标人，四川广安智丰建设工程有限公司以 99.49 万元中标。第九标段（芦溪镇玉星村、石河村）17 个投标人，四川红叶建设有限公司以 198.17 万元中标。第十标段（花园镇白衣村、镇江村，灵兴镇灵峰村、清水村）10 个投标人，四川省仪陇县能达建筑有限责任公司以 151.14 万元中标。2010 年 7 月，县农业主管部门与 10 个中标人分别签订项目施工合同，同月 26 日开工。同年 11 月底竣工。2011 年 4 月，县农业、发改、财政等相关部门领导和业务技术人员，对项目进行抽查验收，全面完成修订后的项目实施计划确定的各项建设任务，工程质量合格。实际投资 3700 万元，其中中央重建基金 1686 万元，项目区农户投劳折资 2014 万元。

三台县部分镇乡农业生产设施重建项目建设情况表

表 5－7　　单位：公顷、公里、万元

镇村名称	建设内容							总投资	资金来源	
	修复农田	建蓄水池（山平塘）	渠道	机耕道	作业路	整治山平塘（口）	地力培肥（公顷）	–	中央重建基金	业主自筹
芦溪镇石河村	修复农田 53.33 公顷	恢复重建蓄水池 1 口	渠道 3.2 公里	机耕路 0.4 公里	作业路 3.2 公里	–	–	200	90	110
芦溪镇玉星村	修复农田 80 公顷	恢复重建蓄水池 1 口	渠道 2.1 公里	机耕路 3.1 公里	作业路 5.8 公里	整治山平塘 1 口	–	320	142	178
芦溪镇五柏村	修复农田 73.33 公顷	恢复重建蓄水池 1 口	渠道 3.3 公里	机耕路 0.7 公里	作业路 1.8 公里	–	–	280	121	159
石安镇红光村	修复农田 120 公顷	–	–	恢复重建机耕路 1.43 公里	作业路 4.73 公里	–	–	200	90	110
金石镇新安村	修复农田 46.67 公顷	–	渠道 0.98 公里	–	作业路 1.23 公里	恢复重建山平塘 1 口	–	50	24	26
金石镇治河村	修复农田 60 公顷	–	渠道 1.78 公里	机耕路 1.12 公里	作业路 0.65 公里	恢复重建山平塘 1 口	–	150	71	79
乐安镇双埝村	修复农田 107 公顷	恢复重建石河堰 1 道	–	机耕路 2.5 公里	作业路 1.24 英里	–	–	200	92	108
柳池镇长梁村	修复农田 233 公顷	–	衬砌渠道 2.76 公里	建现浇 C25 砼机耕路 2.45 公里	建现浇 C20 砼作业路 0.8 公里	–	地力培肥 233 公顷	200	88	112
花园镇白衣村	修复农田 53.33 公顷	–	恢复重建渠道 3.1 公里	机耕路 0.8 公里	–	–	–	152	68	84
花园镇镇江村	修复农田 60 公顷	–	恢复重建渠道 3.8 公里	机耕路 0.6 公里	–	–	–	148	66	82
灵兴镇灵峰村	修复农田 53.33 公顷	–	–	–	恢复重建作业路 1.7 公里	–	–	40	17	23
灵兴镇清水村	修复农田 66.67 公顷	–	–	–	恢复重建作业路 2.5 公里	–	–	60	27	33
云同乡四季桥村	修复农田 53.33 公顷	–	渠道 0.97 公里	机耕路 1.05 公里	–	恢复重建山平塘 1 口	–	100	47	53

续表5－7

镇村名称	建设内容							总投资	资金来源	
	修复农田	建蓄水池（山平塘）	渠道	机耕道	作业路	整治山平塘（口）	地力培肥（公顷）	－	中央重建基金	业主自筹
建设镇晓光村	修复农田33.33公顷	－	恢复重建渠道2.95公里	－	－	－	－	100	48	52
建设镇木林村	修复农田26.67公顷	－	渠道0.81公里	机耕路0.5公里	作业道路1公里	恢复重建山平塘1口	－	60	30	30
建设镇北坪村	修复农田46.67公顷	－	－	机耕路0.5公里	作业道路1公里	恢复重建山平塘1口	－	40	20	20
塔山镇高塔村	修复农田93.33公顷	－	渠道0.68公里	恢复重建社道3.4公里	作业路1公里	恢复重建山平塘1口	地力培肥93.33公顷	200	92	108
塔山镇钢铁村	修复农田56公顷	－	恢复重建渠道1.5公里	恢复重建社道1.35公里	作业路1.38公里	－	地力培肥56公顷	120	56	64
塔山镇六合村	修复农田102.67公顷	－	恢复重建渠道1.59公里	恢复重建社道3.18公里	作业路1.77公里	整治山平塘1口	地力培肥102.67公顷	220	97	123
塔山镇元宝村	修复农田102.67公顷	－	－	恢复重建社道3.25公里	作业路3.1公里	－	地力培肥102.67公顷	220	110	110
塔山镇紫堰村	修复农田65.33公顷	－	－	恢复重建社道2.3公里	作业路1.6公里	－	地力培肥65.33公顷	140	66	74
塔山镇青柏村	修复农田46.67公顷	－	－	恢复重建社道1.65公里	作业路0.9公里	－	地力培肥46.67公顷	100	46	54
立新镇干柏树村	修复农田93.33公顷	－	恢复重建渠道2.45公里	恢复重建社道2.65公里	作业路0.8公里	－	地力培肥93.33公顷	176	79	97
立新镇香林村	修复农田78.67公顷	－	恢复重建渠道0.5公里	－	－	恢复重建山平塘1口	地力培肥78.67公顷	110	49	61
立新镇高屋基村	修复农田81.33公顷	－	恢复重建渠道1.3公里	恢复重建社道1.5公里	作业路1.1公里	－	地力培肥81.33公顷	114	50	64
25个	－							3700	1686	2014

（二）农业良种繁育体系。地震造成全县3个蚕种场生产及办公、住宿用房严重受损，损坏蚕种制种仪器设备20台（套）蚕种6000张，销售平武、北川、安县等极重灾区蚕种款37.16万元无法收回，灾害制约三台蚕桑丝绸主导产业发展。2009年2月和9月，全县蚕种场灾后恢复重建由县发改局立项，计划总投资440万元，其中中央重建基金350万元，蚕种场自筹资金90万元。2009年4月，鲁班、双石蚕种场先后开工，至2011年5月，3个项目全部竣工。共完成投资436.84万元，其中中央重建基金316.84万元，蚕种场自筹120万元。

双石蚕种场恢复重建重建项目。地震造成生产用房及附属用房损坏2500平方米，蚕种制种仪器、设备损毁20台（套），蚕种损坏6000张。2009年2月，县发改局批复实施双石蚕种场恢复重建项目，维修、改造生产及附属用房2500平方米，购置生产性升温、降温、补湿、电力设施及蚕用设施6台（套），改造水塔、水池、消毒池90平方米，购置消毒机具4台（套），复壮优质桑园20公顷，维修、改造专用蚕房100间。确定该场恢复重建项目总投资60万元，其中国家灾后重建基金

50万元，自筹资金10万元。2009年3月，四川省三台县建筑工程有限责任公司以39.39万元中标为施工企业，4月12日开工，8月15日完工。同年9月验收并投入使用。完成维修、改造生产及附属用房2500平方米，购置蚕用设施10台（套），复壮优质桑园20公顷，专用蚕房100间，经审计，实际投资60万元，其中中央重建基金50万元，业主自筹10万元。

鲁班蚕种场恢复重建项目。地震致该场办公用房损坏2200平方米，生产用房损坏9480平方米，职工生活用房损坏1800平方米；春、秋两季蚕种生产减产5.2万张，极重灾区（平武、北川、安县）蚕种销售账款无法收回损失28.6万元。2009年2月12日，县发改局批复实施三台县鲁班蚕种场恢复重建项目。主要维修、改造4、5号生产用房3000平方米，购置生产性升温、降温、补湿、电力设施及蚕用设施60台（套），改造水塔、水池、消毒池150平方米，改造场区道路1.5公里，复壮优质桑园20公顷，改造专用蚕房140间。项目总投资180万元，其中中央重建基金150万元，自筹30万元；2009年3月，四川兴力达建筑加固技术有限公司以114.56万元中标，4月开工，9月完工。维修、改造4、5号生产用房3000平方米，改造场区道路1.5公里、专用蚕房140间、水塔、小池、消毒池等150平方米，购蚕用设施60台（套）。10月5日，验收核实并投入使用，经审计，实际投资176.84万元，其中中央重建基金126.84万元，业主自筹50万元。

争胜蚕种场恢复重建项目。地震造成争胜蚕种场生产用房全部受损，生产附属用房和办公用房损坏1520平方米；职工生活住房毁损460平方米；春、秋两季蚕种生产减产2.63万张；应收平武县蚕种款未收回损失8.56万元。2009年9月，县发改局批复实施三台县争胜乡争胜蚕种场恢复重建项目。总投资200万元，其中中央灾后重建基金150万元，自筹资金50万元；恢复重建生产附属用房760平方米，维修、改造1、2号生产用房2200平方米等。2010年8月，县发改局批复初步设计方案，恢复重建生产附属用房规模由760平方米压缩为505.66平方米，投资规模及其他建设内容不变。2010年9月，四川省三台永泰建筑安装工程有限责任公司以94.99万元中标为施工单位，10月开工，2011年5月竣工。验收核实，完成新建生产附属用房505.66平方米，维修、改造1、2号生产用房2200平方米，购置生产性升温、降温、补湿、电力设施、消毒机具及蚕用设施10台（套），改造水塔、水池、消毒池90平方米，复壮优质桑园20公顷，维修、改造专用蚕房100间。实际完成总投资200万元，其中中央灾后重建基金140万元，业主自筹60万元。

（三）农业技术服务体系。地震损毁全县农业技术服务体系培训和办公用房180间、7760平方米，损毁设备、设施590台（套）。2010年5月，县发改局批复实施三台县北坝镇（农业局）农技推广中心重建项目，建筑面积2250平方米，购置仪器设备等。总投资451万元，其中中央灾后重建基金400万元，业主自筹51万元。11月，县政府修订灾后恢复重建规划项目实施计划，确定农技推广中心重建项目建全框架培训用房和附属用房2250平方米，购置仪器设备421台（套），征地0.33公顷，总投资554万元，全部由中央灾后重建基金投资。2011年4月，制定项目实施方案，并获县发改局批复。同年6月完成项目招标。9个投标人，四川省三台永泰建筑安装工程有限责任公司以329.61万元中标为施工单位，6月27日开工。2011年9月，项目在建。

二、国有农场

三台有第一稻麦原种场（简称北坝农场）和第二稻麦原种场（简称刘营农场）。地震造成北坝、刘营农场房屋垮塌10间305平方米，损毁设备180台（套），砸死砸伤禽畜1658只，9280平方米房屋成为危房。毁损场内道路3公里，水系20公里，滑坡1处。在北川唐家山堰塞湖避险期间，刘营农场23.33公顷土地未能按季节栽种。2009年2月，县发改局立项，2010年11月，灾后重建规划项目实施计划修订后，确定实施北坝、刘营两个农场恢复重建项目，总投资130万元，其中，中央重建基金110万元，业主自筹20万元。修缮北坝农场房屋320平方米；维修刘营农场机耕道1公里，给水灌溉管道3公里，安装排污管道2公里，改造管理用房3000平方米，建大棚3333.35平方米。2009年6月、2011年1月，两项目先后完成招投标工作。2011年5月，第一稻麦场重建项目竣工。两个项目维修改造房屋3825平方米，除高规格种苗钢架大棚变更为变通规格钢架大棚外，其余建设完成立项任务。投入资金605万元，其中中央重建基金110万元（北坝农场10万元、刘营农场100万元），自筹495万元（北坝农场39万元、刘营农场456万元）。项目实施后，两个农场引进5家公司投资从事第三产业、现代农业示范、泡菜加工项目，盘活资产，年可新增产值3000万元以上，新增利税1000万元以上，两个农场年新增收入30万元以上。

三、渔业

地震致三台渔业基础设施遭受不同程度损毁。灾后恢复重建小型渔塘基础设施由业主自行恢复重建。大型渔塘的重建，列入灾后重建规划。2010年7月，全县渔业设施恢复重建的5个项目由县发改局批准立项，项目建设单位为县水务局。11月，重建规划项目实施计划修订后，确定渔业设施恢复重建项目5个，总投资75万元，中央重建基金63万元，业主自筹12万元。其中，金石镇瓦窑村团结水库渔业基地和新德镇福田村河滩渔业基地两个项目，投入中央重建基金各18万元，业主分别自筹资金4万元；新鲁镇南岳村五星渔场渔业设施重建项目投入中央重建基金13万元，自筹2万元；塔山镇丝公村洛神沟水库、联合水库两处渔业设施重建项目，投入中央重建基金各7万元，各自筹1万元，重建内容主要是池底补漏，石砌震裂池埂，改造鱼池进排水沟渠。全部项目由县水利水电勘测设计院设计，项目采用竞争性谈判方式确定施工单位。塔山镇2个项目施工单位为绵阳市瑞源建筑工程有限公司，2010年8月开工，同年底竣工；新德河滩渔业基地施工单位为三台县城北建筑有限公司，2010年8月底开工，同年10月底完工；五星渔场和团结水库渔业基地重建项目施工单位为重庆黄金建设（集团）有限公司、四川峻陵建筑安装公司。2010年9月开工，先后于同年11月、12月底竣工。

第三节　农村生活设施

一、农村饮水工程

地震造成全县约11.72万处农村供水工程受灾，影响89.14万人饮水。观桥、中新、新生、景福、乐安等5镇给水源井水位下降，出现垮塌、淤填现象，高位水池裂口，供水主管道渗漏特别严重，水泵、闸阀等设备均受到不同程度损坏。

2008年8月，全县开展农村饮水安全灾后重建项目的规划、报批、财评、招投标等工作。2009年2月，绵阳市水务局批复同意实施全县第一批农村饮水安全项目方案，总投资2643.51万元，解决5万人的饮水安全问题；11月，批复芦溪镇等14个项目（当年批复19个项目）；2010年3月，批复幸福乡等20个项目实施方案；4月，批复紫河镇等26个镇乡饮水工程实施方案（当年共批复46个项目）。农村饮水安全灾后重建项目65个，涉及全县63个镇乡，总投资1.9亿元，其中中央重建基金1.53亿元，地方配套及群众自筹3689.7万元。建供水工程1.37万处，其中，集中供水工程105处，分散供水工程1.36万处，铺设PE管网约3789.61公里，解决32.48万人的饮水安全问题。2010年11月，重建规划项目实施计划修订后，确定全县农村供水工程恢复重建项目调整为64个，总投资1.93亿元，其中中央重建基金1.53亿元，业主自筹4007万元。按照市水务局批复，饮水工程灾后重建分4批次公开招投标，确定四川明星水电建设有限公司等46家施工单位，四川润东工程项目管理有限公司等4家监理单位。第一批观桥、中新、新生、景福、乐安等5个镇供水工程由四川涪圣工程设计咨询有限公司设计，其余58个镇乡供水站由县水利电力勘测设计室设计。2009年6~7月，第一批工程先后开工，2010年年底完成主体工程并先后投入使用，各镇修建管理办公用房均为300平方米。2010年5月，芦溪等14个镇乡灾后重建农村饮水安全项目开工，10月主体工程全部完工。是年7月，幸福等20个镇乡开工，12月主体工程全部完工。8月，紫河等26个镇乡开工，2011年3月主体工程全部完工。

观桥镇农村供水重建项目。观桥供水站位于观桥镇困牛山下苦瓜沱，1993年建。日供水量300立方米，受益人口5000人。2008年，场镇面积达1.2平方公里，受益人口增至8000人。受地震影响，水池渗漏严重，供水严重不足。除主要利用原观桥供水站供水外，决定新打一口直径10米、深12米的大口井。观桥镇供水站重建实施方案计划总投资581.81万元，其中中央重建专项资金465万元、群众自筹116.8万元。四川明星水电建设有限公司为施工单位（土建中标价195.79万元），2009年6月动工，同年12月底完成主体工程。新建高位水池及清水池，圬工结构净化处理。架设高压线路300米，新增50千伏安变压器1台，机泵2台（套），提水扬程120米；配电控制柜1台套，新铺设输水管道10.6公里。日供水700立方米。观桥场镇及周边利众村、围杆村、山树湾村、观桥村共1.2万人的饮水安全问题得到解决。

新生镇农村供水重建项目。新生供水站位于新生镇桂林村2社杨家祠，2002年修建。日供水80

立方米，受益人口3200人。2008年，场镇面积1.2平方公里，受益人口达6300人。由于场镇规模扩大，人口增加，原供水站无法满足群众用水需求，决定对原机井淘淤。新生供水站建设实施方案，计划总投资595.9万元，其中国家灾后重建专项资金476.72万元，地方配套及群众自筹119.18万元。由四川红叶建设有限公司为施工单位（土建中标价199.48万元），2009年7月动工，2010年1月底完成主体工程。补漏处理高位水池，池四周及池壁内外贴瓷砖，围墙外打“散水”并完善排水沟等工程。硬化处理机井周边，小河床大卵石浆砌护坡500米长、3.5米宽、1.5米高，更换机泵1套，提水扬程200米，配电控制柜1套。新铺设输水管道17.62公里。

中新镇农村供水重建项目。中新供水站位于中新镇安乐村7社杨家店，1980年建。日供水60立方米，受益人口1500人。2008年，场镇面积达85万平方米，受益人口达3500人。由于场镇规模扩大，人口增加后受益人口已达9000余人，日供水需求量达540立方米，被列入第1批饮水安全灾后重建项目。中新供水站选择在红庙水库取水，供水站实施方案计划总投资540万元，其中国家灾后重建专项资金432万元，地方配套及群众自筹108万元。四川同达建设有限公司为施工单位（土建中标价166.4万元），2009年7月动工，2010年1月底完成主体工程。新架设高压线路300米，增设30千伏安变压器1台，机泵1台（套），提水扬程60米；配电控制柜1台（套）。新铺设输配水管网共16.3公里。

乐安镇农村供水重建项目。乐安自来水厂位于乐安镇阳光村2社苏乐河旁，1994年建。日供水150立方米，受益人口2100人。2008年，场镇面积达89万平方米，受益人口达5000人。由于原供水站无法满足居民用水需求。加之场镇规模扩大及周边农户用水，受益人口已达1万余人，日供水需求量达600立方米。镇决定引用苏乐河地表水作水源，新建囤水池1口，占地约3000平方米，池深8米，蓄水量达1.5万立方米。乐安镇供水站重建实施方案计划总投资637.88万元，其中国家灾后重建专项资金510.3万元，地方配套及群众自筹127.58万元。四川省江油市城建工程集团有限公司为施工单位（土建中标价255.4万元），2009年6月动工，2010年12月底完成主体工程。补漏处理高位水池，四周及池壁内外贴瓷砖，围墙外打“散水”并完善排水沟等工程。按设计新建囤水池1口，更换机泵2套，提水扬程90米；配电控制柜1套。新铺设输配水管网共18.04公里。

景福镇农村供水站重建项目。景福供水站位于景福镇鲜家嘴村4社观槽湾，1988年建，日供水200立方米，受益人口2500人。2008年，场镇面积达2.5平方公里，受益人口达6000人。后场镇新建观射街长达800米。加上部分农户用水，受益人口达到9000余人，日供水需求量达540立方米。景福镇供水站重建实施方案，计划总投资287.92万元，其中国家灾后重建专项资金230.34万元，地方配套及群众自筹57.57万元。四川省射洪建设集团有限责任公司为施工单位（土建中标价139.7万元），2009年6月动工，12月底完成主体工程。新建高位水池1口，架设高压线路900米，新增30千伏安变压器1台，机泵1台，提水扬程160米；配电控制柜1套。新铺设输配水官网5.9公里及维修供水站泵房等。

安居镇农村供水站重建项目。安居供水站位于天井坝村，2008年新建。日供水量约70立方米。“5·12”汶川特大地震后场镇大面积停水。安居属于盐卤地区，地表20米以下是苦咸水，水厂无消毒设备，饮用水不安全，灾后重建直接选取地表水。选址在梨子园村1组的河边取水，经三台县科兴岩土工程咨询公司现场钻探，设计新建直径4000毫米、深10米的大口井，配合12米长的渗渠，增加出水量。现场钻探抽水试验，水质符合国家饮用水卫生标准，2010年4月，绵阳市水务局批复同意安居镇供水站重建实施方案，计划总投资313.91万元，其中国家灾后重建专项资金251.13万元，地方配套及群众自筹62.78万元。由黑龙江省水利4处工程有限责任公司为施工单位（土建中标价158.74万元），2010年11月动工，2011年2月底完成主体工程。更换输配水管网9.85万米，扩大供水规模至周边村社及农房灾后恢复重建集中安置点。增加净水、消毒等设备。

二、农村清洁工程

地震后，全县将乡村清洁工程纳入灾后重建。2010年11月，县修订灾后恢复重建规划项目实施计划，确定建平、乐安、鲁班3个镇的20个村实施乡村清洁工程恢复重建项目，项目业主为县农业局，三台县工程勘测设计咨询有限责任公司设计土建工程，土建工程分两个标段，建平镇、乐安镇为第一标段，鲁班镇为第二标段。2010年5月和8月，县发改局先后立项，建平镇、乐安镇乡村清洁工程恢复重建项目，新建农田废弃物收集池1316个，生活垃圾中转设施306个，购置生活垃圾收集桶7124个，分类垃圾收集桶80个，垃圾运输车4台，频振诱虫灯571个。总投资600万元，其中中央重建基金204万元；鲁班镇乡村清洁工程恢复重建项目总投资400万元，其中中央重建基金200万元；废弃物发酵处理池、污水管网建设等由农户自筹资金完成。2011年3月，完成项目第二次招标。第一标段建平镇、乐安镇10个村7个投标人，四川华佳建设工程有限公司以108.7万元中标。第二标段鲁班镇10个村6个投标人，四川鸿腾建设集团有限公司以119.85万元中标。4月，工程开工，8月底竣工。10月12日，县农业、发改、财政、监察等相关部门领导和业务技术人员，对项目进行抽查验收，全面完成立项批复的各项任务，工程质量合格。设备由县政府采购中心采购，项目镇政府将物资和设备发放到村和农户。建平镇、乐安镇建农田废弃物收集池660个，配套管网建设15.42万米，建单户生活污水处理利用池4141个，生活垃圾中转设施207座，购置固体生活垃圾收集设备4220套，垃圾运输车2辆，安装频振杀虫灯300盏。鲁班镇建农田废弃物收集池491个，配套管网建设8.772万米，建单户生活污水处理利用池2924个，生活垃圾中转设施171座，购置固体生活垃圾收集设备2984套，垃圾运输车2辆，安装频振杀虫灯271盏。完成投资1000万元，其中中央重建基金311万元、业主自筹689万元。

三、沼气工程

地震损坏全县农村户用沼气池1.03万口，损坏养殖场大中型沼气池367处、1.1万立方米；损坏城镇污水净化沼气池18处、2100立方米。2008年6月10日，县农村能源主管部门编制灾后重建规划上报省、市有关部门。规划涉及全县63个镇乡和5个社区、18个养殖场户，规划期为2008～2015年。2008～2010年，全县修复农村户用沼气池3086口、重建3000口，养殖场沼气工程修复367处、1.1万余立方米，生活污水净化池修复18处、2100立方米，安装生物汽化炉1000台。建设沼气服务网点60个，修缮县级农能机构设施80平方米及配置设备等，培训技术人才1800人次。2011～2015年，重建农村户用沼气池4199口，安装生物汽化炉1000台，建设沼气物管网点55个，培训技术人才3000人次。同年10月，编制2008年沼气池修复实施方案，方案以县沼气物管总站、镇乡沼气物管中心站、村级物管站为依托，在景福、云同等28个镇乡计划修复2412口，其中池体1066户，灶具、管件1346户，项目争取中央投资104.38万元。9月，县政府制定灾后重建基金沼气项目（含爱卫改厕项目）实施方案。确定投入资金1566万元，其中中央灾后重建基金500万元，新建农村户用沼气池3130口，每口按照1500元标准补助。项目安排在建平、刘营等镇（乡），其中爱卫改厕实施2000口，每户补助500元，投入100万元；其中中央重建资金80万元，县级配套20万元。同年11月，四川省国际农发基金紧急贷款灾后重建农村沼气项目由省发改委立项，三台县实施国际农业发展基金紧急贷款灾后重建农村沼气建设项目，建设规格为8立方米玻璃钢拱盖结构水压式农村户用沼气池，配套安装沼气灶、沼气调控净化器、沼气池进出料PVC管件、沼气密封胶、输气管材等。重建沼气池1.8万口（重建4300口、农房重建配套新建1.37万口）。三台县总投资6423.01万元，资金来源为国际农发基金贷款944.56万美元，贷款由财政部统贷统还，建设期限为2009年3月~2010年11月。2010年2月，灾后恢复重建规划项目实施计划调整后，确定沼气重建项目63个，重建沼气池2.12万口，总投资7988万元，其中中央重建基金500万元，农发基金4623.01万元（当年计划投资7988万元）。

2009年12月，县农村能源主管部门在三台政务网上发布比选公告。2010年1月，县召开全县技术资格比选会。每镇乡7人（镇乡机关干部2人，村干部3人，农户代表2人）参加比选评分，确定中标人。有35个施工队中标，公示中标人7天后无异义，中标人与项目办（由县农能办代理）签订施工合同。省农能办统一为三台采购配套物资1.8万套，采购总金额2351.45万元，其中灶具229.04万元；管件129.85万元；净化器81.16万元；玻璃钢拱盖1888.26万元。至2011年9月底，全县修复沼气池2412口，重建、配套新建沼气池2.12万口，购管件2.12万件、灶具2.27万台、玻璃钢拱盖1.8万口、净化器2.27万台，总投资7027.39万元，其中中央基金500万元、国际农发基金贷款6423.01万元、中央沼气池修复专项资金104.38万元。其余由项目业主自筹资金。县农村能源部门进行技术指导，共建养殖场大中型沼气池120处，城镇沼气净化池650处。培训施工技术人员110人。

第六章　公共服务设施建设

第一节　教　育

一、幼儿教育

地震致全县5所幼儿园校舍受损1.24万平方米，图书资料受损2.44万册。2008年7月，开始进行幼儿园灾后重建。至2011年9月底，5所幼儿园新建校舍500平方米，维修加固8455平方米，项目全部完工并投入使用。

重点重建项目：

潼川第二幼儿园灾后重建项目。地震造成潼川二幼2590平方米校舍须加固才可以继续使用，其中，200平方米厨房成为D级危房。2008年7月，对地震中受损的裂缝和倾斜围墙进行清理，消除险情。教学楼加固维修工程施工和监理由县教育主管部门统一组织招标，绵阳宏达公司中标为施工单位，2009年1月开工，2月竣工。

2008年9月，县发改局批准潼川二幼修建教学综合用房项目立项，原址重建校舍350平方米，投入中央灾后重建基金53万元。12月，县发改局批准潼川二幼教学综合用房项目初步设计方案，建筑校舍342.9平方米，总投资57.91万元。资金来源为中央灾后重建基金。2009年7月，通过公开比选，绵阳佳腾建设工程有限责任公司中标为施工单位，8月动工。2010年5月，工程完工，通过初验。新建校舍258.9平方米，维修加固2590平方米，完成灾后重建投资101万元。

芦溪幼儿园灾后重建项目。地震后，经鉴定芦溪幼儿园教学楼、综合楼为C级危房，厨房、厕所为A级危房，工会活动室综合评定为B级危房。地震致1210平方米房屋成为危险建筑。2008年11月20日，县发改局批准芦溪幼儿园灾后重建食堂立项，在园内修建食堂120平方米，投资18万元，资金来源为中央灾后重建基金。2009年1月，江油思成建设咨询服务有限公司完成工程勘察设计施工图审查；6月，通过竞争性谈判，三台县海鑫建筑有限责任公司中标为承建单位并签订施工合同。11月，主体建筑全面封顶，2009年12月竣工。2011年1月，主体工程验收合格。至2011年9月底，芦溪幼儿园新建食堂141平方米，维修加固房屋2150平方米，完成投资83万元。

二、义务教育

地震致全县188所义务教育学校校舍受损62.34万平方米，仪器设备受损16万台（件、套），图书资料受损21.67万册。2008年7月，各学校先后开展重建工作。截至2011年9月底，全县列入重建规划的175所义务教育学校完成重建任务，新建校舍50.6万平方米，维修加固19.86万平方米。

重点中小学重建项目建设情况简介：

富顺初级中学校重建项目。三台县富顺初级中学校，地震致200平方米小青瓦库房成为D级危房；1200平方米教学楼、1150平方米学生公寓、660平方米综合楼，危险性等级评定为A级；100平方米厨房、危险性等级评定为B级。经县政府和县教育主管部门整体规划，决定在富顺镇青龙街（青龙桥村9、10组）异地迁建。项目由县发改局立项，重建5952平方米，购置图书及设备，总投资1277.5万元，其中中央重建基金1007万元，省级资金106万元。由上海同建强华有限公司设计。2009年7月，富顺初中与中标公司重庆圣奇建设（集团）有限公司签订正式施工合同。10月先后开工。2011年2月，主体项目通过竣工验收并交付使用。新建校舍4864.53平方米。

潼川镇禾加初级中学校重建项目。三台县潼川镇禾加初级中学，地震致禾加初中1350平方米小青瓦房全部成为D级危房，综合楼成A级危房。经整体规划，决定在潼川镇禾加小学旁（大河村2、4社）异地迁建。重建面积3343平方米，加上购置图书及设备，总共投资795万元，资金来源为中央重建基金。2008年11月，县发改局立项，建设规模3700平方米，其中，新建教学及辅助用房1500平方米、学生宿舍及附属设施2200平方米。中央预算内资金投入540万元。2009年4月，禾加初中与四川西南勘察设计院签订工程设计委托合同。2010年2月，灾后恢复重建规划项目实施计划调整后，禾加初中学校灾后恢复重建规模调整为3147平方米。总投资为795万元。其中中央重建基金576万元。通过公开招标，四川南部兴发建筑有限责任公司中标。2009年7月先后开工，2010年5月竣工。新建校舍面积达3343平方米。

安居镇初级中学校重建项目。三台县安居镇初级中学校（位于三台县安居镇场镇），地震致安居初中1273.51平方米综合楼成为D级危房，1067平方米小青瓦教学用房成B级危房，204平方米食堂成A级危房，仪器设备受损1049套，图书受损1563册。经整体规划，确定安居初中新校址选在安居镇明月村1社泡桐弯。2008年11月，县发改局立项，异地迁建。整体重建教学综合楼、宿舍楼、食堂共5549平方米，购置图书及设备等，总投资1180万元，资金来源为中央重建基金。2010年2月，灾后恢复重建规划项目实施调整后，确定安居初中新建面积5396平方米，维修加固1674平方米，总投资1606万元。经县教育实施部门统一招标，2009年7月，安居初中与核工业西南勘察设计研究院有限公司签订设计合同，同月，与三台县斌达水利开发有限责任公司（后更名为四川斌达建筑工程有限公司）签订正式施工合同。9月先后开工，2010年7月竣工。新建教学楼3070平方米，学生住宿楼2080平方米，食堂298.5平方米。新购买办公桌35套，课桌300套，学生用床100架。新增图书2997册、购置多媒体教学设备及锅炉各1台。

乐安初级中学校灾后重建项目。三台县乐安镇初级中学校位于城西，距县城10公里。地震致使学校400平方米学生宿舍成为D级危房；4157平方米教学楼、办公楼局部出现险情，成为C级危房和B级危房1350平方米；附属设施损毁2处；仪器设备受损576套，图书资料受损124册。2008年11月20日，县发改局批准乐安初中灾后重建校舍立项，确定乐安初中灾后新建教学及辅助用房

4964 平方米，学生宿舍 3239 平方米，食堂 545 平方米及附属设施等，投资 1595.63 万元，资金来源为灾后中央重建基金。2009 年 9 月，县政府对重建规划项目实施计划进行调整，确定乐安初中灾后重建校舍 8748 平方米，维修加固 4157 平方米，购置图书及设备，总投资 1945.69 万元，其中中央重建基金 1430 万元、省财政资金 151 万元。2008 年 12 月，乐安初中与中国建筑西南勘察设计研究院有限公司签订教学综合楼、学生宿舍及食堂设计和勘察委托合同。2009 年 5 月，县教育主管部门对乐安初中灾后重建工程进行公开招标，四川天园建设集团有限公司以 1428.49 万元中标为施工单位，工期 240 天。2009 年 7 月，重建项目正式开工。2010 年 8 月，工程竣工并交付使用。新建校舍 8748 平方米、维修加固 980 平方米，实际投资 2120 万元，其中中央重建基金 1318 万元、地方配套资金 151 万元、其他资金 651 万元。

黎曙镇初级中学校灾后重建项目。地震致使该校 1500 平方米生活用房（1、2、3 号楼）成为 D 级危房需拆除，690 平方米教学、生活用房为 B 级危房。1450 平方米教学用房、生活用房为 C 级危房。仪器设备受损 2086 台（套）、图书资料 684 册。2008 年 11 月，县发改局立项，建教学及辅助用房 1000 平方米，学生宿舍 3800 平方米，食堂 200 平方米，厕所 100 平方米，总投资 770 万元。2010 年 2 月，县政府调整灾后恢复重建规划项目实施计划后，确定新建校舍 4531 平方米，维修加固 1230 平方米，购置图书及设备等，总投资 1119 万元，其中中央灾后重建基金及其他资金 638 万元。2008 年 12 月 ~2009 年 1 月，学校完成维修加固任务。同时确定重建项目在原校园内及校园前新征土地 1 万平方米重建。

2009 年 1 月，黎曙初中与中国建筑西南勘测设计院有限公司签订勘察委托合同和教学楼、学生宿舍、食堂、厕所工程设计委托合同。2009 年 6 月，绵阳市涪丰建筑工程有限公司以 626.6 万元中标为施工单位，工期 200 天。2009 年 11 月正式开工，2010 年 7 月竣工。通过重建，新建校舍 4274 平方米，维修加固房屋 1230 平方米，完成图书及设备购置，实际投资 921 万元，其中中央重建基金 674 万元，其他资金 247 万元。

龙树镇中心小学校重建项目。地震致龙树小学综合楼 673 平方米和教学楼 1200 平方米成为 D 级危房。2008 年 9 月，经过比选、公示，最后确定在路明村 2 社重建。同年 11 月，县发改局立项，确定龙树小学异地重建 6950 平方米，其中教学楼 3800 平方米、学生宿舍 2300 平方米、食堂 700 平方米、厕所及附属设施 150 平方米。中央预算内资金投资 1040 万元。2010 年 2 月，灾后恢复重建规划项目实施计划调整后，确定龙树小学重建 6479 平方米，购置图书及设备，总投资 1459 万元，其中中央基金 795 万元。2009 年 3 月，与信息产业部电子第 11 设计研究院绵阳分院签定设计合同。同年 8 月，通过公开招标，四川天园建设有限公司以 762.85 万元中标。工期 220 天。2009 年 8 月工程先后开工。2010 年 8 月竣工。重建后，新建校舍 4721.29 平方米，新建体育场 2000 平方米。

观桥镇石亭中心小学校重建项目。地震致使该校 581 平方米小青瓦房和 1080 平方米住宿楼成 D 级危房。小学两栋综合楼为 B 级危房及教学设备等。经整体规划，决定在观桥镇石亭天登村 7 社异地迁建。2008 年 11 月，县发改局立项，重建教学及辅助用房 2400 平方米，学生宿舍 1800 平方米，食堂 500 平方米，厕所 100 平方米。2010 年 2 月，灾后重建规划项目实施计划调整后，确定石亭学校重建校舍 4586 平方米，购置图书及设备，总投资 1214 万元，其中中央资金 765 万元。2009 年 7

月，学校与四川省三台县万发建筑工程有限责任公司签订正式施工合同。10月先后开工，2010年8月竣工。重建校舍达4518平方米，新添置微机室、多媒体教室各1间，新购置办公桌、学生课桌及图书等。

石安镇先锋中心小学校重建项目。地震致先锋小学609平方米小青瓦及1144平方米综合楼全部成为D级危房，100平方米厕所成A级危房。经整体规划，决定在原址重建。2008年11月，县发改局立项，新建教学楼1000平方米，学生宿舍450平方米，食堂200平方米。工程投资280万元。2010后2月，重建规模调整为1701平方米，总投资调为355.02万元。通过公开招标，施工总承包单位为四川盛源建筑安装工程公司，2009年6月，与中标公司签订正式施工合同，工程开工。2010年5月，工程竣工。先锋小学重建完成后，新建校舍1701平方米，总投资355.02万元，全属中央重建基金。

幸福乡中心小学校重建项目。地震致幸福乡中心小学1200平方米小青瓦房全部成为D级危房。经整体规划，决定在幸福乡双龙村4组异地迁建。项目包括整体重建房3900平方米，购置图书及设备，总投资834.71万元（均属中央重建基金）。2008年11月，县发改局立项。2010年2月，灾后恢复重建规划项目实施计划调整后，确定幸福中心小学重建校舍3910平米，购置图书及设备等，总投资834.71万元（全部为中央重建基金）。县教育局统一招标。由四川西南勘察设计院设计。绵阳市金星建设安装工程有限公司中标成为施工总承包单位。2009年7月，幸福乡小学与中标公司正式签订施工合同并开工。2010年8月，工程通过竣工验收。重建后，幸福乡小学占地1.65公顷，建筑面积3910平方米，总投资834.71万元（全属中央重建基金）。

芦溪镇建新中心小学校灾后重建项目。地震致建新小学3200平方米校舍成为D级危房。经整体规划，确定建新小学原址整体重建，新建校舍2443平方米。2008年11月，县发改局立项。县规划和建设局对建新小学灾后重建工程进行可研审批和初步设计审查。2009年3月，与绵阳市原境建筑设计有限公司签订工程设计委托合同。通过公开招标，四川汇泽建筑工程有限公司中标成为施工单位。2009年7月，项目正式开工，2010年6月，工程整体竣工。重建后，新建校舍2442.95平方米，购置设备471套、图书1200册，总投资480.68万元，资金来源为中央重建基金。

三、特殊教育

三台县特殊教育学校有学生70人，其中，聋哑学生4个班49人，盲生及低视力2个班21人。地震致该校500余平方米校舍受损，受损仪器设备386台（件、套）。2008年10月，经四川建业工程质量检测教学楼、厕所、围墙为A级危房。11月，县教育主管部门确定县特校校舍维修加固，投资11.79万元，资金来源为中央重建基金。11月下旬开工，12月底验收合格，维修加固教学及辅助用房500平方米及附属设施。

根据三台特殊教育发展需要，省发改委将三台特校纳入2010年中央扩大内需项目。2010年9月，县发改局批准三台县特殊教育学校新建项目立项，项目选址在位于东塔镇东塔村3社的东塔初中学校操场内，迁址异地重建，建筑面积3500平方米，总投资610万元，其中新建投资530万元，购置设备设施80万元。2011年3月，完成新址地勘、地质灾害评估、施工图设计等；4月，先后完成消防、施工图审查、材料清单编制及财政评审。5 月，三台县第 4 建筑公司以 403.8 万元中标承建，2011 年 7 月，工程正式开工。至同年 9 月，主体工程基本完工。2012 年 5 月，工程竣工并投入使用。

四、中等职业教育

2008 年“5・12”汶川特大地震前，全县有刘营职业高级中学和乐安职业高级中学。地震致 2 所中等职业学校校舍受损 52854 平方米，仪器设备受损 753 台（件、套）。截至 2011 年 9 月底，2 所中等职业学校共新建校舍 9836 平方米，加固校舍 19950 平方米。

刘营职业高级中学校灾后重建项目。“5・12”汶川特大地震造成刘营职中校舍 D 级危房 1035 平方米，B、C 级危房 8784 平方米。2008 年 11 月，县发改局批准刘营职中灾后维修加固、重建项目立项。2010 年 2 月，县政府调整灾后恢复重建规划项目实施计划，确定刘营职中重建校舍 1.41 万平方米，维修加固校舍 2.42 万平方米，购置图书及必须的教学设备。计划总投资 4389 万元，其中中央重建基金 461 万元。同年 11 月，县政府修订县重建规划项目实施计划后，确定刘营职中重建 1.41 万平方米，维修加固 1.84 万平方米，购置图书及设备。总投资 4072 万元，其中中央重建基金 936 万元；地方政府配套 99 万元；其他资金 3037 万元。

2009 年 5 月，与四川原境建筑设计有限公司签订设计合同；7 月，先后完成重建和维修加固招投标工作，四川安汉建设有限公司、四川川恒建筑安装有限公司分别中标为重建和维修加固施工单位。8 月维修加固项目开工。同年底完工。9 月，重建工程开工。2010 年 7 月底竣工。至 2011 年 9 月，刘营职中新建校舍 5648.7 平方米，维修加固房屋 1.50 万平方米，完成投资 1116 万元，其中中央重建基金 734 万元、地方配套资金 99 万元、其他资金 283 万元。

五、高中教育

地震致全县 6 所高中学校校舍受损 16.87 万平方米，仪器设备受损 1.04 万台（件、套），图书资料受损 1.43 万册。截至 2011 年 9 月底，全县 6 所高中共新建 49704 平方米，加固 70476 平方米。

观桥中学恢复重建项目。地震致使观桥中学 1852 平方米的教学楼成为 A 级危房，7200 平方米的教学楼和 4243 平方米的教师住宿楼成为 B 级危房；损毁电脑 26 台，学生课桌凳 1500 套，床 300 张，教学仪器设备 510 台（件）。损毁堡坎等附属设施。2008 年 11 月，县发改局批准观桥中学灾后重建项目立项，同意新建校舍 8000 平方米，其中教学及辅助用房 2500 平方米，实验综合楼 1200 平方米、学生宿舍 3500 平方米，食堂 800 平方米，总投资 1210 万元，资金来源为中央灾后重建基金；2010 年 2 月，县政府调整县灾后恢复重建规划项目实施计划后，确定重建 7805 平方米，维修加固 2.17 万平方米，购置图书及设备。总投资 3930 万元，其中中央重建基金 1004 万元。2009 年 6 月，四川光耀建筑工程有限公司以 1057.01 万元中标为施工单位，工期 240 天。7 月，正式开工。2010 年 9 月，新建校舍 6497.4 平方米，维修加固 1.51 万平方米，新购办公桌凳 60 套、学生课桌凳 1500 套、图书 1.2 万册。实际完成投资 1516 万元，其中中央重建基金 1145 万元、地方配套资金 135 万元、其他资金 236 万元。

三台县教育系统部分灾后恢复重建项目建设情况表

表5－8　　　　　　单位：单位：平方米、万元

学校名称	完成恢复重建主要内容	规划投资	开工时间	完工时间	实际投资								备注
					合计	中央重建基金	地方配套资金	援建资金	外国政府贷款	银行贷款	其他资金	自筹资金	
塔山中学	重建8150平方米、维修加固8680平方米	2813	2009-01-09	2009-02-24	264	221	–	–	–	–	43	–	–
石安中学恢复重建项目	重建6326平方米、维修加固3890平方米	2094	2009-06-29	2010-06-30	1286	958	144	–	–	–	184	–	–
秋林职业高级中学校	重建5472平方米、维修加固1516平方米	1320	2009-08-06	2010-06-30	968	677	–	–	–	–	291	–	–
向阳中学	重建5210平方米、维修加固4342平方米	2379	2009-05-20	2010-08-16	1256	838	99	–	–	–	319	–	–
万安中学	重建5415平方米、维修加固4265平方米	1918	2009-09-16	2010-08-23	1187	833	–	–	–	–	354	–	–
西平中学	重建16531平方米、维修加固3524平方米	4019	2008-05-18	2009-04-25	271	255	–	–	–	–	16	–	–
建设中学	重建4275平方米、维修加固3506平方米	1509	2009-08-06	2010-07-31	970	683	–	–	–	–	287	–	–
三台中学	重建4979平方米、维修加固60270平方米	2307	2009-09-11	2010-05-20	1400	1065	76	–	–	–	259	–	–
潼川中学校	维修加固2530平方米	618	2009-01-08	2009-03-23	254	221	–	–	–	–	33	–	–
梓州初级中学校	重建2168平方米、维修加固3600平方米	1125	2009-08-10	2010-04-09	531	442	–	–	–	–	89	–	–
潼川第一小学校	重建7493平方米、维修加固1897平方米、运动场4800平方米	1560	2009-08-26	2009-07-01	1530	–	–	–	–	–	1530	–	–
潼川第三小学校	维修加固270平方米	560	2008-10-01	2008-10-20	136	116	–	–	–	–	20	–	–
潼川第四小学校	图书及设备购置、附属设施项目	416	2009-05-27	2011-11-03	115	99	–	–	–	–	16	–	–
城南初级中学校	重建2158平方米、维修加固2920平方米	706	2009-07-16	2010-01-29	593	405	–	–	–	–	188	–	–
潼川第一幼儿园	维修加固1945平方米	47	2009-01-01	2009-01-31	44	30	–	–	–	–	14	–	–
潼川第三幼儿园	维修加固425平方米	127	2009-01	2009-02	1	1	–	–	–	–	–	–	–
机关幼儿园	维修加固1709平方米	425	2009-01-13	2009-02-20	22	22	–	–	–	–	–	–	–
中山纺织职业技术学校	重建5650平方米、维修加固5800平方米	1679	2009-10-01	2010-08-25	805	627	–	–	–	–	178	–	–
塔山镇初级中学	重建9200平方米、维修加固800平方米	1735	2009-08-10	2010-06-15	1772	1239	127	–	–	–	406	–	–
塔山镇槐树小学	重建2500平方米、维修加固100平方米	537	2009-07-01	2010-10-30	431	316	–	–	–	–	115	–	–
龙树镇初级中学校	重建4945平方米、维修加固3257平方米	1583	2009-09-10	2010-04-20	1009	746	–	–	–	–	263	–	–

续表5－8

学校名称	完成恢复重建主要内容	规划投资	开工时间	完工时间	实际投资								备注
					合计	中央重建基金	地方配套资金	援建资金	外国政府贷款	银行贷款	其他资金	自筹资金	
龙树镇白雀小学	重建3222平方米、维修加固180平方米	622	2009-07-13	2009-08-25	579	459	–	–	–	–	120	–	–
双胜乡中心小学校	重建4458平方米、维修加固3610平方米	1173	2009-07-01	2010-06-20	650	513	–	–	–	–	137	–	–
忠孝乡初级中学校	重建108平方米、维修加固1903平方米	275	2009-01-12	2009-02-26	39	17	–	–	–	–	22	–	–
金玉中心小学校	维修加固1045平方米	144	2009-12-03	2011-04-10	41	37	–	–	–	–	4	–	–
富顺镇中心小学校	重建141平方米、维修加固2659平方米	86	2011-05-12	2011-10-22	126	100	–	–	–	–	26	–	–
三元镇中心小学校	重建3392平方米、维修加固1360平方米	659	2009-07-21	2010-07	517	385	–	–	–	–	132	–	–
三元镇芦桥中心小学校	重建1070平方米	203	2009-05-01	2010-05-30	178	143	–	–	–	–	35	–	–
三元初级中学校	重建3980平方米	907	2009-11-20	2010-06-30	795	525	–	–	–	–	270	–	–
三元镇芦桥初级中学校	维修加固2800平方米	75	2009-01	2009-03	75	75	–	–	–	–	–	–	–
新德镇初级中学校	重建3694平方米、维修加固1426平方米	867	2009-07-23	2010-08-24	595	431	–	–	–	–	164	–	–
永新初级中学校	维修加固2200平方米	168	2009-01-09	2009-02-24	79	64	–	–	–	–	15	–	–
永新镇中心小学校	重建1448平方米	373	2009-06-29	2010-05-07	233	221	–	–	–	–	12	–	–
石安镇中心小学校	重建3031平方米、维修加固1665平方米	829	2009-06-29	2010-06-02	444	398	–	–	–	–	46	–	–
石安镇双石中心小学校	重建1375平方米、维修加固1450平方米	305	2009-08-20	2010-08-26	335	235	–	–	–	–	100	–	–
金鼓乡中心小学校	重建388平方米、维修加固2100平方米	400	2009-05-26	2010-04-10	171	129	–	–	–	–	42	–	–
双乐乡初级中学校	重建1479平方米、维修加固2097平方米	412	2009-04-21	2010-06-13	155	111	–	–	–	–	44	–	–
景福镇中心小学校	重建3976平方米、维修加固520平方米	822	2009-10-19	2010-07-31	705	605	–	–	–	–	100	–	–
景福镇金星中心小学校	重建1050平方米、维修加固1750平方米	378	2009-04-16	2010-07-06	221	182	–	–	–	–	39	–	–
景福镇茂隆中心小学校	重建1313平方米、维修加固1879平方米	373	2009-04-19	2010-07-23	266	213	–	–	–	–	53	–	–
方垭学校	重建1929平方米、维修加固2110平方米	410	2009-06-20	2010-08-16	412	314	–	–	–	–	98	–	–
双乐乡中心小学校	重建100平方米、维修加固1120平方米	284	2009-02-26	2009-03-30	83	76	–	–	–	–	7	–	–
广利乡中心小学校	重建1350平方米、维修加固647平方米	514	2009-05-13	2010-07-06	305	241	–	–	–	–	64	–	–
紫河镇黎明中心小学校	重建2115平方米、维修加固1799平方米	591	2009-08-08	2009-12-30	115	112	–	–	–	–	3	–	–

续表5—8

学校名称	完成恢复重建主要内容	规划投资	开工时间	完工时间	实际投资 合计	实际投资 中央重建基金	实际投资 地方配套资金	实际投资 援建资金	实际投资 外国政府贷款	实际投资 银行贷款	实际投资 其他资金	实际投资 自筹资金	备注
协和乡中心小学校	重建2173平方米、维修加固1183平方	603	2009-01-01	2009-07-30	68	62	–	–	–	–	6	–	–
观桥镇文台初级中学校	维修加固1390平方米	324	2008-12-20	2009-05-20	47	32	–	–	–	–	15	–	–
菊河乡初级中学校	重建2499平方米、维修加固4406平方米	671	2009-07-25	2010-04-28	467	387	–	–	–	–	80	–	–
宝泉乡初级中学校	重建1680平方米、维修加固3596平方米	579	2009-02-24	2009-04-28	73	65	–	–	–	–	8	–	–
建中乡初级中学校	重建7260平方米、维修加固875平方米	1656	2009-07-12	2010-08-16	959	736	88	–	–	–	135	–	–
观桥镇文台中心小学校	重建2689平方米、维修加固1080平方米	549	2009-08-16	2010-05-31	516	404	–	–	–	–	112	–	–
观桥镇方井学校	重建1237平方米、维修加固1503平方米	358	2009-04-10	2009-10-30	287	222	–	–	–	–	65	–	–
观桥中心小学	重建2543平方米、维修加固3687平方米	830	2009-07-06	2010-10-31	555	421	–	–	–	–	134	–	–
安居镇中心小学	重建3558平方米、维修加固3750平方米	1076	2009-08-28	2010-05-30	974	720	–	–	–	–	254	–	–
宝泉乡中心小学校	重建1332平方米、维修加固1021平方米	247	2009-07-11	2010-04-30	277	210	–	–	–	–	67	–	–
建中乡西丰中心小学校	维修加固4366平方米	37	2009-02-24	2009-05-28	91	91	–	–	–	–	–	–	–
建中乡中心小学	重建1940平方米、维修加固299平方米	559	2009-10-23	2010-06-20	471	359	–	–	–	–	112	–	–
鲁班镇初级中学校	重建2433平方米、维修加固2593平方米	706	2010-01-15	2010-10-31	390	306	–	–	–	–	84	–	–
鲁班镇三柏中心小学校	重建4138平方米、维修加固770平方米	941	2009-09-20	2010-06-30	815	582	–	–	–	–	233	–	–
新生中学	重建6522平方米、维修加固3332平方米	2160	2009-07-18	2010-05-20	1532	1037	149	–	–	–	346	–	–
曙光乡中心小学校	重建1666平方米、维修加固1036平方米	494	2009-08-09	2010-06-10	343	265	–	–	–	–	78	–	–
星火中心小学校	重建936平方米、维修加固2459平方米	415	2009-09-01	2010-04-30	279	212	–	–	–	–	67	–	–
鲁班镇太林中心小学校	重建2034平方米、维修加固2245平方米	627	2009-09-20	2010-06-30	474	374	–	–	–	–	100	–	–
德光中心小学校	重建1175平方米、维修加固30平方米	344	2009-05-10	2010-03-14	217	172	–	–	–	–	45	–	–
洞镇初级中学校	重建4569平方米、维修加固3818平方米	875	2009-08-10	2010-06-30	736	594	–	–	–	–	142	–	–
凯河镇跃进初级中学校	重建2667平方米、维修加固2996平方米	520	2009-07-26	2010-08-26	450	366	–	–	–	–	84	–	–
西平镇中心小学校	重建4800平方米、维修加固3200平方米	1254	2009-08-05	2010-06-26	1187	824	107	–	–	–	256	–	–
西平镇峨山中心小学校	重建2237平方米	517	2009-08-01	2010-04-30	529	402	–	–	–	–	127	–	–

续表5—8

学校名称	完成恢复重建主要内容	规划投资	开工时间	完工时间	实际投资								备注
					合计	中央重建基金	地方配套资金	援建资金	外国政府贷款	银行贷款	其他资金	自筹资金	
西平镇朱君初级中学校	重建2424平方米、维修加固2200平方米	534	2009-07-19	2010-03-30	447	370	–	–	–	–	77	–	–
西平镇建林初级中学校	重建4954平方米、维修加固1500平方米	1122	2009-08-01	2010-06-10	832	604	–	–	–	–	228	–	–
西平镇狮王初级中学校	重建2818平方米、维修加固2288平方米	680	2009-06-30	2010-08-27	606	438	–	–	–	–	168	–	–
八洞镇群益初级中学校	重建3888平方米、维修加固500平方米	765	2009-07-10	2010-05-10	529	524	–	–	–	–	5	–	–
凯河镇中心小学校	重建2080平方米	634	2009-09-02	2010-08-31	546	412	–	–	–	–	134	–	–
凯河镇跃进中心小学校	重建3266平方米	623	2009-09-20	2010-06-30	640	538	–	–	–	–	102	–	–
上新乡中心小学校	重建5216平方米、维修加固246平方米	1324	2009-09-23	2010-10-10	1080	756	86	–	–	–	238	–	–
古井镇心妙小学	重建1594平方米、维修加固1200平方米	283	2009-07-30	2010-05-20	280	219	–	–	–	–	61	–	–
幸福乡初级中学校	重建2842平方米、维修加固2660平方米	948	2009-08-01	2010-05-31	600	489	–	–	–	–	111	–	–
下新乡初级中学校	重建1847平方米、维修加固3240平方米	661	2009-02-17	2009-05-28	135	116	–	–	–	–	19	–	–
古井镇中心小学	重建1381平方米、维修加固2900平方米	420	2009-07-18	2010-06-28	419	301	–	–	–	–	118	–	–
古井镇新建小学	重建3216平方米、维修加固2150平方米	719	2009-07-28	2010-05-30	608	488	–	–	–	–	120	–	–
下新乡中心小学校	重建2938平方米、维修加固2225平方米	775	2009-07-01	2010-06-15	731	575	–	–	–	–	156	–	–
进都乡中心小学校	重建1269平方米、维修加固1240平方米	331	2009-07-12	2010-04-30	251	200	–	–	–	–	51	–	–
建平初级中学校	重建7172平方米、维修加固2934平方米	1431	2009-08-04	2010-06-26	1481	1000	101	–	–	–	380	–	–
建平镇红星初级中学	维修加固3427平方米	164	2009-02-15	2009-05-12	115	71	–	–	–	–	44	–	–
建平镇中心小学校	重建5577平方米	1138	2009-08-28	2010-07-20	1054	715	76	–	–	–	263	–	–
建平镇红星中心小学校	重建2696平方米、维修加固1837平方米	686	2009-07-22	2010-05-12	384	248	–	–	–	–	136	–	–
乐安镇中心小学校	重建1801平方米	563	2009-06-16	2009-12-06	123	85	–	–	–	–	38	–	–
乐安镇天马中心小学校	重建2170平方米、维修加固600平方米	549	2009-07-20	2010-01-20	495	386	–	–	–	–	109	–	–
乐安镇黄林中心小学	重建3818平方米、维修加固1855平方米	721	2009-07-20	2010-02-04	403	319	–	–	–	–	84	–	–
乐安镇青杠中心小学校	重建2299平方米、维修加固1010平方米	731	2009-08-06	2010-07-09	656	508	–	–	–	–	148	–	–
金石中学校	重建5680平方米、维修加固5451平方米	1264	2009-08-20	2010-06-30	1043	714	74	–	–	–	255	–	–

续表5－8

学校名称	完成恢复重建主要内容	规划投资	开工时间	完工时间	实际投资								备注
					合计	中央重建基金	地方配套资金	援建资金	外国政府贷款	银行贷款	其他资金	自筹资金	
金石镇同德中心小学校	重建2463平方米、维修加固3963平方米	618	2009-06-28	2010-07-11	588	474	–	–	–	–	114	–	–
金石镇三秀中心小学校	重建940平方米、维修加固2694平方米	284	2009-06-28	2010-07-15	228	178	–	–	–	–	50	–	–
新鲁镇石桥小学校	重建1498平方米、维修加固800平方米	456	2009-07-10	2010-09-01	400	266	–	–	–	–	134	–	–
新鲁镇中心小学校	重建4581平方米	1061	2009-07-27	2010-05-30	1029	697	75	–	–	–	257	–	–
黎曙镇中心小学校	重建2607平方米、维修加固1000平方米	828	2009-09-28	2010-06-30	485	333	–	–	–	–	152	–	–
云同乡中心小学校	重建1850平方米、维修加固3971平方米	419	2009-09-10	2010-11-15	310	206	–	–	–	–	104	–	–
芦溪镇永江初级中学校	维修加固780平方米	98	2008-10-17	2008-12-23	54	31	–	–	–	–	23	–	–
芦溪镇四平初级中学校	重建2507平方米、维修加固1100平方米	623	2009-05-20	2010-04-30	606	444	–	–	–	–	162	–	–
立新镇辉坪小学校	重建2148平方米、维修加固500平方米	713	2009-07-20	2010-09-09	475	351	–	–	–	–	124	–	–
美丰刘营中心小学	重建2452平方米、维修加固1700平方米	649	2009-08-08	2010-10-30	446	332	–	–	–	–	114	–	–
刘营镇初级中学校	重建4699平方米、维修加固4320平方米	1270	2009-08-20	2010-06-30	748	472	–	–	–	–	276	–	–
刘营镇转江小学校	重建2634平方米	586	2009-07-02	2010-06-30	548	387	–	–	–	–	161	–	–
刘营镇新乐小学	重建2110平方米、维修加固500平方米	428	2009-07-10	2010-07-30	441	308	–	–	–	–	133	–	–
刘营镇新乐初级中学校	重建2466平方米、维修加固1150平方米	677	2009-07-01	2010-05-30	583	427	–	–	–	–	156	–	–
刘营镇安宁中心小学校	重建721平方米、维修加固1830平方米	501	2010-06-16	2010-10-31	189	174	–	–	–	–	15	–	–
里程乡初级中学校	重建2484平方米、维修加固1810平方米	588	2009-07-06	2010-04-23	363	263	–	–	–	–	100	–	–
里程乡中心小学校	维修加固1744平方米	96	2009-09-04	2009-09-14	28	28	–	–	–	–	–	–	–
建设镇中心小学校	重建3876平方米	844	2009-09-06	2010-08-11	755	559	–	–	–	–	196	–	–
花园镇初级中学校	重建3995平方米、维修加固2903平方米	942	2009-11-10	2010-07-20	778	598	–	–	–	–	180	–	–
中太镇初级中学校	维修加固1940平方米	114	2008-12-10	2009-01-20	70	39	–	–	–	–	31	–	–
光辉镇初级中学校	重建5196平方米、维修加固38平方米	845	2009-07-16	2010-05-25	1000	605	–	–	–	–	395	–	–
花园镇中心小学校	重建3945平方米	785	2009-10-02	2010-08-10	369	287	–	–	–	–	82	–	–
花园镇光明中心小学校	重建1908平方米	592	2009-05-28	2010-05-30	516	385	–	–	–	–	131	–	–

续表5－8

学校名称	完成恢复重建主要内容	规划投资	开工时间	完工时间	实际投资								备注
					合计	中央重建基金	地方配套资金	援建资金	外国政府贷款	银行贷款	其他资金	自筹资金	
永明镇中心小学校	重建3343平方米、维修加固500平方米	759	2009-06-18	2010-08-30	743	555	－	－	－	－	188	－	－
永明镇白庙中心小学校	重建2050平方米、维修加固1275平方米	533	2009-07-10	2010-04-25	253	198	－	－	－	－	55	－	－
光辉镇中心小学校	维修加固212平方米	142	2008-06-20	2008-08-30	104	61	43	－	－	－	－	－	－
潼川镇长坪初级中学校	重建4702平方米、维修加固2803平方米	986	2009-12-14	2010-10-15	1151	723	79	－	－	－	349	－	－
北坝镇中心小学校	重建9403平方米	1909	2009-09-14	2010-06-30	489	416	－	－	－	－	73	－	－
中新镇初级中学校	重建2840平方米、维修加固2523平方米	855	2009-08-05	2010-07-07	572	487	－	－	－	－	85	－	－
灵兴初级中学校	重建4412平方米、维修加固1566平方米	1044	2009-08-21	2010-06-30	825	593	－	－	－	－	232	－	－
断石乡中心小学	维修加固1107平方米	129	2008-12-12	2009-02-07	33	30	－	－	－	－	3	－	－
玉林乡中心小学校	重建2820平方米、维修加固2004平方米	1014	2009-08-06	2010-06-20	577	489	－	－	－	－	88	－	－
东塔中心小学校	维修加固1333平方米	251	2009-07-16	2009-08-28	53	42	－	－	－	－	11	－	－
东塔镇高山中心小学校	重建1595平方米	311	2009-04-22	2010-04-30	310	218	－	－	－	－	92	－	－
百顷镇初级中学校	维修加固3500平方米	340	2009-03-01	2009-04-30	90	72	－	－	－	－	18	－	－

说明：1. 资料来源：三台县发展和改革局；
2. 维修加固项目包括购置图书及设备或附属设施重建内容；
3. 重建项目包括购置图书设备、征地拆迁、“三通一平”（路通、水通、电通、建设场地平整）、附属设施重建等内容；
4. 本表未包括援（捐）建学校项目；
5. 文中已记述重建项目，不再列表。

第二节　医疗卫生

地震致全县公共卫生体系、基本医疗服务体系遭受严重破坏，620个医疗卫生机构的办公、业务用房、设备设施、药品等毁损严重。2008年9月，国家发改委等部委批复三台县实施重建医疗卫生项目68个，计划总投资4.58亿元。2009年9月，县开始对重建规划进行中期调整，2010年2月，卫生重建项目调整为69个，计划总投资3.95亿元。是年11月，灾后恢复重建规划项目实施计划修订后，确定实施医疗卫生灾后恢复重建，新建房屋13.9万平方米，维修加固2.03万平方米，规划投资修订为3.65亿元；配置设备设施1621台（件），规划投资2986.09万元，其中，中央重建基金1.98亿元，红十字会援建资金2909.876万元，中国致公党援助郪江镇卫生院资金100万元，四川省慈善总会援建县中医院药剂和教学大楼2400万元，香港源基金会援建里程乡卫生院241.12万元，世界银行优惠紧急贷款援建县人民医院内科大楼4515.2万元，港澳援建资金6521.6万元（香港特别行政区政府援建县中医院住院大楼项目3500万元、县残疾人康复服务中心项目1376万元，澳门特别行政区政府援建县精神病院1645.6万元）。截至2010年12月，全县医疗卫生机构维修加固业务用房2.03万平方米，新建业务用房13.9万平方米，购置仪器设备1621台（件、套）等，完成投资3.9亿元；67个医疗卫生机构重建项目竣工，残疾人康复服务中心、县人民医院两个项目在建。

一、县级医院

全县有县级医院4所。即三台县人民医院、三台县中医院、三台县中医骨科医院、三台县精神病院。灾后恢复重建规划新建业务用房4.2万平方米，维修加固业务用房2400平方米，购置设备357台（件），规划投资1.63亿元。资金来源为中央重建资金2108万元，四川慈善总会捐赠资金2400万元，香港特区政府援建资金3500万元，澳门特区政府援建资金1645万元，世界银行紧急贷款援建资金4515万元。

重点建设项目：

三台县人民医院重建项目。地震使县医院业务用房遭受破坏，需要拆除的危房8949平方米，需加固的危房2380平方米，需修复的危房4.71万平方米。多种医疗仪器、设备损毁价值4132万元，大量药品、药械报废价值27.19万元；行政办公楼受损较重，会议厅墙体倾斜不能使用，各种会议及学术、科研交流研讨活动不能正常举行等。2008年11月，县医院委托中国华西工程设计建设有限公司对该项目进行可行性研究。2009年2月，完成可行性研究报告编制。5月，省发改委原则同意县医院世行贷款灾后重建项目可行性研究报告。总建筑面积1.3万平方米（地上建筑9层、建筑面积1.17万平方米，地下建筑1层、建筑面积1300平方米）。估算总投资5569.39万元。资金来源为世行优惠紧急贷款664万美元，折合人民币4515.2万元，自筹1054.19万元，用于设备购置、其他工程费用和基本预备费，建设期12个月。2010年2月，灾后恢复重建规划项目实施计划中期调整，县医院灾后恢复重建项目总投资调整为5869万元，其中中央重建基金308万元、世界银行贷款664万美元，其余资金由县医院自筹。2009年2月，县医院成立项目建设实施小组，具体负责项目建设实施工作。工程由重庆大学建筑设计研究院设计，结构设计使用年限50年。工程结构采用现浇钢筋砼框架和剪力墙。主楼基础设计等级、裙房基础安全等级均为乙级。框架—剪力墙结构。设计总用地3000平方米，总建筑面积1.3万平方米，容积率4.5，建筑密度40%，绿化率30%，床位数332床，停车位136个。2010年7月，通过公开招标，四川省建筑机械化工程公司以3873.29万元（人民币）中标；11月工程正式开工，已完成2~9层及屋顶设备房内墙、屋顶构架抹灰，进行室内砖砌及安装工程的施工；完成投资1600余万元（世行贷款）。新建1.3万平方米内科大楼后，县医院开放病床可达到1170余张，增加病床322张，病床总数达到732张。年门诊就诊人数可达到70万人次，住院病人可达到3万人次，将分别比震前增加10万人次和9000人次。年营业收入可达2亿元以上，比震前增加8000万元左右。

三台县中医骨科医院灾后重建项目。地震致该院遭受严重破坏，经鉴定，麻石桥门诊住院综合楼及门诊平房和南外街旧门诊楼等2847.39平方米房屋可靠性等级为Ⅳ级，必须拆除重建，后北街门诊住院楼3300平方米成为C级危房。2008年6月，县中医骨科医院制订灾后恢复重建方案，规划建设周期为3年（2008～2010年），主要目标达到国家二级甲等中医专科医院要求。灾后恢复重建分为两个部分，一部分在麻石桥（三台县潼川镇新西外街160号）原址重建1.3万平方米门诊住院综合大楼及供应室，总投资4810万元；另一部分加固维修后北街门诊住院楼。11月，县发改局对其维修业务用房项目立项，加固维修业务用房3400平方米，投资28万元，2009年3月竣工。规划在麻石桥原址重建门诊住院综合大楼6600平方米，总投资2310万元，资金来源全部为中央重建基金。该项目设计建筑面积7192.4平方米，2010年11月，县修订灾后恢复重建规划项目实施计划，确定该医院重建业务用房7193平方米，购置维修设备10台（件），总投资2537万元，其中中央重建基金1800万元。

2009年4月，确定成都大陆建筑设计研究咨询事务所为设计单位。5月，县城市规划办、县发改局先后完成设计方案初审，门诊住院综合大楼建筑6995平方米，供应室125平方米，门诊住院综合大楼概算总投资2289.90万元，供应室概算总投资19.82万元，资金来源为灾后重建专项资金。2009年6月，县中医骨科医院门诊住院综合大楼重建工程经三台县财政投资评审中心评审，确定预算控制价金额1642万元，并在四川建设网发布施工招标公告。7月，确定四川省正丰建设工程有限公司为中标单位，中标价1349.74万元，工期300天，2009年10月正式开工。2010年12月，工程通过初步验收。总建筑面积1.08万平方米。

二、乡镇卫生院

地震致使全县62所乡镇卫生院办公用房、业务用房、设备设施、药品等遭受严重毁损。2010年11月，灾后恢复重建规划项目实施计划修订后，确定实施乡镇卫生院灾后恢复重建项目62个，计划投资2.04亿元（新建、维修卫生房屋1.92亿元，购置设备1162.09万元），资金来源为中央重建基金和援建资金。规划新建房屋8.93万平方米，维修1.72万平方米，配置设备设施619台（件）。

2009年2月，鲁班镇卫生院举行开工仪式，乡镇卫生院灾后重建项目正式开工建设，截至2010年12月，乡镇卫生院新建业务用房8.93万平方米，购置仪器设备619台（件、套），完成投资2.04亿元，62个乡镇卫生院恢复重建项目全部竣工并交付使用。

重点建设项目：

北坝镇中心卫生院重建项目。地震致北坝镇中心卫生院2580平方米房屋受损，设备受损27台（件）。2009年6月，县发改局立项，北坝镇中心卫生院灾后重建医技楼1500平方米，投资355万元（中央重建基金320万元，自筹35万元）。同年9月，开标确定三台县城北建筑有限公司为施工单位，中标价277.74万元，工期210天，同月正式开工，2010年4月，项目通过竣工验收。

建平镇卫生院重建项目。地震致门诊用房和职工宿舍房屋受损198间、3031平方米，生化仪、心电图、心电监护仪、血疑仪、麻醉机、空调、电脑等多种医疗仪器设备损毁，大量药品、药械报废价值2.2万元。2009年2月，县发改局批准立项，建设规模1500平方米，总投资300万元，全部为中央重建基金。重建选址位于原三台县建平镇卫生院院区北面一街之隔，属新建。灾后恢复重建规划项目实施计划中期调整后，确定建平镇卫生院购置维修设备30台（件），投资调为332万元。2009年3月，确定成都大陆建筑设计研究咨询事务所为设计单位。5月，通过公开招标，确定四川富源建筑工程有限公司以225.13万元中标为施工单位，工期210天，同月项目正式开工，2010年5月竣工。

三、计划生育管理机构

地震致全县48个镇乡人口计生服务机构办公楼及宿舍楼多处墙面沙浆脱落，部分地方墙体开裂、横梁严重损坏，中心服务站及服务室大部分垮塌，出现严重危房1.57万平方米，一般危房3110平方米。新生、西平、古井、石安、富顺等中心服务站房屋完全无法使用，设施设备被砸报废2080件（台、套），药品药具损失32万元。

2008年12月，县人口和计划生育主管部门决定新建站10个、维修加固8个站由西南科技大学设计院统一设计。通过竞争性谈判，委托绵阳四正监理公司对新建站和加固维修站进行建筑工程质量监理。2009年6月，全县19个重建项目完成设计、选址、立项、地勘、招投标工作。2010年11月，县修订灾后恢复重建规划项目实施计划，确定全县计划生育灾后恢复重建项目为19个，总投资3390万元（其中中央重建基金3000万元、业主自筹390万元）。19个项目包括重建县计生服务站，总投资790万元（其中国债资金100万元、中央重建基金400万元、自筹资金290万元）。新建安居、富顺、观桥、龙树、古井、芦溪、石安、塔山、西平、新生10个计生服务站，总投资1800万元（全属中央重建基金）。建平、金石、景福、刘营、中太、紫河、潼川、乐安8个中心服务站加固维修，总投资800万元（全属中央重建基金）。村级计划生育服务室重建纳入村级组织场所阵地建设统一规划和实施，新建村级计划生育服务室以及计生活动场所933个，总投资2.51亿元；106个社区居委会重建村级计划生育服务室46个，加固维修9个，总投资4273万元。同年12月，项目先后完工。

三台县计生服务站重建项目。地震致房屋受损1200平方米，危房200平方米，设备受损18台（件），药品材料损失价值6万余元。经县政府同意，县计生服务站由建设街迁建至梓州干道中段，新建县计划生育技术服务中心、培训基地及综合办公用房1处。2009年8月5日，县人口和计生局请示县发改局，将建设规模由2200平方米增至2755.53平方米。同月13日，县发改局批准县计生药管站等业务用房项目立项，工程总面积560平方米，投资135万元，资金自筹。同年8月19日，市发改委同意调整后建筑面积2200平方米，纳入灾后重建项目，总投资为531万元。2010年11月，县修订灾后恢复重建规划项目实施计划，确定县计生服务站重建业务用房2200平方米，购置设备119台（套），工作用车2辆，规划总投资790万元，其中国债资金100万元、中央重建基金400万元、业主自筹290万元。2008年9月，通过公开招标，四川川恒建筑安装有限公司以531万元中标承建。2008年11月开工，2009年12月竣工。

四、其他医疗卫生机构

三台县疾病预防控制中心灾后恢复重建项目。地震给县疾病预防控制中心综合办公楼及附属公共区域、实验室仪器设备等造成不同程度损坏，实验室部分检验检测项目不能开展。2009年3月，县疾控中心制订灾后恢复重建项目实施方案，6月，县发改局对中心灾后重建和维修改造项目立项批复，总投资60万元。同年6月，县批复中心灾后重建和维修改造项目初步设计方案。建设面积724.8平方米，估算总投资44.07万元。2010年11月，县修订灾后恢复重建规划项目实施计划，确定县疾控中心恢复重建项目建设内容为维修业务用房725平方米以及配套设施及附属工程，购置维修设备19台（件），总投资90万元（全部为中央重建基金）。工程由县工程勘测设计咨询有限责任公司设计。2009年7月，绵阳市方园建筑工程公司以35.2万元中选承建，同年8月正式开工。同年10月，工程按合同规定工期提前4天竣工。2010年5月，业务工作用房维修改造项目顺利通过验收。

2010年2月，县疾病预防控制中心申请重建购置全自动生化仪等实验室检验检测仪器设备19台（件）。采购资金总额53.2万元。5月，通过公开招标。仪器设备采购项目由四川博乐斯科技有限公司以52.74万元中标。6月，所采购的实验室检验检测仪器设备19台（件）相继到达，经调试、验收、培训后交付使用。

三台县妇幼保健院灾后恢复重建项目。地震致县妇幼保健院1800平方米业务用房成为D级危房，43台设备无法使用。2009年4月，县发改局批准立项，在原址重建业务综合大楼3689.11平方米，计划投资1225万元（全部为中央灾后重建基金）。2010年2月，县调整灾后恢复重建规划项目实施计划，确定县妇幼保健院灾后重建综合业务用房3690平方米，购置维修设备35台（件），总投资1410万元，其中中央重建基金1225万元。

2009年6月，成都大陆建筑设计研究咨询有限公司完成方案设计、施工图设计。通过招标，10月1，四川省三台县建筑工程有限责任公司以1067.11万元中标承建，工期240天。2010年1月开工，2011年4月竣工。重建后，县妇幼保健院医疗条件得到改善。

三台县卫生系统部分灾后恢复重建项目建设情况表

表5－9　　　　单位：平方米、万元

医院名称	恢复重建主要内容			规划投资	开工时间	完工时间	实际投资								备注
	重建业务用房	维修加固业务用房	购置设备				合计	中央重建基金	地方配套资金	援建资金	外国政府贷款	银行贷款	其他资金	自筹资金	
安居中心卫生院	重建业务用房1391平方米	维修加固业务用房1516平方米	–	450	2009-09-10	2010-12-10	450	400	–	–	–	–	–	50	–
八洞镇卫生院	重建业务用房1050平方米	–	购置设备10台（件）	225	2009-11-01	2010-11-23	225	200	–	–	–	–	–	25	–
百顷镇卫生院	重建业务用房1531平方米	维修加固业务用房814平方米	购置设备9台（件）	398	2009-06-20	2010-08-31	398	351	–	–	–	–	–	47	–
宝泉乡卫生院	–	维修加固业务用房782平方米	购置设备10台（件）	146	2009-05-28	2009-10-26	146	96	–	–	–	–	–	50	–

续表5—9

医院名称	恢复重建主要内容			规划投资	开工时间	完工时间	实际投资								备注
	重建业务用房	维修加固业务用房	购置设备				合计	中央重建基金	地方配套资金	援建资金	外国政府贷款	银行贷款	其他资金	自筹资金	
东塔镇卫生院	重建业务用房 563 平方米	–	–	114	2009-08-06	2010-08-12	114	114	–	–	–	–	–	–	–
断石乡卫生院	重建业务用房 640 平方米	–	–	135	2009-09-28	2010-07-31	135.3	135	–	–	–	–	–	0.29	–
高堰乡卫生院	重建业务用房 1521 平方米	–	–	342	2009-05-20	2010-12-30	342	342	–	–	–	–	–	–	–
古井中心卫生院	重建业务用房 2170 平方米	维修加固业务用房 1500 平方米	–	535	2009-08-01 2010-06-27	2010-06-12 2011-01-13	535	510	–	–	–	–	–	25	–
观桥中心卫生院	重建业务用房 1493 平方米	–	购置设备 30 台（件）	350	2009-07-01	2010-04-26	350	350	–	–	–	–	–	–	–
光辉镇卫生院	–	维修加固业务用房 2065 平方米	购置设备 9 台（件）	155	2009-10-18	2010-10-12	154.9	154	–	–	–	–	–	0.89	–
广利乡卫生院	–	维修加固业务用房 443 平方米	购置设备 30 台（件）	93	2009-08-19	2010-06-28	93	83	–	–	–	–	–	10	–
建设中心卫生院	重建业务用房 1818 平方米	–	购置设备 9 台（件）	374	2009-09-26	2010-09-10	374	330	–	–	–	–	–	44	–
建中乡卫生院	重建业务用房 1615 平方米	–	购置设备 12 台（件）	328	2009-09-16	2010-12-03	328	328	–	–	–	–	–	–	–
金石中心卫生院	重建业务用房 1528 平方米	–	购置设备 4 台（件）	339	2009-09-10	2010-11-30	339	300	–	–	–	–	–	39	–
进都乡卫生院	–	维修加固业务用房 437 平方米	购置设备 10 台（件）	66	2009-10-08	2010-02-25	66	66	–	–	–	–	–	–	–
景福中心卫生院	重建业务用房 2570 平方米	–	购置设备 30 台（件）	555	2009-10-01	2010-08-31	555	520	–	–	–	–	–	35	–
菊河乡卫生院	重建业务用房 1547 平方米	–	购置设备 8 台（件）	328	2009-06-12	2010-12-24	328	328	–	–	–	–	–	–	–

续表5—9

医院名称	恢复重建主要内容			规划投资	开工时间	完工时间	实际投资								备注
	重建业务用房	维修加固业务用房	购置设备				合计	中央重建基金	地方配套资金	援建资金	外国政府贷款	银行贷款	其他资金	自筹资金	
凯河镇卫生院	重建业务用房1078平方米	–	购置设备2台（件）	209	2009-05-17	2010-02-03	209	209	–	–	–	–	–	–	–
老马乡卫生院	重建业务用房1600平方米	–	–	335	2009-05-01	2010-09-30	335	335	–	–	–	–	–	–	–
乐安中心卫生院	重建业务用房1000平方米	维修加固业务用房778平方米	购置设备30台（件）	350	2009-10-13	2010-10-25	350	300	–	–	–	–	–	50	–
乐加乡卫生院	重建业务用房2097平方米	–	–	410	2009-06-18	2010-12-20	410	410	–	–	–	–	–	–	–
立新中心卫生院	重建业务用房1000平方米	维修加固业务用房1000平方米	购置设备20台（件）	335	2009-06-12	2010-06-12	335	325	–	–	–	–	–	10	–
刘营中心卫生院	重建业务用房2092平方米	–	购置设备30台（件）	445	2009-09-25	2010-07-13	445	440	–	–	–	–	–	5	–
柳池镇卫生院	重建业务用房1095平方米	–	购置设备24台（件）	230	2009-05-18	2010-04-26	230	230	–	–	–	–	–	–	–
龙树中心卫生院	重建业务用房2081平方米	–	–	455	2009-08-05	2010-11-16	455	455	–	–	–	–	–	–	–
芦溪中心卫生院	重建业务用房2548平方米	–	购置设备14台（件）	513	2009-06-05	2010-08-24	513	450	–	–	–	–	–	63	–
前锋镇卫生院	重建业务用房1490平方米	–	购置设备15台（件）	304	2009-11-02	2010-12-10	304	304	–	–	–	–	–	–	–
秋林镇卫生院	重建业务用房2650平方米	–	–	505	2009-05-08	2010-07-30	505	500	–	–	–	–	–	5	–
三元镇卫生院	重建业务用房1085平方米	–	购置设备12台（件）	226	2009-10-08	2010-08-10	226	226	–	–	–	–	–	–	–
上新乡卫生院	–	维修加固业务用房851平方米	–	124	2009-05-01	2009-08-30	123.4	78	–	–	–	–	–	45.4	–
石安中心卫生院	重建业务用房2035平方米	–	–	445	2009-09-23	2010-11-15	445	420	–	–	–	–	–	25	–
曙光乡卫生院	重建业务用房1573平方米	–	购置设备8台（件）	314	2009-06-05	2010-10-22	314	314	–	–	–	–	–	–	–

续表5—9

医院名称	恢复重建主要内容			规划投资	开工时间	完工时间	实际投资								备注
	重建业务用房	维修加固业务用房	购置设备				合计	中央重建基金	地方配套资金	援建资金	外国政府贷款	银行贷款	其他资金	自筹资金	
双乐乡卫生院	重建业务用房563平方米	–	购置设备30台（件）	130	2009-09-01	2010-08-23	130	130	–	–	–	–	–	–	–
西平中心卫生院	重建业务用房2078平方米	维修加固业务用房2658平方米	购置设备45台（件）	555	2009-10-15	2010-07-27	555	512	–	–	–	–	–	43	–
协和乡卫生院	重建业务用房885平方米	–	购置设备30台（件）	186	2009-05-15	2010-06-01	186	186	–	–	–	–	–	–	–
新德镇卫生院	重建业务用房2560平方米	–	购置设备31台（件）	523	2009-06-10	2010-12-10	523	510	–	–	–	–	–	13	–
新鲁中心卫生院	重建业务用房1085平方米	–	–	205	2009-09-17	2010-07-13	205	205	–	–	–	–	–	–	–
新生中心卫生院	–	维修加固业务用房1554平方米	–	350	2009-10-04	2010-09-27	350	320	–	–	–	–	–	30	–
永明中心卫生院	重建业务用房1586平方米	–	–	347	2009-09-26	2010-06-30	347	320	–	–	–	–	–	27	–
玉林乡卫生院	–	维修加固业务用房1223平方米	购置设备2台（件）	109	2009-11-28	2010-03-30	109	109	–	–	–	–	–	–	–
云同乡卫生院	重建业务用房1534平方米	–	购置设备2台（件）	320	2009-05-28	2010-04-29	320	320	–	–	–	–	–	–	–
争胜乡卫生院	重建业务用房830平方米	–	购置设备15台（件）	194	2009-10-25	2010-08-05	194	194	–	–	–	–	–	–	–
中太镇卫生院	重建业务用房1664平方米	–	购置设备26台（件）	355	2009-09-06	2010-08-25	355	355	–	–	–	–	–	–	–
中新镇卫生院	重建业务用房1043平方米	–	购置设备4台（件）	205	2009-09-20	2010-10-21	205	205	–	–	–	–	–	–	–
忠孝乡卫生院	重建业务用房630平方米	维修加固业务用房570平方米	购置设备9台（件）	190	2009-06-04	2010-11-13	190	170	–	–	–	–	–	20	–
紫河中心卫生院	重建业务用房1877平方米	–	–	401	2009-05-18	2010-06-21	401	401	–	–	–	–	–	–	–

说明：1、资料来源：三台县发展和改革局。
2、重建项目不包括卫生援建17个项目。
3、建设包括征地、拆迁、三通一平、配套设施及附属工程。
4、文中已记述的重点建设项目，不再列表。

第三节　文化体育

一、文化设施

地震致文化系统倒塌房屋30间4.8万平方米，受损房屋100余间8.07万平方米，公共文化设施设备受损1.11万台（件），图书受损48万册。2009年4月，新鲁镇综合文化站恢复重建项目开工，全县文体重建项目亦先后开工。至2011年4月，重建项目全部开工；9月底，已完工250个，在建项目5个。

（一）文化馆

文化设施重建项目67个，包括县文化馆、县图书馆、县梓州大剧院、县非物质文化遗产博物馆等4个援建项目和63个综合文化站重建项目。2009年4月，综合文化站重建和维修加固开工，至2010年5月完工。2010年2月，省政府与澳门特别行政区签订援建协议，三台县文化体育中心项目列入第3批澳门特别行政区援助项目，援建资金5750万元，其中县文化馆960万元、县图书馆1190万元、县体育馆3600万元。县文化体育主管部门通过竞争性方式确定节能编制、节能评估、环境保护评估、地质灾害评估、设计、地勘、监理、工程量清单和控制价编制等单位。

（二）乡镇文化站

地震使全县各镇乡文化设施均受到不同程度损坏。2008年8月，全县63个镇乡综合文化站、61个镇乡图书发行网点、公共阅报栏纳入国家灾后重建公共服务设施专项规划，规划投资5308万元，其中综合文化站3234万元，图书发行网点、公共阅报栏2074万元，并由县发改局立项。

2010年11月，灾后恢复重建规划项目实施计划修订后，确定全县63个镇乡综合文化站项目总投资3234万元。其中潼川镇、北坝镇综合文化站维修加固，各规划投资11.1万元，其余61个镇乡建设镇乡综合文化站功能活动室、办公用房、文化资源共享室以及附属工程、设备设施购置（包括土地征用、工程建设中的“三通一平”等）。同时，根据各镇乡的不同情况，确定建设面积。芦溪镇、刘营镇、建筑面积分别为500平方米，各投入82万元；新鲁镇、观桥镇400平方米分别投入67.4万元、65万元；建平镇、新生镇、安居镇、郪江镇、石安镇、中新镇、古井镇、乐安镇、塔山镇、金石镇、景福镇等各350平方米，金石、建平镇各投入59万元，古井、乐安、塔山各投入57万元，其余每个镇乡投入56万元；争胜、进都、高堰、宝泉建280平方米，宝泉乡投入47.4万元，其余镇乡各投入46万元。灵兴镇重建多功能活动室131平方米，改建办公用房、文化信息资源共享室384平方米以及设备设施购置，投资52万元。西平镇重建多功能活动、办公室276平方米，改建文化信息资源共享室240平方米，规划投资80万元，其余40个镇乡项目建筑面积300平方米，新德、八洞、乐加、建中各投入52万元，立新镇投资50万元，其余每个镇乡投入49万元。2009年4月8日，新鲁镇综合文化站项目破土动工，成为第一个开工的镇乡综合文化站。同时，全县图书发行网点和公共阅报栏开建，年底竣工。2010年1月14日，灵兴镇综合文化站竣工验收，成为第一个完工的镇乡综合文化站。2010年底，全县镇乡综合文化站项目开工63个，完工25个，完成投资2000万元（中央重建基金）。

（三）文化遗产抢救保护工程

文化自然遗产修复。全县共有文物保护单位65个，其中，国家文物保护单位1个，省文物保护单位5个，市文物保护单位1个，其余为县文物保护单位 。地震致各文物单位不同程度受损。2010年11月，灾后恢复重建规划项目实施计划修订后，确定三台县文化自然遗产恢复重建项目17个，其中，大佛寺、灵峰寺、五层寺、景福禅院、金祥寺、潼川及灵兴基督教堂、潼川天主堂、清真寺、玉皇观等10个项目为修复；县文管所、县文馆所馆藏文物、郪江崖墓重点墓群、云台观、琴泉寺、东塔、北塔7个项目维修加固。总投资7350万元，其中中央重建资金5700万元、业主自筹1650万元。

重点维修加固项目：

郪江崖墓重点墓群维修加固项目。郪江崖墓群，位于三台县南以郪江镇为中心的15平方公里核心范围内。受地震影响，金钟山、紫荆湾、柏林坡等11处重点墓群严重受损，面积约2500平方米。2008年9月，援建单位（广西文物保护研究设计中心）对郪江崖墓群的11个点35个受损崖墓进行勘察和测绘。12月，县文物管理所邀请县科兴岩土地质勘察单位对紫荆湾、金钟山等墓群进行地质勘测。2009年4月，三台县科兴岩土工程咨询有限责任公司编制完成《郪江崖墓群地勘、地形图及技术报告》。5月，广西文物保护研究设计中心编制完成《郪江崖墓群抢救维修设计方案》。2010年3月，项目由县发改局立项。7月，通过公开招标，西安市古代建筑工程公司以64.6万元中标。8月底，正式进场施工，2011年9月底全面竣工。维修受损崖墓2500平方米，包括坡坟台嘴、红庙子、胡家湾、黄明月、金钟山1、2区、吴家湾、松林嘴、刘家堰、紫荆湾等11个重点墓群崖墓受损的文物受损的维修，完成文物本体、保护性设施、道路修缮以及环境整治等。投入中央重建基金1190万元。

琴泉寺维修加固项目。琴泉寺位于三台县北坝镇。受地震影响，山门、观音殿、厢房等房屋建筑和赵府君墓碑、颜氏干禄字书碑严重受损。2010年3月，省煤田测绘工程院编制完成琴泉寺文物抢救修缮工程岩土工程勘察报告。5～6月，省文物考古研究院先后完成琴泉寺修缮保护设计方案和琴泉寺环境整治方案施工图的编制。同年12月，县发改局正式立项。2011年1月，通过公开招标，浙江省临海市古建筑工程公司以704.65万元中标为施工单位。同年3月中旬开工，投入中央重建基金1200万元。完成受损文物本体、颜氏干禄字书碑、赵府君墓碑维修以及琴泉寺周边环境整治等。

东塔北塔维修加固项目。东塔、北塔，分别位于三台县东塔镇、北坝镇。受地震影响，东塔、北塔塔顶跨塌，塔身裂缝。2010年3月，省煤田测绘工程院完成东塔、北塔文物抢救修缮工程岩土工程勘察报告的编制。5月，省文物考古研究院完成东塔北塔维修复原加固工程方案设计的编制。6月，项目由县发改局正式立项，确定塔体复原，塔基加固，周边环境整治等。9月，通过公开招标，北京大龙建设集团有限公司以458.57万元中标。11月正式进场施工，2011年9月基本完工，两塔塔体全部复原并加固，完成周边环境整治。投入中央重建基金800万元。

馆藏文物修复维修加固项目。三台馆藏文物主要以陶器、瓷器、青铜器为主，均具有时代和地方特点。青铜器主要有青铜釜、青铜匜、青铜茶托、青铜香炉等；陶器主要有陶俑、陶马、陶罐等。在地震中，共有166件器物严重受损。2009年10月，省文物考古研究院编制完成受损文物保护修复方案。2010年6月，县发改局立项。8月，通过比选招标，省文物考古研究院以37.24万元中标。9月，正式进场施工，2011年3月全面完工。修复金属文物37件，陶瓷器129件，投入中央重建基金45万元。

三台县文物管理所维修加固项目。受地震影响，县文管所办公室及文物库房严重受损。2010年9月，三台县工程勘测设计咨询有限责任公司完成县博物馆、县文管所房屋应急维修加固图的设计编制。同年9月，项目由县发改局正式立项。同时，通过竞争性谈判，三台县第四建筑工程公司以16.99万元中标为施工单位。10月正式进场施工，同年12月底全面竣工。维修面积1050平方米，投入中央重建基金50万元。

全县部分文保单位维修加固。项目包括潼川古城墙及东南城门、蓝池庙、尊胜寺、王爷庙、地祖庙5个文物本体。受地震影响，上述文物单位受损严重。2010年3月，通过邀请谈判，确定四川省文物考古研究院为全县文保单位维修加固项目设计单位。4月，完成王爷庙、地祖庙戏楼抢险修缮方案设计；6～7月，先后完成古城墙（含东、南城门）、蓝池庙、尊胜寺维修、复原、保护方案设计；9月，县发改局完成项目立项。11月，通过公开招标，北京大龙建设集团有限公司以244.77万元中标为古城墙及东、南城门项目施工单位；宜宾崃来文化产业有限责任公司以130.84万元中标为蓝池庙项目施工单位；成都园林建设处以183.41万元中标为尊胜寺修缮保护项目施工单位；浙江省临海市古建筑工程公司以各179.35万元中标王爷庙、地祖庙戏楼修缮项目。2010年12月～2011年3月，项目先后开工。至2011年9月底，大部分工程完工。维修古城墙2139米，修缮蓝池庙900平方米，尊胜寺800平方米。抢险修缮王爷庙、地祖庙两处戏楼各100平方米，投入中央灾后重建基金1085万元。

（四）非物质文化遗产保护

潼川豆豉由三台县酿造厂生产。地震致潼川豆豉厂毛霉豆豉生产线蒸煮房、制曲房、办公房毁坏2560平方米，县规划和建设部门鉴定为危房，大酱池18个（容量为每个43吨）破损12个，漏水无法装酱，坛、缸破损达300余个，产品损失24吨之多。房屋损坏，仓库黄豆被水浸泡达48吨。地震灾害威胁到潼川豆豉制作技艺的保护。为切实保护国家非物质文化遗产，根据灾后重建总体规划以及《四川省汶川地震灾后恢复重建规划实施计划（中期调整本）》，三台县潼川豆豉博物馆建设项目安排灾后新建资金600万元。2010年1月县发改局批准立项，县文化体育局为项目业主（建设单位）。建设地址选在三台县芦溪工业园区，总建筑5969平方米，其中，静态博物馆1585平方米，设图文功能馆、用具器物馆、生产工艺馆、产品陈列馆、传承馆、接待室、大厅；动态博物馆3420平方米，设原料库、原料浸泡蒸煮房、制曲房、拌料房、发酵房、包装房、成品库；技术检测楼964平方米，设菌种培养室、菌种抽提研究室、理化室、例行实验室、资料档案室、管理办公室等。项目总投资控制在600万元，资金来源为中央灾后重建基金。2月，批准项目初步设计方案，工程总建筑5969平方米，概算总投资599.93万元，资金来源渠道不变。4月，县发改局对项目内容进行调整，工程总建筑调为5219平方米、概算总投资调为599.95万元。项目勘测、设计、监理单位采取竞争性谈判方式确定，四川原境建筑设计有限公司为设计单位，2010年6月，经绵阳市招投标交易服务中心开、评标，确定四川三鑫建筑工程有限公司（第一名）、四川万达建设集团有限公司（第二名）、四川龙申建设有限公司（第三名）为中标候选人前3名企业。6月17日，确定第1名候选企业——四川三鑫建筑工程有限公司为施工中标企业，中标金额426.238万元。2010年9月项目开工，2011年9月工程竣工。

二、体育设施

全县体育设施重建项目共3个，包括室内全民健身中心、县体育场、县体育馆重建。项目于2009年9月动工，至2011年9月，完工项目2个，在建项目1个。

重点重建项目：

室内全民健身中心重建项目。三台县室内全民健身中心是在原新西外街室内灯光球场基础上原址重建。地震后，室内灯光球场受损严重，地震后即拆除。2008年，三台县室内全民健身中心纳入国家灾后重建公共服务设施专项规划，规划建筑面积3000平方米，规划投资800万元。12月，县发改局立项，总建筑面积3057平方米，建设总投资800万元，资金来源为中央重建基金。2009年6月，工程正式动工，施工单位为中国第四冶金建设公司，中标价544.55万元。2010年5月竣工。各项建设完成投资800万元。

三台县体育场维修加固项目。三台县体育场维修加固项目是在原三台县体育场基础上加固维修，国家灾后重建公共服务设施专项规划投资1200万元。2009年7月，县发改局批准立项，建设总投资1200万元，资金来源为国家灾后重建基金，建400米塑胶田径跑道（含标准比赛草坪足球场），并将原足球场扩大为90×60米草坪足球场，建25×50标准游泳池1个，12×25米游泳池1个，戏水池1个，游泳池总面积164平方米，建游泳池附属用房202平方米及系列附属工程，维修加固体育场东西看台，设施设备购置及室外绿化、道路、给排水、供电、照明、消防、硬化、保坎等附属工程。2010年1月，通过竞争性谈判方式，确定四川兴宇建设工程监理有限责任公司为项目监理单位。项目共分为两个标段进行施工招标：一标段游泳池、训练足球场修建及体育场东西看台维修加固由四川光耀建筑工程有限公司以708万元中标为施工单位，2010年1月动工，2011年5月竣工；二标段足球主赛场及塑胶跑道由四川三和恒生建筑有限责任公司以340万元中标为施工单位，2010年4月正式开工，2011年5月竣工。

第四节　广播电视电影

一、广播电视

广播电视设备设施灾后重建，由县发改局立项。2009年4月，无线台站恢复重建项目立项，先后共立项6个，计划总投资6664万元，其中中央重建基金6368万元，自筹296万元。重建规划项目实施计划修订后，广播电视灾后重建项目计划投资增加到6965万元，其中，中央重建基金增加到6368万元、地方政府配套9万元、业主自筹588万元。除乡镇广播电视站设施设备重建项目外，其余项目均由中广电广播电影电视设计研究院四川分院编制可行性研究报告。除潼川镇外，其余乡镇广播电视站设施设备重建项目业主为乡镇人民政府，县广播电影电视主管部门为责任部门，其余项目业主为三台县广播电影电视局。恢复重建的主要内容有基础设施、专业用房重建（含维修加固）、设施设备购置等。其中，广播电视台、有线电视前端、有线电视网络、广播电视村村通、乡镇广播电视站设备等均由县政府公开招标采购。自2009年7月广播电视恢复重建正式启动，至2011年9月底，6个项目全部完工。新建专业用房8166平方米，加固维修4560平方米，购置设施设备1.33万台（套、件），完成投资6438万元，其中中央重建基金6257万元、自筹资金181万元。

（一）广播电视发射台、监测台、微波台重建项目。三台县大旗山广播电视发射台，位于东塔镇境内大旗山，地震使无线发射台机房主墙体、配电房和管理区业务用房屋墙体、围墙等处开裂，附属用房垮塌，广播电视发射设备倒塌、移位，广播电视台停播、发射台功能停止、有线网络传输中断。2009年2月，由三台县工程勘测设计咨询有限责任公司设计；4月，三台县无线发射台站恢复重建项目由县发改局立项，总投资796万元（其中中央重建基金775万元）。通过公开招标，2009年6月，绵阳东原建设工程有限公司以376.61万元中标土建标段，土建工程正式开工，11月底主体基本完工。2010年1月底，发射台区和道路基本完工。7月，四川省大明科技有限责任公司以294.81万元中标专业设施设备标段，11月，施工单位进场安装设备。广播电视发射台完成重建管理用房823平方米，修建台区道路1.2公里，完工室外附属工程4个，购置专业设备423台（套、件）。2011年3月竣工，同年6月审计，实际完成投资713万元。

（二）广播电视台设施设备建设工程重建项目。地震造成DV摄像机、非编系统、硬盘播出系统等31项设备设施严重受损，县电视台、电台以及三台新闻正常运转受到严重影响，不能正常播出。广播电视演播大厅主体框架需要加固维修，配电专用房垮塌。电台、电视台专用设备有待重新购置与修复。2009年4月，项目由县发改局立项，总投资1765万元（其中中央重建基金1556万元）。2009年1月，编制完成可行性研究报告。4月，确定三台县工程勘测设计咨询有限责任公司负责综合楼、四川东升工程设计有限公司负责局办楼外修复加固、中广电广播电影电视设计研究院四川分院负责广播电视专业用房改建设计。8月，通过政府底价采购，由绵阳鑫晟汽车销售服务公司以17.78万元中标，购置东风日产御轩EN6470V1K4采访车1辆。9月1日，确定广播电影电视综合楼重建及广播电视大楼维修加固预算控制价698万元。9月11日，县城市规划管理办公室通过综合楼项目建筑设计，10月，县发改局批复同意设计方案。11月26日，县财政投资评审中心确定广播电视台专业用房改建预算控制价316万元。10月，通过公开招标，都江堰市三羊建设（集团）有限责任公司以563.33万元中标县广播电影电视局综合大楼灾后重建及广播电视大楼维修加固项目，2010年1月，海力建设集团有限公司以291.42万元中标广播电视专业用房改建工程标段。制播系统采用单一来源方式采购，由北京宝丽信通科技有限公司以263万元中标；成都华塑电子技术开发有限责任公司通过公开招标以318.67万元中标广播电视台设施设备系统建设。2009年10月，综合楼重建工程开工，工程分3个标段分别进行招投标、政府采购，2011年3月完工。建业务用房2503平方米，改建维修业务用房3800平方米、附属工程3个，购置台内设备设施875台（套）、新闻采访车1辆。完成投资1765万元。

（三）有线电视网络及前端重建。三台县有线电视网络及前端恢复重建项目2个。有线电视网络重建主要是光缆线路和城区管道恢复重建、有线电视前端主要是购置、新建前端及播出监控系统设备设施。2009年4月，由县发改局立项，10月项目相继开工，5～12月先后完工。

有线电视网络重建。建设内容包括新建城区管道21.8公里、光缆线路841公里，购置广播电视数据传输系统、互动电视系统各1套以及光纤熔接机、网络分析仪及其它配套设施设备等。计划投资2292.91万元（含主要设备及重要材料购置费2293.17万元）。项目分城区地管网工程、有线电视网络系统、网络配套系统建设3个标段。通过公开招标，2009年10月，西安大唐电信有限公司以1365.8万元中标有线电视互动项目，10月29日以773.76万元中标有线电视网络配套系统建设项目。2010年1月，四川九州电子科技有限公司以526.14万元中标城区地管网工程。2009年11～12月，有线电视网络系统、互动平台配套系统工程先后开工。2010年2月，城区地管网工程开工，12月完工。

有线电视前端重建。“5·12”汶川特大地震，前端设备、监视系统设备遭受较严重毁损。项目列入灾后重建规划，计划购置数字电视分前端及有线电视安全播出系统各1套，播出控制台及播控监视设备，SMS用户管理系统，仪器仪表、机柜、机架、防雷、制冷等相关设施设备，新建和安装等离子电视墙，投资312.62万元。2009年6月，四川省通信产业服务有限公司绵阳市分公司完成项目设计。9月，深圳市佳创视讯技术股份有限公司以214.84万元中标采购设备，项目监理单位为成都久信网络咨询监理有限公司。同年12月开工，2010年5月完工。

2009年1月，编制完成广播电视村村通项目可行性研究报告。4月，县发改局立项，计划投资523.87万元。7月，四川九州电子科技有限公司以449.8万元中标，共采购各类设备463.87万元。9月项目开工，12月底竣工。重建109公里光缆线路、481公里电缆线路、67公里杆路，购置光分路器、光接收机、放大器、供电器、分支分配器等设备4360台（套）；实际投资475万元。

（四）广播电视村村通设施设备及乡镇广播电视站重建。地震造成全县镇乡广播电视站设备设施巨大损失，54个镇乡广播电视站需要维修加固或新建，新鲁镇广播电视站部分倒塌，另有40个镇乡广播电视站共6500平方米机房严重裂缝，2000余台（件、套）设备受损。500余个有线电视村村通工程线路损毁45杆公里，自然村广播电视一度处于瘫痪状态。镇乡广播电视站和村村通工程设施设备重建列入灾后重建规划。县发改局立项，54个乡镇广电站重建总投资645万元，其中中央重建基金548万元。

（五）乡镇广播电视站设施设备维修加固。2009年3月，镇乡广电站维修加固项目开工，同年9月完工。新德、曙光、郪江、新生、乐加、下新、双乐、紫河、广利、凯河、永明11个镇乡广播电视站加固维修机房、业务用房1260平方米，投入资金88万元。2009年6月，43个镇乡广播电视站重建项目开工建设；8月，成都华塑电子技术开发有限责任公司以116.96万元中标设备购置。镇乡广播电视站恢复重建4990平方米，总投资557万元，设备购置费102万元。至2011年9月底，镇乡广播电视站灾后重建全面竣工，维修加固、重建业务用房等6250平方米，投入资金645万元，其中中央重建基金608万元，业主自筹37万元；设备购置117万元。

二、电影院设施

2008年，地震造成全县电影院房屋受损2.19万平方米，设备损失390台（件），计划总投资6705万元。2010年11月，县重建规划项目实施计划修订后，计划投资增加到6685万元，其中中央重建基金6613万元、业主自筹72万元。项目由中广电广播电影电视设计研究院四川分院编制可行性研究报告，业主为乡镇人民政府，责任部门为县广播电影电视主管部门。重建的主要内容有基础设施、专业用房重建（含维修加固）、设施设备购置等。22个镇乡电影院设备、流动放映车、流动放映设备等由县政府公开招标采购。

2009年1月，电影院设施设备可行性研究报告编制完成。此后，县发改局确定投资252万元，配置电影流动放映车63辆和流动放映设备63套。县广播电影电视主管部门报请绵阳市广播电影电视局和县发改局同意，项目整合流动放映车和流动放映设备两部分资金252万元（流动放映车183万元，放映设备69万元），配置22辆流动放映车和23套流动放映设备。同年8月，绵阳新川同立汽车销售服务有限公司以160.16万元中标，配置长城赛铃皮卡车22辆，8月31日交付使用，投入重建基金185.1万元。10月，通过竞争性谈判，绵阳市原音音响工程有限公司以67.8万元中标流动电影放映设备购置，成都久信网络咨询监理有限公司为监理单位，12月完工，投资69万元。设备购置共投入中央重建基金254.1万元。至2011年4月，电影方面25个重建项目全部开工。至同年9月底，完工项目24个，郪江镇电影院在建。新建专业用房2.39万平方米，购置设施设备5891（套、件），完成投资5888万元。

（一）乡镇电影院重建。2009年6月，县发改局确定全县分期重建及维修加固电影院63座，总座位数2.98万个，总面积5.31万平方米，其中修复7624平方米，重建4.55万平方米。配置流动电影放映车63辆、流动电影放映设备63套，总投资1.94亿元。12月，三台县工程勘测设计咨询有限责任公司完成镇乡电影院设计（中太镇电影院由绵阳市恒华建筑勘测设计有限责任公司设计）。同年12月，县发改局调整电影院、流动电影放映车及放映设备项目，东塔、紫河、北坝等40个镇乡电影院不再建设。调整后，全县重建、维修加固电影院23座以及购置流动放映车22辆、流动放映设备23套，总投资6705万元、2010年11月，县政府修订灾后恢复重建规划项目实施计划后确定，恢复重建城区及镇乡电影院23座，总投资6433万元，其中中央重建基金6361万元，业主自筹72万元。2010年5月，全县22个乡镇电影院先后开工建设，2011年9月相继完工。2011年3月，公开招标采购镇乡电影院设备，四川和讯科技有限公司以838.34万元中标，成都久信网络咨询监理有限公司为监理单位，购电影放映设施设备共1.58万台（套、件）。至2011年9月，全县新建电影院22座1.84万平方米，座位8501个，购置电影设备设施978台（套、件），完成投资5200万元。

（二）城区电影院重建。2010年11月，县政府修订灾后恢复重建规划项目实施计划后，确定城区电影院恢复重建项目，建筑面积2300平方米，设座位700个，总投资1233万元，其中中央重建基金1161万元，业主自筹72万元。2011年3月，长沙市华银建筑设计有限责任公司成都分公司完成土建工程设计，4月，四川泰兴装饰工程有限责任公司完成装饰装修工程设计。2011年8月，三台县恒基建设工程有限责任公司编制完成可行性研究报告。8月底，电影放映设施设备已采购到位4台（套、件），实际投资150万元。至2011年9月底，城区电影院已完成建筑面积2300平方米，座位700个，投资1233万元，其中中央重建基金1161万元，业主自筹72万元。

第五节　社会服务

全县社会服务重建项目共301个。其中包括就业和社会保障工作平台重建项目146个，民政福利项目109个（含社区居委会重建项目55个），老年服务设施重建项目46个（其中，镇乡45个）。

一、就业和社会保障

地震造成全县劳动和社会保障系统房屋、设备遭受严重破坏。全县灾后重建工作启动后，县级就业和社会保障综合服务机构、街道（乡镇）、社区基层劳动保障工作平台、就业和社会保障公共服务信息系统建设被列为首批灾后重建规划。在规划项目实施过程中，劳动和社会保障系统认真评估、调研，对部分项目进行调整，信息化系统建设规划的165个项目调整为82个项目。同时，结合各镇乡人口分布等实际情况，把规划中12个镇按每个工作平台300平方米、1个镇乡220平方米、50个镇乡按100平方米建设标准调整为10个镇乡工作平台300平方米、6个镇乡200平方米、8个镇乡150平方米、14个镇乡100平方米、2个镇乡90平方米和23个镇乡80平方米的标准。全县灾后重建项目实施计划中期调整后，确定社保恢复重建项目146个，其中县级就业和社会保障综合服务中心项目1个，镇乡基层劳动保障工作平台重建项目63个；县村级就业和社会保障公共服务信息系统重建项目1个，镇乡63个，社区就业和社会保障公共服务系统重建项目18个。计划投资6145万元，其中县就业和社会保障综合服务中心8000平方米，计划投资2838万元；乡镇就业和社会保障服务中心8820平方米，计划投资1650万元；购置信息系统设备1499台（套），资金1657万元，共规划投资6145万元。县劳动就业和社会保障系统组织受灾镇乡结合实际，编制具体实施规划，将县、乡就业保障服务中心及工作平台建设与政府综合服务设施建设纳入统一规划，出台乡镇劳动保障平台建设的规范化标准，统一规划、统一建筑面积、统一装修，统一采购办公用品，统一标识模式。2008年10月起，项目陆续开工建设，至2011年9月全部竣工投入使用，完成办公用房建设1.68万平方米，其中县就业和社会保障综合服务中心8000平方米，镇乡8820平方米，购置信息系统设备1499台（套），投入中央重建基金6145万元。

县级就业和社会保障综合服务中心重建项目。位于县城新西街的县劳动和社会保障局办公用房。地震造成县社保机关办公用房多处裂缝，主体结构发生移位。2008年5月14日，经县抗震救灾指挥部应急工作组初步鉴定，3500平方米的办公大楼全部成危房，专家鉴定，需拆除重建。办公设施、电脑等损失165台（套）。原办公大楼计算机网络瘫痪，业务工作全部中止。项目由县发改局立项，总建筑8000平方米，计划投资2838万元，资金来源为中央重建基金。至2010年年底，就业和社会保障综合服务中心大楼主体工程完工，并进入装修阶段。购置设备124台（套）。工程于

2011 年 6 月初投入使用。

二、民政福利

地震后，公共服务设施纳入灾后重建 110 个，计划投资 5.95 亿元。其中县社会福利院、48 个农村敬老院、救助管理站、殡仪馆、优抚医院、军休所、婚姻登记处、55 个社区居委会共投入灾后中央重建基金 1.3 亿元，李宁公司捐款 100 万元援建西平敬老院、泰康人寿捐款 100 万元援建新生敬老院，沙特政府援建 1500 万元、省慈善会援建 200 万元援建县优抚医院，散居五保建院及敬老院维修加固资金 8582.5 万元，共计 2.35 亿元；村级综合公共服务设施打捆项目 1 个（包括 936 个小项目），规划 935 个村重建 28.08 万平方米和采购村级综合公共服务设施设备，计划投资 3.6 亿元，其中灾后重建基金 2.84 亿元，特殊党费 7559.6 万元。2010 年 11 月，灾后重建规划项目实施计划修订后，确定民政福利项目恢复重建 109 个，总投资 1.9 亿元，其中中央重建基金 1.3 亿元、援建 1900 万元（李宁公司捐款 100 万元援建西平敬老院，泰康人寿捐款 100 万元援建新生敬老院，沙特政府援助 1500 万元和省慈善会援助 200 万元援建县优抚医院）、业主自筹 5127 万元，恢复重建县社会福利院、县救助站、殡仪馆、优抚医院、军休所、婚姻登记处、48 个农村敬老院、55 个社区居委会。全县 48 所灾后敬老院重建，项目业主为各相关镇乡人民政府，全县民政灾后重建动员会后，农村敬老院恢复重建进入实施阶段。

2009 年 1 月，完成全县农村敬老院重建实施方案全部制定和县发改部门立项工作，2 月开始，县民政部门按照公开、公平、公正和灾后重建收费标准低于 50% 以上的原则，组织统一谈判，先后确定 48 所农村敬老院灾后重建项目地勘、设计、地质灾害危险性评估等单位和 200 万元以上项目比选招标代理单位、工程监理单位等。农村福利院重建的内容，主要是住房重建，同时涉及征地拆迁以及边坡治理，硬化绿化工程，水、电、辅助用房等附属工程。各镇乡组织征地、拆迁，安排专人跟踪项目前期工作进程。除建设敬老院 2011 年 8 月竣工外，其余 47 所敬老院 2010 年 12 月底竣工。全县社区公共服务设施灾后重建项目维修加固项目 9 个，重建 46 个。2009 年下半年开始，项目实施计划中期调整计划，全县社区居委会综合公共服务设施灾后重建项目 1.69 万平方米，总投资 2702.8 万元，涉及 43 个镇乡，其中，潼川镇 9 个、北坝镇 5 个、东塔镇等 41 个镇乡各 1 个项目。后经项目整合，与文化站等项目合并实施，2011 年 9 月全部完工。散居“五保”建院及敬老院维修加固资金 8582.5 万元，共计 2.36 亿元。

农村敬老院、村级综合公共服务设施和社区居委会重建项目，由各镇乡人民政府负责实施，为项目建设业主；民政福利服务单位重建项目，由各单位负责实施，承担项目建设业主职责；紧急避难场所分别由县级相关部门和单位负责实施，承担项目建设业主职责。应急指挥体系重建项目，由县民政局负责实施，承担项目建设业主职责；救灾物资储备仓库与救助管理站项目打捆重建，由救助管理站具体负责实施，承担项目建设业主职责。

县社会福利院重建项目。2009 年 9 月，县发改局批准县社会福利院灾后重建及维修加固项目立项，新建房屋 4200 平方米，维修加固房屋 4600 平方米，总投资 1264 万元（含设备购置费 126 万元），资金来源为灾后重建资金及自筹。同年 11 月，施工单位进场，对福利院公寓楼维修加固。同月，开始修建新增工程，2010 年 12 月工程总体验收，2011 年 9 月工程验收并投入使用。社会福利院恢复重建后，新增床位 140 张，总建筑达 1.1 万平方米，新购置设备 200 台。

县殡仪馆重建项目。地震致县殡仪馆损失严重，馆内部分建筑垮塌、多处房屋及设施设备受损。2008 年 11 月，县发改局批准立项。12 月，县城市规划管理委员会同意县殡仪馆就近征地原址改扩建。2009 年 8 月，馆内值班、业务用房维修加固工程立项并纳入灾后重建项目。11 月，殡仪馆灾后重建项目和维修加固项目合并，由县发改局立项。2010 年 7 月，先后完成项目建设地质勘测、地质灾害评估、环境评估、图纸设计、投资概算、消防审核、财政评审、招标代理、工程量清单审核、公开招标、项目监理等相关前期工作，同年 9 月项目正式开工。2011 年 9 月，项目完工。

军休所和婚姻登记处重建项目。地震使县军休所房屋全部受损，墙体多处出现裂缝，室内抹灰层严重脱落，框架结构内填充墙的泡沫砖墙体与框架出现严重分裂，门窗严重变形，无法继续使用。屋面架空隔热板全部碎落破坏，外墙瓷砖大面积空鼓，部分脱落。2009 年 9 月，县发改局批准三台县军休所和婚姻登记处恢复重建工程立项。军休所新建房屋 2800 平方米，投资 697 万元，维修加固房屋 1858 平方米，投资 200 万元；婚姻登记处新建 300 平方米，投资 130 万元。资金来源为灾后重建资金及自筹。2010 年 1 月，县发改局核准项目初步设计，工程新建部分 2879.81 平方米，概算总投资 710.79 万元。5 月，三台县建筑工程勘察设计咨询有限责任公司分别完成新建综合楼和维修加固工程设计；同年 8 月，县规划和建设局批准项目选址北坝镇东河路 7 号。县财政评审中心评审，核定项目预算控制价 638 万元。2010 年 11 月，通过招标，三台县第四建筑工程公司以 618.47 万元中标承建；同年 12 月，军休所新建综合楼开工。2011 年 9 月，工程完工。

2011 年 2 月，军休所办公楼维修加固项目开工，9 月竣工。维修加固房屋 1858 平方米。

三、老年服务设施

全县规划老年活动中心（学校）重建项目 46 个（镇乡老年服务设施建设重建项目 45 个，县老年服务设施重建项目 1 个），计划总投资 4046 万元，实际投资 3010 万元。在实施过程中，将北坝、潼川两镇整合到县老年活动中心（学校）一并实施。项目从 2008 年 12 月开始，由三台县老龄工作委员会办公室牵头组织实施。

（一）镇乡老年服务设施重建。全县镇乡 43 个重建项目，计建投入 1740.6 万元，设备投入 271.4 万元。建筑面积在 200 平方米的项目 5 个，250 平方米的项目 12 个，300 平方米的项目 20 个，350 平方米的项目 4 个，400 平方米的项目 2 个。镇乡纳入公共服务设施整合建设的项目 40 个，单独建设的项目 3 个。工程从 2010 年 3 月 ~2011 年 4 月相继开工，至 2011 年 9 月，除高堰、下新、潼川、北坝、塔山、双胜、忠孝、龙树、光辉、中太、永新、新德、富顺、安居、郪江、石安、西平、上新、芦溪等 19 个镇乡老年服务设施用房在建外，其余 26 个镇乡已完工。

（二）县老年活动中心（老年大学、潼川、北坝）整合重建。地震后，新建三台县老年大学（活动中心）列入灾后重建项目。2008 年 12 月，县发改局批准立项，新建三台县老年大学（活动中心）3489.11 平方米，估算总投资 912 万元。2009 年 11 月，县发改局调整老年大学（活动中心）重建项目，面积为 2864.66 平方米，估算总投资 912 万元。12 月 2 日，县城市规划管理委员会第三次会议同意老年大学（活动中心）项目选址在三台县精神病院以东，北坝镇恒昌路以西地点建设。2010 年 2 月，县调整灾后恢复重建规划项目实施计划，确定三台县老年大学（活动中心）重建项目总投资 1180 万元（含设施设备购置，资金来源为灾后重建资金及自筹）。总建筑面积 2864.66 平方米，房屋建筑高度 18.3 米，建筑层数 5 层，层高均为 3.6 米。2010 年 4 月，老年大学（活动中心）确定项目在北坝镇北塔村 1 组及北坝镇恒昌路范围内划拨土地 0.35 公顷。项目建设中的节能编制、节能评估、环境保护评估、地质灾害评估、设计、地勘、监理、工程量清单和控制价编制单位由县老龄工作主管部门通过竞争性谈判方式确定。四川省兴发规划建筑设计有限公司为该项目设计单位。11 月，项目公开招标，确定前 3 名中标企业竞标。12 月，竞标第一名四川鸿腾建设集团有限责任公司（资质 A 级）中标，价格 538.9 万元。12 月，三台县老年大学（活动中心）灾后重建项目开工。至 2011 年 9 月底，主体工程完工并通过初验，投入中央重建基金 378 万元。

第六节　社会管理

全县社会管理重建项目 8 个，涉及党政机关办公用房重建，包括三台驻军、县级部门以及镇乡办公用房、村级服务组织重建，其中，县级部门以及镇乡办公用房重建，项目业主为绵阳宏达资产经营投资有限公司，重建内容包括新建、维修加固和设备购置等。

一、驻军基础设施

三台县人民武装部灾后重建项目。三台县人民武装部灾后重建营房工程项目，由四川省军区后勤部列为汶川特大地震灾后人武部、预团营房工程恢复重建第一批计划，重建营房 2694 平方米，省军区投入灾后重建资金 400 万元。2010 年 3 月，比选确定北京百聪建筑工程造价咨询有限公司为招投标代理公司。项目设计、勘察、监理招标方式为比选，公开招标确定施工单位。经比选确定，四川绵阳创艺建筑设计研究有限公司为工程设计单位。5 月，通过公开招标，三台梓州建筑工程公司以 319.98 万元中标为施工单位，工期 300 天。2011 年 3 月，组织主体工程验收；4 月，完成业主要求减少的项目（全部灯具、门、内墙装饰、除公共区域以外的地板及门庭装饰）以外的全部合同约定内容，并由施工单位组织水电、保温、消防等单项验收。2011 年 6 月，县人武部会同设计、勘察、施工、监理、质监及建设和发改相关部门组织竣工验收。

三台县公安消防中队营房重建项目。位于北坝镇琼楼路的三台县公安消防中队营房，因地震破坏，墙体出现大量裂缝，不安全因素凸显。新建位于梓州干道的三台公安消防中队新营房，于 2008 年 12 月立项、审批。浩源房地产开发有限公司承建，2009 年 9 月动工，2010 年 3 月竣工。新建营房 4618 平方米，总投资 1200 万元，其中公安部消防总局投资 1045 万元、省财政配套资金 155 万元。

二、党政基础设施

全县党政基础设施重建项目92个，总投资1.01亿元，全部由中央重建基金重建。县级办公楼重建项目主要有：县人大办公楼792平方米及设备购置，投资180万元。县政协办公楼882平方米及设备购置，投资199万元；县劳动和社会保障局办公楼1224平方米及设备购置，投资303万元；县委党校教学楼、办公楼5000平方米及设备购置，投资1100万元；三台县职工文化活动阵地中心3000平方米及设备购置，投资600万元；镇乡政府办公楼重建项目有：建中、乐安、古井、云同、玉林、中太、下新、建平、新生、宝泉、观桥、前锋、乐加、灵兴、富顺、柳池、幸福、断石、龙树、新鲁、芦溪、老马、三元、金鼓、双胜、菊河、协和、万安、上新、八洞、争胜31个镇乡，重建办公楼2.38万平方米，总投资3950.2万元；维修加固县委、县政府、县属的相关局、局相关镇乡办公楼58处，维修加固面积16.77万平方米，总投资3734万元。县党政基础设施重建和维修加固，由宏达集团公司组织实施。

三台县政务大楼重建项目。县政务中心借用县国土局办公大楼二楼办公，办公用房500平方米。地震导致办公用房多处裂缝。2008年9月，经四川省建筑业工程质量检测有限公司鉴定为C级危房。2009年6月，宏达集团公司委托县恒基建设工程咨询有限责任公司进行项目可行性研究，并形成可行性研究报告。7月，县发改局批准县政务大楼重建项目立项。结合三台旧城区改造规划和灾后基层政权设施重建方案规划，决定将三台县社保局机关及社保中心等办公用房与政务中心合建。同时，将农村合作医疗中心、住房公积金管理中心、医疗保险中心、房产交易监理所、地产交易所、住房保障中心、地价评估所、勘测规划所、土地收储中心、土地整理中心、招投标中心、政府采购中心、公安办证中心、法律援助中心、会计核算中心、收费票据监管中心、人才服务中心（人才市场）、司法局办公业务用房一并整合建设，总建筑面积2.77万平方米，计划总投资6378.76万元，其中中央灾后重建基金3399.28万元，自筹资金2979.48万元。8月，宏达集团公司选址，项目建设地点定在北坝镇梓州干道，占地1公顷，并获县规划和建设局批准。中国工程物理研究院建筑设计院（甲级资质）为设计单位。2009年10月公开招标，四川红叶建设有限公司（一级建筑施工企业）以4070万元中标为施工单位，同月29日开工。2010年7月主体封顶，2011年9月底，项目在建。

三、镇乡公职人员周转住房重建

全县镇乡公职人员周转房在“5·12”汶川特大地震中造成墙灰脱落，墙体垮塌，大量承重墙竖向贯通裂缝，屋顶严重漏水，鉴定成C级或D级危房的居多。镇乡公职人员周转住房重建项目61个，由县发改局立项，总投资3294万元，全部为中央重建基金，重建镇乡各建300平方米办公用房，每镇乡54万元。2009年8月开建，2011年9月全部完工并投入使用。

四、政法基础设施

地震导致全县政法系统基础设施、设备严重受损。2008年6月，政法系统规划重建项目126

个，总投资 1.09 亿元，其中中央重建基金 1.07 亿元、中央专项资金 150 万元、业主自筹 23 万元。2009 年 4 月，全县公安系统申报灾后恢复重建规划项目 70 个（新建 53 个，维修加固 17 个），投入资金 7202.54 万元，其中装备资金 386.1 万元。同月，全县公安系统灾后重建正式开工。2009 年 12 月，灾后重建项目实施计划中期调整后，确定县公安系统 70 个灾后重建项目总投资调整为 7482.4 万元（调增 399.86 万元），其中装备投资 386.05 万元，全部由中央财政解决。

（一）设备购置。按照重建工作“高起点谋划、分期进行、有序开展、适当超前、精简节约”原则，决定把最基础的车辆、电脑等办公设施和科技强警作为灾后重建工作的开端，通过积极争取与内部调剂相结合等多种筹资方式，筹集资金 140 余万元，新购警用车 7 辆、台式电脑 230 台、笔记本电脑 10 台。2009 年 5 月～2011 年 4 月，县公安系统利用灾后重建装备资金，通过政府采购方式，先后购置警用汽车 25 辆，电脑、打印机、数码相机、扫描仪、UPS 电源等办公设备和信息化采集设备共 500 余件，投资 386 万元。

（二）维修加固。2009 年 6 月，县公安局交警大队、巡警大队、出入境管理大队、县公安局机关、机关综合楼、石安、老马派出所共 16 个单位维修加固项目由县发改局立项，维修加固规模 3.11 万平方米，投资 522.12 万元。县公安系统按照实际规划设计，巡警大队等 14 个维修加固项目预算资金小于 20 万元，决定经过竞争性谈判确定施工企业。10 月，通过竞争谈判会议，确定广州南方建筑设计研究四川分院为派出所维修加固项目设计单位，2009 年 11～12 月，紫河、建中、新生、北坝、塔山、新德、西平、中太、石安、老马、古井、花园 12 个镇乡（古井、花园所为 1 个项目）派出所 11 个维修加固项目以及县公安局 5 个维修加固项目开工。至 2010 年 12 月，项目全部竣工，经验收并投入使用。

（三）新建项目。至 2009 年 5 月，44 个新建派出所完成选址、建设用地工作。6 个派出所开工建设。6 月 2 日，县公安局禁毒大队、交警大队潼川中队、刑警三中队，永明、云同派出所等 27 个单位重建项目由县发改局先后立项，建设规模为 1.41 万平方米。6 月 29 日，新鲁、潼川、曙光派出所等 13 个基层派出所灾后重建项目由县发改局立项，建筑面积 8010 平方米，总投资 1259.4 万元，资金来源为灾后重建资金及自筹，其中潼川派出所灾后重建总面积 1550 平方米，投资 248 万元。派出所重建项目由三台县工程勘测设计咨询有限责任公司设计。至 2011 年 9 月，多数新建项目已竣工。

三台县看守所灾后重建项目。地震导致看守所办公楼（含食堂）、监区严重损毁，综合判定为 D 级危房。2008 年 7 月 2 日，县国土资源部门批准用地单位为宏达公司在东塔镇东山草料场划拨用地 1.67 公顷修建看守所。同年 10 月，县发改局向市发改委请示补充立项，看守所建筑面积 7000 平方米，工程投资 1540 万元，其资金由中央预算内资金等多渠道解决。2009 年 2 月，县发改局向市发改委请示，增加看守所迁建项目投资 1050 万元，追加后总投资为 1700 万元，建设规模不变。资金来源为中央预算内投资 150 万元，县自筹 1550 万元。6 月 2 日，县拘留所灾后重建项目由县发改局立项，建筑面积 2502 平方米，投资 550.4 万元。资金来源为上级补助及自筹。2010 年 7 月 15 日，市发改委将三台县看守所迁建项目纳入灾后恢复重建规划，确定看守所建设规模 7000 平方米，工程总投资 1533 万元。

2009 年 3 月，市发改委原则同意三台看守所迁建工程初步设计。绵阳樊华建筑工程有限公司正式进场施工。确定建筑面积 7442.01 平方米，预算造价为 1113.76 万元，计划总投资 1200 万元。2011 年 9 月，工程在建。

第七章　基础设施建设

第一节　交通

全县交通基础设施重建项目 3 个，其中公路重建项目 2 个、客运站重建项目 1 个。

一、公路

（一）灾后重建中央基金项目

2008 年 5 月，三台客运站点项目被省运管局列入重建规划。同年 6 月至 2009 年，三台县获批灾后重建中央基金第一批项目 6 个，建设规模 115.7 公里，概算总投资 1.23 亿元。11 月，县发改局批准小（溪坝）永（新）路、绵（阳）遂（宁）路口至中江界（县道老三中路）灾后重建工程项目立项，建设规模 46.5 公里，总投资 4986 万元，其中县道老三中路建设规模 33.2 公里，投资 3698 万元。2009 年 2 月和 3 月，县发改局批准其余 4 个项目立项，其中，三（台）大（英）路，建设规模 7 公里，工程总投资 530.31 万元；中涪路（协和—射洪涪西段，下同），建设规模 19.98 公里，工程总投资 2397.5 万元；建黄路（建平—中江黄鹿段）建设规模 23.1 公里，工程总投资 2363.5 万元；中立路（花园镇—建设镇，下同），建设规模 14.9 公里，工程总投资 2000.5 万元。

获批灾后重建中央基金第二批项目 7 个，建设里程 64.3 公里，概算总投资 8969.09 万元，2009 年 12 月，县发改局批准立项，其中，建（平）黎（新鲁）路（建平镇—新鲁镇）、观（桥）鲁（班）路、永（明）观（太）路 3 条公路建设总规模 28.53 公里，总投资 2779.81 万元；广利路、石争路和三百路（三台县百顷镇—射洪县香山乡）3 条公路建设规模 19.82 公里，总投资 2358.87 万元；射观路（观桥镇—双乐乡，下同），建设规模 19.33 公里，总投资 3537.23 万元。2010 年 4 月开工建设，2010 年年底建成投入使用，完成投资 8969.09 万元。同年 11 月，规划项目实施计划修订后，交通建设项目为 230 个，包括维修加固客运站项目 13 个，规划投资 473 万元，其中中央专项资金 335 万元、业主自筹 138 万元。农村公路建设项目未作修订，规划投资 4.28 亿元，资金来源为外国政府贷款 1.6 亿元、中央专项资金 8329 万元、地方政府配套资金 1843 万元。

灾后恢复重建项目村道公路 175 个项目，涉及 175 个村，属中央基金灾后恢复重建工程项目。

受“5·12”汶川特大地震影响，项目路基、路面及挡防工程部分毁损，项目小（最小的项目只有1万元补助，最多的也只有19万元），分散，单项工程投资较少，大多数项目处于通村工程建设质保期内。灾后重建项目实施，原则上由原修建通村工程项目的施工单位恢复重建，没有单独进行招投标。2009年年初相继开始建设，同年10月，建成里程388.5公里并投入使用，实际完成投资1128万元（全部为中央重建基金）。

三台农村公路建设，到2010年年底，省道101线城区段路面提升工程建成通车，获批建设的交通灾后重建项目235个全部完工，建成三中路凯江桥头至中江段、小永路永新至高堰段等县乡道路13条180公里，恢复180个村村道388.51公里，完成投资5.84亿元。亚行贷款项目第二批26个项目222公里，进入项目招投标前期准备。

重点建设工程：

省道101线三台段灾后重建工程。受绵阳市交通局委托，三台县交通局为省道S101线（三台段）公路恢复重建工程建设项目业主实施单位。路段起于三台县八洞镇与中江县交界处，经建平、乐安、潼川、永新、富顺、三元7个镇，止于县境三元镇与盐亭县两河镇交界处，全长72.89公里，计划投资5900万元。一期工程为安保工程，分为3个合同段。第一合同段起于八洞镇止于潼川镇马家桥路口，第二合同段起于三台梓州大桥桥头止于盐亭县两河镇交界处，第三合同段安保工程。工程立项、设计、报批等前期准备工作均由市交通局完成，施工、监理招投标，市交通局委托三台交通局完成。2009年2月中旬，完成招投标工作，第一合同段由四川省绵阳公路工程总公司承建，中标价186.9万元；第二合同段由四川瑞薪公路工程有限公司承建，中标价282.8万元；第三合同段由成都纵横交通工程有限公司承建，中标价389.9万元。工程总价为890万元。2009年2月，各合同段先后进场施工，同年7月完工，完成投资4980万元（上级补助），二期工程为三台城区段大修。市交通运输局委托三台实施。该段起于县城新西门口，穿越西顺城街、东河路，止于梓州大桥桥头，全长1.98公里。改造设计双向6车道，路宽40米，概算总投资3000万元。2010年9月开工，施工单位四川华建路桥集团有限公司。2010年12月，完成路面工程。2011年1月，完工通车。

省道205线三台段灾后重建工程。省道205线灾后重建工程三台段为绵（阳）三（台）公路提升改造工程，在一级公路基础上，实施路面改造、防护排水修复、路面宽度内绿化带改造等工程，达到快速通道标准要求，设计速度每小时60公里。路段起于丰谷收费站三台方向400米的芦溪镇团结村，途经芦溪、刘营、灵兴、潼川4个镇，县境内41公里。2010年2月1日，通过公开招标，L1合同段三台县境内芦溪镇团结村至K325+900处止约17.93公里，由天津路桥建设工程有限公司承建，中标价1.87亿元；L2合同段K325+900村至潼川镇与三中路交口处止约23.08公里，由中国核工业中原建设公司承建，中标价1.32亿元。同年3月开工，2010年10月建成通车。

三（台）大（英）路灾后恢复重建工程。2009年2月，三（台）大（英）路灾后恢复重建工程立项，建设规模（路面修复及安保工程）7公里，总投资530.31万元。招标代理机构以比选方式确定，2月19日，通过比选，四川建兴工程造价咨询有限公司中标。4月，招投标分为两个合同段，经公开招标，第一合同段四川盛源建筑安装工程公司以194.68万元中标，第二合同段四川京川公路工程（集团）有限公司以128.98万元中标。青海省育才公路工程监理有限公司为监理单位。6月开工建设，同年10月建成并投入使用。实际投资530.31万元，其中省、市补助280万元，地方自筹250.31万元。

中涪路（协和—射洪涪西段）灾后重建工程。2009年3月，中涪路（协和—射洪涪西段）灾后重建工程项目立项。路面等级四级技术标准，路基宽度6.5米，路面结构沥青砼宽度6米，全长19.98公里，其中景福镇至协和乡6.1公里，纳入通乡公路建设，进行招投标管理。四川京川公路（集团）公司以617.28万元中标为施工单位。其余13.88公里以公开比选方式确定招标代理机构，3月，四川中建西勘九鼎建设项目管理有限公司中标。5月，施工分为两个合同段，通过公开招投标，第一合同段四川华建路桥集团有限公司以625.5万元中标。第二合同段四川天丰路桥有限公司以649.4万元中标为施工单位，监理单位为绵阳市川交建设工程监理咨询有限责任公司。2009年6月开工，2010年3月竣工。

建黄路（建平—中江黄鹿段）灾后重建工程。2009年3月，建黄路灾后重建工程项目立项，全长23.1公里，路面等级4级技术标准，路基宽度6.5米，路面结构沥青砼宽度6米，工程总投资2363.5万元。以公开比选方式确定招标代理机构，38家企业参与比选，四川良友建设咨询有限公司中标。2009年5月，施工分为两个合同段，第一合同段10.72公里，绵阳市涪升路桥建筑工程有限责任公司以871.8万元中标。第二合同段12.46公里，重庆黄金建设（集团）有限责任公司以921.5万元中标，监理单位为青海省育才公路工程监理有限公司。2009年8月开工，2010年4月竣工，实际总投资2363.5万元。其中省、市补助924万元，地方自筹1439.5万元。

中立路（花园镇—建设镇）灾后重建工程。2009年3月，中立路灾后重建工程项目立项，全长14.9公里，路面等级四级技术标准，路基宽度6.5米，路面结构水泥砼宽度6米，工程总投资2000.5万元。以公开比选方式确定招标代理机构，中通建设工程咨询有限责任公司中标。5月，第一次招标施工单位失败。第二次招标分为3个合同段，第一合同段5.87公里，第二合同段5.83公里，第三合同段3.2公里。第一合同段四川瑞薪公路工程有限公司以717.6万元中标，第二合同段四川天丰路桥有限公司以682.8万元中标，第三合同段四川蜀通股份有限公司以331.37万元中标。第1、2合同段合为1个监理标段，四川城市建设工程监理有限公司中标为监理单位，第三合同段绵阳市公路工程监理咨询事务所中标为监理单位。2009年6月底开工建设，同年12月建成投入使用。实总投资2000.5万元。其中省、市补助580万元，地方自筹1420.5万元。

小（溪坝）永（新）路灾后重建工程。2008年11月，批准小（溪坝）永（新）路灾后重建工程项目立项，预算总投资1288万元，全长13.3公里，路面等级四级技术标准，路基宽度6.5米，路面结构沥青砼宽度6米。以公开比选方式确定招标代理机构，四川联华工程技术有限责任公司中标。2009年1月开标，重庆黔程建设（集团）有限公司（高堰乡至永新镇）以1264.3万元中标。绵阳市公路工程咨询监理事务所中标。2009年2月开工，同年5月建成投入使用，实际投资1288万元，其中省、市补助652万元，地方自筹636万元。

绵遂路口至中江界（县道老三中路）灾后重建工程项目。2008年11月，绵遂路口至中江界灾后重建工程项目立项，预算总投资3698万元，全长33.2公里，路面等级四级技术标准，路基宽度6.5米，路面结构水泥砼宽度6米。以公开比选方式确定招标代理机构，四川联华工程技术有限责任公司中标。2009 年 1 月开标，第一合同段 16.8 公里，四川腾达路桥有限责任公司以 1725.2 万元中标。第二合同段 16.4 公里，四川中江路桥工程总公司以 1731.8 万元中标。绵阳市川交建设工程监理咨询有限公司中标为监理单位。2009 年 2 月开工，同年 10 月竣工。实际投资 3698 万元。其中省、市补助 1372 万元，地方自筹 2326 万元。

广利路、石争路和三百路灾后恢复重建项目。2009 年 12 月，广利路、石争路和三百路 3 条公路立项，累计长 19.82 公里，工程概算总投资 2358.87 万元。其中，广利路双乐乡至紫河镇段全长 13.87 公里，工程概算投资 1793.12 万元，路基宽 4.5 米，路面宽 4 米，水泥砼路面结构。分为两个合同段，第一合同段 6.8 公里由四川省富力实业建设有限公司承建，中标价 759.05 万元。第二合同段 7.01 公里由四川天丰路桥工程有限公司承建，中标价 861.05 万元。四川联恒工程咨询监理有限公司为监理单位。2010 年 4 月开工，12 月底建成并投入使用。实际投资 1793.12 万元。其中省、市补助 556 万元，地方自筹 1237.12 万元。

石争路吴家渡至争胜乡段全长 2.91 公里，工程概算投资 274.5 万元。路基宽 5 米，路面宽 5 米，水泥砼路面结构。四川明泰建设工程有限公司承建，中标价 206.55 万元。四川鼎立建设项目管理有限公司为监理单位。2010 年 4 月开工，10 月底建成并投入使用。实际总投资 274.5 万元。其中省、市补助 82.4 万元，地方自筹 192.1 万元。

三百路起于百顷镇王家嘴，止于射洪县香山乡界，全长 3.04 公里，工程概算投资 291.25 万元，路基宽 5 米，路面宽 5 米，水泥砼路面结构。该工程由四川瑞薪公路工程有限公司承建，中标价 246.5 万元。四川鼎立建设项目管理有限公司为监理单位。2010 年 4 月开工建设，10 月底建成并投入使用。实总投资 291.25 万元。其中省、市补助 121.6 万元，地方自筹 169.65 万元。

建黎路、观鲁路和永观路灾后恢复重建项目。2009 年 12 月，建黎路、观鲁路、永观路 3 条公路立项，总长 28.53 公里，工程概算总投资 2779.81 万元。其中，建黎路起于建平镇，经云同、花碑湾接新鲁镇，全长 11 公里，工程概算投资 1234.57 万元，路基宽 6 米，路面宽 5 米，沥青砼路面结构。由四川西昌路桥建设集团公司承建，中标价 971.84 万元。四川鼎立建设项目管理有限公司为监理单位。2010 年 4 月开工建设，12 月底建成并投入使用，实际投资 1234.57 万元，其中省、市补助 440 万元，地方自筹 794.57 万元。

观鲁路（观桥镇—鲁班镇）全长 12.51 公里，工程概算投资 1290.98 万元，路基宽 6 米，路面宽 5 米，沥青砼路面结构。由新疆北方机械化筑路工程处承建，中标价 997.82 万元。监理单位四川联恒工程咨询监理有限公司。2010 年 4 月开工建设，12 月底建成并投入使用，实际投资 1290.98 万元，其中省、市补助 492 万元，地方自筹 798.98 万元。

永观路起于永明镇白庙场口，止于观太界，全长 5.02 公里，工程概算投资 547.42 万元，路基宽 5 米，路面宽 5 米，水泥砼路面结构。由四川凯基路桥有限责任公司承建，中标价 473.34 万元。育才—布朗交通咨询监理有限公司为监理单位。2010 年 4 月开工建设，10 月底建成并投入使用，实际投资 547.42 万元，其中省、市补助 120 万元，地方自筹 427.42 万元。

射观路灾后恢复重建项目。2009 年 12 月，射观路（观桥镇—双乐乡）立项，全长 19.33 公里，工程概算投资 3537.23 万元。路基宽 6.5 米，路面宽 6 米，水泥砼路面结构。由四川天丰路桥工程有限公司承建，中标价2356.9万元。监理单位为四川三信建设咨询有限公司。2010年4月开工建设，12月底建成并投入使用，实际投资3537.23万元，其中省、市补助760万元，地方自筹2777.23万元。

（二）灾后重建亚行贷款项目

三台县使用亚行优惠紧急贷款农村公路灾后重建工程共有29个项目，建设规模257公里，其中，县际公路6个项目，全长54公里；乡际公路23个项目，203公里。29个项目连接县内41个镇乡、213个行政村，连接周边市县23个镇乡。项目分两批实施。省上下达的第一批项目芦跃路、三盐路和中太路3个项目、35公里，按程序于2010年4月，完成招投标，6月，施工企业签定承包合同并开工建设，2010年年底建成投入使用，完成投资3034.9万元，其中，芦跃路（芦溪镇－前锋镇）建设规模16公里，结构为水泥混凝土，中标价1528万元。路面宽度5米，路基宽度6米，由四川天丰路桥工程有限公司负责施工，四川联恒工程咨询监理有限公司负责工程质量监理。实际投资1471.05万元；盐三路（秋林镇—东塔镇）建设规模13公里，中标价1329万元，路面宽度5米，路基宽度6米，结构为水泥混凝土，由四川天丰路桥工程有限公司负责施工，四川鼎立建设项目管理有限公司负责工程质量监理，实际投资1207.61万元；中太路（中太镇—观太镇）建设规模6公里，中标价416万元，路面宽度5米，路基宽度6米，结构为沥青混凝土，由四川省南充道路桥梁工程总公司负责施工，四川三信建设咨询有限公司负责工程质量监理，实际投资356.24万元。第二批26个项目222公里完成立项施工图和预算编制等前期工作，2011年3月底，报省、市造价站审查。4月，开始招投标；5月，根据招投标结果完成施工合同起草，并送省亚行办审定；6月初开工建设。

二、车站（点）及码头

地震使乡镇客运站点、渡运码头受损严重。在重建过程中，三台县坚持县城区汽车客运站以及客流量大的镇乡客运站、水运码头等公共服务设施优先建设思路，首先投资40万元，完成刘营镇上渡口、下渡口码头4个码头建设，投资70余万元，完成龙树镇曹家埝68米长渡改人行桥项目。2009年年初，市下达完成灾后重建客运站项目10个，其中县级站1个，农村客运站3个，民生工程6个，市、县计划总投资552万元。同年4月，县旅游汽车站灾后加固完成并搬迁投入使用。当年底，西平、龙树、前锋、八洞、金鼓、金石、秋林、幸福、黎曙、古井、新德、双胜等12个镇乡客运站建成，投资490万元。

第二节　能　源

地震造成永安公司发电厂、变电站多处建筑物裂缝、倾斜，线路倒杆、断线，变压器台区烧毁、滑落等。灾后重建规划实施计划中期调整后，全县电力系统立项项目10个，包括110千伏、35千伏和10千伏及以下输变电工程各1个，明台水电站、永安电厂、文峰电厂、吴家渡电厂房屋、渠道、防洪堤维修加固项目5个，菩堤寺电站、枣合电站，水工建筑及设备维修加固项目各1个，规划总投资2.77亿元，其中安排中央重建基金及其他资金700万元。2010年11月，灾后恢复重建规划项目实施计划修订后，全县电力能源灾后恢复重建项目及内容未作修订，总投资修订为1.79亿元，其中中央重建基金700万元（10千伏以下工程项目500万元，吴家渡电厂200万元）、企业自筹1.72亿元。35千伏输变电工程由233万元增至414万元（安排中央重基金400万元，业主自筹14万元），10千伏及以下工程项目由2.44亿元修订为1.44亿元，全部由业主自筹。项目由永安电力公司组织实施。2008年5月，35千伏输变电工程项目和10千伏及以下工程项目同时开工，当年开工项目6个。至2011年5月，10个项目全部开工，2011年9月完工。完成镇乡学校、医院、敬老院、镇机关等132处配电工程，高低压线路整改、线路搬迁、电量增容等工程。新建城关—新生35千伏输电线路工程16.5公里。修复堤坝18处，堤内浆砌抹面1.8公里，渠道946米。完成投资1.79亿元，其中中央重建基金700万元，业主自筹1.72亿元。

三台县“5·12”汶川特大地震电网恢复重建项目表

表5－10　　单位：万元

项目名称	建设内容	开工时间	竣工时间	规划总投资	完成投资	资金来源	
						基金	业主自筹
110千伏输变电工程	修复变压器2台　5·12应急抢险、隐患处理	2008.6	2008.7	233	233	－	233
35千伏输变电工程	线路抢险、新建线路16.5公里	2008.5	2010	414	414	400	14
10千伏及以下工程	恢复变电容量3.8万千伏安、线路1322公里	2008.5	2011.9	14397	14397	－	14397
明台水电站	恢复发电能力4.5万千瓦	2008.6	2009.6	678	678	－	678
永安电厂引水渠	引水渠震损修复防渗，1.8公里堤内防坡浆砌抹面	2008.6	2009.6	1200	1200	－	1200
永安电厂震损房屋恢	恢复重建970平方米	2009.4	2009.12	130	130	－	130
文峰电厂房屋加固维修	震损房屋加固、维修、渠道整修	2008.10	2008.12	260	260	－	260
吴家渡电厂防洪堤防渗排涝	防洪堤防渗排涝	2011.5	2011.9	500	500	300	200
菩堤寺电站水工建筑物修复及设备维修	水工建筑物修复及设备修理	2008.6	2009.6	30	30	－	30
枣合电站水工设备维修	水工建筑物修复及设备修理	2008.6	2009.6	30	30	－	30

第三节　水　利

地震造成全县防洪减灾、供水保障、农村水利、水土保持、农村水电、水产养殖等水利基础设施严重损毁。三台县本着“先应急、后重建；先除险、后完善；先生活、后生产”原则，统筹考虑防洪安全，群众饮水困难等突出问题和灾后恢复生产要求，全县水利灾后恢复重建计划项目63个（不含能源及水产项目）。其中农村供水工程1个，中型水库2个、小型水库50个、堤防工程1个，大、中型灌区各2个，小型灌区1个，水土保持1个，水资源监测设施1个，微型水利设施1个，山洪防治及防汛预警1个。计划总投资6.12亿元。

一、防洪减灾设施

防洪减灾重建项目主要有堤防工程、震损水库维修加固，建立山洪防治及防汛预警系统。

（一）重点堤防工程。三台县实施的重点堤防工程主要有青东坝、南寺坝、花园镇母猪壕、新德镇潼家壕堤防工程。青东坝和南寺坝防洪堤的项目法人为绵阳宏达资产投资经营有限公司，工程由绵阳水利规划设计研究院设计，绵阳禹兴建设工程监理有限公司监理，由省水利厅批准实施方案；母猪壕和潼家壕防洪堤由中国水利水电第五工程局有限公司设计实施方案，绵阳市水务局批准实施，堤防项目先后由县发改局立项。项目于2010年1~2月先后开工，同年6月完工，完成土石方开挖86.77万立方米，砌石7.81万立方米，浇筑砼2万立方米。

青东坝防洪堤。青东坝防洪堤位于三台县新建工业园区。2008年2月，县发改局立项。2009年10月，工程实施方案设计获批。青东坝防洪堤上起东山寺，经高家脊至林家湾沟口止，全长3937米。砼面板碾压砂卵石斜坡式堤型，平均堤高15.5米，顶宽4米，需建排洪闸1座。设计等级4级，洪水标准20年一遇。工程总投资约1.38亿元。通过公开招标，绵阳佳成建设有限公司中标为施工单位。2010年1月项目开工，9月底基本完工。共完成土石方开挖36.27万立方米，填筑土石76.6万立方米，浆砌石4.62万立方米，浇筑砼1.66万立方米。

南寺坝防洪堤。南寺坝是三台县新建工业集中区，处于涪江、凯江交汇处，2009年12月30日，县发改局将南寺坝防洪堤工程纳入灾后重建规划项目，规划投资1983.15万元。通过公开招标，泸州龙城建筑工程有限公司中标为施工单位。2010年1月开工，12月底基本完工。南寺坝防洪堤为砂卵石碾压斜坡堤，平均堤高14米，顶宽4米，建排洪闸2座，设计等级3级，洪水标准20年一遇。共完成土石方开挖50.5万立方米，砌石3.19万立方米，浇筑砼1.34万立方米。

花园镇母猪壕、新德镇潼家壕堤防工程。母猪壕防洪堤位于三台县花园镇，受地震的破坏，堤身出现不均匀沉降和多处裂缝，严重危及沿岸人民生命财产安全。潼家壕防洪堤位于三台县新德镇（明台电站库尾左岸），“5·12”汶川特大地震后，内坡浆砌卵石护坡出现多处裂缝，高水位运行时，堤身背水坡出现渗漏，局部地段发生管涌现象。2009年4月，县发改局立项，堤防全长800米（其中，母猪壕堤防300米，潼家壕堤防500米），项目总投资411.49万元。两处堤防整治在原堤防基础上，恢复原斜坡式堤型，迎水面均采用M7.5浆砌卵石护面，背坡采用M7.5浆砌卵石框（花）格草皮护坡。砂卵石填筑堤身、浆砌卵石护坡、埋石砼防冲齿墙断面。两处工程于2010年2月开工，同年6月完工。母猪壕防洪堤堤顶宽5米，堤顶安全超高为1.4米，堤顶以下4米处设置马道，宽度1.5米；堤身采用碾压砂砾石填筑；迎水面坡比1:2.2，马道以上卵石护面厚0.3米，以下厚0.6米。由四川省自贡市龙城建设工程有限公司施工，潼家壕堤防堤顶宽3米，堤顶安全超高为1.8米，堤身采用碾压砂砾石填筑；迎水面坡比1:2.5，卵石护面厚0.3米，2010年6月完工，由三台县水电建筑安装工程公司施工。

（二）重点震损中小型水库除险加固。地震致全县大中小型水库受损严重，经水利部、省水利厅专家组核查，确认101座水库中有44座受到不同程度破坏；新鲁镇高兴水库、立新镇高毡帽水库、印盒山水库险情为溃坝类；金石镇互助水库、团结水库、高堰乡常乐水库、光辉镇大青杠树水库、塔山镇粉壁埡水库、中太镇蒋家湾水库、西平镇连山湾水库、北坝龙潭沟水库、秋林镇磐石埡水库、新鲁镇石桥水库、五星水库、水观音水库、云同乡向阳水库等13座震损水库险情为高危类，塔山镇红旗埝等36座水库险情为次高危类。震损水库库容在1000万立方米以上的有红旗埝水库3180万立方米、团结水库2210万立方米；库容在200万立方米以上的有三元镇红星堰水库630万立方米、云同乡向阳水库202.8万立方米、立新镇印盒山水库264万立方米。根据省市安排，鲁班水库属于省管工程，水库的除险加固由人民渠二处组织实施；其余44座中小型水库除险加固由三台县组织实施。2008年11月，编制完成44座水库除险加固初步设计方案，并报绵阳市水务局审查，批复项目总投资9000余万元。项目由县发改局先后立项。并确定县水利工程建设质量监理站负责质量监督。2010年2月，灾后重建规划项目实施计划调整后，确认全县除险加固震损水库44座，应急资金及专项资金投入1.47亿元，欧州银行贷款2318.8万元，中央重建基金4443万元，总投资8502万元。同年11月实施计划修订后，中央重建基金4443万元，欧州银行贷款2058万元，中央专项资金2074万元，业主自筹700万元，总投资9275万元。在实施方案时，根据水库险情轻重，采取分期分批对水库实施除险加固。2008年8月，利用中央重点小型病险水库除险加固专项资金269万元和震损水库除险加固专项资金159万元，整治向阳水库枢纽、放水设施等，工程于2008年10月开工，2009年5月完工。利用应急资金70万元对红旗埝水库枢纽应急排险加固，利用水库应急抢险结余资金835万元，对印盒山、高毡帽等14座高危以上险情水库排险加固。工程于2009年1月开工，2009年1月完工。利用水库除险加固专项资金741万元对高毡帽2期、高兴2期和山湾、顶山寺、蛮子堰、长征等6座水库进行整治，工程于2009年4月开工，12月完工。利用第一批灾后重建基金1543万元整治常乐2期、磐石埡2期、大田2期、蒋家湾2期和廖家堰、巫家湾等14座水库大坝、放水设施、溢洪道等，工程于2009年9月开工，2010年3月完工。利用第二批灾后后重建基金2900万元对红星堰、红旗堰等18座小型水库除险加固，项目于2010年2月开工，6月完工。利用欧州银行优惠贷款资金2700万元对印盒山2期、五星2期、互助2期、水观音2期、石桥2期、龙潭沟2期、粉笔埡2期、大青杠树2期和龙泉、华丰、胜利等11座小型震损水库和团结水库除险加固，项目于2010年3月开工，同年8月主体工程全部完工。

四五二水库应急除险。四五二水库位于新德镇马蹄村，在地震中，水库出现（缝宽）纵向和横向裂缝，水利部抗震救灾指挥部组建的现场设计组——广西省水利电力勘测设计院编制四五二水库震损应急除险方案，并提出灾后除险加固建议。2009年，项目由县发改局批复初步设计方案，批复工程初设总投资150.13万元。2010年1月，三台县水电建筑安装工程公司以91.11万元中标为施工单位，2010年1月动工，主要建设内容为，放缓上下游坝坡并衬护；整治溢洪道、放水设施，治理白蚁、设立大坝观测设施，新建管理房等。5月完工。

印盒山水库除险加固。印盒山水库位于立新镇打虎村7社，地震破坏较为严重，核定为溃坝类险情水库。2008 年 12 月，印盒山水库除险加固初步设计方案获批，总投资 417.8 万元。工程中标价 317.68 万元。施工中标单位分别为四川省川力水利电力建设有限公司和河南华润水利水电工程有限公司。由四川飞红建设工程监理有限公司和四川泰兴建设管理有限责任公司分别为监理单位。主要建设内容为，放缓上下游坝坡，上游碾压石渣压脚，下游石渣压脚，上游坝坡衬护，整治放水设施，治理白蚁，设立大坝观测设施，新建管理用房等。2009 年 1 月开工，2010 年 12 月完工。

胜利水库除险加固。胜利水库位于三台县八洞镇 3 村高家沟，地震破坏较为严重，核定为次高危险情水库，项目由绵阳市水利规划设计研究院设计。总投资 186.36 万元。2010 年 3 月，湖南华宇水利水电建设有限公司以 124 万元中标为施工单位。四川泰兴建设管理有限责任公司监理单位，项目内容主要是整治大坝上下游坝坡，坝肩帷幕灌浆，处理渗漏，综合整治白蚁和增设观测设施，更换放水设施金属结构，重建支墩及闸房等。同年 1 月动工，6 月完工。

鲢鱼嘴水库除险加固。鲢鱼嘴水库位于灵兴镇牛角村，地震破坏较为严重，核定为次高危险情水库。工程由绵阳市水利规划设计研究院设计。2009 年 9 月，初步设计方案获批，总投资 202.12 万元。2010 年 1 月，广安立新建设工程有限公司以 129.79 万元中标为施工单位，四川省城市建设工程监理有限公司承担工程建设监理。主要建设内容为，整治大坝、溢流坝和冲沙闸，设立大坝观测设施和新建管理用房等。同年 1 月开工，5 月完工。

团结水库除险加固。地震造成团结水库主坝坝顶防浪墙挤压，表面砂浆层震裂明显，中段垮塌 5 米，其余防浪墙墙体出现扭曲，并向库区倾斜，在分缝附近局部出现开裂及表面砂浆层脱落，墙体与坝顶公路结合处出现开裂，坝顶 0 +120 处路面出现隆起胀鼓；两副坝坝顶出现纵横裂缝，裂缝宽 5 厘米左右，最长 13.5 米，大面积剥落，主坝结构遭到严重破坏；四副坝顶面砼路面开裂，上游坝坡砼梯步台阶受挤压出现胀鼓开裂，梯步砖砌体平台因地震作用墙体出现纵向断缝，并向库区倾斜。团结水库除险加固工程总投资 887.47 万元，主要对二副坝灌浆，修复观测设施和整治消力池、主干渠首段进水隧洞，2010 年 4 月开工，11 月完工。

高毡帽水库震损除险加固。高毡帽水库位于立新镇干柏树村 6 社。地震中，高毡帽水库受损严重。经部、省专家组核定，该水库被专家核定为次高危险情水库。2008 年 12 月，绵阳市水务局批复初步设计方案，批复总投资为 346.4 万元。2008 年 12 月和 2009 年 3 月，先后完成一期、二期招投标，施工中标单位分别为四川安汉建设有限公司和四川天丰路桥工程有限公司，工程中标价 277.06 万元。四川飞红建设工程监理有限公司承担一、二期工程建设监理。项目主要为放缓上下游坝坡，且对上游坝坡进行衬护。放水设施整治，治理白蚁，设立大坝观测设施，新建管理房等。2009 年 1 月开工，同年 12 月完工。

红星埝水库震损除险加固。红星堰水库位于三元镇龙居村。2009 年，由县发改局批复红星埝水库除险加固工程初步设计方案，批复工程初设总投资为 535.84 万元。该水库除险加固工程由四川涪圣工程设计咨询有限公司设计。2010 年 1 月完成招投标，施工中标单位为四川同达建设有限公司，工程中标价 339.89 万元。由绵阳市禹兴建设工程监理有限公司承担工程建设监理。工程主要整治大坝、溢流坝、冲沙闸，设立大坝观测设施，新建管理房等。2010 年 1 月动工，5 月完工。

二、农田水利

农田水利灾后重建主要是三台灌溉设施重建，包括各灌区干支渠、斗渠的维修加固和渠道防渗漏，精修山平塘等。大型灌区有鲁班水库灌区、武引灌区、团结水库灌区。

（一）鲁班水库灌区。地震造成水库部分渠系受损严重。文君（文台　曙光）支渠、向黎（向阳—黎明）、鲁千（鲁班—千子坟）、石禾（石牛背—禾加）、太建（太和—建中）分干渠被列入重建项目，在原址上加固维修。第一批文君支渠项目，2009 年 1 月经绵阳市水务局批复实施方案。总投资 344.96 万元，其中中央重建基金 275 万元，地方配套、自筹 69.96 万元。4 月开工，12 月底完工；第二批向太（向阳—太和）、鲁千、石禾、太建分干渠项目，2009 年 12 月 21 日经绵阳市水务局批复实施方案，12 月 24 日，县发改局立项，项目总投资 6349 万元（重建资金 5290 万元，自筹资金 1059 万元），其中向黎分干渠投资 1386 万元（灾后重建资金 1155 万元，自筹资金 231 万元），太建干渠投资 1893 万元（灾后重建资金 1577 万元，自筹资金 316 万元），鲁千分干渠工程投资 1998 万元（灾后重建资金 1665 万元，自筹资金 333 万元），石禾分干渠工程投资 1072 万元（灾后重建资金 893 万元，自筹资金 179 万元）。通过公开招投标，12 个企业中标，2010 年 4 月开工，2011 年 3 月工程全面完工。

（二）武引灌区。地震造成 18 条渠道受损，高峰（高堰—白雀）斗渠、高复（高堰—射洪复兴）等 18 条干、支、斗渠道被列入灾后恢复重建项目，在原址修复重建，分两批实施。2009 年 9 月，绵阳市水务局批复重建实施方案，总投资 3962.93 万元。2010 年 2 月开工，至 2011 年 3 月，完成土石方开挖 7.74 万立方米，石方洞挖 2581 立方米，土石方填筑 1.1 万立方米，混凝土 2.62 万立方米，模板 4.78 万平方米，钢筋 70.54 吨，浆砌条拱石 3.32 万立方米。

（三）团结水库灌区。团结水库是都江堰人民渠六期工程尾干渠上的中型囤蓄水水利工程。受地震影响，部分渠系受损，灾后重建项目分两批实施，第一批群乐（群益—乐安）分干渠县管段，全长 5045 米；第二批水库主干渠，群天（群益—天马）、群红（群益—红星）分干渠及金太分干渠的配套渠系石桥支渠和七里湾支渠，修复完善水库枢纽工程观测设施。2009 年 1 月，第一批群乐分干渠项目方案获批，投资 482.42 万元，其中国家灾后恢复重建专项资金 386.42 万元，地方自筹资金 96 万元。同日，县发改局立项。3 月通过公开招标，3 家施工企业中标并开工建设，8 月全面完工。第二批总投资 2208 万元，其中国家灾后恢复重建专项资金 2000 万元，地方自筹资金 208 万元。主要整治水库主干渠，群天、群红分干渠及金太分干渠的配套渠系，石桥支渠和七里湾支渠，恢复完善水库枢纽工程观测设施。2009 年 4 月动工，2010 年 12 月底基本结束。

三、水资源监测

水资源监测设施重建有水资源监测及防汛预警设施两个项目。全县重要水源地集中于涪江、凯江沿线和团结水库、鲁班水库、红旗埝等地。地震给三台水资源管理设施造成较大损失。2009 年，三台县将水资源监测设施及山洪防治、防汛预警设施建设列入重建规划。其实施方案分别由绵阳科比科技有限责任公司、四川融鑫信息技术有限公司编制完成，绵阳市水务局批复实施，总投资 833

万元，其中水资源监测设施413万元（中央重建基金412万元，自筹1万元），防汛预警设施投资420万元（中央重建基金416万元，自筹4万元）。县发改局批准立项和招投标方案，西安山脉科技发展有限公司、四川通普集成系统工程有限责任公司为施工单位。2010年3月，两个项目开工建设，7月，预警系统完工。完成吴家渡电站、西平凯江站、红旗埝水库3个水位站视频监测点和鲁班、富顺、塔山等9个自动雨量监测站以及中太、永明、芦溪、柳池、金石、万安、新生等12个人工雨量监测点的预警系统建设；完成1个信息服务平台和1个群测群防预警系统重建。11月，水资源监测设施完工，完成县境内自来水公司、嘉盛化工有限公司、绵阳纺织有限公司等取水大户取水量监测设施25家，明台、鲁班、团结、红旗埝水源地水温、pH值 、电导率监测，芦溪莲花台、磷酸盐公司、县污水处理厂排污口入河排污口排污量监测，永安电厂、吴家渡、明台、文峰水电站发电量和下泄生态流量监测，1个河流断面水位实时在线监测设施重建。

第四节 通 信

一、邮政

地震造成三台邮政各网点营业用房、终端设备等不同程度损毁。2009年8月，通过立项，乐安、刘营、安居3个邮政支局进行灾后重建，确定2008~2010年期间，三台灾后邮政基础设施重建分“灾后重建、维修加固、网点装修”3项实施。3个邮政支局重建，除金融类业务外，8个支局和县邮政局办公大楼维修加固。

（一）*重建*。2010年2月1日，省邮政公司拨款173万元，用于安居、乐安、刘营3个受灾较为严重，存在较大安全隐患的邮政支局办公业务用房拆除重建。

安居邮政支局。2009年8月，省发改委通过项目审核备案，在原址进行重建。2010年2月，通过公开招标，绵阳市浩龙天星建筑工程有限公司中标。聘请绵阳市鸿志监理公司对工程进度、质量进行全程监督管理。2010年4月开始，2011年1月完工。新建房为4层框架建筑，建筑面积450平方米，投资59万元。

乐安邮政支局与刘营邮政支局灾后重建工程与安居支局灾后重建工程同时立项、设计、招标。均为2层建筑，建筑面积440平方米，各投资57万元。工程2011年6月开工，至9月底工程在建。

（二）*维修加固*。2008年8月，省邮政公司、市邮政局自筹维修加固资金122万元，对三台9个受灾相对严重的邮政支局房屋进行维修加固，总面积1510平方米。2008年，维修加固西平、向阳邮政支局。6月开工，7月完工，维修加固业务用房160平方米，投入资金17.5万元，其中西平支局85平方米，维修资金10万元。2009年，维修加固北坝、芦溪、新生、建设、塔山、古井等6个邮政支局，同年3月动工，4月完工。维修加固620平方米，其中，芦溪邮政支局110平方米，北坝、新生、建设邮政支局各100平方米，塔山、古井邮政支局各105平方米。投入资金73.5万元，其中芦溪支局13万元，北坝、塔山支局各12.5万元，新生、古井支局各12万元，建设支局11.5

万元。2010 年 8 月，维修加固县邮政局办公大楼 730 平方米，9 月完工，投入资金 31 万元。

（三）通信设备更新。2008 年 6 月 ~2010 年 12 月，邮政集团总公司、省邮政公司、市邮政局总计投资 204.93 万元（2008 年 15.6 万元，2009 年 65.23 万元，2010 年 124.1 万元），更换、新增三台邮政系统终端设备及打印机、点钞机各 118 台；台式微机 105 台；信筒 71 个；改造 2 兆光纤线路 71 条。截至 2010 年底，三台邮政储蓄联网网点维修及标准化装修率、网点安防设施安装、设备更新率均为 80%。

二、电信

地震给三台电信分公司造成巨大经济损失，房屋、网络设备、通信基站、通信线路受到不同程度的破坏。根据四川省电信公司抗震救灾工作总体部署，抗震救灾保通信分为通信抢通、通信恢复、全面重建 3 个阶段展开。省、市电信公司下拨资金 3900 余万元，用于电信三台分公司灾后重建。

（一）维修加固。房屋维修、加固及重建投入资金 949.5 万元。2008 年 6 月，绵阳电信公司安排部署震后房屋维修工作，要求各县公司对受损的办公、生产用房进行维修加固。

一般维修工程，由县分公司按照维修工程管理规定组织实施。维修造价在 1 万元以下项目，将项目地点、主要维修内容及费用预算、工期等报市公司网络部备案。维修造价在 1 万元以上的项目，须将工程设计内容报市公司网络部审核后实施。完成 522 局、芦溪、建平等一般维修工程 51 项，投入资金 33 万元。三台 533 局综合办公楼维修加固，由绵阳市电信公司（简称市公司）组织实施，投入资金 90 余万元。

（二）重建。灾后房屋重建投资 826.5 万元。2008 年，购买县城梓州商业中心门面 226 平方米、梓锦新城学林路门面 120 平方米作为电信营业用房；新生购买房屋 280 平方米、塔山 380 平方米、石安 200 平方米用于电信营业及通信机房。2009 年，购买向阳（景福）房屋 130 平方米、新鲁 180 平方米、乐安 145 平方米用于电信营业用房。原址重建富顺营业用房 250 平方米、金石 200 平方米，新建永新电信营业用房 120 平方米、刘营 260 平方米。

（三）通信设施。根据本地通信设施的受损情况，结合三台电信公司全业务经营和灾后重建工作的整体规划，在无线、光进铜退、AG 改造、本地 10G 传输改造、基础物理光纤网等方面，总投资 7375 万元以上。投资新建 C 网无线基站 85 个，投资 5500 万元；光缆电缆建设 525 余皮长公里，完成投资 805 余万元；在固定电话和宽带接入设备方面，灾后完成 50 余个点的 AG 改造，新增固话能力 2.304 万线，宽带接入 5000 余线，传输网络改造 18 个点，总共完成投资 730 余万元。新开 FTTB 点位 111 处，投资 340 万元，新增固话端口 8518 线、宽带 4640 线。

三、移动通信

地震造成移动三台分公司办公大楼受损达 800 余平方米，金鼓、万安等 5 家营业厅局部垮塌成危房。全县 138 处移动基站受到不同程度损害，20 余处传输光缆中断，部分设备停止工作，通信一度中断，全县移动网络陷入瘫痪状态。

（一）维修加固。2008年11月，移动三台分公司根据受损情况及维修需要，制订详细维修实施计划及资金预算并上报，得到绵阳市移动公司大力支持，拨款20万元用于营业用房维修。12月底，县城琴泉东路移动通信综合办公大楼1500平方米受损维修全部完成，200米围墙全部换成不锈钢，投资12万余元。综合大楼门卫顶棚灾后维护全部完成，投资10万余元。金鼓、万安等镇乡业务用房相继完成维修加固工程。

（二）重建移动基站。2008年9～12月，先后新建观桥02、新生02、富顺02、西平02、石安梅花村、前锋雷波村、新鲁鸡头垭村、柳池泉堰村、石安青龙山村、建中河边村、鲁班水库、秋林山枝村，三台皂角城、三台工商局等14个基站开通投入使用。2009年，基站2期重建66个全部完成。重建基站80个，基站灾后重建工程全部完成，比预期提前120天完成任务。每站占地120平方米，机房25平方米，铁塔高30米。基站灾后重建总占地约0.96公顷。灾后本地网传输工程三台22个中继段，立杆2183根，放缆175.15公里，直埋光缆三台——盐亭段设计53公里，放缆51公里。中国移动四川省公司投入资金5610万元。

重点重建项目：

芦溪镇灾后局房重建项目。芦溪生产管理用房是中国移动绵阳分公司在全市计划实施的13个灾后局管理用房重建项目之一，由四川上一设计院设计，并通过中国移动四川公司立项和设计批复。项目征地0.2公顷，投资255万元，工期24个月。2009年11月，项目开工建设。2011年6月主体工程完工，建筑面积462平方米。8月，建设附属工程，并与供电所、自来水厂等沟通接洽，解决管理用房水、电问题。完成投资236.5万元。

四、联通

地震造成三台联通（含原网通）营业用房（含自办营业厅及合作营业厅）、通信基站用房、通信设备、终端设备、通信线路等不同程度损毁，三台联通灾后通信基础设施重建及新增工作，于2008～2010年分“通信线路恢复、灾后重建、机房加固维修、营业网点装修、通信线路、通信设备更新及新增”5项实施。2008年6月，由集团公司拨款100万元，用于三台古井机房拆除重建。2008年7月开始动工新建，拆除旧房30平方米，新建30平方米，2008年9月完工。

（一）机房维修加固。全县30个基站用房存在较大裂缝，无法正常使用，需维修加固，2008年6月，集团公司投入资金90万元，对三台30个机房房屋进行维修加固，加固面积达1350平方米。维修加固通信机房分布在喜洋洋、神州宾馆、烟草公司、正北街、牛头山、紫河、西平、向阳、中新、芦溪、永明、中太、塔山、新鲁、光辉、新生、老马、龙树、永安花园、建中、玉林、观桥、安居、下新、富顺、乐安、三元、柳池、刘营等处。

（二）营业网点标准化装修。2009年，公司投入资金70万元，标准化装修梓州自办厅以及惠友、盛大厅、骄阳、中太、花园、新鲁、安居、观桥、芦溪蜀都、西平、建平、石安、富顺14个合作厅。

（三）通信线路及通信设备更新。从2008年开始，公司投资2600万元，更换机房通信设备76套（台）、新增机房通信设备131套（新增2G 59套、新增3G 72套）、修复和更换光迁线路290公里。新增设备：2G 设备 59 套（全套）、3G 设备 72 套（全套），共计金额 1960 万元。更换设备 DSLAM 板卡 12 套、交换机 20 台、BTS 设备 10 套、电源柜（含电池组）21 套、METRO1000 设备 13 台，共计金额 280 万元。更换通信光缆 190 公里、修复光迁线路 210 公里、电缆 140 公里，新建杆路程 170 公里，投资 360 万元。

第八章　产业布局与调整

第一节　农　业

一、农业生产基地

受地震灾害影响，全县损毁粮油作物 1.01 万公顷，县委、县政府把基地建设作为农业灾后重建产业布局重点，提升三台农业生产实力。

（一）富硒黑花生基地建设恢复重建。2010 年 5 月，县发改局批复该项目实施。11 月，县修订灾后恢复重建规划项目实施计划，确定在乐安镇建设富硒黑花生核心示范区 133 公顷，主要推广叶面喷施微量元素硒肥和平衡配方施肥，在陈家庄村建 C20 砼田间作业路 3.6 公里；总投资 100 万元，其中中央重建基金 60 万元，群众投劳折资 40 万元。7 月 16 日和 12 月 30 日，政府采购完成硒肥和花生专用肥采购并按要求发放到项目区农户使用。2011 年 2 月，四川省三台县第四建筑工程公司以 24.15 万元中标为施工单位，3 月，县农业主管部门与施工单位签订合同，4 月全面完工，总投资 94.7 万元，其中中央重建基金 54.7 万元，项目区农民群众投劳折资 40 万元。

（二）蚕桑基地恢复重建。地震给全县蚕桑生产造成重大损失，特别是石安、协和等基地镇乡小蚕共育室、大蚕专用蚕房及栽桑养蚕配套设施等损毁严重。2010 年 8 月，石安镇报春村蚕桑基地恢复重建项目由县发改局立项。11 月，县政府修订灾后恢复重建规划项目实施计划后，确定石安镇报春村蚕桑基地恢复重建项目总投资 15 万元，其中中央灾后重建基金 10 万元，项目所涉农户投劳折资 5 万元，购买甲级桑苗 12 万株，栽桑 5.13 公顷，补缺苗 3.33 公顷；购农药 408 瓶，除草剂 2001 袋，肥料 28 吨，石灰 12.13 吨，蚕房改造 190 户，添制养蚕设备 190 套，修建消毒池 190 处，修建蚕沙池 190 口。农户建成项目经验收后领取补助。2011 年 10 月，新增入户道路 670 米。实际完成投资 20 万元，其中中央重建基金 15 万元，其余农民群众投劳折资。

（三）蔬菜基地建设。地震致全县蔬菜受灾 2347 公顷，成灾 813 公顷，绝收 80 公顷。受唐家山堰塞湖三分之一溃坝影响，县内涪江沿岸 13 个镇乡蔬菜受损 840 公顷，损毁蔬菜大棚 1160 个。

2009年2月，新鲁大棚恢复重建项目由县发改局立项。2010年5~6月，芦溪镇大棚蔬菜恢复重建项目等10个蔬菜基地恢复重建项目亦由县发改局先后立项。2010年11月，县政府修订灾后恢复重建规划项目实施计划后，确定全县蔬菜基地恢复重建项目11个，建食用菌标准化种植基地13.33万平方米，麦冬高架蔬菜基地及麦冬标准化生产示范基地32公顷，新鲁镇社会堰村、牛头河村大棚蔬菜33.33公顷；以芦溪镇玉星村为中心，辐射绵（阳）三（台）公路沿线的五柏村、石河村、广化寺村、梁坪村、三道河村、菩堤村、映河村、五洋村、卫星村、灵峰村、花果村以及三（台）中（江）公路沿线五凤村、工农村等区域，建大棚蔬菜43.4公顷；在建设镇建66.67公顷优质、高产大蒜基地示范园区，金石镇治河村、双胜乡高坪村建优质露地蔬菜基地40公顷、20公顷；刘营镇青松村、梁坪村、土地村、映河村、三道河村、马家村、新乐村海椒基地167公顷。计划投资2925万元，其中中央重建基金1330万元、业主自筹1595万元。2009年3月开始恢复重建，至2011年9月底，完成11个蔬菜基地生产项目重建，共投入资金2921.2万元，其中中央重建基金1333.2万元，业主自筹1588万元。建成食用菌标准化种植基地13.87万平方米、食用菌种（含袋装食用菌）25万瓶（袋），花园、灵兴麦冬高架蔬菜基地及麦冬标准化生产示范基地39.6公顷，新鲁以及芦溪玉星村为中心辐射绵（阳）三（台）路沿线刘营、灵兴以及三（台）中（江）路沿线17个村大棚蔬菜44公顷。刘营镇海椒基地、建设镇大蒜基地167公顷、66.67公顷，金石镇、双胜乡露地蔬菜基地60.8公顷共投入资金2921.2万元，其中中央重建基金1333.2万元，业主自筹1588万元。通过项目实施，基本形成以绵（阳）三（台）路为主的特色产业带，以涪江沿岸镇乡栽培为重点，发展辣椒、生姜等调味品和食用菌的格局。

重点重建项目：

新鲁大棚恢复重建项目。2009年3月，县政府采购中心对大棚主要设施，在省政府采购网上公开招标，四川省简阳市建川实业公司以296.17万元中标。土建工程通过网上比选，四川省汇泽建筑工程集团有限公司以61.21万元中标，绵阳四正建设监理有限公司为监理单位。三台县甘雨薯芋专业合作社（简称甘雨薯芋合作社）为业主，以新鲁镇社会堰村5个社和牛头河村7个社为核心，两个项目实施村实现土地流转40.9公顷，建成钢架大棚净面积22.73公顷，占地面积28.41公顷。2009年1月，项目正式启动，2010年6月完成项目建设。6月，三台县宏达现代农业发展投资有限公司进行8.97万平方米钢架大棚国有资产移交。移交后，大棚由甘雨薯芋合作社经营，国家资产部分不分红、不计息。建成机耕路2.33公里，田间作业路1.66公里，渠道1.58公里，建蓄水池5口，整治改造山平塘1口，田间作业道涵管13处。完成投资996.2万元，其中中央重建基金396.2万元，业主自筹600万元。

大棚蔬菜恢复重建项目。项目严格按照《三台县灾后产业恢复重建基金使用管理办法》实施。经县农业、发改、县财政等县级部门在全面验收基础上抽查验收，项目实际完成大棚蔬菜净面积32.55公顷，完成总投资800万元，其中中央重建基金505万元，业主自筹295万元；刘营镇梁坪村、映河村建成大棚蔬菜12.1万平方米，其中映河村6.51万平方米，投入中央重建基金192.394万元；乐安镇工农村建设大棚蔬菜1.13公顷，投入中央重建基金13.58万元；芦溪镇建设大棚蔬菜14.07万平方米，其中山顺果业5.9公顷，投入中央重建基金70.82万元，玉星村8.17公顷，投入中央重建基金 9.8 万元；潼川镇盐井村建设大棚蔬菜 5.26 公顷，投入中央重建基金 63.12 万元，大棚基地基础设施建设及其他费用投入中央重建基金 67 万元。

二、畜牧业

三台县畜牧业灾后重建包括禽畜圈舍、畜禽养殖基地、畜牧业服务体系灾后恢复重建。

（一）畜禽圈舍恢复重建。2010 年 2 月，县政府调整灾后恢复重建规划项目实施计划后，下达恢复重建圈舍任务 16.46 万平方米，其中，刘营镇、古井镇恢复重建圈舍各 1.17 万平方米，分别投资 234 万元；西平镇恢复重建圈舍 1.26 万平方米，投资 267 万元，建平镇 12.86 万平方米，投资 3636 万元。工程总投资 4371 万元。资金来源为灾后重建专项基金及实施项目农户自筹。同年 3～8 月，由农户提出申请，进行猪舍恢复重建。9～10 月，组织初步验收。在刘营镇、古井镇各重建圈舍 1.17 万平方米，分别投资 234 万元，其中中央重建基金 123 万元，农户自筹 111 万元；西平镇重建圈舍 1.26 万平方米，总投资 267 万元，其中重建基金 133 万元，农户自筹 134 万元；建平镇重建圈舍 12.86 万平方米，总投资 3636 万元，其中重建基金 858 万元，农户自筹 2778 万元。

重点重建项目：

浙江天台三台中新基地重建项目。项目计划投资 150 万元，其中重建基金 50 万元，业主自筹 100 万元，重建猪舍 6000 平方米，建沼气池 500 立方米。购置设备 80 台（套），监控设备 1 套。建设单位为浙江天台经济协作物资绵阳分公司。2010 年 12 月，项目经招标，三台梓州建筑工程有限公司以 282 万元中标为施工单位。2011 年 4 月，项目在中新镇开工建设，9 月大部分工程完工，建成猪舍 6000 平方米，沼气池 150 立方米，购置设备 98 台（套），完成投资 582 万元，其中中央灾后重建基金 50 万元，企业自筹 532 万元。

（二）畜牧产业恢复重建。2010 年 2 月，县政府调整县汶川地震灾后恢复重建规划项目实施计划，确定在刘营、古井、中太等 36 个镇乡实施畜牧产业恢复重建，重建 80 个生猪规模养殖场和 11 个良种禽兔繁育场，计划投资 1.25 亿元，其中灾后重建基金 2100 万元，农户自筹 1.04 亿元。80 个生猪规模养殖场计划投资 1.19 亿元，其中灾后重建基金 2000 万元，农户自筹 9851 万元。11 个良种禽兔繁育场恢复重建项目计划投资 652 万元，其中灾后重建基金 100 万元，农户自筹 552 万元。2010 年 3 月下旬至 4 月上旬，项目业主向县畜牧兽医主管部门提出书面申请，4 月中旬，县发改局、畜牧兽医、环保、国土资源等县级部门现场规划。4 月下旬，项目单位编制实施方案，并与县畜牧兽医局签订重建协议。5～12 月，由业主自行组织项目设计、施工。2011 年 1 月开始，业主陆续申请现场验收。4～9 月，县政府组织纪委、监察、发改、财政、审计、畜牧兽医、环保等部门组成项目验收组，进行现场验收，公示验收结果，无异议的按规划拨付重建基金。2011 年 9 月底，80 个生猪标准化规模养殖场、11 个良种家禽繁育场重建任务完成。建成猪舍 9.03 万平方米，沼气池 2015 立方米，购置设备 4097 台（套），实际投资 1.68 亿元，其中重建基金 7610 万元，企业自筹 9208.5 万元。

2008 年～2010 年，先后引进新希望海波尔祖代猪场、小寨子畜牧科技有限公司等县外企业建场承接产业转移。三台新希望农牧科技有限公司计划修建存栏 1500 头的祖代猪场 1 个、父母代猪场

12个，发展年出栏肥猪1000头左右的规模养殖场300个，引入GAP良好农业规范管理模式，打造30万头优质生猪产业链。截至2010年年底，新希望永明祖代种猪场完成投资1400万元（占总投资93.3%），三台小寨子畜牧科技有限公司龙树原种猪场是北川大禹PIC公司灾后迁建项目，投资9870万元（占地80公顷），建设标准化猪舍46栋6.5万平方米，引进美系原种猪和配套系曾祖代种猪1200头、托佩克等其他种猪3000头，年出栏生猪7.5万头，完成投资8300万元（占总投资84.1%）。

灾后恢复重建。在绵（阳）三（台）路、三（台）中（江）路、三（台）大（英）路、绵（阳）盐（亭）路沿线初步建成4条优质生猪产业带；在古井、刘营镇等镇乡建成22个优质生猪基地；在建平、西平等镇乡建成4个现代生猪养殖示范园；在刘营等镇乡建成11个年出栏生猪5000头以上的“猪—沼—粮（菜、果、林）”循环利用养殖小区。至2010年年底，全县拥有县级集中供精站1个、片区供精站2个，新引进斯格配套系、新加系等优质种猪1.42万头，存栏二元杂交等良种母猪5.13万头，其中存栏良种母猪10头以上的规模养殖户636个，生猪三元杂交猪占86.7%（其中，DLY等外种杂交种猪占60%以上），形成以专业合作组织建设为纽带，按照“七统一分”的运行模式，组建畜禽养殖专业合作社74个。

重点重建项目：

小寨子高级科技有限公司原种猪繁育重建项目。震后经省畜牧食品局协调，省市相关部门批准，三台县小寨子畜牧科技有限公司，灾后在龙树镇新建原种猪繁育基地，2008年11月，项目开工建设，注册名称为“三台县小寨子畜牧科技有限公司”。2009年11月中旬基本建成，建有生猪养殖车间5万平方米，安装设备3600头（套），存栏优质经产种猪3600头。

明兴农业科技开发有限公司斯格祖代种猪场重建项目。绵阳明兴农业科技开发有限公司，位于三台县花园镇，“5·12”汶川特大地震使公司的养殖产业受到较大损失。该项目从2008年6月开始重建，2009年作为灾后重建项目。项目建设包括新建1座占地10公顷的斯格种猪扩繁场，建筑面积9640平方米，其中猪舍8400平方米。购置荷兰VELOS智能化母猪饲养管理系统1套，引进斯格母猪1500头、斯格种公猪20头。2010年12月，项目基本完成，部分圈舍投入使用。

三台新希望农牧科技有限公司重建项目。2008年12月25日，四川新希望农业股份有限公司注册成立三台新希望农牧科技有限公司（注册资金人民币1000万元），在永明镇易家坪村建设占地15.33公顷、基础设施总投资1500万元、存栏基础母猪1370头的祖代种猪场1个。2009年10月开工，2010年10月底竣工。

（三）畜牧业服务体系建设。地震造成全县畜牧服务体系严重破坏，县畜牧兽医局、镇乡畜牧兽医站办公用房受损严重。2008年7月下旬，县协调会议将畜牧兽医站灾后重建项目整合为三台县畜牧兽医服务体系建设项目。资金来源为2009年国家第三批拉动内需项目资金和2007年、2008年乡镇兽医站建设项目资金。新建双胜、柳池等57个镇乡畜牧兽医站，改建（维修加固）景福、观桥等6个镇乡畜牧兽医站（每个站新建或改建业务用房120平方米），采购仪器设备30台（套），计划投资2004万元，其中中央重建基金投资1839万元、地方配套资金165万元。项目建设期限为2009年7月~2010年9月。2010年11月，县发改局批准立项，新建52个镇乡畜牧兽医站（每个站建业务用房120平方米），改建6个镇乡畜牧兽医站，分别购置仪器设备54台（套）和采样车等，总投资1499万元（含仪器设备购置），分别由中央预算内资金、灾后重建资金及自筹资金组成。2010年6月底，光辉、永明、古井、玉林、老马、石安、立新、进都、新鲁、争胜10个畜牧兽医站办公及业务用房灾后重建项目工程，确定由绵阳东艺建筑设计有限公司设计。经招标，石安、玉林畜牧兽医站办公及业务用房分别由绵阳朝阳园林建筑有限公司、四川绵阳三台县建筑工程有限公司承建，古井、进都两个畜牧兽医站办公及业务用房由四川富源建筑工程有限公司承建，光辉、永明、立新、新鲁、老马、争胜畜牧兽医站办公及业务用房由四川三台县梓州建筑工程公司承建。每个畜牧兽医站投资23.06万元，其中基建18万元，购置仪器5.68万元。项目于2010年9月开工，当年年底前竣工。

动物疫病预防控制中心及农产品安全检测中心项目。2008年6月，县畜牧兽医局同县发改局等部门，制定动物疫病预防控制中心及农产品安全检测中心灾后重建项目规划，计划投资840万元，拟在北坝镇科鑫路136号建设动物疫控中心2000平方米；投资560万元，建畜产品安全检测中心1700平方米，投资476万元，仪器设备420万元。2009年7月，县动物疾病预防控制中心、县畜产品安全检测中心灾后重建项目由县发改局立项，总建筑面积3800平方米，其中动物疫病预防控制中心2390平方米，农产品安全检测中心1410平方米，总投资900万元，资金来源为中央重建基金及业主自筹。2010年10月，县发改局批复，概算总投资839.4万元。11月，县政府修订灾后恢复重建规划项目实施计划，确定县畜产品安全检测中心恢复重建项目总投资为400万元，资金来源全部为灾后重建基金，重建面积1410平方米，建设凤凰山护坡和保坎，修建围墙等附属设施；县动物疫病预防控制中心恢复重建项目总投资500万元，其中灾后重建基金440万元、自筹60万元，新建房屋2390平方米及其相关附属工程，购置仪器设备52台（套）。2010年6月，县政府同意拆除县畜牧兽医局原办公楼，作为三台县动物疫病预防控制中心和农产品安全检测中心建设用地。11月，深圳星蓝德工程顾问有限公司成都分公司完成设计。2011年2月，绵阳朝阳园林建筑有限公司以583.89万元中标承建，2011年3月底开工，9月底工程在建。

第二节　工　业

2008年10月，三台县制订全县工业灾后重建规划，规划重建工业项目76项，计划总投资8.45亿元。2009年7月，对灾后恢复重建中期评估调整，三台县在原规划76家工业项目基础上，按照省、市发改部门要求，县委、县政府增补工业项目25项，增加投资4.97亿元。2009年8月，省发改委、省经委同意三台县增补工业项目25个。灾后恢复重建中期调整后，三台县工业规划项目共101项，计划投资13.42亿元，其中安排中央重建基金及其他资金5250万元。2010年11月，灾后重建规划项目实施计划修订后，明确业主自筹12.89亿元。工业重建项目从2008年6月相继开工建设，至2011年5月，列入规划的101个工业项目全部竣工投产，完成项目总投资13.42亿元。各重建项目建设完成情况见下表：

三台县工业重建项目建设完成情况表

表 5－11

单位：万元

企业名称	恢复重建主要内容	规划投资	开工时间	完工时间	实际投资								备注
					合计	中央重建基金	地方配套资金	援建资金	外国政府贷款	银行贷款	其他资金	自筹资金	
川粮油脂有限公司	恢复重建日加工菜籽油50吨生产线。	180	2008－09	2009－05	180	30	–	–	–	–	–	–	–
华能明台电力有限责任公司	恢复重建年发电2.1千瓦时生产线。	300	2008－09	2008－12	1135	–	–	–	–	–	–	–	–
绵阳川科化工有限公司	恢复重建磷酸盐产品6000吨/年生产线。	135	2008－09	2009－03	135	15	–	–	–	–	–	–	–
绵阳港华（三台）燃气有限公司	恢复重建年供气1200万立方生产线。	240	2008－09	2009－12	1185	–	–	–	–	–	–	–	–
绵阳和昌制衣有限公司	恢复重建工作服装130万件/年生产线。	200	2008－06	2008－12	200	60	–	–	–	–	–	–	–
绵阳恒昌制衣有限公司	恢复重建工作服装270万件/年生产线。	350	2008－06	2008－12	350	100	–	–	–	–	–	–	–
绵阳环发新能源科技有限公司	恢复重建年产沼气池5000套生产线。	100	2008－09	2009－09	100	40	–	–	–	–	–	–	–
绵阳佳联印染有限责任公司	恢复重建年产印染5000吨生产线。	3800	2008－06	2008－12	3850	213	–	–	–	–	–	–	–
绵阳佳禧印染有限责任公司	恢复重建年产5000万米面料印花生产线。	2600	2008－06	2008－12	2630	240	–	–	–	–	–	–	–
绵阳堃山矿业有限公司	恢复重建年产澎润土2.5万吨生产线。	60	2008－09	2009－06	130	30	–	–	–	–	–	–	–
绵阳绿香源食品有限公司	恢复重建年加工食品500吨生产线。	480	2008－09	2008－12	480	40	–	–	–	–	–	–	–
绵阳市大地丝绸有限责任公司	恢复重建年产生丝110吨，双宫丝600吨生产线。	410	2008－09	2009－12	246	10	–	–	–	–	–	–	–
绵阳市方大生物科技有限公司维修加固项目	年产饲料添加剂20吨生产线。	250	2008－09	2008－12	50	–	–	–	–	–	–	–	–
绵阳市冯氏饲料有限公司	恢复重建生产饲料30000吨/年生产线。	100	2008－09	2008－12	100	5	–	–	–	–	–	–	–
绵阳市三台县蜀王工艺制品彩陶厂	恢复重建生产彩陶工艺制品，年产价值480万工艺彩陶生产线。	150	2009－09	2009－12	150	5	–	–	–	–	–	–	–
绵阳市唐记饲料有限责任公司	恢复重建年产饲料860吨生产线。	100	2008－09	2008－12	100	10	–	–	–	–	–	–	–
绵阳市文氏粉业有限公司	恢复重建年产挂面7500吨，年产面积25000吨生产线。	340	2008－08	2008－12	340	60	–	–	–	–	–	–	–
绵阳市永春红薯开发公司	恢复重建年产红薯方便粉丝6000吨生产线。	280	2008－08	2009－12	280	5	–	–	–	–	–	–	–

续表5－11

企业名称	恢复重建主要内容	规划投资	开工时间	完工时间	实际投资								备注
					合计	中央重建基金	地方配套资金	援建资金	外国政府贷款	银行贷款	其他资金	自筹资金	
绵阳台沃农业科技有限公司	恢复重建年生产配方肥25万吨生产线。	300	2008－09	2008－12	289	70	－	－	－	－	－	－	－
绵阳星辉电子科技有限公司	恢复重建年生产50万支LED兰导各型灯具、1000万支生产发光二级管生产线。	600	2008－09	2008－12	300	60	－	－	－	－	－	－	－
绵阳雅晶科技有限公司	恢复重建年产石英晶振系列电子原器件2.2亿只生产线。	400	2008－06	2008－12	400	70	－	－	－	－	－	－	－
绵阳中研磨具有限责任公司	恢复重建年产8000万片平面砂布轮生产线。	5000	2008－09	2009－12	5000	190	－	－	－	－	－	－	－
三台鼎鸿服装有限公司	恢复重建年产服装2万套生产线。	100	2008－09	2008－12	100	－	－	－	－	－	－	－	－
三台宏宇纺织有限责任公司	恢复重建年纺纱4万碇生产线。	150	2008－09	2009－12	350	70	－	－	－	－	－	－	－
三台三鑫化工有限责任公司	恢复重建年产活性白土3000吨，膨润土20000吨生产线。	10	2008－09	2008－12	80	－	－	－	－	－	－	－	－
三台三元丝织厂	恢复重建年产生丝50吨，年产成品绸60万米生产线。	220	2008－09	2009－12	220	50	－	－	－	－	－	－	－
方兴食品有限公司	恢复重建年冷冻能力2000吨生产线	800	2008－09	2009－09	800	35	－	－	－	－	－	－	－
丰泽粮油有限责任公司	恢复重建年产食品油8万吨生产线。	120	2009－09	2009－12	120	5	－	－	－	－	－	－	－
合强机械厂	恢复重建年产农机5万套生产线。	246	2008－09	2009－12	246	5	－	－	－	－	－	－	－
恒昌管钳厂	恢复重建年产台虎钳5000台生产线。	120	2008－09	2008－12	120	－	－	－	－	－	－	－	－
黄金宏赋米加工厂	恢复重建年加工大米10万吨生产线。	180	2008－09	2009－12	180	20	－	－	－	－	－	－	－
嘉盛化工有限公司	恢复重建年产合成氨1.5万吨，甲醇1万吨生产线。	485	2008－09	2009－12	485	110	－	－	－	－	－	－	－
凯河面粉厂	恢复重建年生产干面3000吨生产线。	185	2008－09	2008－12	185	10	－	－	－	－	－	－	－
康尔达农林工贸有限责任公司	恢复重建年产实木制品10万套，指接集成材0.5万立方米实木制品生产线。	200	2008－09	2009－12	240	55	－	－	－	－	－	－	－
黎福食品加工厂	恢复重建年生产大米18000吨生产线。	180	2009－09	2009－12	180	5	－	－	－	－	－	－	－
慕禹家具沙发厂	恢复重建年产家具1.2万套生产线。	50	2008－09	2008－12	50	5	－	－	－	－	－	－	－

续表5－11

企业名称	恢复重建主要内容	规划投资	开工时间	完工时间	实际投资								备注
					合计	中央重建基金	地方配套资金	援建资金	外国政府贷款	银行贷款	其他资金	自筹资金	
欧亚木业有限公司	恢复重建年产5万立方米中密度纤维板生产线。	710	2008－06	2009－12	710	40	–	–	–	–	–	–	–
神龙粮油有限责任公司	恢复重建菜籽油15000吨/年生产线。	300	2008－09	2009－12	300	80	–	–	–	–	–	–	–
蜀龙泵业有限责任公司	恢复重建年产水泵8000台（套）生产线。	400	2008－09	2008－12	400	50	–	–	–	–	–	–	–
双龙电化有限责任公司	恢复重建年产电石12600吨生产线。	150	2008－09	2009－12	150	20	–	–	–	–	–	–	–
水泥制造有限公司	恢复重建年产水泥5万吨生产线。	100	2008－09	2008－12	100	–	–	–	–	–	–	–	–
五星页岩机砖厂	恢复重建3万立方米/年保温隔热砖，3000万匹/年页岩标砖生产线。	500	2008－09	2008－12	350	–	–	–	–	–	–	–	–
祥隆火腿食品加工厂	恢复重建年加工食品20万吨生产线。	270	2008－09	2010－05	270	60	–	–	–	–	–	–	–
鑫星织造有限公司	恢复重建年产色织布、白坯布200万米生产线。	250	2008－09	2008－12	50	10	–	–	–	–	–	–	–
银泰丝绸有限公司	恢复重建蚕茧620吨，生丝156.65吨，绸缎26.56万米生产线。	310	2008－08	2009－12	310	20	–	–	–	–	–	–	–
永茂丝绸有限公司	恢复重建生丝159.49吨，绸缎100.27万米生产线。	150	2008－08	2008－12	150	45	–	–	–	–	–	–	–
永新镇长鑫砖厂	恢复重建年产4000万匹标砖、800万匹真空空心砖生产线。	66	2008－09	2008－12	66	–	–	–	–	–	–	–	–
自来水公司	恢复重建恢复供水能力2.5万吨/日生产线。	320	2008－09	2008－12	320	–	–	–	–	–	–	–	–
上海梅林正广和（绵阳）有限公司	恢复重建年产4万吨猪肉罐头生产线。	8000	2008	2009	8000	60	–	–	–	–	–	–	–
四川得恩德药业公司	恢复重建年产中药提取物500吨，中药饮片2000吨生产线。	208	2008－09	2009－12	208	30	–	–	–	–	–	–	–
四川翰通生物能源有限公司	恢复重建年产5万吨食用酒精生产线。	9500	2008－05	2009－12	8600	390	–	–	–	–	–	–	–
四川辉达通信有限公司	恢复重建年产通信铁塔200吨，电器开关插座100万只生产线。	330	2009－09	2010－08	330	20	–	–	–	–	–	–	–
四川京冶轴承工业有限公司	恢复重建年产轴承2万台生产线。	200	2008－09	2008－12	200	–	–	–	–	–	–	–	–
四川力普生牧业有限公司	恢复重建各种饲料4万吨生产线。	320	2009－09	2009－12	320	8	–	–	–	–	–	–	–
四川绵阳波鸿机电有限公司	恢复重建年产台虎钳5万台生产线。	182	2008－09	2009－12	382	80	–	–	–	–	–	–	–

续表5—11

企业名称	恢复重建主要内容	规划投资	开工时间	完工时间	实际投资								备注
					合计	中央重建基金	地方配套资金	援建资金	外国政府贷款	银行贷款	其他资金	自筹资金	
四川绵阳康尔日化有限公司	恢复重建年产蚊香50万件生产线。	80	2008－09	2009－09	80	25	–	–	–	–	–	–	–
四川三台剑门泵业有限公司	恢复重建年产500台大中型中开泵生产线。	3600	2008－09	2009－12	3600	210	–	–	–	–	–	–	–
四川省绵阳市鑫心园食品有限公司	恢复重建年加工肉类食品5000吨生产线。	1200	2008－09	2008－12	200	–	–	–	–	–	–	–	–
四川省棉麻集团绵阳纺织有限公司	恢复重建棉纱12000吨/年，棉布34000万米/年生产线。	2500	2008－06	2009－08	2500	464	–	–	–	–	–	–	–
四川省三台三角生活用纸制有限公司	恢复重建年产生产用纸8000吨生产线。	225	2008－09	2009－09	225	20	–	–	–	–	–	–	–
惠天农业科技有限公司	恢复重建恢复年产5万吨腐殖有机无机肥生产线。	800	2008－09	2008－12	800	70	–	–	–	–	–	–	–
四川省三台县固锐实业有限责任公司	恢复重建年产1.3亿个磨具托盘生产线。	3500	2008－09	2009－12	3500	280	–	–	–	–	–	–	–
四川省三台县花碑村农业开发有限公司	恢复重建年加工农产品12万吨生产线。	60	2008－09	2008－12	60	–	–	–	–	–	–	–	–
四川省三台县启明星磷酸盐有限公司	恢复重建年产2万吨食品添加剂级磷酸钠盐生产线。	700	2008－06	2008－12	700	190	–	–	–	–	–	–	–
四川省三台县水晶电子有限公司	恢复重建年产50万片无籽声表水晶生产线。	500	2008－09	2008－12	500	90	–	–	–	–	–	–	–
四川省三台县颐康科星有限责任公司	恢复重建年产40万件学校、医院床用品生产线。	2500	2009－09	2010－06	2562.53	120	–	–	–	–	–	–	–
四川省三台县智华食品有限公司	恢复重建年产皮蛋460吨生产线。	100	2008－09	2008－12	100	55	–	–	–	–	–	–	–
四川省水电投资经营集团永安电力股份有限公司	恢复重建年发电2.3亿千瓦时生产线。	17902	2008－09	2010－12	17902	–	–	–	–	–	–	–	–
四川圣达工具有限责任公司	恢复重建年产活动扳手30万把，铸钢件150吨生产线。	380	2008－09	2009－12	380	15	–	–	–	–	–	–	–
四川斯坦瑞生态食品有限公司	恢复重建年加工生猪5万头生产线。	300	2008－05	2010－01	300	30	–	–	–	–	–	–	–
四川铁骑力士实业有限公司三台分公司	恢复重建年产饲料6万吨生产线。	100	2008－05	2009－01	100	25	–	–	–	–	–	–	–
四川伟信印业有限责任公司	恢复重建年印刷120吨生产线。	60	2008－09	2008－12	80	25	–	–	–	–	–	–	–
四川卓越纺织有限公司	恢复重建年纺织细纱180万米生产线恢复生产。	215	2008－09	2009－01	215	50	–	–	–	–	–	–	–

续表5—11

企业名称	恢复重建主要内容	规划投资	开工时间	完工时间	实际投资								备注
					合计	中央重建基金	地方配套资金	援建资金	外国政府贷款	银行贷款	其他资金	自筹资金	
太极集团·四川天诚制药有限公司	恢复重建糖浆剂2000万瓶/年，口服液2000万支/年，外用凝胶500万支/年生产线。	500	2008－09	2009－08	500	170	–	–	–	–	–	–	–
雅化集团三台化工有限公司	恢复重建年产1.2万吨膨化炸药生产线。	550	2008－09	2008－12	550	100	–	–	–	–	–	–	–
亚新科双泰（四川）零部件有限公司	恢复重建年产100万件摩托车轮辋生产线。	7000	2008－09	2009－12	7000	250	–	–	–	–	–	–	–
川力农用机械有限公司	恢复重建农用机械生产线。	800	2009－01	2010－07	80	5	–	–	–	–	–	–	–
美杰畜禽工贸公司	恢复重建厂房。	1000	2009－09	2009－12	324	20	–	–	–	–	–	–	–
富贵科技实业公司	恢复重建年产5万樘防盗门生产线。	900	2009－09	2010－05	900	20	–	–	–	–	–	–	–
四川金鼓食品公司	恢复扩建粉条生产线。	380	2009－09	2010－03	380	10	–	–	–	–	–	–	–
四川泰宇达棉纺公司	恢复重建纺纱3万锭，织布800万米生产线。	5000	2009－06	2010－06	5000	60	–	–	–	–	–	–	–
千里丝绸厂	恢复重建捐丝绸生产线。	1500	2009－09	2010－03	1200	40	–	–	–	–	–	–	–
四川古杉油脂化学有限公司	恢复重建生产线。	19836	2009－06	2010－12	15360	100	–	–	–	–	–	–	–
四川省三台智光塑胶有限公司	恢复重建年产5000吨高密谋聚乙烯（HDPE）改性增强母料生产线。	1200	2009－09	2010－03	1200	35	–	–	–	–	–	–	–
四川省三台县沙雕日化厂	恢复重建洗衣粉，液洗生产线，自动化二硅酸钠生产线。	1200	2008－12	2010－12	1200	10	–	–	–	–	–	–	–
绵阳市塔山龙云力膨润土厂	恢复重建生产线。	3000	2009－09	2010－03	3000	20	–	–	–	–	–	–	–
四川省三台县高岭蒙脱矿业有限公司	恢复重建生产线。	200	2009－09	2009－12	200	5	–	–	–	–	–	–	–
四川标源环保科技有限公司	恢复重建年产10万台净水器生产线。	2000	2009－09	2009－12	2000	5	–	–	–	–	–	–	–
恒微材料有限公司	恢复重建年产1800吨金属制品生产线。	600	2009－06	2010－01	600	40	–	–	–	–	–	–	–
四川三台力达泵业有限公司	恢复重建S.SH中开式离心泵生产车间、仓库。	500	2009－09	2010－04	500	50	–	–	–	–	–	–	–
四川三台剑峰泵业有限公司	恢复重建除砂泵生产线。	1500	2008－06	2008－12	150	10	–	–	–	–	–	–	–

续表5 —11

企业名称	恢复重建主要内容	规划投资	开工时间	完工时间	实际投资								备注
					合计	中央重建基金	地方配套资金	援建资金	外国政府贷款	银行贷款	其他资金	自筹资金	
绵阳鹏林机械配件制造有限公司	恢复重建遂道专用台车及畜牧设备器械、火车机车配件（齿轮箱）生产线。	1000	2009－01	2009－12	200	10	–	–	–	–	–	–	–
四川省三台县盛凯建材制造有限公司	恢复重建城市建设、新农村建设所需建材生产线。	500	2009－09	2009－12	500	5	–	–	–	–	–	–	–
刘营长兴食品厂	恢复重建香辣酱酱池及厂房、包装车间生产线。	380	2008－09	2008－12	290	5	–	–	–	–	–	–	–
四川省三台县潼川农产品开发有限公司	恢复重建豆豉制品生产线。	2000	2008－09	2010－12	2000	–	–	–	–	–	–	–	–
蜀丰粮油有限责任公司	恢复重建日产100吨大米加工生产线。	460	2008－09	2008－12	460	5	–	–	–	–	–	–	–
永明精米加工厂	恢复重建生产线。	200	2009－09	2009－12	200	5	–	–	–	–	–	–	–
四川省三台县波特兰商品砼有限公司	恢复重建混凝土搅拌站、碎石生产线。	4000	2009－09	2010－03	4000	50	–	–	–	–	–	–	–
四川省三台永生农业开发有限责任公司恢复重建项目	恢复重建生产线。	760	2008－09	2009－12	760	10	–	–	–	–	–	–	–
四川省三台新川棉花有限责任公司	恢复重建年产120万床棉胎加工生产线。	300	2009－08	2010－11	300	5	–	–	–	–	–	–	–
绵阳迈迪公司	恢复重建无水氯化钙生产线。	500	2008－09	2008－12	200	–	–	–	–	–	–	–	–

资料来源：三台县发展和改革局

第三节　旅游业

一、重建规划

地震致三台旅游行业遭受巨大损失。主要景区、酒店、旅游景区主道路及设施设备均受到不同程度损害。2008 年，县旅游主管部门制定灾后恢复重建工作初步方案，方案计划分 3 个阶段实施。第一阶段排危，第二阶段恢复重建，第三阶段全面提升。2010 年年初，灾后重建规划项目实施计划调整后，确定乡村旅游公共服务设施、城镇旅游公共服务设施、景区旅游公共服务设施 3 个旅游业灾后重建项目，总投资 5710 万元，资金来源为中央重建基金 400 万元，其中乡村旅游公共服务设施重建项目 45 万元、城镇旅游公共服务设施重建项目 235 万元、景区旅游公共服务设施重建项目 120 万元。11 月，县政府修订实施计划，明确中央重建基金投入 400 万元，业主自筹 5310 万元，其中乡村旅游重建项目中央基金减少到23万元，自筹资金987万元；城镇旅游服务重建项目中央重建基金增加到257万元，自筹资金2443万元；景区旅游重建项目安排的中央重建基金未变，自筹资金1880万元。2009年9月，项目开工建设，至2011年9月全部完工并投入使用。

二、重建项目

（一）乡村旅游公共服务设施恢复重建。建设永新、乐安黄金山庄等乡村旅游设施，包括游客中心、旅游厕所、标识标牌、垃圾桶、停车场、接待等设施，总投资1010万元，其中中央重建基金23万元、业主自筹987万元。2009年1月，乐安镇黄金休闲山庄由三台县黄金农业开发有限公司负责（二星级农家乐）开始恢复建设，业主自筹987万元，灾后重建资金补助8万元，项目建设征用和整理土地1.73公顷，建区内宽5米水泥道路1.33公里，休闲广场和生态停车场3335平方米，乡村酒店综合楼及厕所2500平方米，2010年10月完工。2009年9月~2010年10月，通过政府采购，完善崭山村标示标牌84个，其中中央灾后重建资金支持15万元。

（二）城镇旅游公共服务设施恢复重建。建设梓州杜甫草堂、凤凰山森林公园的游客中心、标识标牌、厕所、接待、娱乐、停车场等设施，总投资2700万元，其中中央重建基金257万元，业主自筹2443万元。梓州杜甫草堂恢复建设由县规划和建设部门负责实施，计划投资1800万元，其中县政府投资1770万元、灾后重建资金30万元。重建仿古建筑旅游厕所2处，对后山入口大门、子母汉阙、原草堂1、2期仿古建筑维修翻新，围墙拆除重建，新建走廊，旅游厕所、管理用房、景观亭、梓州阁外楼梯、后山步游道、后山堡坎维修加固等，添置供电、监控等设施。2010年9月，梓州杜甫草堂3A级旅游景区厕所改造工程恢复重建项目由县发改部门立项；11月，县发改局调整工程建设内容及投资规模，投资由原来的30万元调整为53万元；12月，发布项目比选公告，招标控制价48.05万元。12月22日，四川富源建筑工程有限公司以37.1万元（人民币）中标，2011年1月，梓州杜甫草堂3A级景区厕所改造及边坡治理开工；同年3月竣工，实际投资53万元。地震中，凤凰山森林公园道路、公厕、凉亭、廊道、休闲文化中心设施、给排水系统、消防设施、水塔等不同程度受损。2009年4月30日，县政府决定将琴泉寺、五里梁、北塔等地段纳入景区规划范围。2010年2月，县政府调整灾后恢复重建规划项目实施计划，确定北坝镇龙潭村、城北村、潼川镇凤凰村、长沟村（凤凰山森林公园片区）4条道路恢复重建计划，重建道路（含主道路及小径）65公里，总投资1.37亿元，其中中央重建基金7000万元。同年8月，县发改局批准立项，重建北坝镇龙潭村道路5.5公里（主道1.9公里），投资2300万元。城北村道路10.6公里（主道3.4公里），投资2600万元。潼川镇凤凰村道路16.6公里（主道4.6公里），桥梁2座及集中停车点等附属设施，投资4800万元。长沟村道路13.3公里（主道4.1公里），投资4000万元（4条道路总长46公里），总共投资1.37亿元，建设工期为2010~2011年。同年11月，县政府修订灾后恢复重建规划项目实施计划，确定总投资为1.15亿元（调减投资2173万元），其中中央重建基金9000万元、业主自筹2527万元。2010年11月16日，公开分标段招标。一标段（北坝镇龙潭村、城北村）四川省正达路桥工程有限公司以2658.35万元中标承建，二标段（潼川镇凤凰村、潼川镇长沟村）四川省天丰路桥工程有限公司以5059.29万元中标承建。2011年3月，两个标段项目正式开工建设。

2010年11月3日，县委第十五次常委会议决定，北京泛华建设集团有限公司为三台凤凰山城市森林公园打造项目的总投资商。2011年1月6日，副县长张忠祥代表县政府与北京泛华集团山劲松签订投资合作协议书。凤凰山森林公园（片区）建设项目总投资16亿元，分3期建设，集城市森林公园及旅游景区建设、旅游地产开发为一体，建设期限8年。

凤凰山森林公园，建设核心景区星级旅游厕所3处，计划投资172万元。2010年8月，县发改局批准凤凰山城市森林公园旅游厕所项目立项。10月，通过财政评审，招标控制价149万元。2010年11月，绵阳市华烨建设有限公司以126.05万元中标。同年10月竣工，实际投入中央重建基金172万元。

（三）景区旅游公共服务设施恢复重建。县内景区旅游公共服务设施恢复重建项目主要有云台观、郪江古镇、鲁班湖景区旅游设施建设。建设内容包括游客中心、旅游购物中心、旅游接待处、旅游厕所、旅游标识标牌、旅游垃圾桶等，总投资2000万元，其中中央重建基金120万元，业主自筹1880万元。2009年，启动云台观风景旅游区灾后重建项目建设，投资2000万元，其中国家灾后重建补助资金120万元、企业自筹资金1880万元，四川郪汉文化旅游开发有限公司负责实施。主要对景区仿古建筑进行维修加固，新建观景平台2处，购置变压器1台、输电电缆2公里，新建大口井1口、蓄水池1处、管网5公里，景区绿化约5000平方米，新建排洪沟、护坡约2000立方米，征地6.67公顷，搬迁住户89户。

第四节 商贸服务与粮油流通

一、商贸服务

灾后重建启动后，全县247个商贸服务项目列入重建规划，计划总投资1.01亿元，其中中央重建基金及其他资金550万元。规模较大的项目是三台县集润农产品批发市场（征地1.2万平方米），规模总投资达3800万元。维修加固镇乡农家店营业用房234家（每家计划投资1万元），投资234万元。2010年11月，县政府修订灾后重建规划项目实施计划，明确商贸服务重建项目247个，总投资1.03亿元，其中中央重建基金550万元，业主自筹9744万元（含申请银行贷款2195万元），农家店营业用房维修加固项目资金由业主自筹。至2010年12月，市场服务体系灾后重建完成投资1.03亿万元，其中完成维修加固项目240个，投资1894万元，重建项目7个，投资8530万元（商务部分）。

（一）商品零售网络。“5·12”汶川特大地震，商品零售网络损毁部分，主要涉及“万村千乡市场工程”农家店90个和其他商贸服务业网点。芦溪镇、观桥镇农村商贸服务中心和90个“万村千乡市场工程”农家店列入灾后恢复重建规划。芦溪、观桥两个农村商贸服务中心恢复重建完成投资920万元，项目完工验收合格，拨付中央重建基金20万元给予补贴。“万村千乡市场工程”农家店由承办企业督促恢复重建，省财政给予68万元专项资金补贴。

农村商贸网点，农家店的恢复重建工作，分别由承办企业——绿洲农资公司和天天量贩公司负责实施。2008 年 7 月开工建设，2009 年 12 月完工，维修加固营业用房 2200 平方米。

重点建设项目：

芦溪镇农村商贸服务中心恢复重建。2010 年 11 月，县政府修订重建规划项目实施计划，确定芦溪镇商贸综合服务中心恢复重建，建设营业用房、仓库等，总投资 460 万元，其中中央重建基金 10 万元，业主自筹 450 万元。项目位于芦溪镇建设街，占地 666.7 平方米，主要建筑物面积 500 平方米（含租赁建筑面积 1300 平方米，实际营业面积为 1800 平方米）。2009 年 1 月开工，按商务部农村商贸服务中心建设标准设计建设。该中心分 5 大区域：商品经营区、非处方药品区、信息服务区、农产品收购区、综合服务区。实际投资 460 万元，其中中央重建基金 10 万元、业主自筹 450 万元，2010 年 8 月完工。

城区零售商业网点和商业中心，灾后恢复重建工作以零售店业主自行恢复重建为主。三台城区商业中心以三台梓州宾馆为中心，辐射大十字、解放街、正北街、银杏路、顺河路等半径 500 米范围。梓州购物中心、万方电器、家家福超市等一大批重点商贸服务企业及数百户中小型商家均在该商业中心范围。三台县梓州国际酒店列入灾后重建，其余项目由商家自筹资金，自主维修。

（二）生活服务网络。全县餐饮、住宿及其他服务企业，灾后重建以企业为主体，自行恢复重建。

重点重建项目有：

梓州国际酒店恢复重建项目。地震造成梓州国际酒店餐饮中心、客房中心、会议中心、娱乐中心、健康中心、洗衣房等房屋建筑、室内装饰装修、设备设施严重受损。2010 年 11 月，县政府修订灾后恢复重建规划项目实施计划，确定梓州国际酒店为恢复重建项目，对客房、餐厅维修加固，规划总投资 800 万元，其中中央重建基金 20 万元、业主自筹 780 万元。工程由四川富强装饰工程有限公司设计，绵阳市金星建设安装工程有限公司承建。2009 年 5 月开工，同年 12 月完工。实际投资 885.56 万元，其中中央重重建基金 20 万元、业主自筹 865.56 万元，维修加固房屋 5354.64 平方米。2010 年 1 月，梓州国际酒店升为国家四星级旅游酒店，当年实现营业收入 2000 万元，纳税 300 万元，提供就业岗位 320 个。

（三）商贸批发市场。全县商贸批发市场以企业为主体自行恢复重建，三台县集润农产品批发市场列入灾后重建项目。

重点建设项目：

集润农产品批发市场重建项目。2010 年 11 月，县政府修订灾后恢复重建规划项目实施计划，确定三台县集润农产品批发市场恢复重建，建室内交易市场、停车场、附属综合楼等，总投资 3800 万元，其中中央重建基金 120 万元、业主自筹 3680 万元（企业申请银行贷款 1200 万元）。项目紧邻梓锦新城，由绵阳华恒设计公司设计，县建筑工程有限责任公司中标承建。2008 年 7 月开工，2010 年 7 月主体工程完工，完成投资 4220 万元，其中中央重建基金 120 万元、业主自筹 4100 万元。主体工程为 4 层全框架建筑，2 楼按四川省灾区农贸市场建设标准规划和修建，属农产品批发、零售交易为一体的室内农贸市场，附属综合楼为 7 层建筑。建筑面积 3.2 万平方米。设有农产品交易区、副食品交易区、汽车交易区、餐饮、娱乐、住宿区、仓储、车库区等，交易商品的布置分类归市，并安装有消防喷淋，门面、铺面、摊位、停车场全面实行租赁制。

农贸市场。全县因受损面广，灾后恢复重建主要由农贸市场企业自行恢复重建。县灾后重建规划实施计划中期调整后，全县列入灾后重建市场服务体系农贸市场重建项目6个（镇乡4个，城区2个），总投资2250万元，其中中央重建基金190万元、业主自筹1685万元，另由企业申请银行贷款375万元。重建建后实际投资1800万元，其中中央重建基金165万元、业主自筹1260万元，企业申请银行贷款375万元，建成交易大棚1.2万平方米，营业用房5500平方米。

乡镇农贸市场。全县乡镇农贸市场灾后恢复重建前期由农贸市场业主自行恢复重建。其后列入灾后重建市场服务体系镇乡农贸市场重建项目4个，总投资650万元，其中中央重建基金95万元、业主自筹555万元。分别是：刘营镇农贸市场200万元（中央重建基金10万元，业主自筹190万元）；观桥镇农贸市场300万元（中央重建基金35万元，业主自筹265万元）；石安镇农贸市场250万元（中央重建基金15万元，业主自筹235万元）；塔山镇农贸市场500万元（中央重建基金35万元，业主自筹465万元）。

重点建设项目：

观桥镇农贸市场重建项目。观桥镇农贸市场位于三（台）大（英）路、观（桥）射（洪）路、观（桥）菊（河）路交汇处。地震中市场彩钢棚完全撕裂，摊位大多被移位，水电等多处设施被毁。2010年11月，县政府修订灾后恢复重建规划项目实施计划，确定观桥镇农贸市场恢复重建，项目选址于观桥镇新开发区，建筑面积3800平方米。2009年2月开工，同年10月建成，完成投资150万元，其中中央重建基金35万元、业主自筹115万元（含银行贷款15万元）。建成一楼一底商铺1600平方米，彩钢交易大棚800平方米，临时铺面403.2平方米，活禽宰杀区、储存间400平方米，配套设施400平方米，成为观桥镇肉食品、农产品交易中心。

塔山镇农贸市场重建项目。塔山镇荷花农贸市场位于三台县塔山镇绵（阳）盐（亭）公路交汇处。地震使市场建筑物成危房，摊位倒塌，设备设施损毁，靠市场河堤垮塌，市场趋于瘫痪。2010年11月，灾后恢复重建规划项目实施计划修订后，确定三台县塔山镇农贸市场恢复重建，建交易大棚、营业用房等，计划总投资200万元，其中中央重建基金35万元、业主自筹165万元。项目分塔山镇荷花综合市场和忠孝乡皇龙综合市场实施。塔山镇荷花综合市场，位于集镇发展新区，项目选原址恢复重建。忠孝乡皇龙综合市场异地新建，塔山镇荷花综合市场和忠孝乡皇龙综合市场恢复重建项目由四川博迈建设有限公司承建，2009年5月开工，2010年6月建成，完成投资500万元，其中中央重建基金35万元，业主自筹465万元。塔山镇荷花综合市场2500平方米经营大棚全部更换为钢架彩钢结构，维修加固被损坏的商铺、摊位，对危及市场安全的河堤进行清挖和重建。忠孝乡皇龙综合市场建成二楼一底钢砼结构建筑物1000平方米。

（四）城区农贸市场。武昌馆农贸市场、山鑫农贸市场设施设备严重损毁，部分排水设施、大棚等损毁。武昌馆农贸市场和山鑫农贸市场被列入灾后重建项目，总投资750万元，其中中央重建基金95万元、业主自筹655万元，实际投资750万元，维修加固交易大棚410平方米，建营业用房4559平方米。

重点建设项目：

三台县武昌馆农贸市场重建项目。该市场位于三台县城中心区域。地震造成该市场用房成危房，排水设施被破坏，市场内污水四溢。2010年11月，县灾后恢复重建规划项目实施计划修订后，确定三台县武昌馆农贸市场恢复重建项目，建设交易大棚、营业用房等，总投资150万元，其中中央重建基金40万元、业主自筹80万元、企业申请银行贷款30万元。项目由四川东升工程设计有限责任公司设计，四川宏越建设公司承建。2010年2月开工，2010年5月建成，建筑面积410平方米，完成投资150万元，其中中央重建基金40万元、业主自筹110万元。

三台县山鑫农贸市场重建项目。市场位于县城梓州干道与东河路交汇处。地震造成交易区大棚损毁，摊位倒塌，基础设施瘫痪。2010年11月，灾后恢复重建规划项目实施计划修订后，确定山鑫农贸市场恢复重建交易大棚、营业用房，总投资600万元，其中中央重建基金55万元，业主自筹245万元、企业申请银行贷款300万元。项目由县建筑工程有限责任公司中标承建，2009年12月动工，2010年6月完工。实际投资530万元，其中中央重建基金55万元，业主自筹475万元。恢复重建面积4000平方米，其中1、2层为市场摊位和商铺2400平方米，其主要设施设备按照省工商局颁布的市场建设标准建设，3、4层为综合用房和办公室1600平方米。

（五）物流配送。前期由物流中心企业为主自行恢复重建，主管部门重点给予扶持。县灾后重建规划项目实施计划修订后，确定4个配送中心为灾后恢复重建项目，2009年2月~2010年3月期间，各项目陆续开工，2010年11月全部完工，建成仓库用房3.1万平方米，办公、营业以及配套设施用房5300平方米。完成投资5900万元，其中中央重建基金250万元、业主自筹5650万元（含银行贷款390万元）。

重点重建项目：

三台县日用品配送中心重建项目。公司位于县城北坝镇。地震使三台县天天量贩有限责任公司部分设施损毁。灾后恢复重建，项目异地选址乐安镇福利村，距县城3公里。项目由县规划与建设局规划所设计，四川富源建筑工程有限公司中标承建。2009年2月开工，2010年9月完工，实际投资800万元，其中中央重建基金95万元，业主自筹705万元（含银行贷款300万元）。建成商品存储库房6000平方米，办公用房等配套设施1500平方米。

三台县农资配送中心重建项目。地震使三台绿州农资有限责任公司配送中心严重损毁，受损经营网点100个，其中全部垮塌13个，重建项目选址在刘营镇五羊村1组，业主为三台县绿州农资有限责任公司，项目由四川天元建筑有限公司承建，2009年4月开工，同年12月完工，完成投资600万元，其中中央重建基金85万元、业主自筹515万元（银行贷款90万元）。建成化肥、农药仓库6000平方米，农机、农膜、种籽仓库1000平方米，办公及营业房800平方米。能一次储备各种化肥1万余吨，农药1000吨，以及各种农机具、农膜、种子等。

三台县科伦医药配送中心重建项目。地震中配送中心及经营网点受到不同程度破坏，全部垮塌10处。项目为异地重建，选址于城乡结合部的潼川镇佳桥村1组。项目由四川省三台县城北建筑有限公司中标承建。2010年3月开工，同年11月完工，完成投资510万元（比计划增加10万元），其中中央重建基金20万元、自筹490万元。建成药品储存库1.8万平方米，中药饮片加工房3000

平方米。

三台县波特兰商品砼公司重建项目。地震使四川省三台县波特兰商品砼有限公司厂房、机械设备遭受严重损毁。2010 年 11 月，灾后恢复重建规划实施计划修订后，确定三台县波特兰商品砼有限公司混凝土搅拌站、碎石生产线恢复重建项目，建设料场、搅拌站、储存罐等主体工程。总投资 4000 万元，其中中央重建基金 50 万元，业主自筹 3950 万元。恢复重建混凝土搅拌站、碎石生产线，配套新建两套卵石粉碎生产线和一套回收料加工小型预制构件生产线。2009 年 9 月开工，2010 年 3 月完工；完成投资 4000 万元；建成生产 40 万立方米混凝土搅拌站、碎石生产线 1 条；两套卵石粉碎生产线和 1 套回收料加工小型预制构件生产线。

（六）屠宰加工体系。全县生猪定点屠宰场分散，受损涉及面广、受灾程度不一，灾后恢复重建工作以业主自行恢复重建为主。2010 年 11 月，灾后重建规划项目实施计划修订后，列入屠宰加工体系灾后重建的项目共 4 个：四川斯坦瑞生态食品有限公司（简称四川斯坦瑞公司）恢复重建年产 5 万头生猪屠宰生产线，总投资 300 万元（中央重建基金 30 万元，业主自筹 270 万元）；上海梅林正广和（绵阳）有限公司恢复重建年产 4 万吨猪肉罐头生产项目，总投资 8000 万元（中央重建基金 60 万元，自筹 7940 万元）；三台县祥隆火腿食品加工厂恢复重建年产 20 万吨食品生产线项目，总投资 270 万元（中央重建基金 60 万元，自筹 210 万元）。四川省绵阳市鑫心园食品有限公司维修加固年产 5000 吨肉类食品生产线项目，总投资 1200 万元，资金自筹。2008 年 8 月开工建设，至 2010 年，项目完工，建成生产用房 1800 平方米，生猪屠宰生产线 1 条，猪肉加工生产线 2 条。

重点重建项目：

四川斯坦瑞年产 5 万头生猪屠宰生产线重建项目。地震造成公司的生产厂房、氨压机房、冰库、锅炉房、供水管道、水塔、职工宿舍等严重受损，生产设备移位、扭曲变形。灾后恢复重建，四川斯坦瑞生态食品有限公司年产 5 万头生猪屠宰生产线列为重建项目，所有的加固工程、设施设备维修均在原有基础上进行。2008 年 5 月开工，2009 年 12 月完工，完成总投资 300 万元，其中，业主自筹 240 万元。

三台县祥龙火腿厂恢复重建年产 20 万吨食品生产线项目。地处县城西出口处，地震造成祥隆火腿厂 500 吨冷冻库房严重受损，库底地面震毁，机械电器设备、氨管、库房门、氨压制冷机等设备受损，冷库温度升高 10℃以上，库存猪肉产品、火腿、肋排、心利肚等猪肉产品软化，库内 75 吨猪肉发霉变黑。重建年生产 20 万吨食品生产线被列入灾后重建规划并立项，新征土地 0.27 公顷，新建精加工火腿生产车间，购买火腿加工设备、新建冷库等，项目由成都市力远建筑工程有限公司承建。2008 年 9 月开工，2010 年 5 月建成。完成投资 270 万元，其中中央重建基金 60 万元，业主自筹 210 万元。建成精加工火腿生产车间 2000 平方米，购置火腿加工设备 1 套，新建冷冻库库容 300 立方米。

二、粮油流通

地震给全县粮食系统 9 个国有粮食企业、71 个粮所、179 个粮油连锁店的房屋及设备设施造成严重损毁。国有粮食系统重建项目纳入国家粮油市场服务体系重建规划，由县粮食主管部门组织实施（县粮食局办公大楼维修加固项目投入中央重建基金100万元，由绵阳宏达资产有限公司实施）。三台大部分民营粮油应急加工企业自筹资金自行恢复生产，纳入工业重建规划民营加工企业有：文氏粉业有限公司、丰泽粮油有限责任公司、黄金宏赋米加工厂、凯河面粉厂、黎福食品加工厂、神龙粮油有限责任公司、蜀丰粮油有限责任公司、永明精米加工厂。2008年12月开始重建，2011年5月全部完工，实际投资1965万元，其中中央重建基金190万元、业主自筹1775万元。

（一）仓库应急维修加固。2008年8月，县财政下拨国有粮食系统地震受损仓库应急维修资金400万元。其中，芦溪粮站170万元（含塔山粮站塔山片区），琴泉粮站60万元（含塔山粮站富顺、石安片区），金石粮站80万元，观桥粮站30万元，城关粮站30万元，国库30万元。应急维修项目经县财政、粮食等联合工作组对粮食系统各企业申报的维修项目逐一审定后，确定芦溪、金石、琴泉、观桥、城关军供站等粮站各库区、点、所仓房、晒坝为应急维修范围。8月下旬，全县对鉴定有维修价值的受损粮食仓库及附属设备设施进行维修加固。2009年3月，完成维修加固粮油仓库1560间4.23万平方米。

（二）国有粮食系统恢复重建。2008年开始恢复灾后重建，全县粮食系统规划重建项目19个，规划投资8142万元。其中，国有粮食粮油储备库项目6个，规划投资3346万元；国有粮食购销企业重建项目8个，规划投资2213万元；重建应急加工项目3个，规划投资2083万元；三台县粮食物流园区维修及重建项目各1个，规划投资500万元。同年11月，三台国有粮食系统灾后重建19个项目列入国家汶川特大地震灾后恢复重建市场服务体系专项规划。2009年5月，绵阳市粮食局批复同意将三台灾后恢复重建19个项目打捆为5个项目实施。2010年2月，县政府公布调整结果，国有粮食系统重建项目调整为5个，包括粮油库、粮油收储站重建项目各1个，粮油收储站、大米、面粉应急加工重建项目各1个，规划总投资8140万元，其中中央重建基金及其他资金2200万元。2010年在实施过程中，再次对项目进行整合、修订。同年11月，灾后重建规划项目实施计划修订后确定，全县粮食流通项目1个，将粮油收储、油、大米、面粉等应急加工重建项目以及粮油检验检测、信息中心合并打捆实施，规划投资8914万元，其中中央重建基金2200万元、粮油企业自筹资金6714万元。至2011年5月开工建设。

粮油储备加工物流中心灾后重建项目。2008年11月中旬，县粮食主管部门向县政府提交建设三台粮食现代物流中心（后正式确定名称为三台县粮油储备加工物流中心）的报告。下旬，县政府同意报告建设内容，项目新址确定在新德镇富谷村、新渡村所在位置。2009年7月9日，县城市规划委员会原则同意粮油储备加工物流中心在新德镇富谷村、新渡村征地建设。同年7月27日，县会议议定：县粮油储备加工物流中心建设项目选址确定在新德镇富谷村7组和新渡村1组，用地面积以实际勘测为准；征地、拆迁、补偿工作由新德镇党委、政府负责，补偿标准按绵遂高速公路三台段工程建设用地征地拆迁安置补偿标准执行；用地价格，按照招商引资工业用地出让价格每亩7.62万元包干；粮食系统对现有部分闲置资产进行处理；将原列入国家规划三台县的19个粮油灾后重建项目打捆整合为三台县城区大米加工厂、三台县城区面粉加工厂、三台县琴泉粮站应急加工厂、三台县琴泉粮站重建省粮食储备库、三台县琴泉粮站重建收购网点5个项目，集中在三台粮油储备加工物流中心建设；对建设粮油储备加工物流中心所需资金给予倾斜，第二批安排的灾后重建资金2300万元，由县财政、发改等部门负责协调到位。2010年3月，项目由县发改局立项，建设主要内容：储备中转区，建标准粮食储备仓库6402平方米，拱形屋盖结构，小麦理论仓容2.5万吨；中转贸易平房仓8713平方米，以包装为主、兼粮食收购，钢结构，理论仓容2万吨；仓储区配套设施包括供配电、消防、仓储管理、检验、化验、信息中心等；加工区，建设日加工菜籽油工厂120吨，匹配建设日精炼80吨、日浸出50吨、日小包50吨装罐装生产线等生产设施；配套建设污水处理（20t/d）、锅炉房（4t/h）、油罐区（2200吨）等辅助生产设施；建设日处理稻谷150吨精米加工车间1座，配套建设稻谷仓300吨、大米成品库、稻壳仓等设施；建设日处理小麦150吨面粉加工车间1座，配套建设毛麦仓、面粉成品库、副产品库、配电间等设施；综合管理区，建生产业务用房780平方米和综合楼（含检化验）3000平方米，框架结构。投资8913.66万元，资金来源为灾后重建资金2200万元，其余资金自筹。建设工期为2010～2011年。2010年11月，县灾后重建规划项目实施计划修订后，明确除中央重建基金外，业主自筹6714万元。重建内容为粮油检验检测、信息中心3420平方米，三台县粮食局为项目业主单位。2010年4月，县粮油储备加工物流中心招标实行评分法比选，确定国信招标集团有限公司为粮油储备加工物流中心招标代理单位。县粮食主管部门确定四川省迅达工程咨询监理有限公司为物流中心项目初步设计评审咨询单位，确定江油市思成建筑咨询服务公司为项目施工图审查单位，山东东成建设咨询有限公司为物流中心项目造价咨询单位。项目由四川长城建筑有限公司承建，中标价2806万元。2011年5月，项目开工。至2011年9月30日，项目在建，完成投资1500万元。

第五节　金融服务业

三台金融服务业在地震中遭受严重破坏。灾后重建规划项目中期调整后，金融服务业9个重建项目由县发改局立项，其中，银行业金融机构7家，包括县农村信用社、邮储银行、农业银行、工商银行、中国银行、建设银行、人行县支行；非银行业金融机构：保财险三台支公司及华西证券三台服务部。农村信用社、邮储银行、农业银行3家银行业机构为恢复重建，其余6家为维修加固。规划总投资1.31亿元，其中中央重建基金及其他资金500万元。项目从2008年6月开工，2011年6月完工。修缮加固网点109个，重建28个。增加自助机具设备159台。实现国税国库横向联网纳税。县农村信用合作联社使用中央灾后重建基金500万元，按工程进度实际拨付400万元，至2011年6月，使用中央灾后重建基金39.36万元，分别用于石安、乐加、万安、建平、灵兴、花园6个信用社灾后重建。

重点建设项目：

地震造成全县54个邮政储蓄所有21个邮政储蓄所的营业室内较大裂缝，无法安全、正常开展营业，需维修加固。县邮政部门将受灾情况及重建、维修计划上报绵阳市邮政局及四川省邮政公司（简称省邮政公司），省邮政公司在经过调查核实后，上报中国邮政集团总公司及省发改委申请立项，2009年8月，通过立项申请，按照集团公司、省邮政公司、市邮政局“统一部署、分工负责，区分缓急、突出重点，相互衔接、上下协调，规范有序、依法推进”的原则，确定2008~2010年期间，三台灾后邮政储蓄基础设施重建分“维修加固、网点装修”实施。20个邮政储蓄所维修加固，37个邮政储蓄所标准化装修。

维修加固。2008年8月，省邮政公司、市邮政局自筹资金136万元，分3年对三台20个受灾相对严重的邮政网点房屋进行维修加固。同年6~12月，维修加固中新、立新、辉坪、永明、中太、转江、石亭、紫河、秋林等9个邮政储蓄所，维修加固面积540平方米，投入资金65.5万元。2009年6~10月底，维修新德、建林、黎曙、新鲁、建平、鲁班6个邮政网点，完成维修加固面积310平方米，投入资金34.5万元。2010年3~7月，完成百顷、三元、曙光、断石、双胜5个邮政网点290平方米维修加固，投入资金36万元。

网点标准化装修。2008年8月，省邮政公司、市邮政局自筹资金593万元，对三台37个邮政网点按国家金融网点规范标准进行标准化装修，2008年8月动工，2010年11月完工，装饰装修面积3420平方米。同时，安装监控、报警、防弹玻璃等安防设施。

设备更新。2008年6月~2010年12月，更换、新增终端设备及打印机、点钞机各118台。截至2010年年底，三台邮政储蓄联网网点维修及标准化装修率、网点安防设施安装、设备更新率均为80%。

华西证券三台恒昌路营业部先后投入136万元，对营业部场地和信息系统进行建设，2009年12月，通过四川证监局现场验收。

第六节　工商行政管理

2009年2月，三台县工商局编制灾后重建和维修加固实施方案，规划重建古井、建设工商所办公业务用房。建设工商所报发改局批准，在三台县花园镇选址异地修建，古井工商所在古井场镇选址修建。三台县工商局局机关及其余工商所（办公点）办公业务用房进行维修加固。同时，购置办公电脑30台。2009年7月动工，至2011年8月完工，历时2年，共完成办公业务用房维修加固2.28万平方米，重建办公业务用房759.16平方米，完成中央灾后重建基金投资554.5万元。

一、灾后重建

建设、古井工商所办公业务用房灾后重建项目。2009年2月13日，县发改局立项。同年2月20日，省发改委对三台县工商系统灾后重建项目进行批复。每个项目计划投资均为71万元（其中，土建工程投资66万元，设备购置费5万元），建设规模均为300平方米，建设工商所在花园镇（芦溪工业集中区内）选址重建，古井工商所在古井场镇另址重建。资金来源于灾后重建专项资金及自筹。项目均采取比选方式确定施工、设计、监理等单位。四川攀枝花市规划建筑设计研究院有限公司为建设工商所工程设计单位，设计总建筑面积387.54平方米，三台县勘测设计咨询有限公司为古井工商所工程设计单位，设计总建筑面积371.62平方米。2010年6月，建设工商所财评招标控制价62万元，古井工商所61.3万元。比选确定四川省顶盛建设工程有限公司为建设工商所重建项目施工单位，中标价53.94万元，四川省三台县第四建筑工程公司为古井工商所重建项目施工单位，中标价50万元。2010年8月同时开工，次年8月，相继完工。建设工商所完成办公业务用房重建387.54平方米，实际投资56.99万元；古井工商所重建办公业务用房371.62平方米，实际投资58.23万元。

二、维修加固

2009年2月20日，省发改委对三台县工商系统的维修加固项目进行批复。全县工商系统维修加固项目，分布在乡镇的12个、县城3个。县工商局采取先试点后陆续展开的方法，推进全县工商系统办公用房维修加固工作，并决定在富顺工商所进行维修加固试点。2009年9月，富顺工商所维修加固工程开工，11月完工。同年11月，县发改局对县工商局机关及塔山等15个工商所灾后维修加固项目立项，维修加固业务用房2.28万平方米，概算投资415万元。富顺工商所维修加固竣工后，全县工商系统以富顺工商所为样板，办公用房维修加固统一风格、颜色和标识，并与当地场镇风貌相结合。15个维修加固项目，富顺工商所、建设工商所中太办公点用房采取竞争性谈判方式确定施工企业，其余项目采取比选方式确定施工单位。2009年12月~2010年3月，其余15个维修加固项目先后动工。至2010年10月，全县工商系统办公业务用房维修加固先后完工，共维修加固面积2.28万平方米，使用中央灾后重建基金413.5万元。

三台县工商系统办公业务用房维修加固一览表

表5-12

单位	维修加固（平方米）	投资（万元）	开工时间	竣工时间
三台县工商局	4091	45	2010年3月20日	2010年8月19日
石安工商所	1564	20.5	2009年12月28日	2010年4月20日
富顺工商所	1586	20.5	2009年9月6日	2009年11月5日
景福工商所	1713	28	2009年12月24日	2010年7月13日
新生工商所	1782	30	2010年1月8日	2010年7月13日
西平工商所	893	20	2009年12月28日	2010年5月4日
乐安工商所	1857	28	2010年3月20日	2011年3月2日
金石工商所	1316	26	2009年12月28日	2010年7月7日
芦溪工商所	1575	21	2009年12月28日	2010年5月4日
刘营工商所	2481	25.5	2009年12月28日	2010年5月4日
建设工商所中太办公点	556	20	2010年9月29日	2010年10月28日
潼川工商所	910	26	2009年12月27日	2010年6月18日
北坝工商所	439	25	2009年12月28日	2010年4月20日
武昌馆工商所	83	8	2009年12月23日	2010年4月20日
塔山工商所	682	30	2010年1月10日	2010年7月17日
观桥工商所	1258	40	2010年1月18日	2010年6月18日
合计	22786	413.5	-	-

三、设备购置

2009年9月，三台县工商局为全县工商系统统一购置电脑30台，分发各工商所，使用灾后重建基金21万元。

第九章　防灾减灾

第一节　灾害风险治理

2009年9月，地震灾后恢复重建地质灾害防治专项规划，确定三台地质灾害治理51处，其中工程治理19处应急排危除险32处。2010年2月，灾后恢复重建规划项目实施计划调整后，确定地质灾害风险治理项目5个，总投资4649万元，资金来源为中央重建基金。包括重大地质灾害工程治理项目、地质灾害应急排危项目、地质灾害避让搬迁项目、地质灾害隐患点群测群防网络建设项目及地质灾害能力建设项目。同年7月，经省专家组实地勘查，决定将三元初中、云同小学、黎曙场镇、圆堡山4处地质灾害点由工程治理调整为应急排危，工程治理减少为15处，应急排危除险增加到36处。鹞子岩、月亮湾、禁毒大队3处滑坡，在治理规划前的2009年8月底已经完成应急排危除险。忠孝中小学、中新镇革新村3组寨子山、金石镇权源村2组文化街3处滑坡和塔山场镇崩塌，经省地质专家现场勘察，隐患点地质情况趋于稳定，无必要再进行治理，上报市国土局同意后，于2009年11月初至年底先后终止治理。2010年，全县实施治理的灾害点44处（应急排危除险29处），监理单位为辽宁有色勘察研究院。治理工程2010年7~11月陆续开工，至2011年3月底完工。投入人力508人（次），机械设备85台（套），治理规模111.1万立方米，解除地质灾害点威胁47处（包括规划前应急排危3处，未包括终止治理的4处）85户城乡居民296人、26所学校1.84万名师生安全以及1亿元财产安全得到保障，投入资金1984万元，其中中央灾后重建基金1874万元、其他资金110万元。

一、工程治理

全县工程治理15处，滑坡、崩塌、不稳定斜坡达80.9万立方米，其中秋林镇中街李家湾处滑坡达35万立方米。观桥、百顷、四平学校3处灾害点为特大型险情，禾加、芦桥、曙光、塔山、高堰、太林等6所学校灾害点为大型险情，其余为中型险情。通过比选方式，确定甘肃地质工程有限责任公司为秋林镇中街李家湾、北坝镇樟树村9组千佛岩2处滑坡治理施工单位。2010年8月1日实施治理，其余13处采取公开招标的方式确定施工单位。涪江桥头和观桥、禾加、芦桥、曙光4所学校灾害点治理，施工单位为江西有色工程有限公司。塔山、高堰、高山等学校及潼川镇花园村1、3组，印盒山、柳池镇东兴街灾害点治理，施工单位为四川省地质工程集团公司，百顷、太林、四平学校滑坡治理，施工单位为重庆市渝万建设集团有限公司。2010 年 11 月，各灾害点实施治理，至 2011 年 3 月底，陆续结束。投入人力 363 人次，机械设备 45 台（套），中央灾后重建基金 1356.2 余万元。治理滑坡 75.83 万立方米，崩塌 5.09 万立方米。解除威胁 15 处，26 户 74 人、10 所学校 9209 名师生命生安全以及 5760 万元财产安全得到保障。

二、应急排危除险

在省专项规划的灾害点治理中，除去规划前完成和终止治理的灾害点，应急排危 29 处，特大型险情有新生、中太学校 2 处不稳定斜坡；大型险情有龙树、长坪、宝泉、西丰、朱君、同德、菊河、云同等学校 8 处灾害点，中型险情的有龙桥、石桥、永新、金星、三元等学校灾害点 6 处和黎曙场镇、永新镇永胜村 6 组圆堡山 2 处灾害点，小型险情 11 处。应急排危除险工程以竞争性谈判方式确定施工单位。龙树、长坪初中和宝泉小学灾害点治理施工单位为四川省地质工程集团公司，西丰、朱君小学崩塌灾害点治理施工单位为四川蜀都地质工程勘察院，石桥、永新小学灾害点治理施工单位为西北有色勘测工程公司成都分公司，永新初中、金星小学灾害点治理施工单位为湖北中南勘察基础有限公司，分散农户灾害点和圆堡山、肖家沟崩塌灾害点治理施工单位分别是甘肃九州岩土有限责任公司、湖南省湘南工程勘察公司、湖南省隧道工程总公司。龙桥初中等 6 处灾害点和黎曙场镇崩塌，圆堡山滑坡治理施工单位为北京岩土工程勘察院四川分院。从 2010 年 7 月至 12 月开始实施，至 2011 年 1 月底，共投入人力 145 人（次），机械设备 40 台（套），投入中央灾后重建基金 518.53 万元。治理滑坡 17.64 万立方米，崩塌 9.04 万立方米，不稳定斜坡 3.5 万立方米。解除威胁 29 处，32 户（分散农户 28 户）222 人以及 16 所中小学校 9219 名师生生命安全、4291 万元的各类财产安全得到保障。

三、避让搬迁

全县有危岩、崩塌、滑坡、不稳定斜坡等 50 处地质灾害隐患点，直接威胁 20 个镇乡 165 户 593 人的生命财产安全。2009 年 9 月，全县 50 处地质灾害隐患点纳入地质灾害避让搬迁项目。2010 年 2 月，县灾后恢复重建规划项目实施计划调整后，确定项目总投资 363 万元，按照省“5·12”特大地震灾后恢复重建地质灾害防治专项规划的相关规定，住房恢复重建相关补助政策的农户，避让搬迁不得再享受地质灾害避让搬迁项目经费补助，全县灾后住房重建中，有 86 户享受住房恢复重建相关资金补助，享受避让搬迁补助 78 户，每户按 2.2 万元补助，资金来源为中央重建基金。避让搬迁一律就近自主安置。至 2010 年 5 月，165 户搬迁完毕，其中避让搬迁 10 户以上的镇乡有，潼川镇胜丰村 34 户。光辉镇 7 个村 29 户，避让搬迁补助 22 户，资金 48.4 万元。断石乡白阳村 11 户，补助 24.2 万元。中太镇 7 个村 17 户，补助 15 户 33 万元。龙树镇 2 个村 11 户，补助 9 户 19.8 万元。新生镇大院村、石门村 18 户，补助 3 户 6.6 万元。永新镇崭山村 12 户，补助 6 户 13.2 万元。其余为搬迁 10 户以下的镇，石安镇通沟村、刘营镇卫星村、观桥镇翻身村各 1 户。

四、地质灾害网络及防治能力建设

地质灾害群防群测网络建设项目。2009 年 9 月，省灾后恢复重建地质灾害防治专项规划将三台县63个地质灾害隐患点列入群测群防项目，101个纳入治理、搬迁、应急排危的隐患点列入工程实施前监测预警。2010年2月，县灾后恢复重建规划项目实施计划调整后，确定全县164处地质灾害群测群防网络建设项目，总投资176.5万元，资金来源全部为中央重建基金。同年4月20日，县政府公布地质灾害群测群防体系建设实施方案，开展地质灾害易发区的临时安置点、城镇、人口集中分布区、风景名胜区、大中型工矿企业等地区地质灾害群测群防工作。地质灾害群测群防网络，由县、乡（镇）、村三级网络组成，分别负责辖内重大地质灾害隐患点的监测预警。自2008年恢复重建至2011年，共设立警示牌和公示牌近500块。发放避险明白卡和防灾明白卡2000多份，编制重要地质灾害隐患点防灾预案164份，落实责任主体与监测责任人和监测员328人。

地质灾害防治能力建设项目。2009年9月，项目列入省灾后恢复重建地质灾害防治专项规划，根据规划，三台县建立县级地质环境监测站1处，用于开展全县范围内地质灾害防治工作。同年10月，市、县编办同意设立三台县地质环境监测站，核定事业编制4名。2010年2月，县灾后恢复重建规划项目实施计划调整后，确定建县级地质环境监测站1处，总投资250万元，资金来源为中央重建基金。同年8月，通过公开招考方式，招录大学生3名，调录工作人员1名。地质环境监测站设国土局5楼，办公用房20平方米。通过政府采购方式，购置电脑、照相机、摄像机、GPS、传真机、打印机等办公设备和应急救援车辆，投资80余万元（中央重建基金）。地质环境监测站成立至2011年9月，在全县排查出地质灾害隐患点264处，完成重大地质灾害治理16处，应急排危除险61处，避让搬迁93处289户（含灾后重建避让搬迁164户），群测群防监测预警154处。

2010年三台县地质灾害工程治理情况表

表5－13　　单位：万元、万立方米

灾害点名称	治理成果			投资总额
	治理规模	解除威胁		
		人数	财产	
秋林镇中街李家湾滑坡	35	－	600	58.53
北坝镇樟树村9组千佛岩滑坡	12	－	500	99.48
东塔镇东塔村4组涪江桥头崩塌	0.96	－	600	41.72
观桥中学崩塌	0.89	3000	800	64.24
禾加小学滑坡	6	910	350	126.95
芦桥中小学崩塌	0.9	501	350	109.8
曙光小学滑坡	1.1	530	170	88.67
塔山小学滑坡	4.2	950	250	71.77
高堰小学滑坡	6.3	630	300	24.84
潼川镇花园村1、3组印盒山崩塌	0.65	150	260	98.4
高山小学滑坡	2.4	220	250	31.24

续表5－13

灾害点名称	治理成果			投资总额
	治理规模	解除威胁		
		人数	财产	
柳池镇东兴街滑坡	6.22	74	600	122.412
百顷小学滑坡	1.9	1547	250	132.51
四平初中滑坡	1.2	1001	220	188.55
太林小学滑坡	1.2	820	260	97.09
合计	80.92	10333	5760	1356.207

2010年三台县地质灾害应急排危除险情况表

表5－14　　单位：万元、立方米

灾害点名称	开工时间	完工时间	治理成果			投资总额
			治理规模	解除威胁		
				人数	财产	
宝泉小学崩塌	2010.7.15	2010.11.30	7000	539	150	13.37
同德小学崩塌			9000	999	75	26.39
菊河小学崩塌			6000	672	140	19.11
永新中学崩塌			7000	326	90	18.41
金星小学			6000	398	150	28.08
古井镇榴花村11组乱石梁子崩塌			1800	18	102	12.55
龙树初中滑坡	2010.9.5		22000	530	120	9.70
长坪初中不稳定斜坡			13000	533	270	19.68
西丰小学崩塌			5000	624	90	10.60
朱君小学崩塌			8000	510	100	11.78
龙桥初中崩塌			8500	400	160	9.05
新生小学不稳定斜坡			11000	1154	180	45.09
中太小学不稳定斜坡			11000	1100	80	25.08
新生镇长安村1组马头山崩塌			300	6	33	16.53
上新乡石笋村8组下湾崩塌			200	17	94	15.75
古井镇榴花村4组庙梁子崩塌			300	20	112	19.81
北坝镇北塔村9组山水沟滑坡			1300	25	134	11.62
中新镇益新小学旧址后山滑坡			9500	13	77	38.97

续表5—14

灾害点名称	开工时间	完工时间	治理成果			投资总额
			治理规模	解除威胁		
				人数	财产	
建平镇袁家沟5组圆宝山崩塌	2010.11.20	2010.12.30	62200	74	600	7.28
富顺镇华新村7组肖家沟崩塌			3300	8	46	10.53
建设场镇滑坡			13000	18	102	19.61
玉林乡先锋村1组严家湾滑坡			6400	9	51	6.03
塔山镇青春村3组大地丝厂滑坡			7600	14	79	12.93
三元初中滑坡			23000	401	160	19.95
云同小学崩塌			24000	595	250	18.32
黎曙场镇崩塌			9300	-	600	18.90
永新镇永胜村6组圆堡山滑坡			2100	10	56	18.21
永新小学滑坡	2010.12.1		18000	488	110	18.52
石桥学校崩塌			6000	450	80	16.69
合计	-	-	301800	9951	4291	518.54

第二节　应急指挥与救援救助

应急指挥和救援救助重建项目2个，包括综合减灾救灾、应急指挥体系建设项目和救灾物资储备仓库建设项目。

一、应急指挥体系建设

应急指挥体系建设包括县级指挥体系和镇乡应急体系建设。县级建设内容有：建设指挥办公室、指挥中心机房、配置指挥软件、高端PC服务器和网络、安全、存储、备份等相关设备以及指挥车、通信设备等；乡镇建设内容包括购置PC机、网络、手持机、3G电话等。项目由县发改局立项，规划投资365万元。2009年1月开工，2010年年底完工。完成投资152万元，资金来源为中央重建基金。

二、应急制度建设

县政府先后制定自然灾害应急管理工作制度和自然灾害应急预案，增强自然灾害防范能力。

（一）应急管理制度。2009年7月28日，县政府办印发《三台县应急管理专家组工作规则》，内容主要包括总则、人员组成、工作内容、工作制度、保障措施5章16条。专家组由自然灾害、事故灾难、公共卫生事件、社会安全事件及综合管理等领域的专家学者和行政管理人员组成。专家组的工作职责是为全县应急管理工作提供业务咨询、决策建议、技术支持以及参与应急处置等。7月31日，县政府办成立三台县应急管理专家组，设自然灾害组、事故灾难组、公共卫生组、社会安全组、综合管理组。专家组设组长1人、副组长4人、成员28人，由高级兽医师、高级教师、高级农艺师、农艺师、工程师、医师、统计师、律师、部门行政领导组成。11月6日，县政府办印发《三台县应急管理工作制度》，内容主要包括应急预案编制管理制度、应急风险隐患排查监测制度、应急响应信息报告发布制度、应急管理联系会议制度、应急管理督查制度。同日，印发《三台县政府系统应急值守工作制度》，共13条。

（二）应急预案。2010年4月20日，县政府第38次常务会议审议通过《三台县自灾害救灾应急预案》。救灾应急预案分总则、灾情等级划分及预案启动、预警及信息发布、应急指挥系统和职责分工、救灾应急准备、救助应急措施、附则7部分。

总则明确自然灾害救灾应急预案所称重大突发性自然灾害，是指三台县行政区域内发生的涝、干旱、风雹、低温、地质灾害、地震、生物灾害以及森林火灾等危及人民生命财产的自然灾害。

灾情等级划分，按照自然灾害发生的过程、性质、严重程度、可控性和影响范围等因素，分为4级：Ⅰ级（特别重大）、Ⅱ级（重大）、Ⅲ级（较大）、Ⅳ级（一般）。一次性灾害造成下列后果之一的为特别重大灾害：一个流域发生特大洪水，或涪江、凯江等干流重要河段堤防发生决口，或团结水库、红旗堰等位置重要的中小型水库发生垮坝；特大暴雨、暴雪等极端天气气候影响50平方公里以上较大区域，或造成30人以上死亡，或5000万元以上经济损失的气象灾害；造成300人以上死亡，或造成严重经济损失的地震，或发生在县境内7.0级以上地震；因山体崩塌、滑坡等造成30人以上死亡，或直接经济损失1000万元以上的地质灾害，或受地质灾害威胁，需转移人数在1000人以上；造成30人以上死亡，或造成重大影响和财产损失的森林火灾，或受害森林面积超过1000公顷、火场仍未得到有效控制的火灾；产生特别重大社会影响的其他自然灾害。一次性灾害造成下列后果之一的为重大灾害：一个流域或其部分区域发生大洪水，或涪江、凯江等干流一般河段及主要支流堤防发生决口或出现重大险情，或一般大中型水库发生垮坝或出现对下游安全造成直接影响的重大险情；暴雨、大雪等造成10人以上、30人以下死亡，或1000万元以上、5000万元以下经济损失的气象灾害，或对社会、经济及群众生产生活等造成严重影响的高温、干旱、低温等气象灾害；造成50人以上、300人以下死亡，或造成重大经济损失的地震，或发生在县境内5.0级以上地震；因山体崩塌、滑坡等造成10人以上、30人以下死亡，或直接经济损失500万元以上、1000万元以下的地质灾害，或受地质灾害威胁，需转移人数在500人以上、1000人以下；因蝗虫、稻飞虱、水稻螟虫等大面积成灾并造成严重经济损失的生物灾害，或新传入的有害生物发生、流行，对农业和林业生产造成严重威胁的生物灾害；连续燃烧超过72小时没有得到控制的森林火灾，或受害森林面积在300公顷以上、1000公顷以下的火灾，或造成10人以上、30人以下死亡的森林火灾；产生重大社会影响的其他自然灾害。一次性灾害造成下列后果之一的为较大灾害：涪江、凯江等干流一般河段及主要支流堤防出现较大险情，或水库发生垮坝对下游安全造成直接影响的较大险情；暴雨、寒潮等造成3人以上、10人以下死亡，或500万元以上、1000万元以下经济损失的气象灾害，或对社会、经济及群众生产生活等造成较重影响的高温、干旱、低温等气象灾害；造成20人以上、50人以下死亡，或造成较大经济损失的地震，或发生在县境内4.5级以上地震；因山体崩塌、滑坡等造成3人以上、10人以下死亡，或直接经济损失100万元以上、500万元以下的地质灾害；因蝗虫、稻飞虱、水稻螟虫等大面积成灾并造成较重经济损失的生物灾害，或新传入的有害生物发生、流行，对农业和林业生产造成较大威胁的生物灾害；连续燃烧超过24小时没有得到控制的森林火灾，或受害森林面积在100公顷以上、300公顷以下的火灾，或造成3人以上、10人以下死亡的森林火灾，产生较大社会影响的其他自然灾害，未达到较大灾害划分标准的均为一般性灾害。当县境内发生突发性自然灾害，一次性灾害造成的人员伤亡和损失达到一般性灾害以上等级标准时，启动救灾应急预案。

预警及信息发布。灾害预警：预警一般划分为4级，Ⅰ级（特别严重）、Ⅱ级（严重）、Ⅲ级（较重）、Ⅳ级（一般），依次用红色、橙色、黄色、蓝色表示。预警发布：特别重大自然灾害（Ⅰ级）预警，由县政府或县救灾应急指挥部负责发布、调整和解除。重大（Ⅱ级）、较大（Ⅲ级）和一般（Ⅳ级）自然灾害预警，由县救灾应急指挥部负责发布、调整和解除。灾情报告，重大突发性自然灾害发生后，灾害发生地的镇乡人民政府及有关责任部门在组织紧急救助的同时向县政府及县应急办、县民政局等有关部门报告初步灾情（包括灾害种类、发生时间、地点、范围、程度，生命财产损失，采取的措施，生产、生活方面需要解决的问题等），不迟报、谎报、瞒报和漏报，应急处置过程中，要及时续报有关情况。县政府及应急、民政部门在接到报告或了解发生重大突发性自然灾害的情况后，必须立即派员到灾害现场进行调查核实，为是否启动《预案》提供决策依据。初步确定为特大灾、大灾的，在1小时以内将情况上报到市政府和市应急办、市民政局等有关部门。信息发布，县政府应急办会同县委宣传部负责牵头处置，委托县政府新闻办在第一时间向公众发布灾害预警及灾情趋势等有关信息，重大灾情宣传报道按有关规定执行。信息发布形式主要包括授权发布、散发新闻稿、组织报道、接受记者采访、举行新闻发布会等形式，通过三台广播电台、电视台或者有关政府网站发布信息。应急指挥系统，救灾应急指挥系统自然灾害紧急救助实行政府统一领导，救灾应急指挥部统一指挥，各相关职能部门分工负责的领导体制，县政府成立三台县自然灾害救灾应急指挥部，主要职责是负责领导和协调全县救灾应急工作，研究部署各种应急准备和实施措施，督促检查各项救灾工作落实情况，研究决定和处置有关重大问题。县救灾应急指挥部下设办公室，地点设县应急办，由县应急办主任任办公室主任，民政、水务、国土资源、农业、林业、科学技术、交通、气象等县级部门分管领导为成员组成。其主要职责是向各部门传达县救灾应急指挥部工作指令并监督落实，收集各部门工作进展情况，及时向县救灾应急指挥部报告，发布灾情及救灾工作信息，收集、评估灾情，向上级有关部门汇报灾情和救灾工作情况，协调救灾工作过程中部门职能交叉问题等。各镇乡人民政府参照县应急指挥部设立应急指挥机构及办公室。

救灾应急准备。紧急救援队伍，主要由受灾地区的干部和群众组成。遇到特大灾、大灾时，组织民兵预备役人员和协调驻县武警、公安消防部队共同参加抢险救灾，县卫生局和县红十字会组织医疗人员参加抢救伤员；救援物资储备，包括抢险物资和救助物资，抢险物资包括抢修水利设施、抢修道路、抢修电力、抢修通信、抢救伤员药品及其他紧急抢险所需物资，分别由县水务、交通、通信、经济商务、卫生、电力等部门储备和筹集。救助物资，包括粮食、方便食品、帐篷、衣被、饮用水和其他生存性救助所需物资等，由县民政、粮食、经商等部门储备和筹集；救灾应急资金，坚持自筹为主，国家补助为辅，分级负责的原则，通过财政补助、部门支持、社会捐赠等多种渠道解决，救灾应急资金专款专用、重点使用；辅助资源准备，救援队伍和救援物资的运输工具如汽车、船只由交通部门视情况组织安排，灾区通信、用电等协调通信、电力部门准备，驻县武警部队在参加抢险救灾时，按规定使用部队交通和通信等装备，不足部分由县政府协调解决。

救助应急措施。发生重大自然灾害时，灾害发生地镇乡政府要组织转移安置灾民，迅速组织抢险队伍开展紧急救助。相关部门组织抢修被破坏的公路、通信、电力、供水、燃气、河道、沟渠、山塘和水库，确保各类设施及时恢复正常。卫生部门及红十字会组织医疗队伍进入灾区，开展医疗救护。物资供给。紧急状态下灾区急需的救援物资，采取征用或采购办法筹集，灾后由有关部门用应急资金结算。公安机关、驻县武警部队协助灾区加强社会治安管理和安全保卫工作，预防和打击犯罪活动，维护灾区社会治安、交通秩序。社会捐赠，县民政局和县红十字会分别按有关规定，负责管理捐赠款物的接收、分配、运输和发放。宣传部门按照指挥部的部署，进行灾情宣传报道，向公众及新闻媒体发布灾情及抢险救灾工作等有关信息。加强对次生灾害监测、预报、预防和治理，防止灾情扩大，减轻相关损失或消除灾害隐患。各镇乡人民政府及有关部门要加强对防灾抗灾知识的宣传，增强广大干部群众防灾抗灾意识和抗御自然灾害的能力。重点地区、重点部门要进行紧急避难、灾民的转移安置和伤病员的抢救等演练。

三、应急物资储备库

2008 年 12 月，县发改局对县救灾物资储备库和救助管理站灾后重建项目立项，投资 450 万元，资金来源为中央重建基金。2009 年，根据省发改委汶川地震灾后恢复重建规划项目实施计划中期调整精神和《救灾物资储备库建设标准》要求，对项目进行相应调整。将救灾物质储备库和三台县救助管理站两个项目整合为一个项目，并由三台县救助管理站承担业主责任，报县发改局后，两个项目整合为一个项目设计。2009 年 9 月，县人民政府协调相关部门，在原公安局征用的车管所用地上，划定 1. 57 公顷土地作为上述两个项目建设用地。救灾物资储备库由库房、生产辅助用房、管理用房、附属用房构成。生产辅助用房分为加工用房和清洗消毒用房；管理用房分为办公室、会议室、财务室、档案室、监控室、警卫室、活动室、值班宿舍；附属用房分为车库、变（配）电室、水泵房、锅炉房、食堂、浴室卫生间。县救助管理站委托县工程勘测设计咨询有限责任公司进行初步设计。2010 年，委托川西北地质工程勘察院和县工程勘测设计咨询有限责任公司进行地质勘探、边坡设计和主体工程施工图设计。同年 10 月，三台县富源建设工程公司以 546 万元中标。2010 年 12 月开工，2011 年 8 月竣工。

第三节　综合防灾减灾

一、项目规划

2009年，县民政部门根据省级相关部门汶川地震灾后恢复重建防灾减灾专项规划避难场所新建的精神，按因地制宜、合理布局、整合资源的原则，先后考察并初步确定县体育馆、体育中心、凤凰山森林公园、三台中学、梓州公园、东山公园、三台一中、潼川一小、救灾物质储备库等候选地点。后经县研究确定在潼川二小、县中医院、县中医骨科医院、杜甫纪念馆、县救灾物质储备中心、文化广场建设应急避难场所。2010年6月，县政府制定避难场所实施方案，同年11月，灾后重建规划实施计划修订后，确定县避难场所重建项目1个，总投资1100万元，除凤凰山森林公园需自筹部分资金外，其余避难场所建设资金全部为重建应急避难场所基金。其建设内容主要是，依托学校、公园、社区福利设施，配置管理人员办公室、避灾区、临时医务室、物质储备仓库、食堂、浴室、活动室等，备置备用电源、水源、食物等项目从2009年年初动工。2011年8月，完成项目规划建设内容，投入中央灾后重建基金1100万元。

二、避难场所建设

潼川第二小学避难场所。2010年8月，潼川二小避难场所建设全面展开。9月，重庆上书房建筑设计顾问有限公司完成设计图，设计建设应急篷宿区5000平方米，指挥台180平方米及照明、排水系统，项目投资120万元。同年9月15日，县发改局批准潼川二小避难场所恢复重建项目立项，总投资120万元，资金来源为灾后重建专项基金。2010年12月31日，县发改局批准项目招投标方案，确定四川省巴中永利建筑安装有限公司以87.812万元中选为施工单位。2011年3月开工，5月全面竣工。

县中医院避难场所。2010年6月，县中医院被列为防灾减灾应急避难场所建设单位。9月，项目主要建设内容为购置应急医药设备，使应急安置能力达到2000人。项目投资25万元。

县中医骨科医院避难场所。因地域、项目、服务优势，2010年6月，三台县中医骨科医院被列为防灾减灾应急避难场所建设单位。9月，县骨科医院制定实施方案，主要建设内容为购买500毫安X光机1台（带电视增强系统、两扇防护钢门），建设地点为潼川镇新西外街麻石桥160号。9月，县发改局批准立项，项目主要建设内容为购买500豪安X光机1台，投资25万元。11月，县政府采购中心招标采购，中标价24.9万元。同月设备到位并投入使用。

梓州杜甫草堂避难场所。2010年6月，梓州杜甫草堂被列为防灾减灾应急避难场所建设单位，2010年9月，县发改局批准立项，项目主要建设应急照明电路及应急供水系统等，投资80万元。梓州杜甫草堂避难场所施工招标方案，由县发改局备案，于2011年3月4日挂网比选，最高限价74.68万元。

县救灾物资储备中心避难场所。县救灾物资储备中心是县灾后重建项目，中心硬件设施完善，2010 年 6 月，被列为防灾减灾应急避难场所建设单位，9 月，县发改局批准立项，建设避难广场 1.5 万平方米及附属工程，相关设备及物资购置等（包括应急避难场所大门、门卫工程，涮洗室及老弱病残避难室四个单项工程），投资 170 万元。施工招标方案由县发改局备案，2011 年 6 月 3 日挂网比选，最高限价 135.31 万元。

县体育中心、文化广场（含健身中心）避难场所。三台县文体场所避难点由县全民健身中心、县体育中心两个部分组成。2010 年 6 月，被列为防灾减灾应急避难场所建设单位，10 月，县发改局批准立项，硬化室内全民健身中心后侧场地 700 平方米及附属工程、县体育中心地砖硬化建设、应急设备实施购置等。投资 80 万元。施工招标方案由县发改局备案，2011 年 3 月 8 日挂网比选。

凤凰山森林公园避难场所。2010 年 6 月，凤凰山森林公园被县政府列为防灾减灾应急避难场所建设单位。同年 11 月，县发改局批准立项，建避难场地 1 万平方米，梯道 1000 平方米，厕所 200 平方米，路灯 20 盏，给排水 800 米，投资 880 万元，资金来源为灾后重建应急避难场所基金及自筹。2011 年 8 月底，凤凰山森林公园避难场所项目招标代理机构比选公告挂网，并在县发改局备案。经比选，成都鑫标点工程管理咨询有限公司为招标代理机构。

第十章　生态恢复建设

第一节　生态修复与环境整治

生态修复重建项目包括生态修复和环境治理项目 2 个，土地整理复垦项目 1 个。

一、植被恢复

地震中，全县 28.67 公顷生态林木林地损毁。2008 年 9 月，县林业主管部门针对林业灾后受损情况和林业生产特点，计划用两年时间，通过人工造林增加森林面积，恢复受损植被，调整林种结构，恢复生态环境。2010 年 2 月，县灾后重建规划项目实施计划中期调整后，确定生态修复和环境治理项目 6 个，规划投资 6012 万元，其中中央重建基金 4600 万元、欧洲银行贷款 1380 万元，其余自筹。同年 11 月，实施计划修订后，总投资修订为 6929 万元，其中中央重建基金 5000 万元，欧投贷款调 1401 万元，其余业主自筹。

2008 年 9 月，饮用水源地保护项目开工，主要建设饮用水水源保护隔离区、保护设施及标识牌建设，治理水源地破坏的植被恢复及边坡水土流失工程，清理水源保护区的污染源。同年 10 月完工，投资120万元（中央重建基金）。

2009年8月~2010年9月，绵阳市佳乐农业开发有限公司自筹资金建设林业产业基地，购买产业基地加工设施设备及征地，总投资1120万元。建设林业产业基地93公顷、征地11.33公顷、建提灌站1座、排灌沟渠1公里、蓄水池3口。

2009年12月，5个生态修复项目相继动工，2011年7月完工。重建办公用房1655平方米，维修林业用房1216平方米及其设备设施购置。新造核桃、岈山米枣、藤椒1126公顷。利用欧投贷款完成造林600公顷，封山育林900公顷。恢复苗圃15公顷，林区道路恢复重建39.25公里（其中生物多样性保护林区道路3公里）。生态修复完成投资6707.45万元，其中中央重建基金4480万元、外国政府贷款1400.62万元、自筹826.83万元。

使用外国统借统还紧急贷款生态修复灾后恢复重建项目。2008年12月30日，三台县林业使用外国统借统还紧急贷款恢复重建项目实施方案和设计上报市林业局审核。2009年1月，市林业主管部门到三台检查项目规划编制情况。同年8月，省发改委立项。2010年，县调整重建规划项目实施计划，确定人工造林600公顷，其中曙光74公顷、富顺133公顷、永明、中太各67公顷、建设85公顷、金石47公顷、云同27公顷、花园100公顷；封山育林900公顷，其中，新生镇94公顷，景福、建中、塔山、龙树等镇乡各67公顷，双乐乡53公顷、玉林、新鲁、西平、富顺等镇乡各33公顷，黎曙13公顷、中太35公顷、石安161公顷、潼川104公顷、刘营40公顷；苗圃恢复15公顷（中太、建设、芦溪）；修复生物多样性保护林区道路3公里；购置森林防火设施设备。项目总投资1412万元，其中欧投贷款1380万元。同年11月，县修订实施计划，明确外国政府贷款1400.62万元，业主自筹资金11.38万元。

2010年1月，经县政府采购中心采购，人工造林和封山育林项目由四川易之境环境艺术有限公司承建，中标价417万元（不含种苗费用），项目由四川省生态环境建设工程监理有限公司监理。同年2月开工建设，5月完成主体工程，9月经四川省生态环境建设工程监理有限公司对项目进行验收，工程建设合格，建成核桃、米枣、油橄榄等产业基地600公顷，封山育林900公顷。

生态修复人工造林项目。2009年7月，县发改局批准林业生态修复林草植被（人工造林）恢复重建项目立项，总投资1761.14万元（含种苗费484.32万元），在潼川、建设、花园、永明、观桥、双乐、永新、富顺、芦溪、三元、刘营等镇乡，建设人工植苗造林1193公顷。2010年2月项目计划调整后，投资调为1680万元，资金来源为中央重建基金。同年11月，项目实施计划修订后，确定投资1761.14万元，其中中央重建基金1761万元，业主自筹1400元。重建核桃、岈山米枣、油橄榄基地等。分布在石安镇191公顷、永新镇141公顷、菊河乡69公顷、广利乡82公顷、黎曙镇63公顷、观桥镇101公顷、双乐乡85公顷、新鲁镇241公顷、中新镇153公顷。建设工期2009~2010年。2009年8月，三台县梓森园林种苗有限公司完成项目作业设计。10月通过招标，确定阿坝州岷江造林局以1022.82万元（不含种苗费用）中标人工造林项目；11月中旬，中标单位在石安、永新、新鲁等镇乡开工；12月，县政府采购中心确定，县林业主管部门比照同期种苗市场价优惠10%的价格，向县内岈山米枣专业合作社、绿秀林产种苗有限责任公司、梓森园林种苗有限公司、山顺果业开发有限公司、绵阳市佳乐农业开发有限公司采购种苗。2010年3月底，全面完成镇乡1126公顷人工造林栽植任务。同年9～12月，补栽补植缺窝死苗。

生态修复林区道路建设项目。2009年9月，生态修复林业林区道路恢复重建项目经县发改局批准立项，建设林区道路39.18公里，分布在双乐乡11.68公里、永新镇8.5公里、秋林镇9公里、中新镇7.5公里、石安镇2.5公里，总投资1870.2万元，建设工期为2009年9月～2011年7月。2010年2月，灾后重建规划项目实施计划调整后，总投资调为1301万元，资金来源为中央重建基金及其他资金。11月项目实施计划修订后，重建林区道路修订为36.25公里（调减2.93公里），投资增至1870.2万元，其中中央重建基金1751万元、业主自筹119.2万元。2009年11月，分5个标段公开招标，重庆市华升建筑工程集团有限公司、四川汇泽建设工程集团有限公司、四川蜀通股份有限公司、四川广安金达建筑有限公司、泸州锦虹路桥有限公司中标承建，中标价合计1492.01万元。项目由成都宏基设计事务所设计，绵阳市公路工程咨询监理事务所监理。2009年12月开工建设，2010年10月完成主体工程，12月进入验收并投入使用。

生态修复林业生产能力灾后重建项目。2009年9月，县发改局立项，重建塔山、新鲁、西平林业有害生物检测分中心1110.19平方米（塔山分中心442.51平方米，新鲁、西平分中心各333.84平方米），金鼓乡柏木种子园守护房198平方米，潼川镇林权交易中心318.27平方米，维修林业有害生物检测永新分中心、金鼓柏木种子园业务用房，购置办公、消防等设施设备，重建中太镇苗圃用房98.27平方米，建设工期为2009年9月～2011年7月。2010年2月，县项目实施计划调整，总投资调为1289万元。同年11月，县修订灾后重建规划项目实施计划，确定项目总投资1536万元，其中中央重建基金758万元、业主自筹778万元，建设内容及规模修订为重建办公用房1655平方米，维修办公用房1216平方米及购置设施设备等。项目由县建筑工程勘察设计咨询有限责任公司设计。2009年11月公开招标，自贡市第一建筑工程公司以343.14万元中标承建，同年12月开工，2010年8月完工。建各类林业用房1626.72平方米，维修各类林业办公用房1216平方米。

森林公安用房。2009年4月，县森林公安局重建项目和县森林公安局直属派出所重建项目经县发改局批准立项，重建森林公安局办公用房336平方米、森林公安局直属派出所办公用房470平方米，总投资149.1万元（含设备购置费），资金来源为中央重建基金及业主自筹。2010年11月，县调整灾后恢复重建规划项目实施计划，增加装备采购、征地及附属设施等建设内容。项目由县建筑工程勘察设计咨询有限责任公司设计。2009年6月通过公开招标，确定森林公安局重建项目由四川省人民渠绵阳建设公司承建，中标价48.31万元，直属派出所重建项目由四川省梓州建筑工程公司承建，中标价64.33万元。2009年7月开工，同年12月完工，建筑面积790.3平方米，完成投资149.1万元。

林业物资储备库重建。2009年1月，森林防火、森林有害生物防治监测体系基础设施建设（林业生产森林保护能力恢复重建项目）经县发改局批准立项，在灵兴镇建设防火基础设施，修瞭望台1个、消防池1口、物资储备库200平方米、药剂储备库300平方米，总投资168.4万元，建设工期为1年。灾后恢复重建规划项目实施计划调整后，增加征地及附属设施等建设内容（未增加投资额），2009年4月，县工程勘测设计咨询有限责任公司完成设计。6月通过公开招标，三台县第四建筑工程公司以108.7万元中标为施工单位。2009年7月开工，2010年12月完工。建成物资储备库和药剂储备库475.28平方米，完成投资168.4万元，其中中央重建基金133.4万元、业主自筹35万元。

森林资源信息系统恢复重建。2009年9月，三台县生态修复森林资源信息系统恢复重建项目，经县发改局立项，为全县63个镇乡采购森林资源信息更新调查、森林资源信息系统集成相关设施设备，总投资230万元，其中中央重建基金210万元、业主自筹20万元，三台县梓森园林种苗有限公司设计。同年11月，两次招标均只有一家公司报名。经县发改局批准，直接确定两次参加该项目投标的企业—成都华好网景科技有限公司为该项目施工单位。至2011年7月，项目完工。

二、水土流失治理

水土保持灾后重建实施方案由四川涪圣工程设计咨询有限公司编制完成。县重建规划项目实施计划修订后，确定水土保持恢复重建项目1个，完成3个小流域灾后重建，恢复水土保持2400公顷和坡面水系工程、坡改梯等，总投资380万元，其中中央重建基金300万元，业主自筹80万元。2010年12月开工，次年5月完工。完成坡改梯112.65公顷、经济果木林38.81公顷、保林7.16万公顷、蓄水池124口、沉沙凼256个、排灌沟渠4.28公里、山坪塘2口、作业道路2.55公里。

第二节　土地整理复垦

地震使全县耕地受灾227.67公顷。县国土资源部门实施灾毁耕地和废弃宅基地复垦项目，通过群众自行复垦和村民委员会组织统一复垦，2008年5月~2011年9月，完成受灾耕地和废弃宅基地复垦211.01公顷，其中灾损耕地组织复垦103.4公顷、自行复垦81.37公顷、废弃宅基地复垦26.7公顷。

一、受灾耕地复垦

地震造成全县30个镇乡耕地出现地埂塌陷、边坡松滑，排灌设施变形错位等灾情，面积达227.67公顷。县东路地区受灾相对集中，多为坡地或坡边地发生较大面积塌陷、水利设施变形错位。受灾耕地复垦坚持损一补一、就地复垦开垦为主、多方投入资金等基本原则。资金重点保障，集中使用。土地复垦方式以自主复垦为主、工程复垦为辅。一般受灾耕地由群众自行复垦整理；受灾较重且集中的耕地以镇、村为单位，集中组织复垦。根据全县受灾耕地分布情况，决定塔山、富顺、秋林、三元、新鲁、金石、郪江、建设、进都9个镇乡，采用组织自行复垦方式，集中使用48万元耕地复垦专项资金，平整土地、维护水利设施，恢复耕种条件，复垦103.04公顷。受灾较轻、地点分散、原有生产设施未遭受较大损失镇乡的116公顷受灾耕地，采用群众自发复垦方式。

（一）自行复垦。西平、乐安等21个镇乡受灾耕地由群众自行复垦，无资金补助。复垦工作主要是清理飞石，整理垮塌田埂、坡坎，人工开挖被垮塌泥土掩埋的渠道。2008年11月，完成复垦81.27公顷，受灾耕地恢复耕种能力，由群众抢种抢栽，进行灾后生产自救。

（二）组织复垦。受灾较重的耕地分布于建设、塔山等9个镇，使用省财政耕地复垦专项资金48万元，采用发放补助自行复垦和集中使用资金组织复垦方式，每666.67平方米（1亩）补助专项资金295元，由组织复垦相关镇乡根据受灾情况，将补助资金落实到户，并在村委会张榜公布复垦补助情况和标准。村委会召开社员大会，集体讨论决定补助资金分户发放还是集中使用，征得受灾群众同意后，由村委会统一组织工程复垦。由施工队伍工程复垦的，签订委托协议，报镇乡政府和县国土资源主管部门批准后开展复垦工作。工程资金由县财政专户管理，资金拨付到镇乡财政所，镇乡财政所核拨到村委会专帐。工程开工拨付资金30%，项目验收合格拨付剩余70%。塌陷地块，采用机械挖高填低进行土地平整；崩塌地埂，采用机械或人工夯实加固。所有受灾区域地块理通背沟、边沟及排水沟系。损坏的排灌水渠，重新安放松散错位的U型槽，制作混凝土压顶，恢复排灌能力。2008年12月，组织复垦开工，2009年4月完工并通过验收。

二、废弃宅基地复垦

全县农房重建，废弃宅基地占用大量土地。为增加有限耕地面积，保障全县耕地占补总量平衡，复垦废弃宅基地成为灾后重建的重要内容。废弃宅基地复垦的主要原则是，一户一宅、旧宅基地必须复耕（一户农民只能有一处宅基地），工程实施为主、群众自行复垦为辅。统筹安排、规范操作（公开招标，实行施工监理制度等）。全县废弃宅基地数量多、分散，位于半山腰或山顶，施工运输极为不便，工程复垦选择相对集中且搬迁的居民点。在调查摸底阶段，由于拆除废弃宅基地不给予补偿，项目地群众不支持不理解废旧宅基地复垦工作，产生抵触情绪。2009年12月，县国土资源部门通过论证，选择中新、金石、建设、建平、新生、立新、光辉7个镇11处居民点开展复垦工作，项目由县发改局立项。2010年2月，县调整灾后恢复重建规划项目实施计划，确定土地整理复垦（宅基地复垦）项目11个，复垦26.68公顷（400.3亩），规划总投资600万元，其中中央重建基金及其他资金536万元。同年11月，县国土资源部门确定四川省核工业地质调查院进行项目可行性研究、勘测和施工设计。2010年6月，经公开招标，四川天丰路桥有限公司以404.8万元中标为施工单位。工期90天。同年6月开工，10月中旬完工。通过县国土资源部门初验，整理复垦土地26.68公顷，新增耕地24.82公顷，新建U形槽3997米，蓄水池60口，改建1.5米宽混凝土生产道2818米。

第十一章　社会援建

第一节　资阳市对口援建新鲁镇

一、援建概况

2008年6月18日，四川省人民政府通知，四川省资阳市对口支援三台县新鲁镇开展灾后恢复重建工作。资阳市委、市政府成立以市委常委、副市长陈能刚为组长，资阳市所属各县（市、区）和市级相关部门负责人为成员的对口支援领导小组。领导小组办公室设资阳市发改委，市政协副主席刘廷安任办公室主任。由资阳市规划建设、卫生、教育、农办等市级部门牵头成立综合协调组、支援住房安置工作组、支医工作组、支教工作组、支援恢复生产指导组等专业援建工作组，常驻新鲁镇，集中办公，指挥援建工作。是年6月19日，中共三台县委、县人民政府成立对口支援工作协调领导小组，县委副书记、县长崔斌任组长，县委常委、常务副县长兰劲，副县长李哲，县政协副主席刘伟玉任副组长。对口支援工作协调领导小组负责有关接待、情况介绍、灾后重建规划的制定和实施、组织协调支援方案的落实等工作。资阳市动员全市人民支持援建工作，资阳雁江区一小、二小和简阳市石桥中学等学校与新鲁镇中小学开展"手拉手"结对帮扶活动。简阳市以"第五届羊肉美食文化节"为契机，动员部分企业与新鲁镇12户受灾困难户结对子，进行一对一结对帮扶。安岳县协调当地砖厂，优先为新鲁镇灾后恢复重建供砖。乐至县为新鲁镇灾后重建农户免费提供户型设计图纸，并为资阳市住房安置组长期提供1辆工作用车。市总工会发动全市职工筹集资金50万元，捐建新鲁镇农民工培训中心、维权中心和社区活动中心。市直机关工委组织机关党员筹集资金11万余元，捐建新鲁镇社会堰村党支部活动室和党员培训室。市发改委、市民政局协调资阳籍爱心人士、北海千禧都酒店管理有限公司总经理周长安捐资150万元，重建新鲁镇龙桥小学教学楼。市经委动员四川四海食品股份有限公司、四川空分设备（集团）有限责任公司、中国南车集团资阳机车公司捐款80万元。资阳市交警支队副支队长李勇，带领支队干警赶赴重灾区什邡市，参与生命救援大行动，被省委授予"抗震救灾优秀共产党员"荣誉称号，荣获省政府颁发的奖金5000元，李勇委托资阳市对口援建办公室，将自己的奖金全部捐献给新鲁镇希望小学。是年6月20日，陈能刚带领市级相关部门领导和驻镇办公室全体人员赶赴新鲁镇，安排落实援建工作。在资阳市繁忙的工作中，陈能刚3次到新鲁镇检查工作，商讨援建项目和实施方案。6月25日，资阳市委书记、市人大常委会主任翟占一，带领市级相关部门和各市（县、区）委领导奔赴新鲁镇，看望慰问灾区干部群众，并送来首批援建项目资金500万元。8月11日，资阳市委常委、市总工会主席陈莉萍，将资阳市职工捐助的50万元资金转交给新鲁镇领导。9月2日，资阳市市政府主要领导和市级机关相关部门及3家企业负责人，到新鲁镇检查首批援建项目实施情况，正式启动第二批援建项目。2010年2月8日，资阳市党政代表团到灾后重建对口援建的新鲁镇慰问受灾困难群众。

在资阳市委、市政府主要领导及资阳市对口援建办对新鲁灾情考察核实的基础上，2008年6月底，规划首批应急性援建项目18个，主要包括房屋安全鉴定、危险房屋拆除、场镇总规修编、场镇非农居民过渡安置、医疗药品捐赠、支援医护人员、21个村卫生室建设、捐赠教育物资、龙桥小学教学楼建设、畜牧业发展、捐赠农资农具等项目，概算资金602.3万元。9月初，规划第2批民生性援建项目9个，主要包括资阳大道、农民工维权中心、场镇公厕、垃圾中转站、鲁南街路灯、教育“手拉手”结对帮扶、社会堰村新农村示范点建设等项目，概算资金661.5万元。10月，规划新增项目10个，主要包括镇道公路、群众广场、何家祠村新居民点、龙桥小学饮水工程、派出所改建等项目，概算资金97.5万元。

资阳市先后派出援建人员338人次。常驻新鲁镇援建人员保持在20人左右，多时达100余人。2008年6月至7月上旬，住房安置组组织来自建设系统的20多名专业技术人员，对场镇、村社约8130处房屋进行安全鉴定。至8月10日，先后拆除学校、镇卫生院、镇政府和场镇居民D级危房2.8万平方米。9月20日，完成过渡安置新鲁、石桥、龙桥3个场镇非农户40户，维修加固学校、镇卫生院、镇政府C级危房7处。12月，确定86户特困户恢复重建。启动场镇自来水供水站及网管设施重建设计和建设工程铺设管网。为鲁南街安装路灯（街长630米，每50米1盏）26盏。建60平方米垃圾中转站台2座，建每座40平方米水冲式厕所3座。先后成立支医、支教和恢复生产指导组。支医组，7月组织3名临床医生和3名护士、2名疾控监督人员到位新鲁镇开展工作，完成捐助12万元的医疗药品、医用耗材，组织捐赠卫生院房屋维修费5万元。2009年4月，完成全镇21个村级卫生室标准化建设；支教组，8月完成招投标和送达新鲁初中赈灾物资工作，其中，课桌500套、学生用床100张，捐赠新鲁小学课桌100套。支援恢复生产指导组，援建新鲁初中机井、水塔竣工。资阳市教育局选派骨干教师与新鲁镇教师开展教研活动。新鲁镇中心卫生院达一甲标准建设项目，支援X光机、麻醉机等10余台（件）。7月完成捐赠机动喷雾器20台，手动喷雾器100台任务。12月完成山坪塘、石河堰、微水池恢复建设任务，建村级植保专业合作社4个，各配备机动喷雾器5台，手动喷雾器10台。发展年出栏50头以上的适度规模养殖户30户，协助组建猪业合作社1个以及开展养殖技术培训。至2009年8月止，先后完成第二批援建项目和新增援建项目，两批完成援建项目37个，投入援建资金1236.3万元。

二、重点援建项目

资阳大道。资阳大道，全长1020米，宽26米，其中车行道14米，人行道12米，砼C30，厚度200毫米，总投资500万元，资阳市援建投资400万元，新鲁镇自筹资金100万元。2008年9月，项目由三台县发改局立项，三台县科兴岩土咨询有限公为勘察单位，绵阳市政建设有限公司为监理单位；11月通过招投标，三台市政建设有限公司为施工单位，11月28日，道路建设开工；2009年

10月竣工。“三中心”建设；“三中心”即新鲁镇农民工培训中心、维权中心和社区活动中心，三中心占地约0.2公顷，建筑面积473.01平方米，由资阳市工会全额捐赠50万元修建；2008年10月，由三台梓州建筑公司承建，11月开工（当年12月，完成县发改局项目立项）；2009年5月竣工。

长安希望小学。其前身为新鲁镇龙桥中心小学，地震中，校舍大面积受损，需拆除的危房1400平方米，需维修加固2030平方米。经县政府和县教育主管部门考查论证，决定在原龙桥场镇校址进行部分重建，经县发改局立项，新建校舍1303平方米，投资198.81万元，维修加固校舍2033平方米，投资143.85万元，附属设施投资69.16万元，设备设施投资99.52万元，计划总投资511.34万元。其中资阳籍爱心人士、北海千禧都酒店管理有限公司总经理周长安个人捐赠150万元，资阳市爱在蓝天下志愿者协会捐赠14万元，资阳市政府捐赠30万元，其余资金由中央重建基金解决。广西壮族自治区工业设计院为设计单位。教学楼施工单位为广西华夏建设集团北海分公司，食堂施工单位为四川盛源建筑安装工程公司，2008年7月，项目开工，2009年5月竣工。新落成学校更名为“长安希望小学”。新建校舍1364平方米，维修加固970平方米，购置设备仪器3565台（件、套）、图书6971册。新建校舍完成投资286万元（其中，捐赠资金194万元）。

社会堰村新农村示范点。社会堰村新农村示范点建设工程包括水利基础设施建设工程，生猪标准化生态养殖小区建设工程，新民居建设工程，总计投资145.2万元，资阳援建资金49.1万元。水利设施工程分别是吴家嘴石河堰建设工程，新建石河堰1道，坝长24米、坝高2.8米、灌面20公顷；四方堰整治工程，坝长132米、坝高2.5米、灌面10公顷。锅底堰整治工程，坝长160米、坝高2米。微水池建设工程，新建微水池4口，每口直径8米、深3.5米、蓄水175立方米。生猪标准化生态养殖小区建设工程发展育肥猪标准化养殖户13～15户、母猪养殖户2户、人工授精站1个。新建和改建一批标准化圈舍，引进一批优良母猪和公猪（其中捐赠种公猪2头），并配套建设沼气池。新民居建设工程，修建1条主干道，长100米，宽3.5米；支干道长350米，宽2.5米。新建农房18户。新建沼气池和红层水井各18口，沼气18口，完成通水通电通电话通电视通路“五通”工程。2009年1月10日，示范点重建户搬进新居。完成540余平方米的村“两委”活动阵地建设，2009年3月投入使用。

资阳市2008年6月~2009年7月援建新鲁镇部分建设项目完成情况表

表5－15　　　　　　　　　　　　　　　　单位：万元

项目名称	重建内容	工期	规划投资		备注
			总投资	其中：援建资金	
房屋安全鉴定	鉴定场镇、村社约8130处房屋	2008年6~7月	33.6	33.6	－
危险房屋拆除	拆除学校、镇卫生院、镇政府和场镇居民D级危房4.2万平方米	2008年6~7月	84	84	－
场镇公共设施维修加固	维修加固学校、镇卫生院、镇政府C级危房7处	2008年6~9月	30	30	－
场镇非农户过渡安置	过渡安置3个场镇40户非农业户	2008年6~9月	84	10	－
农村特困户住房恢复重建	恢复重建86户农村特困户住房	2008年6月至2009年5月	516	125	－
镇村规划修编	完成2平方公里测绘，修编镇总体规划和1个新农村规划	2008年6~12月	12	12	－
新鲁镇南街路灯光亮工程	安装鲁南街路灯（街长630米，每50米一盏）26盏	2008年9月至2009年7月	18.2	18.2	－
新鲁镇垃圾收集中转站建设工程	建垃圾中转站台2座，每座建筑60平方米	2008年10月至2009年8月	9	9	－
新鲁镇公厕建设工程	建3座水冲式厕所，每座建筑40平方米	2008年11月至2009年8月	16	16	－
何家祠村新民居点建设工程	在何家祠村建设新民居点，新建80米主干道、300米支干道，新建农房22户等	2008年11月至2009年9月	16.7	16.7	－
新鲁镇群众广场建设工程	在社区活动中心左侧面建群众广场350平方米，安置援建景观标志，栽植友谊树等	2009年2~9月	26.1	26.1	－
援助医疗药品、医用耗材	援助12万元医疗药品、医用耗材	2008年6~7月	12	12	－
支援镇卫生院医护人员	派遣3名临床医生和3名护士到新鲁镇工作	2009年9月完成	10	10	－
支援全镇卫生防疫人员	派遣疾控、监督人员各2名到新鲁镇工作	2009年9月完成	4	4	－
援助镇卫生人员进修	新鲁卫生院首批选派2名人员到资阳进修	2008年7月完成	2.5	2.5	－
支援21个村卫生站标准化建设	标准化建设21个村卫生室	2009年6月完成	105	105	－

续表5—15

项目名称	重建内容	工期	规划投资		备注
			总投资	其中：援建资金	
新鲁镇中心卫生院达一甲标准建设项目	指导、帮助与扶持镇中心卫生院综合管理、中医中药等工作。培训医护人员，处置传染病、食物中毒等突发公共卫生事件。	2008年9月至2009年9月	30	30	—
教育物资捐赠	支援新鲁初中课桌椅500套、学生用床100张、新鲁小学课桌椅100套。	2008年8月完成	18	18	—
援建新鲁初中机井、水塔	打机井1口、建水塔1座	2008年7月完成	10	10	—
资阳市与新鲁镇中小学校手拉手结对帮扶项目	资阳市教育局选派骨干教师与新鲁镇教师开展教研活动、资阳市选定3所学校30名教师与新鲁学校开展结对帮扶。	2008年9月至2009年8月	10	10	—
指导筹建村级植保专业合作社	在4个村各建1个村级植保专业合作社，各配备机动喷雾器5台，手动喷雾器10台。	2008年11月完成	2	2	—
捐赠农资农具	捐赠机动喷雾器20台，手动喷雾器100台。	2008年8月完成	2.2	2.2	—
支援畜牧业发展项目	动员龙头企业规划建设养猪家园1个，发展年出栏50头以上生猪适度规模养殖户30户，协助组建猪业合作社1个，开展健康养殖、疫病防控待技术培训2次，培训养殖农户200余人（次），发放科学养猪技术资料1000余份，捐赠种公猪2头。	2008年10月完成	97	2	—
支援山坪塘、石河堰、微水池等水利设施恢复建设	援建震损山平塘7口、双泉村（三元堰）震损石河埝1处、望柱村米枣基地微水池4口。	2008年10月完成	510	19.2	—
社会堰村党组织活动阵地建设工程	新建村支部办公室、村委会办公室、多功能室（会议、电教、培训、党团员活动室）等113.4平方米。	2008年11月至2009年5月	78	10.7	—
新（鲁）石（桥）路、新（鲁）龙（桥）路道路维修工程	镇道基本维修保养10公里。	2008年10月至2009年6月	4	4	—
观塔村两河口机耕桥建设工程	修建长32米，宽4.5米机耕桥1座。	2008年12月至2009年8月	12	5	—

续表5 —15

项目名称	重建内容	工期	规划投资		备注
			总投资	其中：援建资金	
支援红砖供应项目	从资阳市安岳县调运红砖200万匹，支援新鲁镇灾后重建，每匹补助重建户0.03元，共6万元。	2008年10月至2009年4月	6	6	–
牛头河村老堰整治工程	整治牛头河村老堰1处，护坡长167米，高3.4米，涵洞2个。	2009年1~4月	14.5	5	–
新鲁派出所改建工程	改扩建新鲁镇派出所业务用房。	2009年2~7月	5	5	–
新鲁卫生院维修加固工程	维修镇中心卫生院业务用房700平方米。	2008年7月至2009年7月	5	5	–
龙桥小学饮用水工程	打机井1口，修建水塔1座。	2009年3~7月	14	14	资阳惠民帮扶引进，中国红十字会援建
合计	–	–	2753.2	1364.5	–

说明：1. 实际援建资金1236.3万元

2. 文中已记述的重点援建项目，不再列表。

第二节　其他援建

一、沙特政府和联合国计划开发署援建

沙特政府捐赠人民币2400万元，用于县中医院原址重建药剂教学大楼7000平方米，建设地点在三台县潼川镇学街，款项由四川省慈善总会从外交部亚非司转来并通过县慈善会定向援建县中医院重建工程。

（一）沙特政府援建

三台县中医院重建。地震致县中医院1.71万平方米房屋受损，受损设备33台（件），住院楼、制剂楼房屋严重受损，部分墙体垮塌，无法使用。药剂教学大楼重建项目。震后，县中医院与四川省慈善总会（简称省慈善总会）、三台县慈善会（简称县慈善会）签订《捐赠合作协议书》，省慈善总会决定，将外交部亚非司转来的沙特政府定向捐赠款人民币2400万元，用于援建县中医院原址重建药剂教学大楼7000平方米，建设地点在三台县潼川镇学街。2008年12月，县发改局对该重建项目立项，确定总投资为2450万元，其中援建资金2400万元，医院自筹50万元。2009年3月，确定县科兴岩石工程咨询有限公司、中科院建筑设计研究院有限公司成都分公司分别为勘察单位和设

计单位，7月，通过公开招标，四川尚高建设有限公司以1255.5万元中标为施工单位，四川飞红建设工程监理有限公司以441.3万元中标为监理单位。10月工程开工。2010年3月主体工程完工。12月，通过公开招标，确定四川中科达贸易有限公司为药剂（制剂）、教学大楼设备采购单位，中标金额309.99万元。2011年1月，项目竣工，5月交付使用。

（二）联合国开发计划署捐建

塔山镇迎丰村重建项目。塔山镇迎丰村，是全县45个省定贫困村之一，省级扶贫开发构建和谐新村试点村。地处三台东北角，距县城32公里。地震造成倒房36户180间5400平方米；严重受损农户146户4.08万平方米；毁损耕地4.67公顷，沼气池18口，村道路12.61公里，灌溉渠8条1.5公里，石河埝2座，1、2组集中供水塔损毁人饮管道5公里，人工水井146口，机井60余口。全村有486人饮水困难，损坏4、5组变压器2台，高压线2公里、低压线5公里等。迎丰村灾后重建得到联合国开发计划署、国务院扶贫办灾后重建办公室的项目支持。2008年12月初，联合国开发计划署绵阳办事处到迎丰村考察捐建项目，并确定建设内容；12月中旬，捐建项目和国务院扶贫办灾后重建办公室重建试点项目开工，2009年3月竣工；项目共投入资金41.25万元，其中联合国开发计划署捐助资金36.5万元，群众筹资2.6万元，投劳折资2.15万元；整治村道保坎、石河堰和银匠湾水，硬化居民点道路，农房加固，为贫困户建沼气池40口，改造圈舍750间，建机沉井2口，小型供水站1处，人饮管道3公里。国务院扶贫办灾后重建办公室投入贫困村灾后重建试点村专项资金100万元，建设泥结石村社路12.6公里，道路护坡5279平方米，整治塘5口，建变压器2处。

二、港澳台援建

港、澳特别行政区政府援建的项目：香港特区政府援建三台县第一中学7737万元、三台县中医院3500万元、三台县残疾人康复中心1350万元；澳门特区政府援建紫河小学4577万元、芦溪中学6799万元、三台县精神病院1645万元、三台县文化体育中心5750万元。

港、澳、台非政府组织援建项目：巴西的中国台湾侨社援建高堰小学126.88万元；中国香港非政府组织援建上新初中200万元港币；中国港澳非政府组织援建乐加初中200万元港币、中国香港源慈善基金会援建里程乡卫生院150万元港币；四川省侨办（侨资）援建柳池小学100万元。

三台县第一中学恢复重建项目。学校位于县梓锦新城开发区“5·12”汶川特大地震致学校校舍、教学设施、教学仪器、生活设施遭到严重损毁，师生全部停课。四川建业工程质量检测有限公司受县教育主管部门委托，对三台一中学生宿舍、办公楼、教学楼建筑安全性进行技术鉴定，学生公寓A、B幢、实验楼、学校办公楼、平房宿舍、礼堂、学生厨房等，共计8390平方米为D级危房；教学综合楼、学生公寓C幢、D幢计1.99万平方米成A级危房；损毁教学仪器设备321台（件、套）；学校后山围墙倒塌、保坎大面积开裂。2008年6月2日，上海城市建筑工程公司在操场为学生搭建帐篷，作为临时寝室；6月20日，上海城建的援建工人们历时10天，完成50多套板房的搭建工作，1700余名学生住进活动板房，300余名学生在活动板房上课。搭建板房占用学生运动场12640平方米，致4500名学生在较窄场地露天就餐。同年10月10日，中国香港特别行政区官员及专家一行8人到三台一中实地考察灾情及灾后重建规划，决定帮助三台一中恢复重建。2009年3月27日，三台一中与中国香港特区政府签署《合作安排》文件。三台一中灾后重建项目在三台县城的潼川镇梓锦新城开发区原址重建，纳入国家编制的《四川汶川地震公共服务设施灾后恢复重建规划》。2009年3月底，三台一中灾后重建项目由省发改委立项，项目包括在原址重建和维修加固。重建校舍2.02万平方米，其中教学实验综合楼6600平方米、学生公寓8000平方米、食堂5600平方米；维修加固校舍2.18万平方米、运动场1.26万平方米；购置教学设备8537台（套）、图书12万册，维修教学设备100台套。总投资7737万元，资金源于中国香港特别行政区政府；7月，信息产业电子第十一设计研究院完成施工图设计；9月，国信代理招标公司完成监理、施工招标，确定四川省第一建筑工程公司为施工单位；10月，各主体工程开工建设；2010年6月，6600平方米教学综合实验楼、新建的两幢8000平方米学生公寓竣工验收并交付使用。2011年1月，5600平方米的学生食堂通过验收，同年5月正式投入使用。2010年12月，1.86万平方米的标准运动场开始施工，次年8月，竣工并交付使用。整个工程在2011年下半年全部完成。

县中医院住院大楼重建项目。2009年6月，省发改委批复县中医院在潼川镇学街重建住院楼1万平方米，购置医疗仪器设备45套，项目总投资3500万元，由中国香港特区政府全额援建；8月，中国香港特别行政区政府与省政府签订香港特别行政区援助县中医院灾后重建项目合作安排协议。2009年12月，市发改委核准县中医院灾后重建项目招标方案，通过公开招标，确定四川省光耀建筑工程有限公司为施工单位，中标价2341.11万元。中科院建筑设计研究院有限公司成都分公司为设计单位。2010年4月正式开工（2010年7月，省发改委在中国港澳特区政府援助项目第3批变更通知中明确，增加县中医院住院大楼597.4平方米）；12月，通过公开招标，确定成都市麦迪通医疗器械贸易有限公司为住院大楼医疗设备采购单位，招标金额348.58万元；2011年9月工程在建。

三台县文化体育中心重建项目。项目包括县图书馆、县文化馆、县体育馆。“5·12”汶川特大地震导致县图书馆综合办公楼承重墙错位断裂，墙体向外倾斜，楼梯及多处墙面严重断裂，室内活动全部停止。图书馆书库房为小青瓦砖木结构，地震中屋面垮落、檀木断裂，墙体垮蹋、断裂、倾斜，梁柱移位，裂缝严重。县文化馆排练厅、练功厅、艺术厅均遭受不同程度损毁；县化育馆看台断裂，钢架屋顶严重变形。2009年7月，县城市规划管理委员会第二次会议，同意三台县文化体育中心项目（县文化馆、县体育馆、县图书馆系列项目，下同）于县城琴泉路以南、滨涪路以西、体育场以东选址建设。2009年11月，县发改局批准立项，建设面积9000平方米，投资3600万元。资金由中国澳门特别行政区政府提供。2010年9月，通过专家评标，广西建工集团第二建筑工程有限责任公司、四川万达建设集团有限公司、江西省发达建筑集团有限公司依次位列投标企业前3名。2010年10月，确定广西建工集团第二建筑工程有限责任公司中标，中标价格4633.27万元。同月开工，2011年9月，工程在建。

三台县档案馆重建项目。地震造成县档案馆倒塌房屋30平方米，其他受损毁房屋2700平方米，设备115台（件）。档案库房顶部小青瓦屋面大部分损毁，会议室墙面开裂，经四川正则建设工程质量司法鉴定所鉴定综合楼为D级危房，2008年9月，绵阳市档案局确定县档案局（馆）重建规模5800平方米，估算投资1924万元。2009年1月，县发改局立项；2月，省档案局同意县档案局上报的四川海晨工程设计研究有限公司所设计的新馆建设方案，县发改局批复项目可行性研究报告，在北坝镇樟树路重建业务用房5800平方米，购置及安装电梯、智能监控系统、低温冷冻柜、档案密集架、防磁柜、风淋室系统、办公设备设施等；项目计划总投资1924万元。2009年5月，绵阳市坤隆建设有限责任公司以991.3万元中标为施工单位，工期210天；新建档案馆为框架结构，地上4层，局部5层，地上建筑总高度14.4米，建筑面积5931平方米；2009年8月正式动工兴建，2010年年底基本完工，新馆实际建筑5932平方米。

紫河镇中心小学校重建项目。地震致紫河学校校舍倒塌105平方米，受损4535平方米。2008年7月，四川省正则建设工程质量司法鉴定所对教学楼、学生住宿楼鉴定为D级危房，建议拆除停止使用的教学用房达1670平方米；8月，广东省政府为学校捐建1042平方米（价值36万元）活动板房，搭建17间临时教学用房交付使用；9月，中国澳门特别行政区教育司携专家组到紫河学校现场考察受灾情况，学校灾后重建规划方案得到澳门特别行政区代表认可，并意向性决定援建紫河学校；通过实地勘察、可行性分析，重建项目选址在紫河镇镇子桥村2组，异地整体迁建，校舍1.7万平方米，总资4577万元，由中国澳门特别行政区政府出资援建。2009年4月，刘捷代表省政府与澳门特别行政区代表崔世安签署《澳门特别行政区援助三台县紫河镇中心小学校重建项目协议》，协议确定重建用地2.85公顷，总建筑面积1.7万平方米，建运动场1.13万平方米，完善学校附属设施；新购设备8.5万台，购置图书4.42万册；总投资4577万元（按省发改委推荐项目年度投资表分两段支付，2009年支付3500万元，2010年支付1077万元）。2009年7月，通过竞争性谈判，确定中国建筑西南勘察设计研究院有限公司为紫河学校灾后重建项目勘察、设计单位；12月底，通过公开招标，四川省第六建筑有限公司（房屋建筑一级资质）以3018.4万元中标为施工单位，工期270天；2010年3月开工，2011年10月完工。新建校舍总面积1.7万平方米，完善供电、给排水系统、网络弱电消防等附属设施，新购教学设备8.52万台（套），图书等4.43万册，完成重建投资4277万元（中央重建基金13万元，援建资金4264万元）。

芦溪中学恢复重建项目。地震致芦溪中学校舍、设施设备毁损十分严重，不能继续使用的校舍1.18万平方米，加固后可以继续使用的校舍5.03万平方米。2008年7月、9月，四川正则建设工程质量司法鉴定所、四川省建筑工程质量检测有限公司先后检测鉴定，学校折桂楼、学生宿舍2号楼、教师公寓1－3号楼及学生公寓3号楼等8842平方米为D级危房；食、礼堂、体育用房、学生公寓1、4、5号楼计1.89万平方米为C级危房。科技楼、实验楼、学生公寓6号楼、问源楼、知盛楼、得英楼2.4万平方米为B级危房；损毁实验仪器、现代教育技术和艺体设备2507台（套）。学校围墙倒塌、保坎大面积开裂；8月20日，山东省枣庄市政府为学校捐建3400平方米（价值170万元）活动板房，搭建临时生活用房120间，学生搬进临时活动板房复课。2009年4月14日，中国澳门特区政府代表到芦溪中学实地考察受灾情况，芦溪中学灾后重建规划方案得到澳门特别行政区代表的认可，并意向性决定援建芦溪中学灾后重建工程；6月初，四川省工程咨询研究院受省发改委安排，成立由中国澳门特区专家和省内专家共同组成的评估专家组，对项目可行性研究报告（包括环境评审，地质灾害评估）进行质询、讨论、评议、修改补充；6月下旬，省发改委原则同意芦溪中学灾后重建项目可行性研究报告（代项目建议书）完成立项，8月13日，省政府代表刘捷与澳门特别行

政区代表陈丽敏签署《澳门特别行政区援助三台县芦溪中学重建项目协议》；协定在芦溪镇原校址重建校舍1.79万平方米，改、扩建运动场2.71万平方米，维修加固校舍3.26万平方米，购置仪器设备8665台（套）、图书29.76万册；总投资6799万元，由中国澳门特区政府全额援建；9月25日，省发改委下达年度投资计划，2009年计划投资4000万元，2010年计划投资2799万元。2009年7月17日，通过竞争性谈判，确定中国建筑西南勘察设计研究院有限公司（资质甲级）为芦溪中学灾后重建项目勘察、设计单位；12月，通过公开招标，四川省建筑机械化工程公司（房屋建筑1级资质）以4329.8万元中标为施工单位，工期240天；12月，签订施工合同；2010年2月，项目正式开工，至2010年12月底，新建教学楼、实验楼、办公微机楼、图书馆报告厅、学生食堂装饰装修和实验楼、办公楼维修加固基本完工。新建教学楼、实验楼、办公微机楼、综合楼（图书馆、报告厅）、学生食堂等1.8万平方米，新增设备8665台（套），新增图书29.8万册、电子图书8万册。新建运动场8802平方米，建成标准400米塑胶跑道运动场和球类及器械场地，教学和生活设施配套齐全。配备多媒体教学设备和数字校园系统、安保系统、电视台、数字图书馆等现代化高技术设施设备。至2011年9月，落实中国澳门特区政府援建资金6451万元，完成灾后恢复重建实际投资7106万元。

三台县精神病院恢复重建项目。三台县精神病院位于三台县北坝镇。“5·12”汶川特大地震，致医院唯一的住院病房成为D级危房（需拆除重建），门诊综合楼、供应室等业务用房亦明显损坏，医院主要医疗设备受损30台（套），在地震中损坏26台（套）。2009年6月，中国澳门特别行政区政府（简称中国澳门特区政府）代表到县精神病院实地考察受灾情况，精神病院灾后重建规划方案得到中国澳门特别行政区代表认可，意向性决定援建县精神病院灾后重建。同年6月，委托四川华睿川协管理咨询有限责任公司编制完成可行性研究报告；6月18日，四川省工程咨询研究院受省发改委安排，成立由中国澳门特区和省内专家共同组成的评估专家组，对可研报告进行质询、讨论、评议和补充修改；25日，县发改局批复县精神病院灾后重建项目原址新建医疗综合楼4200平方米，维修加固急诊康复楼2400平方米，购置医疗设备37台（套），项目总投资1645万元，由中国澳门特区政府全额援建；8月13日，四川省政府代表刘捷、中国澳门特区代表陈丽敏签署《澳门特别行政区援助三台县精神卫生中心重建项目协议》。2009年8月，确定设计单位为中科院建筑设计研究院有限公司成都分公司，2010年3月，通过公开招标，确定四川华贯建筑工程有限公司为施工单位；5月工程正式开工建设，2011年9月底，工程基本完工。

里程乡卫生院重建项目。地震致卫生院的业务及附属用房1100平方米严重损毁，深圳市恒义建筑工程检测有限公司现场检测鉴定，建议拆除。2009年6月，县发改局批准立项，原址重建门诊综合楼1100平方米，投资220万元，重建资金由上级补助及自筹。2010年2月，灾后恢复重建规划项目实施计划调整后，确定里程乡卫生院原址重建门诊综合楼1100平方米，购置设备7台（件），总投资336万元，其中中国香港源基金会援助241.12万元，中央重建基金94万元、自筹8800元。2009年5月，确定成都大陆建筑设计研究咨询事务所为设计单位；通过挂网招标；9月，确定四川省三台县第四建筑工程公司为施工单位，工程中标价197.03万元，工期210天；10月，项目正式开工；2010年10月项目交付使用，建成门诊综合楼1100平方米。

中国香港乐施会援建潼川镇白鹤村重建项目。潼川镇白鹤村是全县45个省定贫困村之一。地震致倒塌房屋3户10间300平方米，严重损毁房屋146户730间2.19万平方米，一般损毁276户1360间4.08万平方米；全村30%的人口饮水困难。三台灾后重建开展后，四川省扶贫开发办公室外资项目。2009年8月10日，中国香港乐施会成都办事处项目工作人员陈汉信到白鹤村进行援建考察，9月16日，香港乐施会中国部总监廖洪涛与县扶贫办在网上第一次签订项目援建合同，援建资金64.2万元；2010年6月20日，第二次网签援建合同，援建资金33.58万元，两次共签援建合同资金97.78万元。2009年9月，援建项目开工，次年9月竣工。实际投入援建资金96万元，新建村道水泥路2.6公里，整治塘堰6口。

柳池镇中心小学校恢复重建项目。地震致三台县柳池镇中心小学校（以下简称柳池小学）原校舍1073平方米成为C级危房，1280平方米平房成为D级危房。2008年11月，柳池小学灾后重建由县发改局立项，新建教学及辅助用房1026平方米，学生宿舍908平方米，食堂423平方米，厕所106平方米及附属设施。建设规模2463平方米，工程投资390万元。其中中央预算内资金290万元，四川省人民政府侨务办公室捐款100万元。2009年2月，柳池小学与四川原境建筑设计有限公司签订工程设计委托合同。2009年7月，重建项目正式开工，2010年2月4日，灾后重建规划项目调整后，新建规模未作调整，维修加固校舍3660平米及购置图书、设备，总投资871万元（均为中央重建基金），2010年3月竣工。新建校舍2463平方米，购置图书8376册，仪器6711台（套），完成投资535万元（其中中央重建基金284万元、省侨办损资100万元，其他资金151万元）。

三、红十字会援建

震后到2010年12月30日止，中国红十字会总会、中国红十字基金会、中国香港红十字会、四川省红十字会、巴西台湾侨社红十字会、鄂尔多斯市红十字会援建三台灾后重建项目34个（其中，中小学校16所、镇乡卫生院13所、村民活动室2个、博爱新村3个），总金额9045.76万元，实际到位6376万元，到位资金已全额拨付到施工方。

重要援建项目有：

老马乡学校重建项目。地震后老马乡学校校舍经绵阳市皓立建设工程技术有限公司鉴定，2412平方米教学楼、2395.2平方米的学生住宿楼成D级危房。经整体规划、实地勘察，决定老马乡学校重新选址，新建标准化九年一贯制义务教育学校；在该乡老马村蓝田坝征地3.2公顷，建校舍7212平方米，购置图书及设备，总投资1505.55万元。2008年11月，县发改局立项，新建教学及辅助用房3800平方米，学生宿舍3200平方米，食堂600平方米，厕所200平方米以及附属设施等工程，规划投资1180万元（安排为预算内资金）。2010年，县调整重建规划项目实施计划，确定重建校舍7212平方米及购置设备、图书等，投资调整为1506万元，其中中央重建基金1176万元，红十字会及其他援建资金500万元。同年11月，县修订规划项目实施计划，总投资修订为2360万元，其中中央重建基金711万元、红十字援建资金500万元、其他资金1149万元。县教育主管部门统一招标，上海同建强华建筑设计有限公司设计。施工承包单位为绵阳市海峰建设有限公司，2009年7月开工，2010年5月竣工。新建校舍7212平方米，总投资1505.55万元。

东塔初级中学校恢复重建项目。震后经四川正则工程质量检测有限公司、绵阳市皓立建设工程技术有限公司、四川建业工程质量检测有限公司鉴定，校舍综合评定为D级危房达5333平方米，C级危房250平方米（建议拆除），仪器设备受损758台（套），图书资料受损3243册。2008年11月，县发改局批准东塔学校灾后重建项目立项，新建校舍5000平方米，投资840万元。2010年2月，县调整灾后重建规划项目实施计划，确定新建校舍5173平方米，维修加固2115平方米，总投资1579万元，其中中央重建基金1199万元、中国红十字总会捐资380万元（计划2008～2009年完成投资867万元，2010年投资712万元）。

2009年1～5月，东塔学校先后与信息产业电子第11设计研究院绵阳公司签订学生宿舍及食堂工程设计委托合同及完成前期相关工作；6月，县教育主管部门将对东塔学校建设工程纳入2标段（第二次）进行公开招标（招标代理机构为国信招标集团有限公司），重庆祥瑞建筑安装有限公司以704.03万元中标为施工单位，工期240天。同年12月，工程正式开工，2010年8月竣工。新建校舍5037平方米，维修加固板房1400平方米。完成投资1250万元，其中中央重建基金660万元，援建资金451万元、其他资金139万元。

鲁班镇卫生院重建项目。地震致医院设备损坏12件，药品损失6.5万元，土木结构住院部病房倒塌35间706平方米。2008年7月，经深圳市恒义建筑工程检测有限公司现场检测为D级危房（建议拆除）。同年，新建1615.4平方米门诊综合楼项目经县发改局批准立项，建设地点为鲁班镇太林场镇。县调整灾后重建规划项目实施计划，确定鲁班镇卫生院新建门诊综合楼1500平方米，购置设备12台（件）。总投资202万元，资金来源为中国红十字会援建资金。2009年2月，通过招标，确定施工单位为四川汇泽建设工程（集团）有限公司，中标价202万元；同月开工，10月竣工。新购置医疗仪器设备15台（件）及救护车1辆。

下新乡卫生院重建项目。地震致卫生院的业务及附属用房1500平方米严重损毁，经深圳市恒义建筑工程检测有限公司现场检测鉴定为D级危房（建议拆除）。县灾后恢复重建规划项目调后整，确定下新乡卫生院重建住院综合楼1586平方米。总投资301万元，其中中国红十字会援助225万元，中央重建基金76万元。2008年8月，县发改局批准下新乡红十字博爱卫生院项目立项，原址重建住院综合楼1500平方米，项目总投资225万元，由中国红十字总会援建；11月，确定县勘测设计咨询有限责任公司为设计单位。2009年3月，通过招标，确定四川汇泽建设工程集团有限公司为施工单位，工程中标价195.29万元，工期180天，4月项目开工，2010年4月工程完工。

郪江镇卫生院重建项目。地震致业务用房全部受损，受损设备2台（件）。2008年6月，山东省枣庄市为郪江镇卫生院援建51套活动板房（每套约17平方米），用于门诊就医和患者住院。同年8月，深圳市恒义建筑工程检测有限公司将卫生院鉴定为D级危房（建议拆除重建）。8月及12月，县发改局先后批准郪江镇卫生院新建门诊、住院业务用房2500平方米，投资375万元。其中门诊用房1000平方米，中国红十字会援建资金150万元；住院用房1500平方米，投资225万元，其中中央重建基金125万元，致公党中央捐助100万元。10月8日，绵阳市红十字会会长陈红与三台县副县长李晖、县红十字会、县卫生局等部门领导在县政府办公室签订《“5·12”汶川特大地震灾后重建项目援建协议书（卫生院类）》，援建郪江镇博爱卫生院门诊业务用房1000平方米，援助资金150万元。2009年4月23日，中国光华科技基金会会长蒲清国与县卫生主管部门签署《中国光华科技基金会援助三台县郪江镇卫生院重建项目协议》，援建郪江镇卫生院住院楼1500平方米，援助资金100万元。2010年2月，县调整灾后恢复重建规划项目实施计划，确定新建业务用房面积2500平方米，购置设备9台（件），总投资500万元，其中中央重建基金210万元，中国红十字会援建150万元、中国光华科技基金会（致公党中央）捐助100万元、中央预算内（国债）资金40万元。2009年1月，确定三台县工程勘测设计咨询有限责任公司为设计单位；3月确定工程招标预算金额为349.78万元；县发改及财政评审工程施工总价控制在336万元以内；4月四川盛源建筑安装工程公司以322.57万元中标，建设工期180天，同月开工。开工后，到位中央灾后重建基金152万元，中国红十字会援建资金95.2万元，中国光华科技基金会援建资金80万元，依照施工合同，按进度拨付工程款。2010年2月10日，对新建门诊业务用房和住院综合楼进行竣工验收，新建郪江镇卫生院业务用房达到2607平方米，增添设备8台（件）。

万安镇卫生院重建项目。地震致卫生院业务及附属用房损毁，深圳市恒义建筑工程检测有限公司现场检测鉴定为D级危房（建议拆除）。2008年8月26日，县发改局批准立项，万安镇红十字博爱卫生院在万安镇卫生院进行原址重建。新建住院综合楼1600平方米，总投资225万元，资金来源为中国红十字总会援建。同年11月，确定县勘测设计咨询有限责任公司为设计单位。2009年3月，通过招标，开标确定四川正兴建设工程集团有限公司为施工单位，工期180天；4月项目正式开工，2010年4月工程完工，新建门诊综合楼1602.49平方米。

塔山镇中心小学校恢复重建项目。地震致塔山镇中心小学校2950平方米校舍成为D级危房。2008年11月，县发改局批准项目立项，新建校舍2282平方米，维修校舍1350平方米，购置 图书及设备，总投资612.45万元。该项目列为中国香港红十字会援建项目；项目经过公开招标，四川省三台县正兴建筑有限责任公司中标；2009年12月，工程正式开工；2010年11月，项目通过竣工验收并交付使用；新建校舍2293.58平方米，维修加固1350平方米，购置与维修仪器1.49万（台）套，完成投资483万元，其中中央重建基金71万元、援建资金370万元、其他资金42万元。

秋林镇中心小学校重建项目。地震致学校2000平方米教学楼、120平方米办公室、800平方米教师宿舍、160平方米厕所严重损毁，其中900平方米房屋被鉴定为D级危房，要求停止使用，拆除异地重建。经县政府、县教育部门整体规划、实地勘察，决定在秋林镇秋峰村（2村）1、2组，征地1.2公顷，异地迁建，新建校舍4578.98平方米，由中国香港红十字会援建，县发改局立项。信息产业部电子11研究院设计。施工总承包单位为四川射洪建筑集团，2009年8月开工，2010年10月竣工。新建校舍4578.98平方米，完成投资1202万元，其中中央重建资金438万元，援建资金607.8万元、其他资金156.2万元。

塔山中心卫生院重建项目。地震致塔山中心卫生院受损建筑面积5852.6平方米，设备受损22台（件）。2008年，山东省枣庄市为塔山中心卫生院援建活动板房120套，用于临时解决患者门诊和住院医疗需求。同年12月，塔山中心卫生院征地1.56公顷用于灾后异地重建。县发改局立项，批准新建住院用房3146.6平方米，投资582.32万元；门诊用房2037.6平方米，投资392万元。县调整灾后重建规划项目实施计划，确定塔山中心卫生院新建房屋5184.2平方米，投资975万元，购置设备 25 台（件），投资 55 万元，规划总投资 1030 万元。11 月，县修订灾后恢复重建规划项目实施计划，项目总投资修订为 1062 万元，其中中央重建基金 262 万元、香港红十字会援建资金 800 万元。2009 年 5 月通过招标，住院楼由四川川恒建筑安装工程有限公司以 435 万元中标承建。项目于 6 月开工，2010 年 6 月竣工。门诊楼建设项目经公开招标，2009 年 11 月开标，三台县梓州建筑工程公司以 353 万元中标承建。同年 11 月开工，2010 年 12 月竣工。

幸福乡卫生院重建项目。地震致卫生院业务及附属用房 1587 平方米损毁，深圳市恒义建筑工程检测有限公司现场检测鉴定，建议拆除。2009 年 3 月，县发改局批准立项，幸福乡红十字博爱卫生院灾后建住院综合楼 1524.66 平方米，总投资 234.88 万元，日本红十字全额援助。县灾后恢复重建规划项目实施计划调整，确定重建住院综合楼 1562 平方米，总投资调整为 299 万元，其中日本红十字会援助 234.88 万元、中央重建基金 64 万元、自筹 1240 元。2009 年 3 月 15 日，确定县勘测设计咨询有限责任公司为设计单位；8 月通过招标，确定四川省三台县正兴建筑责任有限工程公司为施工单位，工程中标价 211.6 万元，工期 210 天；同年 8 月，正式开工。2010 年 7 月完工。

四、慈善总会援建

“5·12”灾后重建三台县慈善援建项目涉及教育、卫生、民政等 11 个项目。至 2010 年 12 月，中华慈善总会及其他慈善组织、单位，通过省慈善总会援建三台县项目以及省慈善总会直接实施的援建项目资金达 5624.01 万元。其中上海慈善基金会通过四川省慈善总会分别捐资 240 万元，援建富顺镇金光中心小学和富顺镇塞江小学教学及生活用房工程；四川省慈善总会捐赠万安中心小学 40 万元、芦溪镇永江中心小学校 40 万元、新生镇中心小学校 50.01 万元，用于学校附属设施建设及设备购置；中华慈善总会、四川省慈善总会援建三台县县乡两级民政部门联想电脑及打印一体机；四川省慈善总会捐赠资金 400 万元，用于三台县社会福利院灾后重建。

塞江中心小学校重建项目。地震致塞江小学 2476 平方米校舍成为危房，毁坏教学仪器设备 230 台（件、套）、课桌凳 150 套、图书 8000 余册。2008 年 6 月 19 日，学校搭建帐篷复课。同年 6～7 月，上海慈善基金会郭开荣、徐雄心和四川省慈善总会张力、张丽娟与同县教育主管部门先后到学校考察，反复论证，确定在原址修建教学及生活用房，总投资 280 万元。（上海慈善基金会定向捐赠 240 万元，不足部分由上级补助）；8 月上海慈善基金会和四川省慈善总会与县教育局签订《捐赠合作协议书》；8 月县发改局对塞江小学灾后重建校舍立项，建设规模 1780 平方米，投资 280 万元（上海慈善基金会定向捐赠 240 万元，其余为中央预算内资金）。2010 年 2 月，县灾后重建规划项目实施计划调整，确定塞江小学附属设施重建以及图书、设备购置 2300 件（套），总投资 190 万元；9 月，三台县科兴岩土工程咨询有限责任公司、三台县工程勘测设计咨询有限公司分别完成地质勘测和工程设计、图纸审查工作。2009 年 2 月 16 日，县教育主管部门对塞江小学教学及生活用房工程进行公开招标，绵阳兴绵建设有限公司以 265.23 万元中标为施工单位；工期 240 天；3 月开工建设，2010 年 2 月，工程竣工。新建教学综合楼 854.6 平方米，学生宿舍 536.97 平方米，食堂 160.22 平方米等，新购图书 4000 余册，办公桌椅等设备设施，共完成投资 434 万元，其中中央重建资金 61 万元、援建资金 240 万元、其他资金 133 万元。

五、社会团体及爱心人士援建

李宁公司、泰康人寿保险公司分别捐赠资金100万元，用于西平镇、新生镇敬老院灾后重建；名幸电子有限公司捐赠资金80万元，用于三台县乐加小学教学楼灾后重建；迅达（中国）电梯公司捐赠资金234万元，用于立新小学灾后重建；皇甫志友捐资100万元，用于四平小学灾后重建；江苏正大天晴药业捐资140万元，用于灵兴小学灾后重建；维维集团和爱心人士张新生共捐赠130.01万元，其中，万安、永江2所小学各40万元、新生小学50.01万元，用于学校灾后重建（维维集团、爱心人士张新生捐赠资金由四川慈善总会通过县慈善总会进行定向援建）。

西平镇中心敬老院重建项目。西平镇原中心敬老院，位于西平场镇。地震中敬老院房屋墙体、楼梯裂缝倾斜，挑梁过梁和柱体断裂，小青瓦、吊顶全部垮塌，办公桌椅和生活用品以及电器线路严重损坏，被专家组鉴定为危房，停止使用。2008年5月，镇党委、政府初步规划敬老院重建占地0.8公顷，房屋建筑2000平方米，规划投资300万元。资金来源主要由三部分组成，一部分将原敬老院拍卖筹集资金60万元，一部分争取省、市、县民政部门专项补助220万元，一部分向社会募集资金和财政补助资金20万元；6月，县发改局批准立项，实施敬老院灾后重建规划方案，新建敬老院占地1公顷，建筑面积2500余平方米，投资300万元，增加附属设施投资150余万元，其规模达集中供养近200人；镇党委、政府确定在位于县道芦（溪）跃（进）公路旁，距西平场镇3.6公里的金星村1、2、3组新建敬老院。经过招投标，敬老院主体工程由三台县工程勘察设计咨询有限责任公司设计，四川川恒建筑安装工程有限公司施工；9月，完成围墙砖砌和场地平整1期建设施工任务；10月中旬，二期主体工程开工，2009年10月竣工；新建中心敬老院占地1.33公顷，总投资近500万元，其中中央灾后重建基金近400万元，李宁公司捐赠100万元。建房2500余平方米。

新生镇敬老院灾后重建项目。地震造成原敬老院房屋受损，部分房屋垮塌。灾后重建启动后，镇党委、镇政府将敬老院重建纳入灾后重建规划上报。2008年11月6日，县发改局批准新生敬老院异地重建项目立项，新建房屋2471平方米，规划总投资420万元，其中中央重建基金320万元，泰康人寿保险公司捐赠100万元；征用原新生乡社办厂权属土地0.33公顷；2009年5月，确定三台县工程勘测设计公司为设计单位，三台县建筑公司以239.39万元中标为施工单位，同月开工建设，施工人员和物资设备进场，当天投入人力50余人，开挖基础；6月5日，基础工程完工，10月整体完工；2010年5月，按采购程序和每张床位不超过2500元的要求，采购150张床位的生活用品；项目通过审计，投入资金480万元，其中中央重建基金380万元，三台泰康人寿公司捐款100万元。新建的敬老院位于新生镇杨柳村4组，占地0.33公顷，新建用房2400余平方米。

乐加乡中心小学校恢复重建项目。地震致乐加3村、8村等村小学及乡中心校1670平主米校舍损毁，2008年11月、2009年4月，县发改局分别立项，乐加小学在原乐加初中校内重建学生宿舍楼743平方米，投资198万元，重建教学及辅助用房561平方米，投资84万元（广州名幸电子集团有限公司捐赠80万元，财政补助4万元）。2010年2月，县调整灾后重建规划项目实施计划，确定乐加小学重建校舍1600平米，购置图书及设备，总投资429.04万元，其中中央重建基金349.04万元，企业援建80万元。2009年4月，学校与县工程勘测设计咨询有限公司签订学生宿舍楼、教学及辅助用房工程设计委托合同；4 月、8 月，通过网上比选，确定学生宿舍楼工程施工单位为绵阳市坤隆建设有限责任公司，教学及辅助用房工程施工单位为四川富源建筑工程有限公司。4 月学生宿舍楼工程开工建设，8 月教学及辅助用房工程项目正式开工，2010 年 3 月，工程竣工。重建后，乐加小学占地 1. 5 公顷，新建校舍 1600 平方米，维修加固面积 2200 平方米，购置图书 2540 册及办公、学生桌椅等套。完成投资 337 万元，其中中央重建基金 179 万元、援建资金 84 万元、其他资金 74 万元。

三台县灾后恢复重建部分援建项目建设完成情况表

表 5－16　　　　单位：平方米、台（件、套）、万元

援建单位	受援单位	重建内容				总投资	其中：援建资金	备注
		新建房屋	维修加固	购置设备	购置图书			
香港特区政府	三台县残疾人康复中心	4000	–	591	–	–	857	–
香港特别行政区政府“支援四川地震灾区重建工作信托基金”香港教育工作者联会	上新初中	3816	1086	–	–	–	330	–
台湾《联合报》　内蒙古鄂尔多斯红十字会	立新镇拦河小学	5855	–	700	3500	–	180	–
上海慈善基金　宁夏银帝集团	富顺镇金光小学	5311（2100）	–	–	–	–	290	–
巴西台湾侨社	高堰小学	2017	2000	–	–	–	126.88	–
海协会（台湾同胞）	郪江小学	5016	1322	–	–	–	152	–
中国红十字总会	中新小学	5731	185	–	–	–	330	–
香港特别行政区政府“支援四川地震灾区重建工作信托基金”香港教育工作者联会	乐加初中	4041	1080	–	–	–	330	–
香港红十字会	联胜小学	2293	–	1961	–	–	322.50962	–
	中太小学	5464	1020	–	–	–	554.89	–
	长乐小学	4984	327	–	–	–	759.6	
中国红十字会	双胜乡卫生院	1091	423	–	–	–	160	–
	富顺中心卫生院	2108	–	11	–	–	273	–
	金鼓乡卫生院	1563	–	–	–	–	128	–
	灵兴镇卫生院	1568	–	3	–	–	144	–
	永新卫生院	1563	–	–	–	–	80	
中国红十字基金会	新德小学	6898	9478	–	–	–	200	–
资阳市爱在蓝天下志愿者协会	龙桥小学	1365	3350	–	–	–	14	资阳市惠民帮扶中心引进资阳市爱在蓝天志愿者协会执行
四川省红十字会	永明初中	3747	–	–	–	–	420	–
四川省、绵阳市红十字会	黎曙卫生院	1205	750	–	–	–	168	–
绵阳市红十字会	花园镇卫生院	1573	900	–	–	–	212	–
四川慈善总会	三台县社会福利院	4306.1	4600	–	–	–	400	–

续表5 —16

援建单位	受援单位	重建内容				总投资	其中：援建资金	备注
		新建房屋	维修加固	购置设备	购置图书			
苏州迅达电梯有限公司	立新镇中心小学	3443	1672	–	–	–	234	–
中国红十字基金会	广化初中	5483	475	–	–	–	200	–
皇甫志友	四平小学	5754	–	–	–	–	100	援建资金由县团委争取
江苏正大天晴药业	灵兴小学	3157	2755	–	–	–	140	
香港苗圃行动	立新初中	6146	1988	–	–	–	530	
	新鲁初中	6946	–	–	–	–	655. 1	
维维集团　爱心人士—张新生	万安小学	3657	2168	–	–	–	40	援建资金由四川慈善总会通过县慈善总会定向支付
	永江小学	2818	1243	–	–	–	40	
	新生小学	3496	1830	–	–	–	50. 01	
中国致公党广东省委员会　中国致公党深圳市委员会	忠孝小学	2150	105	–	–	–	60	–
四川五粮液集团	鲁班小学	3000	1089	–	–	–	200	–
广州卓越集团教育培训中心	八洞小学	7070	1100	–	–	–	50	–
沙特友人	古井初中	6075	905	–	–	–	68	–
香港苗圃行动	前锋初中	4130	902	–	–	–	535. 53	资金由星岛慈善基金委任苗圃行动捐助
上海熊猫机械有限公司	金石小学	3218	2291	–	–	–	30	–
香港邵氏基金	芦溪初中	7074	2562	–	–	–	260	港币
中国扶贫基金会	争胜小学	3310	–	–	–	–	500	–
东尚服装股份有限公司	广化小学	5327	2893	–	–	–	100	–
	长坪小学	2591	2014	–	–	–	50	
民革四川省委（50万元）　柳州工商联（50万元）	慕禹小学	2173	2000	–	–	–	100	–
四川汉龙高速公路开发有限公司	百顷小学	3749	960	–	–	–	160	–

说明：文中已记述主要援建项目，不再列表。

第十二章 监督管理

第一节 项目管理

一、健全规章制度

三台县委县政府先后修订完善《关于地震灾后农房重建政府补助资金拨付和管理办法》《三台县城镇居民住房恢复重建补助资金管理办法》《三台县国家投资工程灾后恢复重建项目管理暂行办法》《三台县地震灾后恢复重建及拉动内需项目资金管理办法（试行）》出台《关于进一步加强政府投资项目专户资金管理的通知》《关于财政投资评审有关事项的通知》《三台县抗震救灾“特殊党费”使用管理监督办法》《三台县政府性投资工程建设项目履约保证金管理制度》《三台县政府性投资建设项目竣工财务决算审批管理办法》《港澳特区援助四川地震灾后恢复重建项目资金管理细则》和《严格规范港澳特区援助项目变更管理办法》等规范性文件。转发省、市各项规章制度，对资金管理、使用、发放和灾后重建项目的申报、立项、资金拨付等各个环节均作明确具体的规定和纪律要求，对问题突出和整改不力的镇乡和项目责任单位严格问责。

二、严格基本建设程序

全面落实项目法人责任制、工程监理制、工程招投标制、合同管理制，确保资金专款专用。项目实施管理坚持6个必须：必须有发改部门立项批文，项目投资规模在发改部门批复额之内，严禁擅自超规模建设；必须执行项目监理、招投标和政府采购制度；必须坚持工程项目合同制；必须对100万元以上项目进行财政投资评审；必须实行竣工验收制，经多部门联合验收后才能交付使用；必须对涉农项目履行资产移交制，项目投资移交给村组集体或农户个人。

第二节 资金管理

一、资金专款专用

对资金管理和会计核算坚持6个必须：必须专户存储；必须专账核算、专人管理；必须执行基本建设会计制度；必须坚持资金跟着项目走、项日跟着规划走；资金拨付必须与项目实施进度一致；依据工程监理月报查看进度，严格按工程合同约定拨付资金，凭借竣工审计结论核定总支出，按行业规定留质保金；项目竣工必须审计。

二、资金运行程序控制

严格专户、专账管理，对所有灾后重建和扩大内需项目资金实行严格专户、专账管理，进行单独核算；严格资金审批程序，审批范围、标准、权限，按时支付项目资金；严格坚持对涉及居民重建资金的发放，经核实、评议、公示、报批后再发放补助资金。农户资金一律通过“一折通”发放；严格拨付资金，对审批的重建项目资金，按工程进度拨付。

三、重建资金审计

截至2010年年底，全县审计项目32个，报送数6051.96万元，审定4833.63万元，审减1218.33万元。

建章立制。2008年6月~2010年12月，县审计部门先后制定《三台县汶川地震灾后恢复重建跟踪审计实施办法》《三台县抗震救灾物资和资金审计监督管理办法》《社会中介机构参与灾后恢复重建项目工程造价审计管理暂行办法》《社会中介机构参与灾后恢复重建项目审计操作规程》《三台县汶川地震灾后恢复重建审计工作方案》等一系列文件。

主要项目跟踪审计（调查）。灾后重建及扩大内需项目跟踪审计。2008年9月~2010年12月底，县审计部门派出66名审计人员（含外聘审计人员19人），组成32个审计组，对全县灾后恢复重建项目进行跟踪审计，同时接待审计署、省审计厅、市审计局赴三台跟踪审计（调查）组20批102人次，分别抽调审计部门人员144人次专门负责协调配合国家审计署、省审计厅、市审计局赴三台跟踪审计（调查）组工作。现场审计工作量419人（天）（含外聘人员现场审计工作量109人（天），跟踪审计22个项目总投资9.92亿元。至2010年年底完成投资2.07亿元；审计调查312个项目总投资54.64亿元，至2010年年底，完成投资17.26亿元。

2008年9月~2010年12月，全县抗震救灾和灾后重建跟踪审计灾后重建资金使用情况，查出挤占挪用4195.71万元，虚报冒领42.82万元。移送县纪委处理案件2件，涉案金额262.48万元，移送县监察、县规划和建设部门处理事项2件；向管理不规范单位提出审计建议52条并全部采纳，向各级各部门提交审计情况通报27份、信息简报22份、审计报告18份。

香港澳门地区援建项目跟踪审计。绵阳市审计局授权县审计局从2009年6月起，对港澳地区援建的第一批次项目三台一中、紫河镇中心小学、芦溪中学、县精神病院、县中医院重建项目进行跟踪审计。从2009年10月起，对第2批次项目乐加初中、里程乡卫生院重建门诊用房、上新初中等进行跟踪审计。从2010年8月起，对第三批次项目县残疾人康复服务中心、县文化体育中心进行跟踪审计。至2010年12月31日，县审计部门派出10个审计组15人对港澳援建项目资金管理使用、项目建设、工程实施进度等情况进行全过程跟踪审计，审计工作量137人（天），发现工程量清单漏项、与设计不一致等问题13处，向建设施工单位发出审计建议单15篇，向省审计厅报送港澳援建项目资金台账17篇。

国外优惠紧急贷款援建项目跟踪审计。2010年6月起，对三台县世界银行优惠紧急贷款（以下简称世行贷款）项目三台县城镇基础设施、县人民医院内科大楼重建项目进行跟踪审计。8月起，对三台县亚洲银行及国际农发基金组织优惠紧急贷款（以下简称亚行贷款、国际农发贷款）项目亚洲银行贷款三台县农村公路灾后重建工程、国际农发基金组织贷款沼气建设项目进行跟踪审计。至2010年年底，县审计部门派出4个跟踪审计组，现场审计工作量76人（天），发现建设施工问题2处，向建设施工单位发出审计建议单5篇，向省审计厅报送国外紧急贷款援建项目资金台账5篇。

城乡居民住房恢复重建及维修加固项目资金专项审计调查。2010年12月1～31日，县审计部门牵头，县重建办、县监察局、县财政局配合参与组成10个审计调查小组，对全县63个镇乡的224个村（居）中的256个社的重建和维修加固资金、项目进行审计调查，查处虚报、冒领、重报等违规金额213.97万元，查出管理不规范资金6815.55万元，发现重建项目管理问题5处，提出审计整改建议5条。

四、资金物资监督检查与案件查处

（一）监管措施。培训人员，组织开展全县性项目分管领导、工作人员和在建项目监理人员、项目经理业务培训2次，参训1200余人。全县以县委常委为组长，县人大、县政府、县政协分管或联系领导为副组长，组织对所分管或联系范围的所有灾后恢复重建和扩大内需项目进行监督检查。县专项检查组分4个组对全县200万元以上项目及公路沿线项目、“特殊党费”项目进行专项督查。县财政、审计、规划和建设、国土和环保等职能部门，按照各自职能要求加强专项检查监督。各业主单位及主管部门进行自查。组成4个监督检查组，分片包干负责县级部门和63个乡镇救灾款物接收、发放和公示情况进行监督检查。坚持监督关口前移、全程跟踪、严格监督、有效防范，有针对性地规范灾后重建行为，边审计、边规范、边整改、边提高。邀请新闻媒体对全县资金物资接收发放部门和灾后恢复重建项目进行采访报道。聘请社会监督员、党风廉政建设监督员开展社会监督，召开社会监督员座谈会，了解情况和反映问题，对群众举报的问题及时查处。县纪委、监察局会同县发改、建设、信息办等部门，在三台政务网上建立国家投资项目9公开专栏和招标投标公示专栏，集中、统一、规范向社会公示灾后恢复重建项目情况。实行整改意见书面制、问题整改责任制、整改问题台账销号制、整改不力问责制。至2010年年底，发现项目前期审批、招投标及合同履行方面、项目施工管理实施、资金管理使用等方面问题1535个，发出《监督检查意见书》308份，对31个建设单位和32名领导干部及工作人员进行问责处理。专项检查组从2009年11月～2010年年底，共发出《监督检查意见书》170份，检查项目311份，提出问题239个，建议整改意见264条。整改落实418个。

（二）查处违法违纪案件。至2010年年底，全县查处涉灾案件36件55人。其中，给予党纪处分50人、政纪处分2人、党纪政纪双重处分3人。

（三）检察机关打击刑事犯罪。地震发生后，县检察院办理“涉震”案件12件22人，其中，侦查起诉农村基层组织人员在协助政府实施灾后农房重建中，利用职务之便，非法收受重建户现金，为重建户谋取利益的受贿案3件7人，批准逮捕审查起诉其他刑事犯罪案件9件15人。

第三节 建筑材料价格监管

一、建筑材料临时价格干预

2008年5月，红砖价格每匹0.3元，6月涨至0.33元。7月，灾后农房重建全面展开，主要建筑材料红砖及砂石突现供应紧张、价格大幅上扬。按照省市政府规定，县政府于2008年5月27日，对建筑用砖、砂石、钢材、水泥实施临时价格干预措施，对进销差率限制管理；对县内生产的水泥、红砖、河砂、小青瓦实行最高出厂限价。7月4日，县物价部门对县境内页岩标砖实行出厂限价措施，规定每匹砖最高出厂限价（不含运费）为0.35元。8月28日，县政府办发出《关于加强灾后重建建材价格有关问题的通知》文件，其中规定页岩标砖出厂限价为每匹0.34元，砂石限价为每立方米50元。县境内水泥企业成品包装水泥325#R出厂价最高限价不超过每吨（下同）430元，散装水泥325#R不超过420元。瓦（小青瓦）出厂价每匹最高不超过0.4元；对经销外地的建筑材料销售价格实行进销差率管理，钢材（不含直接运杂费）进销差率（下同）最高不超过4%，木材（一道环节）不超过5%，玻璃（一道环节，不含直接运杂费）最高不超过10%，水泥（不含直接运杂费）最高不超过5%；对县外运入三台县境内销售的红砖，每匹最高不超过0.55元；对建材运费实行限价管理：30公里以内每吨公里不超过1元，30公里及以上每吨公里不超过0.9元。其中砖运输价格，运距在15公里以内，货车每匹运价（含下车费）最高不超过0.055元，拖拉机不超过0.05元，超过15公里，货车、拖拉机均按每5公里每匹增加0.005元；砂石运输价格运距在15公里以内，货车运价（含下车费，下同）最高每立方米（下同）不超过25元，拖拉机最高不超过22元；超过15公里，货车每公里每立方米增加0.8元，拖拉机增加1元，并实行运输证管理。

二、建筑材料价格违法查处

2008年12月26日，县委办、县政府办印发《三台县灾后重建建材价格监督管理办法》（简称办法），根据办法规定和县物价部门牵头协调，对灾后恢复重建建筑材料用户与供应厂商点对点供应，排单调配，全县派驻厂监察员114名，面向社会聘请价格监督员22名，物价局落实5名片区价格联络员进行价格监管，并实行定期专项督查。2008年7月～2009年12月，是全县灾后恢复重建建筑材料价格临时干预重要时段。2009年5月12日，红砖等建材供求及价格走低成为拐点，6～9月，红砖价格为每匹0.26元左右。10～12月，红砖价格为每匹0.29元左右。2009年5月以后，建材价格急剧回落，物价部门与有关部门及镇乡一道，向制砖企业宣传政策，化解矛盾，并督促各部门落实全县红砖生产企业灾后恢复重建优惠政策。2008年5月12日～2010年12月31日，县物价部门进行55次237人次市场检查，查处建材价格违法案件33件，违法金额22.06万元，其中没收违法所得5.92万元、罚款15.4万元，退还用户7440元，入财政金库21.32万元。受理建材价格举报、咨询案件247件，办结247件。其中解答咨询179件，调解供应不及时及其他纠纷35件，查处33件，办结率为100%。

第四节　质量监管

强化工程监管，确保质量安全。对全县所有房屋和市政在建工程实行网络化管理，形成横向到边、纵向到底的管理责任体系。开展执法检查，严肃查处各种质量安全违法违规行为、违反法定程序和规范等行为。全县开展5次综合执法大检查，多次建筑质量安全专项检查，召开11次建筑质量安全例会；开展2次拉网式大排查，检查在建项目567个。检查项目1500个，发出安全隐患整改通知418份，停工通知160份，巡查记录298份，现场处罚款5.6万元。聚焦工程结构、灾后重点工程、工程疑难问题3个重点，抓监理企业的现场保证和检测机构的技术保障，强化日常监督、专项巡查、约谈预警等工作。坚持“一整改、二处罚、三停工、四扣分工作”原则，加强安全管理，督促施工企业增加安全投入，落实到位安全保障措施。

第六篇　先进（模范）人物与先进集体

第一章　先进（模范）人物

第一节　人物简介

赖大东　1978年9月生，男，中共党员，泸州医学院临床医学系毕业，县公安局刑警大队技术室主任。地震发生后，赖大东与战友赴北川极重灾区开展对地震中死难者进行检验、个体识别和DNA检材提取。5月13～21日，赖和战友不分昼夜连续奋战，先后检验罹难者尸体200余具。在后期由于尸体快速腐败，细菌滋生，四处都弥漫着腐败的气味，检验工作异常困难，赖大东怀着对每一名罹难者和家属负责的态度，按照公安部和省公安厅的要求，克服种种困难，认真提取相关检材，核对数据，做到每一份检材都万无一失。在检验过程中，通过查看、遗物辨认帮助家属认领尸体20余具。面对随时可能出现的山体滑坡、滚石、房屋垮塌等危险，他始终坚持战斗在一线，并带领内江、广安和湖南等地公安机关组织的工作组进入北川县城开展工作，默契配合，建立良好的工作关系。赖大东等出色的工作，赢得公安部处长闵健雄、省公安厅主任沈月华的高度肯定和赞扬。2008年7月，被中共绵阳市委、绵阳市人民政府表彰为抗震救灾先进个人，被公安部表彰为全国公安系统抗震救灾先进个人；8月四川省公安厅记个人二等功；10月，被中共中央、国务院、中央军委表彰为全国抗震救灾模范。

宋朝友　1964年12月生，男，中共党员，大学本科学历，三台工业园区党工委书记。2008年5

月12日，汶川特大地震发生后，宋朝友就带队到辖区察看灾情。连续3天进村入户核查灾情及其变化，安排部署排危除险。5月14日下午，宋朝友接到县委让其带队驰援北川救灾的命令。5月15日下午1点50分，宋朝友带领驰援队伍被堵在距北川抗震救灾前线指挥部约6公里的路上，他不顾饥饿和疲劳，带领队伍徒步两小时赶到北川中学。5月15日至6月6日，宋朝友同全体干部并肩战斗在第一线，饿了吃干粮，渴了喝矿泉水，困了就靠在货物旁打个盹，昼夜连续作战。宋朝友任指挥部物资组副组长，牵头组建物资组内设办事机构，明确责任，健全11个行为规范和工作流程，物资管理做到有条不紊，忙而不乱，全组人员出色完成工作任务。2008年7月，被中共四川省委表彰为抗震救灾优秀共产党员。

张　伟　1973年3月出生，男，中共党员，大学本科学历，新鲁镇党委书记、人大主席。新鲁镇是全县受震损失最重的镇，张伟沉着应对，身先士卒，组织带领全镇党员干部和3万多名群众投入到抗震救灾、重建家园工作中。地震发生后，张伟迅速将机关干部分成4个组，分赴学校、医院、敬老院、移民安置点进行疏散抢险。在地震发生5分钟内张赶到新鲁初中学校，组织疏散学生。新鲁镇办公楼成为危房无法使用，把指挥部临时设在场镇中心地带，两张桌子，几把椅子，就成为指挥部办公室。张伟先后组织参加水库抢险、危房排危等20余次重大活动。在组织抓抗震抢险的同时开展抗灾自救，重建家园。抗震救灾期间，张伟从未休息1个星期天。进城开完会，拿上换洗衣物就急忙赶回新鲁镇，距新鲁6公里金石镇老家有年迈76岁老母亲，张伟都没有回去看望一眼。2008年7月，被中共绵阳市委、绵阳市人民政府表彰为抗震救灾先进个人，10月，被省委、省政府表彰为四川省抗震救灾模范。

景大财　1969年10月出生，男，汉族，大专文化，中共党员，富顺供电所副所长。地震发生后，电力公司组织电力抢险队，景大财任副队长，于5月29日赶赴平武，在电力设备、设施抢修恢复中，景冒着余震危险，经过22天的紧张工作，圆满完成10千伏2公里线路规划搬迁和架设，低压主线架设12公里，完成1174套板房户表安装及线路铺设，为极重灾区送去光明。2009年灾后重建，景大财带领职工全身心投入灾后恢复重建工作，严格把关，完成新架10千伏线路7处，新增台区6个，完成8所学校、7家卫生院灾后重建电力配套设施委托安装工程。2010年3月，景大财带队参加青川灾后援建工作，合理安排组织工程施工，团结和带领全体援建人员，架设400伏低压线路70公里，立电杆3基，安装变压器1台、单相照明表286只、表箱39套、分电箱29套，挂设电缆1400米、钢绞线1320米等，于5月中旬完成青川县凉水镇电力设施恢复工作。是年7月，达州万源市因强降雨导致山体滑坡，电力设施严重受损，公司组建抢险队，景大财接到通知后，奔赴万源组织抢修，经过7天奋战，抢修10千伏线路5.7公里、配电变压器3台、0.4千伏线路1公里，完成抢险任务。2010年12月，景大财被省委、省政府表彰为四川省汶川特大地震灾后恢复重建先进个人。

龙保林　1963年10月出生，男，本科学历，中共党员，三台县卫生局党委书记、局长。地震发生后，龙保林担任县抗震救灾指挥部成员、医疗救护组副组长、卫生系统抗震救灾指挥部指挥长，带领人员到城区各个医院协调转移人员，维护医疗秩序，了解全县镇乡卫生院情况。迅速启动三台县救灾防病和医疗救援预案，明确各自岗位职责，宣布抗震救灾纪律，落实责任。5月12日深夜，龙保林得到派遣医疗小分队支援极重灾区的指令时，毅然紧急从县内医院调集21名精干医护人员，深夜奔赴安县，抽调11辆救护车赴极重灾区援助。第一批救护人员派出后，又接到有近200名极重灾区伤员转运到三台治疗的任务，龙保林立刻安排县直医疗单位和北路镇乡卫生院挤出200张病床，抽派专家人员组建医疗救治队，参加医疗救治伤员。在全县各医疗卫生单位抽调135名医护人员，组成16支医疗救治小分队，承担县城、镇乡和堰塞湖溃坝群众集中转移安置点医疗防疫工作。当接到市卫生局要求三台县承担北川县卫生防疫工作的任务时，立刻安排县疾控中心、县卫生执法监督所挑选业务骨干，组建20多人的卫生防疫队，紧急奔赴北川。“大灾之后无大疫”，实行局领导班子成员分片包干负责制。采取切实有效措施，把县城和镇乡集中群众安置点、涪江沿岸镇乡群众撤离安置点和城乡结合部作为卫生防疫的重点区域，把饮用水食品卫生监督监测、环境卫生消毒、重大传染病疫情监测报告、农村群体聚餐卫生指导、狂犬病防治、健康教育等作为重点工作，做到灾后卫生防疫工作不留漏洞和空白，实现卫生防疫全覆盖，全县未发生重大传染病疫情。2008年6月，被中共绵阳市委、绵阳市人民政府表彰为抗震救灾先进个人；9月，被卫生部、国家食品药品监督管理局、国家中医药管理局、总后勤部、卫生部联合表彰为抗震救灾医药卫生先进个人。

王恒建　1956年10月出生，男，中共党员，大专学历，三台县人口和计划生育局党组书记、局长。地震发生后，王恒健不顾个人安危，积极疏散机关干部职工转移。于13日早上，召开机关全体工作人员抗震救灾紧急会议，成立抗震救灾指挥部，落实带班领导，明确职责分工。会议结束，王恒建即带领工作人员深入基层查看灾情。在余震不断的情况下，特别是26个重灾镇乡、18个中心服务站及所属29个咨询点，逐一进行走访，查看灾情，同当地党委、政府研究排险方案，鼓励社会事务计生办和服务站工作人员积极组织自救和灾后重建工作。王恒建组织干部职工向灾区献爱心，首先捐出400元钱，干部职工纷纷响应。在单位捐款中，又抽出3万元捐给灾区。5月23日，王恒建带头交纳“特殊党费”1000元。王恒建带队到受灾独生子女家庭户进行慰问，送去救灾资金和物资。卫生防疫，组织机关干部清除卫生死角，做好计生系统每日的消杀工作。汶川特大地震后，组织全县计生系统到北川等地支援抗震救灾的自愿者就有45名之多。2008年7月，被国家人口和计划生育委员会表彰为抗震救灾先进个人。

宋宁力　1983年12月6日出生，男，汉族，三台县公安局刑警大队民警。地震发生后，立即投入到上路值勤的队伍中。5月13日凌晨，宋参加以法医、刑事技术人员、侦查人员组成的12人抗震救灾小分队，赶赴极重灾区北川羌族自治县，13日下午14时左右，抵达北川任家坪收费站。由于道路阻塞，情况紧急，在市公安局刑侦支队的统一部署和带领下，徒步赶往抗震救灾临时指挥部，宋宁力接受具体任务：对遇难者的遗体进行编号、记录、拍照、提取可供DNA检验的检材。此时已有两顿没有吃饭，在临时指挥部领到一封饼干后立即投入到紧张的工作中，现场已摆放北川中学挖掘出来上百具遇难者遗体，他一边吃饼干一边工作。处理完遗体之后，宋宁力又随队向北川县城进发，前往的道路面目全非，山体严重滑坡，落石铺满道路，冒着大雨，随队艰难前行。到达县城后，看到垮塌的房屋，街道满是巨石砖块以及被掩埋尸体，没有等待和安排，宋宁力随队在危险的道路上边前行，处理尸体。在40℃高温下仍然坚守岗位，一工作就是12个小时以上。渴了就喝些凉水，饿了就啃点饼干、累了就靠在汽车边打个盹。利用仅有的休息时间，帮助当地群众搭建救灾帐篷。在高温下宋长时间大负荷工作，体力过分透支，多次中暑。从5月13日至23日整10天，宋宁力在北川以方便面、饼干、矿泉水充饥，忍受着尸体的强烈异味，冒着尸体腐败病毒感染的危险，在废墟上奔波。2008年7月，宋宁力被公安部表彰为全国公安系统抗震救灾先进个人，同年8月，四川省公安厅给宋记个人二等功。

余　江　1970年6月19日出生。男，汉族，三台县公安局刑警大队民警。2008年5月13日，余江参加县公安局组建抗震救灾小分队，随队赶赴北川羌族自治县开展抗震救灾工作。到达北川中学后，立即投入抢险救灾，将先期挖掘出来的遗体全部进行处理。余江和同伴们前往县城开展工作，震后县道路完全被毁坏，车辆无法通行，余江只能沿着山边，在山上滚下的落石间爬行，直线仅500米远的路程，用了整整1个小时才进入县城，再次体会到生死边缘的考验。既要防备头上随时可能倒塌的房屋，又要顾忌脚下瓦砾堆中的危险物品。饿了以干粮充饥；渴了以少量矿泉水解渴；晚上困了，与其他11个人共同挤在一个帐篷里席地而卧。在摇摇欲坠的楼房中穿梭，在余震不断的环境下艰辛工作。截至5月23日，连续10天在艰苦的环境中工作，圆满完成上级安排的任务。2008年7月，公安部授予余江全国公安系统抗震救灾先进个人。

叶圆圆　1991年1月出生，女，汉族，系三台县芦溪中学2008级6班学生（高中）。2008年5月12日汶川特大地震发生时，芦溪中学高2008级6班教室内的桌椅、电灯、电扇、门窗都剧烈摇晃起来，教室内同学惊恐万分，不知所措。此时，叶圆圆意识到地震发生，立即站起来大声喊“地震了，赶快离开教学楼!”，惊恐的学生们立即向教室前后门冲去，挤在一起。叶的座位靠近教室门边，站在原地未动，让同学们先撤离教室。待同学们快撤完时发现旁边一位胆小的同学还呆着未动，于是便拉着同学跑下教学楼。当天余震不断，学校组织学生晚上在操场休息，叶圆圆冒着余震危险，帮助胆小同学将床上用品从学生公寓楼上搬到操场。5月14日复课后第一天，叶在班上发起捐款活动，把自己平时积攒的20多元零花钱全部捐出，回到家后又动员爸爸、妈妈、奶奶向灾区捐款。15日，叶圆圆利用空余时间参加学校组织的“自愿者”行动，上街宣传抗震救灾、卫生防疫有关知识；到芦溪中心卫生院慰问地震受伤住院的病员，帮助医院打扫卫生，回家为病员煮稀饭送给病员。5月19日，叶圆圆利用学校放假的机会，把家里多余的衣被和自己刚买的新衣服送到绵阳九洲体育馆灾民安置点灾民手中。在九洲体育馆灾民安置点不顾劳累，投入到搬运砖头、搭建帐篷的志愿者行动中。下午16时刚过，叶准备回家时看见两位小孩在路边哭，经询问是北川来的，与几天前同来体育馆的爷爷走散，她便拿出自己准备买复习资料的钱为小朋友购买食品和水，将其2人送回体育馆交给管理人员，直至晚上19时才赶到绵阳南湖车站，当准备买车票才发现身上只有1元多钱，于是乘坐公交车到绵阳涪城区丰谷镇，打电话让父亲用摩托车来接回家。2008年6月24日，叶圆圆被教育部表彰为抗震救灾优秀学生。6月25日，叶圆圆领到国家发放给灾区考生延考一次性伙食补助250元，将此款全部交给来自北川的同学手中。

陈道林　1959年10月2日出生，男，汉族，三台县人，中共党员，小学一级教师，三台上新乡响石板村小学负责教师、班主任。汶川地震发生时，正值学生午眠，陈道林正在教室守护学生，立即通知学校教师组织学生迅速撤离。冒着生命危险，陈道林多次抱走熟睡不醒的幼儿园幼儿。学生刚全部撤离完，校舍轰然倒塌，尘土飞扬，学生无伤亡。随后陈道林组织全体学生集中到开阔地带，等待学生家长前来接孩子回家。因电话中断，陈道林立即租乘摩托车到中心校汇报情况，在途中，遇到前来了解情况的乡中心校领导，便一同回到学校安抚学生，对学生家长作解释工作。陈道林不顾自身安危，奋力抢救学生的事迹受到学生家长的好评。2008 年 9 月，陈道林被教育部表彰为教育系统抗震救灾先进个人。

丁敬容　1971 年 11 月 2 日生，女，汉族，三台县人，中共党员，大专学历，老马学校数学教师。地震发生时，老马学校教学楼剧烈摇晃，小青瓦片暴雨般落下，正在操场的丁敬容和其他教师一起奋不顾身冲往教室，将一个个在教室里的学生有序地组织出教室，下楼梯。为救助最后一个七年级 3 班学生丁怡，丁敬容拉着丁怡快步从楼道冲往楼梯，快出楼梯口时，上面砖头瓦块飞下，丁敬容老师为保护学生，头部左侧被砸伤，面部、手臂、下肢也都受了伤，倒在乱瓦堆下，丁怡同学获救了。学校老师立即将丁敬容送往医院救治，丁敬容醒过来说第一句话："丁怡怎么样？"得知丁怡同学获救没有受伤时，她才放心了。在学校领导和老师们共同努力下，没有一个学生严重受伤，受到学生家长的高度赞扬："丁老师太好了，老马学校的领导和教师太好了！"2008 年 7 月，丁敬容被中共绵阳市委、绵阳市人民政府表彰为抗震救灾先进个人，被中共四川省委教育工委、四川省教育厅表彰为四川省教育系统抗震救灾优秀教师，9 月，被教育部表彰为教育系统抗震救灾先进个人。

冯继兴　1963 年 11 月 12 日出生，男，汉族，三台县人，中共党员，大专学历，塞江小学教师、校工会主席。地震发生时，全校师生转移到内操场，清点学生，发现二年级少 1 名学生，冯继兴毫不犹豫，几个箭步冲上教学楼，发现两名吓呆的学生被困在教室里，便夹起学生迅速冲下楼，安全送到内操场。冯继兴刚舒一口气，猛然发现一年级还有 1 名学生在教室里，他快步冲进教室，把这名学生抱出教室。冯继兴把生的希望留给学生，把死亡威胁留给自己的高尚精神，使在场师生为之感动。200 余名学生无一人受伤。2008 年 9 月，冯继兴被教育部表彰为教育系统抗震救灾先进个人。

杨万金　1948 年 5 月生，男，汉族，中专学历，中共党员，四川安岳人，四川省三台蚕种场党委书记、场长。地震发生后，杨万金在电话不通的情况下，立即驱车到生产区、职工住宅区检查，在 20 分钟内由西桑园赶到场部召开党委扩大会，成立抗震救灾领导小组并任组长，安排和布置抗震救灾应对措施。全场展开生产自救，控制混乱局面。蚕种场担负着省内 1/4 的原种和近 20 万张普种生产供应任务，地震致部分生产车间房屋受损，合同工、临时工大多数离岗，职工不敢进入蚕室，地震当天正值选原种捡老蚕的关键时刻，不及时捡出，造成混杂后果不堪设想。下午 15 时 30 分，离地震仅 1 小时，杨万金挽起袖子组织在外躲地震的职工进入蚕房，并大声说："同志们不要慌，有什么事我扛着！"仅用不到 1 小时，就全部扣好簇具。当天全场有 4 栋蚕室无人喂养，造成蚕儿吊食近 10 小时，他冒着余震的危险，晚上 19 时至 22 时，连续奔波三栋蚕室，带领党员、干部、职工、家属近百人，组织上蔟、担叶、喂蚕等工作，避免造成重大损失。震后近 40 天紧张生产日子里，杨万金带领全场职工生产自救，克服困难，完成上级下达的春季蚕种生产任务。抗震期间，组织搭建 460 平方米的公共避震房屋，搭建 720 平方米的抗震帐篷，协助职工个人搭建帐篷 1200 平方米，解决 300 余人的避震场所。杨万金先后两次为灾区捐款 1000 元，缴纳党员"特殊党费"1200

元。2008 年 9 月 16 日，被中国科学技术协会表彰为中国科协抗震救灾先进个人，12 月 4 日，被四川省农业厅农场管理局表彰为四川省农场系统抗震救灾先进个人。

刘廷安 资阳市政协副主席，资阳市对口支援三台县新鲁镇恢复重建工作领导小组办公室主任。6 月 20 日，刘廷安率领援建办及工作组一行近 100 人赶赴新鲁镇。在其后 3 天时间刘走村串户，召开座谈会，弄清新鲁镇受灾和急需支援情况，研究草拟资阳市对口支援工作的指导思想、援建原则、援建任务及援建措施建议意见。6 月 24 日，资阳市委常委会专题研究对口援建工作，援建方案获得高度评价并一致通过。场镇危房拆除在国家和省未出台补助政策之前，不少户主有较大抵触情绪，刘廷安积极会同党支部与镇干部一道，分别多次找村上的老支书、老党员和致富能手座谈，征求意见，求得理解。对危房拆除"困难户"实行"一帮一"，妥善安置，农房重建被三台县列为全县试点、绵阳市的样板。10 月 13 日，在援建工作会上刘廷安当众宣布援建工作八条工作纪律，成为援建工作人员行为准则。在具体援建工作中，刘廷安组织各援建工作组积极会同新鲁镇党委、政府逐步建立健全"联合互动工作机制、项目实施推进机制、定期会商协调机制、项目资金共管机制、项目督促检查机制等五项工作机制"，有效解决援建工作的困难和问题。刘廷安认真践行市委、市政府"拼干部、赛作风、比环境、争一流"的要求，工作严要求，生活低标准。10 多个援建人员挤在租用的 3 室 1 厅房屋中，没有节假日，没有上下班，现场指挥，他叮嘱援建人员要"具体、具体、再具体，落实、落实、再落实"。在刘的组织和领导下，资阳市援建的 37 个项目，全面胜利完成。2008 年 12 月，刘廷安被九三学社中央表彰为抗震救灾先进个人。

黄世强 资阳市乐至县住房和城乡规划建设局副局长，资阳市对口援建三台县新鲁镇住房安置组副组长。2008 年 6 月 20 日到达新鲁镇后，黄世强带领住房安置组工作人员深入村社农户，不到 40 天就走遍全镇 29 个村、3 个居委会、242 个社、8000 余户，做好危房鉴定，汇总情况，研究拆危方案，并上报资阳市对口援建指挥部。拆危方案确定后，黄世强带领工作人员投入危房拆除工作，不到 1 个月就完成 1000 余户 2 万余平方米的危房拆除。7 月 1 日，黄世强因连日劳累病倒，医生要求输液，但其不同意，队员们劝他休息几天，他却说："我还可以坚持，新鲁人民的家园重建工作不能等"。仅用 7 个月时间，完成危房鉴定和排除，资阳大道、场镇中心建设、2 个标准居民集中安置点、新鲁镇市政设施和希望小学的建设。2011 年 10 月，黄世强被人力资源和社会保障部、国家发展和改革委员会、解放军总政治部联合表彰为汶川地震灾后恢复重建先进个人。

王　磊 资阳市政府副秘书长，资阳市对口援建三台县新鲁镇灾后恢复重建领导小组副组长，援建办公室副主任。2008 年 6 月 20 日，王磊赴新鲁镇开展对口援建工作，把资阳发展农业产业化和新农村建设的成功经验用于对口援建中，制定农业产业化和新农村建设项目 10 余个。王磊带领援建人员深入村、社、农户调查摸底，仅 2 天时间就详细掌握全镇受灾情况，做到援建工作心中有数。工作细致到位，制定详细的援建工作计划和项目，逐一组织实施。经市委、市政府审议，共规划援建项目 37 个。特别是援建的资阳大道，成为新鲁镇一道亮丽景观，干部群众说："资阳的对口援建，使场镇建设向前推进 10 年"。王磊作为对口援建临时党支部书记，工作中带好头，做表率，发挥先锋模范作用。2011 年 10 月，王磊被中共四川省委、四川省人民政府表彰为汶川地震灾后恢复重建先进个人。

容弟斌　1976年5月出生，男，汉族，四川安岳人，中共党员，研究生学历，安岳县纪委常委、办公室主任，资阳市发改委综合科科长，资阳市对口援建办秘书组组长。容弟斌接到援建任务时未与家人告别，仅在赶赴新鲁前夕用电话通知妻子。到达新鲁后，每天上情下达，下情上报。白天深入村、社、农户调查摸底，察看灾情，掌握第一手资料，夜里加班梳理调查情况，整理资料，撰写文稿、报告。同室援建干部袁德毅劝其："明天再写"。容弟斌却说："帮我检查一下援建建议方案，明天要赶回去向市委常委会汇报"。6月24日，资阳市委常委会顺利通过对口援建方案。25日，容弟斌连夜赶回新鲁，细化援建方案，与援建干部一道，迅速启动支援住房安置、支医、支教和支援农业恢复生产援建项目。容弟斌对项目的规划、实施和管理比较熟悉，拟制《资阳市支援三台县新鲁镇项目推进一览表》，规划援建项目37个。在新鲁援建近一年里，容弟斌撰写工作方案、请示报告、宣传报道等文稿达20余万字，及时报告援建工作，为领导决策提供依据，促进援建有序有效开展。2008年10月20日，容弟斌被四川省委、省政府授予"四川省抗震救灾模范"称号；是年12月，被资阳市机关工委评为优秀共产党员。2009年6月，被绵阳市委授予"抗震救灾优秀共产党员"称号。

第二节　人物名录

一、省（部）级部门先进人物一览表

2008年8月~2009年四川省级部门表彰三台县抗震救灾先进个人名表

表7-1

序号	姓　名	工作单位及职务（受表彰时）	荣誉（获奖名称）	授予（表彰）机关	表彰时间	备注
1	周诗凯	三台县人武部部长	三等功	四川省军区	2008.12	证章
2	毛建军	三台县文物管理所支部书记、所长	文物系统汶川地震灾后文物抢救保护工作先进个人	国家文物局	2011	文物人发〔2011〕7号
3	崔　斌	三台县委副书记、县政府县长	抗震救灾先进个人	四川陆军预备役高射炮兵师	2008.10	证书
4	张忠祥	中共三台县委办主任	四川省党委办公厅（室）系统抗震救灾先进个人	四川省委办公厅	2008.12	川委厅内字〔2008〕59号

续表7—1

序号	姓　名	工作单位及职务（受表彰时）	荣誉（获奖名称）	授予（表彰）机关	表彰时间	备注
5	谢大和	三台县经济商务局党组书记、局长	抗震救灾先进个人	四川省经济委员会	2008.09	川经〔2008〕313号
6	冯国政	三台县经济商务局副局长	抗震救灾先进个人			
7	吴新跃	三台县经济商务局	抗震救灾先进个人			
8	罗　蜀	三台县经济商务局	抗震救灾先进个人			
9	崔洪德	三台县经济商务局	抗震救灾先进个人			
10	段光艳	三台县委常委、县政法委书记	抗震救灾先进个人	四川省政法委员会	2008.12	荣誉证书
11	兰　斌	三台县人民法院	全省法院系统抗震救灾先进个人	四川省高级人民法院		川高发〔2008〕587号
12	冯中学	三台县人民法院	全省法院系统抗震救灾先进个人			
13	宋建国	三台县人民法院	全省法院系统抗震救灾先进个人			
14	胡光林	三台县交通局局长	四川省交通行业抗震救灾先进个人	四川省人事厅 四川省交通厅		奖励证书
15	刘天赋	三台县规划和建设局局长	四川省风景名胜行业抗震救灾先进个人	四川省建设厅		荣誉证书
16	李洪昌	三台县公安局巡警大队副大队长	个人二等功	四川省公安厅	2008.08	川公奖字〔2008〕13号
17	潘　剑	三台县公安局巡警大队民警	个人二等功			
18	胡　勇	三台县公安局巡警大队民警	个人二等功			
19	彭建邦	三台县劳动保障局	抗震救灾先进个人	四川省劳动保障厅	–	绵阳市劳动保障局表彰简报
20	曾　璞	三台县人口和计划生育局副局长	抗震救灾先进个人	四川省计划生育协会	2008.10	证书
21	曾国庆	三台县塔山镇政府	抗震救灾先进个人			
22	朱世英	三台县卫生局党委副书记、副局长	汶川地震抗震救灾先进个人	四川省红十字会	2009.02	绵红会〔2009〕22号
23	李登文	三台县观桥镇卫生院副院长	四川省卫生系统抗震救灾先进个人	四川省人事厅 四川省卫生厅 四川省中医药管理局	2008.07	川人发〔2008〕54号
24	王　雷	三台县凤凰山森林公园管理处主任	抗震救灾先进个人	省人事厅 省林业厅	–	川人发〔2008〕69号
25	刘继勋	三台县林业局森林公安科科长	抗震救灾先进个人	省森林公安局	–	川森公发〔2008〕15号

续表7－1

序号	姓　名	工作单位及职务（受表彰时）	荣誉（获奖名称）	授予（表彰）机关	表彰时间	备注
26	刘　毅	省水电集团永安电力公司党委副书记、副董事长、总经理	抗震救灾先进个人	四川省水电集团	2009.02	川水电投发〔2009〕37号
27	廖国亮	省水电集团永安电力公司潼川供电所所长	抗震救灾先进个人			
28	张　杰	省水电集团永安电力公司职工	抗震救灾先进个人			
29	段光杰	省水电集团永安电力公司职工	抗震救灾先进个人			
30	杨芳久	三台县三秀小学教师	四川省教育系统抗震救灾优秀教师	中共四川省委教育工委 四川省教育厅	2008.09.04	川教〔2008〕252号
31	叶树东	三台县刘营小学教师	四川省教育系统抗震救灾优秀教师			
32	周德宝	三台县安全生产监督管理局局长	抗震救灾先进个人	四川省安全生产监督管理局　四川煤矿安全监察局	2008.08	证书
33	张中钰	三台县环境保护局副局长	四川省环保系统抗震救灾先进个人	四川省环境保局	2008.08	川环发〔2008〕78号
34	左仲文	三台县农业机械管理局机电排灌股股长	全省农机系统抗震救灾先进个人	省人事厅 省农机局	2008.11	网上公示
35	赵晓兰	三台县委宣传部新闻科长	全省宣传新闻战线抗震救灾先进个人	省委宣传部 省人事厅 省广电局		证书
36	安仁碧	三台县妇女联合会党组书记、主席	抗震救灾优秀妇联干部	四川省妇女联合会	2008.09	川妇字〔2008〕42号
37	赖大勇	三台县检察院办公室主任	四川省抗震救灾优秀团员	共青团四川省委	2009.01	绵检政〔2009〕1号
38	杨远辉	三台县科学技术协会	四川省科协系统抗震救灾先进个人	四川省科学技术协会	2008.8	川科协〔2008〕46号
39	曾　钢	资阳市发改委区域合作办副主任	四川省组织系统抗震救灾先进个人	四川省委组织部	2009.01	－
40	王官志	中共资阳市委办公室副调研员	全省党史系统抗震救灾先进个人	四川省委党史研究室	2009.03	－

二、中共绵阳市委、绵阳市人民政府、绵阳军分区表彰的抗震救灾先进个人

2008年6～10月中共绵阳市委、市政府、绵阳军分区表彰

三台县抗震救灾先进个人名表

表7－2

序号	姓名	单位职务	序号	姓名	单位职务
1	崔　斌	县委副书记、县政府县长	3	廖志敏（女）	县人民医院大内科护士长
2	张忠祥	县委办公室主任	4	张旭东	县人民医院门诊部主任

续表7－2

序号	姓名	单位职务	序号	姓名	单位职务
5	俞建秋	古杉油脂化学有限公司董事长	17	陈岗福	绵阳天园建设芦溪分公司总经理
6	罗彬力	县古井镇响水村村主任助理	18	邹中友	县花园镇白衣村党支部书记
7	刘远军	县芦溪镇永凤村支部书记	19	赵勇忠	县委常委、人武部政治委员
8	达建川	县人大常委会副主任	20	刘天兴	县立新镇打虎村村民
9	魏 坤	县芦溪镇党委书记	21	邱 毅	县人武部副部长
10	何仲辉	县委组织部副部长、党建办主任	22	邓海滨	县民兵训练基地主任
11	刘 华	县委组织副部长	23	熊 武	县民兵训练基地科员
12	姜联旭	县民政局局长	24	杨 俊	县民兵训练基地职工
13	杨 磊	县广电局社教部主任	25	李凌云	县断石乡人民政府武装部长
14	阮光松	县刘营镇党委书记	26	何 映	县佳琪房地产开发有限公司董事长
15	朱贤辉	县建平镇银家湾村党支部书记	27	王显会	县永明镇天坪村村民
16	马碧明	县塔山镇迎丰村党支部书记			

三、绵阳市表彰灾后恢复重建先进个人名录

2011年4月26日绵阳市委、市政府表彰三台县灾后恢复重建先进个人名表

表7－3

序号	姓名	单位职务	序号	姓名	单位职务
1	崔 斌	县委书记	18	何 映	鸿凯双泰（四川）零部件公司董事长
2	赵 飚	县政府县长	19	张红根	上海梅林正广和（绵阳）公司总经理
3	王斌祥	公安局警务保障室副主任	20	夏杰华	固锐实业有限公司电工
4	何 清	新鲁镇初级中学校长	21	伍阳太	四川省三台水晶电子公司管理员
5	袁绍定	规划和建设局股长	22	李 奇	绵阳港华（三台）燃气公司焊工
6	肖永双	发展和改革局局长	23	黄 胜	县信用联社党委书记、理事长
7	王合春	民政局党组书记、局长	24	陈 谷	集润农贸市场公司办公室主任
8	叶 志	审计局党组书记、局长	25	刘孝文	瑞薪公路工程公司养护工
9	何 勇	水务局党组书记、局长	26	涂明玉	县航运公司管理员
10	卢文华	永明镇卫生院党支部书记、院长	27	张小虎	佳乐农业公司职工
11	刘 毅	省水电集团永安电力公司董事长	28	吴晓蓉（女）	县小寨子畜牧科技公司职工
12	胡志强	绵阳佳联印染公司总经理	29	邹中友	绵阳明兴农业科技开发公司董事长
13	李茂兴	县自来水公司经理	30	贺怀兵	县新鲁镇天诚大药店中药师
14	霍海东	雅化集团三台化工公司技术设备主管	31	蒋显超	资阳市房改办主任（同时授予绵阳市劳动模范）
15	吕清丰	县波特兰商品砼公司车长			
16	朱志平	绵阳佳联印染公司维修工	32	王 忠	资阳市住房公积金管理中心干部（同时授予绵阳市劳动模范）
17	吴正东	四川古杉油脂化学公司技术员			

四、中共三台县委、三台县人民政府表彰的先进个人

2008年6月29日中共三台县委表彰抗震救灾先进个人名表

表7－4

序号	姓名	单位职务	序号	姓名	单位职务
1	敬　勇	凯河镇党委书记、人大主席	34	龚东兵	上新乡党委书记、人大主席
2	何小平	紫河镇党委书记、人大主席	35	左都平	曙光乡党委书记、人大主席
3	冯朝林	乐安镇党委书记、人大主席	36	丁德伟	郪江镇党委副书记、镇长
4	胡永兴	永新镇党委书记、人大主席	37	李德甫	建设镇党委副书记、镇长
5	蒋次勇	双乐乡党委书记、人大主席	38	陈　辉	幸福乡党委副书记、乡长
6	张兴成	玉林乡党委书记、人大主席	39	侯庆伦	秋林镇党委副书记、纪委书记
7	张玲方（女）	下新乡党委书记、人大主席	40	黄　伦	芦溪镇武装部长兼副镇长
8	董绪刚	高堰乡党委书记、人大主席	41	陈　新	永新镇党委副书记记
9	孙亚琴（女）	东塔镇党委副书记、镇长	42	彭昌宏	富顺镇副镇长
10	刘国伟	金鼓乡党委副书记、乡长	43	刘　伟	云同乡副乡长
11	魏　琼（女）	广利乡党委副书记、纪委书记	44	王晓明	协和乡副乡长
12	邓　辉	忠孝乡党委副书记、纪委书记	45	邓　勇	县政府办主任
13	林福地	光辉镇武装部长	46	左上斌	县工商局局长
14	刘大学	万安镇武装部长	47	贾伦华	县国税局局长
15	唐海林	黎曙镇武装部长	48	裴建军	县人事局局长
16	李　杰	双胜乡武装部长	49	胡本华	县文体局局长
17	张　帆	进都乡副乡长	50	罗耀均	县粮食局局长
18	安　兴	县委统战部部长	51	李　峰	县统计局局长
19	邓国兴	县地税局局长	52	杨国渊	县旅游局局长
20	杨顺元	县国土资源局局长	53	张楚锡	县群众工作局局长
21	王恒健	县人口和计划生育局局长	54	杨建川	县委机要局局长
22	蒋光明	县司法局局长	55	习巧玲	县文明办主任
23	何　勇	县审计局局长	56	常永贵	县民生办主任
24	魏　浩	县环保局局长	57	管万萍（女）	县政务服务中心主任
25	羊立新	县农机局局长	58	李兴建	县惠民帮扶中心主任
26	代贵虎	县委政研室主任	59	安仁碧（女）	县妇联主席
27	吉　庆	县法制办主任	60	古良禄	县志办主任
28	黄　胜	县信联社主任	61	姜　坤	县委办副主任
29	武显勇	前锋镇党委书记、人大主席	62	杨　勇	县检察院副检察长
30	曾荣洪	柳池镇党委书记、人大主席	63	魏　勇	县委农办副主任
31	李方勇	安居镇党委书记、人大主席	64	李安友	县教育局副局长
32	何宝清	建中乡党委书记、人大主席	65	李清勇	县规划和建设局副局长
33	任宗全	宝泉乡党委书记、人大主席	66	景安金	县林业局副局长

续表7-4

序号	姓名	单位职务	序号	姓名	单位职务
67	田　柯	县公安局副政委	101	何旭方	县武引局副局长
68	许启刚	县委老干部局副局长	102	胡　强	县委党校常务副校长
69	黄志明	县住房公积金管理中心副主任	103	罗贤军	县规划和建设局纪委书记
70	刘永红	县委县政府目标督查办副主任	104	刘 玲（女）	县科协副主席
71	王彦鸿（女）	团县委副书记	105	魏海涛	县直机关工委副书记
72	朱国伟	县移民办副主任	106	刘　勋	县社会保险事业管理中心副主任
73	廖其龙	县法院政治处主任	107	廖天金	县残联副理事长
74	李　珲	宏达公司副总经理	108	李克江	县交通局公路管理所所长
75	曾明书	原农业产业化实验示范区招商局副局长	109	杜祯华	县人民医院医生
			110	谢雄英	市一纺厂细砂车间运转值班长
76	贾辰生	县科技局离休干部	111	彭　刚	建平镇政府机关驾驶员
77	王志勇	原涪化公司下岗职工	112	龙　波	北坝卫生院副院长
78	王　俊	潼川镇广化党总支副书记	113	蒲　毅	县民政局低保股股长
79	吴　斌	富顺镇党政办主任	114	陈　军	东塔镇大学生村官
80	何　平	县编办编制股股长	115	唐晓红（女）	古井镇响水村妇女主任
81	谢　振	百顷镇中心小学校长	116	张家胜	花园镇镇江村党支部书记
82	赵晓兰（女）	县委宣传部新闻科科长	117	蒋德银	景福镇观音堂村党支部书记
83	刘清泉	芦溪镇卫办主任、县第二人民医院院长	118	邓正镛	高堰乡大树村党支部书记、村主任
			119	李　斌	潼川镇大十字社区居委会副主任
84	涂兴高	灵兴镇牛角村党支部书记	120	黄长云	中太镇万寿村一组组长
85	冯芙蓉（女）	北坝镇东涪村党支部书记	121	刘茂强	塔山镇青春村村民
86	郑启户	八洞镇天宫堂村党支部书记	122	胡永生	鲁班镇组织干事
87	何宴宾	新德镇马脊村治保主任	123	杜召云	新鲁镇党政办主任
88	姜　军	永明镇永明村七组组长	124	何成金	乐安镇社会事务办副主任
89	李志富	西平镇个体户	125	张帮明	百顷镇机关干部
90	邹居术	县委企业工委书记	126	罗先勇	林业局办公室主任
91	康芙蓉（女）	县扶贫办主任	127	杨　健	公安局交警大队大队长
92	钟辉茂	县民营经济促进局局长	128	刘月霞（女）	公安局副科长
93	康文兴	县委组织部副部长	129	宋建军	交通局路政副大队长
94	杨登勇	县政法委副书记	130	凡明烈	水务局水利站站长
95	兰　斌	县法院副院长	131	张继强	省三台蚕种场职工
96	杨　帆	县发展和改革局副局长	132	辛亚伟	县委办纪检员
97	陈安洪	县人事局副局长	133	江　军	县政府办副科长
98	廖绪文	县人口和计划生育局副局长	134	杨青松	县纪委办副主任
99	李文秀（女）	县招商局副局长	135	林仕清	县社会福利院院长
100	向继先	县安监局副局长	136	马　馨	规划和建设局股长

续表 7－4

序号	姓名	单位职务	序号	姓名	单位职务
137	于坤男	县国税局干部	167	曾秀涓（女）	县政协秘书科科长
138	罗　蜀	经济商务局股长	168	龙　毅	县民政局办公室副主任
139	刘晓明	县司法局主任科员	169	赖大勇	县检察院办公室副主任
140	刘　宁	县财政局副股长	170	赖　宾	县地税局征收所征收员
141	王志明	县粮食局干部	171	张述军	县法院城郊法庭庭长
142	李茂春	县物价局干部	172	陈　云	县体育馆馆长
143	赵　涛	县气象局人降办主任	173	古大鹏	县劳动和社会保障局办公室副主任
144	向荣光	县农业局农技站站长	174	王小君（女）	县计生局办公室副主任
145	曾辅成	城南学校校长	175	景　勇	县审计局经济责任审计分局副局长
146	李有志	潼川四小校长	176	鲍向书	县质监局监督监察股股长
147	冯　敏	县疾控中心检验科副科长	177	谢洪兴	县药监局办公室主任
148	唐天华	县卫生局疾控防治股股长	178	赖秀云	梓州中学校长
149	吕荣辉	县市政工程公司经理	179	张继英（女）	机关幼儿园园长
150	何金汉	县环境卫生管理所所长	180	顾正宝	中新小学副校长
151	李义长	县工商局潼川工商所所长	181	林小容（女）	县骨科医院护士长
152	林福佳	芦溪镇城管执法干部	182	袁绍定	县规划和建设局建管股股长
153	刘　鹏	县邮政局生产组组长	183	陶海莉（女）	县规划和建设局办公室副主任
154	王金江	县畜牧局畜牧站站长	184	阳坤山	县广电局芦溪广电站站长
155	王　旭	企业工委办公室主任	185	李琼芳（女）	县妇联干部
156	田祥贵	潼川镇花园村村民	186	蒋天佳	金石国土资源所所长
157	谢勤勇	立新镇党政办主任	187	陈志军	县电信公司装机维护组组长
158	侯光友	古井镇心妙膨润土厂厂长	188	王　兴	花园镇社区居委会主任
159	彭勇胜	里程乡机关干部	189	廖祖刚	三台大酒店综合部主任
160	黄文金	县教育局群工办主任	190	李其贵	潼川镇曲江社区居民
161	向　剑	县公安局刑警大队民警	191	陈　金	西平镇"好又来"超市经理
162	陶用贵	通力三台公司经理	192	王洪林	刘营镇菩提村村民
163	侯兵先	瑞薪公路工程公司管理人员	193	王高潮	县经济商务局职工
164	龙从洪	团结水库管理局行政办副主任	194	谷永刚	建平畜牧站站长
165	王建雄	华能明台电力公司纪委书记	195	马俊明	县运管所副所长
166	吕义福	县人大人事代工委干部	201	袁德毅	资阳市安岳县发改局干部

2008 年 8 月 1 日中共三台县委、县政府、县人武部联合表彰抗震救灾民兵预备役先进个人名单

表 7－5

序号	姓名	单位职务
1	宋建国	四川棉麻集团绵阳纺织公司职工

续表7—5

序号	姓名	单位职务
2	骆秀君	潼川镇西门社区居民
3	刘 志	乐安镇初中校教师
4	肖千伍	鲁班镇同盟村村民
5	尹 强	金石镇桐子村村民
6	杜 江	县计生服务站职工
7	宋华平	北坝镇北泉路社区居民
8	马 莉	北坝镇琼楼路社区居民
9	蒋礼华	刘营镇转龙村村民
10	廖顺中	刘营镇青龙村村民
11	陈 斌	断石乡禹顺村村民
12	张 宇	新生镇德明村村民
13	张爱民	老马乡政府工作人员
14	陈 虎	八洞镇居委会居民
15	罗立和	万安镇盐井沟村村民
16	王二龙	新德镇柳塘村村民
17	贾丙志	中太镇黄家桥村村民
18	邱建光	建设镇晓光村村民
19	肖 宇	黎曙镇黎曙村村民
20	周凯斌	芦溪镇永强村村民
21	张永良	西平镇政府工作人员
22	侯光友	古井镇心妙膨润土厂厂长
23	彭国清	永明镇团新村村民
24	羊绍华	潼川镇武装部长
25	黄 伦	芦溪镇武装部长
26	赖君民	古井镇武装部长
27	张万斌	老马乡武装部长
28	赖培喜	刘营镇武装部长
29	钟 明	新德镇武装部长

续表7－5

序号	姓名	单位职务
30	余仁富	乐安镇武装部长
31	李凌云	断石乡武装部长
32	赵德成	里程乡武装部长
33	巫世平	争胜乡武装部长
34	苟清平	县人武部后勤科科长
35	陈　波	县人武部军事科参谋
36	邓海滨	县人武部训练基地主任
37	熊　武	县人武部训练基地管理员
38	于树学	县人武部职工
39	陈帮栋	县人武部职工
40	吴　勇	县人武部职工

2009年2月12日中共三台县委、县人民政府决定表彰2008年抗震救灾和灾后重建先进个人名单

1、镇乡：

龚东兵　何朝勇　张永忠　王德禄　陆国雄　郭全省　冯云建　王林训　曹明武　王文艺
乐金玉　赵元生　赵　忠　何旅新　付玖高　周晓蓉　宋才智　赵官奇　陈安茂　何　赛
陈德生　文柏成　唐可勇　张明美　魏建波　姚洪良　梁光述　王　俊　李兴华　汤友林
卿　虎　周俊玲　张　兴　林兆纶　袁体旭　蒋　斌　张思荣　李德光　郭开全　李树林
罗继宽　李顺东　李德甫　李　全　王晓丰　黎　华　王华忠　江兴军　蒋次勇　李　邦
涂传茂　张海云　江德胜　蒋本荣　谢进甫　黄　东　龚远银　任　燚　赖正炳　罗承志
何小平　宋卫军　尹杰峰　冯佳辉　李丕贵　陈国志　欧彩虹　张发云　黄　军　陈国芬
陈智慧　蒋隆林　许登高　唐　华　赵宇森　陈志琼　李德胜　李福原　何雪东　武　莹
张茂元　季　涛　陈正强　刘　海　宋亚光　赵小红　肖　瑜　石晓彬　胡本春　韩云华
刘世礼　李代全　张德财　何宝清　尹茂成　尹明德　蒲国勇　黄　灿　云雪梅　郭跃骞
王述龙　李吕奎　孙先富　蒋昌兴　任忠荣　胡　钢　丁晓辉　尹英武　成孝文　易明福
尹德祥　邵学俊　罗德茂　王　俊　罗　琨　何　勇　肖由建　罗绍光　文代建　王久林
王小平　刘承辉　白怀吉　蒲明勇　宋吉武　尹显福　杜天本　白　林　杜光辉　肖方国
阳　辉　肖方贵　胡秀容　何学金　卿　勇　胡永兴　蒋春艳　李文斌　陈仕跃　景　强
李中富　岳良昌　徐延龄　杨　浩　李太素　张龙友　邓成强　蒋德发　李开荣　羊依双
谢　斌　尹　俊　舒联均　左天赋　柯长春　邹品松　樊仕宝　陈开恩　刘武中　于军燕
柯晓峰　梁道辉　吕　斌　银西华　魏从华　吴明海　黄昌碧　刘秀华　何　斌　杜莉华

吕万旭　廖丽萍　魏国清　蒲祥允　肖仁富　王大兴　周尚军　蒲　睿　余致婵　徐培荣
王　成　胥林刚　马碧明　向　斌　岳成龙　赖志先　张明刚　胡益洪　兰书法

2、县级部门

蒋光明　梁　凯　康文兴　罗中刚　李兴凡　谢　聪　钟辉茂　安　兴　邓国兴　刘运通
甘　林　习巧玲　陈　政　李林福　王相全　岳全铭　徐德安　李　翼　王国栋　任常志
旅小莺　田祖仁　郭　静　常永贵　钟久林　李芙蓉　魏　勇　李文廷　陈来明　赵勇忠
谢　兴　何　勇　景中强　李定远　陈晓华　林天虎　夏伦华　蔡茂军　吉　庆　何成福
李　敏　肖永双　杨顺元　陈祖华　王之仁　王　剑　余新海　杨　丽　何素蓉　魏　浩
杨明杰　陈定钧　刘天赋　尹　昶　邓　勇　姚　平　帅　军　代顺坤　何义鸿　姚学政
罗东风　王　波　蒋跃明　兰　亚　朱国伟　景代良　魏成荣　陈桂琴　杨　帆　李　敏
赵忠文　李安友　朱世英　张　伟　谢大和　邓小明　叶　志　胡光林　左上斌　何国宴
陈代礼　李清勇　胡守君　姜联旭　龙保林　代贵虎　何　毅　张国全　文礼成　胡本华
杨国渊　刘义富　刘　伟　周碧荣　周伟兴　唐　冬　邹居术　赵红军　陈战旗　赵永茂
杨　平　王　旭　李进兵　杜　峰　赵　勇　严　刚　陈发志　余恒清　李智顺　罗光林
蒋　荣　何　勇　刘仕友　张忠祥　王开金

第二章　先进集体

第一节　先进集体简介

一、资阳市发展和改革委员会

资阳市发展和改革委员会（简称资阳市发改委），在三台县灾后恢复重建过程中，为资阳市和对口援建三台县新鲁镇的牵头部门。由于该委高度重视地震灾后恢复重建，认真履行职责，出色完成灾后重建各项工作任务，受到三台县新鲁镇干部群众一致好评。

资阳市组建支建、支教、支医、支农4个工作组到新鲁镇帮助恢复重建。从实际出发，坚持科学援建、务实援建，突出整体性、发展性、实效性，落实建设规划、产业扶持、就业促进等支持政策，统筹推进各项事业发展。先后规划实施援建项目38个，到位资金1236.3万元，2009年7月，全面完成中共四川省委、四川省人民政府交给的援建任务，实现三年目标任务两年完成，新鲁镇成为“三台县三基地一窗口”建设的重要展示平台。资阳市发改委干部职工发扬艰苦奋斗、科学重建精神，经常加班连续数天不休息，两月坚守岗位不回家，打着吊针坚持上班。多名干部先后被中共四川省委、四川省人民政府和资阳市委、资阳市人民政府表彰为抗震救灾、灾后恢复重建先进个人。2011年10月，资阳市发改委被人力资源和社会保障部、国家发展和改革委员会、解放军总政治部联合表彰为汶川地震灾后恢复重建先进集体。

二、三台县公安局赴北川抗震救灾救援队

三台县公安局在绵阳市公安局统一调度下，抽调谭金权、曾凯林、赖大东、林德聪、任勇、余江、陈明义、潘峰、李德建、雷江、宋宁力、杨军12名民警，组成三台县公安局赴北川抗震救灾救援队（简称救援队），于5月13日下午，急赴极重灾区北川羌族自治县支援抗震救灾。救援队主要工作是确定遇难者身份特征，记录和提取个体详细信息，处理遗体，避免大灾过后出现大疫。13日下午，救援队到达北川中学，立即投入工作，将先期挖掘出来的遗体全部进行处理。救援队沿着滑坡的山边爬行，冒险穿越“生死线”。震后的北川县城一片废墟，满目苍夷，余震不断，随时都会有生命危险。救援队民警克服生活中的诸多困难，饿了只有干粮充饥，渴了只有冷水解渴，晚上只能席地而卧，12人共同挤在一个帐篷里。全体救援民警没有退缩，表现出不怕牺牲、敢于奉献、“舍小家，为大家”的大无畏精神。在北川工作期间，救援队检验尸体达到200余具，出色地完成

上级交付的任务。2008 年 7 月，公安部表彰三台县公安局赴北川抗震救灾救援队为全国公安系统抗震救灾先进集体。

三、三台县中新小学

地震发生时，中新小学全体教师正在教学二楼开会，学生午眠。强烈的震感，引起校园剧烈的晃动，教学楼轰轰作响，摇摇欲坠，平房教学区檩裂桷断，瓦片纷落，1676 名学生生命安全受到严重威胁。灾情就是命令，时间就是生命，学校领导干部、教职员工奋不顾身，火速奔向各班教室。领导率先垂范，迅速赶到最危险的地段疏散下楼学生。优秀班主任王晴第一时间冲向本班教室，将 4 位女生转移到操场。幼儿园教师冯月琴冲到教室，唤醒正在熟睡的孩子，并左右两手抱起两个孩子冲出教室，张宏伟老师冲进摇晃的幼儿班教室，连背带抱地把幼儿往外转移。教学大楼学生疏散完毕，学校几位领导又转向平房教学区。虽然学校部分教室垮塌，但由于全体教师紧急疏散学生得力、有效，故全校 1676 名学生，无一人受伤。2008 年 9 月，三台县中新小学被教育部表彰为教育系统抗震救灾先进集体。

四、富顺镇塞江小学

地震时，塞江小学校长胥洪智和教师守护学生午睡。校园内房屋摇晃，瓦片坠落，地面剧烈的震动，胥洪智安排教师们赶紧跑到教室叫醒熟睡学生。闻讯赶来的教师组织学生用手捂住头部，快速有序的撤离到操场上。到操场后，各班主任清点学生人数，发现二年级还差两名学生，教师冯继兴毫不犹豫，箭步冲上教学楼，找到吓呆困在教室里的学生，夹起学生迅速冲下楼；刚舒一口气，猛然发现一年级还有 1 名学生在教室里，冯德兴来不及考虑，再次冲进教室把学生抱起跑出教室门口，室内撑梁轰地垮下来，事后发现教室里课桌凳被砸得粉碎。学生撤离到操场，把学生迅速带到开阔、空旷的麦地里，再次核对班级人数，稳定学生惊恐情绪。随即教师分组，把学生逐一安全送回到家长手中。学生安全有序撤离，无一人伤亡，受到老百姓的高度赞扬。2008 年 9 月，三台县富顺镇塞江小学被教育部表彰为教育系统抗震救灾先进集体。

第二节　省级部门先进集体名录

一、四川省省级部门表彰三台县的先进集体

2008 年 6 月 ~2009 年 2 月三台县受省级部门表彰先进集体

表 7 - 7

序号	单位名称	所获荣誉	授予（表彰）机关	表彰时间	备注
1	三台县公安局	全省公安系统抗震救灾先进集体	四川省公安厅	2008. 08	川公奖字〔2008〕13 号
2	三台县公安局指挥中心	全省公安系统抗震救灾先进集体			
3	三台县公安局赴北川救援队	集体三等功			
4	三台县人民法院	全省法院系统抗震救灾先进集体	四川省高级人民法院	2008. 12	川高法〔2008〕587 号
5	三台县司法局	四川司法行政系统抗震救灾先进集体	四川省司法厅	2008. 12	奖牌
6	三台县经济商务局	全省经委系统抗震救灾先进集体	四川省经济委员会	2008. 09	川经〔2008〕313 号
7	三台县永安电力股份有限公司党委	抗震救灾先进集体	省水电集团	2009. 02	川水电投发〔2009〕37 号
8	三台县教育局	四川省教育系统抗震救灾先进集体	中共四川省委教育工委 四川省教育厅	2008. 09	川教〔2008〕252 号
9	三台县富顺镇塞江小学	四川省教育系统抗震救灾先进集体			
10	三台县老马学校	四川省教育系统抗震救灾先进集体			
11	三台县人民医院	抗震救灾重建家园“工人先锋号”	四川省总工会	-	川工发〔2008〕57 号
12	三台县中医院住院部外科	抗震救灾重建家园“工人先锋号”	四川省总工会	2008. 08	川工发〔2008〕57 号
13	三台县林业局	抗震救灾先进集体	四川省人事厅 四川省林业厅	-	川人发〔2008〕69 号
14	三台县社会保障事业管理中心	抗震救灾先进集体	四川省劳动保障系统	-	绵阳市劳动保障局表彰简报
15	三台县妇女联合会	抗震救灾三八红旗集体	四川省妇女联合会	2008. 07	川妇字〔2008〕32 号
16	四川省三台蚕种场	四川省农场系统抗震救灾先进集体	四川省农业厅农场管理局	2008. 12	-

二、中共绵阳市委、绵阳市人民政府表彰三台县的先进集体

2008年6月至11月三台县受绵阳市委、市政府表彰先进集体

表7－8

序号	单位名称	所获荣誉	授予（表彰）机关	表彰时间	备注
1	三台县交通运输民兵保障分队	抗震救灾·防洪抢险先进集体	中共绵阳市委 绵阳市人民政府	2008.11	绵委〔2008〕172号
2	三台县永安电力股份有限公司党委	抗震救灾先进集体	绵阳市委 市政府	2008.06	绵委〔2008〕88号
3	三台县人民医院	抗震救灾先进集体	中共绵阳市委 绵阳市人民政府	2008.06	绵委〔2008〕88号
4	三台县公安局	抗震救灾先进集体	中共绵阳市委 绵阳市人民政府	2008.06	绵委〔2008〕88号
5	三台县殡仪馆	抗震救灾先进集体			
6	三台县规划和建设局党委	抗震救灾先进集体			
7	三台县潼川镇曲江社区党支部	抗震救灾先进集体			
8	三台县老马乡党委	抗震救灾先进集体			
9	三台县驻成都火车北站流动党支部	抗震救灾先进集体	中共绵阳市委 绵阳市人民政府	2008.06	绵委〔2008〕88号
10	三台县西平镇人民武装部	抗震救灾·防洪抢险先进集体	中共绵阳市委 绵阳市人民政府	2008.11	绵委〔2008〕172号

第三节　县级先进集体

一、中共三台县委表彰的先进集体

2008年6月29日中共三台县委表彰抗震救灾先进集体名表

表7－9

序号	单位	序号	单位
1	潼川镇党委	6	西平镇党委
2	芦溪镇党委	7	鲁班镇党委
3	花园镇党委	8	古井镇党委
4	百顷镇党委	9	新生镇党委
5	新德镇党委	10	三元镇党委

续表 7－9

序号	单位	序号	单位
11	八洞镇党委	45	县委政法委机关党支部
12	立新镇党委	46	农产区后续办
13	菊河乡党委	47	县公安局观桥派出所党支部
14	县卫生局党委	48	县建设工程质量监督站党支部
15	县广电局党委	49	县武引局党总支
16	县委办党总支	50	鲁班水库管理局党委
17	县政府办党总支	51	县疾控中心党支部
18	县纪委（监察局）党总支	52	潼川二小
19	县委宣传部党总支	53	三台中学
20	县人武部	54	县运管所党支部
21	县公安局指挥中心党支部	55	县农业局机关党委
22	县公安局西平派出所党支部	56	县经济商务局党总支
23	县自来水公司党支部	57	县科技局党总支
24	永和埝管理所党支部	58	县总工会党支部
25	县卫生局卫生执法监督所党支部	59	县委办离退休党支部
26	花园镇卫生院	60	县总商会
27	北坝镇党委	61	四川贵熙房地产开发有限公司
28	刘营镇党委	62	建中乡银河村党支部
29	永明镇党委	63	光辉镇金家湾村党支部
30	灵兴镇党委	64	凯河镇马家观村党支部
31	里程乡党委	65	永新镇崭山村党支部
32	新鲁镇党委	66	玉林乡新田村党支部
33	塔山镇党委	67	万安镇双江村党支部
34	景福镇党委	68	柳池镇长梁村党支部
35	中新镇党委	69	建设镇晓光村党支部
36	建平镇党委	70	云同乡君安村党支部
37	中太镇党委	71	安居镇庙进村党支部
38	金石镇党委	72	曙光乡长桥村党支部
39	断石乡党委	73	秋林镇盘石村党支部
40	县教育局党委	74	高堰乡土墙村党支部
41	县直机关工委	75	观桥镇湘江村党支部
42	县人大机关党总支	76	北坝镇琼楼路社区党支部
43	县政协机关党总支	77	芦溪中学
44	县委组织部党总支	78	县民政局机关党委

续表 7－9

序号	单位	序号	单位
79	县劳动和社会保障局党总支	90	潼川镇花园村党支部
80	县财政局党总支	91	忠孝乡庞岩村党支部
81	县畜牧局党总支	92	龙树镇长谊村党支部
82	县发展和改革局党支部	93	芦溪镇石河村党支部
83	电信公司	94	黎曙镇字库村党支部
84	省蚕种场党委	95	郪江镇斗山村党支部
85	三台县天天量贩有限责任公司	96	乐加乡百子村党支部
86	金鼓乡清江村党支部	97	东塔镇东林村党支部
87	双乐乡状元碑村党支部	98	富顺镇太平村党支部
88	紫河镇纪家沟村党支部	99	乐安镇第二联合党支部
89	前锋镇雷波村党支部	100	绵阳恒昌制衣有限公司党支部

二、县委县政府县人武部表彰的抗震救灾民兵预备役先进集体

2008 年 8 月 1 日三台县委、县人民政府、县人民武装部

联合表彰抗震救灾民兵预备役先进单位名表

表 7－10

序号	单位	序号	单位
1	潼川镇人民武装部	9	百顷镇人民武装部
2	新德镇人民武装部	10	新生镇人民武装部
3	里程乡人民武装部	11	争胜乡人民武装部
4	乐安镇人民武装部	12	塔山镇人民武装部
5	老马乡人民武装部	13	断石乡人民武装部
6	古井镇人民武装部	14	西平镇人民武装部
7	建设镇人民武装部	15	黎曙镇人民武装部
8	中新镇人民武装部	16	观桥镇人民武装部

三、县委、县人民政府表彰抗震救灾和灾后重建先进集体

三台县 2008 年度抗震救灾和灾后重建工作先进集体名表

表 7－11　　2009 年 2 月 12 日

序号	单位	获奖名称	序号	单位	获奖名称
1	新鲁镇	抗震救灾和灾后重建一等奖	3	黎曙镇	抗震救灾和灾后重建一等奖
2	刘营镇	抗震救灾和灾后重建一等奖	4	立新镇	抗震救灾和灾后重建一等奖

续表 7－11

序号	单位	获奖名称	序号	单位	获奖名称
5	建设镇	抗震救灾和灾后重建一等奖	35	广利乡	抗震救灾和灾后重建二等奖
6	塔山镇	抗震救灾和灾后重建一等奖	36	菊河乡	抗震救灾和灾后重建二等奖
7	双胜乡	抗震救灾和灾后重建一等奖	37	安居镇	抗震救灾和灾后重建二等奖
8	灵兴镇	抗震救灾和灾后重建一等奖	38	金鼓乡	抗震救灾和灾后重建二等奖
9	玉林乡	抗震救灾和灾后重建一等奖	39	下新乡	抗震救灾和灾后重建二等奖
10	建平镇	抗震救灾和灾后重建一等奖	40	八洞镇	抗震救灾和灾后重建二等奖
11	协和乡	抗震救灾和灾后重建一等奖	41	万安镇	抗震救灾和灾后重建二等奖
12	双乐乡	抗震救灾和灾后重建一等奖	42	争胜乡	抗震救灾和灾后重建二等奖
13	鲁班镇	抗震救灾和灾后重建一等奖	43	三元镇	抗震救灾和灾后重建二等奖
14	观桥镇	抗震救灾和灾后重建一等奖	44	建中乡	抗震救灾和灾后重建二等奖
16	永新镇	抗震救灾和灾后重建一等奖	45	景福镇	抗震救灾和灾后重建二等奖
17	石安镇	抗震救灾和灾后重建一等奖	46	东塔镇	抗震救灾和灾后重建二等奖
18	古井镇	抗震救灾和灾后重建一等奖	47	凯河镇	抗震救灾和灾后重建二等奖
19	上新乡	抗震救灾和灾后重建一等奖	48	秋林镇	抗震救灾和灾后重建二等奖
20	西平镇	抗震救灾和灾后重建一等奖	49	芦溪镇	抗震救灾和灾后重建二等奖
21	富顺镇	抗震救灾和灾后重建一等奖	50	永明镇	抗震救灾和灾后重建二等奖
22	里程乡	抗震救灾和灾后重建一等奖	51	老马乡	抗震救灾和灾后重建三等奖
23	北坝镇	抗震救灾和灾后重建一等奖	52	忠孝乡	抗震救灾和灾后重建三等奖
24	潼川镇	抗震救灾和灾后重建一等奖	53	光辉镇	抗震救灾和灾后重建三等奖
25	龙树镇	抗震救灾和灾后重建一等奖	54	乐安镇	抗震救灾和灾后重建三等奖
26	百顷镇	抗震救灾和灾后重建一等奖	55	前锋镇	抗震救灾和灾后重建三等奖
27	中太镇	抗震救灾和灾后重建一等奖	56	断石乡	抗震救灾和灾后重建三等奖
28	花园镇	抗震救灾和灾后重建一等奖	57	宝泉乡	抗震救灾和灾后重建三等奖
29	郪江镇	抗震救灾和灾后重建一等奖	58	曙光乡	抗震救灾和灾后重建三等奖
15	新生镇	抗震救灾和灾后重建一等奖	59	乐加乡	抗震救灾和灾后重建三等奖
31	金石镇	抗震救灾和灾后重建二等奖	60	高堰乡	抗震救灾和灾后重建三等奖
32	柳池镇	抗震救灾和灾后重建二等奖	61	幸福乡	抗震救灾和灾后重建三等奖
33	中新镇	抗震救灾和灾后重建二等奖	30	云同乡	抗震救灾和灾后重建二等奖
34	紫河镇	抗震救灾和灾后重建二等奖	63	新德镇	抗震救灾和灾后重建三等奖

续表 7－11

序号	单位	获奖名称	序号	单位	获奖名称
64	县委办公室（政研、保密、机要）	抗震救灾和灾后重建一等奖	93	审计局	抗震救灾和灾后重建一等奖
65	县人大机关	抗震救灾和灾后重建一等奖	62	进都乡	抗震救灾和灾后重建三等奖
66	县政府办公室	抗震救灾和灾后重建一等奖	95	计生局	抗震救灾和灾后重建一等奖
67	县政协机关	抗震救灾和灾后重建一等奖	96	政务中心	抗震救灾和灾后重建一等奖
68	组织部	抗震救灾和灾后重建一等奖	97	惠民帮扶中心	抗震救灾和灾后重建一等奖
69	宣传部（新闻、文联）	抗震救灾和灾后重建一等奖	98	农能办	抗震救灾和灾后重建一等奖
70	县纪委（监察局）	抗震救灾和灾后重建一等奖	99	宏达公司	抗震救灾和灾后重建一等奖
71	财政局	抗震救灾和灾后重建一等奖	100	银监办	抗震救灾和灾后重建一等奖
72	目标督查办	抗震救灾和灾后重建一等奖	101	住房公积金中心	抗震救灾和灾后重建一等奖
73	政法委（综治办、防邪办、维稳办）	抗震救灾和灾后重建一等奖	102	工商局	抗震救灾和灾后重建一等奖
74	县委农办	抗震救灾和灾后重建一等奖	103	环保局	抗震救灾和灾后重建一等奖
75	公安局	抗震救灾和灾后重建一等奖	104	县民盟	抗震救灾和灾后重建一等奖
76	规划和建设局	抗震救灾和灾后重建一等奖	105	法制办	抗震救灾和灾后重建一等奖
77	国土资源局	抗震救灾和灾后重建一等奖	106	老干局	抗震救灾和灾后重建一等奖
78	经济商务局	抗震救灾和灾后重建一等奖	107	物价局	抗震救灾和灾后重建一等奖
79	水务局	抗震救灾和灾后重建一等奖	108	信用联社	抗震救灾和灾后重建一等奖
80	民政局	抗震救灾和灾后重建一等奖	109	残联	抗震救灾和灾后重建二等奖
81	畜牧兽医局	抗震救灾和灾后重建一等奖	110	县志办	抗震救灾和灾后重建二等奖
82	教育局	抗震救灾和灾后重建一等奖	111	团结水库管理局	抗震救灾和灾后重建二等奖
83	卫生局	抗震救灾和灾后重建一等奖	112	党史室	抗震救灾和灾后重建二等奖
84	法院	抗震救灾和灾后重建一等奖	113	食品药品监督管理局	抗震救灾和灾后重建二等奖
85	发展和改革局	抗震救灾和灾后重建一等奖	114	统计局	抗震救灾和灾后重建二等奖
86	广电局	抗震救灾和灾后重建一等奖	115	县妇联	抗震救灾和灾后重建二等奖
87	爱卫办	抗震救灾和灾后重建一等奖	116	县工商联	抗震救灾和灾后重建二等奖
88	农机局	抗震救灾和灾后重建一等奖	117	民营经济促进局	抗震救灾和灾后重建二等奖
89	交通局	抗震救灾和灾后重建一等奖	118	群众工作局	抗震救灾和灾后重建二等奖
90	司法局	抗震救灾和灾后重建一等奖	119	劳动和社会保障局	抗震救灾和灾后重建二等奖
91	人事局（编办）	抗震救灾和灾后重建一等奖	120	国税局	抗震救灾和灾后重建二等奖
92	农业局	抗震救灾和灾后重建一等奖	121	县供销社	抗震救灾和灾后重建二等奖

续表 7－11

序号	单位	获奖名称	序号	单位	获奖名称
94	林业局	抗震救灾和灾后重建一等奖	151	古井镇	重建示范点先进单位
123	县人民银行	抗震救灾和灾后重建二等奖	152	西平镇	重建示范点先进单位
124	县党校	抗震救灾和灾后重建二等奖	153	柳池镇	重建示范点先进单位
125	县总工会	抗震救灾和灾后重建二等奖	154	灵兴镇	重建示范点先进单位
126	县接待办	抗震救灾和灾后重建二等奖	155	永明镇	堰塞湖疏散转移先进单位
127	档案局	抗震救灾和灾后重建二等奖	156	花园镇	堰塞湖疏散转移先进单位
128	科技局	抗震救灾和灾后重建二等奖	157	芦溪镇	堰塞湖疏散转移先进单位
129	旅游局	抗震救灾和灾后重建二等奖	158	刘营镇	堰塞湖疏散转移先进单位
130	统战部（侨联）	抗震救灾和灾后重建二等奖	159	老马乡	堰塞湖疏散转移先进单位
131	县扶贫办	抗震救灾和灾后重建三等奖	160	里程乡	堰塞湖疏散转移先进单位
132	县科协	抗震救灾和灾后重建三等奖	161	争胜乡	堰塞湖疏散转移先进单位
133	县民生办	抗震救灾和灾后重建三等奖	162	灵兴镇	堰塞湖疏散转移先进单位
134	县老龄办	抗震救灾和灾后重建三等奖	163	新德镇	堰塞湖疏散转移先进单位
135	县人武部	抗震救灾和灾后重建三等奖	164	潼川镇	堰塞湖疏散转移先进单位
136	团县委	抗震救灾和灾后重建三等奖	165	北坝镇	堰塞湖疏散转移先进单位
137	县气象局	抗震救灾和灾后重建三等奖	166	东塔镇	堰塞湖疏散转移先进单位
138	县招商局	抗震救灾和灾后重建三等奖	167	百顷镇	堰塞湖疏散转移先进单位
139	县地税局	抗震救灾和灾后重建三等奖	168	县委办	堰塞湖疏散转移先进单位
140	县文明办	抗震救灾和灾后重建三等奖	169	县人大机关	堰塞湖疏散转移先进单位
141	县粮食局	抗震救灾和灾后重建三等奖	170	县政府办	堰塞湖疏散转移先进单位
142	县移民办	抗震救灾和灾后重建三等奖	171	县政协机关	堰塞湖疏散转移先进单位
143	鲁班水库管理局	抗震救灾和灾后重建三等奖	172	县纪委（监察局）	堰塞湖疏散转移先进单位
144	质量技术监督局	抗震救灾和灾后重建三等奖	173	宣传部	堰塞湖疏散转移先进单位
145	县机关工委	抗震救灾和灾后重建三等奖	174	政法委	堰塞湖疏散转移先进单位
146	县文体局	抗震救灾和灾后重建三等奖	150	建设镇	重建示范点先进单位
147	县安监局	抗震救灾和灾后重建三等奖	175	县委农办	堰塞湖疏散转移先进单位
148	县检察院	抗震救灾和灾后重建三等奖	176	县财金办	堰塞湖疏散转移先进单位
149	新鲁镇	重建示范点先进单位	177	县人武部	堰塞湖疏散转移先进单位
122	县武引局	抗震救灾和灾后重建二等奖	178	县财政局	堰塞湖疏散转移先进单位

续表 7-11

序号	单位	获奖名称	序号	单位	获奖名称
179	县目标督查办	堰塞湖疏散转移先进单位	188	县防汛办	堰塞湖疏散转移先进单位
180	县公安局	堰塞湖疏散转移先进单位	189	国土资源局	堰塞湖疏散转移先进单位
181	广电局	堰塞湖疏散转移先进单位	190	永安电力公司	堰塞湖疏散转移先进单位
182	经济商务局	堰塞湖疏散转移先进单位	191	县自来水公司	堰塞湖疏散转移先进单位
183	交通局	堰塞湖疏散转移先进单位	192	县电信公司	堰塞湖疏散转移先进单位
184	水务局	堰塞湖疏散转移先进单位	193	县运管所	堰塞湖疏散转移先进单位
185	规划和建设局	堰塞湖疏散转移先进单位	194	县海事处	堰塞湖疏散转移先进单位
186	卫生局	堰塞湖疏散转移先进单位	195	县消防大队	堰塞湖疏散转移先进单位
187	县民生办	堰塞湖疏散转移先进单位			

附　录

一、重要文件

三台县抗震救灾应急指挥部通告

（第 1 号）

2008 年 5 月 12 日下午 14：28 分左右，在汶川县发生强烈地震，三台地区有强烈震感。目前初步了解，全县部分房屋不同程度受到破坏，损失情况正在统计中。目前，县委、县政府高度重视，已启动应急预案，采取积极措施做好相关应急工作，希望全县广大人民群众暂时不要进入房内，远离高大建筑物和高压电线路、加油站，躲避余震。解除应急避难时间由县人民政府通告为准。地震情况县人民政府将及时向全县通报。

三台县抗震救灾应急指挥部

二〇〇八年五月十二日

中共三台县委办公室　三台县人民政府办公室关于切实做好抗震救灾工作的紧急通知

园区党工委、管委会，各镇乡党委、政府，县级各部门及省市驻县单位：

5月12日14时28分左右，我省阿坝州汶川县发生里氏7.8级地震，波及包括我县在内的全省绝大多数地区。党中央、国务院和省、市、县党政主要领导高度重视，多次组织研究处理，亲临一线指挥抗震救灾工作，并指示要全力以赴做好抗震救灾工作，确保人民生命财产安全，并分别及时成立了抗震救灾应急指挥部。根据省委、省政府和市委、市政府的指示，经县委、县政府研究，就全力做好抗震救灾工作紧急通知如下。

一、高度重视，全力投入抗震救灾工作

这次地震事发突然、强度大、波及面广，给全县生产生活造成了极大影响。县委、县政府已经迅速启动了应急预案，成立了以县委书记、县人大常委会主任为指挥长的抗震救灾应急指挥部。各镇乡党委、政府和县级有关部门要把抗震救灾作为当前的头等大事和首要政治任务，立即启动突发公共事件应急预案，成立抗震救灾应急指挥部，由单位主要负责人任组长。党政主要领导要亲临一线，靠前指挥，周密部署，迅速组织广大党员干部、公安民警和武警官兵全力投入到抗震救灾工作中。县抗震救灾指挥部下设各组要按要求切实履行职责，确保各项工作扎实高效推进。

各镇乡、各单位要迅速组织对本地区、本行业受灾情况进行深入核查清理，进一步全面、准确地摸清受灾情况。

二、迅速行动，全力保护人民群众生命财产安全

各镇乡、各单位要针对受灾情况，立即组织抢救受伤群众，尽最大努力保护群众生命安全，将损失降到最低限度，并及时将群众转移到安全地带妥善安置，做好衣食住医等保障工作，积极应对可能发生的余震（据预测，可能还有5级左右的余震）和其他自然灾害。同时，要按照县委、县政府的要求，全力做好预防和应急救援、支援重灾区等工作。

各级各部门要迅速组织专业力量对桥梁、涵洞、道路、水库大坝及供水、供电、供气、供油等基础设施和危险化学品、易燃易爆品等进行全面实地检查，防止发生垮塌、泄漏等事故，确保有效供给和人民生命财产安全。各镇乡、各部门要及时收集汇总和上报本地、本部门抗震救灾行动的情况，特别是主要负责同志深入一线抗震救灾、提供保障和协同配合等情况。

三、加强社会面控制，全力维护社会稳定

县应急办、地震办和各镇乡要及时准确公布灾情，向群众宣传党委、政府抗震救灾的信心和决

心，最大限度地降低和消除群众的恐慌情绪，防止谣言传播引发大面积社会恐慌，影响社会稳定。要加强调度，组织政法干警和武警官兵坚守岗位，加大对公共区域和重要场所的巡逻防控力度，严防少数别有用心的人借机扰乱和破坏社会秩序。要全力确保城乡水电气的安全供应，确保通讯畅通。要采取有力措施加强市场监管，严厉打击哄抬物价和哄抢物品，确保群众生产生活物资正常供应。要切实维护好交通秩序，防止因交通混乱引发交通事故，全力保障车辆顺利通行。县看守所、拘留所等单位要加强安全检查和监所秩序控制，防止出现在押人员骚乱和安全事故。

四、严肃纪律，加强值班和情况报告

各镇乡、各部门要采取有效措施，尽快恢复和保持正常工作和生产生活秩序，并确保人员安全。要严守各项工作纪律，加强值班报告工作，严格落实带班领导和值班人员，坚持24小时值班，保证通讯畅通，要千方百计畅通信息，及时报告损失、伤亡情况及抗震救灾的困难和问题，尤其是对死亡人数要随时上报，所有情况一律报县抗震救灾指挥部办公室（设在县委办公室，电话：5335892）和县应急办（设在县政府办公室，电话：5332119），并抄报县公安局指挥中心。全县抗震救灾信息上报统一由县应急办负责。

2008年5月13日

三台县抗震救灾应急指挥部通告

（第18号）

为进一步加强对抗震救灾款物管理使用的监督，确保抗震救灾资金物资真正用于受灾群众。现就加强抗震救灾款物管理使用有关事项通告如下：

一、高度重视抗震救灾款物的管理。各级各部门要高度重视，严格管理，切实做好抗震救灾资金物资管理使用工作，确保抗震救灾资金专款专用、及时发放到位，确保受灾群众的救援和基本生活及时得到保障。

二、严格规范抗震救灾款物的接收。各级各部门对上级下拨和社会捐赠的抗震救灾资金物资，要确定专人负责，加强管理；及时归集，进行详细的登记、统计，做到抗震救灾资金物资财务清楚明晰。

三、严格规范抗震救灾款物的拨付。各级各部门对上级下拨和社会捐赠的抗震救灾资金物资，要按照有关法律法规和政策规定的要求拨付、转运、发放，切实保证抗震救灾款物用于救人救命，用于受灾群众的基本生活，用于灾区恢复重建。

四、及时公开、公示抗震救灾款物的收支情况。各级各部门对抗震救灾资金物资发放情况，要及时向社会和受灾群众公开、公示，接受监督审计，做到抗震救灾资金、物资管理使用公开透明。

五、加强对抗震救灾款物的监督检查，坚决查处顶风违纪的案件。各级纪检监察组织要加强对抗震救灾资金物资管理使用情况的全过程监督检查，及时了解抗震救灾资金物资管理使用情况，对有令不行、有禁不止，贪污、截留、挤占、挪用、私分、骗取抗震救灾资金物资等违法违纪行为，发现一起、查处一起，决不姑息；对抗震救灾资金物资管理使用工作组织不力、玩忽职守，致使出现重大问题的行为，要从严追究有关领导和相关人员责任。

为方便广大党员干部和群众监督投诉，县抗震救灾应急指挥部在县纪委监察局机关设立监督投诉电话，电话号码：0816－5333476 。

特此公告

三台县抗震救灾应急指挥部
2008 年 6 月 3 日

三台县国家投资工程灾后恢复重建项目管理暂行办法

第一章　总　则

第一条　为确保灾后恢复重建工作顺利进行，规范政府投资灾后恢复重建项目管理，建立健全科学、民主的政府投资灾后恢复重建项目决策体系和组织实施程序，保证工程质量，控制工程造价，提高投资效益，根据国务院《汶川地震灾后恢复重建条例》、国务院办公厅《关于汶川地震抗震救灾捐赠资金使用指导意见》（国办发〔2008〕51 号）、四川省人民政府《关于灾后重建国家投资工程建设项目招标投标工作的通知》（川府发〔2008〕21 号）、绵阳市人民政府办公室《关于绵阳市国家投资灾后恢复重建项目管理暂行办法的通知》（绵府办发〔2008〕45 号）等有关规定，结合三台实际，制定本办法。

第二条　灾后恢复重建项目全部或者部分使用国有资金投资或者国家融资的，国家机关、事业单位、国有或国有控股的企业使用捐助资金的，适用本办法。

第三条　发展改革部门为政府投资灾后恢复重建项目的主管部门，负责政府投资灾后恢复重建项目规划编制、计划审批、招投标方案核准及项目建设全过程的协调监督管理等综合管理职能。

财政部门负责政府投资灾后恢复重建项目资金财务活动的监督管理。审计部门负责政府投资资金的执行情况、竣工决算的审计监督。监察部门负责对政府投资重点项目建设实施行政法规监察。目标督查办负责对政府投资重点项目进展进行督查。

经济商务、规划建设、国土、环保、农业、水务、卫生、教育、交通、国资、统计等有关部门，按照各自职能对政府投资灾后恢复重建项目进行技术标准管理和监督。

第四条　园区管委会、各镇乡人民政府、县级有关部门是项目责任单位，负责项目的收集、筛选、编报、建设、竣工后评估等环节的组织落实和推进工作。

第二章　项目审批

第五条　灾后重建项目原则上从省、市、县灾后恢复重建规划项目库中筛选产生。

第六条　项目筛选应按照轻重缓急的原则，优先安排城乡居民住房维修重建、公共服务设施、基础设施等关系民生的项目。

第七条　灾后恢复重建项目应严格遵循基本建设程序及相关法律法规，完善项目立项、国土、环保等手续．对原址原规模重建的项目，从简办理国土、建设、环保手续。

第八条　凡经科学论证具备开工条件、短期内可以开工的先期启动项目和已经明确在原地恢复重建的居民住房、学校、医疗机构以及对恢复重建有先导和基础性作用的项目，要急事急办、特事特办、尽快启动、强力推进。

第九条　灾后恢复重建涉及的建筑材料、食品医药、农资、能源等重建、新建项目要开辟项目审批“绿色通道”和“直通车”，尽量缩短办理时间。

第三章　项目招标投标

第十条　灾后恢复重建项目招标投标工作应严格按照招投标的相关法律法规和省、市、县关于灾后恢复重建项目招标投标工作的相关规定进行，遵循公开、公平、公正和诚实信用的原则，不受部门、地区和行业的限制。

第十一条　个别因时间紧、任务重，不能满足招标法定时间和程序要求的项目，经市人民政府同意后，可按《四川省政府投资工程建设项目比选办法》（省政府令 197 号）规定和标准进行比选。

第十二条　不能满足招标也不能满足比选时间要求、必须立即实施的应急工程，按照《四川省人民政府关于灾后重建国家投资工程建设项目招标投标工作的通知》（川府发〔2008〕21 号）和《补充通知》（川府办发电〔2008〕163 号）及《三台县灾后重建国家投资工程建设项目招标投标监督管理暂行办法》（三府发〔2008〕31 号）规定办理。

第十三条　不招标、不比选的应急工程必须同时满足下列三个条件：

（一）必须是抢险救灾项目，不立即实施将会造成人民群众生命财产较大损失；

（二）必须是因地震等引起的新的灾害和次生灾害，10 天内必须进场施工的；

（三）必须是灾害发生的特定受损和险情范围内的项目。

任何单位、任何人不得将因人为因素造成工期延误的项目作为不招标、不比选应急工程，不得以时间紧、任务重等理由将必须进行招标、比选的项目化整为零或假借灾后重建等名义不招标、不比选。

第四章　项目资金管理

第十四条　加强项目预算的评审。总投资 100 万元以上的项目在实施前，应由项目建设单位或由项目建设单位委托有相应资质的单位编制项目预算，报送发展和改革和财政投资评审中心进行评审。评审结果作为项目投资规模审批、核准的依据，也是建设单位进行招投标控制价和财政拨款的依据。若项目在实施过程中，需对实施内容进行调整的，应先征得项目审批部门同意，并严格增加项目投资和增加工程量的管理，调整预算报原审批部门审批。

评审机构不得向主管部门或项目单位收取审核费用（中介机构除外）。

第十五条 灾后恢复重建单个项目累计使用各级政府投资资金500万元以上（含500万元）的投资项目（以下简称“重大项目”）都要纳入重大项目进行监管，必要时由重建委招聘工程类专业技术人员（以下简称“监管员”）和发展改革、财政、审计、监察、规划建设等部门组成工程项目跟踪监督小组对项目进行全过程的跟踪监督，特别是涉及设计变更、隐蔽工程等的签证进行旁站监督。

第十六条 财政部门要严格资金拨付程序，坚持按工程建设进度拨款。

（一）对一般建设项目由项目建设单位根据项目建设的进度提出申请，项目主管部门审核签章后，财政部门办理拨款。

（二）重大项目由项目建设单位根据项目建设的进度提出申请，项目主管部门审核签章，监管员或监管机构核实后，财政部门办理拨款。

（三）财政部门在办理工程竣工决算前，应预留一部分工程尾款，待竣工财务决算审查结论确定后再予以清算。

（四）援建工程项目在按照援建方援建意愿完成工程建设并办理了竣工财务决算的，如果有结余资金，建设单位应将结余资金及时上缴财政，不得挪作他用。

第十七条 建设单位要强化财务基础工作。

（一）认真落实基本建设会计制度，规范灾后重建项目会计核算。

（二）制定严格的内部财务管理制度，规范内部经费管理。严格项目管理费的支出，开支总额必须控制在规定范围之内。

第五章 项目审计

第十八条 灾后恢复重建项目必须依法由审计机关组织实施审计，坚持每投必审的原则或由审计机关牵头，发展改革、财政、监察等职能部门参与在全省范围内公开招标具有工程选价咨询资质，讲诚信、信誉好的社会中介机构参与灾后重建项目审计，由审计机关负责对受托中介机构进行监督管理，把好工程选价咨询审计质量关。

第十九条 审计机关根据情况，对以下内容实施审计监督：

（一）对投资项目概算的执行情况，年度预算的执行情况和项目竣工决算进行审计；

（二）对灾后恢复重建项目建设资金来源、建设程序、建设资金管理与使用情况进行审计；

（三）对工程结算进行审计，重点审计工程造价结算的真实性、合法性、合规性；

（四）根据需要对勘察、设计、施工、监理、采购、供货等方面招投标、工程承发包情况，以及与上述工作相关的财务收支情况进行审计；

（五）对设备、材料的采购、保管、使用和核算情况进行审计；

（六）对灾后恢复重建项目建设结余资金等进行审计。

整个项目竣工决算审计结果抄送发展和改革局、财政局备案。

第二十条 各有关部门应在各自的职责范围内，支持配合审计机关做好灾后恢复重建项目的审计工作。建设单位应及时向审计机关提出书面审计申请和报送完整、真实的相关资料，由审计机关根据工作计划安排实施审计。

第二十一条 建设单位必须保证所提供的竣工决算相关资料的真实、完整，并承诺在审计过程中不再补交其他审计资料（特殊情况除外）。

第二十二条 所有灾后恢复重建项目，必须经审计机关审计后方可办理工程结算或竣工决算。在审计机关出具审计报告前，财政部门及有关建设单位可按工程进度拨付工程款，但最高不得超过合同价的70%；对于未公开招标的应急工程项目拨付工程款最高不得超过合同价的85%。审计结束后，审计机关及时将审计报告送达财政部门和建设单位；财政及相关部门依据审计报告或审计决定办理工程结算，拨付工程款项；建设单位据此办理工程决算和产权登记、移交手续。

第二十三条 审计机关在审计中发现违法、违纪行为以及涉嫌犯罪的重要线索，应当及时移交纪检、监察部门或司法机关查处。

第六章 项目稽察

第二十四条 政府投资灾后恢复重建项目稽察的主要内容：被稽察单位贯彻执行有关法律、法规、规章和政策情况；被稽察单位有关重大建设项目的决定是否符合有关制度规定的权限、程序；项目的工程建设内容、招标投标以及竣工验收等有关情况；被稽察单位有关项目的资金使用、概算控制的真实性、合理性、合法性。

第二十五条 灾后恢复重建项目的稽察由发展和改革局牵头，会同监察、财政、审计、环保、金融等相关行业主管部门或聘请有关专业技术人员联合进行。

第二十六条 项目稽察除正常工作经费外所发生的专项经费由县财政核拨，不得向被稽察单位收取任何费用。

第二十七条 建设项目稽察结束后，应当及时作出稽察结论。

对稽察中发现的一般问题，由发展和改革部门下发意见书，要求被稽察单位进行整改；对发现的较严重问题，将会同纪委、监察等部门进行查处，并立即通知财政部门冻结资金，同时上报县委、县政府。

第二十八条 被稽察单位接到意见书或者整改通知后，应当按照通知要求进行整改，并向稽察机构报告整改情况。

第二十九条 稽察机构应当督促被稽察单位进行整改，并根据被稽察单位报送的整改报告进行复查。

第三十条 对被稽察单位存在严重问题或者接到整改通知拒不改正的，由发展改革部门予以通报批评，责令暂停建设项目或者暂停责任单位新项目的审批。涉及其他有关部门管理职权的，可以建议有关部门暂停拨付工程款，冻结、回收国有投资。

第三十一条 对在稽察过程中发现严重问题涉及的有关人员，应当及时向有关部门通报；有关部门接到通报后，应当对责任人予以调查处理；违反法律法规的，移送司法部门追究责任。

第七章　考核奖惩

第三十二条　国家投资灾后恢复重建项目纳入政府目标管理考核，对社会各界在灾后恢复重建项目的收集、筛选、包装、推介、审批、向上争取、建设实施中做出显著成绩的单位、个人，由县人民政府给予表彰和奖励。

第三十三条　对建设项目业主、项目管理部门以及有关直接责任人员违反国家有关法律法规和政策规定的，按照有关法律、法规的规定，对有关责任人追究责任，涉及违法犯罪的，移送司法机关处理。

第八章　附则

第三十四条　本办法规定的相关内容如国家、省、市出台有相关政策的，以国家、省、市的政策为准。

第三十五条　本办法由县发展和改革负责解释。

第三十六条　本办法自发布之日起施行。

二〇〇九年一月十三日

二、新闻作品

党旗，在地震废墟上高高飘扬

——三台县第二批科级干部赴江油北川抗震救灾工作纪实

何旭方

5 月 12 日 14 时 28 分，四川汶川地区发生特大地震。一个黑色的灾难突然降临到汶川、都江堰、青川、北川、江油……三台也受到波及，损失严重。

瞬间，成千上万人失去家园。

瞬间，成千上万个家庭痛失亲人。

瞬间，中国和世界聚焦汶川。

灾情就是命令，三台县委立即召开紧急会议，安排部署三台抗震救灾工作，同时决定向重灾区北川县派出抗震救灾工作组。

14 日，首批科级干部应急分队奔赴北川。

15 日下午 2 点，县委紧急召集 40 名科级干部奔赴江油和北川抗震救灾，安抚灾民。

视灾民为亲人

在开往江油的大巴上，县委组织部副部长、抗震救灾应急小组组长刘华交代了这次的任务和工作原则，他强调说："这次赴江油北川抗震救灾，我们肩负县委的使命和三台人民的重托，责任重大"。

看着车窗外闪过的残垣断屋，组员的心情沉重，大家在沉默中下定决心：到灾情最重的地方去，到灾民最需要的地方去，成为灾民的贴心人、主心骨。

江油市受灾也很惨重，由于北川平武两县大批灾民涌进江油市区，绵阳市委要求三台工作组首先做好扶贫驾校、夜视丽等四个灾民安置点近 2000 名灾民的安抚和送返工作，市委指示一定要把灾民安置好，要把党和政府的关怀送到每一个灾民的心中。

工作组分成四个小组，分别进驻四个灾民安置点。

安置点的灾民大多来自北川平武重灾区，家园被毁，痛失亲人，多数灾民还处在极度的悲伤和恐惧中，情绪极不稳定，秩序比较混乱。

放下行李，工作组成员来不及洗脸，立即深入到灾民中去，与灾民交心谈心，问寒问暖，详细登记灾民的住址、家庭成员和人员财产损失情况，同灾民交朋友，把他们当作自己的亲人，耐心听取灾民痛苦的倾诉。

在黄龙破碎公司灾民安置点，组织部副部长、救灾工作组组长刘华走进一个个救灾帐篷，与灾民亲切交谈，当听到灾民因山体大滑坡，掩埋了房屋和亲人的诉说时，刘华流下了眼泪，他说："党中央、国务院和各级党委政府都很关心你们，我们工作组就是三台县委县府派来关心和帮助你们的"。

在江油扶贫驾校灾民安置点，救灾帐篷沿着街道两旁搭成了一条长龙，临时安置了800多名灾民，工作组对灾民情况一一登记，掌握了灾民的详细情况。

在夜视丽公司灾民安置点，工作组把灾民当亲人，鼓励灾民从悲痛和恐惧的阴影中走出来，树立重建美好家园的信心和决心。工作组小组长何旭方对灾民说："党和政府永远是你们的坚强后盾，各级党员干部就是你们的亲人和主心骨"。

通过深入细致的工作和感情交流，通过对灾民无微不致的照顾，工作组的队员们与灾民很快成了心心相印的亲人和朋友，工作组成了灾民的主心骨。

为了更好地发挥灾民自救自助自强的作用，工作组深入灾民中详细了解灾民中抗灾自救的先进典型，进行宣扬，增强灾民自救抗灾的信心。陈家坝乡小河沟村支部书记赵义文，在大灾中痛失9个亲人，他却救出了10多名乡亲。徒步2公里，把小河沟村在陈家坝初中的20多名学生送到安全地带，撤离到江油安置点后，赵义文又跑遍江油城区，把滞留江油的小河沟村的80多名灾民全部找齐，妥善安置。赵义文的先进事迹在灾民中传诵，大大鼓舞了灾民抗震自救的信心。赵义文也成了新闻媒体采访的热点人物。

入夜，工作组在街灯下与灾民中的共产党员、村社干部、积极分子仔细交谈，询问他们对抗震自救的建议，了解他们在过渡安置工作中的想法和要求，征求他们对党和政府以及工作组的意见。

工作组充分发挥灾民中共产党员、村社干部的带头作用，以党员和村社干部为骨干，在灾民安置点上建立了自我管理、自我服务的互助小组，明确每个小组成员的职责，从此，四个灾民安置点近2000名灾民生活秩序井然，灾民的生活、安全、卫生、防疫、救济等工作走上了正轨。

工作组穿梭于北川和江油两个灾区之间，与陈家坝乡、桂溪乡党委政府反复研究，为灾民选择返乡临时安置点，搭建帐篷，准备生活物品，耐心细致地做好灾民返乡临时安置的思想工作。

21日上午10点钟，北川桂溪乡滞留江油城区的400余名灾民乘大巴返回桂溪。看着灾民不忍分别的眼泪和长久挥舞的手臂，工作组成员都热泪盈眶。

以抗灾为己任

共产党员，尤其是党员干部在关键时刻要豁得出去，冲得上去，到灾情最重的地方去，成为群众的主心骨。三台县第二批赴江油北川抗震救灾工作组就是这样一个群体。

5月23日，工作组奉命到受灾严重的北川桂溪乡，主要任务是深入村社农户查看核实受灾情况，逐户登记，慰问灾民，督察救灾物资发放情况。

桂溪乡有 18 个行政村，1 个居委会，14000 余人。

在这次特大地震中，桂溪乡损失惨重，70% 的房屋垮塌，杜家坝村、凤凰村、树坪村山体大面积滑坡，树坪村、金星村的山崖上到处都裂缝，随时都有再次滑坡的危险。

工作组成员每人负责一个村，由一名村干部带路。由于灾区道路堵塞，到处都是大面积塌方，工作组成员只能徒步走到各村去，有的村远离桂溪场镇 20 多公里。

天不见亮，工作组成员分头从桂溪乡政府出发，翻山越岭。到处都是塌方，到处都是深不见底的裂缝，到处都是倒塌的房屋，组员们心情沉重，他们顾不上危险，好多地方都要手脚并用爬着前行。一到村上，他们就一头扎进工作和灾民中去。在杜家坝村，工作组长刘华冒着危险到灾民家中逐户登记核实。

树坪村村域面积大，村民住地散布在三座山和两条沟里，工作组成员王剑的足迹踩遍了每一座倒塌或严重倾斜的农房，上山时爬着上去，下坡时顺着陡坡向下滑。

在金星村，工作组成员何旭方逐户登记核实灾情后，又组织返村的党员和村社干部开会，要求党员干部要充分发挥作用，在确保群众生命安全的前提下，组织互助小组抢收小麦、油菜，抢种大春作物，扎实开展消毒防疫工作。

在凤凰村山脚，应两山滑坡堵塞河道形成了堰塞湖。工作组成员邹居术组织村民撤离到安全地带，要求支部确定专人昼夜监视水位变化，及时向乡抗震救灾指挥部报告情况。

在重灾区抗震第一线工作的日日夜夜里，三台县抗震救灾工作组的同志们总是出现在最危险最需要的地方，他们与灾区的干部群众同呼吸，共命运，并肩战斗，把危险留给自己，把党和政府的温暖送给灾民。

党旗，在地震废墟上高高飘扬。

把艰险作等闲

工作组的任务是艰巨而繁重的，工作组的工作生活条件又是相当艰苦的。

开会和研究工作只能在露天坝里席地而坐，有时连纸和笔都缺乏。一日三餐，多数时间是吃干粮和方便面，由于缺少开水，有时方便面只能用矿泉水泡着吃。

夜晚，工作组 10 多名同志挤一顶帐篷，人贴人地睡在潮湿的地上，连翻身都比较困难，夜起上厕所，一不小心往往踩醒熟睡的同志，蚊虫叮咬时，队员们就蒙着头睡。

晚上没有电，也没有电视，研究汇报完工作后，围在一起听一听小收音机是大家的乐趣。

如果问苦不苦？累不累？工作组成员都会笑着一句话不说，因为看着灾民遭受的巨大损失，看着灾民痛失亲人，看着灾民对党和政府的期盼和感激，工作组成员觉得再苦再累都值。

选自《琴泉》文学季刊抗震救灾专刊

时间：2008 年 6 月

重建新村来次“撑杆跳”

——三台县农村灾后恢复重建

17日，三台县潼川镇盐井村，一幢气派崭新的两层洋楼前，67岁的王梦竹乐呵呵地领着记者参观她的新居，“以前的土墙房又矮又暗，出门尽是烂泥路，现在住进统一规划的新房，厨房、卫生间又大又明亮，比地震前巴适多了。”地震后，王梦竹家的两亩土地流转给了公司进行规模化核桃种植，她的老伴成了公司拿工资的工人。对于未来的日子，王梦竹重新燃起了希望。

“灾后重建不是简单的恢复，而是在恢复中实现提档升级。”三台县借助灾后重建的良机上演“撑杆跳”，高起点规划农业产业发展，以产业发展带动基础设施建设，震后新农村焕发出勃勃生机。农房重建让山村变了模样。

汶川大地震，使盐井村300多户农房成了危房，75户无房居住。对于本来缺水、缺产业，人均收入不足2000元的小山村来说，是雪上加霜。“借助灾后重建，要让山村变个样。”村支书于银华告诉记者。

因为山坡地多，盐井村充分尊重农民的愿望，遵循“宜聚则聚、宜散则散”的原则，采取多种模式进行农房重建。

“修这条路只花了千把元。”指着家门口通向村道的水泥路，盐井村四组的古学华自豪地告诉记者，“政府按入户路每米40元、庭院硬化每平方米20元的标准给我们补助，加上家里三个免费劳动力，轻轻松松就修起了这条路。”

依靠政府投入和村民自筹资金，新房建成了，路也修好了，潼川镇又采取“以奖代补”的方式，引导农户在房前屋后种樱桃、梨树等果树，打造农家小院，发展庭院经济。

宽阔平坦的石板路，干净整洁的羊肠小道，清新优美的农家院。时隔一年，震后的盐井村已焕然一新。

引进业主解决资金瓶颈

为解决产业重建的资金瓶颈，去年8月，盐井村引进泰昌商贸有限责任公司。该公司以每年每亩400至600斤的黄谷价格，流转土地1000多亩，发展规模化果树种植。如今，昔日的荒坡地已改造成了1032亩的核桃种植园、梨树园等优质果园，果树下间种的辣椒已挂满枝头。

盐井村目前已配套引进了5个业主，村民在家门口当起了产业工人，再加上流转土地也有收入，2008年全村人均纯收入达到了5750元，今年将达到6500元。

在业主的带动下，盐井村加大了基础设施建设力度，现已建成水泥路2.1公里，泥结路5.3公里，入户机耕路5公里，新开挖路基4公里；建成提灌站一处、山平塘两口、蓄水池26口。完成房屋风貌提升630户。

产业振兴村民找到致富路

在永新村崭山村，漫山遍野的果树苍翠欲滴。该村村民黄庭泽家有4亩枣树，“已出手7000斤，今年预计可以卖4万多元。”他兴奋地告诉记者，家里200平方米的新房就是靠枣树修起来的。

永新镇“崭山米枣”是三台县的特色农产品，去年地震后，镇上借恢复重建的良机，成立了崭山米枣协会，走上了品牌产业发展之路。目前已辐射带动全镇规模种植7800亩米枣，产品远销重庆、贵阳等21个大中城市，今年的产量预计将达7000万斤。

永征村与崭山村相邻。在“崭山米枣”的带动下，永征村将米枣种植面积扩大到1700多亩，人均收入也由过去的1500元一下跃到了5800多元。

米枣产业得到发展，基础设施得到改善，永征村人又琢磨出枣林鸡养殖，目前已达6万只，在绵阳等地的销路日益看好。村里又引进业主建成“枣园山庄”农家乐，村民自筹资金引进龙泉桃树，走上了观光农业的路子。　　（作者：赵晓兰　傅晓蕾）

出版单位：四川农村日报社

出版刊物：四川农村日报

出版时间：2009年8月24日

三台灾后帮扶温暖困难群众

“服务很热情，办理速度很快，真的很好！”近日，三台县协和学校女教师张冬菊，由于地处江油武都镇的房子在“5·12”特大地震中完全垮塌和丈夫遭遇特大车祸数次住院等原因，来到县惠民帮扶中心进行困难求助。县惠民帮扶中心工作人员在短短十分钟内便为她办好了应急救助手续。方便快捷的一站式服务，顿时让家庭遭遇特大困难的张冬菊心中充满了无限温暖。帮扶平台从县城到乡村。

“5·12”特大地震后，三台县惠民帮扶工作点多、面广、难度大。为让困难群众、受灾群众诉求有门，该县从构建惠民长效机制入手，建立了从县到村的惠民帮扶平台。结合灾后实际情况，该县惠民帮扶中心调整设置了惠民门诊、超市、康复训练中心、图书阅览室等8大阵地，设立了法律服务、民政救助、农民工维权、再就业援助、住房解困等11个窗口。

据统计，全县63个镇乡建起了40多个惠民超市、960个惠民帮扶联系点；依托“万村千乡市场”工程，在中心集镇建立爱心超市4个，给困难群众让利10%以上；利用全县各乡镇计生服务站点现有场地，在18个中心集镇开设了18家惠民药房，以让利和成本价销售的形式，让乡村困难群众近距离享受到国家优惠政策。服务项目从少量到多种。

在抓好惠民帮扶日常规范、优质服务的同时，该县将服务项目从少到多延伸，困难群众更多地共享了发展成果。自去年起，县惠民帮扶中心设立了“5·12”救助热线，免费为灾后困难群众提供水、电、气、通讯等服务，免费购买日常生活用品并送货上门，受理受灾群众、困难群众衣物、食品等困难诉求，及时协调镇乡、部门解决相关问题，已受理求助电话560余个，解决困难群众生活问题500余件。

今年以来，针对受金融危机影响，返乡农民工增多的情况，县惠民帮扶中心免费提供职业培训，办学6期，培训523人，向宁波申州集团、成都一汽公司等企业推荐就业123人，并举办了3次“春风送岗位”活动，使3200余名返乡农民工实现了再就业、服务方式从坐等到上门为及时解决城区“老、小、困”的帮扶诉求，该县克服资金和人员不足，拓展服务方式，变坐等服务到上门服务，深受群众欢迎。县惠民帮扶中心组建了由下岗职工组成的女子惠民流动服务队，并在县城15个社区建立了惠民流动服务分队，确保“只要困难群众一个电话，惠民流动服务队就会把温暖送到家”。“5·12”地震后，惠民流动服务队主动上门为困难群众服务300余次，为困难群众配送救灾物资2万余元。

截至目前，三台县发放惠民帮扶证47000多册，免费门诊2万余人，资助贫困学生、应急救助困难群众1200多名，优惠、资助金额近140万元。

（作者：蒋秩宏）

出版单位：绵阳日报社

出版刊物：绵阳日报

出版时间：2009年6月2日

三、文艺作品

经历生死瞬间

佐　霞

5月12日，天气晴好。早晨上班的时候，开了工作QQ，不一会儿即弹出一个小窗口，提示：距08年8月8日奥运会还有88天。我看了，不由暗笑。心想，多吉利多有趣的一串数字啊。今天的股市一定会好，股民一定会笑吧。

下午两点过，上班。我在办公室里编一组行政效能建设的新闻组稿。突然，电脑、桌椅等一应物品伴随着外面“轰轰轰”的巨响，剧烈地晃动起来，地面也在晃动。“地震！快跑!”我大声叫道，并箭一样地冲出了办公室。耳后只留下一句同事的话：“怎么可能会有地震?”但话音未落，剧烈的震感，迅即迫使他们也飞一般地向办公室外冲去。那一刻，走廊里，全是慌乱的人群。惊诧的尖叫，杂乱的脚步，零乱一片。房剧烈的摇动，脚步左穿右晃，人站立不稳。但人们仍然努力的向楼梯口涌去，向楼下逃去。我懵了。潜意识里觉得不应该去挤楼梯口，但却又不知该去向哪里。

"往哪里跑?""向厕所跑!"身后传来喊声。闻声，我迅速跑向了距离我们最近的厕所。我双手紧抱排水管，但身子还是被左右抛来抛去。那一刻，世界颠覆。那一刻，我真切地感受到什么是"地动山摇"。那一刻，只觉得人轻若纸。

窗玻璃裂碎了。对面的楼顶坍塌了，一股黄烟腾空而起。街上，人拉人，却依然如一片片被风吹起的叶一会儿东一会儿西。有人死命的抱住树，而碗大的树就像墙头上的草，东扭西倒，颤抖不已。汽车被抛了起来，忽左忽右没有方向……那一刻，世界在咆哮，人声在尖叫。地球像是上帝手中的一颗泥丸，它轻轻一摁就能碎。

灰浆，一片片、一块块的脱落了下来，墙角开始起了裂缝。缝，越来越大越来越深，而脚下的房屋还在剧烈的晃动，一双看不见的魔掌肆意逞凶。莎双手抱住水管，闭了眼，把头紧紧地贴在娴的肩膀上哭了起来。娴咬着嘴唇，看看我又看看外面，没有言语。那一刻，所有的一切都是苍白无力的！我们束手无策。我看着娴，一颗心，一点点往下沉。往下沉。我爱、爱我的人，开始像电影胶片一样快速闪过。我爱你们，我爱你们啊。可是，可亲的可爱的，我和你们的永别，不打招呼来不及打招呼。生与死，不能把握也没法预兆。连一句"我爱你!"也来不及说与你听。一切，简单。就这么简单！那一刻，生死一线，只瞬间。

还好，几分钟后，震势弱了。我的眼前重新迸射出生的希望。"快跑！到宽阔地。"莎，脚有些发软。我和娴拉起她，拼命的往楼下冲去……

我们成功了。经历生死瞬间，当我和朋友们拥抱在一起的时候，我哭了。

那一刻，眼泪在飞。

后来知道，那一刻，不止我所在的绵阳，在哭泣。汶川，也在哭泣。北川，也在哭泣……我们的祖国在哭泣。

主编：宣传部

主写：文联

选自《琴泉》文学季刊　2008 年 6 月（地震专刊）

地震日记

5 月 12 日　星期一　晴

特大地震的发生，没有任何预兆。5 月 12 日那天下午，我和几个领导正在去成都的路上，准备向省上一个部门汇报工作。过成德高速鸭子河大桥，车突然抖动厉害，司机愣一下，说："糟了，车爆胎了!"一个紧急刹车，车停住，却仍然左右摇摆。下车一看，车胎没爆，但车跳起近一尺高。"快看，快看!"随着司机的惊呼，坐最后一排的我打开车窗，我们看见仿佛有一只巨手在推动大地荡秋千，鸭子河大桥栏杆呈波状扭曲起伏，下面的河水、田里的渠水来回急速晃荡。"快走!"不知是谁又叫了一声，正在查看的我们反应过来，立即跳上车，迅速离开剧烈摇动的大桥。

“可能是哪家化工厂发生爆炸了。”“不，可能是地震。”在车上，大家惊魂未定，纷纷猜测刚才那一幕发生的原因。我拿出手机给一个亲人发了一条信息：“刚才似乎发生地震，很恐怖。”大家都拿出手机，想向亲友打探情况，却发现手机已经没了信号，连短信也发不出，通讯中断。打开汽车调频收音机，却始终收不到成都电台消息。

距离成都绕城高速收费站不远，车停下来。下车一看，前面已经停下一长串车，堵车了！旁边车上的车载电台正在大声广播：“成都人民广播电台，成都人民广播电台，现在播发紧急消息：今日下午14点28分，四川汶川发生7.8级地震。”这才明白刚刚发生的是地震，而且发生的是比唐山大地震还高0.2级的大地震。旁边车上的人还说，成都繁华路段已经垮塌两座楼房，人员伤亡惨重。

我们有人还在继续打电话，打不通，还是坚持打。也有人建议，不去省政府了，但回头一看，后面的车已经是一条长龙，

根本没了退路。过了一会儿，车缓慢放行，于是继续硬着头皮，向前蠕动。

进入城区，终于搜索到成都人民广播电台，我们竖起耳朵，听到电台主持人正在主持热线，接受众多市民对灾情、亲人情况、交通情况的询问，成都市委领导已经赶到都江堰，市长葛红林在成都指挥部，现场发表讲话。

电台里不断有各地的灾情传来，但是没有三台的消息，三台不属于成都管辖，而且电话也打不通。大家在关注的同时，也侥幸地想，三台距离汶川远一点，恐怕问题不大。

成都市区已经实行交通管制。汽车绕道行驶大约两个小时，终于到了省上一个部门——按原计划，我们要先到这里帮一位领导报名参加省上的学习。刚到签到处，电子屏上突然出现字幕：“今日下午14时28分，我省汶川发生7.8级地震，灾情严重。原定某某学习班取消，请立即返回抗震救灾。”我们意识到灾情严重，立即走出来。

虽然已经电话联络不上约定汇报工作的领导，但考虑到三台离成都比较远，来一次不容易，我们的领导还是决定继续去看看能否完成预定任务。

一路的交通已经严重堵塞，各种车辆不分贵贱，前不见头后不见尾，滞留在路上，像一堆又一堆废铁。好多省级机关的工作人员站在大院内，门口一大群保安和警察；路边商店的店员、学校的学生、公寓里的居民纷纷走出来，在相对空旷的府南河边聚集；一些人在步行，往自己亲人所在的地方赶；一个母亲模样的年轻职业妇女，已经忘记淑女形象，一面狂跑一面流泪，我估计她不知道自己孩子的消息，在奔向宝贝所在的幼儿园……

又经过一个多小时的蠕动，到那个机关街口，车被一大堆警察和武警拦住，经出示证件并说出领导姓名后，才得以放行进入。但那里已经开始紧急状态，根本联络不上那位领导。于是放弃，匆匆走出来，往家里赶。

在林立高楼大厦之间，车缓慢蠕动。蠕动的时候，又发生一次余震，明显感觉那些平时巍然耸立的建筑，如今弱不禁风，柳枝一样危险地摇晃。

又经过几个小时蜗行，晚上9时30分左右，终于挤挤挨挨走出成都。我们肚子饿急了，咕咕叫唤，但路边的快餐馆不是已经关门，就是挤满了吃饭的人群，超市排满了站队购买的长龙，连面包

也难得买到。没办法，只好忍着。

手机还是不通，电台里也没有三台的消息，司机加大油门。22 时左右，将近德阳城区，电台里传来有关三台的消息："全省灾情严重，……，绵阳市三台县一座水塔倒塌，死亡一人。"听到这个消息，其他的人松了一口气，我的心却挂在了嗓子眼上——我家住顶楼七楼，因为怕水压不够，就在楼顶安了一座小水塔，以备不时之需。我心里说不出的担心，担心自己家的水塔掉下楼去，砸死了人，那麻烦就大了。

一路上，我如坐针毡，归心似箭。虽然知道手机不通，但我还是怀着侥幸，一遍又一遍地拨打，直到手机完全没电。别人说话的时候，我也神思恍惚，根本无心注意，只在心里默默求老天护佑，千万千万，别让我的水塔砸死人。

大约 23 时，进入三台境内，别人的手机陆续收到亲人的问候短信。但我的手机电池已经用完，只好看着路边沉寂的村庄，看着偶尔闪现的一星灯火，着急万分。

半小时后，终于看见三台县城的灯火，在新西街口下了车。三台全县人口 148 万，县城居住人口较多，以往晚上十二点走到街上，也是人流不断。但现在，那熙熙攘攘的"好吃街"九倒拐，那灯火辉煌的"通讯一条街"小南街，店面全都关闭。街上没了穿梭往来的三轮车、的士，到处是掉落的墙面瓷砖、砖块、纸屑、落叶，一片狼藉。

一路小跑到自己住宿的小区，我一眼看见底楼地面上没有水塔残骸，悬着的心放下了一大半。邻居们人心惶惶，七嘴八舌地议论，一片混乱。有好心邻居劝我不要上楼，但我还是心急火燎，众目睽睽下上了我的顶楼。

开门的时候，防盗门没像平时一样反锁。进入屋内，家里已经面目全非：电视移位到了客厅中央，一对高音箱滚落地面，裂成几半；酒柜歪斜，柜子里的酒杯、酒，已经打碎，酒水横流；客厅吊灯玻璃掉落一地，墙面裂缝好几处……. 所有一切，看得人胆战心惊。我赶紧拿出手机充电后，又拨打座机电话，却也不通。跑上楼顶，我们的狗狗思思狂吠不已，打开楼门，看见水塔已经倒下，洗衣机、花盆被砸得稀烂。但我已经来不及管这些，赶紧把思思解开，牵到手上，就又往楼下跑。

手机紧急充电几分钟，终于可以开机，几秒之间，一连串的短信似乎堵塞已久，一个接一个地涌进来。阅读，都是亲人和好友的问候，都是中国移动全时通的信息。灾难降临的时刻，亲人们、朋友们都还关心着我，有人甚至打了近 30 次电话，发了近 10 条短信。那一刻，我的心里充满了感动，眼里蓄满了泪水。

通过短信，知道亲人们都还安好，我放心了。但身为公务员，我知道在这样的紧急时刻，不能休息，应当赶回单位听候组织调遣。于是紧急关闭家里的煤气、水、电，牵上思思，一边下楼，一边不间断地拨打同事们的电话，终于通了，知道同事们都在单位。路过幸福佳缘，看见父母亲人都在门口聚集后，我喝口水，立即往单位赶。

一进单位，就看见同事们都在大院坝子里待命，赶紧过去问候。到办公室，和同事启动了突发应急事件相关预案后，下楼和同事们待在一起，同事们早已从办公室搬出椅子，热情招呼我喝水、吃饼干，一番寒暄。

时间已经是凌晨2点过，余震不断。大家都十分疲倦，坐在硬邦邦的椅子上迷迷糊糊，随时待命准备抗震抢险。后面的小院内，主要领导们正在召开紧急会议，部署抗灾自救和支援北川重灾区的工作。

大概凌晨四点，被一阵强烈的余震惊醒，我头晕晕乎乎，浑身发冷，再也睡不着，就走出大门往体育中心方向走。琴泉路、梓州干道两旁和体育中心里面，已经闷闷地挤满了人。大群大群的父老乡亲，老人、小孩，躺在一块塑料布上、坐在街道上露天避险。我疲惫不堪，我的心向着东方微露的鱼肚白虔诚祈祷："地震，今夜请将我们遗忘!"

（后记：身处地震灾区，一方面要经受经常的余震和唐家山堰塞湖的威胁，一方面要坚持经常通宵的加班、值班和24小时的待命，我们只有坚强的忙碌和疲惫，没有诗意。）

选自《琴泉》文学季刊抗震救灾专刊

时间：2008年6月

握紧一支笔

陈炳生

地震后的废墟里
终于扒出你瘦弱的躯体
同学，你的小手握紧一支笔
四川汶川大地震的灾难正被定格

你注定不知这一握
已为世人所知
谁握紧我们感动的心
握紧勇气，未来，新生，与希望

震碎山川，震不碎心灵
震死学生，震不熄朗朗读书声
总理说“多难兴邦”啊
小草的绿，来春满目苍翠

黎明送走黑夜
泪水掩映烛光
谁在废墟上慢慢站起

逐渐加大生命的分量

放开手吧，亲爱的小同学
那么多人接过尚存余温的笔
开始书写鲜美人生
祖国的画卷将更加壮丽，和绚烂
出版单位：绵阳灾后重建网
刊物：《琴泉》文学季刊抗震救灾专刊
时间：2008 年 6 月

让我们记住

野 川

让我们记住那位慈祥的老人
他有力的大手
扶着坍塌的房屋和山体
他至情的话语
扶着倾倒的身躯和心灵
他的坚韧、镇定和从容
扶着一个民族的脊背和自信
他单薄的身影，为盆地撑起
　　一顶巨大的帐篷。
让生者与亡灵栖息
让历史与未来对视

让我们记住那个勇敢的孩子
那个从死神牙缝中爬出来的孩子
昨天，还被父亲背着
在青绿的草地上嬉戏
今天，竟然用稚嫩的身子
把两个同学从废墟中背出交给校长
他九岁的眼神中闪烁的勇敢

让震魔退却，为生命留出一块块空地

让我们记住那位伟大的母亲
双膝跪着，身体匍匐，双手撑地
母爱支起的狭小缝隙里
那个三、四个月大的孩子安然无事
“亲爱的宝贝，如果你能活着
　　一定要记住我爱你”
这条来不及发出的短信
一瞬间就把感动发给全世界的人
而她的身躯凝固成一尊爱的雕塑
让所有幸存者明白了
　　什么叫仰望和高度

让我们记住，那位双臂张开趴在课桌上
死死护着桌下4个孩子的老师
让我们记住，那个跪地大哭
　　对抱着他的人说：
　　“求求你们让我再去救一个！”的战士
让我们记住，那位痛失十五位亲人
仍全力投入抗震救灾的民政局长
……
让我们记住，那些不顾余震
　　奋力抢救灾民的医生护士
让我们记住，那些掘开废墟
　　为生命掘开通道的武警战士、
　　公安干警、消防官兵
和来自世界各国的救援队伍
让我们记住，那些四面八方赶来的
　　风尘仆仆的志愿者
让我们记住，那些点燃蜡烛
　　为灾区日夜祈祷的普通群众
……
是他们，让冰冷的土地有了温度
是他们，让停滞的时间有了脉动

是他们，让人类的爱有了激越的回声

让我们记住，2008 年 5 月 12 日
中国汶川 8.0 级大地震：山崩地裂，
　　数万人遇难，数十万人受伤，
　　数百万人流离
让我们记住，2008 年 5 月 19—21 日
国旗半降，13 亿中国人静立，默哀，
　　悼念亡灵

我们记住，那个躺在担架上
　　向解放军战士敬礼的少年
是他，用小小的队礼
让所有炎黄子孙
学会了感恩
出版单位：绵阳灾后重建网
刊物：《琴泉》文学季刊抗震救灾专刊
时间：2008 年 6 月

大灾有大爱

陈　明　舟作词
余志勇改词作曲

1=F 4/4

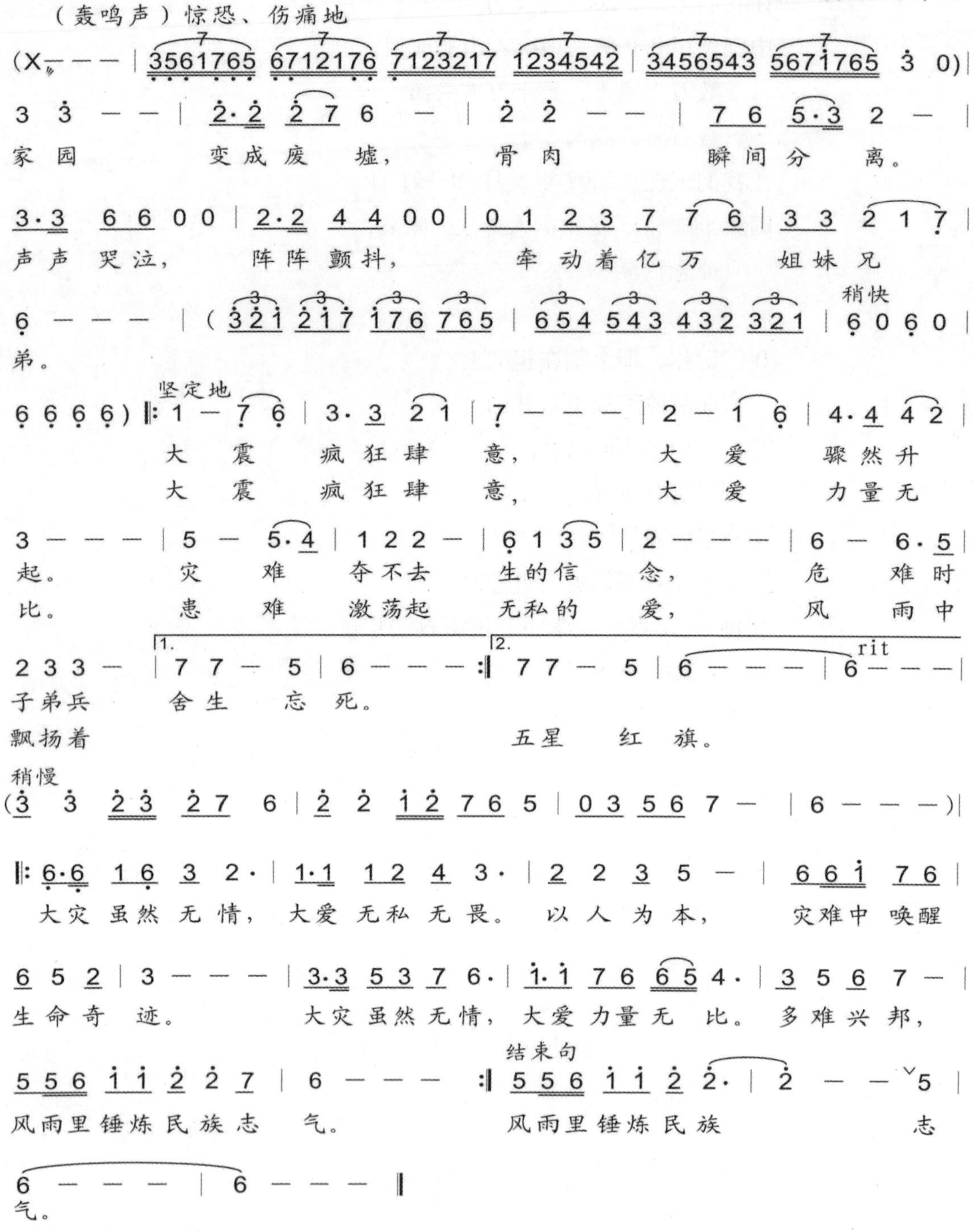

出版单位：绵阳灾后重建网

刊物：《琴泉》文学季刊抗震救灾专刊

时间：2008 年 6 月

真 情 无 限

何维康 词曲

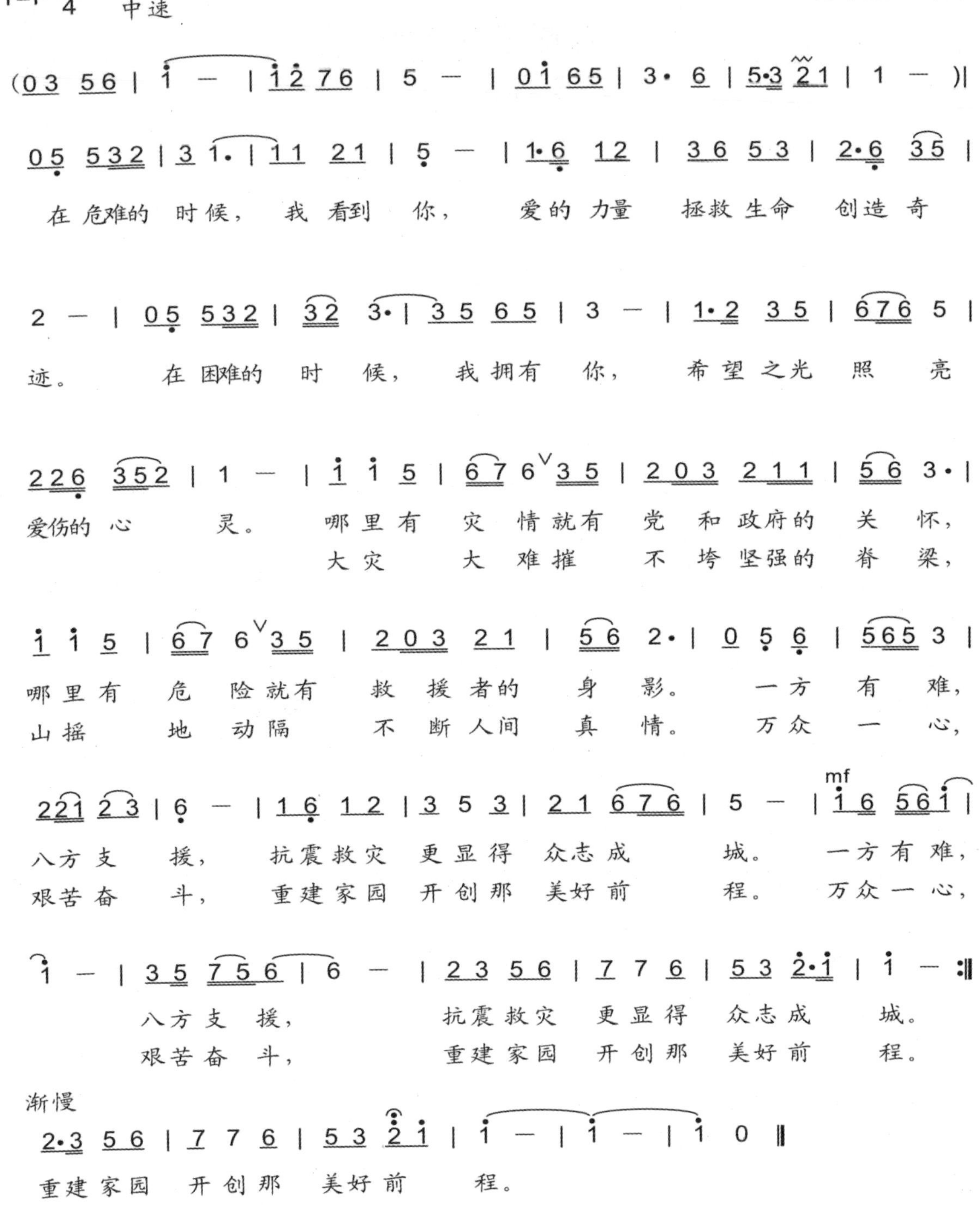

出版单位：绵阳灾后重建网

刊物：《琴泉》文学季刊抗震救灾专刊

时间：2008 年 6 月

方言戏剧小品：

自愿者的守望

三台戏剧家协会　秦国庆

时　间："5·12"汶川大地震后的数日里。

地　点：地震"波及区"某县，老丁的家内外。

人　物：老丁，抗震救灾的自愿者。　　（简称老）

龚艳，社区住段民警。　　　（简称龚）

小丁，老丁之子。　　　　　（简称小）

置　景：场上有桌椅即可。

〔喇叭里不时传来有关抗震救灾的宣传语言和音乐声。老佩带"自愿者"袖章，执义务交通员小黄旗匆忙地上场。〕

老：（韵白）儿子自愿上前线，老子自愿守后边；管它天塌地又陷，党和政府是靠山！（对观众）大家说我说对没有?！啥子喃？我手头的这个旗旗？哦，你们不晓得。我们虽是地震"波及区"，但也有灾情，那搭棚的、搬家的人多得很，而每天从我们这儿经过的救灾车辆又是川流不息。有些群众不讲究，路口上随便走啊站的不安全，我就冲当自愿者争取到这个差事，当下义交员！（吹口哨）不能耽误救人救灾的车辆赶路！这会儿换班休息，我赶紧回家给邻居何老娘儿收拾点换洗衣服去。

〔老下，龚内声"走快点"！小前龚后懒洋上场。

龚：丁狗！我说你好多回了，喊你为人走正道。人年青吃点苦算啥子，随便也把自己的嘴巴糊得到嘛！你说你跟你那些狐朋狗友都干了些啥子事?！

小：（赶紧堵住龚嘴）龚妹儿！龚警司！你小声点，我还要活人，况且，我又没有动手得嘛！

龚：（吼）你总在场！你总是跟他们一起去的……

〔小示意龚别往下说。老抱衣物上，见龚招呼。

老：（招呼）小龚，这几天累恼火了吧?！进屋坐会儿？（见小）噫！丁狗，你……你咋个前天去北川当自愿者，今天就跑回来了喃？

龚：丁伯伯，丁狗他是……

小：（抢白）老汉儿，好吓人罗！那北川死的人硬是太多了。去的解放军、武警、公安、民兵些都是全副武装，行头把子硬火得很，我们根本就插不上手！所以……加之……我们就都回来了，……龚妹，该是嘛？……

龚：（气）你……唉！……

老：你……唉！你年轻八青去一趟，抬下担架、搬下砖头瓦块，或者站下岗，帮倒维持一下秩序也好嘿?!

龚：他?! 维持秩序？他不……

小：（抢白）我不敢去维持秩序！老汉儿，你不晓得，你没有亲眼看到哦！那个惨状……闻到那些味道……（作呕状）我一想起就要发呕，浑身上下尽起鸡皮子颗颗……看……看……

老：（恼）看！看！看你龟儿德性哦！……。那你跳起吼起自愿要当自愿者干啥子？啥事做不了还跑北川，你枉费国家车油钱！

小：老汉儿，莫冒火！这一方有难，我八方支援嘿。现在前方不得行了，我后方来一样可以做贡献嘛！

龚：你说的比唱的都好听，就是说的跟做的差远了！

小：（急）龚警司！你不信看，我老汉戴起“弄弄”是自愿者，我丁狗没得“弄弄”了也是自愿者！老汉儿，你手头的东西不消说是要捐给灾民的，拿给我，我去捐，你还有啥子金子、银子、票子、戒指，管它啥子都尽管拿来，我都可以去捐……

老：（憎）尽是屁话！这点衣裳是送去让你何大妈换洗的？

龚：何大妈！（关心）丁伯，何大妈现在朗个了？她晓不晓得……

老：（叹气）老房子震垮了，只有在外头搭棚住了嘿！……

小：（抢衣服）吔，是说嘛！老汉儿，你还会整呢，趁我妈出门了，你把她的衣服拿去给寡妇献殷勤，你不怕我妈回来找你扯皮说？……

老：（吐沫于小）呸！你永远都吐不出象牙！何大妈房子垮了，你何光兄弟地震当天就被派到北川抢灾去了，现在都没回来！我们街方邻里就不该去帮一下！

龚：（难过）丁伯伯，你……你们还不晓得，何光哥昨天在北川进入废墟救人时，被余震再次震垮的房屋……

老、小：（关切）咋样了？

龚：（哭）他……走了！

老：（惊）啊！那……那何老娘儿……她……晓得不？

龚：她屋头现在这个情况，哪个敢去说？不是要要她老人家的命啊?! ……

小：龚妹，搞错没有哦！昨天晌午他看到我还喊：“丁狗，注意安全!”咋个会……

龚：（怒不可遏）你还有脸说！人家何光哥冒生命危险跑进废墟是为去救人！你们跑到废墟中去是做啥子？……是搜刮不义之财！

小：龚妹！你……

老：（惊）你?（问龚）你？……你说啥子喃？

龚：丁伯伯！你，你喊丁狗这样的自愿者自己给你说！

老：（追问）丁狗！说，咋个回事！快说!!

小：（差愧、跪地）老爸！我对不起天，对不起地，对不起你和妈！我们说是去北川当自愿者，实际是……

老：是啥子？

小：是想去捞几个死人身上的东西……

老：（惊愕）你！……东西……（猛击小耳光）你不是东西？

龚：（拉住老）丁伯伯，你老冷静点。有几个一出手就遭逮捕了。他丁狗还算有点人性，目睹那种惨状，没有敢下手……

老：（怒吼）这国难财你也敢想啊?！……

〔凄惋的音乐声起——

老：（老泪纵横）一阵山摇，转瞬间就失去了数万条人命啊……

龚：（凄楚地）一阵地动，数万幢房屋被化为断壁残垣……

老：气壮山河的生死营救，感天动地的举国驰援……

龚：爱心涌动的无私奉献，直面死亡的忠勇果敢……

老：（痛心的）娃娃，你难道看不见那党心民心生死同根?！……

龚：你难道体会不到人民至尊，生命拯救生命的现代格言？……

老：你不知道你这样是在亵渎生灵，是在诅咒你自己！……

小：（抱头）爸！龚妹！（失声哭）你们莫说了，我错了，我一定赎罪！……

〔老靠近小，慢慢将小扶起。

老：娃娃，你对生命太不尊重了。（老将袖章摘下）来！你把它重新戴上！

〔小戴上“自愿者”袖章，老将衣物转与龚。

老：小龚，麻烦你将这些衣物给你何大妈送去……

龚：（关切地）丁伯伯，你？……

老：我带他到一个特殊的地方去当自愿者！

龚：那里？

老：殡仪馆！

龚、小：（惊）殡仪馆！你这是……

老：那儿有从北川转运来的遇难者。我父子俩可以去为他们整整衣官，擦擦手脸，让他们走得精神点。让我们澄清对生命的误解，让丁狗懂得该如何的尊重和守望——人的生命！

龚：丁伯伯……

老：（坚定的对小）咋了？怕了？

小：（怛怯地望着老）爸！……

小：（明白）不怕，我该去！

老：好！关门，我们走！

〔三人造型亮相。〕

剧 终

出版单位：绵阳灾后重建网

刊物：《琴泉》文学季刊抗震救灾专刊（P73）

时间：2008 年 6 月

一封永远寄不出的信

景 雪

孩子：

你在天国还好吗？妈妈想你！

昨天晚上我又梦见你了，梦见我正在给你过生日，在梦中你那幸福的笑脸我永不能忘。

孩子，妈妈对不起你，是妈妈不好。地震那天，我为了救班上的孩子而无情地放弃了你，你现在是不是觉得妈妈很无情？但你要明白，在当时，我何尝不想救你呢？可作为一名老师，我又不能先来救你，因为妈妈肩上担负着更大的责任。

现在，我的脑海里总是浮现出你那活泼可爱的样子。以前，你老是缠着我给你讲故事，让我陪你做游戏，缠着我把你打扮得更加漂亮些，总是想扑进我的怀抱，向我撒娇。但这一切都因我的工作而把你谢绝。孩子，回来吧！妈妈现在有时间了，我总想弥补我以前的过失，给你讲狼外婆的故事，陪你玩老鹰捉小鸡的游戏，让你穿上我为你准备庆“六一”的礼服在妈妈的怀抱里进入甜蜜的梦乡。

孩子，我知道你面对突如其来的地震，你十分害怕，当时我看到满脸惶恐的你是那样的无助，我很想带你走，但我不能，我不能那样地自私。就在我护送第一批孩子离开时，我听见你在那里厉声地喊着“妈妈！”。孩子，你知道我当时的心里多么的难受！我不是不想带你走，而是我不能在危难时刻残忍地剥夺了我班里孩子生存地希望啊！说实话，在此之前，我从未感到你的一声“妈妈”对我而言竟会如此地沉重。我当时真的希望你当时能哭着跑过来，那样也许我就有足够的理由把你带走，可你没有，坚强的你，只是看了看我就向外面跑去，跑出教室，跑过走廊……。孩子，我知道你是不想让我分心，可你知道吗？当我把班里的孩子送到安全的地方，再来找你时，才从同学的口中知道你为了救一个摔倒的同学而不得不和教学楼一起走向……。当时我的心碎了，我不停地呼唤你的名字，我多么希望奇迹能够发生，能听你那无助的一声“妈妈”，可是无情的苍天再也没有满足我小小的奢求。

孩子，如果时间可以倒流，我还是会选择这次我选择的方式，因为，我是一名老师，我有责任保护他们，让他们平平安安。所以，我只能愧疚地对你说：“孩子，对不起！”也希望这一声“对不起”能让你理解我的行动，暂时缓解我心中沉重的负罪感。

孩子，天国的生活还好吗？你害怕吗？你冷吗？我知道你现在已经长大了，你已经是一个懂事的孩子了，已经不需要妈妈长长的唠叨了。但妈妈仍旧要提醒你，在那边好好地活着，做一名优秀的学生，象以前在妈妈身边一样；做一名有脊梁的中国人，象所有中国人一样。

灯火摇曳，鸟啼虫鸣，让我知道我现在在做梦，其实我们已经生活在两个世界中了，你永远也收不到妈妈的来信。但我想，你一定会感到妈妈的心语，因为你就在妈妈的心中，永远，永远。

希望你在天堂中做一个快乐的小天使！

想你的妈妈

2008 年 5 月 13 日

出版单位：绵阳灾后重建网

刊物：《琴泉》文学季刊抗震救灾专刊

时间：2008 年 6 月

索　　引

使用说明

一、本索引采用内容分析索引法，按索引条目汉语拼音字母顺序排列。

二、索引标目后的数字表示内容所在的页码。

A

B

C

D

F

G

H

J

K

L

M

N

P

Q

S

T

W

X

Y

Z

编后记

2008年5月12日14时28分，四川汶川发生里氏8.0级特大地震。三台县受到地震严重波及，造成全县死亡43人，伤887人，直接经济损失295余亿元。三台被四川省列为全省29个重灾县之一。

为了全面、客观、真实、系统记述汶川特大地震三台受灾情况及抗震救灾工作情况，根据国务院、省、市政府的统一部署和安排，县委、县政府决定编纂《汶川特大地震三台抗震救灾志》（以下简称抗震救灾志）。志书上限为2008年5月12日，下限至2011年9月30日。编纂三台抗震救灾志，是一项浩大的史志文化工程，具有重大现实意义和深远历史意义。

为了切实加强对三台抗震救灾志编纂工作的领导，县政府于2009年8月24日成立《汶川特大地震三台抗震救灾志》编纂委员会（以下简称县编纂委员会）及其编纂机构，由副县长李晖任编委会主任，后调整为县委常委、常务副县长杨增辉为编委会主任，并从有关单位抽调人员、落实工作经费。为确保工作落实，按时完成省、市下达的编修任务，2009年9月14日，县委办、县政府办印发《<汶川特大地震三台抗震救灾志>编纂工作职责任务》的通知，明确编纂篇目及时限、编纂内容及职责分工等。县委宣传部、县政府办、县科技局、县委办、县卫生局、县民政局、县发展和改革局、县人事局8个单位为牵头承编单位；工业园区、各镇乡人民政府、县级各部门分别为承编、参编单位。同年10月30日，县政府办举办抗震救灾志编纂工作业务培训会，对工业园区、各镇乡、县级各部门撰稿人员进行为期1天的业务培训，参训150余人，副县长李晖作动员讲话，市志办王志强在培训会上作编纂业务授课。2010年1月，县编纂委员会印发抗震救灾志编纂提纲，要求各牵头承编单位、承编单位、参编单位按照提纲要求，结合本部门本单位实际，全面、系统、真实记述抗震救灾、灾后重建全过程。为加强对编纂业务工作的指导，协调解决编纂过程中的具体问题，县志办编修人员进行工作分工：刘建明负责全志图照、大事记；王恒超负责凡例、概述、灾情、抢险救灾篇；刁光辉负责医疗与卫生防疫、赈灾、人物篇；蒲关新负责工业园区、灾后重建篇；郝丽华、何向东负责镇乡篇；陈晓华负责附录；杨青、郭长寿负责相关数字数据校核。上述编修人员主要负责各篇章编写的业务指导、初稿催收、文稿的修改、增补、编纂组合等一系列编辑工作。2011年年初，各牵头承编单位、承编、参编单位将编纂初稿送交县志办。同年3月，蒲关新担任执行副总编，负责全志总纂工作。2012年8月，完成抗震救灾志稿总纂并上报市方志办审核。

2012年8月下旬，市方志办组织专家审查小组，由余正道、胥树发、颜友、冀燕鹏、赵英、王道俊6人对志稿进行为期3个多月的审查。2012年12月26日，市方志办下发《关于汶川特大地震三台抗震救灾志》审查意见。意见认为：志稿观点正确，资料丰富，结构较合理，记述较为规范，比较全面、客观、真实反映三台抗震救灾和灾后重建的重大历程，是一部主题突出，特点鲜明的专志。特别是在记述抗震救灾时，尊重历史原貌，力求客观真实。但志稿尚存在一些不足，主要有：部分章节层次结构不尽合理；有的篇章比例失衡；或记述冗长；或过于简单；单设《园区与镇乡》篇，记述内容与各篇交叉重复；使用的一些统计表，未按专志要求进行科学严谨地处理等。2013年1月，县志办对此召开专题会议，认真研究，反复讨论，针对存在的问题和市上提出的修改意见，调整篇目，不再设《园区与镇乡》篇，将内容调整到其他相关篇章记述；再次明确职责，落实任务，认真修改完善。

2013年6月，将修改完善后的总纂文稿在三台党政网上公开征求意见，对各单位、各镇乡反馈的意见又反复进行核实、修补，完成总纂送审稿。6月下旬，市方志办余正道、王志强、李维怡对全志进行通审，并提出许多宝贵意见，对所提意见和建议我办均认真进行修改、补充和完善，自此，全面完成送审稿编纂。在送市政府审批前，将送审稿送达8个牵头单位、相关单位及有关领导审核。

2013年9月，县政府正式呈报市政府申请出版。2013年11月12日经市政府审查批复，同意出版。

2016年8月以后，县志办领导梁胜、刘建明、龙梅对文稿多次进行审阅并提出修改意见，由刁光辉、郝丽华、李国强、冉进财、喻月嫦、陈谦松对文稿进行校核和修改。

在编纂过程中，汶川特大地震三台抗震救灾志得到中指组、省、市志办有关领导、专家、学者的指导和关怀，县级各部门、各镇乡领导大力支持与关心，全体编修人员辛勤耕耘。借此机会我办表示衷心的感谢！

由于我们编辑水平有限，志书中错漏在所难免，恳请专家、学者、修志同仁、县内各级领导及广大读者不吝赐教。

三台县地方志编纂办公室
2016年10月30日